BERGEEST
KÖRPERBEHINDERTEN-
PÄDAGOGIK

PRÄVENTION – INTEGRATION – REHABILITATION

Eine Studienbuchreihe zur Heil- und Sonderpädagogik

Herausgegeben von
Harry Bergeest, Konrad Bundschuh, Ulrich Heimlich,
Wolfgang Mutzeck und Georg Theunissen

Die Heil- und Sonderpädagogik befindet sich in einer Umbruchsituation, in der sich eine Öffnung hin zur Gemeinsamen Erziehung, zum Gemeinsamen Unterricht und zur gemeindeintegrierten Behindertenarbeit vollzieht. Gleichzeitig verändern sich ihre systemischen Strukturen im Sinne einer größeren Flexibilisierung der Organisationsformen. Heil- und sonderpädagogische Förderung findet an vielen Orten statt – über die Sondereinrichtung hinaus im gesamten Bildungs- und Erziehungssystem. Auch das Verhältnis zwischen den pädagogisch Tätigen und den von Behinderungen Betroffenen wird unter der Maxime „Selbstbestimmung" immer nachhaltiger umgestaltet. Dabei hat sich eine ökosystemische Sichtweise von Behinderungen als notwendig erwiesen, um die Defizitsichtweise der traditionellen Sonderpädagogik zu überwinden und eine stärkere Kompetenzorientierung zu erreichen. Innerhalb der Studienbuchreihe „Heil- und Sonderpädagogik" soll diese neue Aufgabenstellung aufgegriffen werden, um so einen Beitrag zur notwendigen Modernisierung der Disziplin zu leisten.

In dieser Reihe sind lieferbar:

Wolfgang Mutzeck: Verhaltensgestörtenpädagogik und Erziehungshilfe. Bad Heilbrunn 2000.
Georg Theunissen: Pädagogik bei geistiger Behinderung und Verhaltensauffälligkeiten. Ein Kompendium für die Praxis. Bad Heilbrunn, 3., stark erweiterte und überarbeitete Auflage 2000.

KÖRPER-
BEHINDERTENPÄDAGOGIK

Studium und Praxis

von

Harry Bergeest

2., vollständig überarbeitete und erweiterte Auflage

2002

VERLAG JULIUS KLINKHARDT • BAD HEILBRUNN / OBB.

JOAN WILCOCK
gewidmet

Umschlagseite 1:

Bildnis Stephan Farffler (1633–1689),
anonym, Deutschland 1655

Die Deutsche Bibliothek – CIP-Einheitsaufnahme

Ein Titelsatz für diese Publikation ist bei
Der Deutschen Bibliothek
erhältlich

2002.7.Khg. © by Julius Klinkhardt.
Gesamtherstellung:
WB-Druck, Rieden
Printed in Germany 2002
Gedruckt auf chlorfrei gebleichtem alterungsbeständigem Papier
ISBN 3-7815-1223-1

Inhaltsverzeichnis

Einleitung

Eine professionelle und damit wissenschaftlich systematisierte Körperbehindertenpädagogik widmet sich den Förderbedingungen von Kindern und Jugendlichen mit schweren äußeren und inneren organischen Schädigungen. Der pädagogische Auftrag ergibt sich aus einem besonderen Förderbedarf des einzelnen Kindes, um Entwicklungsverläufen vorzubeugen, die sich nachteilig auf die betroffenen Menschen und ihr eigenständiges, selbstbestimmtes Leben auswirken können. Im Sinne eines Nachteilsausgleichs werden im Rahmen vorschulischer, schulischer und nachschulischer Rehabilitation auch spezifische pädagogische Maßnahmen notwendig, um einen *Kulturauftrag* zu erfüllen und entsprechenden gesetzlichen Regelungen gerecht zu werden. Ziel ist die soziale Integration und „Gleichstellung" betroffener Menschen, damit sie ihr Leben selbst kreativ gestalten können.

Vor dem pädagogischen Auftrag als Teil einer umfassenden Rehabilitation stehen in der Regel Diagnose und Therapiemaßnahmen der *Medizin*. Durch diese Nähe zur Medizin hat die Körperbehindertenpädagogik von jeher die Neigung, das der Medizin selbstverständlich innewohnende auf Wiederherstellung und Heilung gerichtete Denken zu übernehmen. Das wird schon in der historisch begründeten Begrifflichkeit einer Körperbehindertenpädagogik deutlich, die sich auch als Teil einer ursprünglich medizinisch geprägten *Heilpädagogik* definiert hat. Heilung kann jedoch „kein Ziel einer heilpädagogischen Wissenschaft und Praxis sein" (Haeberlin 1996, 16). Auf Heilung gerichtetes Denken gegenüber körperbehinderten Menschen birgt immer die Gefahr sozialer Abstempelung der Betroffenen durch die Orientierung an Defiziten und durch eine diffuse „Normalitätserwartung". Diese steht spezifisch an Kompetenzen orientierten pädagogischen Diagnose- und Förderprozessen und dem übergeordneten Ziel eines selbstbestimmten sozialen Miteinanders von unterschiedlichen Individuen im Wege und ist geradezu kontraindiziert. Die traditionelle Defizitorientierung hat auch die Sprache der Körperbehindertenpädagogik bis in die jüngste Zeit hinein geprägt. Es fällt schwer, sich von der überkommenen Begrifflichkeit („die Körperbehinderten", „Normalität", „Minderleistung" usw.) zu lösen, und auch der vorliegenden Schrift wird das nicht immer gelingen. Gleichwohl müssen Kriterien für Erschwernisse und Nachteile definiert werden, um Maßnahmen der Rehabilitation gesellschaftlich zu organisieren und für einen Nachteilsausgleich zu sorgen. Eine fest umrissene soziale Gruppe körperbehinderter Menschen gibt es nicht. Jeder Mensch erleidet im Laufe seines Lebens in irgendeiner Form eine Krankheit oder physische Schädigung, die „ihn graduell (qualitativ), quantitativ und zeitlich mehr oder weniger beeinträchtigen" (Speck 1996, 205). Pädagogisch relevant wird eine Kör-

8 Einleitung

perbehinderung erst, wenn damit verbundene Entwicklungserschwernisse zu einem sonderpädagogischen Förderbedarf führen.

Die Körperbehindertenpädagogik ist eine *sonder*pädagogische (heil-, rehabilitations-, behindertenpädagogische) Fachrichtung. Dabei handelt es sich im Grunde nicht um eine *besondere* Pädagogik, wie es innerhalb der Psychologie körperbehinderter Menschen trotz deren „veränderter Aneignung von Wirklichkeit" (Jetter 1979, 161) auch nicht um *besondere* psychologische Prozesse geht (Leyendecker 1999, 153). Die Körperbehindertenpädagogik befasst sich vielmehr mit Fördermaßnahmen, die die Auseinandersetzung mit den Parametern der Welt, die für alle Menschen dieselben sind, und mit individuellen Anpassungs- und Gestaltungsprozessen der natürlichen Lebensbedingungen unterstützen. Dieses allerdings im Vergleich zu einer Regelpädagogik in grundsätzlich größerer Differenzierung, weil weniger selbstverständliche harmonische Entwicklungsautomatismen vorausgesetzt werden können, und mit größtmöglicher Transparenz des Fördergeschehens auf allen ökologisch bestimmten Ebenen pädagogischer Intervention (Individual-, Familien-, Institutions- und Gesellschaftsebene). *Transparenz* (Bewusstheit, Offenlegung, Abstimmung) fördert zirkuläre Prozesse des kommunikativen Austauschs zwischen den Ebenen und die notwendige interprofessionelle Kooperation. Darüber hinaus wirkt Transparenz der Gefahr entgegen, dass sich die institutionalisierte Körperbehindertenpädagogik, die ihren Arbeitsgegenstand aufgrund sich selbst bestätigender sozialer Kreisläufe auch immer selbst schafft (Bleidick 1999a, 119f), zum Selbstzweck entwickelt, die Besonderungen festschreibt und integrativen sozialen Prozessen entgegenwirkt.

Die *individuellen* Besonderheiten des Weges körperbehinderter Kinder durch die Parameter der Welt erfordern eine pädagogische Haltung, die jedes Funktionstraining und eine Unterordnung des Kindes unter *allgemeine* Förderpläne vermeidet („Das Gras wächst nicht schneller, wenn man daran zieht") zugunsten von differenzierter, personaler Wahrnehmung des Kindes in seiner sozialen Vernetzung. Der pädagogische Kontakt ist gekennzeichnet durch empathisches Verhalten und Respekt vor einer Lebensleistung als konzentrativer Akt einer Unterstützung der „Bewegungen der Lebensenergie" (Haupt 1996, 20) auch bei der Anwendung pädagogischer „Techniken". Die Unterstützung ist dialogischer Natur und orientiert sich am Prinzip der individuell bedeutsamen Balance von *Stabilität* (Sicherheit) und *Instabilität* (Anreize für neue Erfahrungen; Doering 2001, 8ff). In Abkehr von einer tradierten pädagogischen Machbarkeitsideologie sind es zunächst die Pädagogen selbst, die von einzelnen körperbehinderten und chronisch kranken Kindern lernen. Betroffene Kinder werfen sie auch auf sich selbst zurück und konfrontieren sie mit ihren eigenen Lebensbewegungen (Konzentrationsfähigkeit, Entwicklungsbedingungen, Emotionalität, Sexualität, Tod usw.) und mit ihrer interpersonalen Beziehungskultur (anderen Menschen

„den Vortritt zu lassen"; Klein 1999b, 390). Aus dieser Konfrontation entstehen Impulse der Förderung in kreativer Auseinandersetzung mit den Betroffenen, ohne sich direktiv über deren ureigenste Lebensimpulse hinwegzusetzen. Es ist der Weg, „körperbehinderte Kinder verstehen zu lernen" (Haupt). Eines der übergeordneten pädagogischen Ziele ist es, körperbehinderte Kinder zur *Kreativität* zu führen. Das setzt auch Kreativität im Prozess wissenschaftlicher Theoriebildung in der Körperbehindertenpädagogik voraus. Es gilt, einen Weg zum „Paradigmapluralismus" (Speck), zu einem Denken in dynamischen Vernetzungen und Zirkularität mit der pädagogischen Praxis zu beschreiten. Kreative Körperbehindertenpädagogik beinhaltet auch *Visionen* „Pädagogischer Koexistenz" (Schmeichel 1983, 227) und Beziehungsgestaltung, selbst um den Preis vermeintlicher theoretischer Unschärfe.

Das vorliegende Handbuch soll als Schritt in die Transparenz des Aufgabengebietes der Körperbehindertenpädagogik verstanden werden und unterschiedliche Positionen und Modelle bewusst machen, ohne deren kreative Umsetzung einzuschränken. Es soll einen systematischen Zugang zu *Förderbedürfnissen*, *Entwicklungsbedingungen* und *pädagogischer Förderung* betroffener Kinder und Jugendlicher sowie zur *Selbstbildung* des Pädagogen bieten.

Übersichtsdarstellungen des Gesamtkomplexes der Körperbehindertenpädagogik existieren als enzyklopädisch angelegte Kurzdarstellungen (u. a. Schönberger 1976; v. Pawel 1981; Oskamp 1994; Stadler 1999; Leyendecker 2000), als Monografien und Handbücher mit Beiträgen verschiedener Autoren (Heina 1964; Bläsig 1967; Schmeichel/Schmeichel 1978; Haupt/Jansen 1983; v. Pawel 1984; Berndt 1986; Forschungsgemeinschaft 1986; Wellmitz/v. Pawel 1993; Hedderich 1999; Bergeest/Hansen 1999). Ferner sind Gesamtdarstellungen zur Rehabilitation körperbehinderter Menschen (Stadler 1998), zur vorschulischen Förderung (Leyendecker/Horstmann 1997; 2000) und zur schulischen Förderung (Wolfgart/Begemann 1971; Bläsig/Jansen/Schmidt 1972; D. Fischer 1992; Staatsinstitut für Schulpädagogik und Bildungsforschung 1993; Boenisch/Daut 2002) erschienen. Übersichtsdarstellungen gibt es außerdem zur Rehabilitation und Pädagogik schwerstbehinderter Menschen (Fröhlich 1991), chronisch kranker Kinder (Schmitt/Kammerer/Harms 1996; Michels 1996; Steinebach 1997) und zur Schule für kranke Kinder und Jugendliche (Wienhues 1979; Ertle 1997). Eine Bibliographie zur Körperbehindertenpädagogik des 20. Jahrhunderts legen Bergeest/Boenisch (2002) vor.

Aus praktischen Gründen wird in der vorliegenden Schrift auf sprachliche männlich/weibliche Doppelkonstruktionen verzichtet. Der männliche Autor verwendet hier überwiegend die maskuline Form.

1. Kulturauftrag Körperbehindertenpädagogik

Körperbehinderungen und chronische Krankheiten sind Dispositionen menschlicher Variabilität. Sie lassen sich Jahrtausende zurückverfolgen und haben die Menschheit von Anbeginn ihrer Entwicklung begleitet. Sie bezeugen, dass menschliche Existenz auch immer gekennzeichnet wird durch einen Kampf um Anpassung an die Parameter der Welt aufgrund von Auswirkungen genetischer Veränderungen, Besonderheiten körperlicher Entwicklung, ungünstigen Umfeldeinflüssen und Unfall- oder Kampfesschäden.

Der individuelle Anpassungskampf körperbehinderter Menschen war immer auch eine Funktion des gesellschaftlichen Umgangs mit Körperbehinderung und chronischer Krankheit, bestimmt durch soziale, politische und pädagogische Grundhaltungen. „Diese Haltungen sind vermittelt durch kulturelle Tradition sowie durch das vorherrschende politische und ökonomische System. Ihre Grundeinstellungen leiten die Maximen pädagogischen Handelns, die Formen der Institutionalisierung des Erziehungswesens und der Produktion wissenschaftlicher Theorien im Überbau" (Bleidick 1985, 267). Die Menschheitsgeschichte ist somit auch die Geschichte der Rehabilitation und Integration ihrer körperbehinderten und kranken Mitglieder. Das Selbstverständnis heutigen rehabilitativen Bemühens um Betroffene beruht auf historisch immer wieder erneuerten ethisch-moralischen Positionen im Zusammenhang mit der menschlichen Verpflichtung zu Solidarität und Hilfe, die in Deutschland 1994 ihre grundgesetzliche Verankerung gefunden hat. Vor diesem Hintergrund ist auch die Entwicklung einer intuitiven und systematischen Pädagogik für betroffene Personengruppen zu verstehen.

Die heutige *Körperbehindertenpädagogik* ist eine Teildisziplin umfassender gesetzlich geregelter Habilitation oder Rehabilitation (einheitlich als Rehabilitation bezeichnet) für Menschen mit von Geburt an vorhandener oder zu einem späteren Zeitpunkt eingetretener körperlicher Schädigung. Diese betrifft den Stütz- und Bewegungsapparat oder innere Organe und ihre Funktion in unterschiedlicher Schwere vorübergehend oder andauernd und kann zu Beeinträchtigungen bei kognitiven, emotionalen und sozialen Lebensvollzügen führen. Daraus ergibt sich ein „besonderer pädagogischer Förderbedarf" für betroffene Menschen.

Die Körperbehindertenpädagogik (und „Krankenpädagogik"; Kobi 1993, 136) versteht sich als *vorschulische, schulische* und *nachschulische Pädagogik* körperbehinderter und chronisch kranker Menschen innerhalb einer „Rehabilitation im Lebenslauf" (Stadler 1998, 9). Sie ist im Laufe der letzten 200 Jahre aus zunächst karitativen und dann gesundheitspolitischen Ursprüngen („Krüppelfürsorge") heraus systematisiert worden und entwickelte sich in enger Verknüpfung mit institutionellen Fördereinrichtungen und unter dem Einfluss von besonders engagierten Persönlichkeiten innerhalb der Rehabilitation. Damit verbunden waren die Schaffung spezifischer Berufsbilder (vor allem nach dem Zweiten Weltkrieg), der Ausbau von Lehre und Forschung in dieser Disziplin sowie die Entwicklung und Formulierung von Theorien zur Körperbehindertenpädagogik.

Die Körperbehindertenpädagogik versteht sich grundsätzlich als interdisziplinäres, komplementär orientiertes Arbeitsfeld. Sie arbeitet eng mit der Medizin, Psychologie, Soziologie und einer Reihe spezifischer therapeutischer Schulen (Physiotherapie, Ergotherapie, Sprachtherapie) vor dem Hintergrund des Sozial- und Rehabilitationsrechts zusammen. Sie bezieht außerdem das familiale und häusliche Umfeld der betroffenen Menschen mit ein und ist in staatlichen, gemeinnützigen oder privaten Institutionen organisiert. Entsprechend komplex ist der Gesamtzusammenhang der Körperbehindertenpädagogik als Wissenschaftsdisziplin, deren Problem auch die inhaltliche und organisatorische Trennschärfe gegenüber anderen sonderpädagogischen Fachrichtungen und Nachbardisziplinen ist, mit denen bei originärem Förderbedarf der betroffenen Menschen Überschneidungsbereiche bestehen bleiben.

Die Körperbehindertenpädagogik ist nicht als eine „besondere" Pädagogik anzusehen. Sie setzt sich mit den gleichen Phänomenen auseinander wie die Regelpädagogik, muss sich jedoch in größerer Differenzierung der Lebens- und Lernproblematik der Kinder und deren sozialem Umfeld widmen, ganzheitliche Entwicklungsprozesse einbeziehen, entsprechende Interventionsmethoden bereitstellen und sich auf eine Kultur hilfreicher Beziehungsgestaltung besinnen. Dabei bezieht sie bewusst auch existentielle Problembereiche mit ein (z. B. begrenzte Lebenserwartung von Kindern) und stellt Selbstverständlichkeiten und Automatismen des abstrakten Lernens in der tradierten Regelpädagogik in Frage.

Die Körperbehindertenpädagogik besitzt einen historisch gewachsenen, gesetzlich verankerten gesellschaftlichen Auftrag, dessen Erfüllung ein *kultureller Akt* ist, der in seiner Vernetzung von Überzeugungen, Regeln und Werten den Zusammenhang von ökonomischen, sozialen und politischen Bedingungen einer Epoche widerspiegelt (Kösel 1995, 336ff). Gesellschaftlich organisierte pädagogische Förderung körperbehinderter Menschen erfolgt immer innerhalb kultureller Dimensionen, also auch anthropologisch-ethischer Wertbezüge, die als „Alltagstheorien" (Haeberlin 1994, 18) im eigenen Lebensrahmen internalisiert wurden („Was ist gut, was ist schlecht?"), die aus religiös-spirituellen Glaubenssystemen abgeleitet wurden und/oder von (Aus-)Bildungsstrebungen herrühren. Es ist ihnen immanent, dass sie nicht nur die pädagogische Haltung

des Einzelnen und sein Verhalten gegenüber den anvertrauten Menschen prägen, sondern auch unbewusst oder intendiert im beständigen Fluss gesellschaftlichen Wandels kulturelle Veränderungen mit bestimmen und damit zirkulär
wiederum das eigene Denken und Handeln verändern.

Professionelles Handeln innerhalb der Körperbehindertenpädagogik ist somit
kulturell-wertgeleitetes Handeln. Der Bildungsauftrag von Institutionen für die
Ausbildung von Körperbehindertenpädagogen bezieht über das praktische „Betriebswissen" des Pädagogen hinaus sowohl eine „Methodenkultur wissenschaftlich reflektierter Handlungsorientierungen" als auch eine Kultur „systematisch orientierter Gesamtentwürfe" (Jank/Meyer 1994, 287) und anthropolo-
gisch-ethische Handlungsvoraussetzungen mit ein. Jede gezielte pädagogische
Handlung ist theoriegeleitet. Die Vermittlung und Umsetzung von Theorien auf
hierarchisch angeordneten Theorieebenen und damit die Förderung der Refle-
xionsfähigkeit im Sinne der Transparenz dieser Ebenen im pädagogischen
Handeln ist der *Kulturauftrag* der wissenschaftlich bestimmten Körperbehindertenpädagogik.

Der Kulturauftrag der Körperbehindertenpädagogik als *Handlungswissenschaft* besteht somit in der Theoriebildung des Faches. „Als Theoriebildung
wird das Bestreben bezeichnet, wissenschaftliche Erkenntnisse zusammenzu-
fassen und zu handlungsleitenden Aussagen für die Praxis zu verdichten"
(Stadler 1998, 19). Die Theoriebildung für die junge Disziplin Körperbehindertenpädagogik im Hinblick auf Entwicklungsbedingungen körperbehinderter
Menschen und Maßnahmen pädagogischer Intervention ist in Umrissen erkennbar (vgl. Bergeest/Hansen 1999). Die Komplexität und Uneinheitlichkeit
pädagogischer Förderbedingungen für die sehr heterogene Personengruppe erschweren eine Theoriebildung auf höherer Ebene. Wandel der gesellschaftlichen Stellungnahme gegenüber körperbehinderten Menschen, Erschütterung
etablierter sonderpädagogischer Selbstverständlichkeiten (integrative vs. segregative institutionelle Förderung) sowie einschneidende Veränderungen im wissenschaftstheoretischen Denken der letzten 20 Jahre bewirken auch innerhalb
der Körperbehindertenpädagogik andauernde Umbruchsituationen und Anpas-
sungsvorgänge. Dabei besteht nach wie vor das größte Problem in der Operationalisierung, also Handlungsleitung, von theoretischen Errungenschaften. Die
Schwierigkeit, pädagogische Theorien in die Praxis umzusetzen, besteht seit
jeher, ist aber erst in den 90er Jahren wieder verstärkt ins Blickfeld getreten
(nicht zuletzt durch entsprechende Empfehlungen der Kultusministerkonferenz
1994).

Auch der gesellschaftliche Hintergrund der Körperbehindertenpädagogik
hat sich seit Beginn der 80er Jahre grundlegend gewandelt. Das wachsende
Selbstverständnis der Sonderpädagogik insgesamt ging einher mit größerer ge-

sellschaftlicher Öffnung für die Belange behinderter Menschen. Gefördert wurde dies auch durch die stärkere Präsenz behinderter und chronisch kranker Menschen vor allem in den Bildmedien. Behinderte Menschen erschienen nicht mehr so ungewöhnlich, und sie wurden selbstverständlicher akzeptiert (es setzte auf der anderen Seite aber auch eine neue gesellschaftliche Polarisierung ein, die sich z. B. in häufigen tätlichen Angriffen auf Menschen mit Behinderungen bemerkbar macht). Behinderte Menschen trugen auch selbst verstärkt zur positiven Veränderung ihrer Situation bei, indem sie offener und selbstbewusster für die eigenen Interessen eintraten. Selbstbewusstsein und Selbstbestimmtheit körperbehinderter Menschen zu fördern, ist das übergeordnete Ziel der Körperbehindertenpädagogik.

Die Basis reflexiven Handelns auf diesem *Weg* der Weiterentwicklung der Körperbehindertenpädagogik wird durch allgemeine *theoretische Grundpositionen*, metatheoretische bzw. *wissenschaftstheoretische Überlegungen* sowie *historische Determinanten* der Rehabilitation gelegt.

1.1 Theoretische Grundpositionen

Die Arbeit des Körperbehindertenpädagogen wird bestimmt von anthropologisch-ethischen Grundpositionen, die er sich als normative Kulturerfahrung bewusst machen und für sich selbst klären muss. Persönlich-biografisch tradierte ethische Normen, Normen des Sozialverhaltens und des Menschenbilds gilt es in der kritischen Auseinandersetzung mit gesellschaftlichem Konsens und dessen Gegenpositionen transparent zu machen und zu relativieren. Hinzu kommen Grundannahmen über Prozesse und Ziele pädagogischer Förderung, die verhaltensleitend sind und das Selbstverständnis des Pädagogen prägen. In der Körperbehindertenpädagogik ist Transparenz hinsichtlich all dieser Positionen von besonderer Bedeutung, da hier normative Erwartungen ständig in Frage gestellt werden.

Neben diesen grundsätzlich wertgeleiteten Prozessen pädagogischer Ausbildung und Arbeit, die auch einer Sinnbestimmung der eigenen Tätigkeit dienen, stehen Grundpositionen von „Begriffsbestimmung" (u. a. Begriff der Behinderung) und der eigentlichen „Gegenstandsbestimmung", die den Tätigkeitsbereich des Körperbehindertenpädagogen beschreibt, sowie schließlich auch die übergeordnete, erkenntnisleitende Metatheorie, die „Wissenschaftslehre" (vgl. Bleidick 1984).

Entscheidungen der Fachvertreter für bestimmte Grundpositionen beeinflussen auch die Kommunikation und die Art der Auseinandersetzung über die

pädagogischen Inhalte und wirken damit gesellschaftlich verändernd. Schon
Biesalski (1926, 14) betonte: „Es soll nicht der *Fall* ... behandelt und beschult
werden, sondern ein ganz bestimmter *Mensch*".

Besonders in den letzten Jahren
war ein grundsätzlicher Wandel der Sprache innerhalb der Körperbehindertenpädagogik festzustellen: von einer unbewusst Stigma und Diskrimination ver-
stärkenden Sprache zu dem Versuch, durch überlegtere Wortwahl wenigstens
in Fachkreisen auch sprachlich eine respektierende Haltung zu betonen (Leyendecker 1999, 153).

Körperbehinderung

Die pädagogische Haltung wird durch das Wissen über körperbehinderte Kinder und durch Erfahrungen mit ihnen, aber auch durch internalisierte gesellschaftliche Einstellungen und Normen bestimmt, die zu einer Rollenzuweisung
und Erwartungshaltungen gegenüber betroffenen Menschen führen (Cloerkes
1997, 7). Das Problem eines pädagogischen Zugangs zu Menschen mit körperlicher Behinderung ist also nicht nur das einer Definition und Systematik ihrer
Besonderheiten, sondern gleichzeitig immer auch das einer sozialen Etikettierung (im Sinne einer negativ bewerteten Abweichung).

   Körperbehindertenpädagogen benötigen vor allem „fundiertes Wissen über
die auftretenden Schädigungsbilder, ihre Ätiologie und Therapie" (v. Pawel
1984, 18). Sie haben mit einer sehr komplexen, heterogenen Personengruppe
betroffener Menschen zu tun, deren Spezifik zusammenfassend definiert werden kann als „eine überwindbare oder dauernde Beeinträchtigung der Bewegungsfähigkeit infolge einer Schädigung des Stütz- und Bewegungsapparates
oder einer anderen organischen Schädigung" (Leyendecker 1999, 154). Es gibt
weitere zweckdienliche Definitionen, die in anderen Zusammenhängen, wie
z. B. im juristischen Bereich, gebraucht werden (zur weiteren Begriffsbestimmung vgl. v. Pawel 1984, 12f; Oskamp 1994, 678f; Stadler 2000, 77ff; vgl.
Kapitel „Personengruppe und Förderbedürfnisse"). Die allgemeine Umschrei-
bung des Personenkreises lautet: „Menschen mit Körperbehinderung und chronischer Erkrankung"; sie wurde durch die Kultusministerkonferenz 1998 in
„Empfehlungen zum Förderschwerpunkt körperliche und motorische Entwicklung" spezifiziert (Stadler 1999, 156). Menschen mit *primären* Sinnesschä-
digungen (Blindheit, Gehörlosigkeit) sind somit aufgrund unterschiedlicher
gesellschaftlicher Organisation ihrer Rehabilitation innerhalb dieses Personenkreises nicht erfasst. Ausschlaggebend für die Zugehörigkeit zur Gruppe körperbehinderter Menschen (z. B. bei der Gewährung spezifischer Rehabilitationsmaßnahmen zum gesetzlich geregelten „Nachteilsausgleich") ist die

Schwere der Schädigung. Sie muss durch Expertenentscheidung „wesentlich" und „dauerhaft" sein, um sie z. B. gegen vorübergehende Erkrankungen abzugrenzen (Cloerkes 1997, 4).

Nach Angaben des Statistischen Bundesamtes gab es Ende 1997 unter den insgesamt 6,6 Millionen schwerbehinderten Menschen (das entspricht 8 % der Gesamtbevölkerung) 4,9 Millionen körperlich Behinderte (davon 85 % durch Erkrankung erworbene Schädigung; Stadler 2000, 87). Der Anteil körperbehinderter und chronisch kranker Kinder im Schulalter wird in Deutschland auf 0,5 % eines Jahrgangs geschätzt (ebd., 26); in Deutschland besuchten 1998 20 919 Schülerinnen und Schüler die Schulen für Körperbehinderte und 8294 die Schulen für Kranke (die Zahl integrativ beschulter Kinder ist statistisch nicht erfasst; Stadler 2001, 105). Im internationalen Vergleich variieren erwartungsgemäß die Definitionen von körperlicher Behinderung, demographische Zahlen, die Organisation der Rehabilitation sowie die soziale Reaktion auf körperbehinderte Menschen (vgl. Neubert/Cloerkes 1994; Meiser/Albrecht 1997). Eine Systematik der Erscheinungsformen und Ursachen von Körperbehinderung legen unter anderem Stadler (1998, 13ff; 1999, 160ff; 2000, 77ff), Leyendecker (1999, 154ff) und Wellmitz/v. Pawel (1993, 31ff) vor.

Der Begriff „Körperbehinderung" ist im Zusammenhang mit der allgemeinen Diskussion um den Begriff der „Behinderung" zu sehen. Der im gängigen Sprachgebrauch verankerte Terminus „Behinderung" ist gesellschaftlich zweckgerichtet: Zum einen sind damit soziale Rollenerwartungen an die Betroffenen sowie Etikettierungen verknüpft; zum anderen ist der Begriff zur Verständigung notwendig, um Rehabilitationsmaßnahmen und den Nachteilsausgleich zu organisieren (für „Behinderte" und „von Behinderung bedrohte Menschen"; vgl. Schwerbehindertengesetz 1993 und Cloerkes 1997).

„Als behindert im erziehungswissenschaftlichen Sinne gelten alle Kinder, Jugendlichen und Erwachsenen, die in ihrem Lernen, im sozialen Verhalten, in der sprachlichen Kommunikation oder in den psychomotorischen Fähigkeiten so weit beeinträchtigt sind, dass ihre Teilhabe am Leben der Gesellschaft wesentlich erschwert ist. Deshalb bedürfen sie besonderer pädagogischer Förderung" (Deutscher Bildungsrat 1974, 32).

Bach (1985, 6ff) differenziert nach „Gefährdung/Bedrohtsein" durch Behinderung (im Hinblick auf deren mögliche Entstehung), „Störung" (kurzfristige oder weniger schwere Abweichung vom Regelbereich) und „Behinderung" (organische und funktionelle Regelabweichung) und fasst alle drei Kategorien unter dem Oberbegriff „Beeinträchtigung" zusammen. Daneben differenziert er zwischen „Entstehungsbedingungen von Behinderung" als „Schädigung der individuellen Disposition", „Belastung durch Erwartungen des Umfeldes" und „Benachteiligung durch Sozialrückständigkeit". Bleidick (1994, 650) unterscheidet umfassender zwischen Schädigung und Behinderung: „Als behindert gelten Personen, die infolge einer Schädigung ihrer körperlichen, seelischen oder geistigen Funktionen soweit beeinträchtigt sind, dass ihre unmittelbaren Lebensverrichtungen oder ihre Teilnahme am Leben der Gesellschaft erschwert werden. Behinderung hat somit eine individuelle und soziale Seite". Feuser (1998) betont aus ökosystemischer Sicht den subjektiven Aspekt von Behinderung, die er als „Produkt der Integration der von einem Menschen erfahrenen, aus seiner Umwelt kommenden ‚Störungen' in sein System" definiert. „Was *wir* an einem Menschen wahrnehmen und als Behinderung klassifizieren ist also im Prozess der Autopoiese [Selbstorganisation] *von ihm* selbst hervorgebracht worden, aber *nicht aus ihm* heraus entstanden" (ebd., 29).

Die Weltgesundheitsorganisation (WHO), die seit 1980 zwischen „impairment", „disability" und „handicap" (in Jantzens Übersetzung: „Schädigung", „Leistungsminderung" und „Behinderung"; Sander 1988, 79; 1992, 43) unterschied, hat 1997 diese eher defizitorientierten Begriffe ersetzt durch: „impairment", „activity limitation" und „participation restriction" (Bleidick 2000, 128). Diese neue ICF-Klassifikation (International Classification of Functioning, Disability and Health) wurde endgültig im Mai 2001 durch die WHO verabschiedet und fand im selben Jahr in weiten Teilen Eingang in die deutsche Gesetzgebung, namentlich in das „Neunte Buch Sozialgesetzbuch" (SGB IX; vgl. Kap. „Recht"). In Anlehnung an die Übersetzung von Leyendecker (2000, 22ff) werden nachstehend für die Körperbehindertenpädagogik die folgenden Begriffe gebraucht: *„Körperliche Schädigung"*, *„Erschwerung des Verhaltens"* (vgl. Speck, 1996, 195 u. 370) und *„Behinderung"*. Der Begriff „Körperliche Schädigung" betrifft die organische Ebene. „Erschwerung des Verhaltens" bezieht sich auf die erschwerte Auseinandersetzung körperbehinderter Menschen mit den physikalischen, chemischen, biologischen und sozialen Parametern der Welt auf dem Weg durch „Attraktoren" ihrer Entwicklung (Bergeest 1999b, 193ff). „Behinderung" (als erschwerte Selbstfindung in sozialer Interaktion) schließlich entsteht erst in der Auseinandersetzung des Individuums mit seinem mikrosozialen und makrosozialen *Umfeld*. Der Begriff beruht also durchaus im Sinne der ökosystemischen Theorien (vgl. Kap. „Körperbehindertenpädagogik als Wissenschaft") auf Wechselwirkungen und zirkulären Prozessen, aber auch auf dem Bemühen um Integration in das Umfeld (Sander 1988, 81).

Doch wie auch immer Wissenschaft und Gesetzgeber das Begriffsfeld der Behinderung differenzieren mögen, es bleibt eine *Identitätszuschreibung* damit verbunden. Der Blick wird auf unerwünschte, sozial diskreditierende Eigenschaften des Menschen verengt und damit eine Stigmatisierung festgeschrieben

(Cloerkes 1997, 146; Goffman 1967). Sie „versperrt den Weg zum Verstehen des Menschen mit einer Körperbehinderung" (Leyendecker 1999, 153). Das sprachliche Dilemma einer einerseits notwendigen, andererseits aber etikettierenden Begrifflichkeit berührt auch das Selbstverständnis der Betroffenen. Bach (1999, 32) stellt dazu die rhetorischen Fragen: „Kann er [der behinderte Mensch] mit solcher Fixierung überhaupt einverstanden sein? Liegt ein Aufstand dagegen nicht näher als eine Identifizierung?" Der Aufstand zeichnet sich im Zuge der Aktion Grundgesetz (1997) ab, bei der von einer „Gesellschaft der Behinderer" gesprochen wird (vgl. Heiden 1996). Die Wissenschaft versucht, solche Reaktionen aufzunehmen, diskriminierende Sprache bewusst zu machen und zu vermeiden. „Sprachkritik ist somit das Gebot einer aufgeklärten Sonderpädagogischen Psychologie" (Bleidick 2000, 133).

Körperbehindertenpädagogik

Die Körperbehindertenpädagogik ist eine Teildisziplin der je nach Standort unterschiedlich benannten Sonder-, Heil-, Behinderten- oder Rehabilitationspädagogik. Die verschiedenen Benennungen sind im unterschiedlichen Selbstverständnis der Disziplin in der jüngeren Geschichte begründet. Heilpädagogik ist dabei der älteste Begriff. Er wurde in der ersten wissenschaftlichen Reflexion der Heilpädagogik von Jan Daniel Georgens und Heinrich Marianus Deinhardt 1861/1863 (1979) erstmals verwendet und ist aus unterschiedlichen Ansätzen „heilender Erziehung" und „Heilserziehung" hervorgegangen, wie die Erziehungsmaßnahmen für einen speziellen Erziehungsbedarf zusammenfassend genannt wurden (Speck 1997, 11f). Die Etablierung als eigenständiges wissenschaftliches Fach erfolgte 1931 in Zürich durch Hanselmann (1885–1960), der begann, die Heilpädagogik gegen die Medizin abzugrenzen (Haeberlin 1996, 13ff; Speck 1996, 59ff). Der heute verbreitetste Begriff „Sonderpädagogik" wurde in Westdeutschland mit dem verstärkten Aufbau der Sonderschulen in den 60er Jahren und der Betonung der Eigenständigkeit der Hochschulausbildung von Lehrern für behinderte Kinder eingeführt. Er bezog sich vorwiegend auf die Ausbildung für das „Lehramt an Sonderschulen" (das in jüngster Zeit im Zuge verstärkter integrativer Beschulung vereinzelt in „Lehramt für Sonderpädagogik" umbenannt wird). Der Begriff „Behindertenpädagogik" gewann erst zu Beginn der 70er Jahre nach Erscheinen des grundlegenden Werks von Bleidick „Pädagogik der Behinderten" (1972) an Bedeutung. Er steht für den Versuch, die von der Wissenschaft geforderte Vereinheitlichung der Begrifflichkeit zu leisten. Er konnte sich nicht durchsetzen, u. a. weil er tendenziell die gesellschaftliche Stigmatisierung einer großen Bevölkerungsgruppe festschreibt. Bleidick selbst hat sich vom Begriff „Sonderpädagogik" nicht gelöst (Speck 1996, 61). „Rehabilitationspädagogik" ist traditionell in Ostdeutschland verankert (vgl. Hübner 2000). Der Begriff wurde 1969 von Becker (1984) entwickelt und löste in der DDR den zuvor kurzzeitig gebrauchten Terminus „Sonderpädagogik" ab (Wellmitz 1999, 105). Berndt (1986) übertrug ihn als „Rehabilitationspädagogik für Körperbehinderte" auf die hier diskutierte Fachrichtung. Heute findet er in Berlin und Halle Anwendung, die meisten Hochschulinstitute sind jedoch bei „Heil"- oder „Sonderpädagogik" geblieben.

Eberwein (1988) strebt im Rahmen der Neuorientierung in Richtung auf die integrative Förderung behinderter Kinder durch den Begriff „Integrationspädagogik" die Überwindung jeglicher Sonder-Pädagogik an. Er fordert eine Synthese von Allgemeiner Pädagogik und Sonderpädagogik durch die Abschaffung sonderpädagogischer Studiengänge. Die damit einhergehende Erhöhung der Komplexität der Allgemeinen Pädagogik wird unter anderem von Speck (1996, 63ff) kritisiert: „Eine generelle Reduzierung heilpädagogischer Qualifizierung muss aus wissenschaftlichen Gründen ebenso als unverantwortlich angesehen werden wie ein bloßes Appendix einer sonderpädagogischen Qualifikation, bezogen auf jegliche sonderpädagogischen Belange in allen Lehramtsstudiengängen ... Es bedarf keiner weiteren Erklärung, dass es ohne fachliche Identität keine fachliche Identifikation geben kann."

In diesem Sinne gilt für die Körperbehindertenpädagogik, dass sie sich ohnehin als integrationspädagogische Disziplin versteht (wie jede andere sonderpädagogische Fachrichtung). Die Vereinheitlichung der Fachrichtungen unter dem Dach von „Integrationspädagogik" wird den spezifischen wissenschaftlichen und praktischen Erfordernissen nicht gerecht. Es wäre eine Überforderung eines „Integrationspädagogen" und ginge zu Lasten der betroffenen Kinder.

Gleichwohl stellt sich in diesem Zusammenhang die Frage nach den „Orten und Konzepten sonderpädagogischer Förderung" (Heimlich 1995, 46), also auch der Förderung körperbehinderter Kinder und insbesondere ihrer schulischen Förderung. Der Sonder-Weg war vorgezeichnet durch das „Gutachten zur Ordnung des Sonderschulwesens" des Schulausschusses der Kultusministerkonferenz von 1960 (KMK 1960) und die „Empfehlungen zur Ordnung des Sonderschulwesens" (KMK 1972), in denen auch die Förderung körperbehinderter Kinder in der Sonderschule für Körperbehinderte festgelegt wurde. Erst mit den „Empfehlungen des Deutschen Bildungsrates" (1974) kam es zu einem Umdenken, indem soviel Integration wie möglich und soviel Segregation wie nötig gefordert wurde. Die Integrationsbewegung hat sich seitdem, zunächst in Modellprojekten, unregelmäßig über die einzelnen Bundesländer verteilt. Die neuen Bundesländer sahen sich nach der Wende unvermittelt mit der integrationspädagogischen Diskussion konfrontiert. In den Empfehlungen der Kultusministerkonferenz „zur sonderpädagogischen Förderung in den Schulen in der Bundesrepublik Deutschland" von 1994 und in den „Empfehlungen zum Förderschwerpunkt körperliche und motorische Entwicklung" sowie „Förderschwerpunkt Unterricht kranker Schülerinnen und Schüler" von 1998 (vgl. zusammenfassende Darstellung von Drave/Rumpler/Wachtel 2000) wird als erster Schritt die „Feststellung des sonderpädagogischen Förderbedarfs" und als zweiter Schritt die „Entscheidung über den Förderort" gefordert. Durch die Auflösung der traditionellen Verknüpfung von besonderem Förderbedarf und Förderort werden integrative Bestrebungen bestärkt.

Die Bedeutung der Empfehlungen von 1994 in „offensiver Interpretation" des Begriffs *Förder*bedarf ist auch im Zusammenhang mit einem grundlegenden Perspektivenwechsel zu sehen. Die Sonderpädagogik „entfernt sich damit von ihrer traditionellen Defizitorientierung, von der Orientierung auf die Schwächen und Unzulänglichkeiten hin zu einer Orientierung auf die Kompetenzen, vorhandene Fähigkeiten und besondere Stärken" (Heimlich 1995, 48). Damit wurde auch von bildungspolitischer Seite eine von der Wissenschaft seit längerem geforderte *Kompetenzorientierung* übernommen. Schon Wolfgart (1967) forderte in einer Anthropologie körperbehinderter Menschen die Betonung der Individualität des Menschen (nicht der Person mit einem spezifischen medizinischen Stempel), bei dem pädagogisch interessiert, „was er kann", nicht, was er nicht kann (zit. n. Stadler 1998, 39f). Das gilt für alle Menschen: „Menschen sind kompetent für sich" (Fröhlich 2000, 9).

Die Überwindung der Defizitorientierung in der Körperbehindertenpädagogik, die darauf zielt, diagnostizierte Störvariablen zu beseitigen, hat in der pädagogischen Praxis gerade erst begonnen. Das Selbstverständnis der Körperbehindertenpädagogik und ihre realen Ziele lösen sich damit von einer (unreaistischen) Wiederherstellungs- und Normalitätserwartung von Seiten der Gesellschaft und damit auch (oft uneingestandenermaßen) vieler betroffener Familien. Das Messen körperbehinderter Kinder an engen gesellschaftlichen Normen von Gesundheit und körperlicher Unversehrtheit wurde trotz differenzierender Forderungen der Fachwelt gerade von dieser auch immer wieder verstärkt durch (Leistungs-)Vergleiche mit nichtbetroffenen Kindern und die daraus resultierende Feststellung „negativer" Abweichungen körperhinderter Menschen. Um die gesellschaftliche Organisation von Fördermaßnahmen zu gewährleisten, war der Nachweis von Entwicklungsdefiziten mit entsprechenden Nachteilen für die Betroffenen notwendig (Haupt 1996, 10). Für die Pädagogik war diese Perspektive jedoch keine Basis. „Selbst unter pragmatischen Aspekten (also im Rahmen einer Handlungstheorie) fällt es schwer nachzuvollziehen, wie aus Defiziten Fördermaßnahmen entstehen sollen. Jede Fördermaßnahme setzt an vorhandenen Kompetenzen an, baut auf Kenntnissen und Fertigkeiten auf oder leitet zu ihnen zurück. Die Erfahrung von Kompetenz soll wieder ermöglicht werden, weil sie selbst eine fundamentale Voraussetzung für jegliche Entwicklungsprozesse darstellt" (Heimlich 1998, 252). Pädagogischen Zielen personaler und sozialer Integration betroffener Menschen steht defizitorientiertes Denken grundsätzlich im Wege, weil es einhergeht mit Abwertung, Segregation, Behinderung von Identifikationsbestrebungen, Nicht-Verstehen, Nicht-Dazugehören (Haupt 1996, 7). Es verhindert personale Stabilität mit fester Bodenhaftung. Die Körperbehindertenpädagogik befasst sich mit der Weitergabe von Kultur. Zur Kultur einer Gesellschaft gehört Vielfalt. Defizitorientierung verstellt den Blick auf die Vielfalt und ist damit „kulturlos". Wir sehen dann im einzelnen Menschen nicht die Vielfalt seiner Möglichkeiten und Kompetenzen, sondern reduzieren ihn auf seine Mängel, auf Funktionalität und Brauchbarkeit (Klauß 1998, 159).

Kompetenzorientierung bedeutet eine Abkehr von bloßer Symptomkorrektur und reinem Funktionstraining (oder gar der Instrumentalisierung der Kinder). „Die Förderung setzt nicht an der ‚Störung' an, sondern unterstützt Entwicklungsimpulse und -möglichkeiten des gesamten Entwicklungsbereiches unter Berücksichtigung wichtiger Vernetzungen ... Bei entsprechenden Angeboten an das Kind wird dann deutlich, wo Neugier, Wünsche nach Erfahren, Erleben, Erkunden auftreten ... Dieses ‚organische' Vorgehen ist nicht von außen planbar. Es ist ein ständiger Kommunikations- und Interaktionsprozess mit dem Kind ... Es ist ein Weg, der sich im Gehen erschließt" (Haupt 1996, 29f). Dazu bedarf es einer konzentrativen, kindzentrierten Haltung des Pädagogen, aber auf der Metaebene auch eines grundsätzlich neuen Denkens, das die Vorstellung eines Netzwerks mit seinen vielfältigen Wechselwirkungen zulässt. Atomisierendes und deterministisches Denken in monokausalen Zusammenhängen wird damit abgelöst. Das wäre der Weg zu einem Paradigmenwechsel (Bergeest 1999a, 155) und ggf. einem „Paradigma-Pluralismus" (Speck 1996, 32) im wissenschaftlichen Denken.

Die Pädagogik („Kinderführung") körperbehinderter Menschen widmet sich dem Erziehungsgeschehen in Praxis („Wirklichkeit") und Theorie („Wissenschaft") (Bleidick 1985, 48). Damit ist der Gesamtkomplex dieser kulturellen Aufgaben umschrieben: theoretische Reflexion, Intention, Handlung, „Selbsterziehung" des behinderten Kindes sowie die Wechselwirkung dieser Elemente in zirkulären Prozessen. „Die Begründungen werden auch als Erziehungsphilosophie gekennzeichnet, der dann die Erziehungswirklichkeit gegenübersteht, die von der Erziehungswissenschaft erforscht und durch die Erziehungslehre gestaltet wird" (Stadler 1998, 23). Die institutionelle Förderung körperbehinderter Menschen orientiert sich dabei an Lebensabschnitten (Bleidick 1994, 652; Bläsig 1983a, 16ff): (1) *Frühbereich* (Frühförderung 0–3 Jahre); (2) *Elementarbereich* (integrativer oder Sonderkindergarten, Vorschule, 3–6 Jahre); (3) *Schulbereich* (Sonderschule, integrative Schule, 6–18 Jahre); (4) *berufsbildender Bereich* (Arbeitslehre in der Schule, freier Stellenmarkt, berufsvorbereitende Maßnahmen der Bundesanstalt für Arbeit, Berufsbildungswerk, Hochschulen, ab 15 Jahre); (5) *Bereich der Erwachsenenbildung* (berufliche Umschulung durch die Bundesanstalt für Arbeit, Bildung und Fortbildung in Selbsthilfevereinigungen).

Die Prozesse der Erziehung körperbehinderter Kinder sind auf theoretischen Ebenen gekennzeichnet durch Schwerpunkte in Bildungstheorien, Handlungstheorien, Kommunikationstheorien (Stadler 1998, 92) sowie durch Systemtheorien (s. Kapitel „Allgemeine Didaktik").

Die ökosystemische Perspektive der Körperbehindertenpädagogik betont dabei die *Selbstorganisation* (Autopoiesis) der subjektiven Welt des Individuums im pädagogischen Prozess. Das Kind als ein in sich geschlossenes (aber nach außen offenes) *selbstreferentielles System* entscheidet autonom, welche Impulse zu seinem augenblicklichen Zustand (Entwicklungsstand) passen und aufgenommen werden (Bergeest 1999a, 156). Ökologisch ist das körperbehinderte Kind mit dem Umfeld vernetzt, das pädagogisch die Bedingungen für die Aufnahme entsprechender Impulse bereitstellt („vorbereitete Umgebung", „Lernlandschaften"). Sander (1992, 44) relativiert diese Annahmen durch den Hinweis, dass auch immer wieder steuernde Eingriffe in Systeme und Subsysteme vorgenommen werden (müssen) durch Pädagogen, Behörden, Initiativgruppen(Eltern) und Wissenschaftler. Der Pädagoge folgt jedoch grundsätzlich den Signalen der körperbehinderten Kinder als Ausdruck ihrer „behinderten Lebensbewegung" (Haupt 1996, 26). Die Kinder bleiben „Baumeister ihrer selbst" (Montessori). „Damit ist in erster Linie die Überwindung einer einseitigen didaktischen Beanspruchung des Kindes als eines kognitiven Lerners angesprochen" (Speck 1996, 379). Vielmehr treten Bereiche in den Vordergrund, die durch Schlagworte wie Spielen, körperzentriertes Lernen, emotionales Lernen, „Entdeckung der Langsamkeit", Meditation und Selbstzentrierung sowie Spiritualität zu kennzeichnen sind und gleichberechtigt neben der Förderung der kognitiven Entwicklung stehen.

Vor allem die *Ästhetische Erziehung* muss hervorgehoben werden als Möglichkeit der Internalisierung von Welt durch den individuellen Ausdruck im kreativen Prozess. Die Förderung von *Kreativität* im Handeln und Denken ist ein zentrales Grundelement der Körperbehindertenpädagogik. Darin liegt der Schlüssel für die übergeordnete, allgemeine Zielvorstellung im Erziehungsprozess körperbehinderter Menschen: die personale und soziale Integration. „Per-

sonale Integration ist dann als Ganzwerden der Person, als Selbstakzeptanz, als
Finden und Behaupten von relativer Autonomie und Authentizität, als Selbstverwirklichung und volles Menschwerden zu verstehen, was zugleich nach
außen hin als Realisierung voller Menschlichkeit erfahrbar wird" (Speck 1996,
368). Dabei besteht eine Wechselwirkung zwischen personaler und sozialer Integration. Personale Integration ist bedingt durch soziale Erfahrungen der Verbundenheit des Individuums mit dem mikro- und makrosozialen Umfeld und
seiner Zugehörigkeit zum sozialen Ganzen. In der eigenen kreativen Gestaltung
dieses Prozesses liegt die Chance von Freiheit, von innerer und äußerer Ablösung und Selbstbestimmung des körperbehinderten Menschen.

Rehabilitation

Körperbehindertenpädagogik ist Teil des umfassenden Systems der Rehabilitation (Wieder-fähig-Machen) betroffener Menschen (darin ist die Habilitation
der von Geburt behinderten Kinder eingeschlossen). Der Begriff Rehabilitation
wurde 1884 durch v. Buss für Hilfsmaßnahmen bei behinderten Menschen eingeführt (Merkens 1981, 3). Staatlich organisierte Maßnahmen der Rehabilitation gehen historisch auf die Krüppelfürsorge am Anfang des Jahrhunderts zurück. „Heute versteht man unter Rehabilitation das System und die Gesamtheit
der Maßnahmen, die Menschen mit Behinderungen angeboten werden können,
um sie beruflich und sozial in die Gesellschaft einzugliedern. ... Hinsichtlich
der Ziele und Maßnahmen wird zwischen medizinischer, schulischer, beruflicher und sozialer Rehabilitation unterschieden" (Stadler 1998, 22). Die institutionelle pädagogische Förderung ist traditionell nach festen Lebensabschnitten
der Kinder organisiert (Bleidick 1994, 652, s. o.), ohne dabei immer die individuelle Förderbedürftigkeit zu berücksichtigen. Hier zeigt sich ein Problem, das
die Rehabilitation insgesamt kennzeichnet: „Fremdbestimmung als Kriterium
des traditionellen Rehabilitationsverständnisses" (Seifert 1999, 365). Gegen-
entwürfe werden seit Jahren als rehabilitatives Paradigma des Empowerments
mit weit reichenden Folgen für das professionelle Selbstverständnis in der
Rehabilitationspraxis entwickelt (ebd., 373ff; Theunissen/Plaute 1995; Theu-
nissen/Hoffmann 1997). Die gesetzliche „Gleichstellung" steht unter dem Vorzeichen, dass körperbehinderte Menschen nicht mehr primär als Objekt der
Fürsorge betrachtet, sondern bei der selbständigen Lebensgestaltung unterstützt
werden.

Das Netzwerk der Rehabilitation körperbehinderter Menschen ist gekennzeichnet durch das *komplementäre* Zusammenwirken vieler Berufsgruppen sowie

der Familie und des weiteren sozialen Umfelds. Eine komplementäre Perspektive führt vom Denken in statischen Strukturen zu einem Denken in „dynamischen Wechselwirkungen" (Jantsch 1992, 55). Ein individueller Förderbedarf des Kindes wird durch umfassende Diagnostik festgestellt. In der Praxis unterliegen Umfang und Qualität der Diagnostik und die daraus tatsächlich resultierenden Fördermaßnahmen allerdings eher zufälligen Bedingungen. Sie hängen von der personellen Ausstattung der damit befassten Institutionen und von der Spezifik der Ausbildung der involvierten Berufsgruppen ab. Die Körperbehindertenpädagogen kooperieren innerhalb dieses Netzwerks mit verschiedenen Professionen, die sich über ihre spezifischen Aufgabengebiete definieren, aber auch große Überschneidungen der Tätigkeitsfelder kennen. Wünschenswert ist die grundsätzliche Abkehr vom Nebeneinander von Pädagogik und Therapie zugunsten vernetzter Konzeptionen.

In der Regel werden alle Schritte der Rehabilitation und Therapie mit den Angehörigen abgestimmt, die zu vielen Maßnahmen auch ihre Zustimmung geben müssen. Wichtigste Instanz für die therapeutische Versorgung sind die Mediziner, mit denen der Körperbehindertenpädagoge vor allem in der vorschulischen Förderung eng zusammenarbeitet. Für Leistungs- und Persönlichkeitsdiagnostik sind Psychologen verantwortlich, die auch therapeutische Hinweise geben und Krisenintervention leisten (Janzowski 1988, 281ff). Physiotherapeuten fördern die grundlegenden Bewegungsfunktionen. Sie arbeiten nach unterschiedlichen Methoden (Bobath-, Vojta-, Kabat-Therapie oder auch z. B. Bewegung im Wasser und Therapeutisches Reiten; vgl. Feldkamp u. a. 1989; Hüter-Becker/Schewe/Heipertz 1996–1999), aber mit dem gleichen Ziel. Ergotherapeuten ergänzen die Maßnahmen der Physiotherapie und bemühen sich vor allem um die Förderung feinmotorischer Fähigkeiten insbesondere der oberen Extremitäten (Sensorische Integration, Auge-Hand-Koordination, Basteln, Malen, Schreiben; vgl. Eggers 1995). Sprachtherapeuten (Logopäden) sind zuständig für Kinder mit Sprechstörungen (in der Körperbehindertenpädagogik sind dies vor allem Kinder mit Dysarthrien; vgl. Crickmay 1990). Pflegekräfte geben Hilfestellung bei alltäglichen Verrichtungen. Sozialarbeiter und Juristen erteilen Auskunft über rechtliche und finanzielle Belange. Berufsberater helfen bei der Klärung beruflicher Interessen und bei Maßnahmen zur Berufsvorbereitung.

Genaue Kenntnis dieser Aufgabengebiete ist für die *kooperative Arbeit* des Körperbehindertenpädagogen unabdingbar. Darüber hinaus sind häufig bestimmte praktische Qualifikationen beispielsweise in Pflegemaßnahmen, Krankengymnastik und Ergotherapie von großem Nutzen, um den spezifischen pädagogischen Aufgaben gerecht zu werden. Das unterstreicht die Bedeutung außeruniversitärer Fortbildungsangebote und der dritten Ausbildungsphase (Lehrerweiterbildung) des Lehramts.

In den 90er Jahren kam wieder verstärkt die Diskussion um eine *Qualitätssicherung der Rehabilitation* insbesondere unter dem Aspekt ihrer Systematisierung und Kontrolle auf. Gleichzeitig wurde die Frage nach der *Ökonomisierung* rehabilitativer Arbeit gestellt. Speck (1999a, 36) sieht die „professionelle Qualitätsentwicklung auf der Basis sozialer Wertorientierungen einerseits und eines ökonomisch beherrschten Qualitätsmanagements andererseits" als zwei Achsen eines Vehikels und warnt vor der Gefahr des Auseinanderbrechens des Vehikels, wenn die Ökonomisierungsachse zur Vorderachse wird. Er plädiert im Rahmen der Qualitätssicherung rehabilitativer Arbeit systemisch für eine *primäre* Orientierung an Werten der Menschenwürde (interner Reflexionsansatz) und eine notwendige *sekundäre* Kontrolle durch ökonomische Evaluation (externes Controlling). Das ganze Vehikel der Qualitätssicherung ist definiert durch die Teilbereiche *Menschlichkeit* (ethischer Orientierungskomplex), *Autonomie* (Eigenverantwortung und moralische Selbsteinbindung des Einzelnen), *Professionalität* (fachliche Kompetenz der Mitarbeiter und angemessene Ausstattung der Einrichtungen), *Kooperativität* (Zusammenarbeit der Berufsgruppen untereinander und mit Betroffenen und Familien), *Organisationale Funktionabilität* (Koordination der Arbeitsaufgaben zum Wohl der anvertrauten Menschen), *Wirtschaftlichkeit* (maximaler Effekt mit minimalem Einsatz der Mittel; ebd., 130ff). Peterander/Speck (1999) legen systematische Zugänge zu Qualitätsmanagement-Systemen sowie zu Strukturen und Erfahrungen der Qualitätssicherung in sozialen Einrichtungen vor.

Ein *konkretes Modell* der Qualitätssicherung lässt sich zum Beispiel auch in Anlehnung an ein 5-Punkte-Programm der Deutschen Rentenversicherungsträger umreißen: (1) Strukturqualität (Aufstellen konkreter Strukturkonzepte der Einrichtungen); (2) Interventionskonzepte (Aufstellen konkreter Förderpläne); (3) Qualitätskontrolle (Evaluation und Dokumentation sowohl von Ergebnissen als auch von Prozessen); (4) Zufriedenheit der anvertrauten Menschen (systematische Befragung); (5) Zufriedenheit der Mitarbeiter (interne und externe Supervision; vgl. Petermann/Warschburger 1999a, 25ff).

Zur Qualitätssicherung in der *Frühförderung* beschreiben Korsten/Wansing (2000) 3 Evaluationsbereiche: Strukturqualität der Einrichtung (Konzeption, Ausstattung, Personal und Kontakte); Prozessqualität (Diagnostik, Förderung, Kooperation, Dokumentation); Ergebnisqualität (Wirksamkeit der Förderung und Kooperation, Wirtschaftlichkeit, Arbeitszufriedenheit).

Menschenbild

Pädagogisches Handeln erfolgt immer vor dem Hintergrund eines verdeckten (unbewusst tradierten) oder offenen (bewussten) Menschenbildes. Das Menschenbild ist auch für die Körperbehindertenpädagogik die Grundfeste als Normgebäude und Wertleitung des Handelns. Der Kulturauftrag besteht hier im Postulat, „Wertentscheidungen ... offenzulegen und auszuformulieren, dass sie der öffentlichen Diskussion zugänglich sind" (Haeberlin 1996a, 81). Forschung und Praxis sollen so wenig wie möglich von verdeckten Wertleitungen und unkritischer Übernahme weltanschaulicher (ideologischer) Prämissen bestimmt werden.

Die Körperbehindertenpädagogik handelt in einem *anthropologischen* und *ethischen* Bezugssystem. Die Anthropologie als Wissenschaft vom Menschen stellt als *pädagogische* Anthropologie die Frage nach Erziehung und Bildung des Einzelnen, nach Förderung der Entwicklung unterschiedlicher individueller Anlagen und Kompetenzen im Sinne seiner menschlichen Vervollkommnung und berührt damit auch die Sinnfrage menschlicher Existenz (s. u.). Diese pädagogische Prämisse gilt für die Erziehung und Bildung aller Menschen ungeachtet ihrer unterschiedlichen Entwicklungsbedingungen:

> „Die prinzipielle Gleichheit aller Menschen besteht in der Akzeptanz ihrer Verschiedenheit, der Unterschiedlichkeit von Wissen, Können, Sprache, Kommunikation, Lebensgestaltung und Persönlichkeitsausprägung. ... Die Betonung der Bildungsfähigkeit aller Menschen in Absehung von ihren jeweils relativen gesellschaftlichen Entwicklungsaussichten resultiert aus der uneingeschränkten Bejahung des humanen Lebensrechtes. Danach ist jeder Mensch Person, unabhängig von der Ausprägung seiner durch Bildung und Erziehung geformten Persönlichkeit. Personsein ist eine normative Grundentscheidung, keine empirische, an äußeren Lernergebnissen ablesbare Kategorie" (Bleidick 1993, 42).

Der Mensch in seiner Einzigartigkeit, seine Individualität, sein „unversehrter innerer Kern" stehen somit im Zentrum pädagogischen Bemühens (F. Klein u. a. 1999, 16; Haeberlin 1999, 45). Wenn die pädagogische Anthropologie davon ausgeht, dass der Mensch zur vollen Entfaltung seines Menschseins der Erziehung und Bildung bedarf, dann ergibt sich daraus auch der Auftrag an die Körperbehindertenpädagogik, das gesetzlich verankerte Recht des Einzelnen „auf die freie Entfaltung seiner Persönlichkeit" (Grundgesetz Artikel 2, Absatz 1) verwirklichen zu helfen.

Es ist der Auftrag zum ethischen Handeln. Die *Ethik* als Wissenschaft vom Sittlichen, als Theorie der Moral (Gröschke 1993, 79), teilt sich in Individualethik (sittliche Einstellung und Handeln des Einzelnen) und Sozialethik (sittliche Ordnung und Normen des Zusammenlebens in der Gesellschaft). Sittliches Handeln des Pädagogen ist wertgeleitetes Handeln im Sinne der Übernahme von *Verantwortung für das Wohl des Kindes* (Klein 1999b, 390), der Förderung der *Persönlichkeit des Kindes* (Stadler 1998, 50) und damit der Bemühung um eine *bessere Welt* (Speck 1996, 151). Dazu bedarf es zunächst der Reflexion des Pädagogen über seine persönliche Motivation und Perspektive des Handelns. Ohne diese Bewusstheit fließen eigendynamisch verlaufende, biografisch begründete Automatismen in die pädagogische Arbeit ein, die sich zwar positiv auswirken können, aber im ungünstigen Falle auch negative Folgen haben (z. B. beim sog. Helfersyndrom). Zur Orientierung helfen hier anthropologische und weltanschauliche Denkgebäude, die Hinweise zur Auseinandersetzung über Dimensionen ethischen Handelns geben.

Eine allgemeine Perspektive ethischen Handelns bietet die auf Merleau-Ponty basierende Dimension der Beziehungsgestaltung als „pädagogische Koexistenz" zwischen dem Pädagogen und dem körperbehinderten (oder kranken) Kind (Schmeichel 1983, 227ff). Im „Sein zu zweien" oder „zu mehreren" erfahren körperbehinderte Kinder stabilisierende Hilfen und Unterstützung ihrer Lebensvollzüge. Gleichzeitig bewirkt die Koexistenz für alle Beteiligten die Erschließung neuer existentieller Dimensionen durch dialogische Prozesse, die von „Manifestationen befreien" und *wechselseitige Entwicklungen* in Gang setzen. Wer sich auf dieses Prinzip einlässt, wirkt jeder einseitigen Unterordnung des Kindes unter pädagogische Methoden entgegen und betont dessen Fähigkeit, seine eigene Entwicklung autonom zu gestalten.

In ähnliche Richtung weist eine „Heilpädagogik als menschliche Grundhaltung", die sich auf Bubers „Merkmale des Dialogischen" beruft (Haeberlin 1996, 35 ff.). Deren essentielle pädagogische Haltungen sind:

1. *Annahme des Kindes*: Innewerden als personale Vergegenwärtigung eines anderen Menschen, ohne sein Denken, Fühlen und Handeln vorwiegend auf die eigene Person und eigene Wünsche zu projizieren. Sich als Pädagoge ganz auf einzelne Kinder einlassen, ohne sie zu typisieren und zu klassifizieren (vgl. Fröhlich 1989, 9).

2. *Vertrauen in das Potential des Kindes*: „Erschließende" Erziehung mit dem Glauben an aktualisierende Kräfte des Kindes. Die Pädagogik körperbehinderter Kinder nach Prinzipien des „Zutrauens" in das Entwicklungspotential auch schwerstbehinderter Kinder (vgl. Leyendecker 1992, zit. n. Haeberlin 1996, 39).

3. *Echtheit des Pädagogen*: Bemühen um pädagogische Haltungen eines „Wesensmenschen" (Buber). Ein Mensch, der sich in Kongruenz zu seinen Empfindungen und Überzeugungen verhält und damit einschätzbar für das behinderte Kind wird und ihm soziale Sicherheit vermittelt (vgl. Bergeest 1993, 128). Im Gegensatz dazu steht der in seiner sozialen Rolle verhaftete Pädagoge.

Am konsequentesten ist der Ansatz einer *radikalen Ethik*, einer „Ethik vom Anderen her" (Speck 1996a, 101ff). Klein betont, dass der Pädagoge „einen wert- und sinnorientierten Bezugspunkt [braucht], den er in der dialogischen oder intersubjektiven Handlungssituation pflegen kann" (F. Klein u. a. 1999, 53). Dieser Bezugspunkt ist in Anlehnung an Lévinas der einer radikalen Ethik der Orientierung am anderen Menschen: „Von der Orientierung am eigenen Ich, wo der Andere zum Objekt herabgewürdigt wird, hin zum Primat des Anderen" (Klein 1999b, 392). Im Zentrum steht damit Lévinas Maxime, den Anderen bedingungslos in seiner Lebenswirklichkeit zu bejahen, ihm „den Vortritt zu lassen und für ihn verantwortlich zu sein" (ebd., 390). Dazu gehören auch das Vertrauen in vorhandene Fähigkeiten und Potentiale, der Respekt vor der Würde und dem „Eigensinn" des anderen und die Akzeptanz unkonventioneller Lebensentwürfe (Theunissen/Hoffmann 1997, 335). Die radikalen Forderungen einer Kultur, die auf die zwischen-*menschlichen* Fähigkeiten baut und diese zur Maxime pädagogischen Handelns macht, auf jegliche Vorbedingung verzichtet und jedem Leben eine implizite Würde zugesteht, ist für die Körperbehindertenpädagogik ohne Alternative.

Saal (1998) betont in diesem Zusammenhang die *Individualität* der Existenz in der zwischenmenschlichen Beziehung:

> „Jeder Mensch ist sein eigener Bedeutungsträger, erst einmal unabhängig davon, ob die Mitwelt ihm dies zubilligt oder nicht. Kraft seiner Existenz kommt ihm das Prädikat souveräner Selbstrepräsentation zu. Dadurch, dass es ihn gibt, ist die Bedeutung seines Daseins gesetzt. (61)
> ... Den festen Boden für meinen Gang durch mein Dasein gewinne ich kaum, indem ich erst einmal aus mir herausgehe und das dort Gefundene in mich hineintrage, um daraus mein Lebenshaus zu errichten. Es verhält sich vielmehr umgekehrt. Erst wenn ich bei mir bleibe, kann ich es wagen, vom sicheren Grund des Eigenseins meinen Fuß auf das Terrain des Anderen zu setzen, um sein Land zu erkunden und dort als für mich vielleicht brauchbar Gefundenes in das eigene Lebenskonzept einzufügen. Natürlich muss ich mich am Gegebenen orientieren und danach meine Schritte setzen. Ich habe mit dem Anderen zu ‚rechnen‘, meine Erfahrungen mit ihm zu machen, mich auf den Umgang mit ihm einzurichten, seine Sphäre zu respektieren und Ebenen zu finden, auf denen wir im Gleichklang stehen. Das kann immer nur tastend geschehen, das Gebäude des Anderen bleibt unsicher" (72f).

Damit wird auch die Entwicklung eines sozialen Urvertrauens des Menschen berührt, dessen Förderung eine Basis allen pädagogischen Bemühens sein sollte und das in der Sozialisation körperbehinderter „Rehabilitanden" ein großes Problem darstellen kann (vgl. Bergeest 1999c). „Es kommt doch in der Erziehung nicht primär auf Techniken an, sondern darauf, dass wir eine Pädagogik der Achtung und Wertschätzung pflegen und uns bemühen, in der Beziehungssituation verlässlich und vertrauenswürdig zu sein" (Klein 1999d, 76).

Ethisches *Handeln* in der Körperbehindertenpädagogik ist solidarisches Handeln und damit Beziehungshandeln. Die Körperbehindertenpädagogik stellt

28 1.1 Theoretische Grundpositionen

also intersubjektive Beziehungen in den Vordergrund und ist somit an *Beziehungs*änderungen interessiert und weniger an Änderungen „pädagogischer Objekte". Es geht darum, Lebens-Rahmen für körperbehinderte Kinder zu finden, und nicht darum, die Kinder als Objekte nach einem vorgefassten Bild zu modeln (Kobi 1993, 353).

Sozialethisch hat (sonder)pädagogisches Handeln keine geringere Aufgabe, als einklagbare „universale oder kategorische" Grundrechte auf Achtung der Menschenwürde zu verwirklichen (Speck 1996, 157). *„Die Würde des Menschen ist unantastbar"* (Artikel 1 des Grundgesetzes). Der Begriff der Menschenwürde basiert auf religiösen, philosophischen und weltanschaulichen Traditionen und betrifft innerhalb der Sonderpädagogik die Achtung, Fürsorge und Rehabilitationsverpflichtung der Gesellschaft und die uneingeschränkte Aufnahme des behinderten Kindes in die Gemeinschaft. Erziehung und Bildung sind Teil einer menschenwürdigen Existenz und gelten als Grundrecht auf freie Persönlichkeitsentfaltung und kulturelle Teilhabe. „Grundrechte sind letztlich Beziehungsrechte; diese Feststellung ist für den Zusammenhang von Behinderung und Menschenwürde bedeutsam. ... Erst durch den Beziehungsaspekt wird der Anspruch auf Achtung der Menschenwürde mit ethisch-praktischer Handlungsrelevanz gefüllt" (Stadler 1998, 52).

Die Achtung der Menschenwürde als sozialethische Haltung ist nicht nur durch spezifische Verhaltensdimensionen der Fürsorge und Solidarität, sondern im pädagogischen Dialog auch durch operationalisierbare Verhaltensmerkmale wie die vorgenannten von Haeberlin und Buber gekennzeichnet (zur Operationalisierung von Beziehungsqualitäten s. Kap. „Allgemeine Didaktik"). Sie ist darüber hinaus allgemeingültiges, universales und axiomatisches unteilbares Prinzip (und damit empirisch nicht überprüfbar), das für alle Menschen gilt, auch wenn sie unterschiedliche Grade von Bildung erreichen (Speck 1996, 159). Das Ausmaß, in dem eine Gesellschaft die Achtung der Menschenwürde auch beispielsweise gegenüber ihren schwerstbehinderten Mitgliedern verwirklicht, ist ein Gradmesser ihres kulturellen Niveaus. Die seit Singers „Praktische Ethik" (1984) wieder diskutierte Ethik eines Utilitarismus, die z. B. schwerbehinderten Neugeborenen die Existenz als Person abspricht und ihr Lebensrecht in Frage stellt, steht außerhalb des axiomatischen, d. h. nicht hinterfragbaren, Prinzips der Achtung der Menschenwürde, denn Mensch-Sein ist nicht quantifizierbar. Die mit Singers Position verbundene „Größenphantasie" zeigt sich nicht nur in einer „Überschätzung der Rolle der Vernunft", sondern auch in ihrem Anspruch, Aussagen über Lebensglück und Lebenssinn eines anderen Menschen zu machen (Dederich 2000, 132).

Der Bruch des Tabus, über das Leben und die körperliche Unversehrtheit anderer Menschen zu verfügen, erreicht bei Singer sicherlich einen besonders spektakulären Höhepunkt. Demgegenüber darf aber nicht die alltägliche Verletzung der Menschenwürde übersehen werden, die sich in der Gewalt gegenüber behinderten Menschen äußert. Nicht nur die Gewalt selbst, sondern auch ihre Duldung und der Mangel an „Peinlichkeitsgefühlen" darüber bedeuten Gleichgültigkeit gegenüber Grundsätzen der Menschenwürde (Speck 1996a, 20f).

Die Operationalisierung ethischen Handelns in der Körperbehindertenpädagogik ist im Wesentlichen ein *kognitiver* Prozess persönlicher Entscheidung für die genannten ethischen Grundwerte. Untrennbar damit verwoben sind jedoch *emotionale* und *spirituelle* Bereiche menschlicher Existenz, die Sinnfragen des Lebens berühren.

Sinnfragen

Das übergeordnete Ziel der Pädagogik ist die Erziehung zur Selbstfindung und Selbstverwirklichung des Einzelnen innerhalb des Gemeinwohls. Selbstverwirklichung ist die Gestaltung des Lebens nach individuellen Bedürfnissen innerhalb des Netzwerks der Gemeinschaft in einer Bewegung auf einem sinnerfüllten Weg. „Der (subjektiv erfahrene) ‚Sinn' ist ein Attraktor besonderer Dynamik ... ‚Sinn' und ‚Bedeutung' sind für den Menschen die führenden, motivbildenden Ebenen, hinter denen seine Bedürfnisse und seine Emotionen stehen" (Feuser 1998, 31; vgl. Naturgeschichte und Psychologie der Sinnfragen in Jantzen 1994).

Menschliches Verhalten und Handeln sind nicht beliebig, sondern bestimmt durch übergeordnete Ziele. Sie zu benennen ist menschlichem Streben immanent als Suche nach dem Sinn der Existenz: „Wer bin ich?" „Wohin gehe ich?" Frankl (1972, 181) spricht von einem „Willen zum Sinn"; jeder Mensch stellt zu bestimmten Zeitpunkten seines Lebens Fragen nach den übergeordneten Zusammenhängen; ohne entsprechende Auseinandersetzung entsteht ein „existentielles Vakuum". Um diese transzendenten Fragen beantworten zu können, brauchen die Menschen Orientierung, weil die Antworten nicht aus dem eigenen konkreten Lebenszyklus heraus als feste erfahrbare Größe entstehen, sondern aus Deutungen erwachsen. Diese sind an historische Zusammenhänge gebunden (Speck 1996, 306ff).

Es obliegt der Pädagogik, sich mit Sinnfragen auseinanderzusetzen, Sinnfindung zu unterstützen und sinngebende Bedingungen zu schaffen. Körperbehindertenpädagogik ist hier in besonderer Weise gefordert, denn anders als nichtbehinderte Menschen stellen körperbehinderte und chronisch kranke Kinder Sinnfragen oft schon im frühen Schulalter („Warum gerade ich...?"; vgl. Boenisch 1997). Auch für betroffene Eltern zieht die zwangsläufige Auseinandersetzung mit der Behinderung ihres Kindes Fragen nach (neuem) Lebenssinn nach sich; und die Pädagogen lernen von Kindern, die sich schon frühzeitig mit existentiellen Fragen auseinandersetzen müssen, die Sinnhaftigkeit des eigenen Lebens zu begreifen. Übergeordnetes Ziel für alle ist es, in *Frieden mit sich selbst* zu kommen.

Die Sinnfindung körperbehinderter Menschen ist ein individueller Weg, auf dem die Betroffenen ein Stück weit begleitet werden können. Es gilt dabei nicht, „Fakten" oder „Tatsachen" zu vermitteln, sondern sich einer inneren Disposition von Menschen zu öffnen, die sich spirituellen und damit im weitesten Sinne weltanschaulichen und religiösen Fragen zuwenden wollen. Alle Religionen haben Antworten bereit (Pesch 1994, 84; vgl. Ermert/Pesch 1991; Boenisch 1997). Sinnfindung ist jedoch mehr, als vorgegebene Antworten aus Glaubensorientierung zu übernehmen. Es ist ein individueller Prozess, zu einer entspannten Existenz, innerem Halt und innerer Freiheit zu finden (Haeberlin 1994, 77ff). Sinnfindung ist das Erleben des Selbst als Einheit mit der Schöpfung; „solches Erleben ist nicht gebunden an ausdifferenzierte Entwicklung in irgendeinem Bereich, nicht an Kenntnisse, nicht an Schulung", es ist altersunabhängig und findet im „Jetzt" statt (Haupt 2001, 16).

Die Begleitung des körperbehinderten Menschen bei der Sinnfindung seiner Existenz gehört zu den unabdingbaren und anspruchsvollsten pädagogischen Aufgaben. Sinnstiftung muss das Ergebnis aller Sozialisationsleistungen sein, die auf Emanzipation zielen. Sie lässt sich nicht allein einzelnen Instanzen zuordnen, die wie beispielsweise die Kirchen zuständig scheinen. Familie, Schulen, Kirchen und alle anderen an der Sozialisation Beteiligten können einen rational-argumentativen Beitrag innerhalb der sinngebenden Bedingungen leisten. *Sinnfindung* und als Ziel *Existenzbejahung* betroffener Menschen vollzieht sich jedoch erst als Prozess des sozialen Miteinanders, der durch eine ethisch begründete zwischenmenschliche Haltung ermöglicht wird. Die bewusste Realisierung *ethischen Handelns* und die Reflexion über dieses Handeln ist die eine Operationalisierung dieser Aufgabe. Darüber hinaus besteht eine Aufgabe darin, den *symbolischen Ausdruck* (Sprache, Fantasien, Bilder) körperbehinderter Kinder auch als deren Auseinandersetzung mit der eigenen Existenz zu begreifen und kreativ zu fördern (Haupt 2001).

1. 2 Körperbehindertenpädagogik als Wissenschaft

Neben der Reflexion über Grundpositionen der Körperbehindertenpädagogik und deren Beachtung in der pädagogischen Praxis besteht eine weitere kulturelle Leistung in der Integration (und Modifikation) vorhandener Arbeitsansätze innerhalb eines wissenschaftlichen Theoriegebäudes. Die Ausrichtung auf ein Wissenschaftsparadigma hat ganz entscheidende und grundsätzliche Auswirkungen auf das Selbstverständnis der pädagogischen Arbeit. So liegen auf der Wissenschaftsebene Entscheidungen begründet z. B. für pädagogisches Handeln nach tradierten reduktionistischen oder nach zirkulären Prinzipien. Das eine wäre etwa ein Aneinanderfügen vorgegebener pädagogischer Maßnahmen im Geiste einer Subjekt-Objekt-Beziehung zwischen Pädagogen und Kind nach monokausalen Prinzipien; das andere die Postulierung komplexer Wechselwirkungen innerhalb vernetzter Systeme, die nicht linearen Prinzipien folgen. So sind beispielsweise auch Annahmen über Prozesse der *Selbststeuerung* kindlicher Entwicklung und die dem angemessene Betonung non-direktiver pädagogischer Beziehungsqualitäten anstelle direktiver Interventionsmethoden des Körperbehindertenpädagogen in naturwissenschaftlichen oder spirituell-religiösen Theorien über die Natur der Welt begründet. Diese Theorien haben entsprechende Auswirkungen auf ein Erkenntnis- und Wissenschaftsparadigma der Pädagogik.

Ebenen der Theoriebildung

Pädagogisches Handeln, auch vermeintlich spontanes Handeln, ist immer geprägt durch Vorerfahrungen und Einstellungen. Der erste Schritt in die „Kultur" der Körperbehindertenpädagogik ist der, diese unbewussten Grundlagen als lenkende Größen des eigenen pädagogischen Tuns bewusst und kritisierbar zu machen. Damit ist zugleich der erste Schritt in die Theoriebildung getan: Systematische Handlungsstrukturen entstehen, Handeln wird nachvollziehbar und gezielt wiederholbar. Pädagogische Dogmen als Folge zufälliger biografischer Faktoren werden hinterfragt. Erziehungswissenschaftliches Denken ist entstanden (Haeberlin 1996, 168).

Die pädagogische Theorie ist also eine Theorie der pädagogischen Praxis; pädagogisches Handeln wird in der Theorie vergleichbar, übertragbar und verallgemeinerungsfähig; und die Theorie wirkt verändernd auf die Praxis zurück (zur Theoriebildung und zum Verhältnis von Theorie und Praxis vgl. Kron 1999). Theoriebildung findet auf mehreren Ebenen bei ansteigendem Abstraktionsniveau statt (Weniger 1952; zit. n. Bleidick 1985, 52 u. Kanter 1985, 344);

die Theorien stehen jedoch nicht in einem hierarchischen Bezug zueinander, jede Ebene besitzt ihren eigenen Erkenntniswert (Kron 1999, 74). Der Kulturauftrag der Körperbehindertenpädagogik beinhaltet, sich in der praktischen Arbeit die verschiedenen Theorieebenen bewusst zu machen und sie transparent zu halten. „Praxisanweisungen dürfen nicht theorielos sein; erst ihre legitimatorische Begründung oder empirische Kontrolle macht sie übertragbar" (Bleidick 1985, 53).

1. Ebene der Theoriebildung: Theorie 1. Grades als situationsunmittelbare Theorie. Sie erwächst aus der Reaktion auf das Kind nach dem „gesunden Menschenverstand", nach Erfahrungsgrundsätzen, nach tradierten Prinzipien und Erziehungsregeln. Jeder Pädagoge handelt dabei „vernünftig" nach seinen Maßstäben. Dieses sind persönliche Maßstäbe, entstanden aus eigener Erfahrung im sozialen Kontext. Damit wird aber auch das Grundproblem jeder Pädagogik berührt, dass der Pädagoge nur begrenzt über dieselben Maßstäbe und Erfahrungen verfügt wie sein Gegenüber. In der Körperbehindertenpädagogik verschärft sich dieses Problem aufgrund der behinderungsbedingten „veränderten Aneignung von Wirklichkeit" (Jetter 1979, 161f) durch betroffene Kinder. Eine Praxis, die sich auf die 1. Theorieebene beschränkt, läuft deshalb Gefahr, den Förderbedürfnissen der Betroffenen nicht gerecht zu werden, weil das nötige Wissen nicht vorhanden ist und nur sehr begrenzt aus eigener Erfahrung gewonnen werden kann (ein Problem pädagogischer Laienhelfer). Auf dieser Ebene haben wir es mit *Thesen* zu tun, die nur „Einzelbehauptungen von Erfahrungssätzen" darstellen (Bleidick 1985, 49). Deshalb bedarf es eines systematischen Bemühens um weitere Ebenen der Theoriebildung.

2. Ebene der Theoriebildung: Theorie 2. Grades als Alltagstheorie. Sie enthält die systematisierte Zusammenfassung von Erfahrungen und Organisationsprinzipien, die in pädagogisches Verhalten integriert sind oder auf die als gelernte, erinnerte oder schriftlich fixierte Systematik oder als Lehrvorgabe und Verordnung zurückgegriffen werden kann (und muss). Auf dieser praxisnahen Theorieebene der Pädagogik geht es auch um pädagogische Methoden und Techniken und deren Anwendung (z. B. Methoden des Unterrichts). Es ist auch die Ebene „interpretativer Theorien, die Tatsachen ans Licht heben" (Bleidick 1985, 52) als Abstraktion von der Praxis. Es kommt zur Bildung von *Hypothesen*, die immer wieder in der Praxis verifiziert oder falsifiziert werden (müssen). Auf der 2. Ebene ist die systematisch organisierte Körperbehindertenpädagogik mit ihren multidisziplinären Interventionsmethoden angesiedelt. Dabei wird sich auch an fachrichtungsübergreifenden Systematiken der Sonderpädagogik orientiert, in der seit den 60er Jahren eine Fülle von Praxiskonzepten vorgelegt wurden, die vor allem induktiv „aus der Beobachtung der Wirklichkeit" gewonnen wurden (Haeberlin 1996, 173). Systematiken und Konzepte der 2. Theorieebene bestimmen den überwiegenden Teil der Hochschulausbildung des Körperbehindertenpädagogen.

3. Ebene der Theoriebildung: Theorie 3. Grades als wissenschaftliche Theorie. Auf dieser Ebene der Objekttheorie (in Abgrenzung zur Metatheorie der 4. Ebene) wird der *Entdeckungs*zusammenhang interpretativer Theorien (der 2. Ebene) in einen *Begründungs*zusammenhang explanatorischer Theorien überführt und kritisierbar gemacht. Ein Prozess, der dem weiteren von der spürbaren pädagogischen Praxis abgehobenen „Abstraktionsprozess von der Hypothese zur Theorie entspricht" (Bleidick 1985, 52). Er ist abhängig von der Versprachlichung, also der semantischen Konstruktion von Wirk-

lichkeit durch Sprache. „Daher kann man Wissenschaft als die Vermittlung von Erkenntnissen und Erfahrungen in und durch die Sprache verstehen" (Tschamler 1996, 17).
Für Erkenntnisse mit Wissenschaftsanspruch gilt: Sie müssen in einem systematischen Erklä-
rungszusammenhang stehen, rational begründet und überprüfbar (nachvollziehbar, transparent) sein und sich damit von intuitiven Alltagsmeinungen und Vermutungen unterscheiden; angewandte Regeln des Forschens und Denkens müssen offengelegt werden
und von anderen Wissenschaftlern in gleicher Weise angewandt und gegebenenfalls kritisiert werden können; kurz: sie müssen „intersubjektiv nachvollziehbar" sein (Haeberlin
1996, 171).

Die Kriterien für eine wissenschaftliche Theorie der 3. Ebene lassen sich jedoch nicht
eindeutig bestimmen. Die Übergänge sind fließend. Die Zuordnung originärer Theorien
der Körperbehindertenpädagogik als Handlungswissenschaft bedürfen eines Konsenses
unter Fachleuten. Es gibt wenige Theorien 3. Grades der Entwicklung körperbehinderter
Kinder und ihrer pädagogischen Förderung, die eigenständige wissenschaftliche Entwürfe
darstellen. Einer der ersten Versuche wissenschaftlicher Standortbestimmung des Faches
war der „Erziehungswissenschaftliche Ansatz der Körperbehindertenpädagogik" von
Wolfgart (1967). Er grenzt einen autonomen Lehr- und Forschungsbereich innerhalb der
Erziehungswissenschaften ab und weist darauf hin, dass frühere Ansätze z. B. von Würtz
und Briefs in ihrer Abhängigkeit von nichtpädagogischen Disziplinen wie Medizin, Psychologie und Soziologie als vorwissenschaftlich anzusehen seien. Wolfgart forderte eine
besondere Anthropologie des körperbehinderten Menschen, um dessen spezifische Förderbedürfnisse aus einem „körperlich bedingten ‚geistig-seelischen Anderssein'" abzuleiten (Schütte 1995, 36). Diese Theorie ist inzwischen vor allem durch Specks (1996)
komplementären sowohl fachübergreifenden als auch behinderungsspezifischen Ansatz
überholt.

Weitere originäre Theorien gibt es beispielsweise zur kognitiven Entwicklung körperbehinderter Kinder von Jetter (1975; auf der Basis von Piaget) und als Förderkonzepte
von Wolfgart (1976), Schönberger (1977), Jetter (1979). Zur Theoriebildung 3. Grades
trägt auch die kritische Diskussion und Zusammenfassung vorhandener Ansätze bei, wie
sie zum Beispiel Schütte (1995) zum Problem der Leiblichkeit „im Vorfeld zur Erziehung
von Menschen mit Körperbehinderung" vorlegt. Einen Überblick über den Stand der
Theorienbildung in der Körperbehindertenpädagogik liefern die verschiedenen Autoren in
Bergeest/Hansen (1999).

4. Ebene der Theoriebildung: Theorie 4. Grades als Metatheorie. Auf dieser Ebene sind
die übergeordneten Muster wissenschaftlichen Denkens und Forschens als Metaebene abgebildet. Sie stellt den theoretischen Rahmen der Theorienbildung, der „Theorie der Theorie" oder *Wissenschaftstheorie* dar. Als Wissenschaftstheorie wird ein breites Spektrum
unterschiedlicher Denkpositionen bezeichnet: von einfacher *Wissenschaftslogik* (z. B. Erkenntnisse über die Wirklichkeit, die deduktiv aus theoretischen Grundsätzen – Axiomen
– oder induktiv aus Beobachtungen der Wirklichkeit abgeleitet werden) bis hin zu weitgefassten Definitionen, die eine Wissenschaftstheorie auf philosophischer, ethischer und gesellschaftlicher Basis ansiedeln. Haeberlin (1996, 174f) verweist auf die Unterscheidung
zwischen einer Wissenschaftstheorie, die überwiegend rational-technologisch angelegt ist
und deren Erfolgskriterium wissenschaftlichen Handelns und Forschens die Einhaltung
der Regeln von Wissenschaftslogik ist (z. B. im Kritischen Rationalismus), und einer
wertgeleiteten Wissenschaftstheorie, die darüber hinaus gehende Interessenverflechtun-
gen von Forschung und möglicher Verwendung von Forschungsergebnissen kritisch mitreflektiert (z. B. in der Kritischen Theorie der Frankfurter Schule).

Die verschiedenen wissenschaftstheoretischen Denkpositionen bestimmen auch die Methoden der Forschung und die Bewertung ihrer Ergebnisse. Sie spiegeln in ihren Erkenntnissystemen nicht die *objektive* Wirklichkeit wider, sondern sind jeweils mit unterschiedlichen Schwerpunkten hergestellte „Konstruktionen der problematisierten Wirklichkeit" (Haeberlin 1996, 204), auf die sich eine Gruppe von Wissenschaftlern geeinigt hat. Überprüfbarkeit und Wiederholbarkeit als Kriterien von Objektivität und „Richtigkeit" der Theorie beziehen sich deshalb immer nur auf den Rahmen der einzelnen Denkpositionen. In diesem Sinne gibt es „keinen ‚richtigen' Begriff von Behinderung und keine objektiv gültige Theorie der Behindertenpädagogik" (Bleidick 1985, 268). Auch in der Körperbehindertenpädagogik ist es letztlich in das Benehmen des Einzelnen gestellt, sich in eigener Theorie und Praxis für spezifische Denkpositionen (mit dem oder gegen den allgemein vorherrschenden Konsens) zu entscheiden. Es erscheint jedoch notwendig, die wichtigsten wissenschaftlichen Theoriekonzepte und ihre Methodik zu kennen, um die Ergebnisse der Forschung einschätzen und kritisieren zu können. Eine kritiklose Übernahme von Ergebnissen kann kontraproduktiv sein: z. B. Stützung der Defizitorientierung durch Übernahme von Ergebnissen der Untersuchungen zum Leistungsvermögen körperbehinderter Kinder, ohne Theorie und Methodik zu hinterfragen.

Wissenschaftstheoretische Positionen

Im Laufe des 20. Jahrhunderts standen jeweils unterschiedliche Hauptströmungen der Wissenschaftstheorie im Vordergrund, die seit den 80er Jahren von einer „Pluralität von Konzepten" (Krüger 1997, 12) abgelöst worden sind.

• *Geisteswissenschaftliche Theorien*
Eine der wichtigsten und folgenreichsten Strömungen war die auf Wilhelm Dilthey zurückgehende *geisteswissenschaftliche* Position der Pädagogik. Sie betont das Verstehen des Sinns und der Bedeutungs- und Wirkungszusammenhänge menschlichen Handelns im Hinblick auf eine bestimmte historisch-kulturelle Situation. Damit kann man sie im Gegensatz zu einer Wissenschaftstheorie sehen, die unter Verzicht auf tiefer greifende, wertende Aussagen pädagogische Gesetzmäßigkeiten aus mathematisch bestimmbaren Experimenten ableitet.
In Beantwortung der Frage nach den wissenschaftlichen Methoden (Verfahren, Regeln usw.), die zur Erkenntnisgewinnung angewandt werden, wurde von Dilthey die *Hermeneutik* („Auslegung, Erklärung") als spezifisch geisteswissenschaftliche Forschungsmethode entwickelt. Sie arbeitet nicht mit Erklärungen von kausalen Zusammenhängen wie die Naturwissenschaften, sondern sucht das Verstehen von ganzheitlichen Sinnzusammenhängen (vgl. Kron 1999, 213ff). Die Hermeneutik ist unverzichtbarer Bestandteil der Methodik wissenschaftlich begründeter Körperbehindertenpädagogik. Ziel des hermeneutischen

Vorgehens ist nicht eine (fragwürdige) objektive Erkenntnis, sondern ein individuelles Verstehen von Mitteilungen des anderen Menschen. Ging es bei Dilthey ursprünglich um das Verstehen von Texten, so geht es in der Pädagogik um jeglichen menschlichen Ausdruck. Dieses Verstehen ist ein Annäherungsprozess, bei dem „bis zu einem gewissen Grad Intuition als wissenschaftliches Verfahren zugelassen werden" muss (Haeberlin 1996, 184). Dimensionen der (subjektiven) Intuition lassen sich als potentielle (objektive) Erkenntnisquelle betrachten, wenn im Sinne Diltheys die Entwicklung des Menschen als *planmäßige und zielgerichtete Bewegung* einzelner Organismen innerhalb von Gruppen von Lebewesen und innerhalb ganzer Gesellschaften angesehen wird. Bei Störung reguliert sich das Gesamtsystem selbst, weil eine „Konvergenz der Entwicklungsziele aller Organismen in einer nicht beobachtbaren Tiefenstruktur angenommen wird. ... Man kann in Dilthey einen Vorläufer des systemtheoretischen Denkens sehen" (ebd., 188f).

Im Prozess des hermeneutischen Verstehens begreift sich der Wissenschaftler nicht als abgelöster Beobachter, sondern als Teil der Forschungsdynamik. Er nähert sich dem pädagogischen Forschungsfeld bewusst mit seinem individuellen Vorverständnis, das sich verändert, während er den Forschungsgegenstand einfühlend interpretiert. Das veränderte Vorverständnis wirkt wiederum auf die Interpretation zurück usw. Dieser Annäherungsprozess wird *hermeneutischer Zirkel* genannt. Er ermöglicht dem Wissenschaftler sowohl Erkenntnisse über zunächst unbekannte soziale Wirklichkeiten als auch über eigene Normen und Wertsysteme (vgl. „Regeln der Textinterpretation", Krüger 1997, 185f; Kron 1999, 216ff).

• Empirismus und Kritischer Rationalismus

Die zweite für die Körperbehindertenpädagogik bedeutsame wissenschaftstheoretische Position ist die des Empirismus. Erkenntnisgrundlage des klassischen Empirismus sind von Versprachlichung unabhängige, sinnlich erfahrbare Tatsachen und Beobachtungsdaten über Fakten. Er gewinnt seine Erkenntnisse auf *induktive* Weise, d. h. Theorien werden aus systematisch erhobenen, protokollierten Beobachtungen entwickelt. Während der *klassische* Empirismus (Positivismus) ausschließlich von der Erfahrung als Basis ausging, fasst der *logische* Empirismus (Neopositivismus) diese Erfahrungen in subjektiv formulierte sprachliche Protokolle, um aus ihnen allgemeine Theorien abzuleiten und mit ihrer Hilfe Hypothesen zu verifizieren (ebd., 42).

Die positivistischen und neopositivistischen Ansätze wurden durch Arbeiten von Karl Popper zum *Kritischen Rationalismus* weiterentwickelt. Nach Popper beginnt der Erkenntnisprozess nicht bei Beobachtungen, sondern bei sprachlichen Sätzen. Der Kritische Rationalismus bedient sich im Gegensatz zum

Empirismus *deduktiver* Erkenntnisgewinnung und entwickelt Theorien nicht aus der sinnlichen Erfahrung, sondern aus rationalen Basissätzen (Axiomen). Gesetzmäßige Zusammenhänge der beobachtbaren Wirklichkeit müssen als Hypothesen formulierbar sein. Im „Kritischen" Rationalismus geht es nicht um Verifikation von theoretischen Annahmen, sondern im Sinne Poppers um Falsifikation, denn Theorien lassen sich nicht endgültig verifizieren. Sie stellen nie eine definitive Wahrheit dar, und jede Theorie hat nur so lange Gültigkeit, bis sie widerlegt ist. Ein einziger Gegenbeweis bringt sie zu Fall. So entsteht ein ständiger Fluss der Theorieentwicklung (Kron 1999, 76).

Das Prüfkriterium für Hypothesen (als Bausteine der Theorie) bleibt auch im Kritischen Rationalismus die systematische Beobachtung, wie sie im Empirismus grundlegend ist. „Die Konzeption der Pädagogik als empirische Wissenschaft fordert die Anwendung der empirisch-quantitativen Methoden bei der Erforschung der Erziehungswirklichkeit" (Tschamler 1996, 193). *Empirisch-quantitative Forschung* ist auch ein unverzichtbarer Bestandteil der Erkenntnisprogramme der Körperbehindertenpädagogik und wird von Vertretern anderer theoretischer Positionen im Grundsatz nicht in Frage gestellt (Neumann 1999, 131).

Neben den quantitativen Methoden der Empirie haben sich in der Pädagogik seit den 70er Jahren *qualitative* Methoden etabliert, die an die Hermeneutik der geisteswissenschaftlichen Positionen anknüpfen (s. u. „Ökologisch-systemisch-konstruktivistische Theorien"). Die linear angelegten Prozesse eines rein quantitativen Forschungsdesigns werden durch zirkuläre Prozesse ersetzt, indem das Vorverständnis über das Forschungsfeld im Zuge des Forschungsprozesses fortwährend überdacht und neu gefasst wird. Empirie und Hermeneutik werden dabei aufeinander bezogen (Huschke-Rhein 1993, 7). Diese „entdeckende Form der Theoriebildung" (Krüger 1997, 207) basiert auf einem flexiblen Forschungsdesign, das den sich verändernden Bedingungen immer wieder in „zyklischer Verlaufsform" durch wiederholte Rückkoppelung angepasst wird (Huschke-Rhein 1993, 190).

Im Sinne des Kritischen Rationalismus ergeben sich für die *empirische Forschung* folgende Schritte (Haeberlin 1996, 198):

1. Formulieren einer allgemeinen Hypothese (allgemeine Behauptung eines Zusammenhanges)

2. Operationalisierung der Begriffe in der Hypothese (Festlegung von beobachtbaren Indikatoren für die abstrakten Begriffe)

3. Systematischer Versuchsplan zur logisch einwandfreien Widerlegung der Hypothese (Datenerhebung)

4. Entscheidung über die Beibehaltung der Hypothese (nach wahrscheinlichkeitstheoretischen Kriterien; a. deskriptive Datenauswertung als univariate Analyse: Auszählung von Häufigkeiten für einzelne Variablen, Prozentanteile, Mittelwerte, Streuung; b. bivariate Analyse: Korrelationen zur Feststellung des Ausmaßes des Zusammenhangs zwischen zwei gleichwertigen Variablen, Regressionen zur Feststellung der Art des Zusammenhangs zwischen zwei abhängigen Variablen; c. multivariate Analyse: Faktorenanalyse zur Feststellung der Korrelation aller Variablen, Clusteranalyse zur Feststellung homogener Teilgruppen innerhalb aller Variablen.)

5. Interpretation, Schlussfolgerungen, eventuell Umformulierung der Hypothesen. Hypothesen müssen so formuliert sein, dass sie widerlegbar sind (im Unterschied etwa zu Glaubenssätzen).

Empirische Forschung sollte sich normativer Bewertungen (Soll-Vorstellungen von Erziehungszielen) enthalten und nur Tatsachen (Ist-Zustand) erklären. Das kann jedoch selbst im Rahmen einer positivistischen Empirie nicht durchgehalten werden. Im Zuge von Entscheidungen für bestimmte empirische Fragestellungen in „Entdeckungs- und Verwertungszusammenhängen" (Neumann 1999, 132) erfolgen implizit immer auch Bewertungen, die z. B. schon in die Hypothesenbildung einfließen (Kanter 1985, 347). Hypothesen, die segregative Förderung körperbehinderter Kinder bzw. integrative Förderung befürworten, wären Beispiele für eine solche Wertentscheidung in Verwertungszusammenhängen.

Die normativen Ist-Soll-Vorstellungen in der Körperbehindertenpädagogik bergen traditionell die Gefahr einseitiger und kontraproduktiver Defizitfeststellung. Da Soll-Vorstellungen in alle empirischen Forschungen und daraus abgeleiteten pädagogischen Handlungen einfließen, bedarf es größtmöglicher Transparenz und kritischer Haltung in einer kompetenzorientierten pädagogischen Arbeit.

In der Körperbehindertenpädagogik ist die Empirie fester Bestandteil wissenschaftlicher Arbeit und schon in der Anwendung von quantitativen Forschungsmethoden von grundlegender Bedeutung. In der „deskriptiven empirischen Forschung" werden Erscheinungsbilder und Verhaltensmerkmale körperbehinderter Menschen als Beschreibung ihrer Lebensrealität statistisch erfasst. Des weiteren fragt die „hypothesenprüfende empirische Forschung" nach Ursachenzusammenhängen der Entwicklung und Förderung betroffener Menschen und ihres sozialen Umfelds. Einer handlungsorientierten Körperbehindertenpädagogik dienen die gewonnenen Ergebnisse allgemein der „Bereitstellung von Änderungswissen" (Neumann 1999, 137f).

Das heutige Basiswissen in der Körperbehindertenpädagogik, insbesondere über den Ist-Zustand der Personengruppe, beruht zum großen Teil auf empirisch begründeten (interdisziplinären) wissenschaftlichen Studien. Gleichwohl ist das Wissen über große Bereiche der Lebens- und Entwicklungszusammenhänge und Förderbedingungen nach wie vor spekulativ und bedarf der weiteren Erforschung. Dabei sollten jedoch die Möglichkeiten der empirischen Forschung nicht überschätzt werden: Nicht alles lässt sich empirisch begründen, weil es sich auch um normative Setzungen handeln kann (Beispiel: integrative Beschulung körperbehinderter Kinder); und nicht alles sollte empirisch begründet werden, weil andere Wege der Erkenntnis in der Sozialforschung angemessener sein können (Beispiel: Fallstudien). Neumann (1999, 142ff) gibt einen Überblick über Beispiele empirischer Forschung in der Körperbehindertenpädagogik und bezieht sich dabei auf Arbeiten zu emotionalen und psychosozialen Entwicklungsbedingungen, zum Leistungs- und Lernverhalten körperbehinderter Kinder, zu Einstellungs- und Interaktionsproblemen sowie zur Diagnostik und zur Intervention.

Grenzen empirischer Erkenntnismöglichkeiten in der Körperbehindertenpädagogik ergeben sich aus der Vielschichtigkeit der Auswirkungen von Entwicklungs- und Förderbedingungen auf körperbehinderte Kinder (Tschamler 1996, 187) und der eingeschränkten Quantifizierbarkeit komplexer (zwischen)menschlicher Phänomene. Empirische Forschung, die z. B. von abgegrenzten Entwicklungsphänomenen, stabilen sozialen Beziehungen und von linearen Ursache-Wirkungs-Prinzipien ausgeht, erfasst die variablen situativen Phänomene und Zusammenhänge in pädagogischen Prozessen nur unzureichend. Der einzige Weg zur kontrollierten Einschätzung der gewonnenen Aussagen verläuft über die Offenlegung der Erkenntnisschritte und damit deren interpersonale Überprüfbarkeit (Neumann 1999, 135 u. 140).

• Kritische Theorie
Eine dritte metatheoretische Position im wissenschaftstheoretischen Pluralismus der Körperbehindertenpädagogik ist die Kritische Theorie der Frankfurter Schule, die von Max Horkheimer und seinen Mitarbeitern in den späten 20er Jahren in Frankfurt/M. begründet wurde. Sie entstand auf der Basis einer kritischen Theorie der Gesellschaft in Abgrenzung sowohl von der geisteswissenschaftlichen Schule als auch von einer positivistisch-empirischen Denkrichtung und hebt die gesellschaftlichen Bedingungen wissenschaftlichen Tuns hervor (Tschamler 1996, 81). Die Kritische Theorie knüpft an dialektisches Denken von Hegel und Marx an. Hegel hatte in seiner (idealistischen) *Dialektik* angenommen, dass die Entwicklung des Seins der Entwicklung des Denkens folge. Das Denken verläuft für ihn grundsätzlich in drei Schritten: *These, Antithese, Synthese.* Damit war auch eine Theorie sozialer Entwicklungen begründet. Die Verbesserung der Welt erfolgt demzufolge durch verändertes Denken. Marx übernahm das dialektische Grundprinzip, betrachtete jedoch in seiner (materialistischen) Dialektik das Denken als durch die materielle Wirklichkeit determiniert. Marx stellte Hegels Theorie damit „vom Kopf auf die Füße": Er stellt die Freiheit des menschlichen Denkens in Abrede; nicht die Veränderung des Denkens verbessert demnach die Welt, sondern die Veränderung der Umstände.

Auch für Horkheimer bedeutet das dialektische Prinzip die höchste Stufe der Erkenntnis, doch mit dem Begriff der gesellschaftlichen *Emanzipation* eröffnet er einen Raum der *Freiheit des Denkens und Handelns*. Die kollektive Emanzipation der Menschen erwächst aus der kritischen, wissenschaftlich begründeten Erkenntnis herrschender gesellschaftlicher Verhältnisse und der Überwindung ihrer Widersprüche. In seinem Aufsatz „Traditionelle und Kritische Theorie" von 1937 legt Horkheimer dar, dass auch die Wissenschaft Bestandteil der gesellschaftlichen Verhältnisse und ihrer Ideologien ist und damit nicht grundsätzlich zur Veränderung des Denkens im emanzipatorischen Sinne beiträgt. Ein Ausweg aus dieser Sackgasse ist dabei in erster Linie die „Kritik der Ideologieabhängigkeit alles Denkens" (Kritische Theorie).

„Die Kritische Theorie lehnte die strikte Trennung des wissenschaftlichen Objekts vom betrachtenden Subjekt, das der Positivismus nie ernstlich in Frage gestellt hat, ebenso ab wie die von den Geisteswissenschaften vorgenommene Reduktion der Wirklichkeit auf Geistiges, sei es im idealistischen System oder im geisteswissenschaftlichen Zirkel von Leben und Verstehen" (Krüger 1997, 65). Vor allem der Objektivitätsglaube wird als positivistischer Irrglaube kritisiert, denn die Sprache der Wissenschaftler ist subjektiv und in gesellschaftliche Mechanismen und Interessen eingespannt. Eine objektive Darstellung von Erkenntnissen ist nicht möglich. Ideologieabhängigkeiten zeigen sich zudem in den von gesellschaftlichen Prozessen abhängigen „Entdeckungszusammenhängen" (Finden von wissenschaftlich brauchbaren Fragestellungen) und „Verwertungszusammenhängen" (Umsetzung der Forschungsergebnisse in die Praxis).

Der wichtigste Vertreter der zweiten Generation der Kritischen Theorie, Jürgen Habermas, versucht im methodologischen Programm der Kritischen Theorie die Konzeptionen der Empirie und der Hermeneutik im Rahmen von kritischer Wissenschaft zu verbinden. „Es kommt darauf an, die *Interessen*, die den Erkenntnissen dieser Wissenschaften zugrunde liegen, herauszuarbeiten ... Daher basiert die Wissenschaft auf der Einheit von Erkenntnis und Interesse ... Um die Einheit zu durchschauen, bedarf es der Reflexion. Diese erkennt in der Selbstreflexion die Eingeschränktheit der Erkenntnis und kann daher das Subjekt befreien oder emanzipieren" (Tschamler 1996, 88).

Das zentrale Anliegen und Ziel der Kritischen Theorie, die *Emanzipation* des Menschen, war seit den 70er Jahren (häufig unausgesprochen) auch das Anliegen und übergeordnete Ziel der Körperbehindertenpädagogik. Diese hat ihren Zweck in der *Mündigkeit* (und Ablösung) der Betroffenen. Das erkenntnisleitende Interesse wissenschaftlicher Körperbehindertenpädagogik ist das Interesse an Emanzipation, und zwar für das Individuum im Sinne von Habermas in Verbindung mit der emanzipatorischen Transparenz der *Selbstreflexion* im Bildungsprozess (Habermas 1968, 244) und für die Gesellschaft im Sinne Klafkis (1976, 46) im Rahmen der Kritischen Erziehungswissenschaft. Eine emanzipierte Gesellschaft schafft die Bedingungen für die Emanzipation körperbehinderter Menschen. Oder umgekehrt: *eine Gesellschaft ist erst emanzipiert, wenn sie auch körperbehinderte Menschen emanzipiert.*

Allgemeine inhaltliche Grundlagen der *Kritischen Erziehungswissenschaft* wurden von Klafki und Mollenhauer entwickelt. Klafki versteht Bildung vor allem als den Erwerb von drei Grundfähigkeiten: Fähigkeit zur *Selbstbestimmung*, zur *Mitbestimmung* und zur *Solidarität*. Diese Grundfähigkeiten sind in einem weitgefassten Konzept angelegt, das Allgemeinbildung als sozial integrativen Bildungsprozess, als Bewusstsein von geschichtlichen Entwicklungen und als kognitive, empathische und moralische Handlungsfähigkeit definiert. Mollenhauer beschreibt Erziehungsprozesse als Prozesse kommunikativen Handelns, für die pädagogische Entwürfe geschaffen werden müssen. Er sieht Erziehung als Interaktion auf der Basis der Theorie des symbolischen Interaktionismus mit der Aufgabe, Kindern und Jugendlichen Möglichkeiten zu eröffnen, ihre individuelle Identität innerhalb materieller Reproduktionsprozesse auszudrücken (Krüger 1997, 71f).

Methodologische Basis dieses Wissenschaftsmodells ist die Aufdeckung gesellschaftlicher Fehlentwicklungen mit Hilfe von Ideologiekritik. Sie erfolgt nach Klafki (1976) durch Methoden der Empirie und Hermeneutik, die ineinandergreifend gesellschaftliche Bedingungen der Pädagogik (körperbehinderter Menschen) überprüfen: *Hypothesen empirisch überprüfen, sinnverstehend (hermeneutisch) auslegen und die Ergebnisse in den gesellschaftlichen Bezugsrahmen stellen.*

In der Körperbehindertenpädagogik ist dieses wissenschaftliche Gebäude von zentraler Bedeutung für die Aufdeckung der gesellschaftlichen Basis der pädagogischen Arbeit, die Erforschung von Einstellungen, die z. B. Defizitorientierung und Stigmatisierungstendenzen (selbst bei Fachleuten) begünstigen und (unbewusst) aufrechterhalten. Pädagogische Handlungen zur individuellen, mikrosozialen und makrosozialen Veränderung erfordern die „Enthüllung" dieser Bedingungen, um für emanzipatorische Prozesse wirksam zu werden.

Von großer Aktualität ist die Kritische Theorie innerhalb der Körperbehindertenpädagogik bezüglich ihrer Position bei der multidisziplinären Ethikdiskussion um Überlebensrecht und Lebensqualität schwer körperbehinderter Menschen. Auch hier geht es zunächst um Enthüllungen im „Wahrnehmen der kälter gewordenen sozialen Realität" (Klein 1999c, 439). Darüber hinaus aber auch auf der Metaebene um „Entdeckungszusammenhänge" („Forscherdrang"), z. B. bei der Entwicklung von Biotechniken oder der wissenschaftlichen Beschäftigung mit anthropologischen Fragen einer utilitaristisch geprägten Ethik (z. B. Nichtversorgung eines schwerstbehinderten Neugeborenen), und um „Verwertungszusammenhänge" wissenschaftlicher Forschung („Profitinteressen"; ebd., 441). Es werden also Fragen zur wertgeleiteten Körperbehindertenpädagogik gestellt.

• *Ökologisch-systemische und konstruktivistische Theorien*

Von den bisher genannten wissenschaftlichen Theoriegebäuden unterscheiden sich grundsätzlich die ökologisch-systemischen („ökosystemischen") und konstruktivistischen Theorien: Sie basieren auf einem anderen Paradigma der Weltsicht, der *Natur der Welt*. Historisch gesehen, geht wissenschaftstheoretisches Denken im Abendland auf die Physik des Aristoteles zurück, also auf ein Erkenntnisgebäude, das vor zweieinhalbtausend Jahren entstanden ist und das ein *atomistisches, mechanistisches* und *deterministisches* Weltbild begründete, das sich in der Folge (in der Neuzeit verstärkt durch Descartes und Newton) in den Denkschemata verankert hat. Der traditionelle Wissenschaftsbegriff stimmt daher im wesentlichen mit dem Denkstil der klassischen Physik überein, der auch unseren „Alltagsdenkstil" prägt (Gutberlet 1984, 134).

Dieses *Paradigma* (nicht hinterfragbares Bezugssystem) läßt sich als *reduktionistisch* bzw. *vereinfachend-statisch* charakterisieren: Phänomene der Natur wie Raum, Zeit und z. B. auch soziale (pädagogische) Beziehungen werden als feste Größen definiert; die Welt wird als die Summe von Einzelteilen angesehen, die mechanistisch monokausal zusammengefügt werden können. Auf diese Weise sollen beispielsweise Vorhersagen über Lebensprozesse möglich werden, die intersubjektiv überprüfbar (objektiv) sind.

Von Seiten der Naturwissenschaften ist dieses Paradigma schon um 1900 durch ein *zirkuläres, systemisches* Denken abgelöst worden. Dabei handelt es sich um ein *dynamisches* Konzept, das sich auf eine sehr viel komplexere Weltsicht beruft. Sie begreift die Phänomene der Natur als Folge von Ereignissen zwischen „Systemen", die sich zueinander relativ verhalten (vgl. Einsteins 1919 bestätigte *Relativitätstheorie*), und kennt keine abgrenzbaren Einzelteile mehr. Danach ist der Beobachter immer auch Teil der Ereignisse; es gibt weder im makrokosmischen noch im mikrokosmischen Bereich Objektivität, absolute Messgenauigkeit und Vorhersagbarkeit von Ereignissen (vgl. Plancks *Quantenmechanik* und Heisenbergs daraus abgeleitete *Unschärferelation*). Prozesse des Zusammenspiels von Ereignissen und Personen (Systemen) werden betrachtet, die in wechselseitiger, rekursiver Beziehung zueinander stehen. D. h. jedes System ist sowohl Ausgangs- als auch Endpunkt einer Kausalkette, die damit nicht mehr dem linearen Kausalprinzip folgt. Den Systemen wohnen selbstregulierende (harmonische), systemerhaltende Kräfte inne (Bergeest 1999a, 155f). In diesem Modell bestimmen *Attraktoren* Richtung und Geschwindigkeit, mit der ein System sich entwickelt (Feuser 1995, 102f). In der personalen Entwicklung sind es beispielsweise sinnliche und soziale Attraktoren, die als quasi magnetische Anziehungsfelder für Ereignisse fungieren.

Die Wissenschaftstheorie muss hier anknüpfen, wenn man voraussetzt, dass die biologische Evolution denselben Gesetzen folgt wie die ihr vorausgehende und sie hervorbringende physikalische und chemische Evolution und folglich „auch der Versuch, sie zu analysieren und zu verstehen – so komplexe Prozesse wie Wahrnehmen, Denken und Bewusstsein eingeschlossen – nur mittels des Verständnisses dieser Gesetzmäßigkeiten erfolgen kann" (ebd., 85).

Das Theoriegebäude der klassischen Empirie hielt jedoch an alten Denkgewohnheiten fest und ist wohl einer der Pfeiler, die allgemeines reduktionistisches Denken in der Gesellschaft und in der pädagogischen Theorie und Praxis bis heute stützen. Geisteswissenschaftliche pädagogische Ansätze zeigten dagegen schon frühzeitig größere Nähe zur systemisch denkenden Naturwissenschaft (obwohl sie von anderen Grundannahmen ausgingen): Die Hermeneutik etwa betonte den zirkulären Prozess der Erkenntnis und hob die scharfe Trennung von beobachtendem Subjekt und beobachtetem Objekt auf (s. o.).

Die Körperbehindertenpädagogik wie auch die Pädagogik allgemein nähert sich diesem von der Physik übernommenen Paradigma der Weltsicht über Vorarbeiten von Wissenschaftlern anderer Bereiche, namentlich der Biologie, Psychologie und Soziologie, und deren Systematiken, die auf der Basis dieses Denkens entwickelt wurden. Die soziologische Theorie der *Ökologie* der menschlichen Entwicklung (vgl. Bronfenbrenner 1981) besagt, dass der Mensch in seiner Entwicklung in ein Netzwerk sich sozial ausweitender Systeme in wechselseitiger Anpassung eingebettet ist (vgl. Stein/Brilling 1996; v. Lüpke/Voß 1997). Wie alle Menschen haben auch körperbehinderte Menschen ihren Platz in diesem ökologischen System; es ist durch „Komplementarität" (Gutberlet 1984, 243f; vgl. Speck 1987, 85 u. 218) der Definition des Individuums im Gemeinwesen und der Definition des Gemeinwesens selbst gekennzeichnet; jeder im Gemeinwesen wird auch durch dessen körperbehinderte Mitglieder definiert. Konkret gesprochen ist beispielsweise die Rehabilitation körperbehinderter Menschen noch in den kleinsten Ausläufern des gesellschaftlichen Netzwerks verankert.

Diese vereinfachende Aussage bezieht sich auf die Ganzheitlichkeit und damit wissenschaftlich schwer zu fassende „Komplexität" in ökologischen Netzwerken. Komplexität ist in Anlehnung an Luhmann die „Einheit der Verschiedenheit", in der das Denkprinzip der Komplementarität (anders als das der auf Synthese zielenden Dialektik) die Besonderheiten der Einzelelemente bestehen lässt und sie als notwendigen Bestandteil des Gesamtsystems definiert (ebd., 257f). Dieses Denkmodell belässt körperbehinderte Menschen in ihrem So-Sein und verweist daneben auf Bildungssysteme, die die natürlichen ökologischen Lebensbedingungen gesellschaftlicher und institutioneller Integration berücksichtigen (vgl. Sander 1992 u. 1996).

Der Begriff *systemisch* verweist in der Körperbehindertenpädagogik auf die Entwicklung und das Lernen betroffener Menschen in zirkulären Prozessen innerhalb des ökologischen Netzwerks. Jeder Mensch braucht zum Überleben innerhalb dieses Netzwerks vertrauensvolle, sichere Bindungen und Objektbeziehungen. „Lernen ist ... eine Beziehung (,Systemrelation'), durch die ein Mensch (,selbstreferentielles System') zu Überlebenszwecken auf seine Umwelt (,Systemumwelt') bezogen ist" (Huschke-Rhein 1992, 9). Luhmann (1987/ 1999) überträgt die von den Biologen Maturana und Varela (1987) definierten Phänomene der Selbstorganisation (*Autopoiesis*) lebender Systeme auf soziale und psychische Systeme, die er als selbstreferentiell charakterisiert. Selbstreferentialität „bezeichnet die Einheit, die ein Element, ein Prozess, ein System für sich selbst ist ... das heißt: unabhängig vom Zuschnitt der Beobachtung durch andere" (Luhmann 1987/1999, 58). Z. B. erfolgt in neurophysiologischen Prozessen der Entwicklung kein Input-Output-Automatismus; vielmehr sucht das Individuum autonom und intern gesteuert genau die Impulse und Daten, die es in seiner aktuellen Entwicklungssituation bezogen auf seinen Systemzustand benötigt. Sie werden geprüft, um sie in einem Prozess der Selbstorganisation als Vollzug einer Einheit an ein sinnvolles Ganzes anzuschließen wie ein passendes Bauteil zu einem Puzzle (Bergeest 1999b, 193f). Das Moment des *Lernens* besteht im autopoietischen System nicht in der Reproduktion von vorgegebenen Strukturen, also in der Wiederholung einer ähnlichen Handlung bzw. der Erwartung der Wiederholung, sondern die Strukturen müssen die „Anschlussfähigkeit" eines Ereignisses an das nächste ermöglichen (Luhmann 1987/1999, 62). Für die Pädagogik bedeutet dies die Forderung, Entwicklungs- und Lernbedingungen bereitzustellen ohne „Eingriffe durch einen anderen ‚Geist'" (Kösel 1995, 45).

Speck (1996, 108) betont die „Umweltoffenheit" der selbstreferentiellen Systeme („Dissipative Strukturen"; Feuser 1995, 115). D. h. mit zunehmender Differenzierung und Komplexität des Systems erfolgt auch eine Erweiterung möglichen Umweltkontaktes.

Die Körperbehindertenpädagogik leitet daraus Modelle ab, die zum einen in der Entwicklungsförderung die entsprechenden Ressourcen im Rahmen einer „vorbereiteten Umgebung" (Montessori), einer „Lernlandschaft" mit „Stationen" bereitstellen. Das ist nicht nur im Sinne der Methodik des Modell-Lernens der klassischen Montessori-Pädagogik zu verstehen, sondern meint in systemischen Zusammenhängen auch besondere Qualitäten auf der Beziehungsebene und Haltungen des Pädagogen. Beispielsweise ist das für die kindliche Entwicklung zentrale Modell-Lernen bei körperbehinderten Kindern vielfach motorisch begrenzt, fremdes Handeln kann nur unzureichend nachgeahmt und damit überprüft werden (Mosthaf 1979, 56; vgl. Jetter 1975). Die Spezifik der Körperbehindertenpädagogik erfordert hier als Ressource unter anderem die (operationalisierten) Beziehungsqualitäten *Empathie* und *Respekt* vor den Entwicklungskapazitäten des Kindes, um ihm die eigenständige „Anschlussfähigkeit" zu erleichtern (vgl. Kap. „Allgemeine Didaktik"). Selbstreferentialität als intern gesteuerte Entwicklung und Selbstorganisation verweisen auf eine Pädagogik, die sich eher zurückhält und Lernbedingungen bereitstellt, als dass sie aktional eingreift. Dabei spielt die Beobachtung des Kindes eine wichtige Rolle. Pädagogisches Handeln in diesem Sinne ist *konsultatives Handeln,* das anstelle von Anweisungen *Steuerimpulse* gibt. Die Pädagogik körperbehinderter Kinder wird als eine *Kunst* der Balance verstanden, die ihre Ziele niemals allein linear-kausal erreicht, sondern die Selbstorganisation über einen dialogischen Prozess im weitesten Sinne fördert, aber auch als eine *Technik* mit konkreten Zielen und Planungen (Bergeest 1999a, 158).

Der Begriff *konstruktivistisch* schließlich verweist auf die aus den Systemmodellen folgende Erkenntnistheorie über die Wirklichkeit der Welt und des Lebens („Konstruktivismus"). „Als konstruktivistisch wird dabei jene Einsicht bezeichnet, nach der jede Wirklichkeit in unmittelbarem Sinne die Konstruktion derer ist, die diese Wirklichkeit erfinden" (Voß 1999, 9). Der *radikale* Konstruktivismus leugnet grundsätzlich die Möglichkeit von Erkenntnis über die Wirklichkeit (Ciompi 1997, 25ff; Schmidt 1996, 11ff). Der *relative* Konstruktivismus zieht Konsequenzen aus der „Relativität der Wahrheit, der Bedeutung des Beobachters, der immer auch Beteiligter in beobachteten Systemen ist, der Unschärfe von Wahrnehmungen und Wirklichkeitsbehauptungen" (Reich 1997, IX). Die „Wahrheit" der Erkenntnis über die Wirklichkeit wird nicht mehr als objektiv Erfasstes definiert, sondern als Konsens über das, was subjektiv in der Wirklichkeit vieler Beteiligter erfahrbar ist und beschrieben wird. „Realität ist also ein subjektives Konstrukt, das erst durch die Abstimmung mit den Konstrukten anderer Beobachter den Charakter einer ‚objektiven' Welt erhält" (Kösel 1995, 48). Wissenschaftlich tritt an die Stelle des empirischen Beweises die *intersubjektive Evidenz* (Nachvollziehbarkeit).

Die Übertragung dieses erkenntnistheoretischen Ansatzes auf die Pädagogik ist in Umrissen erkennbar. Nach Reich (1997) erfolgt sie allgemein unter dem Stichwort „systemisch-konstruktivistische Pädagogik", und er hebt dabei die Inhalts- *und* Beziehungsebene hervor. Es steht nicht mehr das Was (als Didaktik und Methodik) im Vordergrund; das *Wie* des zirkulären pädagogischen Prozesses wird kommunikationstheoretisch auf persönlicher Ebene einbezogen. Reich (ebd., 118ff) entwickelt eine Didaktik der „*Konstruktion*" (erfinden der Wirklichkeit, selbst erfahren, ausprobieren, experimentieren auf der Sachebene und der zwischenmenschlichen Ebene; in Anlehnung an Deweys „primary experience", ebd., 197), der „*Rekonstruktion*" (neu entdecken der Wirklichkeit aus anderen Lebensphasen, „Wie habe ich es damals gemeint?", entdecken der Wirklichkeit anderer Menschen; Deweys „reflective experience") und der „*Dekonstruktion*" (enttarnen verdeckter Wirklichkeiten durch Verschiebung des Blickwinkels; Metaebene der Wahrnehmung).

Kösel (1995) entwirft eine „*subjektive Didaktik*", in der Unterricht als „didaktische Spirale" gekennzeichnet ist, deren zirkulärer Aufbau durch Interaktionen mit den Basiskomponenten *Ich* (biografische Struktur des Einzelnen), *Wir* (soziale Dimension der Lerngruppe) und Sache (Struktur des Unterrichtsgegenstands) bestimmt wird. Inhalts- und Beziehungsebene fließen ähnlich wie bei *Reich* gleichwertig in den Unterricht ein (ebd., 164f). „Im Vordergrund steht Lernen – als je subjektive Aneignung – nicht Lehren ... Daneben tritt mit Gleichberechtigung (oder mit einem gewissen Vorrang) die Gestaltung der sozialen Lernumwelt, der Handlungssysteme und damit auch der persönlichen Beziehungen, des ‚Dialogs'" (Kleber 1999, 145).

Die *ökologische Vernetzung* subjektiver Welten verweist auch auf die Notwendigkeit der Arbeit im gesamten systemischen Umfeld der Kinder (Elternarbeit, Supervision in Fördereinrichtungen; Kersting 1999, 192ff; Voß 1999, 272f; Bergeest 1999d, 285f). *Chaoselemente*, wie sie in der Chaosforschung als Zweig der Systemtheorie beschrieben werden (Huschke-Rhein 1998, 230f; vgl. Speck 1991), deuten auf die Balance zwischen Ordnung und Chaos in pädagogischen Prozessen, auf nichtlineare Dynamik und gehören zu jeder schöpferischen Aktivität. Schließlich verweist das *konstruktivistische* Moment per se auf das übergeordnete Ziel pädagogischer Arbeit mit körperbehinderten Menschen: die *Erziehung zur Selbstverantwortung*.

Für die schulpädagogische Praxis sind ökosystemische (systemisch-konstrukti-vistische) Ansätze für folgende Arbeitsgebiete beschrieben worden, die sich in der Körperbehindertenpädagogik nutzbar machen lassen (vgl. Voß 1999): Sprache, Kunst und Begegnung in fächerübergreifender Didaktik im Deutsch-und Mathematikunterricht (Ruf/Gallin 1999, 154ff); Gruppenarbeit und Lern-kooperation (Gieler/v. Lüde 1999, 197ff); systemisch-ganzheitliche Diagnostik in der Schule (Eberwein 1999, 223ff). Überschneidungen mit ökosystemischer Praxis, besonders im Zusammenhang mit der Erziehung zu Kreativität, finden sich in reformpädagogischen Schulen (Petersen, Dewey, Freinet und Gestalt-pädagogen; vgl. Röhrs 1991; Burow 1988).

Praxisbezogene Ansätze ökosystemischer Körperbehindertenpädagogik lie-gen zu allgemeinen pädagogischen Grundsätzen und zur *Diagnostik* (vgl. Haupt 1996) vor, zur *Frühförderung* (vgl. Bieber u. a. 1992; Leyendecker 1997), zur Pädagogik *schwerstbehinderter Kinder* (vgl. Praschak 1993) und zur *Integra-tion* (vgl. Sander 1992 u. 1996).

Zur Umsetzung ökosystemischen Denkens in der schulischen Praxis bedarf es einer generellen Veränderung der Organisation von Regel-, Sonder- und in-tegrativer Schule in Richtung auf größere Durchlässigkeit und Flexibilität und die umfassende Durchsetzung integrativer Tendenzen (ohne deshalb sonder-schulische Förderung abzuschaffen). Zudem ist eine Lehrerausbildung erforder-lich, die Theorie und Praxis stärker vernetzt, als es bis heute traditionell der Fall ist.

In der wissenschaftlichen Forschung setzt die ökosystemische Pädagogik per-spektivisch in Abkehr von der Analyse auf Erkenntnis von Systemzusammen-hängen und auf die Erfassung von Relationen, Prozessen und Vernetzungen (Bergeest 1999a, 158). Statt ausschließlich unter „idealisierten" (stabilen, re-duktionistischen) Bedingungen zu quantifizieren und Aussagen auf hohem Abstraktionsniveau fern der Praxis zu machen, geht die Wissenschaft den Weg in Richtung qualitativer Forschung mit *Komplexitätssteigerung*, vielschichti-geren Aussagen und genaueren Einzelkenntnissen. Komplexitätsreduktion, um zu eindeutigen Aussagen, Handlungsempfehlungen oder Entscheidungsalterna-tiven zu kommen, kann nicht mehr das ausschließliche wissenschaftliche Ver-fahren sein. Das Ziel ist nicht mehr ein vollendetes, in sich stimmiges Weltbild, sondern dieses wird offen gehalten und darf unscharf und fragmentarisch bleiben. Der Beobachter entscheidet über das Ausmaß der dem Gegenstand angemessenen Komplexitätsreduktion oder -steigerung (Reich 1997, 193). Le-gitimationskriterium ist die aus Verständigungsprozessen gewonnene *intersub-jektive Evidenz*. Gerade in der Körperbehindertenpädagogik als Handlungswis-senschaft mit starkem Praxisbezug wird es häufig um Komplexitätssteigerung

gehen, um den Beteiligten gerecht zu werden; ein Grund dafür liegt in der extremen Differenzierung und Individualisierung der betroffenen Personengruppe.
Zur notwendigen *Komplexitätsreduktion* wird im ökosystemischen Modell auf die *Verbindung empirischer und interpretativ-hermeneutischer Methodik* gesetzt. „Das bedeutet, dass die traditionellen ‚empirischen' Teile (Beobachtung, Befragung, Experiment) und die traditionellen ‚hermeneutischen' Teile aufeinander bezogen sind und in das Konzept der Handlungsforschung einmünden" (Huschke-Rhein 1993, 7). Allerdings unterliegen sie ökosystemisch geprägten Wandlungsprozessen. Es erfolgt eine generelle Verschiebung „vom Laborexperiment zur qualitativen Feldforschung" im natürlichen Umfeld (Huschke-Rhein 1992, 149ff). Das Erkenntnisinteresse orientiert sich an der Lebenswelt und weniger an abstrakten Kategorien.

Die *Beobachtung* kann nicht nur hochstrukturiert (komplexitätsreduziert), sondern auch niedrigstrukturiert (komplexitätsgesteigert) sein. Der Wissenschaftler bleibt nicht in der Distanz, sondern wird teilnehmender Beobachter unter Aufgabe eines umfassenden Objektivitätsanspruchs. Dadurch werden auch die Möglichkeiten der offenen Beobachtung auf Vertrauensbasis nutzbar. Beobachtungsintervalle werden realitätsgerecht angelegt (Huschke-Rhein 1993, 15ff). Dennoch bleibt der Forscher um Objektivität bemüht, indem er den Forschungsprozess immer wieder von der Metaebene aus sichtet und strukturiert.
Die *Befragung* wird dem Interview als „Interaktion zweier Subjekte" den Vorzug geben vor anonymer Befragung und Gruppenbefragung; die Gesprächssituation wird als nondirektives „weiches Interview" (ebd., 41ff) gestaltet. Gegenüber der anonymen Befragung erfolgt damit eine Komplexitätssteigerung.
Das *Experiment* entfernt sich vom Labor und orientiert sich an der realen Lebenswelt; es hält sich „gleichsam in der Mitte zwischen ‚Alltag' und ‚Wissenschaft', zwischen ‚Subjekt' und ‚Objekt'" (ebd., 67ff).
Die *Handlungsforschung* schließlich vereint die qualitativ gefassten Methoden von Beobachtung, Befragung und Experiment und die interpretativen Methoden. Hier wird eine Lücke geschlossen, die über viele Jahre pädagogischer Forschung entstanden ist, aber erst in den 90er Jahren verstärkt thematisiert wurde: die Operationalisierungen pädagogisch-theoretischer Ansätze, d. h. deren konkrete Umsetzung in die pädagogische Praxis. Methoden werden an praxisorientierter Feldforschung ausgerichtet. Forscher sind Praxisteilnehmer natürlicher pädagogischer Felder. Beteiligte Personen sind Subjekte (keine Objekte), die in persönlichem Austausch mit allen anderen stehen. Qualitative Forschungsmethoden, in denen die Subjekt-Objekt-Spaltung überwunden ist, haben Vorrang vor quantitativen Methoden, deren Ergebnisse keinen Selbstwert besitzen, sondern qualitativ interpretiert werden. Der Ablauf von Forschungsprojekten erfolgt in zyklischer Rückkoppelung der Zwischenergebnisse. Hypothesenbildungen sind zielgerichtet und handlungsgeleitet in Richtung von Handlungsalternativen in erzieherischen Feldern (nicht nur in Reduktion auf Befriedigung wissenschaftlicher Neugier). Beteiligte Personen werden über Ergebnisse informiert (ebd., 188ff).

Mayring (1993) entwirft ein Modell von „13 Säulen qualitativen Denkens" in der Sozialforschung. Als qualitative Forschungstechniken werden das *problemzentrierte Interview*, das *narrative Interview*, *Gruppendiskussionsverfahren* und *teilnehmende Beobachtung* hervorgehoben (44ff).

Dieser wissenschaftstheoretische Perspektivenwechsel hat Auswirkungen auf die *Gütekriterien* wissenschaftlicher Forschung. An die Stelle der klassischen Gütekriterien Objektivität, Reproduzierbarkeit und Reliabilität im instrumentellen Forschungsverständnis treten neue oder neu bewertete Kriterien: *Transparenz* (methodologische Nachvollziehbarkeit des Forschungsprozesses für andere Wissenschaftler), *Realitätshaltigkeit* (die Angemessenheit der Methode für den Sozialkontext und die Lebenswelt des Menschen), *Praxisrelevanz* (exemplarischer Wert der Forschung für Praxis und Wissenschaft) und *Plausibilität* (prinzipielle Konsensfähigkeit im Rahmen intersubjektiver Evidenz).

1. 3 Historische Determinanten

Rehabilitationsgeschichte und Bildungsgeschichte körperbehinderter Menschen sind Determinanten für gegenwärtiges Verstehen und wertgeleitetes Handeln in der Körperbehindertenpädagogik. Am Beginn der rehabilitativen Bemühungen steht die Erkenntnis der positiven Veränderbarkeit der Situation betroffener Menschen (Schmeichel 1983a, 3f). Im Lauf der Menschheitsgeschichte entwickelten sich nach Epochen, in denen von Geburt behinderte Menschen getötet, existentieller Unsicherheit ausgesetzt, der Bedürftigen- und Armenhilfe sowie der (christlichen) Barmherzigkeit anheim gestellt wurden, erst in jüngerer Geschichte nicht nur umfassendere Möglichkeiten der medizinischen und therapeutischen Rehabilitation, sondern auch die Erkenntnis der Bildungsfähigkeit betroffener Menschen und schließlich in jüngster Zeit ein gleichberechtigtes Zusammenleben körperlich „verschiedener" Menschen.

Zielgerichtetes und strukturiertes Handeln der Körperbehindertenpädagogik setzt sich beständig mit historisch gewachsenen Strukturen auseinander. Man begreift die Schwierigkeit, in vielen Bereichen der Rehabilitation körperbehinderter Menschen *emanzipatorisch* zu arbeiten, eher, wenn bewusst ist, dass hier weitgehend Neuland betreten wird und dass es keine historischen Modelle für dieses Vorhaben gibt. Daraus erwächst auch die für viele Betroffene (und Pädagogen) schwer zu ertragende Perspektive, dass grundlegende emanzipatorische Veränderungen als Ziel der Rehabilitation einen langen Atem erfordern.

Die Bedeutung der Aufarbeitung von Vergangenheit in der Körperbehindertenpädagogik liegt in der *Bewältigung ungelöster Fragen und der Überwindung
von historisch begründeten Hürden* auf dem Weg körperbehinderter und chronisch kranker Menschen zu gleichberechtigter Teilhabe an unserer Gesellschaft. Es geht nicht nur um das bis in die jüngste Geschichte immer wieder in
Frage gestellte *Lebensrecht* vieler schwerbehinderter Menschen, sondern vor
allem auch um *Vorurteile*, deren Wurzeln sich durch Jahrtausende und noch
über die Aufklärung der Neuzeit hinaus verfolgen lassen: z. B. die psychophy-
sische Parallelisierung Körperbehinderung = böse, „dumm" oder die Verbindung der Ursachenfrage einer Behinderung mit der Schuldfrage (Haeberlin
1996a, 46). „So gewiss es bis heute auf vielen Gebieten der Rehabilitation Behinderter z. T. gewaltige Fortschritte zu verzeichnen gibt, in Bezug auf den
Abbau von Vorurteilen und negativen Einstellungen scheint wenig in Bewegung geraten zu sein" (Wilken 1983, 224). Und schließlich stellt sich die Frage
nach historischen *sozialen Modellen* für die Betroffenen: Positive Identifika-
tionsfiguren mit körperlicher Behinderung fehlen; es gibt keine „starken", „be-
gehrenswerten" und „schönen" offensichtlich körperbehinderten Menschen in
der älteren oder jüngeren Geschichte und in der Kunst; ihnen werden nur weitgehend ineffiziente „moralische" Qualitäten zugestanden. Körperbehinderung
korreliert mit (sozialem) Defizit und Defensive (Bergeest 1999c, 215). Die
Abwesenheit sozialer Modelle führt vielfach dazu, dass die Identitätsfindung
betroffener Menschen erschwert wird und die emanzipatorische Arbeit der
Körperbehindertenpädagogik sich ihre Grundlagen erst schaffen muss.

Zudem ist bei der historischen Betrachtung der Situation körperbehinderter
Menschen und der Körperbehindertenpädagogik eine Differenzierung nach der
Art und Schwere der Behinderung und der chronischen Krankheit in Relation
zu „gesellschaftlichen Anforderungen und Normvorstellungen" (Kobi 1975,
83) erforderlich. „Im Umgang mit Behinderten gibt es offenbar gewisse Konstanten" (Stadler 2001, 99). Die soziale Stellungnahme und mögliche Sanktion
war davon abhängig, ob eine Körperbehinderung z. B. von Geburt an sichtbar
war, sich erst in späteren Lebensjahren manifestierte oder etwa durch Unfall
oder in kriegerischer Auseinandersetzung (ehrenvoll) eintrat. Die Gruppe der
von Geburt körperbehinderten Menschen war in besonderem Maße von Sanktionen (bis hin zur Tötung) betroffen (v. Pawel 1984, 47); die Gruppe der
Kriegsversehrten hatte immer eine Sonderstellung inne, die von großem Bemühen um Rehabilitation gekennzeichnet war (von der auch immer andere Gruppen körperbehinderter Menschen profitierten). „Erst in der Gegenwart wurde
das Kausal- vom Finalprinzip in der Beurteilung einer Behinderung abgelöst.
D. h., dass nicht mehr der Anlass, sondern das Ziel der Hilfe entscheidend für
die notwendigen Maßnahmen ist" (Stadler 2001, 99).

Soziale Stellungnahme und Sanktionen waren im Verlauf der Geschichte und in einzelnen Kulturen unterschiedlich. Der Versuch einer Rekonstruktion kann anhand von drei anthropologischen Leitlinien erfolgen:

• *Phänotypische Zeugnisse und Definitionen des körperlichen „Andersseins" als Normverstoß*: Zeugnisse eines körperlichen „Sonderstatus" betroffener Individuen (Seidler 1988, 3f) in ihrem individuellen Primärerleben und im Erleben und Urteil der sozialen Gemeinschaft (bis in die Gegenwart). Dazu gehören Knochenfunde, Abbildungen und Beschreibungen von Körperbehinderung und chronischer Krankheit, aber auch erste Definitionen und Systematiken in medizinischen Schriften sowie demographische Erhebungen in jüngerer Zeit.

• *Sozialgeschichtliche Zeugnisse des Umgangs mit Behinderung und Krankheit*: Abbildungen und Dokumente der Akzeptierung oder Ablehnung von Menschen mit körperlichem (phänotypischem) Sonderstatus. Sie geben Aufschluss über Aufnahme Behinderter in die Gemeinschaft oder über Aussonderung (und Tötung). Dabei nehmen ökonomische Gründe einen hervorragenden Platz ein: „Die ablehnende Einstellung gegenüber Körperbehinderten war in der Geschichte umso aggressiver und letztlich vernichtender Natur, je einseitiger der Körper unter dem Aspekt der Nützlichkeit und Verwertbarkeit gesehen wurde" (Leyendecker 1986, 307). Es zieht sich nach Seidler (1988, 3) aber auch der rote Faden eines Bedingungsgefüges durch die Geschichte, „ob die Ursache eines körperlichen ... Defektes, einer Verstümmelung oder Missbildung begriffen werden kann oder nicht". Kann Behinderung oder Krankheit erklärt und mit den Sinnen erfasst werden, etwa bei Unfallfolgen oder Kriegsverletzungen (die auch eindeutige Schuldzuweisungen gestatten), so wird Akzeptierung erleichtert, und es erfolgen in der Regel Maßnahmen zur Rehabilitation. Gibt es jedoch bei angeborener Missbildung oder plötzlicher starker Normabweichung (z. B. epileptischem Anfall) keine Erklärung, so kommt es in der gesamten Menschheitsgeschichte zu Reaktionen auf das Unbegreifliche, Unfassbare, Bedrohliche, auf die „Tabuverletzung". Die daraus resultierende Angstbewältigungsstrategie bewirkt eine Eliminierung des Auslösers, verbunden mit einem Schuld/Sühne-Komplex. (Seidlers anthropologischer Erklärungsversuch dieser musterhaften historischen Prozesse erhellt auch gegenwärtige „Aufklärungsstrategien" in der Behindertenarbeit.) Und darüber hinaus haben wir es mit Mechanismen kollektiver Verarbeitung durch Verankerung in Mythen (Religion, Dämonen-, Heldensage als Suche nach Lebenssinn, Angstbewältigung und um „uns in Harmonie und Einklang mit dem Universum zu bringen und zu erhalten"; Campbell 1990, 7) oder mit der Sublimierung durch künstlerische Darstellungen zu tun. Über Jahrtausende der Menschheitsgeschichte kommt es zur Darstellung von Körperbehinderung in allen Kulturkreisen als „orthopädische Aspekte der Mythologie" (Schadewaldt 1983, 1). Dabei wurde „die Körperbehinderung in der Mythologie meist jenen das vorwiegend Böse symbolisierenden Gottheiten als determinierendes Stigma zugeordnet" (Schlegel 1983, 19ff). Positive Figuren kommen jedoch auch vor, etwa der Luzifer (mit Klumpfuß) verwandte griechische Satyr als Symbol von Fruchtbarkeit und Erotik. In der Kunst finden sich Darstellungen von Verstümmelung, Fußdeformitäten, Amputationen, Epilepsien (vgl. Schneble 1987) und weiteren chronischen Krankheiten (vgl. Seidler 1993; Duin/Sutcliffe 1993). Leyendecker verweist im Zusammenhang mit positiver sozialer Einstellung auf Phasen in der Antike und im Mittelalter, in denen körperliche Defekte „nicht immer nur als Defizit, sondern auch als Erscheinungsform akzeptiert [wurden], die zum wechselseitigen Ausgleich motivieren" (1986, 308). Die Einstellung zu Körperbehinderten und Kranken wird bereits in der Begrifflichkeit deutlich, die in den entspre-

chenden Zeugnissen verwendet wird. So werden durchgängig durch alle Epochen in
Schriften und Gesetzestexten abwertende Begriffe für körperbehinderte Menschen benutzt. Es ist (in übertragenem Sinne) von *Zwergen* und *Missgeburten* die Rede, Luther
sprach von *Wechselbälgern* (verhexte, missgestaltete Kinder, die im Mutterleib oder nach
der Geburt an die Stelle der gesunden Kinder gesetzt wurden), die Brüder Grimm kolpor-
tieren das Sprichwort „je krümmer, je tümmer", und der Ausdruck *Krüppel* (abwertend
für Menschen mit „gekrümmten, gelähmten" Gliedern (Wilken 1983, 212) dominiert noch
in der ersten Hälfte des 20. Jahrhunderts in Ansätzen zur Körperbehindertenpädagogik
(etwa bei Würtz 1921). Obwohl der Begriff „bei vielen auf Widerstand" stößt (Biesalski
1926, 11), findet er bis zum Inkrafttreten des Körperbehindertenfürsorgegesetzes 1957
auch in Verbindung mit „Kriegskrüppel" und „Krüppelfürsorge" Verwendung (vgl. Wilken 1983, Thomann 1995; Müller, 1996, legt eine umfassende Kulturanthropologie des
„Krüppels" vor). In der Emanzipationsbewegung körperbehinderter Menschen seit Mitte
der 80er Jahre wird bewusst wieder zu betont negativen Bezeichnungen wie Krüppel gegriffen, um (sprachliche) Tabus aufzulösen zum Zweck einer „Gegenkonditionierung",
wie sie schon Biesalski (1915) in seiner „Kriegskrüppelfürsorge" verfolgt hat: „Stoße sich
niemand an dem Worte ‚Krüppel'... Es gibt nur ein Mittel, über dieses Wort hinwegzu-
kommen, nämlich umzulernen und nicht unter einem Krüppel ein abschreckendes Jam-
merbild zu verstehen" (zit. n. Wilken 1983, 213).

• *Zeugnisse zu Hilfsmaßnahmen und zur Rehabilitation:* Hierzu zählen Zeugnisse zur Versorgung von Kriegsversehrten, die seit über 6000 Jahren nachgewiesen werden kann
(z. B. die Ursprünge des „Versorgungsrechts" für Kriegsbeschädigte und Hinterbliebene
im alten Ägypten; Neumann 1993, IX), und von Unfallopfern. Zeugnisse zu Hilfsmaßnahmen bei körperlichen Behinderungen und Erkrankungen im Sinne einer vormedizini-
schen intuitiv-instinktiven Hilfe und später einer systematischen medizinischen Versorgung existieren in großer Zahl in Form von eindeutigen Befunden an Skeletten und in
frühen medizinischen Schriften und Abbildungen (vgl. Seidler 1993). Der Begriff *Rehabilitation* in der Hilfe für Behinderte ist neueren Datums; er wurde von dem Freiburger
Staatsrechtler und Arzt Franz Josef Ritter von Buss 1846 im deutschen Sprachraum eingeführt und bezog sich auf das „System der gesamten Armenpflege" zur Wiedererlangung
persönlicher Würde der Betroffenen (Seidler 1988, 4). Erste Zeugnisse einer sonder- oder
heilpädagogischen Versorgung für Körperbehinderte liegen seit der 2. Hälfte des 18. Jahrhunderts auf der Basis von pädagogischen Prinzipien Pestalozzis vor. Insbesondere aber
finden sich Ansätze zur Sonderbeschulung körperbehinderter Kinder in Einrichtungen der
orthopädischen Versorgung betroffener Kinder (v. Pawel 1984, 51f).

Das Auftreten von körperlicher Behinderung und chronischer Krankheit ist bis
in die Frühgeschichte nachgewiesen. Der gesellschaftliche Stellenwert der Rehabilitation läßt sich bruchstückhaft rekonstruieren.

• *Frühgeschichte.* Körperschädigungen und (degenerative) chronische Erkrankungen sind
so alt wie die Menschheit. Äußere Schädigungen (Traumen), Missbildungen und Auswirkungen artspezifischer innerer Erkrankungen (entzündlicher Knochenerkrankungen)
nachweisbar an *altsteinzeitlichen* Skeletten (150 000 – 35 000 v. Chr.). Heilbehandlungen
vermutlich instinktiv, keine Zeugnisse (Seidler 1993, 15f). *Jungsteinzeitliche* Funde belegen Auftreten von Spina bifida (Überleben bis ins Erwachsenenalter), Hüftluxationen,
Tumoren, Knochen- und Stoffwechselerkrankungen (ebd., 16; Valentin 1961, 1; Wilken
1983, 14).

• *Altertum.* In *Sumer* um 3500 v. Chr. Zeugnisse auf Stein- und Tontafeln über Menschen mit körperlicher Schädigung; Zusatz „körperbehindert" taucht in Berufsbezeichnungen auf, und körperliche Besonderheiten gehen in die Namensgebung ein („der Hinkende", „der Lahme"; Waetzoldt 1996, 78ff). In *Babylon* wird um 1700 v. Chr. im Gesetzeskodex des Hammurabi dem Vater das Recht zugestanden, missgebildete Neugeborene zu töten oder auszusetzen (Wilken 1983, 226). Im alten *Ägypten* belegen Grab- und Tempelinschriften sowie Lehrtexte einen überwiegend rücksichtsvollen Umgang (z. B. staatliche Fürsorge) mit körperlich geschädigten Menschen. Gleichzeitig ausgeprägte Tendenzen, sie mit Hohn und Spott zu bedenken („Hofnarren"). Erste Zeugnisse von Vorurteilen aus dem 14. Jahrhundert v. Chr.: In einer Streitschrift wird „Lähmung" mit „Dummheit" in Zusammenhang gebracht (Fischer-Elfert 1996, 93ff). Erste Abbildung einer Cerebralparese auf altägyptischer Stele von 1500 v. Chr. (Valentin 1961, 4). Aus der gleichen Zeit Hinweis auf vererbte Muskeldystrophie auf einem Relief (Mortier 1994, 1f). Erste Beschreibung einer erworbenen Querschnittlähmung durch den ägyptischen Arzt Imhotep um 2600 v. Chr. mit Hinweis auf Unheilbarkeit (Hesselbarth 1990, 2). Differenzierte Systematik einer religiös bestimmten Medizin. Aus dem alten *Indien* sind keine Tötungen oder Aussetzungen missgestalteter (männlicher!) Neugeborener überliefert. Weit entwickelte medizinische Behandlungsmöglichkeiten (Duin/Sutcliffe 1993, 17). Im antiken *Griechenland* in der Regel Tötung oder Aussetzung (mit der Chance des Überlebens) körperlich geschädigter Neugeborener (Meyer 1983, 87; Mehl 1996, 123f). Auch große Vordenker gesellschaftlicher Prozesse unterstützten eine rigorose Auslese. Aristoteles beispielsweise definiert körperliche Behinderung als natürliche Störung des naturimmanenten Formprinzips, gleichwohl fordert er von der Politik, „kein verkrüppeltes Kind aufzuziehen" (Mehl 1996, 133; Bachmann 1985, 267). Aber auch erste empirisch geprägte (im Gegensatz zu religiös bestimmter) Medizin und umfassendere Behandlungsmöglichkeiten von körperlichen Schädigungen (Hippokrates). In *Rom* ähnliche Verhältnisse wie in Griechenland, später Einschränkung des Tötungsrechts. Das verkürzt überlieferte Zitat Juvenals (60–140 n. Chr.) „mens sana in corpore sano" („ein gesunder Geist in einem gesunden Körper") wirkt sich nachhaltig (bis heute) stigmatisierend auf Menschen mit körperlicher Behinderung aus; Originalzitat ist ein satirischer Stoßseufzer beim Anblick kraftstrotzender Gladiatoren: „Orandum est, ut sit mens sana in corpore sano" („Man kann nur wünschen, dass auch ein gesunder Geist in dem gesunden Körper sei!"; Merkens 1988, 43f). Ausdifferenzierung griechischer Medizin, deren zusammenfassende (aber auch spekulative und abwegige) Darstellung durch Galen bis in die Neuzeit Einfluss behielt. Im alttestamentarischen *Judentum* werden Körperbehinderung und Krankheit als Strafgericht und Zuchtmittel Gottes mit dem Ziel der Läuterung verstanden. Weitgehende Übernahme ins christliche Neue Testament. Daneben Gebot der Nächstenliebe und Barmherzigkeit, so dass die Einstellung körperbehinderten Menschen gegenüber von der Spannung zwischen Ablehnung und Zuwendung geprägt ist (Bachmann 1985, 271f).

• *Mittelalter.* Durch Taufe Aufnahme körperlich geschädigter Kinder in die christliche Gemeinschaft und damit ausdrückliche Existenzberechtigung (Wilken 1983; Seidler 1988), aber in der Praxis weiterhin Ausgrenzung (missgestaltete Kinder wurden nicht als Gottes Ebenbilder akzeptiert); erste Sozialasyle zur anstaltlichen Versorgung seit 330 (Konstantinopel; Hierdeis 1996, 210). Im Hochmittelalter auf der Basis scholastischer Theorien der Almosenlehre fester Platz in der gesellschaftlichen Hierarchie für betroffene Menschen (an denen Gutes zum Zwecke der Erlangung jenseitiger Güter getan wurde; Bachmann 1985, 275). Um 1454 erste Selbsthilfe-„Bruderschaft". Medizinische Behandlung stand unter Aufsicht der Kirche und folgte im günstigsten Fall der tradierten Lehre Hippokrates' (Valentin 1961, 8ff).

• *Beginn der Neuzeit*. Durch humanistisch-reformatorisches Gedankengut gewinnt der Mensch ein neues Selbstverständnis und eine veränderte Einstellung zu seinem Körper. Das neue harmonische Schönheitsideal drängte körperbehinderte Menschen erneut in die Defensive (Bachmann 1985, 278). Die Caritas für körperlich Geschädigte wich zunehmend einer neuerlichen Verfolgung durch Teufelsglauben und Hexenwahn. Der Dreißigjährige Krieg hinterließ 1648 ein Heer von Armen und körperlich Geschädigten, die zumeist abgeschirmt in Armen- und Krüppelhäusern vegetieren mussten. Im 17. Jahrhundert auch erste Weichenstellung für ein staatlich organisiertes Schulsystem für alle Kinder. Initialer „Sündenfall der Didaktik" durch Comenius' Ideal des Schnelllernens und der Abkürzungswege mit der Gleichsetzung von Güte und Schnelligkeit der Lernprozesse, das sich bis heute nachteilig auf die besonderen Lernsituationen körperbehinderter Kinder auswirkt (Meyer 1997, 254f). Große Fortschritte der Medizin (erste exakte anatomische Beschreibung einer Spina bifida 1605, erste Abbildung einer skoliotischen Wirbelsäule 1627, erste Darstellung eines Rollstuhls mit Eigenantrieb 1655), aber auch weiterhin medizinische Versorgung der Bevölkerung durch „Quacksalber" (Duin/Sutcliffe 1993, 42).

• *Aufklärung und Industriezeitalter*. Mit der Aufklärung beginnt die „Moderne" für körperbehinderte Menschen. Erste Theorien ihrer Erwerbsbefähigung und beruflichen Eingliederung von Döhler 1712 (Wilken 1983, 233). Pestalozzi propagierte die systematische Bildungsarbeit für alle Kinder. Das Gedankengut der Aufklärung und „unvorstellbare Zunahme von Körperschäden" (Merkens 1988, 47) im Zuge der industriellen Kinderarbeit führten Anfang des 19. Jahrhunderts europaweit zur Gründung von Heimen für körperbehinderte Menschen. Sie dienten der Unterbringung, der medizinischen Rehabilitation sowie der pädagogischen Förderung (auch um die Betroffenen erwerbsfähig zu halten). 1832 Gründung der „Praktisch-technischen Unterrichts- und Beschäftigungsanstalt für arme krüppelhafte Kinder der bayerischen Monarchie" durch v. Kurz mit ersten Hinweisen auf Konzeptionen einer besonderen Didaktik für körperbehinderte Kinder. Den entscheidenden Durchbruch zu einer systematischen Förderung bewirkten die Heimgründungen von Pastor Hans Knudsen, 1872, und Pastor Theodor Hoppe, 1886 (Becker 1961, 47). Die Medizin ist bestimmt durch neue systematische Krankheitslehre: Ätiologie der cerebralen Bewegungsstörung 1827 (Langenberg 1968, 17), Beschreibung der häufigsten Formen 1843 durch Little; erste Beschreibung der juvenilen Muskeldystrophie 1868 von Duchenne (Speer 1993, 11; Forst 2000, 9f); 1870 Bestimmung der Entstehung einer Epilepsie (Kellermann 1996, 118).

• *Erste Hälfte des 20. Jahrhunderts*. Erste so genannte „Krüppelzählung" im gesamten Deutschen Reich von Biesalski 1906 (Seidler 1988, 14; Möckel 1988, 152; Fuchs 2001, 23). Biesalski und Würtz verfolgten ein heimzentriertes Rehabilitationskonzept (Weiß 1999, 85; Würtz 1912; 1913; 1914) und entwickelten Unterrichtsmethoden und -organisation für körperbehinderte Kinder auf reformpädagogischer Basis (Oskamp 1978). Gründung erster „ambulanter Krüppelschulen" (Hamburg 1910, Berlin 1911, Breslau 1916). Biesalski begründete 1908 die „Zeitschrift für Krüppelfürsorge" (1943 eingestellt; in Nachfolge erschien ab 1951 das „Jahrbuch der Fürsorge für Körperbehinderte" und ab 1962 „Die Rehabilitation"; vgl. Lotze 1999). 1920 erstes „Krüppelfürsorgegesetz". Erste „Krüppelvorübungsschulen" als vorschulische Förderung auf reformpädagogischer Basis in den 20er Jahren (Herold 1929). 1909 Gründung des ersten Solidarvereins körperbehinderter Menschen als „Deutsche Vereinigung für Krüppelfürsorge". Sie wurde bis 1942 geduldet (Lotze 1999, 15ff). Nach 1933 fand die Arbeit in den Schulen und Heimen zunächst „im Stillen" statt (Wilken 1983, 221ff). Angesichts der rassenpolitischen Ideologie der Nationalsozialisten ging es für körperbehinderte Menschen und ihre Angehörigen um einen Kampf gegen Entwürdigung und ums Überleben. 1933 wurde das „Gesetz zur Verhütung erbkranken Nachwuchses" verabschiedet, das zu Zwangssterilisation auch vieler körperbehinderter Menschen führte (Klee 1991, 36ff; Kulenkampff 1988, 170). Die so genannte „Euthanasie" als Tötungsaktion auch körperbehinderter Menschen begann 1939 und wurde nach Protesten von Kirchenvertretern offiziell 1941 beendet, jedoch inoffiziell durch Medikamentengabe, Mangelernährung und in Konzentrationslagern fortgesetzt (Klee 1991, 345f). Ingesamt fielen der Euthanasie-Aktion schätzungsweise 100 000 – 200 000 behinderte Menschen zum Opfer (Kobi 1975, 114).

• *Nach dem Zweiten Weltkrieg.* Ereignisse im Dritten Reich blieben in der Fachwelt über viele Jahre weitgehend ausgeklammert (Speck 1987, 52). 1947/49 Neugründung der Deutschen Vereinigung für Krüppelfürsorge. Zunächst nur Heimbeschulung für schwerer körperbehinderte Kinder (Möckel 1988, 236f). Ab Mitte der 50er Jahre Gründung erster Tagesschulen (Berlin, Hannover, Kassel). Nach dem „Gutachten zur Ordnung des Sonderschulwesens" der Kultusministerkonferenz 1960 verstärkte Gründung von Sonderschulen für Körperbehinderte und Ausbau wissenschaftlicher Körperbehindertenpädagogik. 1973 durch die „Sonderpädagogischen Empfehlungen des Deutschen Bildungsrats" Weichenstellung zur integrativen vorschulischen und schulischen Bildung körperbehinderter Kinder (anschließend bis zu Beginn der 90er Jahre wissenschaftlich begleitete Modellprojekte zur schulischen Integration in allen alten Bundesländern). Seit Mitte der 70er Jahre grundlegende Arbeiten zur Entwicklungsförderung schwerstkörperbehinderter Kinder (Fröhlich 1980; Haupt/Fröhlich 1982 u. 1983). Die Körperbehindertenpädagogik in der DDR entwickelte sich unter anderen ideologischen Voraussetzungen (Wellmitz 1999, 101ff). Sie war Teil der Rehabilitationspädagogik der DDR (vgl. Hübner 2000). Ab 1949 begann dort der Aufbau eines Netzes von Sonderschulen. Körperbehinderte Kinder (als eine Kategorie physisch-psychisch geschädigter Menschen) wurden in den „Allgemeinbildenden polytechnischen Oberschulen für Körperbehinderte" (60 % dieser Gruppe) und den „Allgemeinbildenden polytechnischen Oberschulen in Einrichtungen des Gesundheits- und Sozialwesens für längere Zeit stationär Behandlungsbedürftige, chronisch Erkrankte" (40 %) unterrichtet (Becker u. a. 1984, 304f). 1957 Bildung der „Forschungsgruppe Rehabilitation", die 1962 in „Gesellschaft für Rehabilitation in der DDR" umbenannt wurde. Maßnahmen schulischer Förderung und Versorgung mit Hilfsmitteln galten in der Praxis vor allem leichter körperbehinderten Kindern; für viele schwerer behinderte Kinder klafften gesetzlich verankerte Ansprüche auf Rehabilitation und soziale Wirklichkeit weit auseinander (Bleidick 1990, 561f). Medizinisch und therapeutisch erfolgte seit den 50er Jahren eine dramatische Weiterentwicklung spezialisierter Behandlungsformen für körperbehinderte und chronisch kranke Kinder: z. B. 1952 Liquorableitung bei Spina bifida/Hydrocephalus-Kindern (seither Überleben der meisten Betroffenen); Verfeinerung pränataler Diagnostik zur Früherkennung von körperlichen Schädigungen; Entwicklung wirksamer Physiotherapie (Bobath, Vojta) und später Ergotherapie.

Am Ende des 20. Jahrhunderts war ein grundsätzlicher Wandel in der Situation körperbehinderter Menschen (und der Sonderpädagogik) eingetreten: Neue Gesetze fördern die Gleichstellung körperbehinderter Menschen; die Medien widmen seit dem *„Internationalen Jahr der Behinderten"* der Vereinten Nationen 1981 behinderten Menschen die ihnen gebührende Aufmerksamkeit und

„transportieren" vor allem die Bilder der Betroffenen – eine notwendige Chance, den umfänglichen Tabubereich zu durchbrechen und die Schwelle der Stigmatisierung zu erhöhen. Im Rahmen von Aktionsprogrammen der internationalen Gesellschaft für Rehabilitation („Rehabilitation International – RI") wurden Forderungen verabschiedet, die mehr Mitsprache und Mitentscheidung behinderter Menschen in Belangen der Rehabilitation („Kampf gegen Vorherrschaft und Bevormundung durch die Experten") und die vollständige Integration der Betroffenen in die Gesellschaft zum Inhalt haben. In Deutschland wurde 2001 mit dem SGB IX ein umfängliches Gesetzeswerk verabschiedet, das auf „Gleichstellung" der Betroffenen zielt und sie nicht mehr primär als Objekt der Fürsorge betrachtet, sondern bei der selbständigen Lebensgestaltung unterstützt. Es ist „normal, verschieden zu sein" (Richard von Weizsäcker), und das Schlagwort „Empowerment" gibt die Richtung der sozialen Entwicklung vor (Lotze 1999, 38). Die Emanzipationsbewegung behinderter Menschen wird für alle sichtbar („Vom Recht auf Unvollkommenheit"; Deutsche Behindertenhilfe – Aktion Mensch e. V. 2000).

Aber „die Auseinandersetzung um die grundlegenden Wert- und Sinnfragen in Bezug auf Menschen mit Behinderungen erfuhr auch eine erhebliche Polarisierung" (Haupt 1996, 10) durch die neu aufgekommene Diskussion und Polemik um Lebensrecht und Selbstbestimmung behinderter Menschen. Diese Diskussion bietet die Scheinlegitimation für eine „Neue Behindertenfeindlichkeit" (Theunissen 1989, 673ff), die sich auch immer wieder in offenen Angriffen auf die Betroffenen äußert.

Die *Sonderpädagogik als Wissenschaft* ist geprägt durch eine „Neue Unübersichtlichkeit" (Haeberlin 1996, 141) und Ratlosigkeit gegenüber der Komplexität sonderpädagogischer Aufgaben. Der pädagogische Idealismus, der der Machbarkeit aller Bildung durch ein wissenschaftsorientiertes Lernen anhing, ist relativiert worden. „Das eigentliche Problem aber scheint anderswo zu liegen, nämlich in einer Dimension der Nicht-Determiniertheit des Menschen, seiner Freiheit und seines Entwurfs zur Selbstregulation seiner Angelegenheiten in einer komplexer werdenden Welt" (Speck 1991, 13). Mit dem Terminus „Selbstregulation" verweist Speck auf einen Paradigmenwechsel, der die Wissenschaft in große Verunsicherung bezüglich tradierter Normen und Werte stürzt und bisher verlässliche Güte- und Beurteilungskriterien in Frage stellt. „Als Umgang mit der ‚Neuen Unübersichtlichkeit' und ‚Orientierungslosigkeit' kann auch der Trend in der Heilpädagogik zum ‚Systemischen Denken' interpretiert werden. Dadurch erhofft man sich, dass die unübersichtliche Komplexität wieder geordnet werden kann, ohne dass man die Realität reduzieren muss" (Haeberlin 1996, 142).

2. Personengruppe und Förderbedürfnisse

Menschen mit körperlicher Behinderung sind eine Personengruppe mit schweren organischen Schädigungen. Körperbehinderung ist ein Sammelbegriff „für die vielfältigen Erscheinungsformen und Schweregrade von Beeinträchtigungen, die sich aus Schädigungen des Stütz- und Bewegungsapparates und aus anderen inneren und äußeren Schädigungen des Körpers und seiner Organe ergeben" (Stadler 2000, 77). Dabei werden drei Auswirkungen der organischen Schädigung unterschieden: Funktionsausfälle und Funktionsstörungen; Folgewirkungen dieser Störungen im Sinne von erschwerter Entwicklung; Verhaltens- und Leistungsauffälligkeiten. Bei Menschen mit Körperbehinderung und zusätzlichen Erschwernissen ihrer Entwicklung entsteht ein Förderbedürfnis. Diesem begegnet unsere Gesellschaft mit Rehabilitationsmaßnahmen, deren kooperatives Ganzes auch durch pädagogische Aufgaben bestimmt wird.

Zur sozialen Handhabung der Rehabilitation erfolgt eine „Etikettierung" der Personengruppe, die zunächst immer vor dem Hintergrund medizinischer Stellungnahmen erfolgt, der sich sozialrechtliche Definitionen anschließen (vgl. Bundesarbeitsgemeinschaft für Rehabilitation 1994; Bundearbeitsgemeinschaft Hilfe für Behinderte 1997; Trenk-Hinterberger 1997). Die stigmatisierende Wirkung eines Etiketts wird dabei in der Regel in Kauf genommen.

Aus der umfassenden Kenntnis der Personengruppe, d. h. einem Bemühen darum, ihre Lebensbewegung und Entwicklungsvollzüge zu verstehen, ergeben sich Informationen über die jeweiligen Förderbedürfnisse als Basis (kooperativen) pädagogischen Handelns.

Die Zusammensetzung der Personengruppe körperbehinderter und chronisch kranker Menschen ist grundsätzlich historischen Veränderungen unterworfen. Seit den ersten systematischen Erhebungen von Biesalski am Anfang des 20. Jahrhunderts (s. o.) lässt sich dieser Wandel konkret nachvollziehen. Epidemien und Krankheiten, körperliche Mangelerscheinungen, Auswirkungen der beiden Weltkriege, die Contergan-Katastrophe, aber auch der medizinische Fortschritt haben das Bild in diesem Jahrhundert geprägt. Die häufigsten von Biesalski erfassten Körperschäden waren noch Lähmungen (inkl. Folgen von Kinderlähmung), Knochen- und Gelenktuberkulose, Skoliose, Folgen schwerer Rachitis, Gliedmaßenfehlbildung. Noch 1964 nennt Heina als Krankheitsbilder bei Kindern der Schule für Körperbehinderte Tuberkulöse Erkrankungen und Folgen der Kinderlähmung neben Cerebralen Bewegungsstörungen, Deformitäten der Wirbelsäule und („nur selten") Querschnittlähmungen (Heina 1964, 10ff). Anfang der 70er Jahre erscheinen noch Gliedmaßenfehlbildungen (Contergan-Schädigungen) an prominenter Stelle in den Systematisierungen der Schädigungsgruppen von betroffen

Kindern an Schulen für Körperbehinderte (vgl. Übersichtsdarstellungen bei v. Pawel 1984, 18f). Haupt (1982, 97ff u. 174ff) verweist in einer systematischen Erhebung in Rheinland-Pfalz auf die Veränderungen der Schülerschaft an Körperbehindertenschulen durch erhöhte Aufnahme von schwerstbehinderten Kindern und fordert neue Förderkonzepte. Sie gibt folgende quantitative Rangfolge von Körperbehinderungen an: Cerebrale Bewegungsstörungen, Querschnittlähmung/ Spina bifida, Muskelerkrankungen, Fehlbildungssyndrome, schwere chronische Erkrankungen. Außerdem hat sie an der Gesamtstichprobe körperbehinderter Schüler in Rheinland-Pfalz erhoben, nach welchen Lehrplänen die Schüler unterrichtet wurden: 32 % Grund- und Hauptschule, 41 % Lernbehindertenschule, 18 % Geistigbehindertenschule, 7 % schwerstbehinderte Schüler. Bis 1995 hatte sich der Anteil schwerstbehinderter Schüler auf 17,5 % erhöht (Haupt 1999, 69)

In den neuen Bundesländern unterrichten in den 90er Jahren die Schulen für Körperbehinderte zwar nur nach Lehrplänen der Grund- und Hauptschule und der Schule für Lernbehinderte (schwerstbehinderte Kinder werden in Einrichtungen für geistig behinderte Menschen gefördert; Wehr-Herbst 1997, 316ff), sie nehmen jedoch verstärkt auch schwerer behinderte Kinder auf und suchen nach neuen Förderkonzepten. Ansonsten stellt sich die Rangfolge der Behinderungen in Körperbehindertenschulen der neuen Bundesländer ähnlich dar wie bei Haupt (unveröffentlichte Statistiken in Sachsen-Anhalt), jedoch mit einem sehr viel höheren Anteil von Kindern mit chronischen Erkrankungen.

Stadler (1999, 160ff) unterteilt die Erscheinungsformen körperlicher Behinderung nach 3 medizinischen Kategorien in Schädigungen des Zentralnervensystems (Gehirn und Rückenmark), Schädigungen der Muskulatur und des Skelettsystems sowie Chronische Krankheiten und Fehlfunktionen von Organen. Die folgende Darstellung orientiert sich nicht an einer medizinischen Systematik, sondern weitgehend an Kriterien der pädagogischen Praxis. Hinsichtlich der Förderbedürfnisse der einzelnen Personengruppen gibt es Überschneidungen.

2.1 Kinder mit cerebralen Bewegungsstörungen

(vgl. Rathke/Knupfer 1966; Matthiaß/Brüster/Zimmermann 1971; Thom 1982; Bobath/Bobath 1983; Feldkamp 1983; Finnie 1985; Bobath 1986; Feldkamp/Matthiaß 1988; Vojta 1988; Kalbe 1993; Bundesverband für Körper- und Mehrfachbehinderte 1993; Hinum 1995; Feldkamp 1996; Ferrari/ Cioni 1998; Aly 1998; Thiele 1999; Kallenbach 2000; Stotz 2000)

Kinder und Jugendliche mit cerebralen (zerebralen) Bewegungsstörungen (Cerebralparesen, infantile Cerebralparesen) stellen im Zuständigkeitsbereich der

Körperbehindertenpädagogik die größte Gruppe dar. Bei der infantilen cerebralen Bewegungsstörung handelt es sich um eine *sensomotorische Störung* (Störung der gegen die Schwerkraft gerichteten Stütz- und Zielmotorik) *als Folge einer frühkindlichen Hirnschädigung* im Zeitraum vom Beginn der pränatalen Hirnentwicklung bis zum Ende der Markentwicklung im 4. Lebensjahr (einige Autoren geben den Zeitraum bis zum 2. Lebensjahr an). Spätere Läsionen bei ausgereiftem Gehirn durch Traumatisierungen (Hirnverletzung, Sauerstoffmangel) oder Erkrankungen (Entzündungen, Hirntumoren) bewirken grundsätzlich andere neurophysiologische Prozesse und führen zu unterschiedlichen Erscheinungsformen der Schädigung. Kennzeichen der Hirnschädigung ist die Entstehung eines im Wesentlichen konstanten Defekts, der abzugrenzen wäre gegen fortschreitende cerebrale Prozesse bei hirnorganischen Erkrankungen.

Der Terminus „sensomotorische Störung" verweist auf die Beeinträchtigung obligatorischer Zusammenhänge zwischen Sensorik und Motorik im Prozess der afferenten Aufnahme, der Integration (Verarbeitung) und der efferenten Abgabe von Reizen an die Muskelzellen durch die propriozeptiven Systeme. Betroffen sind Schemata inhibitorischer Kontrolle (Hemmung) von unwillkürlichen Massenbewegungen und frühkindlichen Reflexen (Flehmig 1979, 10ff) beim Aufbau der Willkürmotorik über *5 hierarchisch aufgebaute sensomotorische Regelkreise* (Körpertiefenintegration und Eigenreflex, Körperoberflächenintegration und Fremdreflex, Gleichgewichtsintegration, Integration der unwillkürlichen Motorik und Integration der willkürlichen Motorik; Peters 1991, 88ff; Milz 1996, 31f). Strukturen älterer Hirnregionen, die unwillkürliche Motorik steuern, dominieren die Leistungen des Neocortex, da sie nicht durch dessen Schemata willkürlicher motorischer Kompetenz gehemmt werden. Der weitere entwicklungslogische Aufbau – von der Bauchlage zum Stehen in der Auseinandersetzung mit der Schwerkraft von der Körpermitte (*proximal*) zur Peripherie (*distal*) hin – wird bestimmt durch diesen Mangel an inhibitorischer Kontrolle. Dadurch kommt es zu ungleichmäßigen Entwicklungsverzögerungen und zu Erfahrungsdefiziten der Kinder; die Quantität der Bewegungskonzepte ist herabgesetzt; der Bewegungsdrang führt in stereotyper Weise immer wieder zu denselben abnormen reflexbestimmten Mustern; sie werden mit der Zeit immer vertrauter und schleifen sich bei der Willkürmotorik ein; pathologische Bewegungsschablonen und Haltungen werden ohne physiotherapeutische Behandlung manifest. In der Behandlung geht es also bei der Unterdrückung pathologischer Bewegungsschablonen und der Förderung entwicklungslogischer Schablonen zunächst um den Aufbau inhibitorischer Schemata im Neocortex.

Ursachen der Schädigung liegen bei ca. 35 % in der pränatalen Entwicklung (Infektionen, Medikamente, Gifte, abnormer Schwangerschaftsverlauf), bei ca. 35 % in perinatalen (Sauerstoffmangel) und ca. 15 % in postnatalen Ereignissen

(Hirnhautentzündungen, Gehirnblutungen, Unfälle, Gewalteinwirkungen, Anfallsleiden). Bei ca. 15 % sind die Ursachen nicht bekannt. Die klinische Abgrenzung zwischen einer cerebralen Bewegungsstörung in minimaler Ausprägung und einer Entwicklungsstörung der sogenannten *Minimalen Cerebralen Dysfunktion* (MCD; s. u.) meist ungeklärter Genese ist nicht möglich (Michaelis/Niemann 1995, 104ff; Thiele 1999, 5). Die Häufigkeit der cerebralen Bewegungsstörung liegt in Deutschland bei ca. 3 bis 4 ‰ der Geburten (der Anteil von Kindern mit motorischen Auffälligkeiten im Sinne einer MCD liegt heute mit verbesserter Diagnostik bei mehr als 10 % der Kinder im Einschulalter).

Erscheinungsformen und Entwicklungsbedingungen

Allgemeine Merkmale der cerebralen Bewegungsstörung sind: *abnorme Muskelspannung* (zu hoch, zu niedrig, schwankend, abrupt wechselnd) mit eingeschränkter Willkürmotorik (Bewegungsüberschuss, Bewegungsarmut); *pathologische Reflexe* (insbesondere fehlende Integration des Tonischen Labyrinthreflexes, des Symmetrisch Tonischen Nackenreflexes und des Asymmetrisch Tonischen Nackenreflexes; vgl. Flehmig 1979, 11ff); *Totalsynergien* (ungehemmte Ausbreitung eines Bewegungsimpulses als Strecksynergien und Beugesynergien); *assoziierte Reaktionen* (nicht unterdrückbare Mitbewegungen anderer Körperteile, z. B. als assoziierte Fausthaltung, Verkrampfung einer Körperhälfte oder Kieferöffnung). Diese Merkmale sind auch in geringer Ausprägung schon im 1. Lebensjahr diagnostisch zugänglich.

Spezielle Merkmale der cerebralen Bewegungsstörung bilden sich in der Regel erst nach dem 1. Lebensjahr heraus. Eine Differentialdiagnose (wichtig für Indikation von ersten physiotherapeutischen Maßnahmen und deren Prognosen, um Verschlechterung der Motorik zu verhindern) bezüglich des Merkmaltyps im 1. Lebensjahr zu stellen ist sehr schwierig, in den ersten 6 Monaten fast unmöglich, weil sich z. B. die Muskelspannung und deren Verteilung auf die 4 Körperhemisphären noch verändern. Der hypotone Säugling kann später athetotisch oder ataktisch werden, der spastische Säugling kann später athetotisch werden; Hemiplegie kann zur Tetraplegie werden. Stotz (2000, 25) unterscheidet 5 Kriterien der Diagnose: Verdachtsmomente; Störungen in der körperlichen Entwicklung; Störungen im Ablauf der frühkindlichen Reflexreaktionen; Auftreten der Symptome Spastik, Athetose, Ataxie und deren Folgezustände; Feststellung zusätzlicher Funktionsbehinderungen.

In der Regel werden drei Hauptformen der cerebralen Bewegungsstörung unterschieden:

• *Spastik*: Häufigste Form, oft als reine Form. Kennzeichen sind ständig erhöhte Muskelspannung in schwereren Fällen oder intermittierend erhöhte Muskelspannung bei Aktivität, Stimulation, Leistungsdruck oder Aufregung als plötzliche Extensorenstöße oder Kollaps in Beugung. Gestörtes Zusammenspiel von Agonist und Antagonist (zuviel Kokontraktion), gesteigerte Muskeleigenreflexe. Es sind nur wenige Bewegungsschablonen vorhanden, häufig als federnde Widerstände oder gleichbleibender „Bleirohr-Widerstand". Die spontane Aktivität ist eher gering (Kampf mit Reflexen). Pathologische Körperhaltungen können zu Fehlstellungen der Gelenke und zu Kontrakturen führen. Ausgeprägte pathologische Reaktionen sind nur in sehr schweren Fällen von Geburt an als beständige Unruhe vorhanden („Mein Kind stößt mich fort, wenn ich es im Arm habe"); in den meisten Fällen herrscht Bewegungsarmut als Säugling vor mit stufenweiser Entwicklung der Spastik. Sie wirkt sich aus als Tetraplegie (beide Arme und beide Beine sind betroffen, Kopfkontrolle, Augenkontrolle und Sprache sind beeinträchtigt; meist Rollstuhlabhängigkeit), Diplegie (Beine sind mehr als Arme betroffen, häufig Hüftbeugung mit Adduktion und Innenrotation der Beine, Beugung der Knie, Belastung der Füße nur vorn und am Innenrand) und Hemiplegie (nur eine Körperhälfte ist verkrampft, das Bein wird weniger belastet; die andere Körperhälfte wird entsprechend bevorzugt, oft assoziierte Reaktionen auf der verkrampften Hälfte).

• *Athetose*: Selten reine Form, meist als Mischform mit Spastik. Kennzeichen sind stark schwankende Muskelspannung (in Ruhe Muskelspannung eher niedrig, in Bewegung Wechsel zwischen Hypo- und Hypertonus), Hyperkinese mit Bewegungsüberschuss, die die Kontrolle der Gelenkmittelstellung stark erschweren. Agonist und Antagonist schlaff (zuwenig Kokontraktion). Bewegungsabläufe wechseln zwischen langsam, verkrampft und ausfahrend, Kampf um Stabilität. Kopf und Schulter sind instabil, Kopf droht oft, nach hinten zu fallen; mangelnde Kontrolle der Mimik und Artikulation, Speichelfluss, erschwerte Nahrungsaufnahme. Ausbildung charakteristischer Handdeformitäten wie Gabelhand und Bajonettfinger. Als Säuglinge sind die Kinder häufig zunächst hypoton (schlaff), passiv und „sanft" (Bobath); manchmal treten Schwierigkeiten beim Füttern auf; Atem- und Bronchialprobleme, der Mund steht häufig offen; Griff ist schwach, Hände werden bei gebeugten Handgelenken häufig offen gehalten („niedlich"). Athetose wirkt sich meist als Tetraplegie aus, aber oft mit Seitendifferenz.

• *Ataxie*: Sehr selten reine Form, gelegentlich als Begleiterscheinung. Kennzeichen sind schwankender, oft zu niedriger Muskeltonus, ständige Richtungskorrektur und Problem der Mittelstellung. Verlangsamte, unharmonische, eckige Bewegungen (nicht fließend); Unsicherheit beim Wechsel der Körperhaltung; torkelnder Gang („betrunken"), bei überwiegender Rumpfataxie ist das Stehen instabil und wackelig. Keine Zielsicherheit und Dosierung beim Hantieren, Dysdiadochokinese; Intentionstremor in den Armen, mangelndes Abbremsen beim Fallen. Als Säuglinge häufig zunächst hypoton, aber mit gesteigerten Muskeleigenreflexen; später erste Auffälligkeiten durch Probleme der Rumpfkontrolle beim Hochziehen zum Sitzen und Zielunsicherheit des Greifens. Ataxie wirkt sich meist als Tetraplegie aus.

Die Entwicklung von Kindern mit cerebralen Bewegungsstörungen wird durch die *Primärstörung* und darüber hinaus wesentlich durch eine Reihe von *Begleitstörungen* beeinflusst. Die Primärstörung bewirkt orthopädische Komplikationen. Die pathologische Muskelspannung kann zu Fehlstellungen an allen Gelenken führen, es besteht die Gefahr von Gelenkversteifungen als Streck-, Beuge-, Adduktions- und Abduktionskontraktur. Hüftbeugefehlstellungen können zu Beckenkippung und kompensatorischer Hyperlordose der Wirbelsäule führen. Bei vielen betroffenen Kindern (besonders mit Hemiplegie) besteht die Neigung zu Wirbelsäulenverbiegungen (Skoliose, Kyphose). Es treten regelmäßig Fußfehlstellungen auf (Spitzfuß, Knickfuß, Hackenfuß, Hohlfuß). Durch Bewegungsarmut und Haltungsasymmetrien können Rückenlage- und Schräglageschäden verbunden mit Verbiegungen der Wirbelsäule entstehen. Durch Inaktivität kommt es zu Gewebeschwund (Atrophie) an den Extremitäten. Als Hauptbegleitstörungen sind hervorzuheben:

• *Störung der Nahrungsaufnahme und des Sprechens* als Tonus- und Koordinationsstörung von Kiefer, Gaumen, Zunge, Lippen. Mit Massenbewegungen und Hypersensibilität im Mundbereich, gestörtem Kauen (und damit einer erschwerten Voraussetzung des Sprechens), bestehendem Beißreflex, erschwertem Mundschluss, Schluckproblemen, Atmungsproblemen (Böllhoff 1971, 12ff; Haupt 1983, 290ff; 1989, 100ff; Hinum 1995, 125ff; Strässle 2000, 21ff). Dadurch sind auch vor allem sprach- und kommunikationstragende Prozesse beeinträchtigt (Thiele 1999, 109ff). Darüber hinaus können „spracherwerbsgestörte" Kinder vor allem in den Bereichen Symbolspiel und Kommunikation, Sprachproduktion und Sprachverständnis von einem größeren Entwicklungsrückstand betroffen" sein (Boenisch/Engel 2001, 52).

• *Störung des Sehens und Hörens*: Schielen und zentrale Sehstörungen sind häufige Begleiterscheinungen von Spastik. Bei allen betroffenen Kindern können folgende Auffälligkeiten der Sehfunktion auftreten: Nystagmus (Zittern der Augäpfel), Blicklähmung, Störungen des Fixierens und des Verfolgens und vor allem Störungen der Sehschärfe (Unterscheidung von Details). Hörstörungen können als partielle Schwerhörigkeit („Hörminderung") vor allem bei Menschen mit Athetose auftreten (Ferrari/Cioni 1998, 149ff; Johannsen/Rennhack 1982, 326ff; Rheinweiler 1989, 114ff; Michaelis/Niemann 1995, 179ff).

• *Epilepsien*: Anfallsleiden sind ein häufiges Begleitsymptom hirnorganischer Veränderungen (s. Kap. „Epilepsiekranke Kinder"). Sie treten als generalisierte und/oder fokale Anfälle bei 22 %–56 % (vgl. Krenkel/Bröcheler 1982, 156f; Stotz 2000, 62ff) der Menschen mit cerebralen Bewegungsstörungen auf.

• *Vegetative Störungen*: Auffälligkeiten des Vegetativums sind in Verbindung mit Cerebralparesen außerordentlich häufig. Sie äußern sich als abnorme Reaktion auf Kälte und Hitze, Störungen der Hautdurchblutung, Über- und Untertemperatur, Schlafstörungen und Verstopfung (durch fehlende Aufrichtung und Bewegungsarmut). Daneben können Störungen der inneren Sekretion auftreten, die zu Störung des Körperwachstums (besonders der unteren Körperhälfte) oder auch zum verspäteten Pubertätseintritt führen.

• *Auffälligkeiten der kognitiven Entwicklung*: Die kognitive Entwicklung (als Aneignung von Erfahrungen über die individuelle Existenz in der Welt und deren kreative Gestaltung) von cerebralparetischen Kindern ist vor dem Hintergrund ihres besonderen (sensomotorischen) Weltbezugs zu verstehen und aus der Perspektive der Entwicklungslogik in vielen Bereichen auffällig. Allen empirischen Befunden zu diesem Komplex ist gemeinsam, dass sie „Besonderheiten kognitiver Funktionen" in einzelnen Leistungsbereichen feststellen (vgl. Übersichtsdarstellung Leyendecker 1999, 167ff). Diese werden auf die Schädigung und die daraus resultierende „veränderte Aneignung von Wirklichkeit" (Jetter 1979a, 161) durch behinderte Lebensbewegung zurückgeführt (vgl. Kap. „Bedingungen der kognitiven Entwicklung"). Aus den vielfach ungünstigen Befunden ein generelles geistiges Defizit cerebralparetischer Kinder abzuleiten ist aus heutiger Sicht unzulässig, da diese Kinder keineswegs eine homogene Gruppe darstellen (Kallenbach 2000, 67). Darüber hinaus beruhen viele testpsychologische Untersuchungen auf ungeeigneten Intelligenzkonzepten, die Kommunikationsprobleme und diskontinuierlich verlaufendes Leistungsverhalten cerebralparetischer Kinder nur unzureichend berücksichtigen (Ferrari/Cioni 1998, 197) und zudem einem überholten Objektivitätsglauben der klassischen Empirie folgen (Haupt 1996, 8f).

• *Auffälligkeiten der sozial-emotionalen Entwicklung*: Die sozial-emotionale Entwicklung cerebralparetischer Kinder kann gekennzeichnet sein durch problematische Auseinandersetzungen mit der Beeinträchtigung ihrer Lebensbewegung, der familialen Verarbeitungen der Behinderung und gesellschaftlichen Zuschreibungen. Auf der Individualebene spielen Mobilitätsprobleme und Besonderheiten der Kommunikation sowie später die Durchsetzung von „Benachteiligungsverboten" und der „Gleichstellung" eine zentrale Rolle. Auf familialer Ebene sind Auswirkungen eines gestörten Familiengleichgewichts durch andauernde Verunsicherung (im Unterschied z. B. zur Schockreaktion bei Familien mit von Geburt sichtbar schwer behinderten Kindern) bedeutsam. Übergeordnetes gesellschaftliches Problem sind Prozesse von Etikettierung und Stigmatisierung der Betroffenen (Bergeest 1999c, 215ff; vgl. Kap. „Bedingungen der Sozialisation und Identitätsfindung"). Die Rehabilitation erfolgt in der Regel in besonderen (integrativen) Institutionen bis zum möglichen Eintritt in das Berufsleben. In schweren Fällen verbleiben die Betroffenen in „beschützenden" Einrichtungen. Neueste gesetzliche Regelungen stärken das Recht auch dieser Personengruppe auf umfassende Assistenz in der Berufsausbildung und -ausübung (vgl. Kap. „Nachschulische/außerschulische Förderung").

Förderbedürfnisse

Der Begriff cerebral steht für die Schädigung der anatomischen Struktur, wohingegen Bewegungsstörung die veränderte Funktion eines plastischen Systems betrifft; die Schädigung ist manifest, die Störung kann verändert werden. Fehlende Entwicklungsfortschritte lassen sich zunächst als Maß für den Schweregrad der Störung ansehen und damit Förderbedürfnisse der Kinder feststellen. „Wenn der *Raum* die Art der Lähmung (Willkürmotorik und Haltung) bestimmt, so misst die *Zeit* ihren Schweregrad (Stillstand der Entwicklung)" (Ferrari/Cioni 1998, 25). Die Förderbedürfnisse der betroffenen Kinder richten sich vor allem nach dem Grad der Ausprägung der „Lähmung" von Willkürmotorik und Körperhaltung (*Posturalität*); sie reicht von leichter Ausprägung in der Haltung und Bewegung eines Körpergliedes bis hin zur schwersten Form, der völligen *Aposturalität* als umfassende Unfähigkeit zur angemessenen Reaktion auf die Schwerkraft (über die eigentliche Störung des Muskeltonus hinaus). Je länger der Zustand schwerer Formen anhält, desto schwerwiegender sind die Folgestörungen.

Kinder mit schweren Ausprägungen haben in ihrer Bewegungskompetenz u. U. über Schemata der „Schwimmkompetenz" für die fötale Entwicklung hinaus wenig „Schwerkraftkompetenz" für die Geburtsfähigkeit entwickelt (wie Un-

tersuchungen an frühgeborenen cerebralparetischen Kindern belegen; ebd., 74).
Diesen Kindern stehen gegenüber den Bewegungsforderungen der Umwelt zur
Aufrechterhaltung ihres Wohlbefindens meist wenig mehr als 2 Antworten zur
Verfügung: sich nicht zu bewegen (intentionelle Lähmung) oder maximal zu
kontrahieren (Blockierung der Bewegung), um sich den Anforderungen auf-
grund fehlender kortikaler Bewegungsschemata zu entziehen. Das führt in der
Regel zu mehr oder weniger hoher Ausprägung in folgenden existentiell er-
fahrbaren Problembereichen: Fehlende innere Ruhe und fehlende Stabilität der
Innenwelt, mangelhafte Organisation der autonomen Rhythmen (Schlaf-Wach-
Rhythmus, Hunger-Sättigung), Probleme der Definition eigener Grenzen, fehlender „Boden unter den Füßen", oberflächliche Atmung, Schwierigkeiten der
Ernährung (Saugprobleme), mangelhafte perzeptive Toleranz (Einschätzung
von Fernreizen) und Wahrnehmungsintegration (Reizabwehrreaktionen), schwierige Auge-Hand-Mund-Koordination, Hypersensibilität gegenüber Lärm und
gleichzeitig Unbehagen bei Stille („Suche nach uterinem Echo"), Intoleranz gegenüber Geschmacksrichtungen und oraler Heiß-Kalt-Empfindung (ebd., 75).
    Das Förderbedürfnis betroffener Kinder besteht zunächst in der *Akzeptanz*
dieser möglichen Erschwernisse ihrer umfassenden *personalen* Lebensqualität.
(Eine Reduktion der Kinder auf die Schädigung durch die „Betriebsblindheit"
einzelner Professionen und ihrer vermeintlichen Zuständigkeiten vereinbart
sich nicht mit dem Menschenbild der Körperbehindertenpädagogik; s. Kap.
„Kulturauftrag Körperbehindertenpädagogik"). Das weitergehende Förderbedürfnis besteht im Ersatz pathologischen motorischen Verhaltens durch ent-
wicklungslogisches Verhalten, um dem Kind zu helfen, Anpassungsmöglich-
keiten zu finden, die den Regeln seiner Selbstregulation entsprechen. Innerhalb
der entwicklungslogischen (genetisch vorprogrammierten) „kortikalen Landkarte" als Zielvorgabe wird der Weg der Förderung durch die individuelle Auf-
nahmefähigkeit des cerebralparetischen Kindes bestimmt. Generell besteht bei
allen betroffenen Kindern die Lernfähigkeit für *Willkürmotorik, Kontrolle der
Körperhaltung, Wahrnehmungsintegration, Kommunikationsgestaltung, Wahrnehmung und Durchsetzung eigener Bedürfnisse oder auch Kompensation und
funktionelle Ersatzstrategien;* es kann jedoch auch gelernt werden, „die eigenen
Fähigkeiten nicht oder schlecht einzusetzen" (ebd., 30).
    Die funktionale Bewegungsstörung entwickelt sich im frühkindlichen Pro-
zess der (emotional/motivational bestimmten) sensorischen Integration (vgl.
Kap. „Bedingungen der kognitiven Entwicklung"). Eine wirkliche Integration
von Bewegungsschemata bewirkt einen Automatismus, bei dem Bewegung
Teil einer planvollen Handlung wird. Eine Bewegung, die kortikal gesteuert
werden muss und nicht (funktionslustvoll) als Mittel zum Zweck eingesetzt
werden kann, wird schwer gespeichert und führt nur zu geringen Entwicklungs-

fortschritten. Bleibt im Zuge der Therapiemaßnahmen die Handlung beständig auf kortikale Kontrolle des Mittels beschränkt und tritt darüber ihr kreativer Zweck in den Hintergrund, so sollte der Therapieplan überdacht werden. „Einem Kind, das häufig aufgibt, hat man zu früh zu viel abverlangt" (ebd., 63). Es geht also auch um Beginn und Dosierung von Therapiemaßnahmen: Die in der Frühförderung selten in Frage gestellten Formeln „Je früher, desto besser" und „Viel hilft viel" sind bei cerebralparetischen Kindern in der Regel kontraproduktiv (Leyendecker 1999a, 299).

Zur Operationalisierung von Frühförderung wird versucht, die Förderbedürfnisse cerebralparetischer Kinder in einzelnen Dimensionen zu fassen. Förderbedürfnisse sind Informationsbedürfnisse des Gesamtsystems einer Person. Im Einzelnen besteht ein Informationsbedürfnis der betroffenen Kinder in folgenden Dimensionen:

• *Psychomotorische Dimension*: Es besteht ein Bedürfnis nach Harmonisierung der Bewegung (als Auseinandersetzung mit Schwerkraft), um alte, unwillentliche Bewegungsautomatismen (frühkindliche Reflexe) abzubauen und willentliche Bewegung zu bahnen. Dazu sind physiotherapeutische Maßnahmen angezeigt, die während der Frühförderung, also im Säuglingsalter der Kinder, einsetzen. Das stellt die Verantwortlichen zum einen vor das Problem eines zu frühen Beginns (mangelnde Kooperation und fehlende Einsicht des Kindes) und damit möglicher Überforderung. Zum anderen gilt es auch, das geeignete Therapieverfahren zu wählen, das den Besonderheiten der krankengymnastischen Arbeit mit Säuglingen gerecht wird: Beziehungsgestaltung (Ritter 1988, 147ff) und Schaffung von „Bedingungen zur Selbstorganisation" der Entwicklung (Grundhewer/Aly 1997, 75). Die komplexen Auswirkungen der Cerebralparese werden in der Frühförderung an den Spontanaktivitäten und der Reaktion der Kinder auf gezielte Anforderungen festgestellt und führen zum Einsatz bestimmter Therapieverfahren (deren Indikation im Einzelnen jedoch nicht gesichert ist). Am weitesten verbreitet sind die therapeutischen Methoden von Bobath, Vojta und Kabat (Bobath/Bobath 1983; Vojta 1988; Feldkamp u. a. 1989; Vojta/Peters 1992; Hartmannsgruber/Wenzel 1999; Voss/Ionta/Myers 1988). Die Bobath-Methode (als „sensomotorischer Dialog zur Haltungskontrolle"; Bernard 1999, 77ff) wird heute als geeignetste Methode der Frühtherapie cerebral bewegungsgestörter Kinder angesehen. Sie bietet über die Behandlung durch Fachleute hinaus auch den Eltern und Pädagogen Möglichkeiten der Bewegungserleichterung für die Kinder, das so genannte „Handling" (Bewegung und Haltung des Kindes bei alltäglichen Verrichtungen und „Behandlung auf dem Schoß"; Lommel 1999; Finnie 1985). Die Vojta-Methode (als „Reflexlokomotion", d. h. durch externe Stimuli erzeugte Bewegungsmuster des ganzen Körpers; Aufschnaiter 1999, 86ff) gilt heute als weniger geeignete Methode der Frühbehandlung von cerebral bewegungsgestörten Kindern mit „Einschränkung der psychischen Belastbarkeit und der persönlichen Ausgleichsmöglichkeit" (Aly 1998, 134). Sie stellt in ihrer weitgehenden Unabhängigkeit von der Motivation des Kindes als massive Bewegungsbehandlung in der üblichen Anwendung durch die Eltern eine zusätzliche Belastung für die Beziehungen der Beteiligten dar. Diese effektive Methode eignet sich eher zur Behandlung einsichts- und dialogfähiger älterer Kinder. Das gleiche gilt für Behandlungselemente der Kabat-Methode (als Verbesserung sensomotorischer Leistung durch Griff, Führung, Zug und Druck; Feldkamp u. a. 1989, 167ff) und der sehr speziellen, vor allem auch für cerebralparetische Kinder indizierten Methode des therapeutischen Reitens bzw. der Hippotherapie (Strauß 2000; Gäng 1994 u. 1995), bei der in der Bewegungskommunikation auch ein konzentratives Lernen stattfindet (Bareiss 1996, 97). Über den therapeutischen Rahmen hinaus gewinnt das Reiten für cerebralparetische Kinder in besonderem Maße auch pädagogische Bedeutung z.B. im Rahmen einer „Erlebnispädagogik mit dem Pferd" (Gäng 2001; vgl. Kap. „Sport"). Neben diesen etablierten Methoden ist noch die in Japan entwickelte Dosa-Therapie in Westeuropa bekannt geworden (Bergeest 1993b, 69ff). Es handelt sich dabei um die Erweiterung der Bewegungserfahrung durch Bewegungskommunikation mit Wahrnehmung von Bewegungsimpulsen und Bewegungswiderständen, Spannung und Entspannung. (Ausbildungsmöglichkeiten in dieser Methode stehen in Deutschland bisher nicht zur Verfügung.) Darüber hinaus sind auch das sensomotorische Training in der Gruppe und die Gruppentherapie im Schwimmbecken nach der Halliwick-Methode mit cerebralparetischen Kindern angezeigt (zu praktischen Beispielen vgl. Stotz 2000, 173ff).

Allen Methoden ist gemeinsam, dass sie durch gezielte Bewegungsübungen harmonische, normale Bewegung „von außen her" anbahnen wollen, um dem Kind zur Kompetenz in der Auseinandersetzung mit Schwerkraft zu verhelfen. Aus neurophysiologischer Sicht werden hier Einschränkungen gemacht: „Das soll mit Hilfe der nicht geschädigten Teile des Gehirns und deren bei jedem Menschen vorhandenen nicht ausgeschöpften Möglichkeiten geschehen. Sie sollen durch das therapeutisch wiederholende Training mobilisiert werden und dann die Funktionen übernehmen, die normalerweise in anderen Zonen der Großhirnrinde angesiedelt sind, aber dort infolge einer Schädigung nicht wahrgenommen werden können. Dieser konzeptionelle Ansatz findet in den Ergebnissen der wissenschaftlichen Neurologie keine Stütze. Eine Behandlung kann die hirnorganisch verursachten Bewegungs- und andere Störungen nicht wirklich korrigieren – das gesamte Konzept der ‚Anbahnung' ist neurophysiologisch nicht haltbar. Das einzige, was Therapie vermag, ist die Kompensation einer bestimmten Hirnschädigung mit Hilfe der jeweils besten Anpassungslösung" (Aly 1998, 128); das wird „von innen her", also in Abstimmung mit der Disposition des Kindes, effektiv.

Der feinmotorischen Förderung dienen ergotherapeutische Konzepte, die Handgeschicklichkeit trainieren und entsprechende Erfahrungen vermitteln (Pauli/Kisch 2000). Die Ergotherapie dient darüber hinaus dem Training alltäglicher Verrichtungen und lehnt sich an Konzepte von Affolter, Frostig, Ayres und Finnie an (Stotz 2000, 252ff).

Ein Sonderfall der psychomotorischen Förderung ist die Bewegungspädagogik nach Petö, die in den letzten Jahren als Konzept des Trainings der Aufrichtung und der Selbständigkeit zunehmende Verbreitung findet. Diese „Konduktive Erziehung" (Unterstützung des aktiven Lernens „kognitiver, affektiver und kommunikativer" Funktion des Verhaltens; Hári u. a. 1992, 27) definiert sich mit einigem Erfolg als übergreifende Form der Bildung, die sensomotorische Förderung mit der Förderung anderer Entwicklungsbereiche für cerebralparetische Kinder im Vorschulalter (Horstmann u. a. 2001) und im Schulalter (K. Weber 1998; Rochel 1999; Schumann/Clemens 1999; Szövö-Dostal 2001) verbindet. Mit der Aufhebung der Trennung einzelner Förderbereiche eröffnet sich eine ganz neue Perspektive der Förderung (Thiele 1999, 182ff). In der Hamburger Studie von Bein-Wierzbinski/Weichert (2002, 18ff) zeigten sich sowohl bei Kindergartenkindern als auch bei Schulkindern nach vier- bis sechswöchigen Ganztagskursen konduktiver Förderung „deutliche Leistungssteigerungen" in grobmotorischen und feinmotorischen Bereichen in unterschiedlichem Ausmaß; „für keines der Kinder war die Fördereinheit ohne Erfolg" (ebd., 20).

Über die verschiedenen Bewegungstherapien hinaus sind zur psychomotorischen Förderung cerebralparetischer Kinder der Einsatz orthopädischer Hilfsmittel sowie Lagerungs-, Therapie- und Alltagshilfen geboten (Stiftung Rehabilitation 1989–1990; Holtz 1997).

• *Sozial-kommunikative Dimension:* Die Entwicklungsbesonderheiten cerebral bewegungsgestörter Kinder führen häufig zu „veränderten" kommunikativen Leistungen. Das kann zunächst Besonderheiten des nonverbalen Ausdrucks betreffen (Leistungsdruck bei gezielten Mitteilungen ist dabei eine zusätzliche Erschwernis, denn er verstärkt die Bewegungspathologie). Bewegungserleichterung und auf das Kind konzentrierte Haltung des Umfelds fördern den Informationskreislauf.

Des Weiteren kommt es in sehr vielen Fällen zu Sprechstörungen (60–80 % der Betroffenen). Bei den meisten Kindern liegt eine Dysarthrie vor (Störung der Lautbildung durch pathologische motorische Entwicklung; insbesondere pathologische Saug-, Schluck- und Atemreflexe, schlechte Kopfkontrolle, mangelnde Umwelterfahrung). Dabei werden Laute falsch gebildet, ersetzt oder ausgelassen; charakteristisch sind ein besonderer Sprechrhythmus (Dysrhythmie), eine Störung der Stimmgebung (Dysphonie) und ein geringer Wortschatz; das Sprechen wird mühsam, vermehrte Anstrengung verstärkt dann die Probleme in einem circulus vitiosus. Hilfsmaßnahmen für betroffene Kinder sind Stabilisierung von Atmung im Zusammenhang mit Bewegungserleichterung und eine Förderung des Sprechvorgangs durch neurophysiologische Sprachheilbehandlung in drei Stufen (Normalisierung des Muskeltonus und Bahnung automatischer Reaktionen insbesondere des Sprechapparats; Überführung der automatischen Reaktionen in willentliche Mitarbeit; Herstellung normaler Bewegungsabläufe ohne Hilfe, z. B. bewusste Nachahmung von Lautbildungsmustern vor dem Spiegel; Haupt 1983, 290ff; 1989, 100ff; Crickmay 1990, 79ff). Zur neurophysiologischen Sprachheilbehandlung wird auch die Orofaziale Regulationstherapie von Castillo-Morales (1991) gerechnet (vgl. Clausnitzer 2001). Sie zielt auf die gestörte Sensomotorik des Mundes und des Gesichts; sie greift Elemente der Bobath-Therapie bei der Behandlung von Saug-, Kau-, Schluck- und Atemstörungen auf (Oskamp 1999, 416; zur „Esstherapie" vgl. Stotz 2000, 276ff) und bedient sich auch mechanischer Hilfsmittel wie z. B. Gaumenplatten mit „Reizkörpern" zur günstigen Beeinflussung der offenen Mundhaltung und des vermehrten Speichelflusses sowie der Lautbildung (Avalle u. a. 1986, 32ff).

Bei einigen sehr schwer bewegungsgestörten Kindern liegt eine Anarthrie vor (Unfähigkeit zur Lautbildung und starke Einschränkung von Mimik und Gestik im Sinne einer ausgeprägten Kommunikationsstörung; Boenisch/Otto 2001, 23ff). Innere Sprache und passiver Wortschatz entwickeln sich hier durch Kommunikationsangebote des Umfelds, kindzentriertes Gesprächsverhalten und Hilfen bei der Kontaktaufnahme („Wir können nicht sprechen, aber stumm sind wir noch lange nicht"; Dröge u. a. 2000, 9). Verständigungsprozesse laufen spontan über Gesten und Zeichen und später über Unterstützte Kommunikation (Bundesministerium für Gesundheit 1995; Strässle 2000, 63ff; Bayerisches Staatsministerium 2000; v. Tetzchner/ Martinsen 2000; Boenisch/Bünk 2001), standardisierte symbolische Kommunikationsmittel (z. B. BLISS-Symbolsprache; Gangkofer 1993), Kommunikationstafeln mit Symbolen, die von den Kindern selbst ausgewählt werden (Viering 1995, 10ff) und elektronische Hilfen (Sevenig 1994, 24ff; Kristen 1994, 60ff; Braun 1994; 1996; ISAAC 1996; Oskamp 1999; Boenisch/Engel 2001).

Im Zusammenhang mit Störungen der sensorischen Integration treten als dritte Form Sprachentwicklungsverzögerungen als komplexes sensomotorisches und soziales Erfahrungsdefizit auf. Sprachentwicklungsverzögerungen sind bei cerebralparetischen Kindern

im Zusammenhang mit den genannten Sprechstörungen zu begreifen, sie sind jedoch auch
in z. T. hochgradiger Ausprägung (bis zur Sprachlosigkeit) als sehr inhomogenes eigenständiges Phänomen zu beobachten, das diagnostisch schwer zu fassen ist. Fördermaßnahmen beziehen sich auf sensorische Integration, auf Bewegung, Spiel und Rhythmik
(Dobslaff 2001, 15ff).

• *Kognitive Dimension*: Alles Verhalten und alle Lebensereignisse insbesondere in den
ersten Jahren der basalen Entwicklung prägen die Kognition, so dass die Leistungsstruktur von Kindern mit cerebralen Bewegungsstörungen „möglicherweise verändert" ist
(Leyendecker 1999, 168). Besonderheiten der Sensomotorik, der Exploration, der sozial-
emotionalen Erfahrungen und schließlich der Motivation („Funktionslust"; Leyendecker/
Neumann 1983, 410ff) führen zu einem spezifischen Förderbedürfnis hinsichtlich der Aneignung von Welt, des Verhaltens und Fühlens. Das betroffene Kind als selbstreferentielles System sucht bei erschwerten Integrationsleistungen seiner proprioceptiven und exte-
roceptiven Systeme (sowie ihren emotionalen und motivationalen Korrelaten) nach
Information über die „eigene Existenz in der Welt", um zu höheren Leistungen kreativer
Auseinandersetzung mit der Welt zu kommen (Konzentrationsfähigkeit, Gestaltwahrneh-
mung, Flexibilität, Sprache; vgl. Kap. „Bedingungen der kognitiven Entwicklung"). Die
Förderung erfolgt zunächst über Hemmung pathologischer Bewegungsabläufe im „natürlichen Verlauf" der sensomotorischen Entwicklung, um dem System vor allem in den ers-
ten Lebensjahren eine größere Reizvielfalt in harmonischer (integrierter) motorischer
Auseinandersetzung mit dem eigenen Körper und der Umwelt und damit ein größeres Er-
fahrungsspektrum zur Verfügung zu stellen. Darüber hinaus erfolgt eine pädagogische
Förderung (über die „sichere" kindzentrierte Beziehungsgestaltung hinaus) durch basale
psychomotorische, vestibuläre und sensorische Angebote an das Kind. (Der Mangel an
Bewegungskontrolle bei Nachahmung und Modell-Lernen ist dabei zu berücksichtigen.)
    Die Vermittlung von Kulturtechniken auf höherem Niveau (im Schulalter) orientiert
sich unter Einbeziehung der alltäglichen Erfahrungswelt an Prinzipien vorschulischen,
konkreten Lernens auf dem Weg in die Abstraktion. Dem natürlichen Bedürfnis der Kinder nach ästhetischem Ausdruck und Symbolisierung wird man in der Förderung durch
Bereitstellung geeigneter Mittel und ggf. orthopädischer Hilfen gerecht. Sprachgesteuerte
Computer helfen schwer bewegungsgestörten Schülern, Texte zu erstellen (vgl. Hansen
2000).

• *Emotionale Dimension*: „Die Emotion ist eine Erlebnisleistung des Hirnes, die sich hinsichtlich des Verhaltens als Motivation darstellt" (Gschwend 1997, 111). Die emotionale
Disposition cerebralparetischer Menschen ist, wie bei allen Menschen, individuell unterschiedlich, trotzdem lassen sich übergreifende behinderungsspezifische Bedingungen isoliert betrachten, aus denen Förderbedürfnisse resultieren: die Auseinandersetzung mit der
Störung und Behinderung, deren Verarbeitung im familialen Kontext, die Reaktion auf
Rehabilitationsmaßnahmen und auf gesellschaftliche Zuschreibungen. Der familiale Weg
durch den Prozeß der Organisation und Verarbeitung der Behinderung bestimmt die emotionale Disposition cerebralparetischer Kinder in hohem Maße. Dieser Weg wird begleitet
durch spezifische Fördermaßnahmen (auch der Pädagogen) zur Stabilisierung der Familie.
Die emotionale Integrität wird vor allem auch durch die Auseinandersetzung mit Rehabilitationsmaßnahmen als Erfahrung früher massiver Fremdbestimmung geprägt, die im
Grunde einen Weg in die soziale Defensive vorzeichnet (vgl. Kap. „Bedingungen der Sozialisation und Identitätsfindung"). Daneben sind Möglichkeiten kreativen Ausdrucks von
Emotionen und Bedürfnissen und die Beziehungsgestaltung des sozialen Umfelds zu Kin-

dern mit verändertem und verlangsamtem Ausdrucksverhalten bedeutsam. Diese Dimensionen bilden die Grundlage des motivational bestimmten Weges in die Weiterentwicklung, Selbstakzeptierung und Emanzipation.

• *Psychosexuelle Dimension:* Bei den vitalen Strebungen nach körperlich lustvoller (emotionaler und sozialer) Auseinandersetzung mit der Welt entsteht bei cerebralparetischen Kindern aufgrund der Besonderheit der Bewegungs- und Spürerfahrung und der weitgehenden Erfahrung von Fremdbestimmung ein spezifisches Förderbedürfnis nach lustvoller Selbstwahrnehmung. Liebevoller Umgang mit der eigenen (behinderten) Körperlichkeit ist die Basis für partnerschaftliche Zärtlichkeit. Von frühauf spielt die Qualität des Körperkontakts (auch des Kontakts zum eigenen Körper) eine entscheidende Rolle (Anders/Weddemar 2001, 23ff). Hier werden durch eine achtsame, kindzentrierte Haltung den betroffenen Kindern gegenüber schon im Vorschulalter Weichen gestellt (als Bedingung für späteren achtsamen und an Bedürfnissen orientierten Umgang mit sich selbst und mit anderen). Bei schwer betroffenen cerebralparetischen Menschen kann später vereinzelt das Problem mangelnder Bewegungsfähigkeit und sozialer Unsicherheit die Masturbation und den Beischlaf beeinträchtigen. Für das daraus entstehende Bedürfnis nach Hilfe gibt es keine einfachen zwischenmenschlichen Lösungen; vielmehr muss der Weg in die Offenheit und einfühlsame Beziehungsgestaltung gesucht werden (vgl. Kap. „Bedingungen der psychosexuellen Entwicklung").

2.2 Kinder mit Spina bifida

(vgl. Parsch/Schulitz 1972; Jochheim/Schian/Schüle 1972; Seiferth 1976; Kundert 1982; ASbH 1988; 1990; 1993; 1994; Michael/v. Moers/Strehl 1998; Haupt 2000a)

Spina bifida heißt „zweigeteilte Wirbelsäule". Dieser irreführende Begriff entstammt einer Epoche der Medizin, in der die Pathogenese dieser Fehlbildung noch nicht erkannt war („Observationes Medicae", Tulpius 1652). Spina bifida ist eine *Hemmungsfehlbildung des Neuralrohrs* (dysrhaphische Fehlbildung), eine Verschlussstörung, die sich bei der Umwandlung der Neuralplatte zum Neuralrohr in der 3. bis 4. Schwangerschaftswoche manifestiert und bei fortlaufender körperlicher Entwicklung des Fötus zu Fehlbildungen des Zentralnervensystems führt. Betroffen sein können Gehirn (Enzephalon), Rückenmark (Myelon) und Rückenmarkshäute (Meningen). Die Fehlbildungen werden insbesondere an der Stelle unvollständigen Verschlusses zumeist als Ausstülpung (Cele) sichtbar. Die Folgen reichen von neurologischen Symptomen über partielle sensible und motorische Lähmungen mit eingeschränkter Gehfähigkeit bis zu vollständigen Lähmungen mit Rollstuhlabhängigkeit.

Ursachen der Fehlbildung sind weitgehend ungeklärt. Es werden Ursachenkomplexe angenommen, von denen einzelne Faktoren gesichert sind: Sauerstoffmangel in früher Embryonalphase, Fieber in der Frühschwangerschaft,

Dioxin, Valproinsäure (Epilepsiemedikament), DDT, mütterlicher Alkohol- und Tabakkonsum, Erbfaktoren (Wiederholungsrisiko innerhalb der Familie 3– 10 %; das Risiko kann aber durch Einnahme von Folsäure zu Beginn der Schwangerschaft gesenkt werden; Ermert 1996, 508). Zu beobachten sind lokale Häufungen und international unterschiedliche Inzidenz. Häufigkeit in Deutschland 2:1000 Geburten, Mitteleuropa und Nordamerika 1–9:1000 (mit lokalen Häufungen), Japan 0,3:1000 (v. Moers 1998, 1f; Jacobi u. a. 1998, 3).

Erscheinungsformen und Entwicklungsbedingungen

Der Verschluss entlang des Neuralrohrs erfolgt abschnittweise über einen gewissen Zeitraum. Je nachdem, zu welchem Zeitpunkt die Schädigung eintritt, ist die Spina bifida deshalb unterschiedlich lokalisiert. Folgende Verteilung geht aus internationalen Studien hervor: cervikal (Nackenwirbel) ca. 5 %, thorakal (Brustwirbel) ca. 20 %, lumbal (Lendenwirbel) ca. 65 %, sakral (Steißwirbel) ca. 10 % (vgl. u. a. Jochheim/Schian/Schüle 1972, 10); der letale Anencephalus, Spaltbildung des Kopfes, umfasst ca. 50–60 % aller Dysrhaphien (H. Voigt 1998, 14).

Diagnostisch ist im Rahmen von Vorsorgeuntersuchungen Ultraschall von Bedeutung. Der günstigste Zeitraum für frühe Wirbelsäulendiagnostik liegt zwischen der 16. und 20. Schwangerschaftswoche. Ferner kann als Suchmethode die Bestimmung des Alpha-Fetoproteins im mütterlichen Serum in der 16. Schwangerschaftswoche angewendet werden. Zur Vermeidung weiterer Schädung des Zentralnervensystems gilt der Kaiserschnitt als schonendster Entbindungsmodus. Trotz verbesserter Möglichkeiten pränataler Diagnostik sind (regional unterschiedlich) bis zu 50 % der Eltern nicht auf die Geburt eines Spina bifida-Kindes vorbereitet.

Die Spina bifida tritt in unterschiedlichen Erscheinungsformen auf: *Myelomeningocele* (ausgestülpter Rückenmarkssack, umgeben von Rückenmarkshüllen), *Myelocele* (Rückenmarkssack ohne schützende Hüllen), *Meningocele* (Hautsack gefüllt mit Liquor; Rückenmark weitgehend intakt). Häufig ist eine Spina bifida occulta (verborgene Spina bifida), bei der ein unvollständiger Verschluss von Wirbelkörpern zu keinerlei Auffälligkeiten führt und nur zufällig diagnostiziert wird. Bei ca. 80 % der beiden erstgenannten Erscheinungsformen tritt gleichzeitig ein *Hydrocephalus* (Wasserkopf) auf, in schwerwiegenden Fällen in Verbindung mit einem Chiari-Syndrom Typ II (Fehlanlage der Hirnabschnitte im Bereich der hinteren Schädelgrube mit tief in den Rückenmarkskanal reichenden Kleinhirnteilen; Deeg u. a. 1986, 739; vgl. Voth/Gutjahr/Glees 1983; ASbH 1996; 2000). Der Hydrocephalus kann bereits bei Geburt manifest sein oder erst Tage später (nach Verschluss der Cele und Unterbindung des Liquoraustritts) deutlich werden (Haberl/Tallen 1998, 39).

Der medizinischen Erstversorgung geht eine neurologische Untersuchung hinsichtlich des spinalen Querschnittniveaus sowie eine Abklärung von weiteren Fehlbildungen und Funktionsstörungen voraus. Die Entscheidung für einen Celenverschluss ist abhängig vom Ausmaß der Gesamtstörung. Dabei kann es medizinisch-ethische Entscheidungsprobleme geben (Jochheim/Schian/Schüle 1972, 16f). Bei der operativen Frühversorgung werden die Nervenfasern freigelegt und in den Spinalkanal reponiert, der Spinalraum wird mit Haut verschlossen. Die Behandlung des Hydrocephalus erfolgt durch Einsetzen eines Shunts (Ventilsystem), mit dem das Hirnwasser in den rechten Herzvorhof oder in die Bauchhöhle abgeleitet wird (mit entsprechenden Revisionen aufgrund des körperlichen Wachstums und möglicher Komplikationen).

Die *körperliche Entwicklung* von Spina bifida-Betroffenen kann geprägt sein durch das Auftreten weiterer Komplikationen. *Epileptische Anfälle* sind häufig eine Parallelstörung zu Hydrocephalus. Sie treten bei bis zu 48 % der Hydrocephalus-Betroffenen auf, meist fokal und nur unregelmäßig (Voss 1998, 46; Reiter 1996, 53f). Des Weiteren kann es zum *Tethered Cord-Syndrom* („gefesseltes Mark") kommen, der pathologischen Fixation des Rückenmarks, das normalerweise frei im Liquor eingebettet ist. Unbehandelt sind schwerwiegende Funktionsstörungen und Schmerzen die Folge (Jacobi u. a. 1998, 85ff; Schwarz 1993, 92ff).

Die Lähmungen wirken sich auf die gesamte Körperstatik von Haltung und Bewegung aus. Von großer Bedeutung ist die altersgemäße Vertikalisierung (Aufrichtung) des Körpers für Herz und Kreislauf, Lunge und Atmung, Ausschöpfung des Innervationspotentials der Muskelgruppen, Stoffwechsel und Mineralversorgung von Knochen und Gelenken, Körperwachstum, Funktion der ableitenden Harnwege und des Darms, aber auch für Wohlbefinden, Selbstbewusstsein und Kognition (Raumerfahrung). Zur Vertikalisierung bedarf es der Orthopädietechnik für den individuellen Bau funktionaler Orthesen und darauf aufbauender Fortbewegungsmittel (Swivel Walker, Parawalker, Rollator), ggf. auch Sitzkorsetten und von frühauf angepasster Kinderrollstühle (Herde u. a. 1998, 241ff).

Durch eingeschränkte Beweglichkeit und muskuläre Imbalans kann es zu Fehlstellungen der Gelenke und der Gefahr von Deformationen und Kontrakturen kommen. Zur Prophylaxe und zur Ausschöpfung des muskulären Innervationspotentials bedarf es krankengymnastischer Maßnahmen (vgl. ASbH 1990a). Es können primäre und sekundäre Hüftdeformitäten (Bernius/Doll 1998, 208ff) entstehen. Abhängig von der Höhe der Spina-Läsion sind Abduktions- und Adduktionsfehlhaltungen mit unzureichender Sitzbalance mit Luxationen (Verrenkungen zwischen Hüftkopf und Hüftpfanne) und zudem unvollständige Ausbildung der Hüftgelenkanlage im Laufe der Frühentwicklung möglich. Es kommt zu Fehlstellungen der Beine (Froschhaltung, Überstreckung) und zu Kniedeformitäten (Doll 1998, 205ff). Fußdeformitäten sind ebenfalls häufig (Klumpfuß, Spitzfuß, Knickfuß, Hackenfuß, Hohlfuß; ebd., 196ff). Statische Probleme, muskuläre Imbalans und ggf. angeborene Fehlbildung der Wirbelkörper führen zu Deformitäten der Wirbelsäule (Kundert 1982, 50ff; Hirschfelder 1998, 223ff) mit der Folge einer Kyphose (Verbiegung im Lumbalbereich) oder Skoliose (Verbiegung im Thorakalbereich) und einer Hüftlordose.

Stoffwechselstörungen (vor allem durch Bewegungsmangel) führen u. a. zu Knochenbrüchigkeit; Durchblutungsstörungen bewirken Hautprobleme; Haltungs- und Lagerungsprobleme lassen Druckgeschwüre (Dekubitus) entstehen. Ein besonderes pädagogisches Problem können Sensibilitätsstörungen darstellen, wenn nicht gespürte Körperpartien von den Kindern zu wenig beachtet und nicht „umsorgt" werden. Hier treten eine Vielzahl von Haut-, Knochen- und vor allem Blasen-/Darmproblemen auf, die entsprechende pädagogische Maßnahmen nötig machen, um Bezug zum eigenen Körper herzustellen.

Eine große Belastung sind Störungen der ableitenden Harnwege (van Gool u. a. 1998, 131ff; Seiferth 1976, 48ff; ASbH 1998b) und des Mastdarms (Strehl 1998, 161ff; ASbH 1995, 17ff). Kennzeichen der Lähmungsblase können vor allem schlaffer oder spastischer Blasenmuskel und Sphincter (Schließmuskel) sein; der spastische Sphincter führt zur Bildung von Resturin und Entzündungsneigung in der Blase, die Behinderung des Nachfließens von Urin aus den Nieren kann Schädigungen der Nieren und des Harnleiterventils bewirken. Abhilfe schafft neben Blasentraining (Beklopfen) und Ausdrücken der Blase beim Kleinkind (Credé-Griff) vor allem die intermittierende Katheterisierung (die bei Einsichtsfähigkeit des Kindes auch von ihm selbst gelernt werden kann; Grond 1993, 212ff). Zudem können auch Sphincter-Operationen bzw. in seltenen schweren Fällen die künstliche Harnableitung (Ileumkonduit, Kolonkonduit, Kock-Pouch) nötig werden. Am Mastdarm kann es ebenfalls zu Sphincter-Komplikationen kommen (klaffender Sphincter, Reflexkontraktionen, spastischer Sphincter), zu häufiger Verstopfungsneigung oder auch unbeherrschbarem Durchfall. Behandlung sind hier Stuhltraining (Bauchpresse), Provokation des Stuhlgangs durch Mikroklistier, bei kleinen Kindern Darmausräumen, Analtampon und vor allem diätätische Maßnahmen (ballaststoffreiche Kost). In sehr schweren Fällen ist ein künstlicher Darmausgang (Anus Praeter) mit Stomaversorgung (und Stomapflege) notwendig.

Die psychosoziale Entwicklung von Spina bifida-Kindern birgt wie bei wenigen anderen körperbehinderten und chronisch kranken Kindern die Gefahr lebenslanger Fremdbestimmung und sozialer Defensive. Die Entwicklung ist bereits durch die Diagnoseeröffnung und durch die dramatischen Umstände der Geburt eines

Kindes mit „offenem Rücken" gekennzeichnet, in denen entscheidende Weichen für die weitere sozial-emotionale Entwicklung des Kindes innerhalb seiner Familie gestellt werden können. Die Situation ist in der Regel durch Schock der Eltern und dessen weitere Verarbeitung bestimmt. „Es ist ein Schock, gleichgültig, wie es einem gesagt wird, man kann es nicht begreifen" (Friedrich 1998, 326). Bewusste und unbewusste Vollkommenheitserwartungen an das Kind werden tiefgehend enttäuscht und das Familiengleichgewicht schwer erschüttert. In der Folge durchleben die Eltern in unterschiedlicher Intensität und Länge Prozesse einer Krisenverarbeitung (vgl. Kap. „Zusammenarbeit mit den Eltern"). Das Verhältnis zwischen Ärzten (und medizinischem Personal) und den Eltern wird als „problematische Schicksalsgemeinschaft" beschrieben (Friedrich 1998, 330), die als ambivalente Partnerschaft erscheint und von Anfang an durch fortwährende Behandlung des Kindes, aber nicht durch erwartete „Heilung" gekennzeichnet und somit in einen Komplex von Enttäuschung und Schuldzuweisung eingebunden ist. Das beginnt schon bei der Diagnoseeröffnung durch den Arzt, deren Form neben dem Inhalt von großer Bedeutung ist für den weiteren Verlauf der Krisenverarbeitung (Herb/Streeck 1995, 150ff; Seidler 1981, 39ff). Es wird unterschieden zwischen frühem Pränatalgespräch („mit Entscheidungsmöglichkeit"; Poster/Strehl 1998, 19), dem späten Pränatalgespräch („ohne Entscheidungsmöglichkeit") und dem Postnatalgespräch. Unabdingbare Kennzeichen der Gesprächsgestaltung sind: emotionale Zuwendung und Einfühlungsvermögen, ruhige Gesprächsatmosphäre, Zeit für Fragen, Unterrichtung beider Eltern, neutrale Information ohne Eingriff in Entscheidungsprozesse (d. h. für Pränatalgespräche: keine individuelle Prognose stellen), Unterstützung und Hervorhebung der Bedeutung der Beziehungsgestaltung zum Kind, bei Postnatalgesprächen individuelle Prognose und Perspektiven (Therapiemöglichkeiten, Hilfsmittelversorgung, sozialrechtliche Hilfen, Kontakte zu Selbsthilfegruppen; Poster/Strehl 1998, 18ff). Bleiben insbesondere die formalen Gesprächsqualitäten unberücksichtigt, können die Eltern vereinzelt noch nach Jahren zusätzlich belastet sein (manche Eltern werden auch bei erwachsenen Kindern noch immer von dem Diagnosegespräch verfolgt). „Die traumatische Krise, die durch die pränatale Diagnoseeröffnung oder durch die Geburt des Kindes mit Spina bifida ausgelöst wird, benötigt grundsätzlich professionelle Hilfe" (Poster 1998, 344).

Die Haltung der Eltern dem Kind gegenüber bleibt auch oft nach den die Bindung erschwerenden ersten Lebenstagen und -wochen ambivalent (Zuwendung ist gebunden an Entwicklungsfortschritte; vgl. Ergebnisse zur Orientierung von Familien mit Spina bifida-Kindern von Friedrich u. a. 1992, 103ff). Die Verarbeitungsprozesse innerhalb der Familie, die „Organisation von Behinderung", medizinische Eingriffe, Physiotherapie, Ergotherapie und pädagogische Maßnahmen zur Förderung der Kognition sind Einflussfaktoren für die weitere psychosoziale Entwicklung des Kindes (Büder 1993, 312ff; Kurz 1998, 75ff). „Die Vorstellung, dass eine funktionelle Übungsbehandlung gewissermaßen wie eine eingeflößte Arznei im Organismus des Kindes weiterwirke, unabhängig vom eigenen Zutun des Kindes, hat implizit oder explizit die Therapiekonzepte der letzten 2–3 Jahrzehnte beherrscht. ... Analysiert man Entwicklungsstudien, in denen spezielle Merkmale der Mutter-Kind-Interaktion mit dem Entwicklungsfortschritt der Kinder in Beziehung gesetzt werden, so findet man sowohl bei gesunden Kindern als auch bei Kindern mit organischer Risikobelastung und mit verschiedenen Formen von Behinderungen die günstigsten Verläufe, wenn den Kindern ein großer Freiraum für eigene Aktivität eingeräumt wurde, verbunden mit emotionaler Anteilnahme und Bestätigung. Es besteht auch keine positive Korrelation zwischen der Menge des Therapie- bzw. Stimulationsangebots und dem Entwicklungsfortschritt; im Gegenteil wird die Entwicklung gehemmt, wenn durch ein Zuviel an therapeutischer Stimulation oder durch ein direktives, einengendes Verhalten der Eltern (z. B. unter der Maßgabe eines umfangreichen Therapieprogramms) die Eigenaktivität des Kindes blockiert wird" (Schlack 1998, 320).

> Bei Spina bifida-Kindern liegt eine Entwicklungsbesonderheit vor, die auf medizinische Eingriffe in Verbindung mit langen Krankenhausaufenthalten zurückgeht: die Gefahr von „Hospitalismus-Schäden", die lange verkannt wurden, jedoch seit den 80er Jahren durch Reformen der Kinderklinik („Rooming-In", Mitaufnahme der Mutter) zunehmend berücksichtigt werden und seltener auftreten (Biermann 1982, 53ff). Sie beruhen auf langen Trennungen von den Bezugspersonen in einem Lebensalter, in dem dies noch nicht ohne Auswirkungen auf die Qualität sozialer Bindungsfähigkeit verkraftet wird. Je länger Trennungen, selbst von Tagen und Wochen, andauern, desto schwerwiegender die Folgen für das Kind als Verlust seiner existentiellen Basis. Äußere Kennzeichen des Trennungsverhaltens der Kinder mit Verschlechterung der Prognose lassen sich in drei Phasen unterteilen: (1) Protest, (2) Hoffnungslosigkeit, (3) Verleugnung. Diese Erkenntnisse basieren vor allem auf Forschungen von Spitz und Bowlby (vgl. Zusammenfassung bei v. Troschke 1974).

Die Entwicklung von *Selbstwertempfindgen* des Spina bifida-Kindes in realem Bezug zu seiner Lebenswirklichkeit ist abhängig von erlebter Akzeptanz seiner Person, von motorischen Kompetenzen, von Verfügung über den eigenen Körper und von „Ablösungsprozessen" (Bergeest 1993a, 35ff). Die Ablösung setzt das Selbständigwerden des Kindes voraus (Blume-Werry 1994, 13ff; 1998, 379ff); „die Entwicklung von Selbständigkeit beginnt mit 3 Monaten" (Ermert 1992), auch bei Kindern mit Spina bifida. Wunnenberg (1998, 371ff) versucht, die besonderen Herausforderungen für Spina-Betroffene in 5 Entwicklungsstadien zu beschreiben: „frühe Irritationen" (Körpereingriffe, Übertragung von Ängsten der Eltern); „Entfernung und Wiederannäherung" (Versuche von Selbständigkeit,

Einschränkung eigener Wünsche und Regression); „innen und außen" (Kompetenzerfahrung des Kindes und Steuerung durch außenstehende Personen); „der Dritte im Bunde" (enge Verbindung mit einer Bezugsperson, die weitere Kontakte erschwert); das „Ende der Verbundenheit" (Erschwernisse bei der Realisierung psychosexueller Bindungen). In diesem Sinne trägt die Entwicklung von Selbstwertempfindung auch dazu bei, einem unrealistischen Bezug zur eigenen Leistungsfähigkeit und „Größenfantasien" (Voll u. a. 1996, 236) vorzubeugen, die wiederum Ablösungsprozesse beeinträchtigen.

Die *sexuelle Entwicklung* weist bei Spina-Betroffenen aufgrund der neurologischen Schädigung eine Reihe von Besonderheiten der körperlichen Funktionen bei Mann und Frau auf, ohne dass die psychosozialen Funktionen der Sexualität betroffen sind (vgl. Kapitel „Bedingungen der psychosexuellen Entwicklung"). Fehlende Sensibilität einzelner Körperteile wird kompensiert durch lustvolles Erleben sensibler Körperregionen (und Eroberung unsensibler Regionen). „Sie entdecken sich neu mit Streicheln, Berühren und Anfassen" (Richter/Keck 2000, 15) und werden so auf erotisch-sexuelle Partnerschaften vorbereitet. Allerdings muss konstatiert werden, dass Spina bifida-Betroffene bei der Entdeckung der Sexualität eine Reihe von Erschwernissen erfahren, die auf pädagogische Defizite verweisen (ebd., 16): (1) gestörte Beziehung zum eigenen Körper, insbesondere zur gelähmten Körperpartie; (2) mangelnde Zärtlichkeitserziehung aufgrund von Ambivalenz der Eltern; (3) Minderwertigkeitsgefühle und Versagensängste durch Orientierung an erotischen Normen nichtbehinderter Menschen; (4) Probleme bei der Partnersuche durch eingeschränkten Aktionsradius; (5) Unkenntnis über sexualbiologische Zusammenhänge (vgl. Popplow 1984, 233ff; Krusche 1993, 8ff).

Ablösung und Selbständigkeit sind für die meisten Spina-Betroffenen (und ihre Familien) nur möglich, wenn organisatorische Hilfen bereitgestellt werden in Form von finanziellem Nachteilsausgleich, von Ambulanzen (Ermert 1993, 106ff: 1994a, 149ff), Selbsthilfe-, Wohn- und Fürsorgeeinrichtungen (Blume-Werry 1998, 382ff). Von großer Bedeutung für die psychosozialen Entwicklungsprozesse ist die Förderung von Kreativität und Interessen der Kinder. Hier besteht ein pädagogisches Aufgabenfeld, das die Weichen stellt für soziale Eigeninitiative, Offensive, Freizeitaktivität und Arbeit.

Die *Berufsfindung* betroffener Jugendlicher findet vor dem Hintergrund der augenblicklichen Arbeitsmarktlage statt (wie für nichtbehinderte Menschen) und gestaltet sich dementsprechend schwierig. Die Suche nach realistischen behinderungsgerechten Ausbildungsmöglichkeiten ist abhängig von der Qualität der individuellen Berufsberatung und Vorbereitung auf das Berufsleben (wichtige Voraussetzung ist schon die Förderung von Selbstbestimmung und Eigeninitiative im Vorschulalter). Berufs- und Rehabilitationsberater des Arbeitsamtes arbeiten mit dem Jugendlichen und dessen Familie zusammen. Nach psychologischer und amtsärztlicher Untersuchung wird ein Rehabilitationsplan mit den Betroffenen abgestimmt, und Berufsfindungsmaßnahmen können eingeleitet werden (vgl. Kapitel „Nachschulische/außerschulische Förderung"). Für viele „lernbehinderte" Spina-Betroffene ist der Weg in die Werkstätten für Behinderte vorgezeichnet, gegen den sich Betroffene und ihre Familien häufig (nicht zuletzt aus Informationsmangel) wehren und dafür Beschäftigungslosigkeit in Kauf nehmen (Sauer-Kluttig 1998, 387ff).

Bei der Betrachtung der *kognitiven Entwicklung* ist ein großes Spektrum zu berücksichtigen: von Kindern mit feststellbaren pathologischen Veränderungen und Strukturanomalien des Gehirns und deren Auswirkungen auf die geistige Leistungsfähigkeit über Kinder mit motorischen Erschwernissen und daraus resultierender veränderter Aneignung von Welt bis zu Spina bifida-Kindern ohne erschwerte Entwicklung. Zum „Intelligenzniveau" Betroffener liegen aus den letzten Jahrzehnten eine Vielzahl von Untersuchungen vor, die u. a. von Parsch/Schulitz (1972, 111ff), Voss (1998, 43) und Lohmann (1998, 348ff) zusammengefasst werden. Die Ergebnisse suggerieren einen hohen Anteil unterdurchschnittlicher intellektueller Fähigkeiten bei den untersuchten Populationen. Mangelnde Repräsentativität der Stichproben (immer Populationen einzelner Institutionen), unangemessene Erhebungsinstrumente und Vergleichsnormen, Anfechtbarkeit des Populationsmerkmals Spina bifida relativieren jedoch diese Aussagen. Die durchweg höheren verbalen Leistungen gegenüber praktischen Leistungen weisen aber darauf hin, dass die „Entwicklung in diesem Bereich nicht störungsfrei verläuft" (Parsch/Schulitz 1972, 113).

Von größerer Bedeutung für die pädagogische Praxis sind Erkenntnisse über die erschwerte entwicklungslogische Aneignung von Ordnungen der Welt mit Auswirkungen auf den Erwerb von Kulturtechniken und Entfaltung von Kreativität. Unter der Vielzahl individuell unterschiedlich ausgeprägter Auffälligkeiten können folgende hervorgehoben werden (vgl. Kapitel „Bedingungen der kognitiven Entwicklung"): Auffälligkeiten des Körperschemas (mit Auswirkungen auf die Wahrnehmung prägnanter Gestalten); Schwierigkeiten bei der Differenzierung von Grundgestalten (z. B. von geometrischen Figuren, von Labyrinthen); Schwierigkeiten bei der Erfassung von Rhythmus (Zeit, Tagesablauf, Jahreszeiten, Lebensplanung); verminderte Erfassungsspanne bei komplexen Aufgaben; Schwierigkeiten, Sequenzen zu erfassen (Verlauf von Geschichten, Abfolge von Fernsehbildern, Verfolgen von Schriftzeilen, *wahrscheinlich eines der typischen, bisher unterschätzten Entwicklungsprobleme bei Kindern mit Spina bifida)*; Konstanzprobleme (mangelnde Strukturierung des Raums mit Auswirkungen auf das mathematische Verständnis); Probleme mit räumlicher Orientierung (Auswirkungen auf sprachliche Fähigkeiten und Deutschunterricht). Insgesamt ergibt sich jedoch ein widersprüchliches Bild der kognitiven Fähigkeiten betroffener Kinder, die z. T. über hohe soziale Intelligenz und schnelle Erfassung sozialer Situationen verfügen (manchmal jedoch auch als Verbalabstraktion „ohne konkrete Basis").

Förderbedürfnisse

Spezifische Förderbedürfnisse ergeben sich für betroffene Kinder vor allem aus der Schwere ihrer körperlichen Behinderung, die häufig von frühauf lebenserhaltende medizinische und prophylaktisch-therapeutische Maßnahmen nötig macht und darüber den Kindern kaum Chancen lässt, selbständig ihre basalen körperlichen Bedürfnisse kennen zu lernen und zu verwirklichen.

„Vielleicht hätte mir damals geholfen, wenn meine Krankengymnastin viel mehr Anteil an meinem Alltag genommen und dadurch meine wirklichen Bedürfnisse erkannt hätte. Statt dass die Krankengymnastik in meinem Lebensumfeld passierte, musste ich langweilige Übungen im luftleeren Raum machen. So konnte ich als Kind die Therapie nicht als lebenserleichternde, unterstützende Maßnahme verstehen. Und meine Krankengymnastin konnte nicht ihren defektorientierten Blick ablegen und eher meine Möglichkeiten als Individuum sehen und fördern. Mein Maßstab wurde das Leben der Nichtbehinderten. Als behinderte Schülerin musste ich doppelt soviel leisten, um bestehen zu können" (Mücke-Fritsch 1998, 85).

Aus dieser existentiellen „Enteignung" und dem häufigen Mangel an Akzeptierung ihrer körperlichen Besonderheit, die zu einem Mangel an Selbstakzeptierung führt (vgl. den biografischen Bericht von Hobrecht 1981), ergibt sich die Aufgabe einer pädagogischen Koexistenz von frühauf; d. h. einer *gemeinsamen* Lebensbewegung, Förderung der Selbstakzeptierung, Entdeckung der Bedürfnisse. Therapiemaßnahmen und gezielte pädagogische Maßnahmen werden „über das Kind" (kindzentriert) eingeleitet und nicht über die Methode (v. Lüpke 1998a, 44). Das erfordert in der Regel einen höheren Zeitaufwand, ist jedoch auch angesichts scheinbarer „Sachzwänge" alternativlos für eine Entwicklungsförderung.

Die kognitive Förderung unterstützt das Neugierverhalten der Kinder und bezieht sie in das alltägliche Leben ein (Haupt 1998, 59). Besondere Förderbedürfnisse ergeben sich aus dem Verhalten vieler Kinder, die sich aufgrund der Primärschädigung nur schwer den Raum erobern können. Sie haben u. U. Probleme, Bewegungen spiegelverkehrt auszuführen – das kann sich z. B. im Selbständigkeitstraining der Kinder auswirken, wenn sie die Selbstkatheterisierung vor dem Spiegel lernen sollen (Voll u. a. 1996, 238). Häufig haben sie auch „Angst vor der Höhe" bei der Aufrichtung im Stehapparat oder auf der Schaukel. Hier sind pädagogische Angebote zur Eroberung des Raumes, zur Unterstützung von Bewegungsimpulsen und der Expansion nötig, um die Kinder zu räumlicher und rhythmischer Vorstellung zu führen. Auch feinmotorische Angebote zur Entwicklung von manuellen Fähigkeiten und Kreativität sowie genügend Raum für freies, „nicht zweckgebundenes" Spiel (Haupt 2000a, 185) auch in der Schule sind von Bedeutung. In der freien Kreativität liegt ein Schlüssel zur Überwindung frühkindlicher Fremdbestimmung und damit zusammenhängender Konzentrationsprobleme (Friedrich 1996a, 520).

Im Schulalter steht das praktisch-anschauliche Lernen beim Erlernen von Kulturtechniken im Vordergrund (z. B. mit Hilfe des Montessori-Materials). Bei manchen Kindern mit feinmotorischen Problemen bieten sich auch technische Hilfsmittel wie Buchstabenstempel oder Arbeit am Computer an. „73 % der Schüler mit Spina bifida ... brauchen in der Schule mehr Zeit für Arbeiten als andere. Das bedeutet, dass sie mehr Anstrengung und Konzentration aufbringen müssen, um ihre Arbeit fertigzustellen" (Haupt 1997b, 160). Spina bifida-Kinder werden in der Körperbehindertenschule oder integrativ arbeitenden Schulen gefördert (Dumke 1989, 45ff). Die meisten betroffenen Kinder besuchen heute integrativ arbeitende Schulen (Haupt 2000, 186). Die schulische Integration verlangt neben der personellen und räumlichen Ausstattung für Therapie- und Pflegeversorgung auch die individuelle Berücksichtigung des Lernverhaltens und -tempos der Kinder, handlungsorientiertes Lernen sowie die Abstimmung des Curriculums auf behinderungsspezifische Inhalte (Lernen von Körperwahrnehmung, Umgang mit Inkontinenz, Selbständigkeit).

2.3 Epilepsiekranke Kinder

(vgl. Degen 1976; Wolf/Wagner/Amelung 1987; Matthes/Kruse 1989; Ried/ Schüler 1994; Besser/Gross-Selbeck 1996; Schmidt 1997; Volkers 1998; Schneble 1996 u. 1999; Puckhaber 1997; Janz 1998; Seifert 2000)

Epilepsie (griech. „epilambanein" – „gepackt werden", „ergriffen werden") ist eine Anfallskrankheit als Ergebnis einer Störung elektrisch-chemischer Vorgänge in den Nervenzellen des Gehirns, eine episodische „Antwort der Nervenzellen auf einen schädigenden, störenden oder zumindest irritierenden Reiz, der auf das Gehirn einwirkt" (Schneble 1999, 23). Dabei werden ungewöhnlich viele Nervenzellen der gesamten Hirnrinde oder eines bestimmten Areals gleichzeitig erregt und das elektrische Ruhepotential, der Bereitschaftszustand, entlädt sich und gerät außer Kontrolle. Epileptische Anfälle sind also immer abnorme Hirnstromentladungen, die in einer Hirnstromkurve zumeist über das an der Hirnoberfläche abgeleitete Elektroencephalogramm (EEG) sichtbar gemacht werden können und spezifische Muster (z. B. „Spike-waves" – „Spitzenwellen") bilden. Auch wenn diese Muster im EEG nicht nachweisbar sind, können abnorme Entladungen im subkortikalen Bereich stattfinden und sind dann nötigenfalls z. B. mit Tiefenelektroden diagnostizierbar. Je nach sonstiger Symptomatik ist auch die Differentialdiagnose zu nicht-epileptischen (z. B. synkopalen, narkoleptischen, tetanischen oder „hysterischen") Anfällen zu stellen.

Morphologisch fassbare Entstehungsbedingungen der Anfälle sind häufig unbekannt (*idiopathische* Epilepsien), oft gehen ihnen jedoch Veränderungen der Hirnsubstanz voraus, die mit bildgebenden Verfahren (z. B. Computertomographie) diagnostizierbar sind (*symptomatische* Epilepsien) oder aufgrund anderer Symptome vermutet werden (*kryptogene* Epilepsien). Auch familial kann eine Disposition, eine erhöhte Anfallsbereitschaft, vorliegen. *Auslöser* für den einzelnen Anfall sind bei gezielter Verhaltensanalyse meist feststellbar. Sie sind jedoch nicht immer zu vermeiden, oft führt auch erst das Zusammenwirken mehrerer Faktoren, z. B. Flackerlicht (Bildschirme, Discos) und anhaltender Stress (unregelmäßiger Schlaf, Schockzustände), zu einem Anfall.

Symptome des Anfalls sind je nach Epilepsieform bzw. betroffenem Hirnareal z. B. Zuckungen, Krämpfe, ziellose Bewegungen, Bewusstseinsverlust, Verwirrtheit und/oder unkontrollierte sprachliche Äußerungen. Der *Anfall* wird häufig nicht oder nur teilweise bewusst erlebt, sondern nur im „Spiegel des sozialen Umfelds" (mit entsprechenden Auswirkungen auf Krankheits- und Therapieeinsicht; zu unterschiedlichem Anfallserleben und persönlichen „Anfallsbeschreibungen" vgl. Schachter 1998, 7ff). In vielen Fällen werden jedoch so genannte *Prodomi* (meist Stunden bis Tage vor dem Anfall auftretende Symptome, deren Formen sich von allen Anfallssymptomen unterscheiden) gespürt oder so genannte *Auren* (als initialer Teil des Anfalls oder isoliert auftretende Symptome, die dann aber im Fall des Auftretens eines Anfalls mit Bewusstseinstrübung oder -verlust die Form seiner Initialsymptome annehmen). Die Identifikation der „Aura" (griech. für „Windhauch") kann sowohl aus Sicherheitsgründen („Mama, jetzt kommt's") als auch pädagogisch für die „Selbstkontrolle" der Anfälle bedeutsam sein (s. u.). Epilepsie gehört zu den sozial stigmatisierenden Erkrankungen (Betroffene sind „diskreditierbar" und steuern die Information über ihre Krankheit; zu empirischer Einstellungsforschung bei Epilepsie vgl. Lamprecht 1990).

Epilepsie ist eine der häufigsten chronischen Erkrankungen (0,5–1 % der Bevölkerung ist zeitweise oder dauerhaft betroffen), älteste Zeugnisse stammen aus der Antike (Gesetzestafeln des Hammurabi in Mesopotamien). Im Bereich der Körperbehindertenpädagogik wird sie bei schweren Verläufen als Primärerkrankung relevant; meist tritt sie als häufige Begleitstörung bei Kindern mit Schädigungen des Zentralnervensystems auf (z. B. bis zu 56 % bei bestimmten Formen der Cerebralparese oder bis zu 48 % bei Spina bifida/Hydrocephalus).

Erscheinungsformen und Entwicklungsverläufe

75 % aller Epilepsien beginnen im Kindes- und Jugendalter. Die aktuell als Kommunikationsbasis noch immer anerkannte *Klassifikation der Internationalen Liga gegen Epilepsie (ILEA)* von 1981 unterscheidet folgende Anfallsformen (vgl. Krämer 1998). Sie stellen *Symptome* dar, die Teil der komplexeren *Syndrome* (s. u.) sind:

1. Generalisierte Anfälle (beide Hirnhemisphären sind betroffen)
   • *Absencen.* Bewusstseinsstörung mit abruptem Beginn und Ende. Unterbrechung momentaner Aktivität und Wahrnehmung, starrer Blick, evtl. kurze Aufwärtsbewegung der Augen, Amnesie. Dauer wenige bis ca. 30 Sekunden

   • *Myoklonische Anfälle.* Isolierte oder iterative (multiple) kurze Zuckungen, generalisiert oder beschränkt auf einzelne Muskel- bzw. Muskelgruppen (Gesicht, Rumpf, Extremitäten usw.). Mitunter Bindung an Schlaf-Wach-Rhythmus

   • *Tonische Anfälle.* Plötzlich beginnende oder zunehmend intensivere, symmetrische Muskelkontraktion (Versteifung) am ganzen Körper oder in der oberen Körperhälfte, z. T. mit Kopf- und Augendrehung, Pupillenerweiterung, Zyanose (Blaufärbung Lippen/Gesicht infolge Sauerstoffmangels) und/oder röchelnder Atmung danach. Sturz möglich. Dauer: wenige Sekunden bis 1 Minute, z.t. in Serien

   • *Klonische Anfälle.* Wiederholte, rhythmische und meist symmetrische Zuckungen am ganzen Körper oder Körperteilen mit abnehmender Frequenz. Gewöhnlich kurze postiktale Phase, kann tonisch-klonischem Anfall (Grand mal) vorausgehen

   • *Atonische Anfälle.* Inkomplette, symmetrische Tonusminderung einzelner Muskeln (Absacken von Kopf, Unterkiefer) oder Tonusverlust aller Muskeln (Sturz), jeweils abrupt. Bei kurzer Dauer Sturzanfall (*astatischer Anfall*)

   • *Tonisch-klonische Anfälle (primär generalisiertes Grand mal).* Beginn mit *tonischer Phase.* Initial mitunter Schrei, Stöhnen, Seufzer, Sturz, dann immer Muskelkontraktion (symmetrischer Streck- und/oder Beugetonus von Armen und Beinen, Versteifung der Rückenmuskulatur, z. T. Rückwärtsbeugung, geschlossene Faust), Augen aufgerissen oder halb geschlossen, Pupillen starr und weit, Bulbi nach oben oder verdreht, Gesicht verzerrt, Atmung stockt, dadurch oft Zyanose (s. o.), hervortretende Halsvenen; Dauer 10–30 Sekunden (erscheint Umstehenden oft länger). Übergang zur *klonischen Phase*: u. U. Muskelvibrationen, dann rhythmische, symmetrische Zuckungen der Arme und Beine, z. T. auch Gesichtsmuskeln; optional: Schweißausbruch, Speichelfluss oder Schaumauspressung durch die Zähne, Spasmen der Schließmuskeln, Einnässen, Einkoten, Pollutionen. Dauer meist 1/2–1 Minute (bei kleinen Kindern manchmal länger). Danach je nach Anfallsintensität möglich: ca. 2 Minuten komatöser Zustand (röchelnde Atmung, Unempfindlichkeit gegenüber Reizen), dann *Nachschlaf* bis zu mehreren Stunden (beim Aufwachen oft Kopf- und Gliederschmerzen, Verwirrtheit, Sprechstörungen), retrograde Amnesie (keine Erinnerung an den Anfall)

2. Fokale Anfälle (einzelne Hirnareale sind betroffen)
   Einfach fokale Anfälle mit und ohne March (lokaler Ausbreitung):

   • *mit motorischen Symptomen* (Tonuserhöhung, Zuckung der hirnorganisch lokalisierbaren Körperregion, Versivbewegung, abnorme Haltung, Sprechhemmung)

• *mit sensiblen und sensorischen Symptomen* (Taubheit, Kribbeln, Brennen, Schmerzen in entsprechender Körperregion; visuelle, auditive, gusto-olfaktorische Sensationen; Schwindel)

• *mit vegetativen Symptomen* (z. B. epigastrisches Gefühl, Blässe, Schwitzen, Gänsehaut, Herzrasen, Magenkrampf, Übelkeit, Frösteln, Einnässen, Einkoten)

• *mit psychischen Symptomen* (z. B. Aphasische und andere Sprachstörungen, Gedächtnisstörungen wie déjà-vu oder jamais-vu, d. h. der Halluzination unbekannter Dinge als vertraut oder umgekehrt, kognitive Störungen bezüglich Zeitsinn, Orientierung, affektive Störungen wie unmotivierte Angst, aber auch Glücksgefühle)

(Dauer einige Sekunden bis Minuten. Oft Vorstufe für)

• *Komplexe fokale Anfälle.* Anfälle mit Bewusstseinsstörung, mit oder ohne einfach fokalem Beginn, mit oder ohne begleitende oder darauffolgende Automatismen (Automatismen sind unwillkürliche, vom Betroffenen nicht erinnerte Bewegungsabläufe wie z. B. Lecken, Schmatzen, Nesteln, Strampeln, Aus- und Anziehen, Möbelrücken, Weglaufen oder sprachliche/verbale Automatismen wie Wortstereotypien, wirres Reden, Schimpfen), nach durchschnittlich 1/2–2 Minuten, mitunter auch deutlich weniger oder mehr, langsame Bewusstheitserhellung und Reorientierung (Verlegenheit, Verwirrtheit)

Tonisch-klonische Anfälle (sekundär generalisierte Grand mal):

• Einfach fokale oder komplex-fokale Anfälle, die sich zum *sekundär generalisierten tonisch-klonischen Anfall* entwickeln

Für alle Anfallsarten gilt: Mehrere Varianten sind möglich (z. B. Aneinanderreihung mehrerer Anfallsarten wie klonisch-tonisch-klonisch, tonisch-komplexfokal usw.). Eine rasche Folge von Anfällen oder ununterbrochen anhaltende Anfallsaktivität nennt man *status epilepticus.* Um Hirnschäden durch Sauerstoffmangel zu verhindern, ist die rechtzeitige Beendigung der Anfälle erforderlich, vor allem durch jeweils indizierte Akutmedikation (s. u.).

Prodromi (s. o.) können unabhängig von der Art des Anfalls auftreten: Oft als vegetative oder psychische Symptome, die sich bei körperbehinderten Kindern und Jugendlichen auch besonders in Unansprechbarkeit, Bockigkeit bzw. auch plötzliche Ansprechbarkeit bei autistischen Jugendlichen manifestieren. Dies betrifft ebenso *Auren* (s. o.), die bei generalisierten Anfällen jedoch in der Regel nur sehr kurz oder ohne gezielte Sensibilisierung nicht mehr wahrnehmbar sind. Reaktionsformen der Betroffenen (plötzliches Erstarren, bei Kleinkindern Unterbrechen des Spiels, Anklammern an Bezugsperson), ggf. auch Reaktionen ihrer Hunde, können wichtige Hinweise auf die Dauer und Wahrnehmung von Initialsymptomen/Auren geben.

Verhalten bei Anfällen: Beobachten und auf Anfallsdauer achten, „sozial begleiten", Verletzungsgefahr beseitigen (Kind nicht festhalten, aber bei Anfällen mit möglicher Speichelbildung wegen Erstickungsrisikos auf die Seite legen), bei anhaltender Anfallsaktivität je nach Indikation (z. B. bei tonisch-klonischen

Anfällen möglichst bereits nach 3 Minuten) Akut-Medikation verabreichen, schlafen lassen, nach Aufwachen freundliche Ansprache und Reorientierungshilfe („Spürst du deine Beine?", „Zeig mal deine Hände!"). Anschließend Anfallsverlauf, -zeitpunkt, -dauer sowie möglichst Angaben zum Kontext (Verhalten, soziale Umgebung usw. vor und nach Anfall) dokumentieren und Betroffenen bzw. Behandelnden zur Verfügung stellen. Falls Akutmedikation nicht bekannt, Notfallausweis und ggf. (in Anhänger, ‚SOS-Kapsel' o. ä.) mitgeführte Akutmedikation suchen. Sind diese nicht gleich auffindbar, Arzt rufen und/oder für die Anfallsart indizierte Medikation zur Anfallsbeendigung besorgen (Stefan/Bauer 1990, 144; vgl. Ried/Schüler 1994). Bei völliger Bewusstlosigkeit besteht die zusätzliche, aber niemals als Ersatz zu planende Möglichkeit der Stimulation des Nasenphiltrums (Pothmann 1982, 117ff). Bei untypischem, nicht-epileptisch scheinendem Verlauf Kontrolle der Pupillenreaktion.

Zur individuellen, längerfristigen Behandlung und Prognose einer Epilepsie ist insbesondere deren Zuordnung zu einem *epileptischen Syndrom* erforderlich. Diese Zuordnung basiert nicht nur auf einer oder mehreren Anfallsformen, sondern auch auf anderen Kriterien wie z. B. EEG, Alter beim Beginn erster Symptome oder dem Verlauf der kognitiven Entwicklung. Häufige Beispiele im Kindes- und Jugendalter sind:

- *West-Syndrom* (Beginn 3.–8. Lebensmonat): Blitzartige, serienweise und besonders nach dem Aufwachen aufretende myoklonische oder tonische Anfälle unterschiedlicher Intensität, oft differenziert als so genannte Blitz-Nick-Salaam-Krämpfe (blitzartige Kopf- und Rumpfbewegung, Faustbildung, Hochwerfen und Beugung der Arme, Beugung der Beine, manchmal kurzer Schrei, in Rückenlage am ausgeprägtesten, Anfallsdauer wenige Sekunden, Neigung zu Serien von 5–20mal täglich; ungünstige Prognose mit Störungen der kortikalen Entwicklung, oft fließender Übergang zu verwandten Anfallsformen (z. B. Lennox-Gastaut-Syndrom), medikamentöse Behandlung mit starken Nebenwirkungen und geringem Erfolg

- *Lennox-Gastaut-Syndrom* (Beginn 1.–8. Lebensjahr): Tonische Anfälle, daneben insbesondere atonische bzw. myoklonisch-astatische Anfälle (zunächst bilaterale Zuckung, dann gestörte Haltungskontrolle und Zusammensinken oder Sturz) und Absencen, aber auch myoklonische, tonisch-klonische und fokale Anfälle können hinzutreten. Statusneigung (Anfallsserien) mit Umdämmerung (aber meist ansprechbar); Anfallsdauer wenige Sekunden bis mehrere Minuten; sehr ungünstige Prognose (insbesondere bei Statusneigung), hohe Therapieresistenz, zahlreiche Medikamente mit starken Nebenwirkungen werden erprobt

- *Friedmann-Syndrom* (Absencenepilepsie des Kindesalters; Beginn 5.–10. Lebensjahr): Absencen, später können nicht selten tonisch-klonische Anfälle hinzukommen; *häufigstes Epilepsie-Syndrom in der Körperbehindertenpädagogik*, leicht zu verwechseln mit Verträumtheit und Konzentrationsstörung; einfache Absencen: kurze Bewusstseinsstörung mit starrem Blick (Amnesie, „seelische Pause") von 5–10 Sekunden; gemischte Absencen mit Begleitsymptomen: retropulsive Absencen („Hans-guck-in-die-Luft"), Absencen mit Automatismen (Lecken, Schmecken, Kauen und Nesteln), diskrete Myoklonien, leichter Tonusverlust im Gesicht; kein bewusstes Erleben, nach der Absence wird Ursprungshandlung fortgesetzt; günstige Prognose, erfolgreiche medikamentöse Behandlung, spontane Ausheilung möglich (oft nach der Pubertät)

• *Janz-Syndrom* (Juvenile myoklonische Epilepsie; Beginn 8.–25. Lebensjahr): Insbesondere myoklonische Anfälle, daneben sind auch tonisch-klonische Anfälle oder gelegentlich Absencen möglich; die meist blitzartigen myoklonischen Zuckungen betreffen meist beide Arme und den Schultergürtel, mitunter auch die unteren Extremitäten (oft Einknicken in den Knien, manchmal mit Ausstoß eines kurzen „Bauchlauts"). In seltenen Fällen sind Zuckungen so gering, dass von inneren Zuckungen gesprochen wird. Beim Schreiben charakteristische Störung des Schriftbildes; Wiederholung in kurzen Abständen als „kleine Serien" möglich, typisch ist tägliches Auftreten nach dem Erwachen, Auslöser häufig unregelmäßige Lebensführung, Schlafdefizit, Gewecktwerden und Flackerlicht; günstige Prognose, erfolgreiche medikamentöse Behandlung bei Persistenz bis ins hohe Alter möglich

Die *psychosoziale Situation* betroffener Kinder ist in der Regel gekennzeichnet durch medizinisch-therapeutische Begleitung (bei schweren Fällen nicht selten in Epilepsiezentren – z. B. Kehl-Kork, Bielefeld-Bethel, Lobetal bei Bernau – oder Epilepsieambulanzen) und durch Besonderheiten der Familiensituation: Nach dem Diagnoseschock besteht sowohl Hoffnung auf Heilung als auch ein „Damokles-Syndrom" (Anfälle können immer wieder auftreten) mit entsprechenden Verunsicherungen (May u. a. 1990, 289ff). In schweren Fällen nicht kontrollierbarer großer Anfälle, die mehrfach täglich auftreten, überschreiten die Familien nicht selten die Grenzen ihrer Belastbarkeit und brauchen Hilfen (vgl. Doermer 1992; Schuster 1990; 1996). Betroffene Kinder müssen sich oft mit Einschränkungen und einem Außenseiterdasein auseinandersetzen: Einige tragen einen Schutzhelm, sie haben aufgrund von Ängsten des sozialen Umfelds nur wenige Spielkameraden, werden häufig zu schnell und pauschal von vielen „schönen" Freizeitaktivitäten ausgeschlossen (Radfahren, Ausflüge, Baggersee; Ried/Schüler 1994, 177f). Sie erleben ihren Körper als nicht beherrschbar, und darüber hinaus entwickeln sie u. U. nur schwer direkten Bezug zu ihrer Krankheit (Wahrnehmen der Anfälle nur im Spiegel des Umfelds). Im *Vorschulalter* kommt es oft zu unauflösbaren Trotzreaktionen. Bei früh einsetzenden und langdauernden Verläufen ist allerdings das Paradoxon zu beobachten, dass die epileptischen Anfälle oft innerlich und äußerlich als Teil der Lebensvollzüge erfahren werden, mitunter sogar als kathartisch und entwicklungsfördernd („Nach Anfällen bin wach und tatendurstig"), und nicht als Krankheit, die geheilt werden muss (das erschwert u. U. die „Selbstkontrolle", wenn dies nicht verstanden wird und keine Alternativen entwickelt werden können). Die Epilepsie kann zu körperlichen Folgeschäden führen, wenn sich als Folge epileptischer Staten mit Sauerstoffverlust oder der medikamentösen

Behandlung zentralmotorische Koordinationsstörungen und motorische Einschränkungen einstellen (Burkart 1994, 91ff; Degen 1979, 101).

Spezielle Problembereiche für Jugendliche und Erwachsene können sein: Behinderungsgerechter Arbeitsplatz (keine Bildschirmarbeit, keine Schichtarbeit; Thorbecke/Janz/Specht 1995), Unfallrisiken (Auskunftspflicht gegenüber Arbeitgeber; Risiko wird jedoch häufig überschätzt; Weßling u. a. 1990, 267ff), Beeinträchtigung der Libido, Schwangerschaftskomplikationen im Zusammenhang mit Einnahme von Antiepileptika (Fröscher 1989, 64ff; zu „Epilepsie und Kinderwunsch" vgl. Ried/Beck-Mannagetta 1995), Probleme mit privaten Kranken-, Unfall- und Lebensversicherungen.

Die *kognitive Entwicklung* bietet ein sehr heterogenes, multifaktorielles Bild (Schöler/Schaudwet 1999, 48ff). Grundsätzlich ist die Epilepsie Begleitsymptom für andere hirnorganische Prozesse. Diese können z. B. bei West-Syndrom und Lennox-Gastaut-Syndrom sehr ungünstig im Hinblick auf die geistige Leistungsfähigkeit verlaufen und in einer geistigen Behinderung enden (Endermann 1994, 18ff). Die Entwicklungsverläufe sind individuell verschieden, eine nicht repräsentative Gruppenbildung epilepsiekranker Kinder für empirische Aussagen zur geistigen Leistungsfähigkeit ist im Grunde unzulässig. Ohne Anfallskontrolle ist jedoch die Prognose für ihre schulische Entwicklung (und berufliche Karriere) ungünstig (Niemann 1993, 85). Gleichwohl werden *Auffälligkeiten ihres Lernverhaltens* und ihrer geistigen Entwicklungsprozesse übereinstimmend (auch von Betroffenen selbst; vgl. „Einfälle", Heft 53–55, 1995; SVEEK 1995) vor allem auch als Auswirkung der Behandlung mit Antiepileptika beschrieben und in der pädagogischen Praxis erwartet:

- *Erhöhte Reizbarkeit und Unruhe beim Spiel und bei Leistungsanforderungen* (besonders im Vorschulalter; „unterschätzt und überfordert")
- *Verlangsamung des Lernens* (Kinder gelten oft als „dumm", umständlich, unbeholfen, schaffen nur die Hälfte der Rechenaufgaben bei Klassenarbeiten, Hausaufgaben bleiben unvollständig, Mitarbeit ist schwankend)
- *Konzentrationsschwäche* (leichte Ermüdbarkeit, mangelnde Leistungsbereitschaft; Diktat zu Beginn fehlerfrei, gegen Ende nicht mehr lesbar)
- *Leistungsschwankungen bei wiederholten Anfällen*
- *Gedächtnisprobleme* (Auswirkungen von Medikamenten; evtl. Strukturveränderungen des Gehirns; nach Anfällen schlechte Orientierung; Vergessen von Verabredungen, von weggelegten Gegenständen, von Mahlzeiten, von Inhalten von Filmen, von Namen, von angefangenen Arbeiten; auch von „Angst vor dem Vergessen" wird berichtet; „Einfälle" 53–55, 1995)

Pädagogen schildern durchweg das Empfinden, dass die Kinder bessere Leistungen erbringen könnten, wenn Anfälle nicht-medikamentös kontrolliert würden. Eine retrospektive Befragung von Lehrern und Eltern zur schulischen Situation von 60 epilepsiekranken Kindern des Zentrums Kehl-Kork ergab dementsprechend, dass lediglich die Dosierung der Antiepileptika, nicht jedoch andere epilepsiespezifische Faktoren wie Alter bei Epilepsiebeginn, anfallsfreie Zeit, Anfallsfrequenz und Epilepsiesyndrom den Schulerfolg nennenswert beeinflussen. Weitaus bedeutsamer sind hingegen unspezifische Faktoren wie Aufmerksamkeit, Ausdauer, visuell-motorische Geschwindigkeit und Koordination, Arbeitstempo, Antrieb (Christ/Mayer 1990, 250ff).

Förderbedürfnisse

Spezifische Förderbedürfnisse epilepsiekranker Kinder ergeben sich aus den Besonderheiten ihrer Erkrankung und aus der psychosozialen Situation. Die schulische Förderung erfolgt in der Körperbehindertenschule oder in einer integrativen Schule (Ried/Schüler 1994, 179). „Ein integrativer Unterricht mit Lernzieldifferenzierung" wäre geeignet, erkrankungsbedingten Nachteilen leichter entgegenzuwirken (Schöler/Schaudwet 1999, 48ff; vgl. Pfäfflin/Endemann 1995). Bei schweren, medikamentös nicht behandelbaren Verläufen erfolgt die schulische Förderung jedoch oft noch in Epilepsie-Zentren.

Viele Kinder benötigen sonderpädagogische Förderung. Lernanforderungen dürfen nicht zu Überforderung führen. Erforderlich sind: Zeit für Erholung, Entspannung, Mittagsschlaf. Hausaufgaben z. B. eher 10 Min als 1 Stunde. Die richtige Hilfe der Eltern bei Hausaufgaben („Geduld und nochmals Geduld"), um Konzentrationsstörungen nicht noch durch Druck zu verstärken (Matthes/Kruse 1989, 83). Krankheitsspezifisch (Vermeidung von möglichen Auslösern; Seifert 2000, 126) sind ggf. die „Rhythmisierung des Tages" (positive Routine entwickeln) und die Eigenregulation des Lerntempos („Wiederentdeckung der Langsamkeit"). Betroffenen Jugendlichen können Übungen sozialer Selbstbehauptung und Durchsetzungsfähigkeit nützen. Die Krankheit wird zum Unterrichtsgegenstand gemacht (Schöler/Schaudwet 1999, 93 ff; SVEEK 1995, 54; vgl. Kinderbuch „Bei Tim wird alles anders", Heinen 1996).

Insbesondere kleineren Kindern hilft der therapeutische Effekt von Spieltherapie und Maltherapie, die „Einstellung zu sich selbst zu verändern" und „Gedächtnisleistungen, Phantasie und Kreativität zu fördern" (Puckhaber 1997, 91f).

Eine in den letzten Jahren neu entstandene bzw. wieder wahrgenommene psychologisch-pädagogische Aufgabe betrifft die *Selbstkontrolle* der Anfälle. Die Möglichkeit einer Kontrolle (d. h. Vorbeugung und/oder Beendigung von Anfällen im Initialstadium) steigt mit der Wahrnehmung und Dauer von Vorzeichen und Initialsymptomen. In der gemeinsamen „Entdeckung" von Prodromi und Auren und der Identifizierung von Anfallsauslösern und anfallsbegünstigenden Faktoren liegt ein spezifisches pädagogisches Feld. Die Anfallskontrolle selbst (deren Techniken auch mit Hilfe von Erfahrungen aus der Verhaltensmedizin weiter differenziert werden konnten; Strehl 1998, 45 ff) ist vor allem Aufgabe der Be-troffenen, sie wird nicht selten sogar eigenständig „entdeckt" als individuelle Gegenbewegung bzw. Gegenreiz, oft in Abhängigkeit von der Art der Auren (z. B. durch Reiben des zuerst betroffenen Körperteils, Augenschließen, Konzentration, tiefe Zwerchfellatmung).

> „Mehr als die Hälfte der Patienten mit aura-eingeleiteten Anfällen berichtet darüber, dass es ihnen zumindest inkonstant gelingt, durch eine bestimmte Maßnahme den Übergang von der Aura in einen komplex-fokalen oder sekundär generalisierten Anfall zu verhindern. Die hierzu verwendeten Maßnahmen sind individuell sehr verschieden und reichen z. B. von Entspannungstechniken bis zu sehr spezifischen sensorischen Reizen. Neurophysiologisch ist die Verhinderung der Ausbreitung der epileptischen Erregung durch unspezifische oder spezifische Aktivierung der den Fokus umgebenden Neuronen sehr gut nachzuvollziehen ... In der Praxis ist zunächst mit dem Patienten eine geeignete Unterbrechungstechnik so genau wie möglich zu identifizieren, um diese dann in der Folgezeit konsequent in möglichst jeder Situation anzuwenden. Erfolg und Misserfolg werden regelmäßig durchgesprochen, Fehler werden korrigiert und situative oder intrapsychische Aspekte, die ggf. eine erfolgreiche Anwendung verhindert haben, erörtert. Auch wenn vollständige Anfallsfreiheit nicht erreicht werden sollte, so ist der Zugewinn an Autonomie – das Wissen, den Anfällen nicht mehr hilflos ausgeliefert zu sein – für den Patienten oft von erheblicher Bedeutung" (Specht 1996, 157f).

(Zu Einzelheiten dieses pädagogischen Komplexes vgl. Dahl 1992; Richard/ Reiter 1995; Reker 1998; Heinen/Schmid-Schönbein 1999.)

2.4 Chronisch kranke Kinder

Chronische Krankheiten im Arbeitsfeld der Körperbehindertenpädagogik sind Erkrankungen mit häufig schleichendem Beginn, verlängerter Dauer, lediglich erleichternder bzw. ineffektiver Behandlung (oft verbunden mit längerem Aufenthalt im Krankenhaus oder Rehabilitationszentrum) und ungünstiger Prognose (Sesterhenn 1991, 14). Von der Vielzahl chronischer Erkrankungen im Kindesalter sind die folgenden in der Körperbehindertenpädagogik statistisch von besonderer Relevanz: *Asthma, Neurodermitis/Allergien, Rheuma, Diabetes, Herzkrankheiten, Hämophilie, Niereninsuffizienz* und *Zöliakie* (s. u.; und vgl. Handbücher von Rossi 1986, Schönberger 1992, Schulte/Spranger 1993, Kurz/ Roos 1996). Hinter den abstrakten medizinischen Krankheitsnamen stehen Existenzen, die geprägt sein können durch permanente Empfindungen von *Schmerzen, Juckreiz, Atemnot* und *körperlicher Schwächung*.

Pädagogische Zugänge zum chronisch kranken Kind in Schule und Vorschule sind zunächst am spezifischen kindlichen Krankheitserleben orientiert. Das kindliche Erleben unterscheidet sich grundsätzlich vom eher rational gesteuerten Erleben Erwachsener. Kindliche Reaktionsmuster sind eingebettet in das familiale „Nest" und die *Symbiose mit Eltern und Geschwistern*. Kennzeichen des Nests sind Notwendigkeit körperlicher und emotionaler Nähe, Informationseinheit und abnehmende Verschmelzung mit den Eltern, spezifisches Klima und familiale Normen durch steuernde Impulse der Eltern in Form von Lob, Strafe, Liebesentzug, Dazugehören vs. Ausgeschlossensein. „Dazugehören" (Erhalt eines festen sozialen Fundaments) ist z. B. eines der übergeordneten Ziele des Verhaltens der Kinder, auch wenn es u. U. mit negativen Gefühlen erkauft werden müsste. Konflikte würden von kleinen Kindern mit Hilfe der Fantasien gemeistert. Insgesamt ist die Familie ein sich selbst regulierendes System. Die Krankheit des Kindes wird Teil davon und wirkt in alle Bereiche hinein (Sesterhenn 1991, 35ff). Im Gegensatz zum plötzlichen Schock (z. B. bei Spina bifida) ensteht bei chronischen Krankheiten allmählich eine Familienkrise durch sich verdichtende Lebensereignisse. Die Familie gerät aus dem Gleichgewicht mit potentiellen Gefahren für Gewohnheiten, Grenzen, Interaktionsmuster, Werte und Ziele. Unter großem Energieaufwand wird versucht, das Gleichgewicht wieder herzustellen (vgl. Kapitel „Zusammenarbeit mit den Eltern"). Bedeutsam sind dabei die Kraftreserven der Familie oder einzelner Mitglieder, frühere Erfahrung mit Krisen, Hilfe von außen (und die Fähigkeit, diese anzunehmen). Im Einzelnen spielen bei der familialen Krankheitsverarbeitung auch die Kohäsion (enge Bindung vs. individuelle Autonomie der Familienmitglieder) und Anpassungsprozesse (Machtstrukturen und Rollenverteilung) sowie Ablösungsmöglichkeiten des Kindes eine Rolle.

Kennzeichen des *körperlichen Erlebens* chronischer Krankheit ist der Verlust körperlicher Autonomie und der selbstverständlichen Befriedigung körperlicher Bedürfnisse; es erfolgt körperliche Regression (Jessner 1976, 851). Der Körper wird fremd, und auch die Welt rückt ferner. Darüber hinaus können Spannungen weniger motorisch abreagiert werden. Pädagogisch bedeutsam ist die Fluchtmöglichkeit in die Fantasie.

Das *kognitive Erleben* chronischer Krankheit durch das Kind ist im Vorschulalter gekennzeichnet durch weitgehende Gegenwartsbezogenheit („Krankheit bleibt für immer"), durch egozentrisches Denken (Unfähigkeit, Zeitperspektiven anderer Personen zu übernehmen), durch irrationale Konstruktion von Ursache-Wirkung-Zusammenhängen (z. B. Krankheit als Strafe für ungezogenes Verhalten) und daraus resultierende Schuldgefühle, durch verabsolutierendes Denken (es ist immer „alles" und „für immer" betroffen, Übergänge Krankheit–Gesundheit werden nicht erkannt); es kann zu kognitiven Regressionen mit dem zeitweiligen Verlust höherer Leistungen wie Sprache und Abstraktionsvermögen kommen; Angst und Stress verhindern die Aufnahme von Information; und schließlich spielt auch die mangelnde Kenntnis des Körpers und seiner Funktionen bis zum Alter von 8–10 Jahren eine große Rolle (Lohaus 1990, 29ff). In Anlehnung an die kognitive Theorie Piagets fasst Lohaus (1990, 14ff; 1996, 5) Charakteristika der allgemeinen Denkentwicklung und ihre Bezüge zu den Konzeptbildungen im Bereich von Gesundheit und Krankheit zusammen.

1. *Präoperationales Entwicklungsstadium* (3–6 Jahre): Konzentration auf sichtbare oder fühlbare Symptome; keine oder wenig realistische Vorstellungen über Krankheitsursachen und Krankheitsverläufe; geringes Verständnis für die Prozesshaftigkeit von Erkrankungen; geringes Verständnis für die Intentionen anderer sowie für die Fähigkeit anderer, die eigene Situation zu verstehen

2. *Konkret-operationales Entwicklungsstadium* (7–11 Jahre): Verständnis einfacher Relationen zwischen Krankheitsursache und Wirkung; zunehmendes Verständnis für die Prozesshaftigkeit von Erkrankungen; Verständnis für Sachverhalte, die konkret beschrieben werden (konkrete Symptome, konkrete Therapien usw.); Fähigkeit, Denken und Gefühle anderer zu erschließen, und Wissen, dass auch andere dies können

3. *Formal-operationales Entwicklungsstadium* (ab 12 Jahre): Verständnis für komplexe Funktionszusammenhänge; Fähigkeit, abstrahierte Modelle (auch hypothetisch) auf andere Sachverhalte zu übertragen; Fähigkeit, Sachverhalte aus den verschiedensten Perspektiven zu betrachten (z. B. Krankheit aus individueller und gesellschaftlicher Perspektive)

Lohaus stützt sich dabei auf die allgemeinen Stadien Piagets; chronische Krankheit erschwert jedoch zusätzlich die altersgemäße kognitive Entwicklung und Erkundung der Welt. Um das Kind zu erreichen, ist dem Pädagogen auferlegt, sich auf die kognitiven Bedingungen der Kinder einzulassen (z. B. sind kranke Kinder über Sprache und Logik allein nicht zu erreichen).

Kennzeichen des *emotionalen Erlebens* ist vor allem die Auseinandersetzung mit existentiellen Ängsten: Verlust- und Todesängste (Körper gehorcht nicht mehr), Objektängste vor unbekannten Gegenständen (Thermometer, Spritzen), Enttäuschung über Entthronung der Eltern und Übernahme von deren Ängsten (circulus vitiosus: Eltern verlieren angstmindernde Rolle und verstärken damit Ängste), kognitive Regression führt häufig zu asynchronem Auftreten von Angstauslöser und Reaktion („Tapfersein" bei Spritze, aber nachts Schweißausbruch bei Ahnung der nächsten Spritze); plötzliches Weinen und Weinkrämpfe aus Überforderung (Blume 1987, 32ff).

Kennzeichen des *kommunikativen Erlebens* ist die fehlende sprachliche Ebene der Auseinandersetzung mit der Krankheit. Die Kinder suchen andere Ausdrucksmöglichkeiten. Alle kranken Kinder suchen, ihrer Verfassung entsprechend, ein kreatives Ventil (Spielen und Malen). Eine weitere kommunikative

Ebene ist ein unbewusst verlaufender symbolischer Interaktionismus über Signale körperlicher Reaktionen auf die Primärkrankheit (sie drücken über den Körper etwas aus, das sie anders nicht ausdrücken können): z. B. Bettnässen als Regression und Aggression gegenüber den Eltern, Bauchschmerzen als Zeichen von Überforderung, asthmatische Anfälle und Ekzeme als Abwehrreaktion, Magersucht als Zeichen von Entfaltungskonflikten (vgl. Kiepenheuer 1989). Die Symbolik des kreativen und des körperlichen Ausdrucks hilft, chronisch kranke Kinder besser zu verstehen und sie kreativ und dialogisch zu unterstützen.

Förderbedürfnisse

Spezifika der pädagogischen Förderbedürfnisse chronisch kranker Kinder ergeben sich aus der medizinischen Versorgung, der kindlichen Reaktion auf Krankheit, den Prozessen der Krankheitsverarbeitung und der weiteren Entwicklung. Dabei spielen Kenntnisse über die Krankheit und über Therapiemaßnahmen eine zentrale Rolle, Information über die eigene Befindlichkeit ist eine Voraussetzung zur Entwicklung von Selbständigkeit und zur Emanzipation. Pädagogische Hilfestellung wird notwendig, weil die „Quelle" der Entwicklungserschwernisse nicht beseitigt werden kann (Schmitt u. a. 1996, 97ff). Die spezifischen Förderbedürfnisse sind im Zusammenhang mit den jeweiligen Erkrankungen zu sehen (s. u.). Neben den allgemeinen Prinzipien der Förderung körperbehinderter Kinder in vorschulischen und schulischen Regel- und Sondereinrichtungen ist ein organisatorisches Spezifikum der pädagogischen Förderung chronisch kranker Kinder vor allem auch in unterschiedlichem Ausmaß die Spielförderung im Krankenhaus und der Unterricht in der *Schule für Kranke* (Bläsig 1973, 9; Wienhues 1979; 1982; 1984; Ertle 1994, 238ff; Kösler 1997, 187ff; Polzer 1997, 41ff; vgl. Kap. „Krankenhausschule").

Die pädagogische Förderung ist Bestandteil des Netzwerks der Rehabilitation chronisch kranker Kinder. Petermann/Warschburger (1999a, 21ff) definieren allgemeine *Belastungen* und *Ressourcen* des Netzwerks:

1. Belastungen (Risikofaktoren): kindbezogene Faktoren (Vulnerabilität) und umgebungsbezogene Faktoren (Stressoren)

2. Ressourcen (Schutzfaktoren): kindbezogene Faktoren (Widerstandsfähigkeit, Resilience), umgebungsbezogene Faktoren (soziale Unterstützung, Therapie, Pädagogik)

Daraus ergeben sich Aufgaben zur Qualitätssicherung der Rehabilitation: Konzepte und Indikationspläne für spezifische Krankheiten; Strukturpläne für differenzierte Diagnostik und Intervention beim einzelnen Kind; Pläne zur Qualitätskontrolle im Sinne verbesserter Compliance (Anpassung des Kindes an die Lebensumstände; zum Compliance-Problem bei Kindern mit chronischen Erkrankungen vgl. Lehmkuhl 1996, 94ff), erhöhter Zufriedenheit betroffener Kinder und eventueller schulischer Integration; Pläne zur Familienbefragung, zur Akzeptanz von Interventionsmaßnahmen und zu eigenverantwortlichem Krankheitsmanagement der Familien; Qualitätszirkel als interne und externe Supervision der Organisationsstrukturen der Rehabilitation.

• *Asthma*

Der Begriff Asthma geht auf Hippokrates zurück und bedeutet „Atemnot". Er bezeichnet eine „vorwiegend anfallsweise auftretende Einengung der Atemwege", die mit anhaltender oder wiederkehrender Atemnot einhergeht (Menger 1988, 6). Es handelt sich um eine Überempfindlichkeit des Bronchialsystems, die ererbt (Asthmadisposition) oder auch erworben sein kann. Die Häufigkeit in Deutschland wird in der medizinischen Literatur mit durchschnittlich 5 % behandlungsbedürftiger Asthmatiker angegeben. Im Kindesalter ist Asthma (und Allergie) die häufigste chronische Krankheit überhaupt; Knaben sind doppelt so häufig betroffen wie Mädchen (Nolte 1995, 12). Die Atemwegswiderstände können schon im Kleinkindalter, häufig ausgelöst durch schwere Infekte der Luftwege, auftreten. Im Alter von ca. 4 Jahren spielen auch vor allem allergische Reaktionen des Bronchialsystems als Auslöser eine Rolle, d. h. der Körper reagiert auf Allergene (Stoffe, die allergische Reaktionen auslösen) oder andere Reizfaktoren (Trigger) mit einer überschießenden immunologischen Antwort durch Bildung einer übermäßigen Menge von Allergie-Antikörpern, die die Entstehung eines zähen Bronchialschleims bewirken und eine Entzündung der Atemwege begünstigen. Ähnliches geschieht bei Heuschnupfen und anderen allergischen Reaktionen; Asthma und Allergie sind sehr enge Verwandte (Niggemann/Wahn 1994, 80). Allergene können sein: Blütenpollen, Hausstaubmilben, Schimmelpilze, Tierhaare, Nahrungsmittel (Maushagen-Schnaas/Waldmann 1996, 30ff; Maushagen-Schnaas/Schnober-Sen 1996, 25ff; Noeker 1991, 120ff). Weitere auslösende Reizfaktoren können sein: Infektionen, Witterungswechsel, körperliche Anstrengung, psychischer Stress, Medikamente (Bundesarbeitsgemeinschaft 1989a, 13ff). Charakteristisch ist ein anfallsweises Auftreten der Beschwerden bei Kindern aus voller „Gesundheit" heraus. Je länger die Krankheit anhält, umso mehr verwischt sich jedoch der typische Anfallscharakter, und es wird auch zwischen den Anfällen die körperliche Leistungsfähigkeit reduziert. Bei schwerem Dauerasthma kann es im Laufe der Jahre zu einem Verlust von Lungengewebe (durch Überblähungen der Lunge während der Anfälle) und zu Herzbelastungen kommen.

Heilungschancen bestehen bei gesicherten Erkenntnissen über allergische Ursachen der Erkrankung (Allergen-Nachweis). Behandlungs- und Therapiemaßnahmen sind vor allem Medikamente (anfallsvorbeugende und bronchienerweiternde Medikamente und Cortisonpräparate in Dosier-Aerosolen). Die Deutsche Atemwegsliga hat hierzu 1994 ein 3-stufiges Therapieschema für Kinder (und Erwachsene) und einen Behandlungsplan für Säuglinge als Empfehlung verabschiedet (Maushagen-Schnaas/Schnober-Sen 1996, 76ff). Neben diesen Maßnahmen spielen atemgymnastische Übungen, autogenes Training und vor allem Entspannungsübungen eine wichtige behandlungsbegleitende Rolle (eine Übersicht zu Asthma-Therapiezentren in Bundesarbeitsgemeinschaft 1989a, 53ff). Im Pubertätsalter heilt die Krankheit manchmal spontan aus.

Spezifische *pädagogische Förderbedürfnisse* betroffener Kinder (im Arbeitsbereich der Körperbehindertenpädagogik sind es in der Regel sehr schwer betroffene Kinder, für die ein besonderer pädagogischer Förderbedarf besteht) ergeben sich aus der beständigen Anfallsgefahr bzw. wiederholter Atemnot und Erstickungsempfindung der Kinder (zu Dimensionen der Belastung und Krankheitsbewältigung vgl. die empirische Studie von Noeker 1991). Erforderlich ist ein besonders achtsamer Umgang mit dem Kind; „so kommt es z. B. bei einer Kombination von Allergenen, Infektionen, Schulangst – verbunden mit Leistungsdruck – zu Anfällen von Asthma bronchiale ... eine richtige Beurteilung für Pädagogen ist erschwert, da die Kinder einerseits vollkommen unauffällig sein können, andererseits durch Atemnot stark behindert werden" (Bundesarbeitsgemeinschaft 1989a, 18 u. 40). Zur Auseinandersetzung mit den Kindern über ihre Krankheit gehört die Erziehung zur aktiven Vermeidung auslösender Allergene (soweit bekannt). Jede sportliche Betätigung ist erlaubt, Überanstrengung ist jedoch zu verhindern (Hollmann 1985, 863). Vor allem sind die (gemeinsame) tägliche Entspannung (evtl. Autogenes Training; Krampen 1997, 81ff; Biermann 1978, 34ff) und eine entspannte Lernatmosphäre unerlässlich. Mit Stimmungsschwankungen und sozialen Wahrnehmungsverzerrungen aufgrund von Angstzuständen muss bei betroffenen Kindern und Jugendlichen ebenso gerechnet werden wie mit resignativer Traurigkeit.

Eine pädagogische Aufgabe ist die Erziehung der Kinder zur Einhaltung der medizinisch-therapeutischen Anweisungen und entsprechender Anpassung des Lebensstils (die sog. Compliance; vgl. Dittmann 1996, 53ff). Mangelnde Compliance führt bei den meisten Kindern zeitweise zu Problemen und geht mit der Verschlechterung ihres Gesundheitszustands einher (Petermann/Warschburger 2000, 19f). Von Bedeutung sind das Modell-Lernen der Kinder, ein gemeinsamer Tagesrhythmus und beiderseitige Verhaltensverträge. Bei der „Krankheit als Lerngegenstand" kann der Pädagoge sich an „Selbstmanagementansätzen" zur „Verhinderung von Asthmaanfällen, Umgang mit akuten Anfällen sowie Aufbau sozialer Fertigkeiten" orientieren, die von Petermann/Warschburger (ebd., 22ff) zusammengefasst werden. Darüber hinaus existieren Lernprogramme für Betroffene zu „Atmung und Atemnot", „Die Krankheit und ihre Anzeichen", „Medikamente und Behandlung" (Wettengel/Hens 1994), „Atemtherapie und Selbsthilfe" (Pfeiffer-Kascha 1994), die im Unterricht herangezogen werden können, und Informationsschriften für Kinder (Paul 1991). Zur spezifischen Schulung für Kinder haben Petermann u. a. (2000, 177ff) ein „Asthma-Verhaltenstraining mit Vorschulkindern" mit Anleitungen für 8 Gruppensitzungen entwickelt. Wittenmeier/Korsch (2000, 201ff) legen ein Programm zur „Asthmaschulung mit Vorschulkindern" (inkl. Arbeitsblättern) mit Anleitungen zu verschiedenen Schulungseinheiten vor. Dieses Programm eignet sich vor allem für die schulische Unterrichtsgestaltung. Weitere Materialien bei *Deutscher Allergiker- und Asthmatikerbund e. V.*, Hindenburgstraße 110, 41061 Mönchengladbach.

• *Neurodermitis*

Neurodermitis (atopische Dermatitis, endogene Dermatitis) ist eine „entzündliche Erkrankung der Haut auf der Basis einer angeborenen Veranlagung mit wechselndem Erscheinungsbild sowie vielen verschiedenen Auslösern" (Szczepanski u. a. 1994, 104). Sie gehört neben Asthma und Heuschnupfen zur atopischen Trias, d. h. einer Überempfindlichkeit von Haut oder Schleimhäuten, die mit erhöhter Produktion von Antikörpern zur Abwehr von Fremdstoffen einhergeht (Petermann/Warschburger 1999, 10; Lübbe 1998, 255f). Sie wird also den Allergien zugerechnet. Bis zu 30 % der betroffenen Kinder weisen zusätzlich Symptome anderer allergischer Erkrankungen auf (Menger 1988, 6). Ätiologie und sinnvolle Behandlungskonzepte sind noch nicht umfassend erforscht. Ca. 90 % der betroffenen Kinder erkranken, bevor sie 10 Jahre alt sind, 2/3 der Betroffenen schon im 1. Lebensjahr. Die Verläufe sind unterschiedlich: Bei ca. 40 % der Kinder kommt es schon in den ersten 3 Lebensjahren aus bisher ungeklärten Gründen zu einem spontanen Verschwinden der Krankheit.

Auch in der Pubertät kann die Krankheit zum Stillstand kommen, in den meisten Fällen werden die Symptome mit zunehmendem Alter geringer.

Die Neurodermitis gehört für Kinder (und Eltern) zu den unangenehmsten und belastendsten chronischen Krankheiten. Sie ist gekennzeichnet durch schubweisen, quälenden Juckreiz, der auch ohne äußere Veränderungen der Haut auftritt. Unterschiedliche Körperstellen können betroffen sein: Kopf, Hals, Gelenkbeugen, Hände; in schweren Fällen mit Ausbreitung auf den gesamten Körper. Die entzündete Haut ist meist blass, schuppt verstärkt und wird mit der Zeit rauh. Bei länger anhaltender Krankheit wird die Haut langsam dünner (Atrophie). Durch Kratzen kommt es zu Verletzungen, die den Krankheitsverlauf in einem circulus vitiosus weiter verschlechtern, weil neue Entzündungsherde entstehen, die wiederum den Juckreiz verstärken. Es gibt trockene und nässende Formen; es können Pigmentstörungen der Haut auftreten, die zu einem weißfleckigen Aussehen der betroffenen Kinder führen. Der Juckreiz stellt sich vor allem am Abend und in der Nacht ein und führt oft zu großer Unruhe und Schlafstörungen beim Kind (und der Familie). Die betroffenen Kinder sehen krank aus, sind häufig unausgeschlafen und unglücklich.

Neurodermitis ist eine multifaktorielle Erkrankung. Eindeutige Ursachen sind nicht nachweisbar (außer der genetischen Disposition erhöhter Vulnerabilität der Haut). Als mögliche Auslöser gelten: Allergene (Pollen, Hausstaubmilben, Tierhaare), bestimmte Nahrungsmittel, unspezifische Hautirritantien (z. B. Wolle), Infekte, chemische Hautirritantien (z. B. Reinigungsmittel), klimatische Faktoren (z. B. Verschlechterung in den Wintermonaten), Schweiß, trockene Haut, psychische Belastungen, Kratzen (Petermann/Warschburger 1999, 12). Eine Heilung der Krankheit gibt es bislang nicht. „Eine sinnvolle Neurodermitisbehandlung baut auf elterlichen Erfahrungen, auf den Beobachtungen des Kindes und auf den zusätzlichen ärztlichen Erfahrungen auf" (Szczepanski u. a. 1994, 115). Einheitliche Diätempfehlungen können nicht ausgesprochen werden; ein staubarmes Milieu, eine Verminderung unspezifischer Hautreize und vermuteter Allergene werden empfohlen. Sinnvoll sind Basispflegesalben, rückfettende Badezusätze und Saunabesuche. Verschrieben werden entzündungshemmende cortisonhaltige Salben, Antihistaminika gegen den Juckreiz. Viele Kinder erleben eine Besserung bei UVA/UVB-Bestrahlung (bei Kindern zurückhaltend anzuwenden) und durch hohe Dosen von Gamma-Linolensäuren (Borretschöl). Auch alternative Heilmethoden können individuell helfen (Achenbach 1995, 77ff; Lübbe 1998, 258ff).

Spezifische *pädagogische Förderbedürfnisse* der Kinder entstehen durch die erschwerte Sinnes- und Körpererfahrung, die bei frühkindlicher Neurodermitis beobachtet wird, weil die Kinder Berührung und Spiel vermeiden. Den Bedürfnissen nach Anregung besonders im Vorschulalter (aber auch im Schulalter) wird durch das Angebot entsprechender Spielmaterialien zur sensorischen Integration begegnet. Szczepanski (1994) empfehlen insbesondere auch Matschmaterialien (Kleister, die eigene Salbe, Knete), aber auch andere taktile Angebote sind für die Kinder sinnvoll (vgl. Lübbe 1998, 265). Vor allem ist Stressvermeidung in Kindergarten und Schule notwendig, bis hin zu aktiven Entspannungsübungen (Fantasiereisen, Schaukeln in der Hängematte, Geschichten erzählen), da die Kinder auf Hektik und Unruhe mit verstärktem Juckreiz reagieren. Das Kratzen der Kinder sollte nicht verboten werden (auch bei kurzfristiger Hautverschlechterung), weil Kontrolle und Verbote meist unwirksam sind und eine zusätzliche Belastung der Kinder darstellen (Kratzen ist eine natürliche Reaktion und Energieabfuhr bei Juckreiz). Es ist wirksamer (juckreizlindernde) Alternativen anzubieten: ablenkende Handaktivitäten (Handschmeichler u. ä.), nichtverletzende Kratzhilfen, kalte Umschläge, frische Luft, lockere Kleidung (Lübbe 1998, 263). Eine pädagogische Aufgabe liegt in der gezielten Übung und Anwendung von Entspannungstechniken und Autogenem Training, um den Betroffenen den Umgang mit starkem Juckreiz zu erleichtern (Krampen 1997, 81ff; Biermann 1978, 34ff). Vor sportlicher Betätigung muss wegen zusätzlicher Spannung der Haut dünn eingecremt werden.

Die Krankheitsbelastung bei Jugendlichen mit Neurodermitis wurde von Salewski (1997, 199ff) empirisch an 55 Jugendlichen erforscht. Die Autorin kommt zu dem Schluss, dass „insbesondere die psychischen und sozialen Konsequenzen besorgniserregend sind, wenn man dazu noch bedenkt, dass die Jugendlichen zumeist ohne Hilfe die Auswirkungen der Erkrankung bewältigen müssen" (ebd., 210). Betroffene Jugendliche erleben aufgrund der „Stigmatisierung von Hauterkrankten" (Schmid-Ott 1999, 157ff) durch die offensichtliche Hauterkrankung einen sozialen „Wertverlust". Das lässt es umso notwendiger erscheinen, dass die Krankheit in der Kindergruppe oder in der Klasse zum Unterrichtsgegenstand gemacht wird.

Es gibt für Kinder und Jugendliche eine Reihe von Schulungsprogrammen, die im Unterricht Verwendung finden können: Dazu gehören „Hautfitnesstraining" (Niebank/Warschburger/Petermann 1999, 229ff), Kinderspielprogramm „Das juckt uns nicht!" (Szczepanski u. a. 1994, 13ff) oder auch das Neurodermitis-Schulungsprogramm für Grundschulkinder „Pingu Piekfein" von Clausen u. a. (1999, 263ff). In 8 Schulungseinheiten geht es darin z. B. um Förderung der sozialen Kompetenz, Therapietechniken, Juckreizbewältigung (Kratzalternativen), Hautpflege, Umgang mit Stigmatisierung. Darüber hinaus bietet sich auch die Schulung der Eltern betroffener Kinder an, z. B. durch das Kieler Elterntrainingsmodell (Niebel 1999, 304ff). Schulungsmaterialien auch bei *Deutscher Neurodermitikerbund e. V.*, Mozartstraße 11, 22083 Hamburg, und *Arbeitsgemeinschaft Allergiekrankes Kind*, Hauptstraße 29, 35745 Herborn.

• Rheuma

Der Begriff Rheuma geht auf Hippokrates zurück und bedeutet „Fließen" (in der Annahme, dass kalter Schleim über die Gelenke fließt). Heute wird unter diesem Oberbegriff ein gemeinsames Kennzeichen einer Gruppe verschiedener Krankheiten zusammengefasst (die Internationale Rheumaliga nennt über 50 rheumatische Krankheiten). Das Kennzeichen ist ziehender Schmerz, der den Stütz- und Bewegungsapparat des menschlichen Körpers (Gelenke und Muskeln) betrifft. Die zugrunde liegenden Erkrankungen können in jedem Alter auftreten und sehr unterschiedlich verlaufen. Sie gehen auf Entzündungsprozesse, Verschleißerscheinungen oder beides zurück; in einigen Fällen spielt Veranlagung eine Rolle. Die Ursachen der Prozesse sind nur teilweise bekannt; Therapiemaßnahmen sind vielfältig (Kienholz 1995, 11ff; Bundesarbeitsgemeinschaft für Rehabilitation 1989, 8f).

Häufigste rheumatische Erkrankungen im Kindesalter sind: (1) *Juvenile chronische Arthritis*. „Dabei handelt es sich um Gelenkschwellungen, meist verbunden mit Bewegungseinschränkungen und schmerzinduzierten Schonhaltungen mit Ausweichbewegungen" (Häfner/Truckenbrodt 1996, 418; vgl. Sänger 1979, 28ff). Sie tritt in mehreren Formen auf; der Beginn liegt meist schon zwischen dem 2. und 6. Lebensjahr. Die schwerste Form, das Still-Syndrom, ist verbunden mit Fieberschüben und Herzmuskel- und Bauchfellentzündung sowie Wachstumsstörungen und Zerstörung von Gelenkstrukturen (Sänger 1989, 9). Je mehr Gelenke betroffen sind, desto stärker ist die Bewegungsfähigkeit eingeschränkt. (2) *Kollagenosen*. Entzündungen der Gelenke und des Muskelgewebes, bei denen Entzündungen des mitbetroffenen Gefäßsystems (Herz, Lunge, Milz, Leber, Lymphknoten) im Vordergrund stehen; es treten auch Krampfanfälle auf. Beginn meist zwischen dem 4. und 10. Lebensjahr. Bei schweren Fällen kann es zu erheblichen Wachstumsstörungen und Deformitäten kommen (Wirth/Diekmann/Woort 1979, 66ff).

Bei den meisten Kindern (70–80 %) kommt die Krankheit im Laufe von Jahren durch therapeutische Maßnahmen zur Ruhe. Einzelne Formen können jedoch aggressiver und therapieresistent verlaufen. Ziel der Therapie ist, die Entzündungsprozesse durch Medikamente zu beeinflussen, Gelenkfunktionen zu erhalten, bleibende Schäden am Bewegungsapparat zu verhindern „sowie dem Kind trotz der chronischen Erkrankung eine möglichst altersgemäße Entwicklung zu ermöglichen" (Häfner/Truckenbrodt 1996, 429). Neben der medikamentösen Behandlung sind krankengymnastische (Bewegungserleichterung, Wiederherstellen von Beweglichkeit) und ergotherapeutische (sensomotorische Schulung, Selbständigkeitstraining, Funktionsschienen, z. B. Handschiene als Schreibhilfe) Maßnahmen erforderlich; auch operative Eingriffe können notwendig werden. Darüber hinaus kommen Wasser- und Badebehandlungen, Eisverbände, Lehmpackungen und kalte Wickel bei akuten Entzündungen zur Anwendung. Auch alternative Verfahren (z. B. Akupunktur, Enzymtherapie) können hilfreich sein (Kienholz 1995, 66ff; Dixius 1998, 230f).

Spezifische *pädagogische Förderbedürfnisse* der Kinder ergeben sich aus der meist sehr belastenden Symptomatik der Erkrankung sowie der damit verbundenen Bewegungseinschränkung und der psychosozialen Situation. Die schubweisen Verläufe der Krankheit können eine zusätzliche emotionale Belastung der Kinder darstellen: Das Kind vergisst die Krankheit bei Beschwerdefreiheit, und die Zustandsverschlechterung „wirft den Betroffenen dann in ein sehr ‚tiefes Loch'" (ebd., 235).
    Das Aufgabenfeld des Pädagogen liegt neben der Schule und Krankenhausschule bei schweren Fällen auch im Hausunterricht und in kinderrheumatologischen Zentren. Ein wichtiger Bestandteil seiner Arbeit sind Information und Schulung der Kinder im Hinblick auf ihre Krankheit. Treppensteigen ist zu vermeiden, Sport ist mit Einschränkungen möglich und sinnvoll, Bewegungsübungen zur Lockerung der Wirbelsäule, Gelenke und Muskulatur sind angezeigt (Übungsbeispiele in Fellmann/Hinlopen-Bonrath 1984). An wenig belastenden Gruppenspielen können die meisten Kinder teilnehmen. Es muss gemeinsam mit den anderen Kindern der Klasse nach Alternativen im Freizeitbereich gesucht werden, um dem Rückgang sozialer Kontakte entgegenzuwirken. „In einigen Fällen wiegt die psychische Belastung, die aus dieser sozialen Ablehnung resultiert, sogar schwerer als die primäre Krankheitssymptomatik" (Wiedebusch 1996, 438). Das körperliche Erscheinungsbild kann sich im Verlauf der Krankheit verändern (angeschwollene Gelenke, Tragen von Schienen) und muss im Unterricht thematisiert werden (Gespräche, Malen). Ängste vor einer Verschlimmerung werden bei der Thematisierung der Krankheit angesprochen. Häufige Fehlzeiten führen zu verlängerter Lerndauer und erschweren die Integration der Kinder in die Klasse. Dem „oftmals wenig Verständnis für die Rheumaerkrankung eines Kindes" (ebd., 441) durch die Mitschüler (bis hin zum Vorwurf der Simulanz, besonders auch wegen „Morgensteifheit" der Gelenke, die tagsüber beweglicher werden) muss durch Aufklärung und Behandlung des Krankheitsbildes im Unterricht begegnet werden. „Fehlende Informationen über die Erkrankung führen zu Unverständnis bei Mitschülern und Lehrern" (Schwind 1996, 173). Kindgerechte Informationsschriften zur Thematisierung der Erkrankung im Unterricht bei *Deutsche Rheuma-Liga e. V.*, Maximilianstraße 14, 53111 Bonn.

• *Diabetes*

Diabetes mellitus („honigsüßes Hindurchfließen") im Kindes- und Jugendalter („Typ-I-Diabetes"), der Insulinmangeldiabetes, ist eine vergleichsweise häufige Stoffwechselstörung mit einer Inzidenz von 1:2000 Geburten und erblicher Anlage (bei der auch Viruserkrankungen und Autoimmunprozesse eine Rolle spielen; Sachsse 1987, 6). Der normale Blutzuckerspiegel kann nicht aufrecht erhalten werden. Zucker ist ein Energiespender, der aus den Kohlenhydraten der Nahrung abgespalten und durch das Blut im Körper verteilt wird. Der Blutzuckerspiegel sollte 60 Milligramm pro Deziliter Blut nie unterschreiten und 160 Milligramm nie übersteigen. Der Zucker wird durch die Körperzellen (Muskel-, Fett-, Nervenzellen) mit Hilfe des in der Bauchspeicheldrüse produzierten Insulins aufgenommen, das ihm den Weg durch die Zellwand bereitet (Mehnert/Standl 1997, 11ff; Blanz 1995, 3ff; T. Voigt 1998, 88f). Bei Diabetes wird aufgrund der Zerstörung von Beta-Zellen der Bauchspeicheldrüse zu wenig Insulin produziert, oder es liegt ein Rezeptordefekt vor, und die Körperzellen können den Zucker nicht aufnehmen. Der Zuckergehalt des Blutes steigt an. Die Kinder leiden dann unter starkem Durst und vermehrtem Harndrang. Wenn der Blutzucker eine bestimmte Schwelle überschritten hat, die sog. „Nierenschwelle", wird Zucker mit dem Urin ausgeschieden (und kann dort nachgewiesen werden). Bei dieser Überzuckerung muss durch Insulingaben der Blutzuckerspiegel gesenkt werden. Durch zu viel Insulin, Diätfehler (Auslassen einer Mahlzeit) und ungewohnte körperliche Anstrengung (beim Sport wird viel Zucker verbrannt) kann es auch zu einer Unterzuckerung kommen. Dann muss dem Körper Traubenzucker (oder Zucker, süße Fruchtsäfte usw.) zugeführt werden. Sowohl Über- als auch Unterzuckerung bergen gefährliche Risiken von Verlust der Selbstkontrolle bis zur Bewusstlosigkeit (diabetisches Koma). Der Blutzucker muss also mehrmals täglich gemessen werden, das Messgerät zusammen mit Insulin und Traubenzucker immer zur Hand sein.

Im langjährigen Verlauf der Krankheit kommt es zu Spätschäden, insbesondere an den Blutgefäßen (Arteriosklerose, Herzkrankheiten), aber auch an den Augen (Retinopathie) und Nieren (Nephropathie), Durchblutungsstörungen an den Beinen, Nervenstörungen (Nachlassen der Berührungsempfindung), Störungen von Magen, Darm und anderen Organen. Heilungsmöglichkeiten gibt es derzeit nicht; lebenslange Behandlung ist erforderlich. Die Langzeitschäden können durch Disziplin und eine gute Einstellung des Stoffwechsels weit hinausgeschoben werden.

Hier liegt auch eine Spezifik der *pädagogischen Förderung* betroffener Kinder im Vorschul- und Schulalter. Die Kinder werden kooperativ an die lebensnotwendige Stoffwechselkontrolle und Disziplin der Lebensgestaltung herangeführt. Dazu gehören die Benutzung eines Blutzuckermessgerätes (Reflektometer) und ein persönliches Testprogramm über den Tag, das Führen eines Tagebuches (sowohl über die Testergebnisse als auch über die persönliche Befindlichkeit) und das Einhalten von Diätplänen (sog. Broteinheiten berechnen). Mit ca. 10 Jahren können die meisten Kinder das benötigte Insulin selbst injizieren. Vor allem ist regelmäßiger Sport mit blutzuckersenkender Wirkung der Muskelarbeit wichtig. „Richtig verstanden ist Sport vielleicht die wichtigste Vorsorge gegen Spätschäden der Krankheit" (Mehnert/Standl 1997, 104; Storm 1998, 53ff).

Betroffene Kinder erleben einen Kontrollverlust über ihren (überwachten) Körper, insbesondere bei frühem Krankheitsbeginn. „Diabetesbehandlung und die Entwicklung des Selbstkonzepts beeinflussen sich wechselseitig: Einerseits können zu hohe Anforderungen und Misserfolge in der Diabetestherapie das Selbstwertgefühl von Kindern und Jugendlichen herabsetzen; andererseits können ein negatives Selbstbild und geringes Selbstvertrauen die Bewältigung der Diabetesbehandlung im Alltag beeinträchtigen" (Hürter 1997, zit. n. Voigt 1998, 96; vgl. Boeger/Seiffge-Krenke 1994a). Das kann eine Entwicklung zu körperlicher Autonomie (inkl. autonomer Risikokontrolle) erschweren und zu einer Non-Compliance führen. „Die Krankheit wird verleugnet, die Gefährlichkeit heruntergespielt; insbesondere in der Adoleszenz nehmen Tendenzen zur Verleugnung zu" (Friedrich 1996, 258). Die Folge ist fast regelmäßig, dass die Kinder und Jugendlichen ihre Stoffwechselkontrolle und Behandlung vernachlässigen (Blanz 1995, 14ff; Hürter 1981, 32). Untersuchungen zum Körperkonzept von diabeteskranken Jugendlichen ergaben ein wesentlich schlechteres Konzept als bei Nichtbetroffenen (Boeger/Seiffge-Krenke 1994, 119ff). Johnson (1984, zit. n. Gutezeit 1996, 113f) verweist auf 3 Korrelate für einen „gesundheitsfördernden Umgang mit dem Typ-I-Diabetes": Wissen über Diabetes, Einstellung gegenüber der Krankheit und Compliance-Verhalten. In der Bonner Längsschnittstudie zur Krankheitsbewältigung bei juvenilem Diabetes (Seiffge-Krenke u. a. 1996) werden zusätzlich entwicklungsbedingte (kognitive) Faktoren angeführt; danach bestehen häufig eine Fehleinschätzung und Akzeptanzprobleme körperlich relevanter Phänomene. „Im übrigen genügt es nicht, Wissen zu vermitteln, der Patient muss auch motiviert sein, es anzuwenden" (ebd., 69). Es ist die Aufgabe der Pädagogen, durch kooperative Maßnahmen und spielerische Thematisierung der Krankheit im Unterricht die betroffenen Kinder zur Einsicht und Routine des Lebensrhythmus zu führen.

Die genannte Studie hat ergeben, dass schulische Leistungsanforderungen ein besonderer Stressor für diabeteskranke Jugendliche sind (ebd., 207f). Bei generell steigenden Leistungsanforderungen der Schule müssen krankheitsbedingte Erschwernisse schulischen Lernens bei diesen Jugendlichen, deren Probleme nicht so offensichtlich sind, in das pädagogische Konzept einbezogen werden. Gegenüber Kindern mit anderen Körperbehinderungen scheinen diabetesbetroffene jedoch leistungsmotivierter zu sein („angepasst leistungsmotiviert"; Plaum u. a. 1988, 137ff).

Spezifische Schulungsmaßnahmen für ältere Kinder schließen sich ggf. in Rehabilitationszentren an. Die Orientierung an „Verhaltensmedizinischen Programmen" ist unerlässlich (selbständig spritzen, selbständig kontrollieren, vor dem Sport entsprechende Broteinheiten zuführen, hohe Blutzuckerwerte nicht verheimlichen); eine Übersicht über verschiedene Programme geben Stachow (1999, 146ff) und Rothmund-Timm (1998, 159f). Schulungsmaterial kann über die *Deutsche Diabetes-Gesellschaft*, Bürkle-de-la-Camp-Platz 1, 44789 Bochum oder *Deutsche Diabetes Union*, Drosselweg 16, 82152 Krailling oder *Deutscher Diabetiker Bund*, Von-Essen-Straße 85, 22081 Hamburg, angefordert werden.

● *Niereninsuffizienz*

Die chronische Niereninsuffizienz (Nierenfunktionsstörung) im Kindesalter ist Folge einer dauerhaften Schädigung von Nierengewebe „mit Einschränkung der Filtrationsleistung auf unter 50 %" (Kuwertz-Bröking 1996, 298). Es kommt zu einem Anstieg harnpflichtiger Substanzen (Stoffwechselendprodukte) im Blut. Es werden chronische Prozesse ausgelöst, die rasch fortschreiten und eine Nierenersatztherapie (Dialyse, Nierentransplantation) notwendig machen (eine Übersicht über Kindernephrologische Zentren gibt Michels 1996, 188f). Ursachen frühkindlicher Erkrankung sind angeborene Fehlbildungen zum Beispiel und Komplikationen durch Harnwegsinfekte oder schwere Nierenerkrankungen mit einhergehenden Veränderungen des Nierengewebes.

In den Nieren wird das Blut gefiltert und Primärharn gebildet, der auf ca. 1 % Ausgangsmenge reduziert wird. Mit Hilfe der damit verbundenen Vorgänge ist die Niere in der Lage, „den Organismus von Stoffwechselendprodukten (Harnstoff, Kreatinin, Harnsäure), Medikamenten und Giftstoffen zu säubern und körpereigene wertvolle Substanzen (Glukose, Aminosäure, Salze und Wasser) den Bedürfnissen angepasst zurückzuhalten oder auszuscheiden. Die Niere kontrolliert den Füllungszustand des Gefäßsystems und damit den Blutdruck. Neben der Lunge ist die Niere wichtigstes Organ bei der Kontrolle des Säure-Basen-Haushaltes" (Kuwertz-Bröking 1996, 301; vgl. Völter/Keller 1989, 9ff).

Bedeutsame Auswirkungen gestörter Nierenfunktion können sein: Flüssigkeitsverluste, Salzverluste, Vitamin-D-Stoffwechselstörung (Auslösung von Calcium aus den Knochen), Anämie („Blutarmut"). Frühsymptome sind: starker Durst, Bauchschmerz, Unwohlsein, Gelenkschmerzen; Spätsymptome sind: allgemeine Schwäche, Atemnot, Muskelschwäche, Appetitlosigkeit, Beeinträchtigung der Wahrnehmung, Wachstumsstörungen. Die Behandlung erfolgt zunächst durch diätetische Maßnahmen, Senkung des Bluthochdrucks, Kontrolle der Flüssigkeitszufuhr. Des Weiteren erfolgt die Langzeitdialyse; dreimal wöchentlich „künstliche Niere" von mehreren Stunden Dauer in der Klinik oder mehrmals täglich Peritonealdialyse (Bauchfell dient als Filter für die Ausscheidung) zu Hause (Fromme 1990, 10ff); langfristig wird eine Nierentransplantation angestrebt.

Die spezifischen *pädagogischen Förderbedürfnisse* betroffener Kinder ergeben sich aus den Anforderungen, die die Unausweichlichkeit der Behandlung stellt. Es kann zu einer Vielzahl von Begleitstörungen und zur Non-Compliance kommen (Wolff 1996, 318). Potentielle Probleme im Zusammenhang mit der Dialyse sind nach Michels (1996, 194ff): Ängste vor Versagen der Maschine, Abwehrstrategien gegenüber medizinischen Eingriffen, kontinuierlicher Stress, schlechtes Allgemeinbefinden, Hunger- und Durstgefühle, Abnahme der körperlichen und geistigen Leistungsfähigkeit, verzögerte schulische Entwicklung, rasche Ermüdbarkeit, gestörte körperliche Reifung, Rückstand an sozialen Erfahrungen (Schenk 1983, 326f; zur Familiendynamik nierenkranker Kinder vgl. Jochmus/Tieben-Heibert 1981, 44ff) und Einschränkungen der Freizeitgestaltung (Wehr-Herbst 2000, 365). Pädagogische Aufgaben liegen zum einen im organisatorischen Bereich: z. B. Einleitung häuslicher Frühförderung, behandlungsbegleitender schulischer Zusatzunterricht (schulische Betreuung während stationärer Dialyse, auch zur Ablenkung von der Behandlung; Wolff 1996, 328; Friedel u. a. 1980, 41); zum anderen in der inhaltlichen Auseinandersetzung mit der Krankheit: kooperative Heranführung an einen angemessenen geregelten Lebens- und Therapieablauf, Förderung von Selbständigkeit durch Betonung der Selbstverantwortung (Verträge schließen), Thematisierung der Krankheit im Unterricht (Wehr-Herbst 2000, 369), gemeinsame Suche nach realistischen beruflichen Perspektiven. Informations- und Schulungsmaterial für den Einsatz im Unterricht bei *Interessenverband der Dialysepatienten und Nierentransplantierten Deutschlands e. V.*, Weberstraße 2, 55130 Mainz.

• Hämophilie

Die Hämophilie ist eine angeborene, erbliche *Blutgerinnungsstörung*. Sie ist auf einen lebenslang bestehenden Mangel oder Defekt eines gerinnungsfördernden Bluteiweißbestandteils zurückzuführen. Sie wird in einer Inzidenz von 1:10 000 Geburten im klassischen X-chromosomalen (geschlechtsgebundenen) Erbgang von der Mutter auf Knaben vererbt (Pollmann 1996, 271). Der Blutstillungsvorgang nach einer Verletzung erfolgt allgemein in mehreren Phasen (Kurme/Maurer 1993, 7f), von denen bei Hämophilen die erste Phase (sofortige Blutgefäßkontraktion und örtliches Absinken des Blutdrucks sowie die Blutplättchenpfropfbildung mit Blutungsstillstand) noch intakt ist, während die folgenden Phasen (Festigung des Plättchenpfropfs durch das unlösliche Gerinnungsendprodukt Fibrin und Gefäßwundzusammenziehung) vermindert bzw. verzögert auftreten. Das Fibrin neigt dazu, sich aufzulösen, und es entstehen Nachblutungen, die ohne medizinisches Eingreifen zum Verbluten führen können. Zwei Grundformen des Gerinnungsdefekts lassen sich unterscheiden: Hämophilie A (Mangel an Gerinnungsfaktor VIII) bei ca. 85 % aller Fälle, Hämophilie B (Mangel an Gerinnungsfaktor IX) bei ca. 15 %. Der Schweregrad der Hämophilie wird nach der Restaktivität des Antihämophilen Globulins A (Faktor VIII) bzw. B (Faktor IX) bestimmt: schwere Hämophilie mit sehr häufigen Blutungen und Spontanblutungen (Restaktivität < 1 %), mittelschwere Hämophilie mit gelegentlichen Blutungen (1–5 %), leichte Hämophilie mit seltenen Blutungen (5–15 %). Symptome zeigen sich schon im Säuglingsalter durch Hämatome ohne erinnerliche Verletzung. Im 4. und 5. Lebensjahr treten typische Gelenkblutungen im Knie-, Ellenbogen- und Sprunggelenk auf. Bei unzureichender Behandlung kann es dadurch zu Gelenkversteifungen kommen. Diese Probleme begleiten die Betroffenen lebenslang (Kurme/Maurer 1993, 11ff).

Die medizinische Therapie befasst sich mit Maßnahmen, die die gesamte Familie des Kindes einbeziehen und sich auf intensive klinische Schulung der Beteiligten stützen. Dabei geht es zunächst um die Aufklärung über Verhütung von Blutungen und deren Folgeschäden. „Durch Überbehütung eines hämophilen Kindes lassen sich keine Blutungen vermeiden. Auch ein extrem behüteter Hämophiler wird bei unzureichender Substitutionsbehandlung seine Gelenkfunktionen nach und nach einbüßen und bereits in jungen Jahren verkrüppelt sein" (Pollmann 1996, 277). Zur Verhütung von Blutungen insbesondere im Vorschulalter erfolgt eine Dauersubstitutionsbehandlung (dreimal wöchentlich zur Prophylaxe). Dabei werden dem Kind die aus Spenderplasma gewonnenen Gerinnungsfaktoren VIII bzw. IX injiziert. Diese Behandlung erfolgt auch bei akuten Blutungen. Die intravenöse Substitution kann auch als Heimselbstbehandlung durchgeführt werden. (Durch die Gewinnung des Präparats aus Spenderplasma kam es bis Mitte der 80er Jahre auch zu Virusübertragungen, insbesondere von Hepatitis und HIV; Pohlmann/Schramm 1989, 202ff.) Des Weiteren erfolgt eine physiotherapeutische Behandlung zur Erhaltung und Wiederherstellung der Gelenkfunktion.

Spezifischer *pädagogischer Förderbedarf* ergibt sich aus den Belastungen durch die Krankheit: Substitutionsbehandlung, Furcht vor Behandlungsmaßnahmen, Schmerzen durch Blutungskomplikationen, Mobilitätsbeschränkung durch Blutungen, unausgelebter Bewegungsdrang (z. B. Ausschluss von Fußball und anderen Spielen), Verbote riskanter Tätigkeiten, sehr häufige Überbehütung (Schuldgefühle der Mutter) und eine spezifische Mutter-Sohn-Bindung (Völker/Döhner 1981, 40; Kluge 1979, 146), kompensatorischer schulischer und außerschulischer Ehrgeiz. Pädagogische Maßnahmen beziehen sich auf die Vermittlung einer realistischen Haltung zur eigenen Krankheit, Förderung der Eigenverantwortlichkeit, Schulung zur sicheren Einschätzung von Blutungssituationen und Risiken unter Zulassung körperlicher Aktivitäten z. B. im Sportunterricht, Förderung der Akzeptanz der Erkrankung durch Vermeidung von Tadel bei selbstverschuldeten Blutungen und offene, kindzentrierte Gespräche. Informations- und Schulungsmaterial für den Unterricht ist über die *Deutsche Hämophiliegesellschaft zur Bekämpfung von Blutungskrankheiten e. V.*, Halenseering 3, 22149 Hamburg, zu beziehen.

• *Zöliakie*

Zöliakie (griech. „koilakos" = „an der Verdauung leidend") ist eine genetisch bedingte *Dünndarmerkrankung*, bei der es durch lebenslange Unverträglichkeit der Kleberproteine (Gluten) aus den Getreidesorten Weizen (Dinkel, Grünkern), Roggen, Gerste und Hafer zu einer Schädigung und Zerstörung der Dünndarmzotten (Zottenatrophie) kommt. Die Inzidenz der Erkrankung beträgt in Europa 1:600 bis 1:1000 Geburten. Aufgrund verbesserter Kenntnisse und prophylaktischer Möglichkeiten besteht heute nur noch bei einem Teil der betroffenen Kinder ein sonderpädagogischer Förderbedarf.

„Der Dünndarm hat die Aufgabe, die in seinem Hohlraum durch körpereigene Eiweißstoffe (Verdauungsenzyme, Fermente) aufgespaltene Nahrung aufzunehmen (zu absorbieren) und sie dem Körper über das Blut- und Lymphsystem zuzuführen" (Harms/Pott 1988, 6). Seine Länge beträgt ca. 4 m; seine Oberfläche ist durch Falten und Ausstülpungen (Zotten und Mikrozotten) auf ein Vielfaches vergrößert („Ausgebreitet ergäbe sich die Fläche eines

Tennisplatzes"; Betz-Hiller 1996, 13). Die Mikrozotten bilden Enzyme, die Nährstoffe aufspalten, die dann von den Nahrungaufnahmezellen absorbiert werden können. Bei Verringerung der Resorptionsfläche durch die Zöliakie entsteht eine generalisierte Malabsorption aller Nährstoffe, besonders ausgeprägt für Fett, fettlösliche Substrate, Eiweiß und Eisen (Niessen 1993, 131). Die Erkrankung entwickelt sich schleichend unter dem Einfluss des Glutens. Es kommt zu Entzündung und langsamer Abflachung der Dünndarmzotten. Die ersten Symptome sind Appetitlosigkeit, massige übelriechende Stühle (mit Anteilen unverdauter Fette), Gewichtsstillstand, später dann aufgetriebener Unterleib, Abmagerung, große Reizbarkeit und Misslaunigkeit der Kinder. Zum Zeitpunkt der Diagnose im 2. Lebenshalbjahr sind die Zotten bei den Kindern fast immer verschwunden.

Die Therapie besteht in einer völlig glutenfreien Ernährung. Die Kinder erholen sich binnen kurzer Zeit, die Dünndarmschleimhaut erhält ihre normale Gestalt zurück; die Kinder sind dann gesund. Die Diät muss ein Leben lang eingehalten werden. Bei Diätfehlern treten erneut Symptome auf, die jedoch bei älteren Kindern geringer ausgeprägt sind und denen weniger Beachtung geschenkt wird. Wiederholte, anhaltende Diätfehler können sich jedoch gravierend auswirken. Erst nach Jahren werden dann Zeichen einer chronischen Malabsorption offenbar, die sich als Minderwuchs, Untergewicht, Anämie und Leistungsminderung zeigen, auch das Krebsrisiko steigt (Harms/Pott 1988, 15f). Die Krankheit kann auch (aus unbekannten Gründen) erst nach Jahrzehnten im Erwachsenenalter auftreten, man spricht dann von Sprue (vom holländischen „Sprouw", Mundschleimhautentzündung).

Die Spezifik *pädagogischen Förderbedarfs* liegt auch bei der Zöliakie in der Compliance, in der Hinführung zu alternativlosem Einhalten der Diät. In der pädagogischen Praxis geht es darum, die Kinder kreativ zu motivieren, auf Gluten und verstecktes Gluten (in industriell gefertigten Nahrungsmitteln) zu achten, und ihnen zu zeigen, wie man glutenfreie Gerichte einkauft und zubereitet (Bezugsquellennachweis durch *Deutsche Zöliakie-Gesellschaft*, Filderhauptstraße 61, 70599 Stuttgart; Rezeptsammlung Forberger/Caspary 1995).

• Herzfehler

Angeborene Herzfehler sind mit einer Inzidenz von 1:100 Geburten die häufigste menschliche Fehlbildung. Die Ursachen können genetisch, aber überwiegend auch multifaktoriell (pränatale Auswirkungen von Genussmitteln, Medikamenten, Infektionen) bedingt sein. Es gibt mehr als 40 verschiedene Formen neben einer Reihe von erworbenen Herzkrankheiten im frühen Kindesalter (Neill/Clark/Clark 1997, 20f).

„Das Herz ist ein vierkammeriger Hohlmuskel mit der Funktion einer Pumpe des Blutkreislaufs. Die rechte Hälfte dient der Durchblutung des Lungenkreislaufes, die linke der Durchströmung des Körperkreislaufes. Beide Hälften sind durch die Vorhof- und Kammerscheidewand voneinander getrennt" (Hilgenberg 1996, 385). Das aus dem Körper zurückfließende sauerstoffarme Blut strömt in der Füllungsphase (Diastole) über die Hohlvenen in den rechten Vorhof und die rechte Herzkammer. In der darauf folgenden Kontraktionsphase (Systole) presst die rechte Kammer das Blut mit mäßigem Druck in die Lungenschlagader. In der Lunge wird das Blut mit Sauerstoff angereichert und das Kohlendioxyd in die Lungen abgegeben. Das Blut strömt in der Diastole über die Lungenvenen in den linken Herzvorhof und die linke Herzkammer. In der Systole wird das Blut mit hohem Druck über die Hauptschlagader (Aorta) und deren Verzweigungen (Arterien) in den Körper gepresst. Beide Herzkammern arbeiten in Distole und Systole synchron.

Die (schwierige) medizinische Diagnostik kindlicher Herzerkrankungen erfolgt durch körperliche Untersuchung, EKG, Ultraschall, Herzkatheter, Röntgen, Kernspintomographie und Computertomographie. Nach den Häufigkeiten werden angeborene Herz- und Gefäßfehler in 4 (manchmal 5) Gruppen unterteilt (Hilgenberg 1996, 386ff; Neill/Clark/Clark 1997, 107ff; Gutheil 1990, 46ff):

1. Herzfehler mit falscher Blutströmung vom linken zum rechten Herzen durch Defekt der Vorhof- und Kammerscheidewand („Loch im Herzen"); sauerstoffreiches Blut aus dem linken Vorhof strömt in den rechten Vorhof und wird erneut in die Lunge gepumpt

2. Fehlbildung des rechten Herzens und der Lungenschlagader; ein Hindernis (Verengung) beeinträchtigt den Blutfluss durch die rechte Herzseite zu den Lungen; oft besteht zusätzlich ein Loch in der Kammerscheidwand (Blut wird mit weniger Sauerstoff angereichert: Zyanose mit bläulich verfärbter Haut, Verdickung der Fingerkuppen und charakteristische Hockstellung des Kindes zur Entlastung; Hertl/Hertl 1979, 67)

3. Fehlbildung des linken Herzens und der Körperschlagader. Der Blutfluss der linken Herzseite ist behindert; es kann zu Druckbelastungen und Rückstau des Blutes bis in die Lungen kommen

4. Komplexe Herzfehler und Herzlageanomalien

So mannigfaltig die angeborenen Herzfehler sein können, so vielschichtig sind auch Symptomatik, Verlauf und Behandlung. Bereits beim Neugeborenen können sich eindeutige Symptome zeigen (Zyanose, Atemnot), sie können aber auch sehr viel später durch eingeschränkte Leistungsfähigkeit auftreten. Kinder mit Zyanose sind besonders belastet und vielfach nicht in der Lage, Kindergarten und Schule zu besuchen. Je nach Lebensqualität und Beeinträchtigung wurde für betroffene Kinder ein so genannter „ability index" erstellt (*Klasse 1*: normales Leben; *Klasse 2*: Kinder können arbeiten oder Schule besuchen; *Klasse 3*: nicht arbeitsfähig, sämtliche Aktivitäten reduziert; *Klasse 4*: extrem behindert, fast ständig an das Haus gebunden; vgl. Lehmkuhl 1996, 241). Einzelne Herzfehler bleiben bei normaler oder auch starker körperlicher Belastung bis ins Erwachsenenalter unentdeckt. Schwerwiegende Herzfehler müssen u. U. unmittelbar nach der Geburt operiert werden, damit die Kinder überleben. Korrekturoperationen sind nicht in allen Fällen möglich, dann kann nur durch einen Palliativeingriff die Situation verbessert werden. In manchen Fällen ist keine Operation erforderlich (z. B. bei einem kleinen Kammerscheidedefekt). Werden Herzfehler nicht vollständig korrigiert, so können die Kinder „chronisch kranke Patienten bleiben und mit vielfältigen Problemen beschwert" sein (Hilgenberg 1996, 399; zu medizinischen Langzeituntersuchungen vgl. Rautenberg 1986).

Die spezifischen *pädagogischen Förderbedürfnisse* ergeben sich aus z. T. erheblichen Krankheitsbelastungen der Kinder; „sie erwachsen hauptsächlich aus der unmittelbaren Lebensbedrohung und der Beeinträchtigung der körperlichen Entwicklung und Leistungsfähigkeit. Kinder mit Herzinsuffizienz oder verminderter Lungendurchblutung und Zyanose sind geradezu in den Fesseln ihres Herzfehlers gefangen" (Hilgenberg 1996a, 401). Sie bleiben schwächlich und müssen in Kindheit und Jugend eine ganze Reihe von Entbehrungen durch Einschränkung ihres Aktionsradius sowie durch wiederholte Klinikaufenthalte verbunden mit belastender Diagnostik und Therapie erfahren. Pädagogisch relevant sind häufig verzögerte statomotorische Entwicklung und eingeschränkte Spielerfahrung im Vorschulalter. Die Teilnahme an Spiel- und Sportaktivitäten ist im Schulalter in der Regel bei nicht voll korrigierten Herzfehlern nur eingeschränkt möglich (Kinder mit einer Zyanose setzen sich hier selbst aus Atemnot Begrenzungen). Gegen den Willen der Kinder sollte kein generelles Sportverbot ausgesprochen werden; wenn die Aktivität beschränkt werden muss, erhalten die Kinder Sonderaufgaben und werden beispielsweise durch Zeitnehmen oder das Führen von Listen am Sportunterricht beteiligt.

In der Schule können Konzentrationsschwächen und Lernschwierigkeiten auftreten. Nicht alle Kinder können einen ganzen Schultag durchstehen. Bei vielen führen Dauerbelastungen zu tiefgreifenden Enttäuschungen und Resignation. Spezifische Aufgaben des Pädagogen liegen neben der grundsätzlichen Handlungsorientierung im schulischen Lernen in der Bereitstellung von kreativen Möglichkeiten des persönlichen Ausdrucks und im Aufgreifen der (schriftlich oder bildlich dargestellten) Signale der Kinder (Klemm 1996, 121ff). Das ist auch bei betroffenen Jugendlichen notwendig, die sich von selbst nur ungern über ihre Krankheit äußern, sich aber mitteilen wollen. Sie sind häufig allein gelassen mit Enttäuschungen, weil ihr soziales Umfeld bei dieser Krankheit mit besonderer Hilflosigkeit reagiert.

Auch wenn im Umgang mit herzkranken Kindern große Sorgsamkeit nötig ist, dürfen pädagogische Forderungen nicht zu kurz kommen. „In Anbetracht der körperlichen Leistungsschwäche ist es wichtig, bei den Kindern solche individuellen Begabungen aufzuspüren und sorgfältig zu fördern, die ihnen die Möglichkeit geben, auch ohne körperliche Überanstrengung Selbstbestätigung und Anerkennung zu gewinnen" (Hilgenberg 1996a, 404); das Kind ist nicht nur „Herzkind", es muss sich auch bewähren können und persönliche Identität über Leistung entwickeln (Überbehütung verhindert dies oft). Die Klasse wird über die Krankheit informiert, es sollte eine „soziale Verantwortung" entstehen (Neill/Clark/Clark 1997, 302). Eine enge Kooperation Schule/Kardiologe ist meist unerlässlich. Schulungsmaterial bei *Bundesverband Herzkranke Kinder e. V.*, Robensstraße 20-22, 52070 Aachen und *Kinderherzstiftung in der Deutschen Herzstiftung e. V.*, Vogtstraße 50, 60322 Frankfurt/M.

Einige Autoren verweisen darauf, dass chronisch kranke Kinder die Erkrankung dazu benutzen, sich Vorteile zu verschaffen und „Gewinn" daraus zu ziehen. Es wird davon gesprochen, dass sie „aus der Sonderstellung eines kranken Kindes Kapital ... schlagen" (Hertl/Hertl 1979, 70) oder die „Krankheit als Druckmittel einsetzen" (Birri-Dutschek 1997, 89). Eine schwere chronische Krankheit ist nie ein Gewinn! Wenn trotzdem versucht wird, sich Vorteile zu verschaffen, so ist das nur allzu verständlich. Es ist für den Pädagogen und das weitere Umfeld dann nur eine Frage, klare Kontaktgrenzen zu definieren und dabei konsequent zu handeln.

2.5 Progredient kranke Kinder

Als progredient gelten unheilbare Erkrankungen, die sich fortschreitend verschlimmern und zum frühen Tod führen. Im Arbeitsfeld der Körperbehindertenpädagogik gehören zum Formenkreis dieser Erkrankungen im Kindes- und Jugendalter vor allem die progressiven *Muskelerkrankungen*, Sekretanomalien wie *Mukoviszidose*, nicht heilbare *onkologische* Erkrankungen (vor allem Leukämien), intrauterin oder durch Blutprodukte übertragene *HIV-Infektionen* und seltener im Jugendalter beginnende *Multiple Sklerose*.

Das pädagogische Spezifikum der Förderung ist die Kontaktgestaltung mit Kindern, bei denen ein früher körperlicher Verfall und Sterbeprozess eingesetzt hat. „Dass Kinder und Jugendliche unheilbar krank sein und sterben können, wird bei einer allgemeinen Lebenserwartung von mehr als 70 Jahren als paradox, sinnwidrig erlebt. Und so erfordert die Arbeit mit Betroffenen und ihren Angehörigen immer wieder intensive Auseinandersetzung und Reflexionen ... auch um das Verständnis dessen, was Tod ist" (Haupt 1997, 210). Kinder und Jugendliche benötigen insbesondere in der perithanatalen Phase spezielle pädagogische Hilfen (Ortmann 1995, 160). Das wird vielen Pädagogen, die Teil einer Jugend- und Leistungsgesellschaft sind, phasenweise in unterschiedlichem Ausmaß Schwierigkeiten bereiten (Daut 1980, 253; vgl. Erhebung von Ortmann 1999, 392ff), obwohl in der Gesellschaft längst auch eine größere Bereitschaft besteht, sich mit dem *Tabu Kind und Tod* zu befassen.

In den letzten Jahren entstanden eine Vielzahl wissenschaftlicher Publikationen zu diesem Themenkomplex, die sich auf grundsätzliche, theoretische Überlegungen konzentrierten. Eine Positionsbestimmung war notwendig, weil die Auseinandersetzung mit körperlichem und geistigem Abbau im Widerspruch zu stehen schien „zu dem Elan und pädagogischen Optimismus der Körperbehindertenpädagogik" seit Ende der 60er Jahre (Wienhues 1991, 515). Es fehlt jedoch bis heute weitgehend an unterrichtspraktischen Konzepten für die pädagogische Begegnung mit betroffenen Kindern und die Arbeit mit spezifischen Signalen der Kinder (zu Besonderheiten des Verhaltens der Kinder vgl. Daut 2001 u. 2001a). Ortmann (1995, 160) fordert, „die Entwicklung und Erprobung offener Unterrichtsverfahren für progredient erkrankte Schüler situations-, bedürfnis- und subjektorientiert voranzutreiben und systematisch zu verbessern". Die Bereitschaft dazu ist auf Seiten der Praktiker weitgehend vorhanden: „Die Schule für Körperbehinderte stellt sich jener schwierigen Aufgabe der Auseinandersetzung mit dem Sterben von Kindern und Jugendlichen. Die Begegnung mit dem Tod gehört für Mitarbeiter, Eltern und Schüler zu den schmerzlichen Erfahrungen an der Schule für Körperbehinderte. Die Begleitung von Kindern und Jugendlichen mit eingeschränkter Lebenserwartung setzt die Auseinandersetzung über den Sinn des Lebens, über Werden und Vergehen voraus" (Staatsinstitut für Schulpädagogik 1993, 29). Jeder Körperbehindertenpädagoge wird mit dieser Problematik konfrontiert, denn etwa 10–15 % seiner Schüler sterben in jungen Jahren (neben progredient kranken Kindern auch andere schwer körperbehinderte Kinder, die einen plötzlichen Tod erleiden).

Die systematische *pädagogische Arbeit* orientiert sich zunächst an allgemeinen Belastungen durch progrediente Erkrankung und den Verarbeitungsprozessen der betroffenen Kinder und ihrer Familien (Seifert 1991, 504): Das Wohlbefinden ist erheblich beeinträchtigt; die körperliche Integrität ist gestört; die Einschränkung der Handlungsspielräume führt zu Veränderungen des Selbstkonzepts; die Zukunftsperspektive ist unklar, Kinder „wissen" jedoch um ihren Zustand (Daut 2001, 387f); die Entwicklung zur Autonomie geht verloren und Sozialkompetenz wird destabilisiert; die Kinder geraten in die Not, „ihr subjektives Erleben nicht mehr in Kongruenz mit den bei ihren Dialogpartnern beobachtbaren Verhaltensangeboten bringen zu können ... Die latente Bedrohung des Lebens hemmt dessen Dynamik und drängt zur Krise" (Seifert 1991, 504). Schmeichel (1983, 227) spezifiziert: „Die Krise ist eingetreten, wenn die Auswirkungen der Krankheit einen Auffälligkeitsgrad erreicht haben, der nicht mehr ignoriert werden kann, und wo zur Verarbeitung dieser Bedrohung eine Qualität der Angstbegegnung erforderlich ist, über die die noch nicht verfügt wird". Der Weg aus der Krise ist die *pädagogische Koexistenz*, die Begleitung; also über die Anwendung von Interventionstechniken hinaus die *Beziehungsgestaltung* als „Sein zu zweien oder mehreren". Damit ist eine Begleitung gemeint, die sich bemüht, eine pädagogische Situation, die auch durch Sprachlosigkeit gekennzeichnet sein kann, so zu gestalten, dass der Pädagoge nahe bleibt und sich den Signalen der Kinder nicht verschließt. „In der Wahrnehmung des anderen gewinnt jeder Mensch eine neue Dimension seines eigenen Seins" (ebd.), d. h. es findet bei aller privaten Abgrenzung des Pädagogen auch eine Auseinandersetzung mit dem eigenen Sterben und Tod statt.

Bei der Qualifizierung des Pädagogen bedarf es im Hinblick auf die Koexistenz in diesen pädagogischen Grenzsituationen zunächst der Reflexion über „eine äußerst intensive Form der Beziehungsarbeit" (Ortmann 1997a, 33) und über die eigenen Unsicherheiten und Hilflosigkeiten im Umgang mit Trauer. Sie kann in der Ausbildung durch die „thanatosbezogene Selbsterfahrung ermöglicht werden ... der deskriptiven, retrospektiven und kommunikativ angelegten Selbstbeobachtung und Selbstreflexion" (ebd., 36; vgl. Haupt 1997c, 213; Leyendecker/Lammers 2001, 66ff).

Von Bedeutung sind darüber hinaus Kenntnisse über Verarbeitungsprozesse der Kinder und altersabhängige Vorstellungen von Tod und Sterben. Daut (1980, 254ff) fasst die Forschungen zum Todeskonzept von Kindern zusammen:

1. *Das Vorschulkind* (0–5 Jahre): Nur vage Vorstellungen von Tod und Sterben, eigener Tod kommt nicht in Betracht; Orientierung an der Betroffenheit des Umfelds

2. *Das Grundschulkind* (5–10 Jahre): Es beginnt, den Tod als etwas Endgültiges zu erfassen; aufkeimende Angst vor dem Tod; Auseinandersetzung auch mit dem eigenen Sterben beginnt

3. *Der Jugendliche* (10–15 Jahre): Tod wird als natürliches Phänomen erkannt; Tod wird auch als Faszinosum erlebt; Beschäftigung mit Tod und Sterben ist in der Regel angstbesetzt

Förderbedürfnisse

Die spezifischen pädagogischen Förderbedürfnisse progredient kranker Kinder variieren je nach Krankheitsverlauf und familialem Hintergrund. Es lassen sich jedoch allgemeine Grundsätze festhalten. Dazu gehört die Bereitschaft zum Gespräch mit der Familie und mit den Kollegen vor dem Hintergrund eines möglichen Schutzwalls des Schweigens, eines „unausgesprochenen Schweigegebots", das die betroffenen Kinder aus Anpassung übernehmen. Das Schweigen dieser Kinder stellt somit einen vergeblichen Versuch dar, sich gegen soziale Isolierung und emotionale Kälte zu schützen (Raimbault 1981, 24; Ortmann 1997a, 33; Raupach 2001, 235).

Da die Kinder spätestens im Schulalter aufgrund ihrer körperlichen Schwächung und des widersprüchlichen Kommunikationsverhaltens ihres Umfelds auch ohne Aufklärung um den Ernst ihrer Erkrankung wissen, drängt es sie nach Ausdruck und Auseinandersetzung mit ihrer Befindlichkeit. Dieses Bestreben kann im pädagogischen Alltag allgegenwärtig sein (s. u. „Muskeldystrophie") und ist nicht auf einzelne Therapiestunden zu beschränken. Der Umfang des Mitteilungsbedürfnisses wird deutlich aus dem Verhalten und den *Signalen* der Kinder. „Sie benutzen bevorzugt Symbolsprache, Zeichnungen, Spielinhalte, um sich mit dem, was sie bewegt, auseinanderzusetzen" (Haupt 1997c, 211; vgl. Bergeest/Haupt 1983, 340ff; Wellendorf 1990, 205ff). Es bedarf auf Seiten des Pädagogen keiner besonderen Kenntnisse der Symbolsprache der Kinder, sondern im Grunde nur der Bereitschaft, sich mit den Kindern über deren Befindlichkeit auseinanderzusetzen. Hilfreich sind die Forschungsergebnisse von Kübler-Ross (1971; 1984; vgl. Sporken 1979, 35ff) zum Prozess der Krisenbewältigung angesichts von Sterben und Tod: Leugnung, Auflehnung, Verhandeln, Kummer, Bejahung. Leyendecker/Lammers (2001, 132ff) fassen Beispiele von „Selbstmitteilung sterbender Kinder" zusammen (Mitteilung in Bildern, im Spiel, im Verhalten) und zeigen Wege auf zum Unterricht mit betroffenen Kindern und zur Sterbebegleitung.

Körperbehinderte Kinder (und ihre Familien) allgemein, aber progredient kranke Kinder insbesondere stellen in sehr frühen Jahren „Sinnfragen" zu ihrer belasteten Existenz, d. h. Fragen nach dem „Warum ich?" (vor allem in der Folge neuer Krankheitsschübe). Um hier überhaupt antworten zu können und nicht ein „existentielles Vakuum" (Speck 1996, 306) entstehen zu lassen, braucht der Pädagoge entsprechende Orientierungen, d. h. er muss auf diese Fragen vorbereitet sein. Ein Teil der „Antwort" besteht darin, dass der Pädagoge sich nicht entzieht, dass er dabeibleibt in einer ethisch begründeten zwischenmenschlichen Haltung (Bergeest 1999c, 237). Feste weltanschauliche und religiöse Positionen erleichtern es, befriedigende Antworten zu finden. „Religionslehrer stehen in dieser Problematik in besonderer Pflicht, denn von ihnen wird am ehesten erwartet, dass sie Antworten und Hilfen geben können" (Boenisch 1997, 11; 1999a, 120ff). Sterben und Tod werden nicht nur für die unmittelbar Betroffenen, sondern auch für die Klassenkameraden „Thema im Unterricht" (Leyendecker/Lammers 2001, 166ff).

Die in der Schule gestellte Sinnfrage hat ihre Ursache vor allem in der unsicheren, begrenzten Zukunftsperspektive des Kindes. Für den Pädagogen ist damit auch die Frage nach zukunftsbezogener Lernorientierung verbunden. „In jeder Gesellschaft existieren Sinnsysteme, die den Erziehungs- und Bildungsprozess determinieren ... der Sinn des intentionalen erzieherischen Handelns in dem gesellschaftlichen Teilsystem Erziehung und Bildung ist zukunftsorientiert ausgerichtet" (Ortmann 1999, 385). Progredient kranken Kindern gegenüber erfolgt ein grundsätzliches Umdenken von „vorwärtsstrebender" Pädagogik zur Konzentration auf die gegenwärtige „pädagogische Koexistenz als Wechselverständigung und wechselseitige Erschließung ... Das bedeutet keine Entlassung aus Bildungsverpflichtungen, fordert jedoch eine tiefere Begründung der Bildungsmotivation" (Schmeichel 1980, 8). Der Bildungsprozess selbst in seiner Bedeutung für das Kind tritt in den Vordergrund.

• Muskeldystrophie

Von einer Vielzahl neuromuskulärer Erkrankungen ist die progressive Muskeldystrophie vom Typ Duchenne die bedeutsamste im Arbeitsbereich der Körperbehindertenpädagogik. Sie wird X-chromosomal rezessiv von den Müttern an die Knaben vererbt (das erkrankte Gen konnte kürzlich lokalisiert werden). Die Inzidenz beträgt 1:1700 Geburten (also 1:3400 Knaben). Eine Neumutation wird bei jedem dritten Fall angenommen. Mädchen können (sehr selten) auch betroffen sein; bei ihnen liegen dann weitere Chromosomenanomalien im Sinne eines Turner-Syndroms vor (Tackmann 1994, 31). Der Gendefekt bewirkt vor allem ein Fehlen des Proteins Dystrophin, das für die Stabilität der Muskeln verantwortlich ist. Es kommt zu einer Veränderung der Zellwände und zum fortschreitenden Ersatz der Muskelzellen durch Bindegewebe. Da es jedoch Muskelzellen gibt, die kein Dystrophin bilden, aber trotzdem funktionsfähig sind, werden weitere Ursachenkomplexe angenommen, die z. Zt. noch nicht geklärt sind. Weitere progressive Muskelerkrankungen, z. B. die Muskelatrophie, deren degenerativer Verlauf (ungeklärter Ursache) auf fehlerhafte Übertragung der motorischen Nervenimpulse auf das Muskelgewebe zurückzuführen ist, werden ebenfalls im Arbeitsbereich der Körperbehindertenpädagogik relevant, sind jedoch weitaus seltener – Inzidenz der Muskelatrophie 1:25 000 (Jerusalem/Zierz 1991, 208ff).

Eine Heilung der Muskeldystrophie gibt es nicht. Der progressive Verlauf der Erkrankung lässt sich nicht aufhalten. Eine Symptombehandlung „zielt darauf ab, den Patienten in einer möglichst guten körperlichen, psychischen und sozialen Verfassung zu erhalten" (Forst 1994, 68), z. B. durch physiotherapeutische Maßnahmen (Klopf-Druck-Massage, Isometrisches Training, Isokinetisches Training, Bewegungsbad zur kurzfristigen Erleichterung der Beweglichkeit; Arnold 1994, 59ff; Mortier 1994, 420ff), durch orthopädische Hilfsmittel (Sitzhilfen, Stehhilfen, Gehhilfen, Rollstuhlversorgung; Forst 2000, 123ff), durch Operationen zur Verhinderung von Kontrakturen sowie apparative Beatmung im Spätstadium.

Pädagogisch relevant ist der Verlauf der Erkrankung; er vollzieht sich in Phasen spezifischer Bewegungs- und Funktionseinschränkungen. Bis zum 3./4. Lebensjahr ist die Entwicklung unauffällig. Der weitere Verlauf lässt sich in 10 Stadien unterteilen (vgl. Ortmann 1998, 57; Jerusalem/Zierz 1991, 170; Forst 2000, 196ff):

1. Unsichere Bewegungen, Nachlassen der motorischen Aktivität, Unfähigkeit zu hüpfen, häufiges Stolpern und Stürzen

2. Hyperlordose, vorgestreckter Bauch, kompensatorisches breitbeiniges Gehen auf den Fußspitzen (Watschelgang), Verdickung der Waden, zurückgezogene Schultern

3. Erschwertes Treppensteigen, Aufrichtung durch ein Abstützen am eigenen Körper („Gowers-Manöver"; Speer 1993, 19)

4. Deutlich eingeschränkte Fähigkeit zu gehen, Treppensteigen nur mit Hilfestellung

5. Gehen kurzer Strecken möglich, Treppensteigen nicht mehr möglich

6. Gehen nur noch mit Gehhilfen, Aufstehen nur mit Hilfestellung

7. Gehen nicht mehr möglich, mechanischer Rollstuhl, aufrechtes Sitzen und Selbstversorgung weitgehend möglich

8. Aufrechtes Sitzen möglich, Elektrorollstuhl, Aufrichtung aus Rückenlage nicht mehr möglich, Unfähigkeit zur Selbstversorgung

9. Aufrechtes Sitzen gerade noch möglich, Hilfe bei kleinsten Verrichtungen notwendig, Stimme wird leiser

10. Bettlägerigkeit, Probleme beim Sprechen und Atmen

Die Lebenserwartung beträgt ca. 20–25 Jahre.

Jerusalem/Zierz (1991, 173) verweisen bei einem Teil der betroffenen Kinder auf „genetisch determinierte und nicht exogen induzierte Intelligenzstörungen", insbesondere der verbalen Intelligenz. Bei einigen Betroffenen sind Auffälligkeiten des Sprachverhaltens zu beobachten und durch Feststellung eines Verbal-IQs zu diagnostizieren (Dacheneder/Elliger 1990, 39ff). Entsprechende Ergebnisse sind jedoch mit Hilfe standardisierter Testverfahren erbracht worden, deren Angemessenheit für diese Personengruppe in Frage gestellt werden muss. Es werden „nicht altersgemäße" sprachliche Leistungen im Vergleich zu einer nicht behinderten Normpopulation festgestellt. Dabei wird nach Haupt (1990, 127) übersehen, dass es um grundsätzlich unvergleichbare Entwicklungsbesonderheiten gehen könnte: „Schultypisches Lernen" und Leistungsverhalten machen Mühe; Minderleistungen in vielen Bereichen sind nicht „vergleichbar". Die Lebenssituation der betroffenen Kinder macht sie sprachlos.

Spezifische *pädagogische Förderbedürfnisse* ergeben sich zunächst aus der zunehmenden Bewegungseinschränkung. Für ihr Expansionsbedürfnis und Förderung der Selbständigkeit benötigen die Betroffenen entsprechende Hilfsmittel, um Verluste motorischer Fähigkeiten zu kompensieren und Selbstbewusstsein und Selbstwertempfindung zu stärken. Das wird vor allem (mit ca. 9–11 Jahren) der Rollstuhl sein (Ortmann 1998, 59). Des Weiteren ergeben sich Förderbedürfnisse aus dem in vielen Fällen sehr auffälligen Gruppen- und Lernverhalten der Kinder. Sie zeigen in der Regel ein großes Spektrum von unspezifischer Auflehnung und Protest in den ersten Schuljahren, von aggressiven Durchbrüchen gegen Schulkameraden und Pädagogen bis zu einer andauernden Haltung völliger Verweigerung. Häufig werden betroffene Kinder im Schulalter auch als zurückgezogen bis depressiv beschrieben (Daut 2001a, 404ff), andererseits kann es aber zu großem kompensatorischen Ehrgeiz im schulischen Lernen kommen.

Auch das sozial schwierigste Verhalten der Kinder wird mit großer Selbstverständlichkeit in den Unterricht einbezogen; ggf. werden auch „verbindliche Regeln" der Kommunikation eingeführt (Ortmann 1995, 165). Die Kinder (auch wenn sie sich dem Kontakt verweigern) sind pädagogisch zu erreichen, indem ihr Verhalten und dahinter liegende Empfindungen verbalisiert werden. Auch im gestalterischen Ausdruck öffnen die Kinder ein Fenster zu ihrer Befindlichkeit, das einen kommunikativen Zugang ermöglicht. Auf Fragen der Kinder über ihre Krankheit wird altersgemäß und wahrheitsgetreu nach bestem Vermögen geantwortet. Schweigen und Unklarheiten verstärken Ängste. Sind Ängste erkennbar, so werden sie vor allem durch Zugewandtheit, Empathie und Klarheit (ohne Ausflüchte) gemildert. „Lösungen" gibt es häufig nicht; oft gibt es noch nicht einmal Worte; es bleibt aber immer Raum für pädagogische Koexistenz: „Hier bin ich mit meiner Existenz, mit meiner Person ganz nahe bei seiner Existenz, bei seiner Person. Ich schweige und spreche dennoch mit ihm" (Klein 1987, 444).

Bei betroffenen Jugendlichen schließlich besteht häufig ein Bedürfnis nach Selbstbehauptung durch höhere Leistungen in der Schule und ggf. den Besuch des Gymnasiums (und später Studium). Diesen Weg gilt es auch organisatorisch und gegenüber Einwänden Dritter zu unterstützen (das Studium erfolgt unter Beteiligung der Behindertenbeauftragten der jeweiligen Universität und des Behindertenreferats des Deutschen Studentenwerks). Jugendliche wollen sich auch verstärkt mit Sinnfragen auseinandersetzen, vor allem aber gibt es Wünsche nach Partnerschaft und Sexualität (Sexualität ist durch die Krankheit nicht primär eingeschränkt; Ortmann 1998, 61). Diese Wünsche scheinen äußerst schwer erfüllbar zu sein, es gibt aber immer einen Weg, vorausgesetzt es finden überhaupt Gespräche darüber statt (vgl. Kap. „Bedingungen der psychosexuellen Entwicklung").

• *Mukoviszidose*

Die Mukoviszidose (auch Mucoviszidose, „zähflüssiger Schleim") oder Cystische (Pankreas)-Fibrose ist eine Funktionsstörung der schleim- oder schweißproduzierenden Drüsen. Es ist eine autosomal-rezessiv vererbte Erkrankung mit einer Inzidenz von ca. 1:2000 Geburten. Sie wurde erstmals 1928 von Faconi beschrieben (Dockter/Lindemann 2000, 2f). Bei dieser Krankheit fehlt die Information für die Bildung einer bestimmten Aminosäure (Phenylalanin) auf dem Chromosom Nr. 7. Dadurch entsteht eine Flüssigkeitsverarmung des Sekrets aller schleimbildenden Drüsen der inneren Sekretion, der Absonderung auf Schleimhäute z. B. der Luftwege, der Verdauungswege und ableitenden Samenwege des Mannes. Leichtflüssiger Schleim in den Atemwegen dient der Entfernung von Fremdkörpern aus den Lungen; bei der Mukoviszidose liegt das Sekret dagegen wie ein zäher Film auf der Schleimhaut, kann nur mit großer Mühe abgehustet werden und ist ein Nährboden für Krankheitserreger. Es kommt zu Entzündungen der Luftwege (Bronchitis) oder fortschreitend der Lunge (Pneumonie). Im Darm sondern Drüsen ihr Sekret ab, um den Nahrungsbrei zu verdünnen und durch Enzyme aufzuspalten; bei Mukoviszidose verstopft das Sekret die Ausführungsgänge der Drüsen (z. B. der Pankreas), und die Verdauung (insbesondere die Fettverdauung) wird erschwert (Stephan 1986, 5ff; 1996, 176ff; vgl. Harris/Super 1992). Die Krankheit zeigt sich im Säuglingsalter zwischen dem 4. und 8. Lebensmonat. Eine ursächliche Behandlung gibt es noch nicht. Die Symptombehandlung erfolgt vor allem über Maßnahmen im Bereich der Atmungsorgane (Hilfen zum Abhusten durch Training der Autogenen Drainage; Scholz-Heidrich 1979, 23ff), der Verdauungsorgane (Zufuhr von Verdauungsenzymen) und mit Antibiotika bei akuten Entzündungen. Trotz dieser Maßnahmen verschlechtert sich der Gesundheitszustand der Betroffenen über die Jahre; es können auch parallele Störungen auftreten (Diabetes mellitus, Gallensteine, Leberschäden). Es kommt zu einer allmählichen Verschlechterung der Lungen- und Kreislaufleistungen. Die Lebenserwartung ist unterschiedlich, abhängig von individuellen Verläufen und von disziplinierter Selbstbehandlung („Die Krankheit verzeiht nichts!"); sie beträgt heute ca. 25–30 Jahre. Bei einem Teil der Betroffenen besteht heute die Möglichkeit der Lebensverlängerung durch Lungentransplantation. Die allerletzte Lebensphase kann durch Medikamentengabe (auch Opiate) erleichtert werden (Dockter/Lindemann 2000, 154).

Die seelischen und psychosozialen Belastungen von Betroffenen, die auf den ersten Blick unauffällig erscheinen, sind immens: akute Krankheitskrisen, Unvorhersehbarkeit des Verlaufs, Phasen reduzierten Allgemeinbefindens, Aufenthalte im Krankenhaus oder in Rehabilitationseinrichtungen, unsichere Lebensplanung, Dauerstress der Therapie und zeitweilige Todesängste (Atemnot und Erstickungsempfindungen, Bluthusten, Darmverschluss).

Die spezifische *pädagogische Förderung* gilt neben der liebevollen Begleitung der Hinführung von Betroffenen zu disziplinierter Selbstbehandlung schon in jungen Jahren. Dazu gehört die Stützung der Selbstverantwortlichkeit für den eigenen Körper und eine offensive Haltung gegenüber der Krankheit. „Eine kämpferische Haltung, wird von vielen Patienten als notwendig und erstrebenswert angesehen, um die Krankheit ‚in den Griff' zu bekommen" (Schmitt/Koch/Schulze-Everding 1996, 189). Die Suche nach solidarischer Unterstützung und Stärkung durch die Gruppe ist eine weitere Strategie (Ullrich u. a. 1996, 136f). Schulische Leistungen sind für die Kinder häufig ein Mittel, ihr Selbstwertgefühl zu erhöhen. „Diese Schüler [sind] oft auf den besseren Plätzen der Leistungsskala ihrer Klasse zu finden. Nicht selten zählen sie zu den besten" (Stephan 1986, 13). Die Förderung erfolgt in Regelschulen oder integrativen Schulen (Dockter/Lindemann 2000, 137). Wenn die Kinder es wünschen, sollte ihnen der Schulbesuch lange erhalten bleiben. „Sind die sozialen Beziehungen gut und/oder besteht auch bei fortgeschrittener Erkrankung die Möglichkeit, einen Schulabschluss zu erreichen, ist es sinnvoll, die betroffene Schülerin so lange wie möglich in ihre Klasse gehen zu lassen" (Klemm 1998, 133). In der empirischen Untersuchung von Schmitt (1991) wurde an einer Stichprobe von 92 Muko-Jugendlichen (13–28 Jahre) festgestellt, dass für die Mehrzahl der Betroffenen das augenblickliche intensive (Er)Leben ihre Lebenspläne bestimmt. Die pädagogische Arbeit sollte dieser Lebensstrategie folgen.

● *Krebserkrankungen*

Krebs im Kindesalter als progrediente Erkrankung ist durch *schwere Verläufe* gekennzeichnet, bei denen trotz wiederholter Therapiemaßnahmen Rezidive (Rückfälle) auftreten und die Krankheit letztlich oft nicht besiegt wird. Das ist trotz ständig verbesserter medizinischer Therapie bei ca. 1/3 betroffener Kinder der Fall. Krebs im Kindesalter ist nach Unfällen die zweithäufigste Todesursache dieser Altersgruppe. Es besteht eine Inzidenz der Erkrankung von 14:100 000 Kindern unter 15 Jahren (Niethammer 1996, 148). Im Kindesalter dominieren bei Krebserkrankungen neben den *Leukämien* als häufigste Form die *malignen Lymphome* (Lymphdrüsenkrebs), *Tumoren des zentralen Nervensystems* (Gehirntumoren), *Neuroblastome* (Tumoren des Nebennierenmarks) und *Wilms-Tumoren* (Nierenkrebs); zudem gibt es eine Vielzahl anderer Krebserkrankungen (Gutjahr 1993, 22; vgl. Pichler/Richter 1985; 1992; Nobile 1992; Klee 1990). Bei Krebs findet ein unkontrolliertes schnelles Wachstum von entarteten Zellen statt. Im Gegensatz zu gutartigen Tumoren, die nur Druck auf das umliegende Gewebe ausüben, durchdringen Krebszellen das Gewebe und zerstören es, sie verbreiten sich über Blut- und Lymphwege und bilden Tochtergeschwülste aus. Ätiologische Faktoren der Krebserkrankungen im Jugendalter sind nur zu einem kleinen Teil gesichert. „Letztendlich muss man davon ausgehen, dass es häufig mehrere Ereignisse sind, die dazu führen, dass ein Mensch an Krebs erkrankt. Wahrscheinlich entstehen im Laufe des Lebens ständig Krebszellen, die vom Abwehrsystem des Menschen erkannt und beseitigt werden. Unter bestimmten Bedingungen entkommen sie jedoch dieser Überwachung und es kommt zur Krebserkrankung" (Niethammer 1996, 148).

Die medizinische Behandlung ist in der Regel sehr belastend für die Kinder. Sie besteht in Operation, Chemotherapie, Bestrahlung und Kombination dieser Maßnahmen (bei den Leukämien Chemotherapie und Bestrahlung). Die Therapie kann sich über viele Jahre hinziehen. Die Prognosen für erfolgreiche Behandlung (Verschwinden von Krebszellen aus dem Körper) sind je nach Krebsart unterschiedlich; Leukämien haben Heilungschancen von mehr als 80 %.

Krebskranke Kinder und Jugendliche erleben eine Vielzahl persönlicher Konflikte im Verlauf ihrer Erkrankung und im Prozess ihrer Behandlung (Haushalter 1997, 163ff; vgl. Bammer 1984):

- Selbstbestimmung vs. Fremdbestimmung. Auswirkungen der Rehabilitation
- Selbstakzeptanz vs. Stigmatisierung. Angst vor funktionellen und sozialen Beeinträchtigungen
- Autonomiebestrebungen vs. existentielle Abhängigkeit. Verlust von Ablösung und Autonomie
- Soziale Zugehörigkeit vs. Beziehungsverlust. Verlust von Sozialkontakten
- Lebenswille vs. existentielle Bedrohung. Angst vor Rückfällen

Diese Konflikte stellen die Bezugspunkte der spezifischen pädagogischen Arbeit dar (Haushalter 1997, 171ff):

- Aufbau einer vertrauensvollen Beziehung
- Aufklärung und Vorbereitung im Hinblick auf die Krankheit und medizinische Maßnahmen
- Begleitung und Unterstützung durch Gespräche, kunsttherapeutische Angebote, Kontakte mit Gleichbetroffenen, Sterbebegleitung
- Nachbereitung und Aufarbeitung. Zukunftspläne, Erleichterung von Kontakten
- Beratung und Vermittlung. Sozialrechtliche Hilfen, Kontakt zu Personen und Einrichtungen.

Die *pädagogische Betreuung* erfolgt therapiebegleitend während oft langer Krankenhausaufenthalte und häufig auch in der Schule für Körperbehinderte nach Therapien oder auch zwischen den Maßnahmen einer Langzeitbehandlung. Den Kindern werden in der Schule (und zu Hause) bezüglich ihres Verhaltens selten Auflagen von Seiten der Mediziner gemacht; sie können an allen Aktivitäten ihrer Belastbarkeit entsprechend teilnehmen (Niethammer 1996, 157). Während der Behandlungsphasen im Krankenhaus können die Klassenkameraden der Heimatschule angeregt werden, den Unterricht zu protokollieren und an den krebskranken Mitschüler zu schicken (Pichler/Richter 1985, 130; Schroeder u. a. 1996, 40ff). In der Heimatschule bietet sich das Unterrichtsthema Krebs, Sterben, Tod, Trauer an (didaktische Hinweise vgl. ebd., 224ff). Körperlich durch Krankheit und Therapie geschwächte Kinder grenzen ihren Aktionsradius selbständig ein. Oft sind sie verlangsamt im Verhalten und im Lernen. Bei progredienten Verläufen kommt es meist in bildnerischen Darstellungen und im Spiel verstärkt zur Beschäftigung mit aggressiven und spirituellen Themen. „Diese Ausdrucksformen müssen den Kindern ermöglicht werden, sobald sie psychisch und körperlich dazu in der Lage sind, möglichst noch während der laufenden medizinischen Akutversorgung ... Kampf- und Kriegssituationen, Jagdszenen, offene und verdeckte Gefahrensituationen, omnipotente Helden in Aktion, Symbole für Wandlung und neues Wachstum, Symbole der Trauer, der Trennung und des Abschieds, Symbole der Vergeistigung" (Weiss 1997, 132). Im Verhalten zeigt sich offener oder verdeckter Protest (Essen verschütten, verstummen). Jüngere Kinder neigen zu uneindeutigen Formulierungen über Sachverhalte, die inhaltlich oft schwer zu verstehen sind. Nachfragen und „Sich-den-Kopf-Zerbrechen" bezeugt Zuwendung und führt oft auf einen gemeinsamen Weg der Auseinandersetzung über die realen Hintergründe dieses (Signal)Verhaltens: Ängste und „Unerledigtes" (Kübler-Ross). Besonders nach einem Rezidiv (in der Regel mit schlechten Prognosen) muss in diesem Zusammenhang möglichst eine „personelle Verfügbarkeit" und „zwischenmenschliche Aufrichtigkeit" gewährleistet sein (Schmitt 1983, 36ff). Bei einem Rezidiv wird im Krankenhaus- oder im Hausunterricht über „Unterrichtsinhalte in schwierigen Zeiten" nachgedacht; es bieten sich an (Schroeder u. a. 1996, 48f): Interessen der Kinder verstärken und ihrem Suchverhalten folgen, Berichte und Geschichten von kranken Kindern und Jugendlichen lesen, für Schülerzeitung diktieren lassen, Briefe diktieren lassen, Lieblingslieder gemeinsam hören oder singen, Evolutionsgeschichte verfolgen, Körperübungen zur Entspannung, Natur erleben. Einzelne Kinder klammern sich geradezu in Schule oder Krankenhaus bis in die Endphase ihrer Erkrankung an den Unterricht.

Auch Gespräche mit den Eltern sind bei der pädagogischen Förderung der Kinder unabdingbar, weil sich ihre Spannung und „Verhandlungen" maßgeblich auf die pädagogische Arbeit auswirken (Kasteel 1986, 104; Bode/Schmalenbach 1988, 63ff). Bei den Eltern werden schon im Diagnosegespräch die Weichen gestellt für ein Vertrauens-/Misstrauensverhältnis zum Behandlungsteam (Petermann/Noeker/Bode 1987, 129). Typische Reaktionen der Eltern auf die Krebsdiagnose ihres Kindes sind (Pichler/Richter 1985, 98ff): Schock, Nicht-wahrhaben-Wollen, Zorn, Suche nach der Ursache und Schuldgefühle, Verhandeln, Zweifel an der Richtigkeit der Diagnose und der Behandlung, Zustimmung, Hoffnung, Vertrauen (zur Belastung von Familien mit krebskranken Kindern vgl. Petermann u. a. 1990; Kollmann/Kruse 1990; Lamri-Zeggar 1991; Kelly 1986).

● **HIV-Infektion**

Die Infektion mit dem HIV-Virus (Human Immunodeficiency Virus) kann zum Ausbruch der AIDS-Erkrankung (Acquired Immuno Deficiency Syndrome) führen, einer Immunmangelerkrankung, die seit Beginn der 80er Jahre in dieser Form bekannt ist. Sie hat bei Kindern unterschiedliche Ursachen. „Die pränatale bzw. transplazentale Übertragung ist die häufigste Ursache für die Infektion von Neugeborenen ... HIV-Infektionen ergeben sich auch durch Bluttransfusionen" (Kallenbach 1990, 177f). Diagnosen werden über einen Antikörpertest erstellt. Dabei ist es zunächst fraglich, ob beim Neugeborenen die HIV-Antikörper vom Organismus des Kindes aufgrund einer Infektion selbst gebildet oder ob die Antikörper von der Mutter übertragen wurden. Bei Letzterem ist das Kind häufig nicht infiziert, weil die Viren selbst nicht übertragen wurden (die Zahl der Antikörper geht dann allmählich zurück); es kommt auch vor, dass das Neugeborene infiziert ist, das Immunsystem jedoch die Viren nicht als fremd erkennt und keine Antikörper bildet.

Nach häufig unauffälliger Entwicklung eines HIV-infizierten Kleinkindes sind Kennzeichen der beginnenden AIDS-Erkrankung verstärkt auftretende Symptomkomplexe: Vergrößerung von Lymphknoten, Milz und Leber; Gewichtsabnahme; Entwicklungsverzögerungen; Wachstumsstörungen; motorische Einschränkung; Müdigkeit; Leistungsabnahme; später auch neurologische Erkrankungen (Spastizität, geistiger Abbau) und bakterielle Infekte (Lungenentzündung, Harnwegsentzündungen, Pilzinfektionen der Haut). Der volle Ausbruch der Erkrankung und einzelner Symptomkomplexe können u. U. erst nach Jahren auftreten. Die Krankheit lässt sich ursächlich noch nicht behandeln, durch eine Kombination von Medikamenten kann der Ausbruch jedoch verzögert werden.

Häufig sind auch die Mütter (und Väter) infiziert, so dass die Kinder auch familial belastet sind (Jeltsch-Schudel 1989, 15f; vgl. Stück/Röhrig/Rudolph 1989; Wagener 1989). Ein Übertragungsrisiko besteht vor allem durch Kontakt mit Blut der Infizierten. In Kindergarten und Schule wird eine Ansteckungsgefahr statistisch ausgeschlossen. Die Institutionen unterliegen keiner Meldepflicht. Innerhalb der Institutionen besteht jedoch ein großer Aufklärungsbedarf über vermeintliche Risiken der Erkrankung, um Ängste und Vorurteile gegenüber den Kindern abzubauen (v. Daniels/Hemme 1992, 294f). Für infizierte Kinder wird der Besuch der Körperbehindertenschule empfohlen. In diesem „Schonraum" sind geschwächte Kinder weniger Schulstress und Leistungsdruck ausgesetzt, es besteht für sie mehr Schutz vor bakteriellen Infektionen, weil sie mit weniger Kontaktpersonen in Berührung kommen, größere gegenseitige Akzeptanz und weniger Gefahr durch gewaltbereite Mitschüler. Weiterhin erfahren infizierte Mütter u. U. eine Entlastung durch die Ganztagsbeschulung (Kallenbach 1990, 185). Bei schweren Krankheitsschüben erfolgt der Unterricht durch die Krankenhausschule. Die Kinder folgen ihrer eigenen Neugier und ihren Interessen in einem weitgehend offenen Unterricht. Die Sterbeängste der Kinder werden bei von Geburt Betroffenen weniger offen zutage treten, sie sind gleichwohl vorhanden; der Pädagoge wird entsprechende Signale kindgerecht aufgreifen. Die sozialpädagogische Betreuung der Familien wird vor allem versuchen, „Familienressourcen" zu identifizieren, um eine „Atmosphäre der Zusammenarbeit" zu schaffen und die Familien emotional und organisatorisch zu stützen (Walker 1994, 354ff). Bei organisatorischen Problemen ist die örtliche AIDS-Hilfe Ansprechpartner (vgl. Zenz/Manok 1989).

• *Multiple Sklerose*

Jugendliche mit einer Multiplen Sklerose finden sich nicht so häufig im vorschulischen und schulischen Arbeitsfeld der Körperbehindertenpädagogik, da die akute Krankheit selten schon in sehr jungen Jahren einsetzt (ausgeprägte Symptome nicht vor dem 14. Lebensjahr; Hoeck 1979, 162). Wenn sie auftritt, beginnt der körperliche Funktionsverlust in einer Lebensphase größter körperlicher Aktivität mit hohem Expansionsbedürfnis und führt dann meist bei den Betroffenen zu großer Angst und Verzweiflung (ebd., 169f).

Die Multiple Sklerose („unterschiedlich lokalisiertes nicht leitfähiges hartes Bindegewebe") ist eine ursächlich nicht geklärte, unterschiedlich verlaufende „Entmarkungskrankheit" des Zentralnervensystems. Die Nerven des Gehirns und Rückenmarks sind durch eine vorwiegend aus Fett bestehende Hülle (Markscheide; „Myelin") isoliert. Ohne die Isolierschicht können die Nervensignale nicht richtig fließen. Durch die Multiple Sklerose wird die Isolierschicht an unterschiedlichen Orten zerstört, der Körper stellt sie nur fehlerhaft wieder her, sie vernarbt. Die Narbe besteht aus hartem Bindegewebe, das die Weiterleitung der Nervenimpulse behindert (Schäfer/Poser 1994, 7; Krämer 1997, 3). Es gibt keine ursächliche Behandlung, der Verlauf der Krankheit ist nicht vorhersehbar. Rehabilitationsmaßnahmen zielen auf Erhalt der Selbständigkeit der Betroffenen (Bauer/Seidel 1996, 48ff). Bei akuten Schüben, Koordinationsstörungen und zentralen Schwächen werden physiotherapeutische Maßnahmen eingesetzt (vgl. Steinlin Egli 1998). Ein Beginn in Krankheitsschüben (bei ca. 40 % der Betroffenen) erlaubt statistisch gesehen eine günstigere Prognose mit möglicherweise weit auseinander liegenden (Jahre, Jahrzehnte) Phasen der Verschlechterung. Nach einem schleichenden Beginn verläuft die Krankheit meist aggressiver, die Schübe treten häufiger auf. Je ausgeprägter die Rezidive verlaufen, desto eher verlieren die Betroffenen nach und nach ihre motorischen Fähigkeiten. Es können eine Reihe zusätzlicher Komplikationen auftreten: gestörte Blasenfunktion, Menstruationsstörungen, gestörte Sexualfunktion (physisch und psychisch bedingt), Entzündungen der Harnwege und der Lunge, Druckgeschwüre. Im fortgeschrittenen Stadium erhöht sich die Wahrscheinlichkeit, an den Komplikationen zu sterben (vgl. Schmidt 1992; Heckl 1994).

Die spezifische *pädagogische Arbeit* mit den betroffenen Jugendlichen gilt in erster Linie den immensen psychischen Belastungen. Wenn der Schock über Diagnose und Prognose abklingt, setzt die Erkrankung bei den meisten Jugendlichen erhebliche Energien frei, gegen das Schicksal anzukämpfen. Anzeichen großer Unruhe zeugen von existentieller Verunsicherung und dem Versuch, die Krankheitssymptome zu überspielen. Es wird in der Schule auch immer wieder das Gespräch (über die Zukunft) gesucht, weil die Betroffenen insbesondere die Beeinträchtigung von Partnerschaften und den möglichen Verlust ihrer Sexualfunktionen befürchten und ihre ganze Aufmerksamkeit auf dieses Problem konzentrieren. Zudem haben sie Angst davor, dauerhaft auf die Hilfe anderer Menschen angewiesen zu sein.
    Es kann hohe Anforderungen an die „Verfügbarkeit" und den „langen Atem" der Pädagogen stellen, den Betroffenen ein zuverlässiger Partner zu sein und ihnen zu vermitteln, dass sie mit ihren Kräften ökonomisch umgehen müssen (Ruhepausen, ausreichend Schlaf, keine langen Abende, keine Disco). Die Zusammenarbeit des Pädagogen mit den Ärzten und örtlichen Selbsthilfegruppen ist oft unerlässlich.

2.6 Kinder mit körperlichen Fehlbildungen

Menschen mit körperlichen Fehlbildungen sind Menschen mit „einem andersartigen Aussehen und einem besonderen Risiko für sozial-emotionale Entwicklungsstörungen" (Sarimski 1998, 18). Ausgeprägte, offensichtliche Formen körperlicher Fehlbildung im Arbeitsgebiet der Körperbehindertenpädagogik sind neben der Spina bifida, Folgen der Cerebralparese und Schwerstbehinderung vor allem der *Kleinwuchs, Gliedmaßenfehlbildungen, Fehlbildungen des Gesichts* und Folgen der *Glasknochenerkrankung.* Diese Fehlbildungen können genetisch bedingt sein (z. B. durch Mutationen aufgrund von Strahlung und chemischen Stoffen), durch Umweltfaktoren während der embryonalen Entwicklung (Krankheiten der Mutter in der Frühschwangerschaft, Hormone, Strahlung, chemische Stoffe) oder durch ein Zusammenwirken beider Faktoren entstehen. Angeborene Fehlbildungen sind Auswirkungen von Störungen biochemischer Zellvorgänge (Schumacher/Christ 1993, 166ff; vgl. Langman 1989). Die Inzidenz von körperlichen Fehlbildungen wird auf 1–4 % geschätzt (s. Übersicht und Klassifikation bei Wellmitz 2000, 275ff). Körperliche Fehlbildungen stellen eine angeborene Abweichung von der morphologischen Norm bzw. der üblichen physischen Entwicklung dar; betroffene Menschen sind nicht einfach fremd und auffallend, „physisch Abweichende fallen vielmehr aus der ‚Ordnung‘, aus einem für alle Gesellschaftsangehörigen maßgeblichen Schema (während man dem Fremden zubilligen mag, dass für ihn andere Gesetze gültig sind)" (Seywald 1980, 98). In der Rehabilitation spielt die orthopädietechnische Versorgung eine maßgebliche Rolle, um den Betroffenen ein weitgehend autonomes Leben zu ermöglichen.

Das spezifische *Förderbedürfnis* betroffener Menschen liegt in der Vorbereitung auf ein Leben als Außenseiter: Im mikrosozialen Kontext erregen sie Aufmerksamkeit („Anstoßnahme"; Seywald 1980), und makrosozial werden sie stigmatisiert, d. h. ihnen wird eine von Vorurteilen bestimmte Identität zugeschrieben. Gefördert werden Selbstakzeptierung, Stärkung von Selbstbewusstsein und sozialer Selbstbehauptung, um die Stellungnahme des Umfelds (von unbefangener kindlicher Reaktion bis Verunsicherung, Mitleid und Aggression Erwachsener) auszuhalten, ohne sich zurückzuziehen, und sich durchzusetzen, um nicht beständig in sozialer Defensive zu leben. Dabei helfen Handlungsmodelle der „Entstigmatisierung", des offensiven sozialen Austauschs im Alltag unter Berücksichtigung der kognitiven, der emotionalen und der Handlungsebene (Bergeest 1999c, 236). Der Förderprozess beginnt im Kindergarten mit der Erziehung zur Selbständigkeit („die Kinder stark machen, indem wir ihnen etwas zutrauen"; Schwarz 1995, 44), setzt sich im Schulalter mit gezieltem Selbstbehauptungstraining (Theaterspiel, Rollenspiel) fort und führt nach der Schule in die Solidargemeinschaft von Selbsthilfegruppen. Dazu kommen Aufklärung und Hilfe bei der Wahrnehmung rechtlich gesicherter Interessen, z. B. der Forderung nach behindertengerechtem kommunalem Umfeld und angemessener Ausstattung von Arbeitsplätzen (vgl. Kap. „Nachschulische/außerschulische Förderung").

• *Kleinwuchs*

Zeugnisse über kleinwüchsige Menschen reichen zurück bis in das alte Ägypten (Liedtke 1996, 98; Enderle u. a. 1992, 81). Eine einheitliche Definition des Kleinwuchses gibt es nicht. Kleinwuchs gilt als Variation der Größennorm. „Leichtere Verminderungen des Wachstums sind meist Ausdruck einer Spielart des Normalen. Häufig und in ausgeprägten Fällen immer beruht Kleinwuchs aber auf einer krankhaften Veränderung des Wachstums" (Menger 1995, 6; vgl. Schönberg 1996, 12f). Erscheinungsformen und Ursachen sind vielfältig (Rossi 1986, 129ff; Schulte/Spranger 1993, 277ff): cerebrale Regulationsstörungen (intrauteriner Kleinwuchs durch Infektionen, Alkohol, Noxen, Plazentainsuffizienz, ZNS-Erkrankungen), hormonale Störungen (Wachstumshormonmangel z. B. bei Hypothyreose, Hormonexzess bei Pubertas praecox oder als Auswirkung jahrelanger Cortisonbehandlung bei Kindern mit Asthma und Rheuma), chronische Organ- und Stoffwechselerkrankungen (Zöliakie, Niereninsuffizienz, Noonan-Syndrom, William-Beuren-Syndrom), Skelettfehlbildungen (Achondroplasie, Hypochondroplasie).

Von besonderer Bedeutung innerhalb der Körperbehindertenpädagogik ist die Achondroplasie („ausgebliebene Knorpelbildung"), die häufigste Skelettfehlbildung. Die Körperproportionen sind hier verschoben; im Vergleich zum Rumpf haben Betroffene relativ kurze Arme und Beine und einen großen Kopf. Die Körperlänge beträgt bei Erwachsenen ca. 130 cm. Zu dem Kleinwuchs treten weitere körperliche Probleme: häufige Infekte der oberen Luftwege, frühzeitige Abnutzung der Kniegelenke, Erhöhung der Liquormenge im Schädel, Hörstörungen.

Spezifische Förderbedürfnisse betreffen die körperliche Beweglichkeit (Physiotherapie), Auseinandersetzung mit normalwüchsigen Spielkameraden (Selbstbehauptung), das Selbstwertgefühl (Stärkung des Eigenwillens) und nicht zuletzt die Loslösung von den Eltern, die zu „einem eher größen- als altersentsprechenden Umgang mit dem Kind" neigen (Brinkmann 1995, 32). Über spezifische Lernschwierigkeiten gibt es keine gesicherten Erkenntnisse. Im Erwachsenenalter beginnt die Auseinandersetzung mit einer Umgebung, die für „große" Menschen eingerichtet ist.

• *Gliedmaßenfehlbildungen*

Unter Gliedmaßenfehlbildungen werden Wachstumsstörungen an Armen und Beinen verstanden, die vorgeburtlich oder nachgeburtlich entstehen können. Vorgeburtlich entstehen sie insbesondere im Zeitraum zwischen der 5. und 10. Schwangerschaftswoche. Ursachen sind z. B. eine genetische Disposition (ohne dass die Eltern selbst von der Fehlbildung betroffen wären) oder Schädigungen im Mutterleib durch Viruserkrankungen der Mutter, Ernährungsstörungen, Stoffwechselstörungen, Medikamente, Alkohol, Drogen. Eindeutige Entstehungsbedingungen sind nicht geklärt. (In den 60er Jahren konnte der Nachweis erbracht werden, dass das gehäufte Auftreten des Dysmelie-Syndroms nach Einnahme des Arzneimittels Contergan in den Jahren 1958–1962 Folge einer Thalidomid-Embryopathie am Ende des 1. Schwangerschaftsmonats war; Haupt 1974, 7f). Die nachgeburtlichen Gliedmaßenfehlbildungen haben ihre Ursache in Lähmungen, Durchblutungsstörungen, Infektionen (z. B. des Knochen- und Knorpelgewebes), Tumoren.

Die Behandlung von Fehlbildungen erfolgt durch prothetische Versorgung (Eigenkraftprothese, Fremdkraftprothese), manchmal in Kombination mit operativen Maßnahmen zur Teilkorrektur (z. B. Gliedmaßenverlängerung). „Bei der häufigsten Fehlbildung, dem kurzen Unterarmstumpf, ist das beidseitige Greifen, und damit das ‚Begreifen', das Erlernen der räumlichen Vorstellungskraft, erschwert. Bei Oberarmstümpfen ist auch das Krabbeln und sogar das Gleichgewichtsempfinden beeinträchtigt. Diese Fehlbildungen werden daher mit Beginn des Greifalters (6. Monat) mit einer Patschhand versorgt" (Weber/ Graf 1995, 6).

Zu weiteren Entwicklungsbesonderheiten der Kinder liegen Arbeiten vor, die mit Contergankindern durchgeführt wurden. Strasser u. a. (1968, 97) betonen, dass eine Gliedmaßenfehlbildung „immer eine verminderte motorische Ausrüstung des Körpers" darstellt und Auswirkungen auf die Gesamtentwicklung der Kinder haben kann. Die Ergebnisse der Untersuchungen insbesondere zur Leistungsentwicklung betroffener Kinder sind allerdings sehr uneinheitlich (vgl. zusammenfassende Darstellung bei Haupt 1974, 17ff; Strasser u. a. 1968; Schönberger 1971). Haupt spricht unter anderem von verzögerter motorischer Entwicklung, Schwierigkeiten des Arbeitstempos und größerem Zeitbedarf für Hausaufgaben im Schulalter der Kinder. Das allgemeine Leistungsniveau unterscheidet sich kaum von dem nicht betroffener Kinder. Strasser u. a. (1968, 107) stellen insgesamt fest, „dass sich die Kinder nicht nur im Kindergarten, sondern auch später ohne unüberwindbare Schwierigkeiten in die Gemeinschaft normalgliedriger, gleichaltriger Kinder eingliedern lassen werden, wenn ihnen nicht künstlich der Weg dazu versperrt wird". Partielle Leistungsverluste werden im Laufe der Entwicklung kompensiert. Bei Untersuchungen zur psychosozialen und psychosexuellen Entwicklung betroffener Jugendlicher ergaben sich zwar Hinweise auf psychische Belastungen durch die Stellungnahme der Öffentlichkeit und die Abweichung vom „vorherrschenden Ideal körperlicher Attraktivität" (Jochmus u. a. 1979, 213), ansonsten jedoch keine grundsätzlichen Unterschiede zu Entwicklungsprozessen nichtbetroffener Jugendlicher.

Die *pädagogischen Aufgaben* liegen damit vor allem in der Stärkung des Selbstbewusstseins der betroffenen Kinder. „Respektieren der Fähigkeiten des Kindes, seine Probleme selbst zu lösen, wenn es Gelegenheit dazu erhält, Verantwortung zu übernehmen, Entscheidungen zu treffen – nicht lenken; das Kind führt, der Erzieher hilft ihm, seinen eigenen Weg zu gehen – nicht vorantreiben, Berücksichtigung des dem Kind möglichen Entwicklungstempos – Verzicht auf Begrenzungen, die nicht notwendig sind" (Haupt 1974, 97).

• Fehlbildungen des Gesichts

Kindern mit komplexen Fehlbildungen des Gesichts begegnet man innerhalb der Körperbehindertenpädagogik seltener in integrativen Einrichtungen und Sonderschulen, sondern vor allem im Bereich der Schwerstbehindertenförderung (s. u.). Diese Fehlbildungen sind zumeist genetisch bedingt. Sie treten in unterschiedlichsten Formen mit einer Inzidenz von ca. 1:6000 bis 1:70 000 Geburten und noch seltener (je nach Syndrom) auf (angeborene Lippen-Kiefer-Gaumen-Spalte mit einer Häufigkeit von 1:1000 wird in der Regel schon im 1. Lebensjahr korrigiert; Rossi 1986, 756). Es können *Fehlbildungen des Unterkiefers, des Ohrs, der Wangenknochen, der Augenhöhlen, Unterentwicklung des Mittelgesichts* mit Vorverlagerung der Augen und weitem Augenabstand, aber auch Störungen der Mimik aufgrund von *Lähmungen* sein. Hinzu kommen eine Reihe von Parallelstörungen: Zahnfehlstellungen, Atmungs-, Sprech- und Ernährungsprobleme, Hand- und Fußfehlstellungen. Eine besondere Gruppe stellen *gesichtsversehrte* Kinder und Jugendliche dar (z. B. durch Tumoren, Unfall- und Behandlungsfolgen; Drepper 1989, 6). Behandlungsformen sind Schädeloperationen und plastische Chirurgie zur Veränderung des Erscheinungsbildes und Erleichterung der funktionalen Entwicklung (Sarimski 1998, 18f; Schulte/Spranger 1993, 873f).

Das Erscheinungsbild, häufige Klinikaufenthalte und Fördermaßnahmen zur Verbesserung motorischer und sprachlicher Fähigkeiten sowie eine erschwerte Beziehung der Eltern zum Kind stellen für schwerer betroffene Kinder außerordentliche Belastungen der sozialemotionalen Entwicklung und der Gestaltung des weiteren Lebenswegs dar. Die Gesellschaft reagiert mit extremer Abweisung und sozialer Isolation. Die Betroffenen sind in hohem Maße angewiesen auf medizinische und psychosoziale Rehabilitation. Neben der plastischen Chirurgie spielen auch ggf. physiotherapeutische Maßnahmen, Prothetik, Heilkosmetik und Förderung der Nahrungsaufnahme und des sprachlichen Ausdrucks eine Rolle (Drepper 1989, 11ff). Die kognitive Entwicklung des überwiegenden Teils betroffener Kinder (mit Ausnahme der Schwerstbehinderten) verläuft „altersgemäß oder nur leicht verzögert" (Sarimski 1998, 20).

Die *pädagogische Förderung* sollte sich insbesondere in der Phase der *Frühförderung* den Betroffenen als einer Gruppe von Kindern mit hohen sozial-emotionalen Risiken widmen. Mayr (1997, 145ff) sieht hier ein „neues Aufgabenfeld" der Frühförderung. Sarimski (1998, 26) schlägt folgende Interventionsstrategie für den Kindergarten vor:

1. Vorstellung des Kindes: Benennung und Beschreibung der Fehlbildung; Vorstellung der individuellen Interessen des Kindes; Betonung der Gemeinsamkeiten mit den anderen Kindern
2. Auseinandersetzung mit der Lebenssituation: offener Dialog über die Fehlbildung und die damit verbundenen sozialen Schwierigkeiten
3. Stärkung des Selbstvertrauens: mit Rollenmodellen des Andersseins arbeiten; Entwicklung von Begabungen und Interessen fördern
4. Förderung sozialer Kompetenz: Aufbau eines Netzwerks von Freunden; Rollenspiele von angenehmen und unangenehmen Situationen

Für die *Förderung im Schulalter* formuliert Drepper (1989, 15f) folgende Ziele: Fördern der eigenen Stärke und des realistischen Selbstverständnisses; umfassende Bildungschancen und spezifische Förderung sprachlichen Ausdrucksvermögens. Zur Durchsetzung der Ziele bedarf es der Integration in die Regelschule mit Vorinformation der Lehrer, eines Verhaltenstrainings der Betroffenen (ggf. mit Video-Feedback) und der Zusammenarbeit mit den Eltern.

• Glasknochenerkrankung

Glasknochenerkrankungen (Osteogenesis imperfecta) sind verschiedene angeborene Erkrankungen mit den Merkmalen erhöhter Knochenbrüchigkeit und der Neigung zu Skelettverbiegungen. Dabei sind Schritte der Knorpel-Knochen-Entwicklung im Biosyntheseablauf des Bindegewebsbausteins Kollagen gestört. Es handelt sich um Erbkrankheiten mit unterschiedlichem Vererbungsmodus. Vier klinische Formen werden unterschieden (Rossi 1986, 44; Pontz u. a. 1989, 7; Niessen 1993, 441f):

Typ I: postnatale multiple Frakturen, blaue Skleren (das Weiße im Auge), später Schwerhörigkeit, Bänderschlaffheit, häufig Besserung in der Pubertät

Typ II: Minderwuchs bei der Geburt, Muskelhypotonie, weite Fontanelle, Deformitäten, intrauterine Rippen- und Gliederfrakturen, zumeist lethal

Typ III: Gliederfrakturen schon bei der Geburt, fortschreitende Verkrümmung der Extremitäten, Skoliose, blaue Skleren, schwerer Verlauf

Typ IV: ähnlich Typ I, ohne blaue Skleren und Schwerhörigkeit, leichter Verlauf

Die Knochenbrüchigkeit ist bei den einzelnen Betroffenen unterschiedlich ausgeprägt. In sehr schweren Fällen können schon leichte Muskelanspannungen (Aufstehen, Schreiben, Kauen, Niesen) zu Brüchen führen. Die meisten Betroffenen sind jedoch nicht in diesem Ausmaß gefährdet. Es kommt zu einer Reihe von begleitenden körperlichen Auffälligkeiten: Gestörte Zahnentwicklung, angeborene Herzerkrankungen, evtl. völlige Unfähigkeit zu laufen, eingeschränkte Atemfunktion, insgesamt vermindertes Körperwachstum. Die Krankheit ist nicht ursächlich behandelbar.

Eltern müssen beraten und über den Verlauf sowie die zu erwartenden Komplikationen aufgeklärt werden. Sie brauchen Anleitung zur Lagerung und Bewegung des Säuglings. Kleinkinder sollen ohne Belastung aktiviert werden (atraumatische Aktivierung). Stützapparate und Schienen sind vom Kleinkindalter an unentbehrlich. „Kinder wollen spielen und ausprobieren, Kinder wollen mit anderen Kindern zusammen sein, Kinder lernen durch Erfahrung. ... Bei einem von Osteogenesis imperfecta betroffenen Kind mag die Umsetzung dieser Theorie in die Praxis zunächst problematisch, wenn nicht gar unmöglich scheinen; trotzdem sollten Eltern hier nicht überbehütend wirken" (Westermann 1989, 29). Bei der frühen Spielförderung kommen leichte Spielsachen mit wenig Verletzungsgefahr in Betracht; auch Spiele mit Trainingseffekt für die Lungen werden empfohlen (Seifenblasen). Zur Steigerung der Mobilität sollte für schwerer Betroffene frühzeitig ein Rollstuhl zur Verfügung stehen. Von großer Wichtigkeit ist beständiger Sprachkontakt zwischen den Eltern/Pädagogen und dem Kind; „dazu gehört auch, dass man mit fortschreitendem Alter gemeinsam singt oder Musik hört" (ebd., 32). Die *geistige Entwicklung* betroffener Kinder ist unauffällig. Bei der Entdeckung der Umwelt besteht häufig die Notwendigkeit, die Natur in den Raum zu holen, wenn die Kinder nicht selbst auf Entdeckungsreise gehen können. Schulische Förderung erfolgt neben der integrativen Schule oder Körperbehindertenschule auch häufig in der Krankenhausschule. Das schulische Lernen ist zwar für die meisten betroffenen Kinder unproblematisch, trotzdem ist aufgrund häufiger Fehlzeiten mit Lernverzögerungen zu rechnen, bis die Frakturneigung bei vielen Betroffenen in der Pubertät nachlässt (vgl. autobiografische Berichte von Radtke 1985 u. 1994).

2.7 Traumatisierte Kinder

Ein Trauma (griech. „Wunde") ist eine körperliche und/oder seelische Verletzung als Folge von Gewalteinwirkung. „Gewalt hinterlässt bei Menschen Spuren; auf der körperlichen wie auch auf der psychologischen und sozialen Ebene. Integration von Gewalterfahrungen kann nur in diesem dreiteiligen Kontext stattfinden" (Perren-Klingler 2000, 4). Traumatisierungen im Kindesalter sind außerordentlich vielgestaltig. Im Arbeitsbereich der Körperbehindertenpädagogik handelt es sich um schwerste, länger anhaltende oder dauerhafte Folgen von Unfällen oder Misshandlungen/Missbrauch oder Vernachlässigung. Die häufigsten sind *Schädel-Hirn-Traumen*, erworbene *Querschnittlähmung*, *Frakturen*, *Verbrühungen/Verbrennungen*, charakteristische *Schäden durch Misshandlungen* (Schulte/Spranger 1993, 905ff; Niessen 1993, 456ff).

Trauma bedeutet immer einen Zusammenbruch des Wirklichkeitsmodells des Menschen mit vitaler Bedrohung, einen völligen Verlust der existentiellen Balance, Verlust von Autonomie und Selbstregulation (Streeck-Fischer 1999, 42). Es entsteht eine Situation der „Hilflosigkeit" (Perren-Klingler 2000, 7) und der „Ausweglosigkeit" (Einsiedel/Wolf 1984, 35ff). Formal bedeutet das eine Umkehrung der „Tendenz des Lebens" (direkt proportional dem Schweregrad des Traumas bis hin zum „Nullniveau"; ebd.). Altersabhängig finden Regressionsprozesse statt:

- *Körperliche Regression*: Körper wird fremd, Welt rückt ferner, Spannungen können weniger motorisch abreagiert werden
- *Kognitive Regression*: Gegenwartsbezogenheit („Zustand bleibt für immer"), egozentrisches Denken, Verlust höherer Funktionen (Abstraktion, Sprache), prälogisches Verhalten („Wenn–dann"-Reaktionen sind außer Kraft, irrationale Konstruktionen von Ursache-Wirkung)
- *Emotionale Regression*: Schuldgefühle, Verlustängste, Todesängste, Objektängste, „Entthronung der Eltern", Weinkrämpfe, Halluzinationen

- *Sozial-kommunikative Regression*: Soziale Hilflosigkeit, Vegetieren, „Symbolischer Interaktionismus" (Bauchweh, Einnässen), kommunikative Verkargung („Dornröschenschlafsyndrom")

Besonders schwerwiegend sind die psychischen Auswirkungen körperlicher Gewalt. Die Dynamik dieser Schäden wird durch Forschungsergebnisse zum „Posttraumatischen Belastungssyndrom" deutlich. Das Syndrom ist durch 4 Phasen gekennzeichnet (Butollo/Krüsmann/Hagl 1998, 75f; Fischer/Riedesser 1998, 251):

1. *Traumatisches Ereignis* (intensive Furcht, Lebensbedrohung, Hilflosigkeit)
2. *Symptome des Wiedererlebens* (wiederkehrende Bilder, Träume, psychische und körperliche Reaktionen bei Hinweisreizen, repetetive Verhaltensweisen als unbewusstes oder teilbewusstes „traumatisches Spiel")
3. *Vermeidungshaltungen* (Vermeidung von Gedanken, Gesprächen, Aktivitäten, Orten; Erinnerungslücken, Gefühl der Entfremdung von anderen Menschen, eingeschränkte Bandbreite des Affekts, Gefühl eingeschränkter Zukunft)
4. *Anhaltende Symptome von Erregung* (Ein- und Durchschlafschwierigkeiten, übermäßige Wachsamkeit, Schreckhaftigkeit, Konzentrationsschwierigkeiten, Reizbarkeit und Wutausbrüche)

Im Arbeitsbereich der Körperbehindertenpädagogik wird bei Vorschulkindern mit langen Krankenhausaufenthalten und häufiger medizinischer Behandlung ein spezifisches psychisches Trauma besonders relevant: das *Trennungsttrauma des Kleinkindes* (Hospitalismussyndrom). Es beruht auf langen Trennungen von den Bezugspersonen in einem Lebensalter, in dem dies noch nicht ohne Auswirkungen auf die Qualität sozialer Bindungsfähigkeit verkraftet wird. Je länger Trennungen andauern (gemessen in Tagen und Wochen), desto schwerwiegender die Folgen für das Kind. Äußere Kennzeichen des Trennungsverhaltens der Kinder mit Verschlechterung der Prognose lassen sich in 3 Phasen unterteilen: (1) *Protest*, (2) *Hoffnungslosigkeit*, (3) *Verleugnung*. Diese Erkenntnisse basieren vor allem auf Forschungen von Spitz und Bowlby (vgl. Zusammenfassung bei v. Troschke 1974; Robertson 1982). Dieses Trauma hat seit Anfang der 80er Jahre durch Reformen der Kinderklinik (z. B. Mitaufnahme der Mutter) an Bedeutung verloren.

Als *pädagogische Hilfe* zur Verarbeitung des Traumas werden innere Kräfte des Kindes mobilisiert; das betrifft vor allem die Gewährleistung sozialer Sicherheit und der Wiedererlangung emotionaler Stabilität (so dass Mitarbeit im Rehabilitationsprozess möglich wird). Schon ein liebevoller körperlicher Kontakt wirkt spontan der „Ausweglosigkeit" (s. o.) entgegen. Ein *systematischer Weg* aus der vitalen Bedrohung und Regression wird durch Aufstellen eines hierarchischen „Zielkontinuums" (ebd.) beschritten:

1. *Vitale Bedürfnisse* befriedigen (soziale Sicherheit, Nahrung, Schlaf, körperliche Gesundheit)
2. *Verhaltensnormen* sichern (absolute Zuverlässigkeit und Rituale herstellen)
3. *Leistungsfähigkeit* wieder herstellen (Beginn von Lernen und Kompensation, der Neugier folgen)
4. *Autonomie* fördern (Kreativität ermöglichen, Eigeninitiative stützen)
5. *Lebensgenuss* gewährleisten (Lust und Freude fördern)

Das Zielmilieu pädagogischer Arbeit ist hier neue *Balance der Wirklichkeit, soziale Re-Integration* und Unabhängigkeit von weiterer pädagogischer Hilfe.

Um Lern- und Entwicklungsenergie der Kinder freizusetzen, werden therapeutische Qualitäten in die pädagogische Arbeit einfließen. Hier bieten sich Arbeitsweisen an, die sich an „psychotherapeutischen Zugängen zum Kind und zum Jugendlichen" orientieren (Klosinski 1988). Je nach Motivation und Ansprechbarkeit des Kindes sind unterschiedliche Wege und Methoden sinnvoll: Kreative gestalttherapeutische Arbeit (Oaklander 1981), Kunsttherapie und Kinderbilder als „Wege zu Verständigung und Wachstum" (Rubin 1993, 291ff), spieltherapeutische Angebote (Goetze/Jaede 1984; Schmidtchen 1978; Tausch/Tausch 1956) oder Sandspiel mit Vorschulkindern (Ammann 1989; Kalff 1979).

Spezifische Fördermaßnahmen der Körperbehindertenpädagogik in Rehabilitationseinrichtungen oder später in Vorschule/Schule ergeben sich im Zusammenhang mit Störungen der psychomotorischen und geistigen Entwicklung (z. B. auch bei Verlust höherer Funktionen wie Sprache und Beherrschung von Kulturtechniken). Pädagogische Aufgaben liegen in der Förderung von Konzentration und Gedächtnis, Raumsinn, Körperschema, Handlungsplanung und motorischer Umsetzung (Praxie), möglicherweise Sprachförderung (Fries 1997, 260ff), Spielförderung nach Prinzipien der Sensorischen Integration (Fisher/ Murray/Bundy 1998, 75ff; Schweizer 1999, 37ff).

• *Unfallfolgen*

„Unfälle und ihre Folgeerscheinungen sind zur häufigsten ‚Krankheit' im Kindesalter geworden" (Schulte/Spranger 1993, 905). Unfälle stellen auch die Hälfte aller Todesursachen im Kindesalter dar. Im Jahr werden ca. 1000 tödliche Unfälle bei Kindern und Jugendlichen bis 15 Jahren und ca. 15 000 Schwerverletzte durch Unfälle registriert. Unfälle bei Kleinkindern finden zumeist im häuslichen Bereich statt, bei Schulkindern dominieren Straßenverkehrsunfälle, Spielverletzungen und Selbstverletzungen (aus Trotz). Schwere Verletzungen betreffen vor allem Schädel-Hirn (s. u.) und die Extremitäten, in weitem Abstand folgen Bauchraum, Brustkorb, Hals und Becken. Besonders belastend in ihren Auswirkungen sind Verletzungen des Mund-, Kiefer- und Gesichtsbereichs (Köle/Gattinger 1984, 271ff). „Die Rehabilitation ist beim Kind oftmals weniger ein körperliches als vor allem ein seelisches Problem, z. B. durch Mutter-Kind-Trennung, Schulversäumnisse etc. bei lang dauernden Heilungsprozessen" (Schulte/Spranger 1993, 907). Aufgaben der Vorschule und Schule sind darüber hinaus Maßnahmen zur Unfallverhütung und Verkehrserziehung (Körnig 1986, 802f).

Von besonderer Relevanz im Bereich der Körperbehindertenpädagogik sind Unfallfolgen mit Schädel-Hirn-Trauma und Querschnittlähmung.

• *Schädel-Hirn-Trauma*

Das Schädel-Hirn-Trauma ist die Auswirkung einer Kopfverletzung. Die Schwere der Verletzung des knöchernen Schädels und des Gehirns entscheidet über den weiteren Verlauf. Ein schweres Trauma mit einer Dezerebration (Abkoppelung des Hirnstamms vom Hirnmantel) ist das apallische Syndrom (ohne Pallium, „entmantelt"). Ursachen können sein: Sturz (Sturz- und Bremstrauma; Kopf erfährt Beschleunigung und wird plötzlich gebremst; Erschütterungwelle durch das Gehirn mit Gegenschlag), Schlag, Entzündungen, Blutungen, Hirntumoren, Stoffwechselstörungen, Stromschlag und vor allem Sauerstoffmangel (Hypoxie) durch Badeunfälle. Diese Ereignisse führen zu Bewusstlosigkeit unterschiedlicher Dauer. Je länger sie anhält, desto ungünstiger ist die Prognose; nach mehr als 24 Stunden besteht ein Rehabilitationsbedarf; nach mehr als 7 Tagen erfolgt die Rehabilitation in der Regel in Spezialkliniken (vgl. Schwörer 1992; Gobiet 1990; Gérard/Lipinski/Decker 1996; Gronwall/Wrightson/Waddell 1993; Thümler 1994).

Das klinische Erscheinungsbild des apallischen Syndroms ist das Wachkoma (keine bewusste Steuerung, Augen schauen ins Leere, keine sichtbare Reaktion auf Ansprechen oder Anfassen, kaum Veränderung der Körperstellung, vegetative Elementarfunktionen wie Schlucken, Kauen usw. bleiben als Leistungen älterer Hirnregionen erhalten). Es tritt wahrscheinlich ein Zustand der Regression ein, d. h. Umweltreize werden wie beim Neugeborenen ursprünglicher wahrgenommen. Es ist deshalb günstig, in der Förderung wieder bei der Anregung des Kleinkindes anzuknüpfen (Streicheln, Wiegen, Bewegen, Rasseln, Lieder).

Die Remission (apallisches Syndrom als Durchgangssyndrom) lässt sich in 6 Stufen gliedern:

1. *Apallische Phase* (Massenbewegungen, orale Mechanismen)
2. *Primitiv-psychomotorische Phase* (Unruhe, Strampelbewegung, Esstraining möglich, erstes optisches Fixieren, ängstlicher Ausdruck)
3. *Phase des Nachgreifens* (motorische Aktivitäten werden gezielter, sicheres optisches Fixieren, Lächeln)
4. *Klüver-Bucy-Phase* (Koordination wird sicherer, Sprach- und Situationsverständnis, differenzierter Ausdruck von Gefühlen)
5. *Korsakow-Phase* (komplexe Bewegungsabläufe, Laufen, Aufbau der Sprache, Bewusstwerden der eigenen Stimmung)
6. *Phase des organischen Psychosyndroms* (Integrationsstadium). Alle Remissionsphasen können schnell oder langsam durchlaufen werden. Die Kinder können auch auf einzelnen Stufen stehen bleiben

Die Behandlung der betroffenen Kinder und Jugendlichen erfolgt heute zumeist nach differenzierten Konzepten der Sensorischen Integrationstherapie und Physiotherapie (vgl. Fisher/Murray/Bundy 1998; Schweizer 1999; Freivogel 1997). Diese Konzepte beziehen bei der Sinnesanregung und motorischen Förderung die emotionale Stellungnahme des Organismus auf jeden Reiz in die Therapie ein, d. h. es wird mit persönlicher Nähe und Sicherheit und dem Aufbau von Beziehung gearbeitet (Lipp/Schlägel 1996). Beim Erreichen einer hohen Remissionsphase stellen sich eine Reihe schulpädagogischer Aufgaben der Förderdiagnostik und der Anbahnung von Konzentration, Wahrnehmung und Wiedererlangung von Kulturtechniken ein (Bundesarbeitsgemeinschaft für Rehabilitation 1990, 20ff).

Die verbreitete Annahme, dass Kinder, die (lange) in der apallischen Phase verbleiben, keine Emotionen verspüren, lässt sich heute nicht mehr aufrecht erhalten. Auch Kinder, die scheinbar keine Fortschritte machen, spüren das Bemühen um ihre Person. Feuser (1998a, 41ff) unterscheidet die an das Denken gekoppelte „Bewussheit" von einem umfassenden „Bewusstsein" des menschlichen Organismus und plädiert für eine pädagogische „Berührungs-Kultur, die positive Gefühle hinterlässt".

Kindern mit apallischem Syndrom werden neben förderpflegerischen Maßnahmen (Versorgung, Ansprache, Körperkontakt) auch Fördermaßnahmen der Basalen Stimulation angeboten. Hier liegt ein Aufgabenfeld der Sonderpädagogen, das sie „fast schon zu lange übersehen haben" (Fröhlich 1995, 320; 1994, 35ff; Bienstein 1994, 51ff). Es geht bei der pädagogischen Förderung um ein Verständnis, „das die vegetativen Zeichen und angedeuteten Regungen des autonomen Körperselbst zum Aufbau eines tonisch-empathischen Dialogs wahrnimmt und in alltagsnormale Kommunikations- und Versorgungsstrukturen integriert" (Zieger 1998, 21ff; vgl. Stinkes 1998, 13ff).

• Querschnittlähmung

Eine durch Unfall erworbene Querschnittlähmung (in Abgrenzung zur angeborenen Querschnittlähmung infolge einer Spina bifida) ist eine traumatische Schädigung des Rückenmarks und/oder der im Wirbelkanal verlaufenden Nervenwurzeln (Buck/Beckers 1993, 7). In den Industriestaaten geht man heute von einer Inzidenz von bis zu 30 Fällen pro 1 Mio. Einwohner im Jahr aus. Der Anteil der Kinder und Jugendlichen ist insbesondere bei Trauma durch Sportunfälle hoch. Die medizinische Behandlung und Rehabilitation betroffener Menschen hat erst nach dem 2. Weltkrieg so entscheidende Fortschritte gemacht, dass die Sterberate (insbesondere durch aufsteigende Infektionen und Nierenversagen sowie Infektionen von Druckgeschwüren) von 90 % auf heute 5–10 % gesenkt werden konnte. Damit einher ging der Aufbau spezialisierter Rehabilitationszentren für Querschnittgelähmte (Dietz 1996, 14f; Nicklas 1985, 39).

Das Ausmaß der Lähmung ist abhängig vom Ort der Schädigung im Verlauf des Rückenmarks, also von der Höhe des letzten noch funktionstüchtigen Rückenmarksegments (je höher die Schädigung, desto ausgedehnter sind die Lähmungserscheinungen). Es kann zu einer Plegie (komplette Lähmung, völlige Unterbrechung der Leitfähigkeit der Nervenbahnen) oder Parese (inkomplette Lähmung mit unterschiedlichen Zustandsbildern) kommen (Gerner 1992, 3ff; Paeslack 1989, 7f). Die Schädigungen des Rückenmarks sind nicht behandelbar. Es kommt zu motorischen Störungen unterhalb der Läsion, zu Sensibilitätsstörungen und vegetativen Störungen (vgl. Kampmeier 2000, 191ff).

Die Rehabilitation erfolgt in drei Phasen (Sturm 1979, 16ff):

1. Phase: Erhaltung des Lebens und medizinische Erstversorgung
2. Phase: Intensivmedizinische Behandlung und Konsolidierung der Fraktur über mehrere Wochen
3. Phase: Mobilisation durch eine Reihe von Rehabilitationsmaßnahmen zur Erhaltung und Verbesserung vitaler Funktionen sowie zur Prophylaxe von Folgeschäden (Physiotherapie und Ergotherapie; Paeslack/Schlüter 1980, 17ff; Gerner 1992, 45ff); Selbständigkeits- und Unabhängigkeitstraining, technische und apparative Hilfen (Paeslack 1989, 11ff) sowie sporttherapeutische Behandlung (Hesselbarth 1990, 104; Exner 1994, 39ff)

Die betroffenen Jugendlichen stehen auch psychisch unter einem schweren Schock. Oft wissen sie noch Wochen nach dem Trauma nicht vollständig über den Verlust körperlicher Funktionen Bescheid. Sie verfallen häufig während der ersten Zeit in einen „Zustand der Stumpfheit ... und Teilnahmslosigkeit" (Sturm 1979, 27f). Das Denken ist blockiert, sie sind unfähig, Informationen aufzunehmen und Weichen für die Selbstversorgung zu stellen. Es stellen sich umfängliche Regressionsphasen ein, die erst nach längerer Zeit von Depression und Verzweiflung abgelöst werden. Aber auch dann erfolgt noch bei vielen Betroffenen eine innere Leugnung der Querschnittlähmung in ihrer Endgültigkeit (Hoffnung auf Gesundung). Häufig treten auch aggressive Durchbruchsreaktionen auf.

Die 3. Rehabilitationsphase verlangt von den Betroffenen eine große Umstellung ihrer körperlichen, emotionalen und sozialen Orientierung. „Mit Beginn der Rollstuhlphase wird der Querschnittgelähmte gezwungen, die eigene Selbstwahrnehmung an der Realität zu überprüfen" (Hesselbarth 1990, 51; Schöler/Lindenmeyer/Schöler 1981). Neben der Immobilität werden insbesondere die Beeinträchtigung der Blasen und Mastdarmentleerung und der Sexualfunktion als sehr belastend erlebt. Letzteres stellt bei Jugendlichen in der Regel ein zusätzliches Trauma dar, wenn der Verlust voll bewusst wird.

In den Wochen und Monaten nach dem Trauma wird von allen Mitarbeitern der Rehabilitation und insbesondere dann auch von den Pädagogen (nach der schulischen Neuorientierung der betroffenen Kinder und Jugendlichen) „eine therapeutische Haltung erwartet" (Grüninger/Klassen 1987, 99). Die Qualität der Beziehung steht damit auch zunächst im Vordergrund in der sonderpädagogischen Förderung. Maßnahmen der Entwicklungsförderung, wie sie bei von Geburt querschnittgelähmten Menschen notwendig sind, spielen in der Regel nur bei Vorschulkindern eine Rolle. Ältere Kinder und Jugendliche werden nach den allgemeinen didaktischen Prinzipien der Körperbehindertenpädagogik unterrichtet.

• Verbrennungen

Das typische Alter für schwere Hautschäden durch Verbrühungsunfälle ist das Kleinkindalter; heiße Flüssigkeiten werden über Gesicht und Oberkörper gegossen. Verbrennungsunfälle erleiden ältere Kinder vor allem durch „Zündeln". Krankheitsverlauf und Prognose sind abhängig von der Ausdehnung und dem Schweregrad der thermischen Läsion. Bei 10 % verbrannter Körperoberfläche spricht man von Schock, bei 30 % besteht Lebensgefahr. Je nach Tiefe wird zwischen Verbrennungen 1. bis 3. Grades unterschieden. Bei hochgradigen Verbrennungen ist die vollständige Epithelregeneration nicht mehr möglich. Sie führen häufig auch zu Einschränkungen der Gelenkbeweglichkeit (Pochon 1984, 146ff). In schweren Fällen entsteht ein traumabedingter cerebraler Schaden, der die geistige Leistungsfähigkeit beeinträchtigt; es kommt zu Konzentrations- und Gedächtnisstörungen (Grafl/Lott 1995, 181). Die Behandlung von Verbrennungen ist außerordentlich aufwendig, nicht selten sind chirurgische Korrekturen notwendig (Schulte/Spranger 1993, 911). „Drittgradig verbrannte Körperstellen bedeuten oft jahrelange betreuerische Probleme" (Rossi 1986, 751). Bei schwer betroffenen Kindern besteht ein umfassender sonderpädagogischer Förderbedarf in Zusammenarbeit mit Physiotherapeuten und Ergotherapeuten (Hillmer-Wehrli/Meuli 1993, 1258ff).

• Misshandlung/Missbrauch

Schwere Folgen von Kindesmisshandlung, Vernachlässigung oder sexuellem Missbrauch mit Gewalteinwirkung werden in unserer Gesellschaft auf eine Inzidenz von 1:1000 Kindern geschätzt (Schulte/Spranger 1993, 913). Wenn die Kinder überleben, ist das klinische Erscheinungsbild der Schäden das körperlich schwer verletzte Kind, bei extremer Vernachlässigung das unterentwickelte Kind mit Gedeih- und Wachstumsstörungen. Diese körperlichen Schäden bestehen in einem weiten Spektrum von Hautveränderungen, Netzhautblutungen, Zahn- und Gaumenverletzungen, Schäden am Skelett (Frakturen) und charakteristischen Absprengungen der Metaphysen mit Folgen für das weitere Wachstum sowie häufig in einem

Schädel-Hirn-Trauma, Hirnblutungen und Schäden des ZNS (Brandesky 1984, 124ff; Jacobi 1986, 307ff; Trube-Becker 1986, 315ff). Bei Traumatisierungen nach schweren Misshandlungen kommt es in der Regel zu bleibenden psychischen Folgeschäden (Egle/Hoffmann/Joraschky 1997, 131ff), Verhaltensauffälligkeiten (fehlende Fähigkeit, sich zu freuen, Unruhe, Aggressivität, Rückzug/Angst, Konzentrationsstörungen, Selbstverletzungen, erhöhte Wachsamkeit, Verweigerung, aber auch Überangepasstheit und Perfektionismus; Martinius 1986, 333f) und psychosomatischen Auffälligkeiten („Abdominale Schmerzen, Kopfschmerzen, Schlafstörungen, Eßstörungen und pseudoepileptische Anfälle"; Fürniss/Phil 1986, 337). Der Komplex sehr schwer misshandelter und missbrauchter Kinder in Relevanz der Körperbehindertenpädagogik ist nur die Spitze des Eisbergs dieser gesellschaftlichen Problematik (zusammenfassende Darstellungen zum Gesamtbereich der Folgen von Gewalt gegen Kinder vgl. Trube-Becker 1987; Martinius/ Frank 1990; Brockhaus/Kolshorn 1993; Amann/Wipplinger 1997; zu sexueller Gewalt gegen Mädchen mit körperlicher und geistiger Behinderung vgl. Becker 1995; Carell/Leyendecker 1995; Seligmann 1997; Klein/Wawrok/ Fegert 1999). Die psychosozialen Folgen bedürfen einer jahrelangen intensiven Psychotherapie im „geschützten Raum" entsprechender Kinderschutzeinrichtungen (ebd., 295ff; vgl. Behme/Schmude 1991; Reichelt 1994, 13ff; Ziegler 1994, 105ff). Zur pädagogischen Betreuung der Kinder in speziellen Einrichtungen oder später in der Sonderschule bedarf es der psychologischen Schulung der Pädagogen (vgl. Arbeitshilfen und Interventionsansätze von Klees/Friedebach 1997; Wegner 1997).

Auffälligkeiten der kognitiven Entwicklung werden durch empirische Untersuchungen misshandelter Kinder belegt: Da der Erwerb sprachlicher Kompetenzen maßgeblich bestimmt wird durch äußere auf das Kind einwirkende Einflüsse, ist bei vielen betroffenen Kleinkindern mit gestörter Sprachentwicklung zu rechnen; ferner wurden bei Schulkindern verminderte Leistungen in Kulturtechniken festgestellt, bedingt durch die immensen psychischen Belastungen der Kinder und die ungünstigen sozialen Bedingungen (Amelang/Krüger 1995, 130ff). Bunge (1999, 17ff) vermutet, dass „kognitive Konfusionen" und Desorientierungen von Kindern nach traumatischen sexuellen Missbrauchserfahrungen aufgrund des Zusammenhangs von Emotionen und Denkvorgängen „Risikosignale für verminderte Schulleistungen sein können".

Der Pädagoge übt sich eher in Zurückhaltung, ist einfach dabei, hört zu, sieht zu, versucht das Neugierverhalten des Kindes aufzugreifen, sucht nach Wünschen, bietet Erfahrungen, unterstützt das Erleben und Erkunden und stellt vor allem eine warmherzige und verlässliche soziale Basis zur Verfügung.

Zur Prävention von Kindesmisshandlung und -missbrauch sind weitreichende gesellschaftliche Aufklärung und Transparenz der Problematik (ggf. auch Bruch mit sozialen Tabus) unabdingbar (vgl. Haesler 1985; Deegener 1992; Hilweg/Ullmann 1997; Egle/Hoffmann/Joraschky 1997; Thyen 1986). Zur Prävention gehören die Aufklärung der Kinder (Frei 1993, 58ff) und auch die Behandlung der Thematik „Gewalt" und „sexuelle Gewalt" in Kinderschutzeinrichtungen und im Unterricht (vgl. Ulonska/Koch 1997; Marquardt-Mau 1995; Braecker/Wirtz-Weinrich 1994), ggf. auch ein entsprechendes Verhaltenstraining („Nein heißt nein!").

2.8 Schwerstbehinderte Kinder

Innerhalb der Personengruppe körperbehinderter Kinder ist eine Gruppe gesondert zu betrachten, die extrem schwere cerebrale Schädigungen aufweist. Der Zugang zu dem Phänomen Schwerstbehinderung wird erleichtert, indem man sich Kinder vor Augen führt, die ein eindeutiges Bild größter Hilflosigkeit bieten und Signale aussenden, dass sie für alle Lebensverrichtungen Hilfestellung benötigen; sie scheinen außerordentliche Schwierigkeiten zu haben, sich von der eigenen beschädigten Körperlichkeit zu lösen und in Kontakt mit der Welt zu treten. Ansonsten ist die systematische Erschließung dieses Komplexes über Definition, Terminologie und Diagnostik schwierig, denn schon die Begrifflichkeit ist uneinheitlich. Neben „Schwerstbehinderung" existieren eine Vielzahl von Begriffen wie Mehrfachbehinderung, Intensivbehinderung, Schwerstkörperbehinderung, schwere Mehrfachbehinderung. Mit der jeweiligen Bezeichnung wird innerhalb der Körperbehindertenpädagogik und/oder Geistigbehindertenpädagogik mehr das Ausmaß der Behinderung gekennzeichnet als die Art der Schädigung (Bürli 1991, 112); das Ausmaß ist meist auch bestimmt durch sowohl komplexe körperliche und geistige Schädigung als auch extreme Auffälligkeit des Verhaltens der betroffenen Menschen (Theunissen 1991, 296f).

Auch die Medizin tut sich schwer mit Diagnostik und Ätiologie von Schwerstbehinderung. In den meisten Fällen ist sie auf Vermutungen angewiesen: Fortschreitende Neurodegenerative Erkrankung, Chromosomenanomalien, Fehlbildungs-Retardierungssyndrome durch exogene Noxen, pränatale Mangelversorgung, Komplikationen in Verbindung mit Frühgeburt (Kalbe 1991, 412).

Bach (1991, 3f) versucht, den Komplex aus verschiedenen Perspektiven zu sehen, die die Richtung für mögliche Hilfen weisen: Medizin (körperliche Schädigung, Behandlung, Pflege), Psychologie (extrem altersabweichende Entwicklungsverläufe), Pädagogik (Bildungsfähigkeit, Förderkonzepte), Personaler Aspekt (extreme Erschwerung der Lebensvollzüge, Lernprozesse und Welterschließung), Soziologie (Reaktionsweisen des Umfelds), Recht (organisatorische und finanzielle Regelungen), Ethik (Sinnerschließung, Lebensrecht; vgl. „Neufassung der Einbecker Empfehlungen", Bleidick 1993a, 182ff). Bei keiner anderen Personengruppe fällt es so schwer, sich von einer Defizitorientierung und daraus folgenden sprachlichen Wendungen zu lösen. In der Fachwelt gibt es ein ganzes Spektrum von Sichtweisen, die bereits in Formulierungen deutlich werden und unterschiedlichen Erkenntnisgewinn für die pädagogische Arbeit erbringen (Schumacher 1986, 23f): „Kann nicht" (Defizitorientierung), „Kann zur Zeit" (Entwicklungsorientierung), „Möchte" (Bedürfnisorientierung), „Benötigt" (Förderungsorientierung), „Macht" (Kompetenzorientierung). Fröhlich (1998a, 97) betont: „Wir sollten dringend von sogenannten Negativdefinitionen Abstand nehmen und orientieren uns am günstigsten an den besonderen Bedürfnissen dieser Personengruppe". Die Pädagogik nähert sich den Kindern durch die Betonung ihrer Bedürfnisse in „sozialer Abhängigkeit" (ebd.; Fröhlich 1999, 432):

* Sie benötigen körperliche Nähe, um andere Menschen wahrnehmen zu können
* Sie brauchen andere Menschen, die ihnen die Umwelt auf einfachste Weise nahe bringen
* Sie brauchen andere Menschen, die ihnen Fortbewegung und Lageveränderung ermöglichen
* Sie brauchen andere Menschen, die sie auch ohne Sprache verstehen und ihnen kommunikative Angebote machen
* Sie brauchen andere Menschen, die sie zuverlässig versorgen und pflegen

Die Zahl schwerstbehinderter Menschen in Einrichtungen der Behindertenhilfe nimmt in ganz Europa in den letzten Jahren aufgrund verbesserter pränataler und neonataler medizinischer Versorgung zu. Die Entwicklung betroffener Kinder erfolgt häufig vor dem Hintergrund von lebensgefährdenden körperlichen Veränderungen, die eine latente Tendenz verstärken, dass selbst den Mitarbeitern in Fördereinrichtungen die gezielte pädagogische Förderung aussichtslos erscheint (Fröhlich 1998, 20ff): fortschreitende Skelettdeformation, Wirbelsäulenverkrümmung, Knochenbrüchigkeit, Gelenkversteifung, Zahnerkrankungen, Hauterkrankungen, Nieren- und Blasenerkrankungen, Atembeschwerden, anhaltende Hunger- und Durstempfindung (aufgrund von Saug- und Schluckbeschwerden; deshalb oft Sondenernährung). „Eine solche Existenz am ‚Rande des Lebens' ist immer von Unsicherheit, von Schmerzen, von Aufregung und medizinischer Intervention gekennzeichnet" (ebd.). Häufig sind die Mitarbeiter mit dem plötzlichen Tod betroffener Kinder konfrontiert (zur Reflexion über die Todesproblematik schwerstbehinderter Kinder vgl. Haupt 1991a, 376ff).

Förderbedürfnisse

Die Merkmale existentieller Gefährdungen oder auch besondere Verhaltensauffälligkeiten (Bewegungsstereotypien, Autostimulation, Selbstgefährdungen) und extreme Kommunikationsstörungen (Apathie), die die Aufstellung von pädagogischen Förderzielen für die Kinder erschweren, dürfen nicht darüber hinwegtäuschen, dass die Kinder Signale ihrer Bedürfnisse kommunizieren, die es zu entschlüsseln gilt. Diagnostisch erschließen sich ihre Lebensäußerungen durch empathisches Verstehen, d. h. durch das Bemühen, sich in ihre Lebens- und Erfahrungswelt hineinzuversetzen.

„Nicht immer sind Äußerungen eindeutig. Manchmal geben Veränderungen der Muskelspannung oder des Atemrhythmus Auskunft über Entspannung, Wohlbehagen oder Anspannung. Änderung der Muskelspannung kann aufkommende Impulse für Aktion oder Abwehr signalisieren, aber auch Wechsel in der emotionalen Befindlichkeit.

Vegetative Reaktionen: Änderung der Hautfarbe, der Temperatur, Schwitzen können Indikatoren sein. Leichter sind unterschiedliche Formen von Suchverhalten zu erkennen wie Augenbewegungen, Laute, Bewegungsansätze. Unruhe zeigt Überlastung an oder auch Langeweile, Wunsch nach Veränderung, nach anderer Beschäftigung, anderer Person. Änderungen in der Aufmerksamkeit, ärgerliche Reaktionen, Unmut, Angst, Abwehr sind relativ gut beobachtbar. Schreien oder Jammern kann im subjektiven Kontext sehr Spezifisches bedeuten und muss entschlüsselt werden. Einzelne Laute werden für bestimmte Wünsche oder Befindlichkeiten eingesetzt. Manchmal drücken sich die Kinder mit Veränderungen in den Augen aus" (Haupt 1991a, 29f).

Lebendige Existenz zeigt sich in Lebensbewegung und will sich ausdifferenzieren; es gibt keinen Stillstand des Lebens. Pädagogisch geht es um eine besondere (körperliche) Beziehungsgestaltung, die allen Äußerungen der Kinder für deren Existenz Sinn zubilligt und ihnen ein entsprechendes dialogisches Angebot zur „Selbstentfaltung" macht (Herrmann 2000, 339; Klein/Kübler 1997, 43ff). Die Welt wird an sie herangetragen. „Schwerstbehinderte Kinder zeigen bei fortgesetztem Angebot günstiger Entwicklungsbedingungen durch ihre Reaktionen, ... was sie anspricht, was ihnen guttut, welche Angebote sie für ihre Entwicklung nutzen können, in welchem Bereich Entwicklung jeweils angestoßen ist, von innen her möglich ist. Bei fortgesetztem Angebot günstiger kommunikativer Bedingungen durch die Fachkräfte entwickeln die Kinder allmählich mehr und deutlichere kommunikative Signale" (Haupt 1993a, 76).

Für die *pädagogische Entwicklungsförderung* liegen die Systematiken zur Gestaltung der psychomotorischen, emotionalen, sozial-kommunikativen und kognitiven Entwicklung sowie zur „alltagspädagogischen Arbeit" (Förderung der Teilnahme an alltäglichen Verrichtungen) von Haupt/Fröhlich (1983, 11ff und 24ff) vor. Zur *Förderdiagnostik* eignet sich der Entwicklungsbogen von Fröhlich/Haupt (1983).

Zur allgemeinen Entwicklungsförderung sind eine Reihe von Konzepten entwickelt worden, die betroffenen Kindern im Zusammenhang mit vertrauter mitmenschlicher Sicherheit und verlässlicher Beziehung angeboten werden können. Theunissen (2000, 154ff; vgl. Fröhlich/Heinen/Lamers 2001) gibt einen Überblick über die wichtigsten Arbeitsformen pädagogischer Unterstützung:

- *Förderpflege.* Durch gezielte Berührungen, Ansprache und somatische Anregungen gemeinsam mit dem Kind alltägliche Verrichtungen zur Entwicklungsförderung nutzen (Trogisch/Trogisch 2001)
- *Basale Kommunikation.* Kontaktaufnahme und systematischer Aufbau kommunikativer Beziehung (Mall 1984; 1995; 2001)
- *Basale Stimulation.* Elementare pädagogisch-therapeutische Angebote (vestibuläre, somatische, vibratorische Anregung, Bewegungserfahrung und Kommunikation), die dem Kind

die Welt aufschließen und eine Basis von Information bieten, die ihnen die Welt reizvoller und eine Weiterentwicklung erstrebenswerter macht (Fröhlich 1991; 1998; 2001)

- *Snoezelen.* Ruhige Anregung in sinnlich reizvoll eingerichteten Räumen mit Wasserbett, Bällchenbad, Tastobjekten, Licht- und Klangeffekten (Hulsegge/Verheul 1993; Lamers 2001)

- *Pränatalraum-Musiktherapie.* Multisensorielle Förderung auf dem Wasserbett mit eingebautem Soundsystem unter einer Stoffkuppel in engem Körperkontakt mit dem Pädagogen (Vogel 1980; 1987; Vogel/Otto 1995)

- *Dosa-Bewegungskommunikation.* Körperkontakt und gemeinsame Erfahrung von Bewegungswiderständen zwischen Physiotherapeut und Kind (Bergeest 1993b)

- *MOVE:* Training funktioneller Motorik von 16 alltäglichen Bewegungen anhand der Eingangsfertigkeiten und angestrebter „Meilensteine" (Bidabe/Lollar 1993; Schomerus 1998)

- *Beobachtung und Sicherung von Haltung und Bewegung.* Harmonisierung von Lagern und Bewegen in Rückenlage, Bauchlage, Seitenlage, Sitzen, Stehen und Gehen als Voraussetzung für Lernen im Unterricht (Staatsinstitut für Schulpädagogik 1991; zur *Physiotherapie* vgl. Kap. „Kinder mit cerebralen Bewegungsstörungen")

Die schulische Förderung schwerstbehinderter Kinder zielt grundsätzlich darauf ab, ihnen die Teilhabe am und Mitgestaltung des Schullebens zu ermöglichen; dazu gehört zunächst eine feste soziale Basis als Angstminderung gegenüber allem Neuen und Ungewohnten („Instabilitäten"). Auch scheinbar inaktive Kinder gestalten durch ihre Anwesenheit die Gruppenprozesse in der Klasse. Breitinger/Fischer (1993, 170ff) heben in der „Basalen Aktivierung" schwerstbehinderter Schüler die „Offenheit der Lernwege und Lernsituationen" (ohne starr festgelegte Lernziele) zugunsten der Erfahrung von Interaktion hervor. Die „Kooperative Pädagogik" will über die Ausgestaltung alltäglicher Handlungen „die Optimierung der sensumotorischen Handlungsfähigkeit" erreichen (Praschak 1993a, 297ff). Es findet ein „kooperatives Lernen am gemeinsamen Gegenstand statt" (Feuser 1998, 32; vgl. Kap. „Allgemeine Didaktik"), bei dem schwerstbehinderte Kinder auf dem ihnen gemäßen Wahrnehmungsstand einbezogen werden. *D. h. sie nehmen auf der Ebene konkreter Erfahrungen und konkreten Lernens am Unterricht in Kulturtechniken und am Sachunterricht teil (auch wenn sie das Abstraktionsniveau der anderen Kinder nicht erreichen werden).* In diesem Zusammenhang ist auch der Förderort von Bedeutung. Schwerstbehinderte Kinder werden in den einzelnen Bundesländern in unterschiedlich strukturierten Institutionen gefördert (s. Übersichtsdarstellung von Ellger-Rüttgart 1995, 41ff; vgl. Wehr-Herbst 1997, 316ff; Hedderich 1991; Fischer 1992, 100ff; zum Hausunterricht vgl. Dank 1994, 23ff). Es besteht jedoch beim kooperativen Lernen und der Schaffung gemeinsamer, d. h. koexistenter, kommunikativer und subsidiärer Lernsituationen (Wocken 1998, 40ff) kaum pädagogischer Anlass, schwerstbehinderte Kinder nicht in Regelschulen zu integrieren (Hinz 1991a, 130ff). Ausnahmen stellen Kinder dar, die eindeutige Signale aussenden, dass sie das vielfältigere soziale Reizangebot in integrativen Klassen nicht verkraften und mit Angst und Rückzug reagieren. „Grenzen der Integration gibt es dort, wo es nicht zu Einigungen kommt. Dies können Beschränkungen durch das Umfeld sein – etwa finanzielle oder konzeptionelle Festlegungen der Schulverwaltung –, auch unlösbare Kooperationskonflikte im Pädagogenteam und Konflikte zwischen allen Beteiligten" (Hinz/Wölfert-Ahrens 1991, 289). Das schwerstbehinderte Kind braucht oft „die vielfältigen Anregungen der nichtbehinderten Kinder, deren Bewegungen es mit den Augen verfolgen kann, deren Geräusche es mit den Ohren wahrnimmt, deren Gerüche es mit der Nase unterscheiden lernt, deren Hände es am eigenen Körper spürt" (Schöler 1999, 226).

Spezifische schulische Förderziele für schwerstbehinderte Schüler werden durch die „Richtlinien und Hinweise für den Unterricht mit schwerstbehinderten Schülern" des Kultusministeriums Nordrhein-Westfalen (1985) deutlich, die im Folgenden in erweiterter Form aufgeführt sind:

1. *Basale Beziehungsbildung* (Kontaktaufnahme und Erleben verlässlicher Sozialkontakte)

2. *Über den Körper die eigene Person erleben* (Haut erleben, Raumlage erleben, Geräusche und Klänge wahrnehmen, Geruch und Geschmack aufnehmen, über die Hand Tasteindrücke wahrnehmen, optische Eindrücke wahrnehmen, Hand als Greiforgan benutzen, Mundmotorik beherrschen, Kommunikationsbereitschaft ausdrücken)

3. *Sich versorgen lassen und zur Sicherung existentieller Lebensbedürfnisse beitragen* (Ausscheidungsvorgänge wahrnehmen und zur Sauberkeit beitragen, Essen und Trinken als angenehm empfinden und die Aufnahmetechnik verbessern)

4. *Beziehung zur Umwelt aufnehmen und sich zurechtfinden* (Beziehung zum Nahraum und zur weiteren Umgebung aufnehmen, häufig erfahrene Situationen in ihrem Ablauf erkennen, Zeit in ihrem Ablauf wahrnehmen)

5. *In der Gemeinschaft leben* (Gemeinschaft wahrnehmen, Beziehungen aufnehmen, Gemeinschaft mitgestalten)

6. *Sachwelt mitgestalten* (Materialien annehmen, Beschäftigung mit verschiedenen Materialien, zielgerichtet mit Materialien umgehen, eine Aufgabe ausführen)

Die Gestaltung der schulischen Förderung orientiert sich an den individuellen Voraussetzungen und an der Formulierung konkreter Einzelziele für das Kind („Individuelle Förderpläne in wichtigen Bereichen"; Dank 2001, 73ff). „Erfahrungsgemäß ist es nicht günstig, die Planung auf sehr kurze Zeiträume zu beschränken, da das Lerntempo bei Schwerstbehinderten oft sehr langsam ist und die Erfolge in der Erreichung kleinster Lernschritte liegen" (Dank 1992, 87). Förderprogramme, methodisches Vorgehen, spezielle Übungen und Einsatz von Medien haben Haupt (1993a, 79ff), Hack-Zürn/Mittelmann (1997, 32ff) und Dank (1992) vorgelegt. Die Förderung erfolgt auch unter Berücksichtigung der Grundbedürfnisse der Kinder nach körperlicher Zuwendung, nach Pflege, Lagerung, Bewegung (vgl. Fischer 1992a; Fröhlich/Bienstein/Haupt 1997; Hedderich/Dehlinger

1998) und vor allem nach sensomotorischem und körperbezogenem Spiel (zur Besonderheit des Spiels schwerstbehinderter Kinder vgl. Fornefeld 1996, 25ff).

2.9 Kinder mit Minimaler Cerebraler Dysfunktion (MCD)

Unter dem Begriff Minimale Cerebrale Dysfunktion werden (oft nur bei Leistungsanforderungen auffällige) Erschwernisse der sensorischen Integration und kognitiven Entwicklung zusammengefasst, die u. a. in Forschungen von Ayres, Frostig, Affolter, Kiphard beschrieben werden (vgl. Kap. „Bedingungen der kognitiven Entwicklung"). Bei der MCD können die Besonderheiten des Leistungsverhaltens eher als die primäre Erschwernis angesehen werden, während sie bei körperbehinderten Kindern eher sekundären Charakter haben. Wie z. B. bei der Cerebralparese lassen sich auch hier in einigen Fällen prä-, peri- und postnatale Störungen benennen, die vermutlich im Zusammenhang mit einer MCD stehen (es gibt auch begriffliche Überschneidungen als „Minimale Cerebralparese"), in der Mehrzahl der Fälle liegt die Ursache jedoch im Dunkeln. MCD war über viele Jahre ein medizinisches Verlegenheitsetikett für die (meist unbewiesene) Annahme einer Schädigung des nicht ausgereiften Gehirns (ausgelöst auch z. B. durch soziale Faktoren wie frühkindliche Deprivation), dessen Funktionen beeinträchtigt werden, so dass es in der Folge in der Auseinandersetzung mit dem Umfeld zu musterhaften Störungen höherer altersgerechter Leistungen kommt.

„Negative emotionale und motivationale Erfahrungen der Kinder als Folge der verzögerten Lernprozesse beeinflussen als tertiäre Symptome die ursprüngliche Störung weiter. Das Attribut ‚minimal' sollte auf die Abgrenzung zu schwerwiegenden dysfunktionalen Abläufen hinweisen. Keinesfalls als ‚minimal' zu werten sind jedoch die angenommenen Auswirkungen auf die zunehmende Ausdifferenzierung der Funktionen, abhängig von Interaktionen mit der Umwelt, im Entwicklungsverlauf. Die möglichen Kombinationen von primären, sekundären oder auch tertiären Symptomen mussten zu sehr unterschiedlichen Schweregraden, auch massiven Entwicklungsbeeinträchtigungen führen" (Fritz u. a. 2000, 156).

Die Leistungs- und Verhaltensauffälligkeiten zeigen ein sehr heterogenes Bild (in der Literatur werden an die Hundert empirisch identifizierte Leistungsschwächen genannt; ebd.), das im Grunde nirgendwo einzuordnen war. Bezeichnenderweise schien es für so etikettierte Kinder auch keine zuständige Schule zu geben. Die pädagogischen Bedingungen der Lernbehindertenschule wurden ihnen häufig nicht gerecht; seit Anfang der 80er Jahre wurden sie verstärkt in die Schule für Körperbehinderte eingeschult, die sich ihren Förderbedürfnissen individueller widmen konnte.

Es gibt neben MCD eine Vielzahl anderer Bezeichnungen, die jeweils dieselben Auffälligkeiten zusammenfassen: *Psychoorganisches Syndrom, Neuro-
gene Lernstörung, Leichte frühkindliche Hirnschädigung, Hyperaktivität, Auf-
merksamkeits-Defizit-Syndrom* u.v.m. (vgl. die Übersicht von Will 1982, 281;
Bauer 1986, 8; Ehrat/Mattmüller-Frick 1991). Der Begriff MCD ist der verbreitetste. In den letzten Jahren trat der weniger etikettierende und weniger kausal
orientierte, sondern deskriptive Begriff Teilleistungsstörung/Teilleistungs-
schwäche in den Vordergrund (Fritz u. a. 2000, 157f). Damit einher ging die
verstärkte Beachtung psychosozialer Belastungen und einseitiger Sinneserfah-
rungen insbesondere von Großstadtkindern (beispielsweise visuelle und auditive Überreizung und Mangel an Bewegungs- und Taktilerfahrung). Das Streben
nach solchen Erfahrungen wird beispielsweise deutlich, wenn die Kinder im
Sportunterricht der Grundschule immer wieder proprioceptiv-vestibuläre Reize
auf der Schaukel und der Schiefen Ebene suchen. Andererseits kann ein solcher
Mangel sich später auch in Bewegungsarmut und -hemmung manifestieren.

Dass diese Entwicklungsauffälligkeiten vor allem im Zusammenhang mit
unvollständig durchlaufenen Phasen der sensorischen Integration, entsprechenden
emotional-motivationalen Stellungnahmen des Organismus und deren Auswirkungen auf höhere Leistungen zu sehen sind, wird heute nicht mehr in Frage
gestellt (vgl. Frostig/Maslow 1978; Ayres 1984; Affolter 1987; Tietze-Fritz
1997; Zimmermann 1998). Ayres hebt in ihrem Phasenmodell der sensorischen
Entwicklung vor allem den Einfluss der grundlegenden Funktionen des taktilen
Systems, des vestibulären Systems und der Proprioception insgesamt in den
ersten Lebensjahren hervor (vgl. Kap. „Bedingungen der kognitiven Entwicklung"). Für sie ist MCD eine „sensorisch-integrative Dysfunktion" und beruht
auf Reizunterversorgung hinsichtlich Bewegung, Spiel und sensorischer Stimulation während der ersten Lebensjahre. Besonders bedeutsam sind die ganz frühen Phasen der Entwicklung, beispielsweise die Erfahrung von Proprio-
ception/Psychomotorik; eine Störung im Bereich der Grobmotorik erschwert
dem Kind unter anderem auch die Differenzierung der Feinmotorik/Hand-
motorik (Pauli/Kisch 2000, 8).

Die Besonderheiten des *Leistungsverhaltens* bei Kindern mit MCD oder Teil-
leistungsschwäche sind zwar individuell unterschiedlich, weisen jedoch musterhafte Strukturen auf. Schon Ayres (1984) hat auf typische Erscheinungsbilder der Dysfunktion als unvollständig durchlaufene Phasen körperlich-
sensorischer Erfahrung hingewiesen: Störungen des Gleichgewichtssystems
(Muskeltonus, Haltung und Bewegung, Raumvorstellung); Dyspraxie (Störung
der Bewegungsplanung und -kontrolle); taktile Abwehr; spezifische Störungen
der visuellen Wahrnehmung, des Hörens und der Sprache; Störung der Laterali-

tät (Hemisphärenspezialisierung). In solchen und weiteren Erscheinungsbildern (z. B. auch Hyperaktivität) werden Erschwernisse der frühkindlichen Entwicklung und Mangel an wichtiger Erfahrung im Vorschulalter der Kinder offenbar, die sich sowohl auf das Sozialverhalten als auch auf das Erlernen von Kulturtechniken auswirken. Im Schulalter der Kinder spricht man dann von Lese-Rechtschreibschwäche (Legasthenie), Rechenschwäche (Dyskalkulie), Konzentrationsstörung oder auch Verhaltensstörung u. a.

Das Verständnis für die Probleme betroffener Kinder erschließt sich aus einem *Inventar von Verhaltensmerkmalen.* Sie treten in minimaler Ausprägung oft als ganz alltägliche Verhaltensvarianten (auch der Durchschnittsbevölkerung) auf, werden häufig erst unter Leistungsdruck offenbar und sind in prägnanter Ausprägung eine massive Lebensbeeinträchtigung für die Betroffenen. Das Gesamtbild setzt sich dabei immer aus einer Vielzahl von Auffälligkeiten zusammen, z. B.:

- *Körper in Ruhe.* Steife Beine und Hüftbeugung beim Stehen; Suche nach Halt; abrupter Haltungswechsel
- *Körper in Bewegung.* Schwerfälliges Gehen; wenig Federn oder Abrollen; häufig Zehenspitzengang; häufiges Anecken; extreme Abspreizung der Arme beim Laufen; Rückwärtsgehen nur mit Blick nach hinten möglich
- *Seitigkeit.* Fehlende Seitenpräferenz oder extreme Bevorzugung einer Körperseite; Schwierigkeiten mit Einbeinstand; Vermeidung der Überkreuzung der Körpermittellinie
- *Reste frühkindlicher Reaktionen.* Beim Laufen Arme gebeugt, Fäuste neben den Schultern; Häschensprung statt Krabbeln; starke Hüftbeugung beim „Hampelmann"; schlechtes Abrollen beim Fallen; kontralaterale Mitbewegungen
- *Feinsteuerung.* Gleichgewichtsprobleme; starke Korrekturimpulse bei Bewegungsänderungen; unsicheres Treppensteigen; Fangunsicherheit; Zerbrechen von Materialien und Verschütten von Flüssigkeiten
- *Handmotorik.* Verkrampfte Finger; Pinzettgriff fällt schwer; Schwierigkeiten beim Bauen und Basteln; Probleme mit Linien und Kästchen
- *Mundmotorik.* Offener Mund und Speichelfluss; eingeschränkte Beweglichkeit; verwaschene Aussprache
- *Augenmotorik.* Ruckhafte Augensprünge bei Zielverfolgung; Mitdrehen des Kopfes beim Lesen; Nichterkennen von Hindernissen
- *Tiefenwahrnehmung.* Taktile Abwehr; Erzeugung starker Widerstände (hohe Reizschwelle); mangelhaftes Körperschema; Dyspraxie
- *Visuelle Wahrnehmung.* Schwierigkeiten der Augen-Hand-Koordination; Schwierigkeiten der Figur-Grund-Diskrimination; mangelnde Raumwahrnehmung und Wahrnehmungskonstanz
- *Auditive Wahrnehmung.* Schwierigkeiten der Figur-Grund-Diskrimination; mangelnde Raumwahrnehmung und Wahrnehmungskonstanz
- *Abstraktionsleistungen.* Probleme der Flexibilität des Denkens und Handelns; Auffälligkeiten auf allen Ebenen der Sprachlichkeit
- *Kulturtechniken.* Auffälligkeiten bei Lesen, Rechtschreibung, Rechnen und bildnerischer Darstellung

- *Verhalten.* Ängste und depressive Verstimmungen; Aggressionen; Regressionen; Hyperaktivität

(Bergeest/Bettels 1992; Kesper/Hottinger 1993; Lockowandt 1994; Cárdenas 1993; Brand/Breitenbach/Maisel 1985; 1987).

Das als zu mechanistisch kritisierte (Fritz u. a. 2000, 161), weitgehend neurophysiologisch ausgerichtete Stufenmodell der Entwicklung von Ayres musste in den letzten Jahren erweitert werden. Doering (2001, 18ff) verweist in Anlehnung an systemische und konstruktivistische Theorien der menschlichen Entwicklung auf individuelle Bedeutungen und zirkuläre Verarbeitungsprozesse sensorischer Integration und liefert gleichzeitig ein schlüssiges Konzept zum Verständnis der MCD und zur pädagogisch-therapeutischen Intervention. Dabei werden folgende handlungsleitende Entwicklungsprinzipien hervorgehoben (ausführliche Darstellung in Kap. „Allgemeine Didaktik"):

> (1) Entwicklung als Dialog (wechselseitige Beeinflussung von Kind und Umwelt in der Entwicklung); (2) Entwicklung als Selbstorganisation (das Chaos von Reizen zwingt das Gehirn ständig zur Schaffung von Ordnungen als individuelle Konstrukte der Wirklichkeit); (3) Instabilität vs. Stabilität von Ordnungen (kortikale Bewertungsvorgänge stabilisieren individuell bedeutsame Ordnungen, ohne Stabilität keine Bereitschaft für Neues; Neues wird durch Instabilitäten bewirkt).

Mangelnde Balance von Instabilität und Stabilität ist demzufolge ein grundlegendes Kennzeichen der MCD. Diese Balance ist die Basis für ein dialogisches Vorgehen bei der Entwicklungsförderung von betroffenen Kindern. Dabei bedarf es zunächst der (empathischen) diagnostischen Abklärung, ob das Verhalten des Kindes eher den Eindruck von Stabilität oder Instabilität vermittelt; das kann unter verschiedenen Vorzeichen stehen:

- *Stabilität:* Kind ist weitgehend entspannt, Bewegungen sind harmonisch, Verhaltensziele werden wahrgenommen und verfolgt, begonnene Aktionen werden beendet („Gestalten" werden geschlossen; vgl. Kap. „Bedingungen der kognitiven Entwicklung"), *aber auch*:
  Kind verharrt in einmal erworbenen verspannten, unharmonischen körperlichen Schemata, stereotypes Verhalten wird wiederholt, es werden nur wenige Verhaltensziele wahrgenommen und verfolgt, Kind neigt zur Passivität
- *Instabilität:* Kind folgt seiner Neugier, zeigt Kreativität beim Spiel, entwickelt Fantasie und geht seinen Träumen nach, setzt sich Lernsituationen aus, *aber auch*:
  Kind hat Schwierigkeiten in der Auseinandersetzung mit Schwerkraft, hat Koordinationsprobleme, sucht dauernd neue Reize, Aktionen sind ziellos, begonnene Aktionen werden nicht beendet („Gestalten" werden nicht geschlossen), Kind neigt zu Verhaltensextremen

Eine handlungsleitende Einschätzung der Disposition des Kindes ist nicht einfach und bleibt zwangsläufig unscharf; sie orientiert sich am Bild des zufriedenen oder unzufriedenen Kindes und erfolgt mit Hilfe von Anamnese-

Gesprächen mit den Eltern, Einsatz diagnostischer Instrumente, Videoaufzeichnungen, Stundennotizen und schließlich Supervision. Aber auch die Intuition des Pädagogen/Therapeuten erhält hier einen wichtigen Stellenwert; damit steht er dem Kind im Dialog als gleichwertig komplexes stabiles oder instabiles System gegenüber (Zimmermann 1998, 105; vgl. Beispiele bei Doering 2001, 19ff). Die Balance von Stabilität und Instabilität entwickelt sich in Selbstorganisation und kann nicht von außen trainiert werden. Vielmehr werden dem Kind Angebote zur Entwicklung des Körperschemas gemacht, zur Integration von Reizeindrücken, zur Motorik (Aufrichtung, Schwerkraftsicherheit, Koordination), zur Lateralität, zur frühen Sprachentwicklung, zur Intelligenzentwicklung (insbesondere Wissen und Vorstellung vom eigenen Körper), aber auch zur psychischen Entwicklung, d. h. zur „existenziellen Dynamik von Psyche und Soma" (Doering 2001, 39). Dieses Konzept bezieht sich u. a. auf die psychomotorische Praxis von Lapierre/Aucouturier (1998; Esser, M. 2000) und deren Modell der Verbindung von Sensomotorik (somatischer Aspekt), Symbolik (emotionaler Aspekt) und Konstruktion (kognitiver Aspekt). Nach Aucouturier geht es bei Instabilität/Stabilität vor allem auch um die Beherrschung archaischer Ängste auf dem Weg in die Ablösung durch Austesten von Instabilitäten (mit stabiler Rückversicherung etwa bei Bezugspersonen oder dem festen Boden unter den Füßen) und um eine emotional gefärbte vorbewusste Wahrnehmung muskulärer Spannungen und lustvoll erlebter Körperlichkeit und Bewegung (Doering 2001, 41). Auch Fehler und Misserfolge haben in der Dynamik von Stabilität und Instabilität eine wichtige Funktion und sind nichts Negatives.

Die Angebote, die dem Kind in der Praxis gemacht werden, sind fern eines einseitigen Trainings grundsätzlich *dialogischer* Natur. Das dialogische Prinzip beinhaltet, dass der Pädagoge sich auf das Kind einstellt, aber auch als Person in der Fördersituation für das Kind greifbar ist. In der Operationalisierung erfolgen hier körperliche Hilfestellung und Berührungen bei emotionaler Nähe (nicht als Anwendung einer Technik), die Verbalisierung der Aktion und der Beziehung sowie eine klare Grenzziehung. Angebote, die die Stabilität fördern, beruhen z. B. auf Wiederholungen und Ritualen, Verbalisierung emotionaler Erlebnisinhalte, Entspannungsübungen, ausgewogenen Anforderungen (in Abstimmung mit dem Kind). Angebote in Richtung Instabilität und Veränderung sind z. B. Aufgreifen von Neugier-Verhalten, Fordern von Neuorientierung bei Aufgaben, Anregung von Fantasie und Träumerei.

Die Operationalisierung folgt den Kategorien von Aucouturier; die Kinder finden in jeder Stunde die Bereiche Sensomotorik, Symbolik und Konstruktion im Raum wieder (Doering 2001, 44ff; vgl. Lapierre/Aucouturier 1998 u. Esser 2000):

- *Sensomotorik* (in Verbindung mit symbolischen Aktivitäten): Schaumstoffteile für Haufen, Mauern und Höhlen, zum Springen und Sich-fallen-Lassen; Materialien für Grobmotik (Wiegen, Schaukeln, Drehen, Rollen, Krabbeln, Fallen, Klettern, Springen, Auftauchen und Verschwinden); Materialien für Fein- und Handmotorik (Greifen, Festhalten, Loslassen, Füllen und Leeren, Aufbauen und Zerstören) (Esser 2000, 45ff)

- *Symbolik* (durch Sensomotorik reaktualisierte Gefühle in freies symbolisches Spiel einbringen): Sich in der Höhle verkriechen und träumen; stabilen Boden verlassen und auf instabile Haufen und Mauern klettern; Türme bauen und umwerfen; Ledersack schlagen und schreien; symmetrische Körperpositionen in nicht symmetrische verändern; sich aktiv von Höhen fallen lassen und springen; aktiv den Kontakt mit feuchten und glitschigen Materialien eingehen; symbolische Sprache für offensive Suche nach Instabilität („Ich will, ich mache", „Ich bin stark, ich besiege dich") (ebd., 49ff)

- *Konstruktion* (Gestaltung persönlicher Konstrukte der Welt als Repräsentanzen der Wirklichkeit): Fantasien und Träume in Pläne umsetzen; Bauwerke schaffen, kneten, malen in Verbindung mit „Erkennen, Prüfen, Verstehen, Durchhalten" und zweckgerichtet handeln (ebd., 52ff)

Zur dialogischen Natur des Förderangebots gehört auch die Abstimmung mit den Eltern zur Umsetzung der Entwicklungsprozesse im häuslichen Bereich.

Innerhalb dieses dialogischen Angebots kommen auch bewährte traditionelle therapeutische Verfahren zur Anwendung (Zimmermann 1998, 105):

- *Psychomotorische Übungsbehandlung* und *Sensomotorische Therapie* von Kiphard (1983; 1984): Grob- und feinmotorische Übungen; Übungen zum Körperschema, zur Selbstbeherrschung, Rhythmik (auch an Geräten, insbesondere auf dem Trampolin); Wahrnehmungsübungen aller fünf Sinne. Brand/ Breitenbach/Meisel (1985) übertragen diese Übungsbehandlung und Therapie u. a. auf schulisches Lernen

- *Integrative Therapie* von Frostig (1992; Lockowandt 1994): Spezifische Förderdiagnostik und Handlungspläne, individuelle Bewegungsförderprogramme; Bewegungslandschaften und -baustellen zum „Bewegen – Wachsen – Lernen – BWL"; Übertragung der Programme auf schulisches Lernen

- *Sensorische Integrationsbehandlung* von Ayres (1984): Sinnesanregung, insbesondere des taktilen Systems, des vestibulären Systems und der Tiefensensibilität

- *Problemlösende Alltagsgeschehnisse* von Affolter (1987): Förderkonzepte, die vor allem auf der (von außen geführten) Vermittlung von Spürerfahrung im Alltagsgeschehen beruhen.

3. Entwicklungsbedingungen

Die systematische pädagogische Förderung, die Entwicklungsförderung (als Leitkonzept sonderpädagogischer Praxis; Gröschke 1992, 143), körperbehinderter Kinder baut auf der Kenntnis der Entwicklungsbedingungen auf, die deren Identität bestimmen. Das begrenzte Wissen, das über die spezifische Entwicklung körperbehinderter Menschen vorliegt, orientiert sich traditionell an entwicklungslogischen Prozessen und dem Vergleich mit dem statistischen Durchschnitt. Die Forschung ist auf dem Wege, sich hier auch neue Perspektiven zu schaffen, die der *individuellen* Identitätsentwicklung Rechnung tragen. Zudem muss die Rolle der Pädagogen in der Beziehung zum behinderten Kind stärker mitreflektiert werden. Sie sind mit ihrer Person und ihrer Arbeit „Strukturmoment" der Entwicklungsbedingungen (Jetter 1979, 162).

(Zur *körperlichen Entwicklung* und zur *Entwicklung der Motorik* s. die Darstellungen in „Personengruppe und Förderbedürfnisse".)

3.1 Bedingungen der kognitiven Entwicklung

„Alles was ein Mensch im Verlauf seines Lebens erfährt, wird zum Teil seiner Lebensgeschichte und damit eine Bedingung dafür, wie er die Welt erkennt und wie er sich in der Welt verhält und fühlt" (Jetter 1999, 168). Das Erkennen seiner individuellen Existenz in der Welt und ihre Gestaltung im Einklang mit den eigenen Bedürfnissen erfolgt durch den Prozess der kognitiven („die Erkenntnis betreffenden") Entwicklung des körperbehinderten Menschen. Die Kognition als umfassendes Leistungsvermögen des Denkens differenziert sich über *neurophysiologische Prozesse* der „Informationsverarbeitung" (Anderson 1989, 15) mit den *Affekten* als „organisatorisch-integratorischen Operatoren", u. a. zur Reduktion von Komplexität der Wirklichkeit (Ciompi 1997, 94ff) und *Lustempfindung* als motivationaler Komponente (Hülshoff 1999, 108ff) in individuellen Bedeutungszusammenhängen; es werden nicht objektive Strukturen der Welt wahrgenommen und verarbeitet, sondern Konstrukte mit persönlichem Bedeutungsgehalt als „Re-präsentanzen" der Wirklichkeit (Ciompi 1997, 30). Die Erlebnisse mit der Welt werden zu geistigen Symbolen, die Wirklichkeit „glüht nach" als Erfahrung im Geist (Liechti 2000, 197). Kognition ist eng verknüpft mit Begriffen wie Wahrnehmung, Konzentration, Gedächtnis, Problemlösen, Emotion/Motivation. Erfassung kognitiver Leistung erfolgt über diagnostische Konstrukte der „Intelligenz" (als kulturell erwünschte Verhaltensreaktion auf genau definierte Leistungsaufgaben).

Allgemeingültige Aussagen über Leistungsbedingungen und Leistungsstruktur der heterogenen Personengruppe körperbehinderter Menschen sind kaum möglich. Leistungsverhalten ist immer das Ergebnis wechselwirksamer Prozesse der Auseinandersetzung des Individuums und seiner konstitutionellen Bedingungen mit dem Umfeld. Erkenntnisse zu diesem Komplex als Grundlage pädagogischen Handelns sind über entwicklungstheoretische Modelle und einzelne empirische Forschungsergebnisse als „Hinweise auf individuell mögliche Wirkungsfaktoren zu sehen" (Leyendecker 1999, 168).

Eine Grundlage der Theoriebildung zur kognitiven Entwicklung körperbehinderter Kinder bildet das Entwicklungsmodell Piagets, das zwar in der Sonderpädagogik nicht unumstritten (vgl. Begemann 1998, 59ff), aber bisher für das Verständnis der Förderbedürfnisse körperbehinderter Kinder praktisch ohne Alternative ist. Es definiert die Kognition als Anpassungsleistung des Individuums an die Umwelt im Sinne der dynamischen Interaktion von Abgleichung bekannter Umweltinformation mit dem Organismus (*Assimilation*) und Anpassung des Organismus an unbekannte Information (*Akkomodation*) auf der Grundlage des inneren personalen Gleichgewichts (*Homöostase*). Für alle Menschen gibt es auf diesem Weg Hürden, Widerstände und Schwierigkeiten, die (mit pädagogischer Hilfe) überwunden werden oder (bei anhaltenden Widerständen wie Körperbehinderung) zu Kompensationsleistungen führen.
Piaget unterscheidet 4 gesetzmäßig aufeinanderfolgende Stadien der allgemeinen Denkentwicklung (Piaget/Inhelder 1977, 11ff; Buggle 1985, 49ff): (1) *Sensomotorische Intelligenz* (0–2 Jahre; Umgang mit konkreten Dingen im äußeren realen Anschauungs- und Wirkraum; Entwicklung von Aufmerksamkeit und Schemata über die physikalische Welt). (2) *Präoperationales Denken* (2–7 Jahre; intuitives, verinnerlichtes Denken mit weitgehend konkretem Bezug; Entwicklung von Konzentration, von Symbolfunktion, von Sprache). (3) *Konkrete Operationen* (7–11 Jahre; systematische Auseinandersetzung mit der Welt). (4) *Formale Operationen* (11–15 Jahre; schlussfolgerndes, wissenschaftliches Denken). Dabei scheinen vor allem die Leistungen der sensomotorischen Intelligenz wesentlich für die weitere Entwicklung und weltweit (auch bei hör-, seh- und sprachgeschädigten Kindern) von „erstaunlicher Regelmäßigkeit" zu sein (Affolter 1987, 182).
Körperbehinderte Kinder halten trotz der Entwicklungswiderstände diese Reihenfolge der Entwicklungsstadien ein, wobei zu beachten ist, daß z. B. Kinder mit cerebralen Bewegungsstörungen im Vergleich mit dem Bevölkerungsdurchschnitt in der Regel eine größere Variabilität aufweisen (Ferretti 1998, 208). In der Praxis der Körperbehindertenpädagogik erscheint die Unterteilung von Piagets Sensomotorischer Intelligenz anhand von vier Stufen des Leis-

tungsverhaltens nach Uzgiris (1983, zit. n. ebd., 203; vgl. Sarimski 1986) sinnvoll und handlungsleitend:

1. *Einfache einheitliche Handlungen* (Wiederholung einfacher Handlungsmuster, die an Geschehnissen der Umwelt orientiert sind: z. B. schauen, Gegenstände schlagen; Unterstützung der Körperhaltung und Erleichterung des Kontakts mit Gegenständen).
2. *Differenzierte Handlungen* (absichtliche Koordinierung von komplexen Mustern der Mittel-Zweck-Verbindungen, Fähigkeit zur Objektpermanenz, langsame Verlagerung der Handlungskausalität nach außen; das Kind wird stimuliert, das Verhalten des Pädagogen zu leiten).
3. *Anpassung der Handlungen durch differenziertes Feedback* (Anpassung der Handlung an die Ergebnisse; Pädagoge kann zur „Hand des Kindes" werden).
4. *Antizipation von Handlungen* (Übergang von der praktischen zur abstrakten Intelligenz und zur Antizipation; Kind leitet den Pädagogen zusätzlich durch verbale oder mimische Bestätigung).

Grundsätzlich ist der Komplex *sensomotorischer Intelligenz* für die Praxis der Körperbehindertenpädagogik in besonderem Maße handlungsleitend. Doering (2001, 8ff) betont in diesem Zusammenhang aus systemisch-konstruktivistischer Sicht zwei Prinzipien der frühkindlichen Entwicklung:

1. Das *dialogische Prinzip*. Zwischen dem Säugling und der Umwelt findet ein zirkulärer Austausch statt. Auf diese Weise verändert das Kind seine Umwelt und wird durch die Wahrnehmung der Veränderung selbst verändert. Wesentliche Elemente des Dialogs sind: *Bewegung* als basale Handlung (ebd., 25); *Berührung*, u. a. mit Einfluss auf das Verhalten, auf Psychomotorik, auf Entwicklung des Zentralnervensystems, auf Ausbildung von Sinnesfunktionen und auf Sprache (Anders/Weddemar 2001, 46ff); *Symbolisierung*, z. B. vorsprachliches und sprachliches Symbolverstehen und -gebrauchen, auch im Spiel (Rodenwaldt 1989, 72ff.; zur Entwicklung der Symbolfunktion vgl. Piaget 1996).

2. Das *Prinzip der Balance von Stabilität und Instabilität*. Anders als im Stufenmodell lässt sich die frühkindliche Entwicklung auch als kontinuierlich/diskontinuierlicher Prozess begreifen. Das Gehirn und der Organismus sind ständig damit beschäftigt, aus dem „Chaos" der Informationen der Welt Ordnungen zu schaffen. Diese können nicht von außen vorgegeben werden, sondern entstehen durch kortikale Bewertungsvorgänge als individuell bedeutsame Ordnungen, die persönliche Konstrukte (Repräsentanzen) der Welt sind. Die Entwicklungsprozesse sind grundsätzlich gekennzeichnet durch *Instabilität* als Lernen und Suche nach neuen Erfahrungen sowie durch *Stabilität* als Sicherung zeitüberdauernder Muster. „Entwicklungsprozesse aller Art sind gekennzeichnet durch das ständige Wechselspiel von stabilen und instabilen Phasen. Stabilität ist die Voraussetzung für Handlungsfähigkeit, die Basis, von der aus das Kind etwas tun kann. Ohne Stabilität entsteht keine Bereitschaft zu Neuem. Stabilität ist beruhigend, bedeutet Sicherheit, Verlässlichkeit, Vorhersagbarkeit. Instabilität dagegen ist die Voraussetzung für Neuordnung – ohne Instabilität kann keine Veränderung stattfinden. ... Instabilität bedeutet Unvorhersagbarkeit, eventuell Irritation, aber auch Kreativität. Jedes Kind ist deshalb in seiner Entwicklung auf die sorgfältige Balance zwischen Stabilität und Instabilität angewiesen" (Doering 2001, 27).

Aus den Prinzipien des Dialogischen und der Balance von Stabilität und Instabilität werden pädagogische Fördermaßnahmen abgeleitet (s. Kap. „Allgemeine
Didaktik"). Um den besonderen Förderbedürfnissen körperbehinderter Kinder
gerecht zu werden, ist genauere Kenntnis des Modells der Sensorischen Integration erforderlich.

Sensorische Integration

Handlungsleitende Modelle zur sensomotorischen Entwicklung liegen von Affolter, Kiphard, Ayres und Frostig vor. Affolter (1987, 19ff) beschreibt den
Prozess der *Entstehung von Wirklichkeit* für das Kind (Berührung der Unterlage
und der Seite, Umfassen und Spüren der Welt; Suche nach Neuem; Erfahren
von Ursache und Wirkung; Erspüren von Nachbarschaft; Veränderung der
Wirklichkeit). Kiphard (1984, 17ff) differenziert die Lebensbewegung mit ansteigendem Lebensalter nach Phasen der *Neuromotorik, Sensomotorik, Psychomotorik* und *Soziomotorik*. Ayres (1984) legt ein Konzept zur *Sensorischen
Integration* und ihrer Störungen vor, das sich auf Besonderheiten der Entwicklung körperbehinderter Kinder übertragen lässt. Frostig (1992, 34ff; Fros-
tig/Maslow 1994, 51ff) betont die Bewegungsmerkmale der *sensomotorischen
Leistungen* und die Entwicklung der Körperempfindung bzw. des Körperbewusstseins (Körpergefühl/Körperimago als „energetischer Aspekt"; Körperschema als „figurativer Aspekt"; Körperkonzept/Körperbegriff als „kognitiver
Aspekt"; Jetter 1997, 51). Ausgehend von der Arbeit mit schwerbehinderten
Menschen führt Jetter die eher statischen Modelle zur sensorischen Integration
und zum Körperbewusstsein weiter aus in Richtung auf ein handlungsleitendes
dynamisches Konzept:

> „Die bewusste Wahrnehmung des eigenen Körpers *erscheint* dem entwickelten Menschen
> als das Ergebnis von Sinnesreizen am und im eigenen Körper, kann er sich doch mit sol-
> chen Reizen immer wieder seiner selbst versichern. Daher wohl wird auch in vielen Theo-
> rien der ‚Stimulation' des Körpers eine grundlegende (‚basale') Funktion für die Entwick-
> lung der menschlichen Erlebens- und Erkenntnisfähigkeit zugeschrieben. Allerdings wird
> dann oft übersehen, dass erst die Einbindung der Sinnestätigkeit eines Menschen in kultu-
> rell bedeutsame gemeinsame Tätigkeiten der Ausgangspunkt der *Erschaffung des Selbst*
> und zugleich der übrigen Welt in der individuellen Entwicklung ist. Ein schöner Reiz
> kann Anreiz für vieles sein in der kindlichen Entwicklung; doch welcher Reiz ein schö-
> ner, und damit überhaupt reizvoll wird, das entscheidet das Kind, und die Grundlage die-
> ser Entscheidung bildet sich aus der sensumotorischen Kooperation [...]. Erst wenn der
> Mensch seinen Körper *symbolisch repräsentieren* kann, steht ihm dieser als ein Mittel für
> sein Handeln zu Diensten, kann er ihn also gebrauchen, und zugleich als Zentrum seiner
> Körperempfindungen, von Lust und Schmerz verorten. [...] Wer aber in der Arbeit mit
> behinderten Menschen einen Körper-Begriff dort bereits voraussetzt, wo der Mensch die

Möglichkeit zu symbolischer Repräsentation noch nicht entwickelt hat, wird diesem Körper-Sensationen zumuten, die er nicht verorten kann, – vielleicht ‚erträgt' er sie, wahrscheinlicher ist, dass sich seine leibliche Existenz dagegen wehrt" (ebd., 52).

Die von der Neuropsychologie herrührenden Entwicklungsmodelle zur Sensomotorik und Sensorischen Integration sind in den letzten Jahren weitergeführt und von Forschungsergebnissen der Neurophysiologie gestützt worden (Milz 1996; Bergeest 1999b, 193ff). Weitreichende Folgen für die pädagogische Praxis haben dabei Aussagen über die *selbstgesteuerte Entwicklung* des Organismus als selbstreferentielles System innerhalb eines Netzwerks (Singer 1989, 45ff; 1992, 61ff). Die Entwicklung kann danach als eine Suchbewegung des Organismus mit dem Ziel der Erfassung von Strukturen (und damit Reduktion von Komplexität) gesehen werden (Bergeest 1999b, 205). Das wird nicht als geradliniger Prozess im vorgegebenen Tempo von unten nach oben verstanden, „sondern als eine rhythmische Struktur mit Zuspitzungen, Pausen, Beschleunigungen. Beziehungsfaktoren haben dabei größte Bedeutung" (v. Lüpke 1998, 51). Die Theorie des Aufbaus von Strukturen des Wahrnehmungsfeldes als „Gestalterfassung" der Welt hilft die Besonderheiten des Leistungsverhaltens körperbehinderter Menschen näher zu bestimmen; dazu liegen eine Reihe von Forschungsergebnissen vor (Leyendecker 1982, 53). Sie werden gestützt durch neuere Erkenntnisse der Hirnforscher zur gleichzeitigen Erregung untereinander gekoppelter Hirnbereiche („Synchronizität neuronaler Schwingungen") sowie zu den „Systemeigenschaften" kognitiver Funktionen und deren „Selbstorganisation" (Singer 1992, 64; 1989, 45ff).

Die Körperbehindertenpädagogik orientiert sich in diesem Zusammenhang vor allem an den Gesetzen der Attraktion und *Attraktoren* der Entwicklung, „die der Tendenz nach die Richtung und Geschwindigkeit bestimmen, mit der ein System driftet" (Feuser 1995, 102), um sich selbstreferentiell (d. h. autonom und intern gesteuert) zu optimieren. Attraktoren werden als Strukturen (Muster, Ordnungen, Gestalten) verstanden, die sich in der Systemdynamik immer wieder durchsetzen, solange das (menschliche) System stabil ist. Neue Attraktoren bewirken eine Phase der Instabilität, bis das gesamte System zu einer neuen dynamischen Ordnung gefunden hat (v. Lüpke 2001, 191f).

Die Existenz von Attraktoren wird deutlich durch neurophysiologisch nachgewiesene „Zielmilieus", durch die ins Zentralnervensystem geleitete Reize angezogen werden (und bei erschwertem direkten Weg, z. B. bei Auswirkungen einer Körperbehinderung, ihr angestammtes Milieu auch über Umwege mit größerem Zeitaufwand erreichen können). Die „Landkarten" des Zielmilieus sind neuronale Strukturen optimaler Anpassung des sensorischen und kognitiven Gesamtsystems an die Parameter der Welt. Die Milieus wiederum optimieren sich im systemischen Sinne selbstreferentiell über die Aufnahme von Signalen der Umwelt (Singer 1992, 50). Die Selbstorganisation findet also in einem geschlossenen System statt, das jedoch dem Umfeld gegenüber offen ist und mit ihm im *dialogischen Austausch* steht. Die Informationen, die das System zu verarbeiten hat, liegen zwischen den Polen absoluter Neuigkeit (Prinzip *Instabilität* des Systems) und völliger Vertrautheit (Prinzip *Stabilität*). Diese Fluktuation bestimmt das Ausmaß des momentanen inneren Gleichgewichts (Thiele 1999, 40). Dabei werden auch individuell unterschiedliche Entwicklungsfaktoren wirksam, die zu entsprechenden *Unterschieden der kognitiven Endstruktur* führen. Die Programme der Anpassung weisen jedoch große Übereinstimmung auf: Die Menschen werden auf vergleichbare Weise durch das „Informationschaos" der Welt geführt; sie „wissen" um die für ihr augenblickliches Wachstum bedeutsamen Informationen und bilden schließlich ähnliche Ordnungen und Strukturen der Welt in ihrem Organismus ab.

Die Kenntnis von Attraktoren der kindlichen Entwicklung erlaubt dem Pädagogen, Bedingungen für die selbstgesteuerte Entwicklung der Kinder bereitzustellen (oder lenkend einzugreifen). Folgende Attraktoren im Netzwerk der Entwicklungslogik lassen sich isoliert betrachten (Bergeest 1999b, 203ff):

• *Proprioceptive Attraktoren* zur Inbesitznahme des Körper-Selbst. Aufnahme von Information in der Einheit von Wahrnehmung und Bewegung sowie Bildung von Schemata zur Körperoberflächen- und Körpertiefenempfindung, Bewegungs-, Schwerkraft- und Gleichgewichtsempfindung. Fehlen entsprechende Schemata, wird die harmonische Ausprägung höherer Leistungsmuster erschwert, und der Organismus muss kompensieren, während die Gesamtentwicklung weitergeht. Dieser Integrationsprozess ist in engem Zusammenhang mit dem psychischen Gleichgewicht des Individuums zu sehen, beispielsweise mit Dimensionen von Selbstbewusstsein, Selbstkontrolle und Selbstvertrauen. Emotionen sind „Motoren, Motivatoren und wichtige Komplexitätsreduktoren" der Entwicklung; sie bestimmen „andauernd den Fokus der Aufmerksamkeit und die Hierarchie der Denkinhalte"; sie wirken als „Schleusen oder Pforten zu Gedächtnisspeichern", wirken auf kognitive Elemente wie ein „Bindegewebe" und schaffen damit „Kontinuität" (Ciompi 1997, 95ff). *Bewusste* Handlungssteuerung ist also nur eine von vielen Determinanten der Entwicklung (der freie Wille erscheint dabei oft nur als eine „nachträgliche Zuschreibung"; v. Lüpke 2001, 195). Deshalb muss die Proprioception vom Kind mit positiven Affekten verbunden und lustvoll erlebt werden. Störungen dieses Prozesses können sich bei körperbehinderten Kindern in Besonderheiten ihrer Konzentrationsfähigkeit (Konzentration als „Identifikation des Kindes mit seiner Bewegung", Aly 1997, 112; als „Sich-Einlassen bei der taktil-kinästhetischen Erkundung" im Sinne von Montessoris „Polarisation der Aufmerksamkeit", Liechti 2000, 153 u. 217), ihres Körperbewusstseins, ihrer motorischen Handlungsfähigkeit und ihrer emotionalen Gestimmtheit auswirken.

• *Exteroceptive Attraktoren* zur Selbstwahrnehmung in der Welt. „Figuren" der Welt mit Qualitäten des Riechens, Schmeckens, Tastens, Hörens und Sehens lösen sich im Zusammenhang mit der Proprioception vom „Hintergrund". Das erfolgt auf den tertiären cortikalen Feldern der Überlappung von Proprioception und Exteroception (Milz 1996, 92ff). Schemata eines harmonischen *Figur-Grund-Tonus des Muskelapparates* entstehen („Die absichtsvolle Bewegung wird zur Figur vor einem Grund"; Kephard 1977). Fehlende Schemata der Proprioception (z. B. Leistungen der Grobmotorik) erschweren die Ausbildung von Schemata der Exteroception (z. B. der Feinmotorik/Handgeschicklichkeit, angepasste Reaktion auf Sinnesreize); „So kann z. B. ein Kind nicht auf akustische Signale rhythmisch und koordiniert hüpfen oder klatschen, wenn seine Tonusregulierung oder seine taktil-kinästhetische Wahrnehmung mangelhaft ist. Obwohl es die akustischen Signale richtig hört, kann es nicht adäquat darauf reagieren. Wenn ein oder mehrere Sinnessysteme gestört sind, wirkt sich dies umgekehrt aus: wenn z. B. das Kind den Rhythmus des akustischen Signals nicht exakt wahrnimmt, kann es seine Bewegungen nicht rhythmisch und koordiniert darauf einstellen. So kann es keine ausreichenden oder exakten motorischen Erfahrungen machen und ist in seiner Handlungsfähigkeit eingeschränkt. Die Fähigkeit, Rhythmen zu hören und in Bewegung umzusetzen, spielt beim Erwerb der Sprache und in der Schule beim Schreiben und Lesen eine große Rolle" (Pauli/Kisch 2000, 8f). Im Zusammenhang mit der *Emotion*, die sich hinsichtlich der Entwicklungslust als *Motivation* darstellt, und dem positiv erlebten *Sozialkontakt* entwickeln sich ausgeprägte Leistungen der Gestalterfassung der Welt (Figur-Grund-Unterscheidung, Objektpermanenz, Form- und Größenkonstanz, Nähe und Gleichartigkeit von Objekten und Ereignissen), und es kommt zur Bildung von Begriffen, zur Fähigkeit der Abstraktion, zur Kreativität in der *Gestaltung* der Welt als kognitive Leistungen (Erkennen, Prüfen, Verstehen, Vergleichen, Durchhalten) und schließlich zur Bewusstheit (der Sinnhaftigkeit) der Existenz. Integrationsprobleme bei körperbehinderten Kindern können zu übergreifenden Besonderheiten der Raumerfassung, Zeit- und Rhythmuserfassung, Speicherung, Sprachentwicklung, Praxie führen (Milz 1996, 97ff).

Leistungsmuster der Kognition

Die Struktur individueller kognitiver Leistungsmuster körperbehinderter Menschen ist abhängig von möglichen *Wirkungsfaktoren* der Entwicklung (z. B. konstitutionelle motorische Schädigung, hirnorganische Schädigung, problematische Integrationsprozesse der Wahrnehmung), die handlungsleitend sind für die pädagogische Förderung. Die Betrachtung der frühkindlichen sensomotorischen Entwicklung ist hier von zentraler Bedeutung.

Entwicklungsbedingungen von Kindern mit konstitutionellen *motorischen Schädigungen* (z. B. Querschnittlähmung) und funktionellen Schädigungen (z. B. Cerebralparese) führen zu einer Veränderung ihres Handelns (als „experimenteller Prüfstein des kindlichen Denkens") als *veränderte Aneignung von Wirklichkeit*" (Jetter 1975, 124; 1979, 161). Betroffene Kinder machen „Umwege" in ihrer motorischen Entwicklung (Aly 1998, 112) und müssen Kompensationsleistungen erbringen, um ihre Welt strukturieren zu lernen (z. B. „Permanenz des Objekts" erfassen), obwohl u. U. grundlegende Schemata in der Hierarchie sensomotorischer Regelkreise unvollständig sind oder fehlen.

Beispielsweise kann fehlende Raumerfahrung dazu führen, dass später die „Raumreferenz" (Herrmann/Grabowski 1994, 107f), das Sprechen über Raum, nur unvollständig mit Raumvorstellung verbunden ist, und sie wird sich entsprechend auf vorschulisches und schulisches Lernen auswirken. Die Kinder bedürfen in solchen Fällen der physiotherapeutischen und pädagogischen Förderung sowie technischer Hilfsmittel, um die Welt in dem Maße zu strukturieren, wie es ihrem inneren Gleichgewicht entspricht. Kinder entwickeln Funktionen der Anpassung und der Antworten auf Problemkonstellationen; sind bei ungünstigen sensomotorischen Voraussetzungen diese Funktionen nicht adäquat, besteht ein pädagogischer Förderbedarf zu ihrer Unterstützung.

Ein weiterer Wirkungsfaktor kann eine *hirnorganische Schädigung* (z. B. Cerebrale Bewegungsstörung) sein, die Wechselwirkungsprozesse der kognitiven Entwicklung beeinflusst. (Einziges Ziel pädagogischer Intervention ist hier die *Kompensation* „mit Hilfe der jeweils besten Anpassungslösung"; Aly 1998, 128). Problematische *Integrationsprozesse der Wahrnehmung* können als Wirkungsfaktor zu veränderten Mustern höherer Leistungen führen (als Anpassungslösung des Organismus). Der übergreifende Wirkungsfaktor ist jedoch die unterschiedlich ausgeprägte Einschränkung der *Erfahrungsmöglichkeiten* (Exploration, Handlung, Speicherung). Besonderheiten der *Motivation* (als „Funktionslust") äußern sich bei einigen Kindern als resignative Tendenzen, Frustrationskonstellationen und soziale Abhängigkeit, die ein großes Problem der pädagogischen Förderung darstellen können. Die „Responsivität" der *sozialen Interaktion* (wechselseitige Anregung) kann sowohl auf Seiten des Kindes als auch auf Seiten der Bezugspersonen verändert sein und sich auf Erfahrungsmöglichkeiten auswirken (Leyendecker 1999, 169; vgl. Rodenwaldt 1989, 70ff). *Verlangsamungen* und individuelle *Parallelstörungen* der Sinnesfunktionen, aber auch Folgen orthopädischer und vegetativer Probleme sowie weitere wechselwirksame Prozesse basaler und höherer Funktion (z. B. Sprachentwicklungsverzögerungen) können die Entwicklung der Kognition bestimmen.

Zum kognitiven Leistungsvermögen körperbehinderter Menschen liegen zunächst eine Vielzahl empirischer Untersuchungen vor, die Aussagen über das „Intelligenzniveau" machen und die qualitative „Intelligenzstruktur" beschreiben (vgl. Übersichtsdarstellungen von Leyendecker 1982, 40ff; 1999, 172ff). Viele Arbeiten beziehen sich allgemein auf körperbehinderte Kinder mit unterschiedlichen Schädigungsformen (Jansen/Schmidt 1971); die meisten Untersuchungen wurden jedoch mit cerebral bewegungsgestörten Kindern (zumindest als einer identifizierbaren Untergruppe) durchgeführt (Möller 1967; Nielsen 1970; Scholz 1972; Glang 1973; Schmidt 1976; Neumann 1977; Lommatzsch 1981; Kuckhermann/Nitsche/Müller 1991); des Weiteren liegen Forschungsarbeiten zu Kindern mit Spina bifida (vgl. Übersichtsdarstellung Parsch/Schulitz 1972, 111ff; Dacheneder 1991; Lohmann 1998) und mit Gliedmaßenfehlbildung (Schönberger 1971; Haupt 1974) vor. Die Ergebnisse sind je nach Forschungsdesign unterschiedlich und insgesamt widersprüchlich. Die meisten Untersuchungen stellen ein unterdurchschnittliches Intelligenzniveau mit großer Streuungsbreite fest; andere ergeben im Vergleich mit nichtbehinderten Kindern keine Unterschiede. Vielfach wurde ein niedrigeres Niveau des Handlungsteils der Untersuchung gegenüber dem Verbalteil (besonders bei Spina bifida-Kindern) festgestellt. Es bleibt festzuhalten, dass körperbehinderte Kinder anhand eines *Intelligenzniveaus* nicht beschrieben werden können. Qualitative Untersuchungen zur *Intelligenzstruktur* scheinen dagegen aufschlussreicher zu sein bezüglich einzelner Faktoren des Leistungsverhaltens cerebralparetischer Kinder, wie z. B. „Neigung zu konkretem Verhalten", „Schwierigkeiten bei simultanen Leistungsanforderungen" (Schmidt 1976, 228ff); die Untersuchungen von Lommatzsch und Kuckhermann sprechen jedoch gegen die Annahme besonderer Intelligenzstrukturen bei körperbehinderten Kindern und Jugendlichen. Diese Kinder stellen keineswegs eine homogene Gruppe dar (Kallenbach 2000, 67). Darüber hinaus beruhen viele testpsychologische Untersuchungen auf ungeeigneten Intelligenzkonzepten, die Kommunikationsprobleme nur unzureichend berücksichtigen und zudem einem überholten Objektivitätsglauben der klassischen Empirie folgen (Haupt 1996, 8f). Leyendecker (1982, 38) weist auf „Irrtumsmöglichkeiten" bei der Konzeption von Intelligenz hin. Forschungen wurden mit Hilfe von Testinstrumenten durchgeführt, die in Untertests an Muskelkoordination und an Sprache gebunden und daher der Personengruppe körperbehinderter Kinder in der Regel nicht adäquat sind (Crickmay 1990, 7). Die Tests und Entwicklungsskalen gehen darüber hinaus implizit von einem Modell kontinuierlicher kognitiver Entwicklung aus, ohne die Möglichkeit von Diskontinuität und Brüchen einzubeziehen (Ferretti 1998, 197). Da sie immer nur Abweichungen von erwarteten Entwicklungsschritten feststellen, sind sie grundsätzlich defizitorientiert, zumal in der einschlägigen empirischen Forschung signifikante Abweichungen betont werden und „die Falsifikation des angenommenen Unterschieds, d. h. auch die mögliche Gemeinsamkeit zwischen behinderten und nichtbehinderten Menschen nicht weiter zu interessieren scheint" (Leyendecker 1999, 182). Selbst für die pädagogische Diagnostik ist die Feststellung eines *globalen* Intelligenzniveaus nicht handlungsleitend (allenfalls gäbe die Intelligenz*struktur* Hinweise auf den Förderbedarf).

Untersuchungen zum *Lernverhalten* und zu *Gedächtnisleistungen* körperbehinderter Kinder vermitteln dagegen differenziertere, handlungsleitende Erkenntnisse zur kognitiven Entwicklung. Leyendecker (1982) verweist auf unregelmäßige, diskontinuierliche Verläufe des Lernfortschritts cerebralparetischer

Kinder. Diese lernen „nicht generell weniger, aber viele brauchen mehr Zeit dazu" (Leyendecker 1999, 175). Außerdem weisen sie Besonderheiten hinsichtlich der Reizselektion, der Speicherung und Reproduktion von Gelerntem und der Flexibilität (Perseverationen, Mangel an begrifflichen Ordnungsschemata) auf. Leyendecker/Neumann (1983, 426) fassen Ergebnisse von Untersuchungen zu Gedächtnisleistungen körperbehinderter Kinder zusammen und sprechen nur von einem Zusammenhang von geringen Gedächtnisleistungen und schwacher Allgemeinbegabung. Empirische Forschungsergebnisse zum *Anspruchsniveau* und zur *Leistungsmotivation* cerebralparetischer Kinder ergaben ein geringes Vertrauen in die eigene Leistungsfähigkeit, niedriges Anspruchsniveau, niedrige Frustrationstoleranz bei Misserfolgserlebnissen, und die Betroffenen zeigten eine geringere Risikobereitschaft als nichtbehinderte Kinder (Bittmann 1971).

Die Ergebnisse der qualitativen Untersuchungen gewähren in kleinen Ausschnitten einen Blick in den Komplex der Leistungsmuster körperbehinderter Kinder. Die genannten Besonderheiten der Kognition sind Endprodukte von Anpassungsleistungen der Gesamtentwicklung „des Zusammenwirkens von Reifungs- und Lernvorgängen, von endogenen und exogenen Faktoren, von biologischen Bedingungen und ‚äußeren' Erfahrungen" (Leyendecker/Neumann 1983, 411). Im Versuch, zu allgemeinen Aussagen über die Kognition körperbehinderter Kinder zu kommen, müssen Erkenntnisse aus Entwicklungstheorien, kasuistischen Studien und empirischer Forschung auf die Situation körperbehinderter Kinder übertragen werden. Dabei entsteht ein Spektrum von Leistungsmustern, bei denen die *Dominanz einzelner Verhaltenskomplexe* (als Funktion der Gesamtentwicklung) erwartet wird. Dieses Verhaltensmuster wird als Signal von „Suchbewegung auf dem Weg zur Gestalterfassung" (Bergeest 1999b, 210) interpretiert.

Bei der Übertragung dieser weitgehend hypothetischen Ergebnisse auf handlungsleitende Zusammenhänge in der Körperbehindertenpädagogik kann in einem Modell der frühkindlichen Entwicklung zwischen zwei Wirkungsebenen von Erschwerung des Leistungsverhaltens unterschieden werden: (1) *die Ebene der Sensorischen Integration* als körperlich-sinnliche, konkrete Erfahrungswelt; (2) *die Ebene der Kognition* als Loslösung von der konkreten Erfahrungswelt (Abstraktion). Folgende Auffälligkeiten des Leistungsverhaltens können häufig beobachtet werden und zeigen Auswirkungen z. B. auf den Erwerb von Kulturtechniken (vgl. *Bittmann 1971; Schmidt 1976; Leyendecker 1979; 1982; 1999; Schulze-Fils 1983; Kiphard 1983; Ayres 1984; Affolter, 1987; Jetter 1984; Brand/Breitenbach/Maisel 1987; Frostig 1992; Kesper/Hottinger 1993; Ferrari/Cioni 1998; Kuckhermann 1999; Stotz 2000*):

• *Auswirkungen der 1. Leistungsebene*: undifferenziertes dynamisches Körperschema auf der „kortikalen Landkarte" (ungenaue taktile Lokalisierung, ungenaue Information über die Stellung des Körpers im Raum, vestibuläre Störungen); Erschwerung der Figur-Grund-Diskrimination (Wichtiges und Unwichtiges werden nicht hinreichend unterschieden, Reizüberflutung); der Form- und Größenkonstanz; des allgemeinen räumlichen Vorstellungsvermögens (spätere Schwierigkeiten mit Präpositionen); der Erfassung von Nähe, Gleichartigkeit, Reihung und Trennung von Objekten und Ereignissen; Rhythmusprobleme; Flucht- und Abwehrreaktionen bei ungewohnten Reizen (Taktile Abwehr); Suche nach starken Widerständen (hohe Wahrnehmungsschwelle); Erschwerung der Entschlüsselung von Reizen (Dysgnosie); Konzentrationsstörungen (Mangel an Körperzentrierung; an „Polarisation der Aufmerksamkeit" und „Faszination", Jetter 1984, 254; leichte Ablenkbarkeit); emotionaler Stress.

• *Auswirkungen der 2. Leistungsebene*: Dyspraxie (Organisationsstörung bei der Umsetzung von Vorstellungen in Handlung); Erschwerung der Raumlage- und Raumbeziehungserfassung (Glas wird auf nicht erkannte schiefe Ebene gestellt und fällt um); Erschwerung von Kontinuität und Geschlossenheit (Perseverationen, Leseflussstörung); Mangel an Transfer (Leistungen sind gebunden an dieselben Konstellationen); Mangel an Flexibilität (Hängenbleiben an bestimmten Gewohnheiten und Gedanken); Probleme der begrifflichen Orientierung, des operativen und kausalen Denkens („Stuhlkreis" kommt nicht zustande, weil Kinder die Kreisform nicht erfassen, im Kreis „Umsetzen" erfolgt mit Stuhl am Hintern); Probleme mit Zeiterfassung (Verlangsamung); Verlangsamung von Assoziation und Vorstellung (beim Gang in die Pause werden plötzlich Antworten auf längst abgehandelte Fragen gegeben); Sprachentwicklungsverzögerung (Sprachverständnis ist besser als Sprachproduktion); Probleme der Prägnanz und ästhetischen Differenzierung („gute Gestalten" werden vor dem inneren Auge nicht vervollständigt); Mangel an Metaebene des Denkens („Die Kinder lachen mit den anderen, sie wissen jedoch nicht, warum sie lachen."); niedriges Anpruchsniveau; wenig Selbstbewusstsein und Selbstvertrauen.

Die Erkenntnisse über diese Auffälligkeiten basieren z. T. auf empirischen Untersuchungen, die jedoch in diesem Zusammenhang nur Hinweischarakter haben. Sie sagen nichts über „Intelligenz", sondern stellen neben der primären Körperbehinderung zusätzliche Erschwernisse der Entwicklung und Gestaltung des Lebens dar. Aus der Sicht des Betroffenen weist Dr. Peter Radtke (1998, 11ff) auf die lebenslang erschwerte Erfassung und Strukturierung von Raum- und Zeitdimensionen, Größenverhältnissen und Maßstäben hin und stellt die Verbindung zu übergeordneten biografischen Zusammenhängen her: „Ortsveränderung bedeutet in gewisser Weise immer auch, Vergangenheit zu schaffen ... der Ortwechsel ist jedoch auch maßgeblich an der Ausbildung von Zukunft beteiligt. Erst wenn ich weiß, dass es ein Anderswo gibt mit einem Anderssein, werde ich beginnen zu planen, mir etwas vorzunehmen, Hoffnung zu schöpfen" (ebd. 15).

Neben diesen personalen Auswirkungen sind auch soziale Konsequenzen von großer Bedeutung. Die Gleichstellung behinderter Menschen sieht vor, dass diese ihre Lebensbereiche selbst gestalten, denn sie sind nicht mehr grundsätzlich Objekt von Fürsorge (hier erhält Schönbergers umstrittene Formulierung der „Erziehung zur Geschäftsfähigkeit" neue Bedeutung; vgl. Kap. „Allgemeine Didaktik"). Die autonome Gestaltung eigener Lebensbereiche hat in unterschiedlichem Ausmaß die Überwindung von Erschwernissen der kognitiven Entwicklung – d. h. konkret: entsprechende Fördermaßnahmen – zur Voraussetzung.

Auf beiden genannten Ebenen sind die Erschwerungen des Leistungsverhaltens auf frühkindliche Entwicklungsbedingungen zurückzuführen. Die Auflistung der Auswirkungen dient als Hinweis für die pädagogische Förderung. Diese orientiert sich grundsätzlich weniger an Einzelsymptomen, sondern an den genannten übergreifenden Entwicklungsebenen und stellt entsprechende Bedingungen des Umfelds in systemischem Sinne bereit. D. h. Auffälligkeiten des Verhaltens auf höheren Leistungsebenen wird grundsätzlich mit pädagogischen Maßnahmen auf frühen basalen Ebenen begegnet.

Die Metapher eines „Baums der Erkenntnis" (Bergeest 1999b, 200) verdeutlicht, dass Leistungserschwernisse in der Krone des Baums (Perception, z. B. Abstraktionsvermögen, Sprache, Zeitempfinden und auch emotionale Stabilität) u. U. mit Maßnahmen zur Vermittlung von Erfahrungen begegnet wird, die die Wurzel des Baums (Proprioception, z. B. vestibuläres Empfinden, Körperoberflächenempfindung, Identifikation mit Körper und Bewegung) betreffen. Dazu gehören ungestörtes freies Spiel, das Unterstützen von Neugierverhalten in der Frühförderung; Handlungsorientierung und selbstbestimmte Arbeit in Stationsverfahren bei der schulischen Förderung. Konkret heißt dies z. B. auch für das besonders auffällige Konzentrationsverhalten körperbehinderter Kinder, dass pädagogisch nicht über Übungen am Symptom (etwa Lese- oder Rechenübungen; Konzentration kann man im herkömmlichen Sinne nicht „üben") angesetzt wird, sondern dass „Erfahrung am eigenen Leibe als Prozess des Weltbegreifens" vermittelt wird (Liechti 2000). Denn die Wurzel des Konzentrationsverhaltens liegt darin, sich *körperlich* auf Wahrnehmung und Empfindung seines Selbst einzulassen (Proprioception), im Sinne „tiefer, hingebungsvoller Sammlung, eines Zustands stetiger intensiver Aufmerksamkeit auf eine Sache, einer Art ‚innerer Ekstase' bei der Konzentration auf einen Gegenstand" (ebd., 217); die „Polarisation der Aufmerksamkeit" als Weg in die Kreativität des Denkens und Handelns. Auch die Vermittlung von Kulturtechniken folgt dieser langfristig angelegten Strategie, selbst wenn Erfolg dabei nicht sofort sichtbar wird.

Die pädagogische Förderung hat nach allem Gesagten auf keinen Fall die Form eines isolierten Trainings von Einzelfunktionen, sondern bezieht immer mehrere Dimensionen der Entwicklung mit ein. Die o. g. Maßnahmen zur Vermittlung von Erfahrung orientieren sich an folgenden Förderprinzipien (vgl. Doering 2001; Lapierre/Aucouturier 1998; Esser, M. 2000):

- Selbstorganisation (*Prinzip der Selbstbestimmung*): Freiwillige, lustvolle Handlungen in vorbereiteter Umgebung; freies Spiel in Vorschule und Schule; offener Unterricht im Stationsverfahren, jedoch häufig auch mit sozialem und thematischem „Halt"
- Dialog (*soziales Prinzip*): Personaler Austausch zwischen Individuen; Aufgreifen von Lebensbeweung und Neugierverhalten; Transparenz von Vorstellungen, Wünschen und Forderungen; kindzentrierte Berührung und Hilfestellung (keine Anwendung von „Techniken"); Verbalisierung der Aktionen und klare Grenzziehung; Rollenspiele; Regelspiele
- Handlungsorientierung/Sensomotorik (*somatisches Prinzip*): Bewegungserleichterung, handelndes Lernen (Funktionsspiele); proprioceptive, exteroceptive sowie feinmotorische Erfahrungen in Lernlandschaften
- Symbolik (*emotional/motivationales Prinzip*): „Körpererfahrungen im Raum verbinden sich mit Emotionen ... das Kind erlebt [imaginäre] Situationen, die in direkter Verbindung mit seiner Geschichte stehen" (Esser 2000, 49f); symbolisches Spiel (ggf. mit grobmotorischer und feinmotorischer Hilfestellung) in Höhlen, auf Türmen, Türme bauen und umwerfen, mit freiem emotionalem Ausdruck und symbolischer Sprache („Ich bin der Größte!"); Aktivierung unbewusster Prozesse beim Lernen z. B. in Konstruktions- und Rollenspiel (mit individuellen Lösungen bei Problemen motorischer Nachahmung): Träumereien und Fantasiereisen und deren vielfältiger kreativer Ausdruck
- Konstruktion (*kognitives Prinzip*): Konstruktionsspiele (mit Hilfestellung bzw. individuellen motorischen Lösungen); Gestaltung persönlicher Konstrukte der Welt; Fantasien in Pläne umsetzen, Bauwerke schaffen, Kneten, Malen in Verbindung mit Erkennen, Prüfen, Verstehen, Durchhalten und zweckgerichtetem Handeln
- Balance (*Prinzip der Entwicklung*): Dynamik von Stabilität und Instabilität; Austesten von neuen Lernsituationen und damit verbundenen Ängsten (Instabilitäten) mit stabiler Rückversicherung bei Bezugspersonen oder festem Boden unter den Füßen unter Einbeziehung von Fehlern und Misserfolgen (Doering 2001, 41)

3.2 Bedingungen der Sozialisation und Identitätsfindung

Das Hineinwachsen des körperbehinderten Kindes in die soziale Welt erfolgt in einem dynamischen Prozess von Wechselwirkungen in beständiger Auseinandersetzung mit dem Umfeld. Das Kind verinnerlicht sozio-kulturelle Werte und Normen und gestaltet seine Welt gemäß seinen Bedürfnissen mit dem Ziel von *Autonomie, Emanzipation, sozialer Rollenfindung* und *existentieller Sinnhaftigkeit*. Aus übergeordneter Perspektive ist der körperbehinderte Mensch (und seine Bezugspersonen) damit Teil eines sozialen und kulturellen Systems in wechselseitiger stabilisierender Funktion (Identität von Individuum *und* Gesellschaft). Die spezifische Sozialisation körperbehinderter Menschen vollzieht sich unter den Bedingungen individueller Merkmale der Behinderung (Schädigung) und der daraus resultierenden Stellungnahme, Etikettierung und Rollenzuweisung durch die Gesellschaft mit entsprechenden Maßnahmen der (Re)Habilitation und dem Bemühen um soziale „Gleichstellung".

Die Wissenschaft nähert sich aus mehreren Richtungen den damit verbundenen Komplexen: Theoriebildung findet durch die Anthropologie, Psychologie/Psychoanalyse, Sozialpsychologie, Soziologie und Heil- bzw. Sonderpädagogik statt. *Anthropologisch* wird einerseits in historischen Zusammenhängen auf die besondere Stellungnahme der Mitmenschen in allen Kulturen gegenüber Menschen mit „Ungestalt" oder chronischer Krankheit verwiesen (Müller 1996, 9ff). Andererseits wird überzeitlich die Stellung des körperbehinderten Menschen in der Welt in Anlehnung an Merleau-Ponty vor allem durch seine Leiblichkeit interpretiert: „Identitätsbildung beginnt mit der Differenzierung des Leib-Selbst ... Das leibliche Erleben des Kindes, das resonant mit dem leiblichen Ausdruck der anderen mitschwingt, ermöglicht zum einen von Anfang an einen sinnvollen Dialog und zum anderen die zunehmende Strukturierung des Selbsterlebens" (Dederich 1998, 38). Erste Versuche *psychologischer* Ansätze zur Identitätsfindung körperbehinderter Menschen stammen aus der ersten Hälfte dieses Jahrhunderts am Beginn systematischer Körperbehindertenpädagogik. So folgt beispielsweise Würtz (1921) bei seinen Ausführungen über das „Seelenleben des Krüppels" psychoanalytischen Ansätzen Alfred Adlers zu Empfindungen von „Organminderwertigkeit" (zwangsläufige Minderwertigkeitsgefühle) bei körperbehinderten Menschen, die „bisweilen auch seelisch Krüppel bleiben" wollen (ebd., 27; Esser 1975, 4ff). Meng (1938) differenziert die Entstehungsbedingungen der „Krüppelseele" unter Einbeziehung von Faktoren des Milieus und der Reaktion der Gesellschaft (Jansen 1981, 20f). Die problematische Reaktion auf körperbehinderte Menschen wurde durch psychologische Konzepte der „physischen Angstreaktion" (reaktive Spannungen zwischen bekannten und fremdartigen Wahrnehmungen), „Körperschema-Ansätze" (Angstabwehr bei Abweichungen von Normen körperlicher Integrität), „Dissonanztheorien" (Bedrohung von Gleichgewichtszuständen und Entstehung kognitiver Spannungen durch Menschen mit Körperschäden) erfasst (Cloerkes 1985, 25ff).

Sozialpsychologische Gleichgewichtsmodelle der Gruppensituation körperbehinderter Menschen beziehen sich auf „Minoritätentheorien" (Konfliktpotential aufgrund gegensätzlicher Rollenerwartungen) und „Gruppentheorien" (Benachteiligungskonzepte; ebd., 34ff).

Soziologische Modelle zur Stellung und Funktion körperbehinderter Menschen in der Gesellschaft unterscheiden zunächst zwischen *Strukturmodellen* kollektivistisch orientierter Dependenztheorien abweichenden Verhaltens (Abweichung als Mangel an wechselseitiger Anpassung und Erhaltung gesellschaftlicher Funktion, „Krankenrolle" mit Verpflichtung zur „Gesundung", soziale Distanz zu Minoritäten, Übernahme der spezifischen „Behindertenrolle" als Anpassungsleistung körperbehinderter Menschen) und *Prozessmodellen* interaktionistischer Theorien zum Verhalten zwischen sozialen Gruppen (Symbolischer Interaktionismus, Etikettierung sozialer Minderheiten, Stigmatisierung als Zuschreibung „irreversibel beschädigter sozialer Identität"). Weitere Modelle definieren Körperbehinderung in übergreifenden gesellschaftspolitischen und sozialökonomischen Zusammenhängen (Cloerkes 1997, 136ff).

Heilpädagogische Ansätze zielen in diesem Kontext auf Verbesserung des Selbstwertgefühls körperbehinderter Menschen unter Einsatz rehabilitativer Möglichkeiten. Sie orientieren sich an einem Modell des „Selbst des behinderten Menschen in der Balance" (Seebaum 1979, 157). Es geht davon aus, dass Individuen ständig darauf angewiesen sind, ihre Identität neu zu stabilisieren. Der heil- bzw. sonderpädagogische Förderbedarf körperbehinderter Menschen erstreckt sich in besonderem Maße über Bildung und Training hinaus auf die Qualitäten eines persönlichkeitsstabilisierenden Dialogs (s. Ende dieses Kapitels).

Seit den 80er Jahren gewinnen Theorien immer mehr an Bedeutung, die grundsätzlich die individuellen Gestaltungsmöglichkeiten in der Sozialisation körperbehinderter Menschen und selbstverantwortliche, emanzipatorische Anteile betonen. Handlungsleitende pädagogische Modelle mit den gleichen Zielvorstellungen greifen auf diese Theorien zurück. Zu diesen soziologischen Prozessmodellen zählt der *konstruktivistische* Ansatz, der in Abgrenzung zu den Modellen objektiver Sozialisationsbedingungen die Behinderung als eine individuelle Konstruktion der sozialen Wirklichkeit betroffener Menschen begreift, die als *aktiver wechselseitiger Gestaltungsprozess* gesellschaftlicher und kultureller Realität verstanden wird (Walthes 1995, 90; Reich 1997, VIIff). Der konstruktivistische Ansatz steht in engem Zusammenhang mit *ökologisch-systemischen* Modellen der Sozialisation, die sich auf die Soziologie Luhmanns (1987) und die Entwicklungspsychologie Bronfenbrenners (1981) berufen. Diese setzen im Alltagsgeschehen an und beziehen über abstrakte Beschreibung der sozialen Situation körperbehinderter Menschen hinaus immer auch die Operationalisierung und Überprüfungsmöglichkeit in der Praxis mit ein. Dabei ist in einem pluralistischen Theorie- und Handlungsgebäude der Kontakt benachbarter Disziplinen vorgesehen (Kaminski 1995, 48ff).

Als Systeme der Sozialisation körperbehinderter Menschen werden in Anlehnung an Bronfenbrenner und an das Modell integrativer Prozesse nach Reiser (1990, 32f) folgende Bedingungsebenen verstanden: Personale, familiale, institutionelle, gesellschaftliche und sinngebende Bedingungen, bei denen sich jeweils organisatorische und qualitative Dimensionen unterscheiden lassen. Diese Dimensionen erlauben Aussagen über die Identitätsfindung körperbehin-

derter Menschen, wie sie von den meisten Betroffenen ähnlich erlebt wird
(Bergeest 1999c, 222).

Personale Bedingungen

Im Bedingungsgefüge des Netzwerks individueller Sozialisation sind Elemente
der „Selbstfindung" und der „Sozialen Interaktion" (Leyendecker 1999, 164f)
sowie die Gestaltung der individuellen Welt durch den *Erwerb von Kultur*(techniken) hervorzuheben, die sich bei körperbehinderten Menschen unter
erschwerten Bedingungen vollziehen können. Die Selbstfindung erfolgt über
die Bildung eines *Selbstkonzepts* als der internalisierten Summe individueller
Erfahrungen mit dem Ziel des inneren Gleichgewichts und der Spannungsfrei-
heit (Rogers 1973; vgl. Haupt 1996, 14). Entwürfe einer Theoriensynthese der
Selbstkonzeptforschung von Epstein (1984) und Filipp (1984) zeigen das
Selbstkonzept als Ordnung von Erfahrungen des Individuums mit sich selbst
und mit anderen. Es führt zur Konstruktion einer (unbewussten oder bewussten) individuellen Theorie der Wirklichkeit, die Beziehungsgestaltung und Lernen ermöglicht.   Das Selbstkonzept frühkindlich körperbehinderter und
chronisch kranker Menschen ist für die meisten Betroffenen bestimmt von der
Erfahrung der Etikettierung durch das soziale Umfeld, von der Bindung ihrer
personalen Existenz an die Schädigung und von „erschwertem Kontakt zum
Mitmenschen" (und oftmals fehlender menschlicher Wärme; Saal 1992, 105ff).
Sie sind geformt durch Unterstützungsbedarf, Fremdbestimmtheit, Abhängigkeit und soziale Defensive als Teil einer durch Rehabilitation geprägten Existenz (Hahn 1981, 14ff; Windisch/Kniel 1993, 37ff). Der Weg offensiver kreativer Gestaltung des Lebens gemäß den persönlichen Bedürfnissen ist vielfach
erschwert; stattdessen entstehen nach Kunert (1973) Unselbständigkeit, Passivität und schlimmstenfalls Resignation, aber auch aggressive Durchbruchreaktio-
nen. Steinhausen/Wefers (1977) berichten von Introvertiertheit und sozialem
Rückzug betroffener Kinder. Kuckhermann/Nitsche/Müller (1991, 279) verweisen in diesem Zusammenhang auf verrringerte Chancen, soziale Kompetenzen zu entwickeln.
    Eine Spannung zwischen Selbst-Wahrnehmung (als ganzheitlich personale
Empfindung) und sozialer Erfahrung kann die Suche nach innerem Gleichgewicht und Stabilität und die Ablösungsprozesse erschweren (Bergeest 1993,
35ff). Biografische Darstellungen zeugen von konfliktreicher Identitätsfindung:
„Nicht die Tatsache der Behinderung an sich ist es, die primär ein tiefgreifen-
des Minderwertigkeitsgefühl hervorruft, das zerstörend wirkt; vielmehr muss
die Reaktion der sozialen Bezugswelt auf eine vorhandene Behinderung als

auslösendes Moment betrachtet werden" (Saal 1992, 107); es kommt „zu einer Herabwürdigung unseres Menschseins" (Horn 1990, 58). Der Weg in ein selbständiges Leben erfolgt aus dem gleichen Grund verspätet („weil ich zu diesem Zeitpunkt noch nicht in der Lage war, abrupt vom verhätschelten, unmündigen Kind zum Erwachsenen heranzureifen"; Schlett 1984, 107) oder gar nicht (zu Biografien körperbehinderter Menschen vgl. Bläsig 1983a; siehe auch Radtke 1985, Habel 1994). Die Auseinandersetzung betroffener Menschen mit der eigenen Behinderung kann auch zu repressiven Reaktionen im Sinne von „abwehrnahen Techniken" führen, die der Aufrechterhaltung des inneren Gleichgewichts und der Selbstwertschätzung dienen (Leyendecker 1999, 166).

Die Selbstfindung körperbehinderter Menschen erfolgt immer vor dem Hintergrund behinderungsspezifischer Möglichkeiten und Grenzen. Pädagogisch liegt in der offenen Auseinandersetzung (*Transparenz*) mit der Körperbehinderung und den Erschwernissen der Umsetzung eigener Bedürfnisse ein Schlüssel zum Aufbau eines positiven, spannungsfreien Selbstkonzepts.

Das Ziel der Entwicklungsprozesse ist auf der personalen Ebene die *Emanzipation* des Individuums von Fremdbestimmung. Dazu bedarf es des *Erwerbs von Kultur*(techniken) im Sinne der Ausschöpfung des Entwicklungspotentials und der Bildung, um die Befähigung zu vernünftiger Selbstbestimmung, Autonomie und Freiheit eigenen Denkens zu erlangen.

Familiale Bedingungen

Die zweite Ebene der Sozialisation ist der mikrosoziale Bereich familialer Bedingungen mit unmittelbaren Auswirkungen auf Selbstkonzept, Identität und Sozialverhalten körperbehinderter Kinder. Auf dieser Ebene lassen sich zwei Bereiche hervorheben, die die Spezifik der Sozialisation bei körperlicher Behinderung charakterisieren und eng mit der Operationalisierung von *Solidarität* mit den Betroffenen zusammenhängen: die *„Organisation der Behinderung"* und die *Behinderungsverarbeitung* (Bergeest 1999c, 222). Die wissenschaftliche Betrachtung muss sich vor allem auf den Bereich der Behinderungsverarbeitung in *systemischen* Zusammenhängen konzentrieren, um der Tendenz vorzubeugen, dass die Wissenschaft den Komplex geradezu verstärkt, den sie aufheben möchte. Sie wirkt kontraproduktiv, wenn sie bei der Betrachtung der Besonderheiten von Familien mit körperbehinderten Kindern die Besonderung implizit hervorhebt (und sich damit im Grunde den Gegenstand ihrer Forschungen erst schafft; vgl. Bleidick 1999). Auch die betroffenen Familien selbst erleben diese (für systematische Hilfestellung jedoch unabdingbare) Arbeit als „zusätzliche Abstempelung und Durchleuchtung" (Bergeest, 1993, 35). Das Dilemma löst sich in einem zirkulären Prozess, wenn es mitreflektiert und offengelegt wird.

Der Stand empirisch gesicherter Erkenntnisse über die Situation von Familien mit (körper)behinderten Kindern ist „höchst unbefriedigend" (Cloerkes 1997, 240). Familiensoziologische Forschungen zu Veränderungen der gesellschaftlichen Funktion von Familie lassen insgesamt den Schluss zu, dass ein körperbehindertes Kind die ohnehin vorhandenen Strukturprobleme der Institution Familie (Kleinfamilien, Isolierungstendenzen, Veränderung der Geschlechterrollen) verschärft.

Die „*Organisation von Behinderung*" beginnt bei den ersten Anzeichen der Schädigung oder Krankheit des Kindes. Die medizinische Diagnose ist der entscheidende Einschnitt in das Familienleben (die Art und Weise der Diagnosenvermittlung bestimmt maßgeblich den weiteren Verlauf der Behinderungsverarbeitung; Stegie 1988, 121f). Die Organisation reicht von schnellen Entscheidungen hinsichtlich der Behandlungsmaßnahmen bis zu langfristigem „Orientierungsmarathon" der Familie und „kontinuierlicher lebensgeschichtlicher Erfahrung" (Pieper 1993, 27ff) für alle Familienmitglieder, in deren Verlauf vor allem die Mütter zu „Expertinnen" der Rehabilitation ihres Kindes in vielen Bereichen werden können. Die ständige Beschäftigung mit dem Körper wird bestimmt durch eingestandene oder uneingestandene Wünsche nach „Wiederherstellung". Das hat oft problematische Auswirkungen auf die Eigenaktivitäten des Kindes, die entscheidend vom Zutrauen der Bezugspersonen in das Leistungsvermögen und vom eigenen Selbstwertempfinden abhängig sind. „Deshalb ist nicht jede Maßnahme gut, nur weil sie gut gemeint ist. Ein Zuviel an therapeutischer Stimulation oder ein direktives einengendes Verhalten der Eltern ... hemmen nachweislich den Entwicklungsfortschritt" (Schlack 1997, 17). In einer „Elternschaft ohne Modell" benötigen die Betroffenen zur Anpassung an das veränderte Familienleben einen umfassenderen Lernprozeß als Familien mit nichtbehinderten Kindern (Fröhlich 1989, 190), zumal bei großen Belastungen immer auch die Gefahr der Destabilisierung durch innerfamiliale „Desorganisation" und außerfamiliale „Desintegration" der Sozialbeziehungen besteht (Cloerkes 1997, 248). Die Anpassungsleistung kann mit veränderten familialen Konstellationen einhergehen: für Mütter (Verstärkung der Hausfrauenrolle, Aufgeben beruflicher Wünsche; vgl. Jonas 1990 u. 1994; Pieper 1993), Väter (Forderungen nach emotionaler Auseinandersetzung über gewohnte rationale und organisatorische Bewältigung hinaus; vgl. Hinze 1991), Geschwister (Zurückstehen hinter dem behinderten Kind; vgl. Hackenberg 1983, 1992) und das behinderte Kind selbst, das durch ambivalente Empfindungen und Verhaltensweisen ihm gegenüber sowie durch belastende Beziehungserfahrungen (z. B. frühe Mutterentbehrung) über Jahre geprägt werden kann. Oftmals ist auch das kommunikative Verhalten der betroffenen Kinder erschwert und verstärkt Beziehungsprobleme (Haupt 1992, 31ff).

Mit der Suche nach familialem Gleichgewicht eng verwoben sind Prozesse familialer *Behinderungsverarbeitung* (Behinderungsbewältigung, Coping; vgl. Kap. „Zusammenarbeit mit den Eltern").

Institutionelle Bedingungen

Die dritte Ebene des Beziehungsgefüges der Sozialisation sind die institutionellen Bedingungen. Zur Rehabilitation sind lebensbegleitend institutionalisierte Hilfen flächendeckend, aber in regional unterschiedlicher Struktur vorgesehen. Sie gliedern sich in der Regel in vorschulische, schulische, berufliche und möglicherweise geriatrische Einrichtungen. Sinnvolle Rehabilitation erfolgt im Zusammenwirken aller zuständigen Institutionen. Innerhalb einzelner Institutionen besteht eine *Kooperation* zwischen den Berufsgruppen.

Durch die Gutachten des Deutschen Bildungsrats (1974) wurde die vorschulische Rehabilitation zu einer kooperativen Aufgabe von Ärzten, Physiotherapeuten, Ergotherapeuten, Psychologen, Pädagogen und Sozialarbeitern. Unterschieden wird zwischen Vorsorgeuntersuchungen im Säuglings- und Kleinkindalter, Frühförderung schwerer behinderter Kinder in sozialpädiatrischen Zentren, Entwicklungsförderung in regionalen Frühförderstellen, Sonderkindergärten und integrativen Kindergärten (Stadler 1998, 169). Das „unteilbare" übergeordnete Ziel der Rehabilitation, die soziale Integration, ist für körperbehinderte Kinder nirgends so umfassend erreichbar wie im selbstverständlichen Miteinander mit nichtbehinderten Kindern von frühauf in vorschulischen Einrichtungen.

Integration bedeutet das Gegenteil von Isolation und auch von *Entwurzelung*. Rehabilitation verlangt körperbehinderten Menschen aus ökonomischen Gründen große Mobilität ab, ohne der örtlichen und sozialen Verwurzelung, der von Piaget und Weil definierten „Heimat als biographische Konstruktion" (Mitzscherlich 1997, 104) Rechnung zu tragen.

Die schulische Rehabilitation ist in den einzelnen Bundesländern in Details unterschiedlich organisiert. Die Förderung erfolgt entweder in der örtlichen Regelschule, in Sonderschulen für Körperbehinderte, in Integrationsschulen oder als Haus- und Krankenhausunterricht. Der Übergang auf weiterführende Schulen und auf die Hochschulen ist aus Gründen der Dominanz vereinheitlichter, rigider Kommunikations- und Leistungsnormen in diesen Einrichtungen für schwerer behinderte Jugendliche zusätzlich erschwert (vgl. Deutsches Studentenwerk 1993).

Institutionen der beruflichen Rehabilitation (vgl. Bundesanstalt für Arbeit 1997) sind die Berufsbildungswerke (BBW) zur Erstausbildung behinderter Jugendlicher, die Berufsförderungswerke (BFW) zur Fortbildung und Umschulung behinderter Erwachsener und die Werkstatt für Behinderte (WfB). BBW und BFW orientieren sich weitgehend am Leistungsdiktat des freien Arbeitsmarktes, unter dem körperbehinderte Menschen generell weniger Chancen haben (Cloerkes 1997, 36; vgl. Seifert/Stangl 1981; Bordel/Nagel/Stadler 1987; Butzke/Bordel 1989). Seit Inkrafttreten des SGB IX im Juli 2001 fördern die Integrationsämter zur beruflichen Unterstützung schwer körperbehinderter Menschen auch den Einsatz von Arbeitsassistenten (Hinz/Boban 2001).

Von besonderer Bedeutung im Rahmen institutioneller Bedingungen der Sozialisation sind die Selbsthilfegruppen. Sie haben wichtige Funktionen in jedem Altersabschnitt der Betroffenen: Stützung und Information zur Orientierung der Eltern körperbehinderter und chronisch kranker Kleinkinder; Sammlung und Bündelung von Information und Maßnahmen zur Therapie und Entwicklungsförderung der Kinder; Organisation von Innen- und Außenkontakten sowie von Freizeitaktivitäten im Jugendlichen- und Erwachsenenalter der Betroffenen; Strategien und Beiträge zur sozialen Integration körperbehinderter Menschen. Aktivitäten und Leistungen von Selbsthilfeorganisationen bestehen im Einzelnen in Beratung, Aufbau von Kontakten, Förderung von Erfahrungsaustausch Betroffener, Unterstützung und Information von Mitgliedern (z. B. Rechtsberatung), Organisation von Fortbildung, Öffentlichkeitsarbeit, Mitarbeit und Interessenvertretung in politischen Gremien, Freizeitgestaltung der Mitglieder, Aufbau eines bundesweiten Netzwerks.

Die Selbsthilfeorganisationen erstarkten in der BRD in den 60er und 70er Jahren als „politische Kritik an der Dienstleistungsgesellschaft" (Braun/Opielka 1992, 24), „wo die professionelle Versorgung quantitativ und qualitativ nicht ausreicht. Sie gleichen ‚Seismographen für Mängel'" (Moeller 1996, 97). In der DDR waren Selbsthilfeorganisationen bis auf wenige Ausnahmen (z. B. ärztlich geleitete Patientengruppen) verboten und existierten nur inoffiziell, oft unter dem Dach der Kirche (vgl. Müller 1992). Heute gibt es praktisch für jede Körperbehinderung oder chronische Erkrankung Selbsthilfegruppen unterschiedlicher Größe und von unterschiedlichem politischen Gewicht (vgl. Schmid 1992).

Ergänzend tritt neben diese organisatorischen Gesichtspunkte der Rehabilitation das qualitative Moment der Haltung beruflicher Förderer gegenüber den betroffenen Menschen und ihren Familien. Hier handelt es sich nicht selten um „lebenslange Beziehungen" (Herzog 2000, 22), z. B. zum medizinisch-therapeutischem Fachpersonal. In diesem Sinne sind die institutionellen Bedingungen auch bestimmt durch ein Mehr oder Weniger der unabdingbaren Haltungen des *Respekts* und der *Empathie*. Diese entsprechen weitgehend „menschlichen Grundhaltungen" mit den Merkmalen des Dialogischen und impliziter Solidarität mit betroffenen Menschen (Haeberlin 1996, 35f).

Gesellschaftliche Bedingungen

Die Makroebene des gesellschaftlichen Umgangs mit körperbehinderten Menschen ist gekennzeichnet durch die *sozialpolitische Organisation* des Nachteilsausgleichs. Im Grundgesetz (Art. 3, Abs. 3) ist ein Benachteiligungsverbot für behinderte Menschen festgeschrieben. Im Sozialgesetzbuch (SGB) sind der Rechtsanspruch auf die Sicherung eines menschenwürdigen Daseins verankert und die Netze der sozialen Sicherung definiert (Leistungen der Kranken-, Pflege-, Renten-, Unfall- und Arbeitslosenversicherung gegen Vorleistungen). Die einstige Zergliederung in Schwerbehindertengesetz, Bundessozialhilfegesetz und Rehabilitationsangleichungsgesetz ist 2001 durch das *Neunte Buch Sozialgesetzbuch* (SGB IX) beseitigt worden (Fuchs 2001, 150ff; vgl. Kap. „Nachschulische Förderung"). Die neuen gesetzlichen Regelungen zur *Gleichstellung* behinderter Menschen sind klarer gefasst und zielen auf größtmögliche Selbstbestimmung der Betroffenen und Beteiligung ihrer Selbsthilfeorganisationen.

Hilfen zur *beruflichen* Integration und zum behindertengerechten Wohnen sollen durch das SGB IX mit Maßnahmen eines Nachteilsausgleichs, einschließlich der Möglichkeit einer Assistenz, geregelt werden (zu *Beruf*, *Wohnen* und *Freizeit* vgl. Kap. „Außerschulische/nachschulische Förderung").

Die gesetzlichen Regelungen haben zu grundlegenden Veränderungen der gesellschaftlichen Sozialisationsbedingungen betroffener Menschen geführt, das Ziel der Regelungen, die Integration im Sinne einer Nichtbesonderung und Akzeptierung ist jedoch noch nicht erreicht. „Barrieren aufgrund der sozialen Reaktion" (Cloerkes 1988, 90) bestehen weiterhin. Der gesellschaftlichen Öffnung gegenüber Belangen behinderter Menschen und deren selbstverständlicher öffentlicher Präsenz seit Beginn der 80er Jahre stehen Interaktionsspannungen und Interaktionsvermeidung (Anstarren, Wegsehen, Aufdrängen unerwünschter Hilfe) gegenüber, ganz zu schweigen von einer dramatischen Zunahme alltäglicher Gewalt gegen behinderte Menschen (vgl. Behindertenbeauftragter des Landes Niedersachsen 1993). Zur grundlegenden Veränderung auf der gesellschaftlichen Ebene ist über gesetzliche Regelungen hinaus eine tiefgreifende Einstellungs- und Verhaltensänderung erforderlich (vgl. Klee 1980 u. 1981).

Körperbehinderung ist ein sozial unerwünschtes Phänomen und löst in der Regel negative Reaktionen aus (Seywald 1980, 37ff; v. Bracken 1981, 212ff; Lindenmeyer 1983, 22ff; Marenbach 1985, 13ff). Den betroffenen Personen werden aufgrund von *Etikettierung* soziale Rollen zugewiesen (auch von Fachleuten), die den Menschen weitgehend über seine Schädigung definieren. Rollenzuschreibungen für körperbehinderte Menschen (z. B. ein Zwang zur „Normalisierung" oder „Unauffälligkeit") entstehen durch Einstellungen der Bevölkerung. Umfängliche Einstellungsmessungen sind von Jansen (1981) Anfang der 70er Jahre durchgeführt worden (vgl. Dockendorf 1988). Viele seiner Ergebnisse, insbesondere zum Mangel an Information über die Personengruppe körperbehinderter Menschen, waren zeitbedingt; heute würde es bei ähnlichen Untersuchungen zu einer veränderten Hypothesenbildung kommen. Obwohl die Bevölkerung besser über Belange der behinderten Menschen informiert ist, sind die Reaktionen weiterhin durch Vorurteile geprägt.

Eine besondere Form der Etikettierung ist die *Stigmatisierung* als starre negative Einstellung. Mit Stigma bezeichnet man ein diskreditierendes Merkmal einer Person, das sich der Aufmerksamkeit aufdrängt und gegen normative Erwartungen verstößt (Goffman 1967, 11f). Nicht das Merkmal als solches ist von Bedeutung, sondern die negative soziale Zuschreibung im Zusammenhang mit diesem Merkmal. Der Prozess des Übergangs von zugeschriebener sozialer Devianz (bei leichtem Verstoß gegen soziale Normen) zur Stigmatisierung (bei schwerem Verstoß wie einer Körperbehinderung) führt nach Goffman zu einer „irreversibel beschädigten Identität", d. h. die wahre Natur des Individuums tritt dauerhaft hinter zugeschriebenen Persönlichkeitsmerkmalen zurück. Die Erfahrung der letzten Jahre hat gezeigt, dass Goffmans These modifiziert werden muss. Ein Weg der „Entstigmatisierung" körperbehinderter Menschen erschließt sich über den offensiven sozialen Austausch im gesellschaftlichen Alltag unter Berücksichtigung der kognitiven Ebene (z. B. Information durch die Medien), der emotionalen Ebene (persönliche Kontakte) und der Handlungsebene (z. B. Strategien und Projekte; vgl. Klee 1980; Miles-Paul 1992; Heiden 1996; Aktion Grundgesetz 1997).

Frey (1983, 15f) unterscheidet drei Aspekte der inneren Identität stigmatisierter Personengruppen: einen externen Aspekt (Identifikation durch andere), einen internen Aspekt (Identifizierung des Individuums mit einem vermuteten Fremdbild und/oder einem Selbstbild) und einen Aspekt balancierter Identität (Identitätsfindung als Integrationsleistung diskrepanter Selbsterfahrung). Die Integrationsleistung balancierter Identität dient dem *kontinuierlichen* Ausgleich zwischen Anforderungen von außen und den inneren Bedürfnissen. Die Kontinuität muss in diesem Zusammenhang hervorgehoben werden als der sichere Boden des einmal Erfahrenen. Sowohl angenehme als auch unangenehme Erfahrungen können dabei aufrecht erhalten werden, wenn es denn die vertrauten und damit sicheren sind. Das erklärt das Bestreben vieler körperbehinderter Menschen, zu einem

Ausgleich zwischen ihren gespürten Bedürfnissen und den Anforderungen ihrer Umwelt (im Sinne einer Anpassungsleistung) zu gelangen. Und es bietet eine weitere Erklärung für die anhaltende soziale Defensive der Betroffenen.

Eine besonders benachteiligte Gruppe sind körperbehinderte Frauen (vgl. Eggli 1977; Arnade 1992; Burger 1992; Barwig/Busch 1993; Niehaus 1993; Schopmans 1993; Steengrafe 1995). Das Leben als Frau *und* als Behinderte führt in unserer Gesellschaft zu einem Komplex von Benachteiligungen. Die ohnehin verringerten Chancen gleichberechtigter gesellschaftlicher Existenz als Frau potenzieren sich, da die behinderte Frau zusätzlich gegen eine Reihe von Leistungsnormen, Schönheitsidealen und Rollenklischees verstößt. Sie sind auch behinderten Männern gegenüber unterlegen, da sie eher zu „Verzichtshaltungen" erzogen sind und damit weniger Chancen zur Autonomie erhalten (Born 1992, 69; Ewinkel/Hermes 1992, 22f). „Die Situation behinderter Frauen erweist sich als wesentlich schwieriger und komplexer als aus der Addition der Situation des Frau-sein und Behindert-seins zu erwarten wäre" (Wienhues 1988, 190).

Sinngebende Bedingungen

Ordnung und Ziel menschlichen Handelns im Prozess der Sozialisation sind (bewusst oder unbewusst) auf der allen Ebenen übergeordneten Metaebene mit der Sinnfrage der Existenz verknüpft. Die Sinnfindung ist dem menschlichen Streben immanent. Sinnfragen sind Basis der Suche nach Spiritualität in den Weltreligionen. Körperbehinderte und kranke Menschen stellen die Fragen („Warum ich?") sehr viel früher als nichtbetroffene. Ohne die bewusste Auseinandersetzung mit dem transzendentalen Bereich des Sinns des Lebens fehlen dem Pädagogen Antworten auf entsprechende Fragen der Kinder. Ermert (1994; vgl. Ermert/Pesch 1991) hat Versuche unternommen, die Diskussion der Sinnfrage in Fachkreisen aus unterschiedlichen Perspektiven anzustoßen.

Eine Betrachtung von Zielen des Sozialisationsprozesses ist im Grunde ohne die *Reflexion* metaphysischer Dimensionen nicht anzustellen. Sinnstiftung muss auch das Ergebnis aller Sozialisationsleistungen sein, die auf Emanzipation zielen. Familien, Schulen, Kirchen und alle anderen an der Sozialisation Beteiligten können einerseits einen rational-argumentativen Beitrag leisten; andererseits wird die Sinnfindung in einem Prozess des sozialen Miteinanders durch ethisch begründete zwischenmenschliche Haltungen ermöglicht.

Bedingungen der pädagogischen Förderung spannungsfreier Identitätsfindung, Autonomie und Emanzipation körperbehinderter Kinder sind auf allen Ebenen der Sozialisation hervorzuheben. Die Pädagogen verstehen sich in diesem Zusammenhang als Teil des Bedingungsgefüges der Sozialisationssysteme. Die Qualität des Selbstkonzepts körperbehinderter Kinder wird auch vom Verhalten des Pädagogen bestimmt. Die wichtigsten operationalisierbaren Dimensionen der Förderung sind *Respekt* vor dem Entwicklungspotential, *Empathie* und *Transparenz* der Interaktion auf der personalen Ebene, Elternarbeit als *solidarische* Handlung auf der familialen Ebene, Bereitschaft zur *Kooperation* und zur Übung von Haltungen des *„Dialogischen"* auf der institutionellen Ebene, *offensiver sozialer Austausch* auf der gesellschaftlichen Ebene, *Reflexion* und *ethisches Handeln* auf der Ebene der Sinnfragen.

Aber auch im Rahmen organisatorischer Maßnahmen wird auf allen Ebenen ein Weg beschritten, um die „Umsetzung des Normalisierungsprinzips ... als physische und soziale Integration" zu erreichen (Jacobs 1993, 35). Dazu bedarf es auf der personalen Ebene außer der Vermittlung von Kulturtechniken auch pädagogischer Maßnahmen zur Förderung kommunikativer Kompetenz (Sprechen, Ausdruck, Nutzung von elektronischen Hilfsmitteln, Internet) und der Selbstbehauptung (z. B. bei der Durchsetzung von „Gleichstellung"). Auf der familialen Ebene sind informative und entlastende Leistungen und Dienste erforderlich. Auf der institutionellen Ebene bedarf es einer horizontalen Durchlässigkeit pädagogischer Fördermaßnahmen unter Aufhebung starrer Trennungen und Zuständigkeiten; d. h. auch die integrative Schule und die Sonderschule haben schon die Aufgabe, auf Freizeit („Projekte"), selbständiges Wohnen („Hauswirtschaft") und vor allem auf Beruf („berufswahlvorbereitender Unterricht"; ebd. 45ff) vorzubereiten. Ein Schwerpunkt auf der gesellschaftlichen Ebene sind neben der Schaffung einer behindertengerechten Infrastruktur und Gewährleistung von Gleichstellung auch kontinuierliche Maßnahmen zur Veränderung der sozialen Reaktion auf körperbehinderte Menschen: *Informationsstrategien* (Massenmedien, Literatur), *Kontaktstrategien* (strukturiert, alltäglich-unstrukturiert), *gezielte Aufklärungsstrategien* (Aktionen, Rollenspiele) sowie *„Veränderung des normativen Kontextes"* (Gesetzgebungsmaßnahmen, Maßnahmen im Sinne demokratischer Solidarität und Diskussion gesellschaftlicher Wertestrukturen; Cloerkes 1997, 129ff).

3.3 Bedingungen der psychosexuellen Entwicklung

Eng verknüpft mit kognitiver Entwicklung, Sozialisation und Identitätsfindung ist die sexuelle Entwicklung. Sexualität ist die *Lust*-volle Färbung des Erlebens in der Entwicklung, eine „Lebenskraft schlechthin, als die Fähigkeit zur lustvollen Besetzung von Objekten, seien diese belebt oder unbelebt" (Brocher 1971, 15). Das bestimmt *motivational* den Weg für kreative Gestaltung individueller Welt. Durch die intensive *emotionale* Qualität von Lust- und Liebesempfindung wirkt Sexualität systemisch auch wie ein „Motor ... aller kognitiven Dynamik" (Ciompi 1997, 95). Als selbstverständliches, entwicklungsförderndes Phänomen findet dieser Aspekt in der Regel pädagogisch keine besondere Beachtung. In der Entwicklung körperbehinderter oder chronisch kranker Menschen ist Lustempfindung jedoch oftmals keine Selbstverständlichkeit, sondern erschwert und behindert und deshalb förderungsrelevant.

Eine schlüssige Definition und Theorie menschlicher Sexualität macht Mühe. Irrationale und unbewusste Phänomene und Verläufe sträuben sich hier gegen rationale Verständigung und sprachliche Benennung. Sexualität kann nur im Spannungsverhältnis unterschiedlicher theoretischer Ansätze dialektisch umrissen werden in einer „Einheit des Widersprüchlichen", die sich aus vielen wissenschaftlichen Quellen speist (Sielert 1991, 43f). Sexualität wird damit nicht mehr verkürzt auf biologistische geschlechtsspezifische Aspekte und den Geschlechtsakt in Fortpflanzungsfunktion, sondern als eine Vielzahl von Handlungen und Erlebnisformen begriffen. Dazu gehört z. B. auch die Qualität von Körperkontakt und Berührung (Anders/Weddemar 2001). Hauptquellen dieser Ausweitung waren im 20. Jahrhundert anthropologische, soziologische und psychoanalytische Grunderkenntnisse. Die exponiertesten Positionen für Erklärungsansätze der Sexualität waren die *Triebmodelle* nach Freud (Sexualität als sich ständig aufladender „Dampfkessel"), die triebfreien, *lerntheoretisch orientierten Modelle*, z. B. von Fricker/Lerch (1976), und *Mehr-Komponenten-Modelle* z. B. von Schmidt (vgl. Kluge 1984, 7). Allen gemeinsam ist die Konstatierung von Lust als motivationaler Kraft des menschlichen Verhaltens, die gleichwohl noch nicht selbstverständlicher Bestandteil des gesellschaftlichen Bewusstseins geworden ist und eher tabuisiert wird (insbesondere bei behinderten Menschen). Daneben treten in „dynamischer Balance" (Sielert 1991, 47) weitere Aspekte sexueller Energie in den Vordergrund: Identität (Erfahrung der eigenen Person, Selbstbestimmung, Selbstliebe), Beziehung (Kontakt, Kommunikation, „selbstvergessene Sinnlichkeit"; Schmeichel 1998), Fortpflanzung (Zeugung, Sorge um Nachkommen), Liebe (intensivste Empfindungen), Aggressivität (auch Autoaggression), körperliche Spannung/Entspannung und nicht zuletzt Sublimierung sexuellen Potentials („Verfeinerung" und kreative

Umleitung entsprechender Energien). Die Einsicht in die Komplexität und Prozesshaftigkeit der Sexualität und ihre Verwobenheit mit allen anderen Lebensäußerungen bringt zwangsläufig eine Diskussion über Sinnfragen im Zusammenhang mit Normvorstellungen und kulturellen Werten mit sich. Unter diesem Aspekt erfüllt Sexual*pädagogik* einen Kulturauftrag.

Die *sexuelle Entwicklung* umfasst die gesamte Kindheit und Jugend. Es ist heute wissenschaftlich weitgehend unbestritten, dass Sexualität eine Energiequelle ist, die von Geburt an wirksam wird (Etschenberg 1984, 282). Im frühkindlichen Erleben erscheint sie noch ungerichtet und undifferenziert. Alles Erleben und Empfinden wird lustvoll gestaltet und fließt auch in Erfahrungsmuster ein, die insgesamt die vorpubertäre Wurzel bilden für Bedürfnisse und Verhalten nachpubertärer Sexualität und Partnerschaft.

Das kindliche Sexualinteresse (Doktorspiele) wandelt sich in der Pubertät und Nachpubertät zu einem existenzbestimmenden Lustfaktor, der unter anderem die Qualität und Form von Partnerschaften prägt: Partnerschaft mit sich selbst (Masturbation), mit dem anderen oder dem eigenen Geschlecht (Zärtlichkeit und Koitus). Ziel der Entwicklung und damit auch der pädagogischen Intervention sind harmonische Bilder sexueller Partnerschaft (im Vergleich zu unharmonischen Bildern sexueller Unterdrückung). Die ersten Erfahrungen mit befriedigenden Erlebnissen werden in der Regel durch *Masturbation* gemacht. Unterschiede im Auftreten und in der Häufigkeit der Masturbation bei Mädchen und Jungen haben ihren Grund in unterschiedlichen sinnlichen Reifungsvorgängen (Wellach 1999, 272). Im Sexualverhalten körperbehinderter Menschen hat angesichts der verringerten Chancen zum regelmäßigen Koitus (s. u.) die Masturbation besondere Bedeutung (Bergeest 1997a, 161).

Kenntnisse über mögliche Besonderheiten der psychosexuellen Entwicklung körperbehinderter Menschen sind Bedingung für eine Sexualpädagogik innerhalb der Rehabilitation. Das lustvolle Erleben eigener Körperlichkeit und Partnerschaft ist eine zentrale Dimension sinnerfüllter Existenz. In der Körperbehindertenpädagogik hat diese Dimension bisher keine angemessene Berücksichtigung gefunden, sondern wurde zugunsten der Vermittlung einseitig rational orientierter Kulturtechniken vernachlässigt. Dabei gibt es schon seit Anfang der 60er Jahre verstärktes wissenschaftliches Interesse an der Erforschung von Besonderheiten der psychosexuellen Situation körperbehinderter Menschen. Die folgenden empirischen Studien haben hierzu Daten geliefert:

Autoren	*untersuchte Gruppe*
Lundt (BRD)1962	50 körperbehinderte Menschen, 15–70 Jahre
Guttmann (England) 1964	1505 Para- und Tetraplegiker

Brandt (Dänemark) 1971	21 Cerebralparetiker, 17–46 Jahre
Nordquist (Schweden) 1975	30 körperbehinderte Menschen, 20–61 Jahre
Stewart (England), 1975	212 körperbehinderte Menschen, 16–64 Jahre
Dörr (BRD) 1976	381 körperbehinderte Berufsschüler, 16–20 Jahre
Weimann (BRD) 1977	130 körperbehinderte Menschen (Reha-Klinik)
Wolfgart (BRD) 1977	965 körperbehinderte Menschen, 16–60 Jahre
Hintzsche (BRD) 1978	50 Ehepaare (ein oder beide Partner behindert)
Fuchs (Schweiz) 1978	25 körperbehinderte Menschen, 19–26 Jahre
Bächinger (Schweiz) 1978	(Befragung von Heimleitern)
Schönwiese (BRD) 1981	32 körperbehinderte Studenten
Dechesne (Niederlande) 1981	211 Cerebralparetiker, 14–23 Jahre
Mand (BRD) 1987	90 Para- und Tetraplegiker, Durchschnittsalter 37 Jahre
Kluge/Sander (BRD) 1987	107 körperbehinderte Menschen, 12–18 Jahre
	118 nichtbehinderte Menschen, 12–18 Jahre
Weinwurm-Krause (BRD) 1990	205 körperbehinderte Menschen, 20–35 Jahre
Diehl/Reuber (BRD) 1995	(Befragung von Eltern körperbehinderter Jugendlicher)
Blume-Werry (BRD) 1999	73 Menschen mit Spina bifida, 18–64 Jahre

Die meisten dieser Forschungsarbeiten haben Pilotstudiencharakter ohne den Anspruch einer repräsentativen Stichprobe (mit Ausnahme der Arbeiten von Wolfgart und Kluge/Sander). Einige Arbeiten sind nicht frei von diskriminierenden Fragestellungen (Schwerdt 1984, 144). Einzelne Ergebnisse stellen jedoch Muster und Tendenzen des Sexualverhaltens und der sozialen Problematik heraus, die von großer Bedeutung für eine weitgefasste Sexualpädagogik sein können (vgl. Übersichtsdarstellungen von Fuchs 1978, 3ff; Kluge/Sander 1987, 11ff; Weinwurm-Krause 1990, 80ff). Einige zusammengefasste Ergebnisse:

In der Primärsozialisation körperbehinderter Kinder können ein stärker kontrollierendes Erziehungsverhalten der Eltern und Bindungsprobleme durch Krankenhaus- und Heimaufenthalte die sexuelle Identitätsfindung erschweren. Späte oder fehlende Sexualaufklärung („pädagogisches Vakuum"; Dechesne u. a. 1981, 159) fördern diffuse oder romantisierende Vorstellungen über Partnerschaft und Sexualität. In der Sekundärsozialisation existieren weniger Möglichkeiten, Kontakte zu knüpfen und Normen, Werte und Verhalten anderer kennen zu lernen. Interessen sind eher in den häuslichen Bereich verlagert als nach außen. Das Kontaktverhalten scheint gekennzeichnet durch größere Schüchternheit, soziale Unsicherheit und mangelndes Selbstwertgefühl, verspätet einsetzendes Petting und Schmusen, mehr Kontakte zu Jüngeren, mehr gleichgeschlechtliche Kontakte, Masturbation als lebenslang dominierende genitale sexuelle Aktivität (sehr viele schwerer behinderte Menschen erleben nie einen Koitus). Von Geburt an behinderte Menschen haben grundsätzlich weniger Heiratschancen. Es sind mehr körperbehinderte Männer als Frauen verheiratet; Männer suchen und finden eher nichtbehinderte Partnerinnen; Frauen finden eher ebenfalls behinderte Partner.

Die genannten Arbeiten von Fuchs und Bächinger stellen zusammen mit dem ebenfalls 1978 veröffentlichten Schweizer Film „Behinderte Liebe" von Marlies Graf so etwas wie einen Wendepunkt in der „sexuellen Revolution" körperbehinderter Menschen dar. Hier kommen erstmals über wissenschaftliche

Beschreibung hinaus die Betroffenen selbst zu Wort und machen ihre Situation transparent (vgl. Schwerdt 1984, 148ff). Kügerl (1994) legt eine zusammenfassende Darstellung vor, die neben praktischen Hinweisen zur Sexualität und Hilfsmitteln für körperbehinderte Menschen auch Rechtsfragen behandelt.

Personale Determinanten: „Orientierungslosigkeit"

Vielschichtige individuelle Besonderheiten können es körperbehinderten Menschen erschweren, ihren basalen persönlichen psychosexuellen Mustern zu folgen und später stabile Partnerschaften und Liebesbeziehungen aufzubauen. Das kann körperliche Einschränkungen betreffen (vgl. Übersichtsdarstellungen bei Paeslack 1983 und Offenhausen 1995), auf emotionalen und sozialen Erfahrungen beruhen oder in der Übernahme gesellschaftlicher Zuschreibungen (geschlechtsloser Existenz) begründet sein.

Körperliche Erschwernisse treten vor allem bei querschnittgelähmten Menschen auf, bei von Geburt eingeschränkter oder nicht vorhandener nervöser Versorgung des Unterkörpers (Spina bifida), bei traumatisch erworbener Rückenmarksverletzung, bei fortschreitenden degenerativen Prozessen (Multiple Sklerose), bei Stoffwechselkrankheiten (z. B. Diabetes mellitus) oder nach hirnorganischen Eingriffen z. B. bei Epilepsie (Meyer-Wahl 1992, 67ff). Psychosexuelle Muster und entsprechende partnerschaftliche Wünsche sind auch bei völlig fehlender genitaler Empfindlichkeit kaum eingeschränkt.

Einen Erklärungszugang zur Sexualität querschnittgelähmter Menschen bietet die neurobiologische Forschung. Sie erkennt übergreifende Zusammenhänge psychosexueller Ansprechbarkeit und Liebesempfindungen. Für die entsprechenden motivationalen Faktoren sind auch „Suchmuster" verantwortlich, die entwicklungsbedingt in neurophysiologischen Steuerzentren gebildet werden. Spezifische Reize, die auf diese Suchmuster treffen, lösen chemische Reaktionen aus. Zu den Reizen gehören auch chemische Botenstoffe (z. B. geschlechtsspezifische Pheromone), die vorbewusste sexuelle Empfindungen und Motivation unabhängig von expliziten visuellen Sexualreizen oder gar körperlicher Stimulation bewirken (Miketta/Tebel-Nagy 1996, 73ff). *Der sexuell-erotische Kontakt beginnt unabhängig von spezifischen Körpersensationen, lange bevor die Betroffenen es wissen (und bleibt in Partnerschaften weitgehend unabhängig von visuell-äußerlichen Reizen bestehen).*

Bei *erworbener* Querschnittlähmung und fortschreitenden Prozessen kommt es in der Regel zu traumatischem Verlusterleben. Die genitale Sexualfunktion des Mannes (Erektion, Ejakulation) ist bei vollständigem Querschnitt unterbrochen (Schirren 1977, 61ff; Stöhrer 1979, 151ff; Stöhrer u. a. 1984, 177ff), eine psychische Orgasmusfähigkeit bleibt erhalten (oder kann gelernt werden; J. Mand 1987, 7). Bei partieller Schädigung sind meist Restinnervationen vorhanden, die oft therapeutisch (psychisch, chemisch, physikalisch; Paeslack 1983, 57ff; 1984, 221ff; Mooney u. a. 1984; P. Mand 1987, 22ff; Löchner-Ernst 1987, 24f; Schwarz 1987, 27f) für die Sexualfunktion genutzt werden können, z. B. mit dem Ziel der Zeugung. Das sexuelle Empfinden querschnittgelähmter Frauen ist weniger erforscht (Stöhrer u. a. 1984, 164ff). Ihre Empfängnisfähigkeit und ein psychisches Orgasmuserleben sind selten beeinträchtigt („Corticalisierung" des Orgasmus; Richter 1998, 69). Bei Spina bifida können problematisches Körperempfinden (Unterkörper wird „vergessen"), problematische Begleitsymptome (z. B. Inkontinenz) und Probleme des Vertrauens in körperliche Nähe auftreten (Popplow 1983, 42ff), die durch entsprechende Erfahrung von Vertrauen und Selbstbestimmung auszugleichen sind.

Erschwernisse der Psychosexualität bei Menschen mit *Bewegungsstörungen* (Cerebralparese, Muskelerkrankungen) oder schmerzhaften Erkrankungen (Rheuma) liegen bis auf wenige Ausnahmen nicht in der Beeinträchtigung der primären Sexualfunktion, sondern sind Folgen der allgemeinen körperlichen Disposition. Zumal bei Menschen mit Cerebralparese, der größten Gruppe, kann es von frühauf durch notwendige, aber nur widerwillig erduldete Rehabilitationsmaßnahmen zur Erschwerung des körperlich lustvollen Identitätsaufbaus kommen. Es ist eine besondere Tragik vieler körperbehinderter Menschen, dass sie lustvolle autoerotische Körperlichkeit aufgrund fehlender Orientierung erst spät oder gar nicht kennen lernen. Die Betroffenen sprechen von einem „enteigneten Körper", und ein selbstbestimmter Zugang sogar zu einfachster lustvoller Körpererfahrung wie „schönes warmes Wasser – das ideale autoerotische Milieu" (Winter-Klemm 1981, 95) wird mitunter erst im Erwachsenenalter erobert. Auch die Qualität der naturgemäß großen körperlichen Nähe zwischen Betroffenen und Betreuern wirkt sich auf den Bezug zum eigenen Körper („Autonomie, Stolz und Schamgefühl", ebd., 99) und zu Partnerschaften aus.

Sogar in schweren Fällen von cerebralen Bewegungsstörungen oder schmerzhaften Erkrankungen mit entsprechenden Problemen bei Masturbation und Koitus finden sich in der Regel für die Betroffenen Wege, die Erschwernisse zu überwinden (ggf. in organisatorischer Absprache mit Betreuungspersonen). Dagegen treten große Probleme bei der sexuellen Betätigung vieler *muskelkranker* Menschen auf, die aufgrund ihrer fortgeschrittenen Muskelschwäche z. B. nicht mehr fähig sind zur Masturbation als Entspannung und positiver Wahrnehmung des eigenen Körpers. Hier entstehen Beziehungskonflikte zwischen den Betroffenen und ihren Bezugspersonen bzw. Betreuern, da jede (oft gewünschte) Hilfestellung einem sexuellen Akt nahe kommt und entsprechende Emotionen auslöst (Knapp 1978, 108f). Ein Weg aus dem Dilemma liegt in der Überwindung von Sprachlosigkeit und eventuell in Zuhilfenahme von „sexuel-

len Hilfsorganisationen" (z. B. „Sensis": Körper-Kontakt-Service der IFB e.V.,
Ehrengartstr. 15, 65201 Wiesbaden).
Das Problem von Verhaltensauffälligkeiten, mangelnder Steuerungsfähigkeit
und sozialer Kontrolle der sexuellen Energie stellt sich bei einer zusätzlichen
geistigen Behinderung (vgl. de la Cruz/LaVeck 1975 und Walter 1992). Bei
spezifischen, oft chromosomal bedingten Schädigungen kann es auch zu sexuellen Entwicklungsverzögerungen kommen (vgl. Riegel 1984). Es gilt, geistig
behinderten Menschen neben dem liebevollen Umgang mit dem eigenen Körper insbesondere auch sozial angemessenes sexuell-partnerschaftliches Verhalten zu vermitteln (beispielsweise Orte für Masturbation vereinbaren). Für die
Pädagogen sind hier auch Fragen der Betreuung, Aufsichtspflicht und Verantwortung sowie rechtliche Belange zu berücksichtigen (Neuer-Miebach/ Krebs
1988, 125ff; Klein 1998, 141ff; Lenckner 1998, 169ff).

Der Komplex der psychosexuellen Entwicklung körperbehinderter Menschen
ist zudem möglicherweise gekennzeichnet durch emotionale Erfahrungen im
Zusammenhang mit familialer Überbehütung, Ambivalenz und Ablösungser-
schwernis, aber auch Entwicklungsverzögerungen und Eigenwertproblemen
oder gar Hospitalisierung. Die Sexualität bleibt in der familialen und institutionellen Erziehung meist ausgeklammert, und es besteht ein genereller Mangel an
Sexualaufklärung. „Der Behinderte ist nicht anders, aber anders erzogen. Er-
ziehungsfehler, die Behinderte behindern" (Klee 1980, 175) stellen eine der Ursachen für „isolierende Bedingungen" einer körperbehinderten Sexualität und
von Orientierungslosigkeit dar (Bagge/Bartels 1990, 64). Während die Entwicklung der Sexualität nicht behinderter Kinder weitgehend automatisch verlaufen kann, sich unter Umständen ohne jede Intervention ihren Weg bahnt und
in der Regel zu einer körperlich erotisch-sexuellen Orientierung führt, ist ein
emanzipatorischer Weg (Gayer 1983, 18ff) bei Kindern mit körperlichen Behinderungen grundsätzlich erschwert. Erschwernisse sind auf allen sozialen
Ebenen nachweisbar: der individuellen, der familialen, institutionellen und gesellschaftlichen. Makrosozial sind vor allem das soziale Integrationsdefizit sowie die Übernahme des Enthaltsamkeitsstereotyps durch die Betroffenen von
Bedeutung (s. u.).

Soziale Determinanten: „Sprachlosigkeit"

In den 60er Jahren vollzog sich langsam ein Prozess der Veränderung enger gesellschaftlicher Sexualvorstellungen und Vorschriften hin zur Betonung selbstverständlichen Sexualempfindens des Einzelnen, seines mündigen individu-

ellen Umgangs mit diesem Komplex und der unangefochtenen Definition der menschlichen Sexualität als einem Reservoir lustvoller Energie, das alle Lebensbereiche umfasst. Klee (1980) war einer der Ersten, die auf breiter populärwissenschaftlicher (Medien-)Front die Veränderung der Situation der bis dahin quasi als asexuell angesehenen behinderten Menschen forderte. Der Individualisierungsprozess in der mitteleuropäischen Gesellschaft seit den 70er Jahren mit den Kennzeichen weitreichender Akzeptierung sexueller Erfüllung und Selbstbestimmung des Einzelnen und die Einbettung dieses Befreiungsprozesses in eine Suche nach neuer Sinnhaftigkeit und Orientierung haben sich für körperbehinderte Menschen jedoch nur begrenzt realisiert. Obwohl die Identität der Bedürfnisse von behinderten und nicht behinderten Menschen unbestritten war, wurde behinderten Menschen durch die Gesellschaft und die institutionalisierte Rehabilitation nicht die gleichen Chancen zugestanden, sexuellemanzipatorische Prozesse zu durchleben, wie nichtbehinderten Menschen. Die gesellschaftliche Zuschreibung einer „Existenz ohne Sexualität" wurde von vielen Betroffenen selbst übernommen; eine Weichenstellung zur Neuorientierung hat es auch durch den neuen sexualpädagogischen Aufbruch Ende der 80er Jahre, ausgelöst durch die AIDS-Problematik, bei körperbehinderten Menschen kaum gegeben.

Die Jahre der Befreiung von engen gesellschaftlichen Systemen sexueller Moral waren daneben für viele Jugendliche auch geprägt von einem äußerst vielschichtigen und in vielen Bereichen widersprüchlichen Prozess der Suche nach (neuen) zwischenmenschlichen Normen und Werten. Seit den 60er Jahren zeugen „einschneidende Veränderungen" im Sexualverhalten (untersucht an Studentenpopulationen von 1966 bis 1996; Schmidt/Strauß 1998, 118f) von äußerlicher „Befreiung" von Prüderie und sexueller Repression. Viele Tabus haben sich aufgelöst, die Medien sind für sexuelle Themen offen wie nie zuvor (Sichtermann 1998, 212ff). Es besteht eine grundsätzlich unbeschränkte Wahlmöglichkeit zu sexueller Betätigung allein oder mit gleichberechtigten Partnern, bestimmt durch familiale Normen, aber mit minimaler Gängelung durch die Gesellschaft. Gleichzeitig ist die „Sexualität der Spätmoderne" (Schmidt/ Strauß 1998) auch gekennzeichnet durch eine „narzisstische Überforderung des Körpers" (Küchenhoff 1998, 44f), d. h. dass der eigene Körper den Aufgaben der individuellen Identitätsbildung nicht genügen kann, weil andere zwischenmenschlich-erotische Dimensionen vernachlässigt werden. „Wir sind ... umgeben von einer visuellen Flut perfekter, immer junger, immer schöner Körper" (ebd., 45), deren oberflächlich ästhetischen Bildern sich Jugendliche in den Jahren der Stabilisierung von Identitätsempfindungen, der Selbstverwirklichung und der Sinnfindung nicht entziehen können. Diese Einseitigkeit kann zur Verkümmerung anderer Dimensionen der Identität, wie der Emotionen, der

Ästhetik des zwischenmenschlich (erotischen) Umgangs und der Kreativität, beitragen. Auch die Sexualität körperbehinderter Menschen scheint in diesem Kult des perfekten Körpers keinen Platz zu haben.

Die Beständigkeit des Tabus, mit dem die Sexualität körperbehinderter Menschen belegt ist, beruht aber wohl nur zum Teil auf den gegenwärtigen Normen körperlicher Unversehrtheit, Leistungsfähigkeit und Ebenmäßigkeit, um oberflächlich begehrenswert zu sein. Gründe dafür liegen vermutlich viel tiefer in archetypischen Bereichen zumindest der abendländischen Kultur. „Das Menschenbild, d. h. die Erwartung der Mitmenschen an das Individuum ist von einer Norm, einer ,guten Gestalt' bestimmt" (Lempp 1998, 17). Es fehlen historische Zeugnisse, die Erotik positiv in Verbindung mit körperlichen Gebrechen darstellen. („Wir sind keine frauen, die männer in verwirrung versetzen"; Eggli 1977, 173). Jede Form von Erotik, die sich auf visuelle Phänomene und Vorstellungen beschränkt und auf schnelle Befriedigung ausgerichtet ist, bietet körperbehinderten Menschen weniger Möglichkeiten. Ihre Chancen liegen in der ganzheitlichen Erotik, die sich z. B. über Vertrautheit einstellt und gesellschaftliche Integration zur Voraussetzung hat.

Auf allen sozialen Ebenen herrscht nach wie vor Sprachlosigkeit vor: Gesellschaftlich passt Körperbehinderung nicht in das Klischee veräußerlichter Sexualität und Erotik und wird kaum thematisiert (obwohl die Medien sich seit Ende der 80erJahre auch dieses Themas verstärkt annehmen); auf der Ebene zuständiger Institutionen (Kindergärten, Schulen, Universitäten) wird dieses Thema weitgehend vernachlässigt. Kindergärten fehlt in der Regel das Problembewusstsein für frühkindliche Sexualpädagogik. Spezifische Richtlinien für den Sexualkundeunterricht mit körperbehinderten Kindern an Sonderschulen und Regelschulen sind in keinem Bundesland vorhanden. Die Richtlinien und Lehrpläne zur Sexualerziehung an den Regelschulen (vgl. Übersichtsdarstellungen von Hilgers 1995) zeichnen sich durch große Unbestimmtheit aus (niemandem fällt es auf, wenn überhaupt nichts stattfindet). Das Lehrangebot der Hochschulen ist für die Ausbildung (und Fortbildung) von Sexualpädagogen völlig unzureichend (Grabert 1990, 13ff).

Das familiale Umfeld betroffener Kinder hat angesichts der Körperbehinderung oder chronischen Erkrankung ohnehin mit Neuorientierung, Wiederherstellung des Familiengleichgewichts und der Behinderungsverarbeitung zu tun und ist mit der Beschäftigung mit der häufig expliziten Sexualität der eigenen Kinder überfordert und leistet z. B. auch keine Sexualaufklärung (s. o.). Ansprechpartner für das Thema Sexualität sind nach wie vor die Ärzte (oft innerhalb von Selbsthilfeorganisationen), deren Rat sich zumeist auf funktionale physiologische Aspekte beschränkt. Die Sprachlosigkeit setzt sich fort bis zu den Betroffenen selbst, die das Schweigen übernehmen und sich damit identifizieren; „damit verinnerlichen auch sie die Normen, die sie unterdrücken" (Bagge/Bartels 1990, 63).

Dabei ist nur Sprache zunächst die Basis für die Lösung vieler („unlösbarer") Probleme der Sexualität schwer körperbehinderter Menschen. Sie ist auch Basis der Pädagogik und der Betreuung und Hilfe für die Betroffenen. Es bedarf keiner *speziellen* Sexualpädagogik für behinderte Menschen; aber eine notwendige weitgefasste, über landläufige Konzeptionen hinausgehende *allgemeine* Sexualpädagogik – und sei es auch nur, um die Sprachlosigkeit im Hinblick auf vitale Bedürfnisse einer Bevölkerungsgruppe zu überwinden, die trotz aller integrativen Bestrebungen gern „im Abseits gehalten" wird (Hopf 1990, 8): zur Entwicklung angemessener Interventionskonzepte, zur Systematisierung notwendiger Begleitung vieler Betroffener, zur Bewusstmachung von spezifischen Problemfeldern (die sich einem intuitiven Vorgehen in der Praxis nicht erschließen), als Weg in die Öffentlichkeit, um Veränderungen zu bewirken, die sich als sozialer Automatismus im Zuge größerer Öffnung der Gesellschaft für die Thematik nicht einstellen mögen, und damit letztlich zur *Orientierung für alle Beteiligten*. Wie in vielen anderen Lebens- und Entwicklungsbereichen ist auch in der Sexualität das Hauptproblem körperbehinderter Menschen die Orientierungslosigkeit.

Bei körperbehinderten und chronisch kranken Menschen ist vor allem auch der basale Bezug zu einer körperlichen Disposition erschwert, die gesellschaftlich als unerwünscht angesehen wird und damit in der *Rehabilitation* der Verpflichtung zur Korrektur unterliegt. Auch bezüglich der Psychosexualität gilt, „dass nicht die körperlichen Merkmale entscheidend sind, sondern die gesellschaftliche Definition dieser Merkmale" (Bagge/Bartels 1990, 60). Die Verpflichtung zur Korrektur (oder zum Gesundwerden) erschwert den entspannten Bezug zur eigenen Körperlichkeit und zu lustvoller körperlicher Betätigung im weitesten Sinne. Ein körperliches „So-Sein" und nicht anders wird nicht erlebt, und im Extrem führt dieser Weg in die totale Entfremdung des eigenen Körpers, zur Unterdrückung seiner Bedürfnisse und in die völlige Fremdbestimmtheit. Dieser Prozess kann nur durch Sprache unterbrochen werden. Die Betroffenen selbst brauchen Bewusstheit dieser Erschwernisse und Möglichkeiten der Artikulation. Sie müssen ihre eigenen Bedürfnisse wahrnehmen (lernen) und sich nicht die Zuschreibungen anderer zu eigen machen. Automatismen, wie bei den meisten nichtbehinderten Menschen (die auch unter dem Druck von Zuschreibungen „erwarteter" Bedürfnisse stehen, ihnen aber in größerer „Mobilität" ausweichen können) finden kaum statt. Lernen, sich selbst und seine Bedürfnisse wahrzunehmen und zu versprachlichen, überwindet soziale Barrieren und baut einem „Improvisationstheater" (Dechesne) bei der Partnersuche (auch der Partnerschaft mit sich selbst) vor.

Die Wahrnehmung eigener Bedürfnisse nach Zärtlichkeit und Erotik entwickelt sich aus *familialem Kontext* heraus. Dimensionen sexuell-erotischer Sozialisation innerhalb der Familie sind der liebevolle Umgang der Familienmitglieder untereinander als Ausdruck der Qualität zwischenmenschlicher Beziehungen, die Beziehung zu einzelnen Mitgliedern dieses Mikrokosmos und vor allem Sicherheit und Geborgenheit als Ergebnis einer unbedingten Annahme des Kindes. Hierin liegt auch die Entwicklung seiner Liebesfähigkeit begründet. Es kommt jedoch von frühauf zu Ambivalenzen gegenüber dem behinderten Kind, die zu dessen existentieller Verunsicherung führen und entsprechende Auswirkungen auf sein Selbst-Verständnis als Individuum und als Partner haben können. Ein Prozess, der in Familien selten bewusst abläuft. Um ihm zu begegnen, ist jedoch Bewusstheit erforderlich. Dazu müssen meist Impulse innerhalb der Familie, oft mit fremder Hilfe, aufgegriffen werden, um kommunikative Automatismen aufzulösen und eine Sprache für dieses „Neue" zu finden. Der Preis ist in der Regel ein Prozess, der als Trauerarbeit bezeichnet wird und der neue Dimensionen einer Sinnfindung freisetzt. Dieser Prozess wirkt sich unmittelbar auf die existentielle „Sicherheit" des behinderten Kindes aus, also auch auf eine frühe körperlich-sexuelle Selbstfindung, die später den Umgang mit der erwachsenen Sexualität erleichtert und darüber hinaus seine „soziokulturelle Integrität" (Weinwurm-Krause 1995, 4) fördert.

Eine besondere Situation liegt für *körperbehinderte Frauen* vor, die gesellschaftlich in doppelter Weise benachteiligt sind: durch geringere berufliche Chancen und durch „verminderte Heiratschancen" (Ehrig 1996), d. h. in Partnerschaften und mit Kindern Erfüllung zu finden („Weder Küsse noch Karriere"; Arnade 1992). Veränderungen zeichnen sich ab aufgrund gesellschaftlichen Wandels und beginnender offensiverer Lebensgestaltung betroffener Frauen. Im Rahmen der Frauenbewegung wird dieser Sachverhalt in den letzten Jahren zunehmend thematisiert (vgl. Ewinkel/Hermes 1992; Zemp 1997; Radtke 1998, 104ff; s. a. Erfahrungsbericht Finger 1992).

Es ist „eine verbreitete Realität", dass vor allem (körper)behinderte Mädchen und Frauen auch Opfer von *sexueller Gewalt* werden können (Carell/Leyen-decker 1995, 85ff; Röhrig/Schindewolf 1995, 135; Walter 1992, 374ff; s. a. Weinwurm-Krause 1994; Klein/Wawrok/Fegert 1999, 497ff; Seligmann 1997, 17ff). Repräsentative Untersuchungen und Statistiken zu diesem Problemkreis liegen nicht vor, es existieren nur internationale Pilotstudien. Erst in den letzten Jahren ist sexuelle Gewalt gegenüber behinderten Menschen sowohl in der Wissenschaft als auch in der Öffentlichkeit stärker ins Blickfeld gerückt (Degener 1990, 3ff). Man muss hier von einer hohen Dunkelziffer ausgehen. Deshalb erscheint gezielte sexualpädagogische Arbeit (Unterrichtsthema: sexuelle Gewalt; Wack 1997, 129ff) und besonders Aufklärung sowie die Arti-kulation vielfach „alltäglich erlebter Gewalt" (Rosenfeld 1998, 122) unerlässlich. Innerhalb der Frauenbewegung wird darüber hinaus für ein spezifisches Selbstverteidigungstraining plädiert (Röhrig/Schindewolf 1995, 124ff).

„Jeder muss ausprobieren, wie er seinen Partner am intensivsten erfahren kann und wie er am intensivsten erfahren wird" (Klee 1980, 175). Dieser Weg ist für Menschen mit oder ohne Behinderung oder chronischer Krankheit der gleiche. Bedingt durch individuelle Entwicklungsprozesse der Menschen, ist das Ziel sexueller Erfüllung für den Einzelnen näher oder ferner, in einem harmonischen Prozess ohne große Hürden zu erreichen oder mit großen Schwellen(ängsten) verbunden. Die Pädagogik kann helfen, „die Lust als motivationale Kraft und legitime Funktion menschlicher Sexualität zu begreifen" (Kluge 1984, 7).

Der Weg in die Chance zu einer harmonischen Psychosexualität erfordert vor allem auch angemessene äußerliche und organisatorische Bedingungen. Dies ist ein Bereich, der für körperbehinderte Menschen am leichtesten verändert werden könnte: Das Recht auf Selbstbestimmung, auf Intimsphäre, auf Partnerschaft und Ehe, auf Fortbewegung und Erreichbarkeit aller Orte sind organisatorische Voraussetzung für ein auch erotisch erfülltes Leben – *einschließlich aller Konflikte* („Auch der Behinderte hat ein Recht auf Enttäuschungen"; Saal 1987, 17). Um das zu ermöglichen, genügt es vielfach schon, Gedankenlosigkeiten im Umgang mit behinderten Mitmenschen abzubauen, auch in den Köpfen von Fachleuten der Rehabilitation (vgl. „Das Band" 1/1996 u. 2/2000). Die aufgezeigten Merkmale einer *behinderten Sexualität* verweisen insbesondere auch auf die Schwierigkeit der „Erprobung" und „Erfahrung" der Sexualität für körperbehinderte Menschen (vgl. Erfahrungsberichte Schroeder-Horstmann 1980). Hier liegt ein wesentliches Aufgabenfeld einer Körperbehindertenpädagogik, die Aufklärung *und* Lebenshilfe für Jugendliche und Erwachsene leistet.

Bedingungen der Sexualerziehung für körperbehinderte Menschen sind auf folgenden Ebenen anzusetzen:

1. *Sexualpädagogik in der vorschulischen Förderung mit den Kennzeichen*: Elternarbeit zur Behinderungsverarbeitung, Transparenz des Kontaktes zum Kind (einschließlich der Qualität des Körper- und Hautkontakts von frühauf; Anders/Weddemar 2001), Offenheit für sinnliche Anregung des Kindes, kindzentrierte Reinlichkeitserziehung, kindzentrierte Therapiemaßnahmen.

2. *Sexualpädagogik im Unterricht mit den Kennzeichen*: Handlungstransparenz, kognitive Transparenz, emotionale Transparenz, soziale Transparenz (s. a. Kap. „Sexualerziehung").

3. *Arbeit im sozialen Umfeld mit den Kennzeichen*: Elternarbeit, spezifische Ausbildung von Pädagogen, Betreuern und Pflegern, psychosexuelle Emanzipation und soziale Rollenentwürfe für körperbehinderte Menschen.

4. *Selbstreflexion der Pädagogen mit den Kennzeichen*: Eigene Einstellung zu Körper, Nacktheit, Zärtlichkeit, Sexualität, Masturbation, Partnerschaft, Liebe.

4. Pädagogische Förderung

4. 1 Förderdiagnostik

Diagnostik (von griechisch *diagnosis* = das Unterscheidende) ist eine Maßnahme vertiefender Erkenntnisgewinnung über das intuitive Erfassen eines Sachverhaltes hinaus. In der Sonderpädagogik wird als Diagnostik der theoriegeleitete, systematische Prozess der Sammlung von Information über ein pädagogisches Problem angesehen, der zu Entscheidungshilfen für die Organisation und für Maßnahmen der Förderung führt. Die traditionelle psychologische „Diagnose" einer Abweichung von statistischen Durchschnittswerten ist lediglich Ausgangspunkt und Begründung für weiterführende Erkenntnisse und hat vorläufigen Charakter. Eine sonderpädagogische Diagnostik versteht sich als *Förderdiagnostik* und muss damit anderen Ansprüchen genügen, als Abweichungen festzustellen. Sie soll „die Gesamtsituation des Kindes unter Einbeziehung der sozio-ökonomischen Bedingungen, des Entwicklungsstandes und Möglichkeiten der Weiterentwicklung" berücksichtigen (Bundschuh 2000, 323) und konzeptuell eine *Kompetenzerweiterung* des Kindes anstreben.

Der Wandel vom deterministischen zum zirkulär-prozesshaften Denken und die Abkehr von der Defizitorientierung haben in den letzten Jahren auch von der Diagnostik gefordert, ihre Grundlagen neu zu überdenken. Schon seit Mitte der 70er Jahre werden ein „Unbehagen an der herkömmlichen Psychodiagnostik im sonderpädagogischen Bereich" und Forderungen nach förderungsspezifischer Diagnostik artikuliert. In der Kritik steht vor allem das empirisch begründete psychometrische Verfahren des Tests, dessen Anwendung „neu zu überdenken, nicht jedoch gänzlich zu verdammen sei" (Jetter/Schmidt/Schönberger 1983, 252f). „‚Verstehende Diagnostik' heißt nicht, auf empirische Verfahren zu verzichten. Empirische Verfahren in Psychologie, Medizin und Pädagogik, die in den Lebensgeschichten behinderter Menschen zum Tragen kommen, umfassen die gesamte Bandbreite der möglichen Methoden: Von Verhaltensbeschreibungen (rein subjektiver Art bis hin zu objektivierten Ansätzen), über Fragebogen- und Testmethoden unterschiedlichster Ausprägung bis hin zu neuropsychologischen Verfahren" (Jantzen 1996, 11). Der Test tendiert als Normvergleich seinem Prinzip nach zur Klassifikation, Selektion und zur Feststellung eines Defizits bei körperbehinderten Kindern (Bundschuh 1994, 34ff.), zumal wenn er sich an einem Konstrukt wie „Intelligenz" orientiert und als Ergebnis nur einen Vergleichswert bietet, der keinen unmittelbaren Ansatz für die Förderung enthält, allerdings „als Folge Förderangebote auslösen kann" (Neumann 1986, 227). Eine Förderdiagnostik versteht sich kompetenzorientiert als ständig zu überprüfende *Begleitdiagnostik* (nicht als Querschnittdiagnostik), die handlungsleitend für die pädagogische Förderung ist (Bonderer 1990, 151ff). In der Körperbehindertenpädagogik ist die pädagogische Diagnostik nicht additiv-, sondern integrativ-multidisziplinär zu verstehen, d. h. Befunde aller mit dem Kind vertrauten Fachkräfte (und familialen Bezugspersonen) fließen ineinandergreifend und im Austausch in die Diagnostik ein. „Die heilpädagogische Diagnose baut auf der medizinischen und psychologischen auf, spezifiziert und ergänzt diese jedoch in erzieherischer Richtung" (Kobi 1990, 20). Medizinische und testpsychologisch orientierte Diagnostik wirken in diesem Kontext nicht mehr zwangsläufig defizitorientiert und etikettierend; vielmehr werden beide zu integrativen Einzelbausteinen im förderdiagnostischen Gesamtprofil des Kindes. Maßstab ist die *intraindividuelle Norm* (Hansen 1999, 282).

Förderdiagnostik orientiert sich in der Pädagogik am Lernverhalten und an der Lebensbewegung der Kinder in einem vernetzten Feld. Jegliches Verhalten körperbehinderter Kinder ist für sie selbst „zweckmäßig und sinnvoll" (Bundschuh 1986, 218). Deshalb begreift die Diagnostik das Kind als autonomes, sich selbst organisierendes System und hat stets das Ziel, Bedingungen aufzuzeigen, die das Kind befähigen, seine Kompetenzen zur Gestaltung seiner individuellen Welt einzusetzen. „Die Diagnostik hat [...] vor allem die Aufgabe aufzuspüren, in welchen Entwicklungs- und Funktionsbereichen sich die Lebensenergie bewegt, in welchen Bereichen Entwicklungsimpulse auftreten, wie sie sich ausdrücken, wie sie unterstützt werden können" (Haupt 1996, 26). Als alltagsorientierte Diagnostik ist sie auf die Kooperation des Kindes mit seinen Bezugspersonen gerichtet (Jetter 1999a, 77).

Es geht nicht mehr nur um das Aufzeigen von Einzelmerkmalen des Kindes („Wortschatz", „Raumerfassung"), sondern um ein *approximatives Verstehen* der Bedeutung von untersuchten Merkmalen des körperbehinderten Kindes für seine Entwicklung und für sein Leben in einer „an der Eigentätigkeit des Kindes orientierten Diagnostik" (Kind agiert mit ihm vertrauten Menschen in seiner vertrauten Umgebung, Kind bestimmt weitgehend Plan und Ziel seines Handelns auf „sicherer Basis", Diagnostiker unterstützt das Kind in der Ausführung seiner Handlungspläne, hält sich aber weitgehend zurück; Kautter/Wiegand 1998, 208ff). Das setzt die Kenntnis und die Beobachtung des Kindes in seinen alltäglichen Lebensvollzügen (also z. B. auch im Unterricht) und das Bemühen um eine Beziehung zum Kind voraus und erhöht zwangsläufig die Komplexität und Schwierigkeit diagnostischen Handelns. „Eine solche Diagnostik muss zunächst notwendigerweise ‚unschärfer' wirken" (Jetter 1999a, 73), kommt dafür aber ihrem grundlegenden motivationalen Anliegen näher. Denn der Förderprozess selbst ist bestimmt durch die Frage, ob es für das Kind lohnend ist, sich auf eine Kooperation einzulassen, um aktiv gestaltend die Struktur seiner Leistungsorganisation zu verändern und sich weiterzu-entwickeln (Kornmann 1986, 208).

Unschärfe stellt sich auch im Hinblick auf die *Objektivität* diagnostischen Handelns ein. Aussagen über das körperbehinderte Kind und sein Entwick-lungspotential müssen fern aller Beliebigkeit gültig und nachvollziehbar sein. Das traditionelle testpsychologisch messbare Gütekriterium der Objektivität, das definiert ist als minimaler Einfluss des Diagnostikers auf das Ergebnis sei-ner Untersuchung (Lienert 1969, 12f; Ingenkamp 1988, 34), hat sich in dieser Konsequenz jedoch als unhaltbar erwiesen. Der Diagnostiker als Person und die Spezifik des diagnostischen Prozesses bestimmen das Ergebnis. Subjektive Faktoren und Beziehungsfaktoren fließen fortwährend in die Diagnostik ein. Die Definition des Problems, Auswahl der Untersuchungsvariablen und Mess-instrumente sind nicht frei von subjektiven Entscheidungen; die Beziehung zwischen Untersucher und Kind ist nicht neutral, sondern bestimmt durch zir-kuläre Austauschprozesse vor dem Hintergrund ihrer Motivation und ihres Um-felds. Das Bemühen um eine sachliche, unbezogene Haltung zum Kind wirkt sich zudem oft auf (viel untersuchte) körperbehinderte Kinder hemmend und damit ergebnisverzerrend aus. So kann es z. B. zu einer problematischen Dia-gnose von Lernbehinderung kommen, die im Grunde nur ein Beziehungspro-blem widerspiegelt. Diagnostik bei körperbehinderten Kindern zeichnet sich zudem meist durch subjektive, unterschiedlich verlangsamte und diskontinuier-liche Prozesse aus, auf die sich der Diagnostiker immer wieder neu einstellen muss. Das Kriterium der Objektivität der Diagnostik wird deshalb in der Kör-perbehindertenpädagogik ersetzt durch das Kriterium der *„kontrollierten Sub-jektivität"* (Hansen 1999, 288) als *Transparenz* und *intersubjektive Evidenz* (Nachvollziehbarkeit) des diagnostischen Prozesses.

In der gutachterlichen Praxis erfordert dies die Offenlegung aller Vorüberle-gungen zum Anlass der Diagnostik und zu seiner Bedeutung für die Entwick-lung des Kindes, der Begründungen der Auswahl von Untersuchungsvariablen und Instrumenten, der Durchführungs- und Beziehungscharakteristika sowie der Planungen von immanenten Fördermaßnahmen. Die Überlegungen zur An-gemessenheit der Untersuchung für die Lebenswelt des Kindes und für die Pra-xis der Förderung verweisen auf weitere Gütekriterien der Diagnostik: *Reali-tätshaltigkeit* und *Praxisrelevanz* (Huschke-Rhein 1993, 137f). Von Bedeutung ist weiterhin das Gütekriterium der *Gültigkeit* (Validität), also der Angemes-senheit und Genauigkeit des Verfahrens und der Instrumente für das zu unter-suchende Merkmal (Lienert 1969, 16); Verfahren und Instrumente, die an nicht behinderten Kindern erprobt wurden, sind häufig nicht gültig und angemessen für körperbehinderte Kinder (z. B. bei motorischen oder sprachabhängigen Leistungen), ihre Validität ist dann gering (Bundschuh 1991, 69). Die spezifischen Erlebnisqualitäten körperbehinderter Kinder mit ihren Auswirkungen auf die Persönlichkeitsentwicklung und auf das Selbst- und Lebenskonzept verlangen, dass sich der Gutachter nicht ausschließlich an der Lebenswelt nicht behinderter Menschen orientiert. „Aus diesem Grund verbietet es sich, diagnostische Verfahren, die sich an den Fähigkeiten und Fertigkeiten nicht behinderter Menschen ausrichten, unreflektiert anzuwenden" (Staatsinstitut 1993, 84). Hansen verweist in diesem Zusammenhang auf ein weiteres Kriterium, das der *Fairness*: „Von einer fairen Diagnostik ist global zunächst einmal dann zu sprechen, wenn sie dem Kind in seiner Individualität gerecht wird und seine spezifische Lern- und Lebenssituation berücksichtigt. Diagnostik fair zu betreiben heißt nicht, dem Kind aus einem falsch verstandenen pädagogischen Wohlwollen heraus Fähigkeiten zu attestieren, die es gar nicht hat" (1999, 290).

Neben den Gütekriterien der diagnostischen Methodik darf die Wirkung der Diagnostik auf betroffene Menschen und deren Angehörige nicht unberücksichtigt bleiben. Das Verfahren muss „so einfühlsam angewendet werden können, dass die Würde der kindlichen Persönlichkeit gewahrt und die Hoffnung der Familie auf eine positive Entwicklung des Kindes nicht untergraben wird" (Jetter 1999a, 70).

Anlass der Diagnostik in der Körperbehindertenpädagogik ist in der Regel die „Konkretisierung von Förderangeboten", sie ist kein Hilfsmittel für Selektionsentscheidungen (Neumann 1999a, 235). Im Vorschulter der Kinder wird im Rahmen der Frühförderung in Kooperation mit Medizinern, Krankengymnasten und anderen Professionen die Feststellung des funktionellen Entwicklungsstandes im Vordergrund stehen, die die Grundlage für ein pädagogisches Förderangebot auf der Spielebene von Bewegung und Sensorischer Integration sowie der interpersonalen Beziehung bildet. Auch im Schulalter erfolgt nach Empfehlungen der Kultusministerkonferenz (1994) zunächst in der Schuleingangsdiagnostik die Feststellung des sonderpädagogischen *Förderbedarfs*, um dann im Rahmen institutioneller Entscheidungsfelder zu Aussagen über den „Förderort" (integrative Schule, Sonderschule) zu kommen, der den ermittelten pädagogischen Förderschwerpunkten des Kindes gerecht wird (Heimlich 1995, 47f). Allgemeine Grundlage zur Feststellung des Förderbedarfs körperbehinderter Kinder sind die „Empfehlungen zum Förderschwerpunkt körperliche und motorische Entwicklung" und „Empfehlungen zum Förderschwerpunkt Unterricht kranker Schülerinnen und Schüler" der Kultusministerkonferenz – KMK 1998 (Texte und Kommentare in Drave/Rumpler/Wachtel 2000). Die diagnostische Befunderhebung ist Basis eines sonderpädagogischen *Fördergutachtens*, das in der Regel Sonderpädagogen im Auftrag der Schulbehörde erstellen. Die Eltern werden dabei einbezogen und über alle Schritte beratend informiert. Weitere förderdiagnostische Anlässe können sein: Entscheidung für Bildungsgänge (Lehrplan der Grundschule, Lernbehindertenschule, Geistigbehindertenschule), Schulwechsel, beruflicher Werdegang.

Förderdiagnostisches Gutachten

Die Förderdiagnostik dient nicht der „Erfassung der Gesamtpersönlichkeit" (Bonderer 1990, 154). Vielmehr entsteht durch den Umgang mit dem Kind und dessen Beobachtung unter gezielten Leistungsbedingungen ein Bild mit einem „Raster für die Erfassung bestimmter Ereignisse", seines Lern- und Sozialverhaltens und seiner Entwicklungsbedingungen (Suhrweier/Hetzner 1993, 15), die innerhalb des Netzwerks seiner Lebensvollzüge zum Zwecke der pädagogischen Operationalisierung isoliert und hervorgehoben werden. Förderdiagnostik ist eine prozesshafte, fortdauernde und vorläufige Einschätzung, bei der das Verhalten des Kindes immer auch als Funktion des Verhaltens der Pädagogen definiert ist und die somit deren bewusste Eigenwahrnehmung und -kontrolle erfordert. Als anlassorientierte Maßnahme soll sie individuell bedeutsame Erschwernisse des Verhaltens und der Entwicklung körperbehinderter Kinder aufdecken, um daraus pädagogische (und kooperativ-soziale) Maßnahmen abzuleiten. Sie orientiert sich an für körperbehinderte Kinder angemessenen Theorien der Entwicklung und des Lernens.

Die Diagnostik körperbehinderter und chronisch kranker Kinder im Schulalter dient der „Feststellung von Sonderpädagogischem Förderbedarf", dazu ist nach dem Beschluss der KMK 1998 grundsätzlich die Ermittlung von „Informationen aus folgenden Bereichen wichtig" (Drave/Rumpler/Wachtel 2000, 30):

• Erleben und Verhalten, Handlungskompetenzen und Aneignungsweise
• Wahrnehmung und Wahrnehmungsverarbeitung
• Entwicklungs- und Leistungsstand
• Soziale Einbindung
• Kommunikations- und Interaktionsfähigkeit
• Individuelle Erziehungs- und Lebensumstände
• Das schulische Umfeld und die Möglichkeiten seiner Veränderung
• Das berufliche Umfeld und die erforderlichen Fördermöglichkeiten
+
Ein *förderdiagnostisches Gutachten* ist so abzufassen, dass auch ein möglicherweise „fremder" Pädagoge mit entsprechenden didaktisch-methodischen Förderplänen und Maßnahmen darauf aufbauen kann und gewährleistet ist, dass „Förderdiagnostik Diagnostik bei der Förderung" bleibt (ebd., 58). In das Gutachten fließen sowohl Alltagsbeobachtungen als auch systematisch erhobene

Daten gezielter Aufgabenstellungen ein. Das förderdiagnostische Gutachten stützt sich auf Daten und Untersuchungsergebnisse einzelner Entwicklungsfunktionen in der Verhaltens- und Spielbeobachtung oder durch Testung; dabei steht zunächst die Beziehungsgestaltung zum Kind im Vordergrund, die durch Offenheit und Freude an gemeinsamer Aktion geprägt sein soll.

Die Ermittlung der Daten erfolgt somit in einem Prozess der Zusammenarbeit mit dem Kind, d. h. das körperbehinderte Kind muss motiviert sein, Aufgaben zu erfüllen, und muss über den Zweck und die Ergebnisse kindgerecht informiert werden. In diesem Sinne ist auch die Diagnostik Teil der Erziehung zu Eigenaktivität und Selbstbestimmung. Die Wahl diagnostischer Verfahren und Vorgehensweisen wird für alle Beteiligten transparent gehalten. Die in das Gutachten einfließenden Daten und Informationen sowie deren Interpretation werden anhand folgender Verfahrensweisen erhoben (ebd., 102ff):

1. *Beobachtung*: Neben der Fremdbeobachtung kommt vor allem die teilnehmende Beobachtung zur Anwendung, die ein Verständnis des pädagogischen Feldes ermöglicht und durch die der Pädagoge Prozesse variieren und gleichzeitig beobachten kann. Die gezielte Beobachtung erfolgt mit Hilfe von Beobachtungsrastern und Skalierungen; u. U. werden technische Hilfsmittel eingesetzt (Video).
2. *Gespräch und Befragung*: Explorative Gespräche mit den Kindern und Personen des Umfelds (Anamnesen) ergänzen die Beobachtung.
3. *Leistungsanalyse*: Die Feststellung und Interpretation von Fehlern bei Leistungsanforderungen im individuellen Lernprozess, um über Symptome hinaus Strukturen von Entwicklungserschwernissen kennen zu lernen und daraus didaktisch-methodische Förderstrategien abzuleiten.
4. *Kreativer Ausdruck*: Auseinandersetzung über Zeichnungen, Bilder, Bastelarbeiten, Plastiken, sprachliche Äußerungen mit impliziten Informationen über Entwicklungsstand, Kreativität, Motorik und psychische Befindlichkeit.
5. *Tests*: Vergleiche mit der Altersnorm bezüglich bestimmten Leistungsverhaltens, der Wahrnehmung, Motorik, Sprache und allgemeiner Entwicklung (Bundschuh 1991, 52ff).

Der Stellenwert von Fördergutachten im Rahmen der Rehabilitation, insbesondere bei Entscheidungen über die künftige Schullaufbahn körperbehinderter Kinder, ist nicht zu unterschätzen. Für die Verantwortlichen in den Schulbehörden, die selbst das Kind zumeist nicht kennen, ist das Gutachten die Grundlage für Entscheidungen über den weiteren Lebensweg des Kindes. Gutachten, die in die Schulakte des Kindes eingehen, verbleiben dort lange Jahre und werden bei Schulwechsel an die neue Schule weitergereicht. In den einzelnen Bundesländern gibt es als Verwaltungsvorschrift unterschiedliche Regelungen zur Abfassung eines Gutachtens für Sonderschulaufnahme- bzw. Überweisungsverfahren. Sie folgen ähnlichen Grundlinien der Gutachtenerstellung (Haupt 1992, 31ff; Bundschuh 1994, 150ff; Haupt 1996, 69ff; Eggert 1997, 120ff; Neumann 1999a, 234ff; Mutzeck 2000):

FÖRDERDIAGNOSTISCHES GUTACHTEN

1. *Person und Untersuchungssituation*: Name, Geburtsdatum, Schule, Untersuchungsanlass, Fragestellungen, Hypothesen, Untersuchungsbedingungen und Untersuchungsverlauf, Begründung der diagnostischen Verfahren.

2. *Anamnese*: Bisherige Entwicklungsbedingungen des Kindes in Kind-Umfeld-Analyse bezogen auf alle Entwicklungsbereiche, Situation der Familie.

3. *Feststellung von Kompetenzen sowie von Lern- und Entwicklungserschwernissen*: Untersuchung von Psychomotorik, Sensorischer Integration und Konzentration, Kognition und Gedächtnis, Emotion/Motivation und Selbstkonzept, Sprache und Kommunikation, Spontaneität und Kreativität (s. u.). Beschreibung von Fähigkeiten des Kindes. Gegebenenfalls Feststellung des Schulleistungsstandes. Stellungnahme zur Schul- und Unterrichtssituation, Stellungnahme zu Förderbedingungen des außerschulischen Umfelds.

4. *Gutachterliche Stellungnahme zum Förderbedarf*:
   • „Kein sonderpädagogischer Förderbedarf" (Kind benötigt keine besondere Unterstützung, es organisiert seine Lebens- und Lernprozesse selbst erfolgreich);
   • „Sonderpädagogischer Förderbedarf" (Kind benötigt sonderpädagogische Einzelförderung in Teilbereichen; Kind benötigt andauernde Förderung in mehreren Lern- und Lebensbereichen).

5. *Aufstellung von kurz- bis mittelfristigen Förderplänen*: Förderbereiche, Förderziele, Zuständigkeiten, Hinweise zur Planung, Durchführung und Dokumentation von kooperativen Fördermaßnahmen (vgl. Arnold 2000, 36).

6. *Stellungnahme der Eltern*: Ergebnisse des begleitenden Dialogs mit den Eltern (Entwickeln gemeinsamer Sichtweisen).

7. *Entscheidung über den Förderort*: Förderung in der Regelschule, in integrativen Schulen (Möglichkeiten zu zieldifferentem Lernen), in der Schule für Körperbehinderte.

8. *Zeitpunkt erneuter Überprüfung*: Hypothesen und Fragestellungen (vgl. Kretschmann/Arnold 1999, 410ff).

Die Überprüfung des Förderbedarfs erfolgt alle 1 bis 2 Jahre. Das förderdiagnostische Gutachten entwickelt grundsätzlich erst das *Wie* der Förderung, bevor der Förderort gesucht wird. Sonderpädagogische Förderung im Schulalter kann sowohl in der Regelschule als auch in integrativ arbeitenden Schulen oder in der Körperbehindertenschule erfolgen. Bei Erreichen von Stabilität sind Schulwechsel möglich. „Die beste Schule für ein bestimmtes Kind ist dadurch gekennzeichnet, dass sie ihm die Förderung gibt, die es braucht" (Haupt 1996, 44). Diagnostische Erkenntnisse münden in einen individuellen Förderplan. In ihm werden Ziele bzw. Teilziele individueller Entwicklung skizziert und Vorschläge zu didaktischen Maßnahmen unterbreitet, die auf festgestellten Kompetenzen aufbauen und die Motivation des Kindes berücksichtigen. Häufig wird das Kind aus organisatorischen Gründen von den Gutachtern nur wenige Stunden gesehen. Längerfristige Beobachtung der Kinder mit Lernerfolgskontrollen als erster Schritt einer prozessimmanenten Diagnostik sind noch die Ausnahme.

Die Gutachter sind aufgefordert, „das Gute zu achten ... und den persönlichen Werten und Fähigkeiten des Kindes Achtung und Respekt" zu schenken (Bundschuh 1994, 150). Das fällt leichter unter der Betonung qualitativer Methoden (Verhaltensbeschreibung, Situationsanalyse; Eggert 1997, 115) und kritischer Distanzierung von tradierter deterministischer Diagnostik.

In diesem Zusammenhang müssen auch die Rahmenbedingungen von Diagnostik und Gutachtenerstellung gesehen werden, die durch „Alltagstheorien" der Pädagogen geprägt sind. Diese automatischen Denkgewohnheiten bei der Problemklärung im pädagogischen Alltag fließen auch in Inhalt und Form von Diagnostik und Gutachtenerstellung ein und wirken von dort wieder zurück in das Denken (beispielsweise mündet defizitorientiertes Denken in Frustration, weil Defizite per se keinen Förderansatz bieten).

Untersuchungsbereiche

Folgende Untersuchungsbereiche lassen sich isolieren, in denen die Fähigkeiten der Kinder detailliert beschrieben werden und die zu Förderkonzepten führen (Tietze-Fritz 1992; Haupt 1992; 1996; Bundschuh 1994; 2000; Eggert 1997):

• *Psychomotorik*
Die Bewegungsfähigkeit, ein Grundprinzip des Lebens, ist als Psychomotorik vernetzt mit allen anderen Entwicklungs- und Leistungsbereichen. Die Diagnostik von Psychomotorik erfolgt im Zusammenhang mit allgemeinen Aussagen über die körperliche Entwicklung und das Erleben des eigenen Körpers des Kindes. Primäre Bewegungserschwernisse (im Unterschied zu Besonderheiten der Bewegung bei erschwerter sensorischer Integration) körperbehinderter Kinder sind direkte Hinweise auf Förderansätze für erleichternde und gelöste Bewegungsabläufe. Es muss unterschieden werden zwischen entwicklungslogischen Grundmustern der Psychomotorik (als allen Menschen eigenen Attrakto-ren der Entwicklung) und individuellen Besonderheiten beispielsweise hinsichtlich Harmonie, Geschwindigkeit und Möglichkeit der Bewegung. Grundmuster der Bewegungskompetenz erschließen sich diagnostisch quantitativ (als Leistungserhebung) und qualitativ (als Verhaltensbeschreibung) durch die Beobachtung der *Grobmotorik* (in Zusammenarbeit mit Physiotherapeuten), der

Feinmotorik (in Zusammenarbeit mit Ergotherapeuten) und *Kompensationsmechanismen* bei Bewegungserschwernissen in Spiel- und Leistungssituationen. Sie können motometrisch (messend), motoskopisch (beschreibend und kategorisierend) und motografisch (mit technischen Registrierverfahren, z. B. Video) erfasst werden (Schilling 1973, 224f).

Hinsichtlich der Grobmotorik (Aufrichtung, Haltung, Fortbewegung) geht es im *pädagogischen* Sinne förderdiagnostisch vor allem darum, den Bewegungsbedürfnissen der Kinder zu folgen und aufzuspüren, welchen Impulsen das Kind folgen möchte, um ihm gegebenenfalls im Moment Hilfestellung zu geben, gezielte Förderung anzubieten (einschließlich orthopädischer Hilfsmittel) und schließlich Vertrauen in die eigenen Fähigkeiten aufzubauen und damit psychomotorisch motivierend zu wirken. Feinmotorische Fähigkeiten werden vor allem in der visuomotorischen Koordination und im Umgang mit Materialien bei alltäglichen Verrichtungen, im Spiel und bei Kulturtechniken offenbar. Schwierigkeiten in diesem Bereich können sich z. B. auch als Mangel an Leistungsmotivation niederschlagen (bis hin zur Resignation).

Die Diagnostik orientiert sich bei der Feststellung individueller Entwicklungsverläufe (und –gefährdungen) im Vorschulalter der Kinder an *Entwicklungsskalen* (s. u.) und im Schulalter an *Verhaltensinventaren* z. B. von Brand/ Breitenbach/Maisel (1985, 107ff), Kesper/Hottinger (1993, 55ff), Irmischer (1981, 206ff), Cárdenas (1993, 38ff), Bergeest/Bettels (1992; vgl. Kap. „Minimale Cerebrale Dysfunktion") sowie „Checkliste motorischer Verhaltensweisen–CMV" von Schilling (1976), „Diagnostisches Inventar motorischer Basiskompetenzen–DMB" von Eggert u. a. (1993), „Diagnostisches Inventar taktilkinästhetischer Alltagshandlungen–DITKA" von Eggert/Wegner (1996), „Diagnostisches Inventar auditiver Alltagshandlungen–DIAS" von Eggert/Peter (1992).

Körper- und Bewegungserleben sowie das körperliche Selbstkonzept der Kinder werden erfasst durch die eigene Einschätzung ihrer Leistungsfähigkeit und Schwierigkeiten, Bewegungsmotivation und Aktivitätsniveau, Sicherheit in sozialen Situationen und Erfolgserwartungen, Kenntnis des eigenen Körpers und Zufriedenheit mit ihm, Einstellung zu Körperpflege und Kleidung, Bewusstheit von Anspannung und Entspannung.

Zum Vergleich mit der psychomotorischen Altersnorm werden darüber hinaus auch Motorik-Tests herangezogen *(nicht bei cerebralen Primärstörungen)*: „Lincoln-Oseretzky-Skala–LOS KF 18" (Eggert 1971), „Körper-Koordinationstest für Kinder–KTK" (Kiphard/Schilling 1974), „Frostigs Entwicklungstest der visuellen Wahrnehmung–FEW" (Lockowandt 1987), „Motoriktest für vier- bis sechsjährige Kinder–MOT 4-6" (Zimmer/Volkamer 1989). Eggert (1997, 137) weist auf die generell eingeschränkte Brauchbarkeit älterer Altersnormen hin, weil sich nach seinen Untersuchungen die psychomotorischen Durchschnittsleistungen durch zivilisatorische Einflüsse in den letzten Jahrzehnten „dramatisch verschlechtert" haben.

Als diagnostisches Problem wird berücksichtigt, dass körperbehinderte Kinder gemäß ihrer Beziehung zu unterschiedlichen Personen und in unterschiedlicher räumlicher Umgebung große Varianz in ihrer Leistung(sbereitschaft) zeigen können. Außerdem ist mit verminderten Leistungen bei Anforderungen an Koordination, Schnelligkeit, Rhythmus, Verbalität und Belastung durch Leistungsdruck (vor allem bei cerebralparetischen Kindern) zu rechnen.

• *Sensorische Integration und Konzentration*

Die grundlegenden Erkenntnisse in diesem Bereich gehen auf Piagets Modell der frühkindlichen sensomotorischen Intelligenz zurück. Diagnostisch liegt hier ein differenzierendes Bindeglied zwischen der Erfassung von Psychomotorik und Kognition. Über die Entwicklung von Leistungen der Sensorischen Integration werden *überindividuelle* Ordnungen (Gestalten) der Welt als Zusammenspiel von Wahrnehmungen aller Sinnesbereiche und der Motorik kortikal abgebildet und fügen sich ein in *individuell* bedeutungsvolle Lebensgestaltungen (Bergeest 1999b, 193 ff.). Diagnostisch bedeutsam ist z. B. die Erfassung der Ordnungsleistung einer *Figur-Grund-Diskrimination* (Hervorhebung von Wichtigem gegenüber Unwichtigem) und die damit verbundene *Konzentrationsleistung* als Fähigkeit, die Entwicklungsenergie auszuschöpfen und eins zu werden mit der Weltaneignung in einem „Kontaktprozess" (Quitmann 1985, 94ff).

Eine Förderdiagnose von musterhaften Auffälligkeiten sensorischer Integrationsleistungen und der Konzentrationsfähigkeit führt aufgrund der Komplexität dieser Entwicklungsprozesse nicht monokausal zur Förderung im Sinne eines Trainings zur Symptomkorrektur (z. B. des Trainings visueller Figur-Grund-Diskrimination). Vielmehr weist sie einen entwicklungslogischen und kulturbezogenen Weg, dem Kind basale frühkindliche Erfahrungsprozesse zu ermöglichen und Lernlandschaften als „vorbereitete Umgebung" bereitzustellen (d. h. bildlich gesprochen: die Wurzel des Baumes gießen und nicht die Krone formen).

Vor der pädagogischen Diagnose steht eine medizinische Überprüfung der Sinnesfunktionen durch Fachärzte und Beratungsstellen. Das kann in gebotener Eindeutigkeit vor allem für das Hören und Sehen erfolgen (Frankenburg/Thornton/Cohrs 1986, 63ff; Kobi 1990, 128f). Das pädagogisch-diagnostische Problem liegt im Erkennen von Verhaltenssignalen, die zurückverweisen auf nicht kompensierte frühkindliche Entwicklungserschwernisse (vgl. die grundlegenden Arbeiten von Piaget 1975, Ayres 1984, Kiphard 1984, Affolter 1987, Frostig 1992). Pädagogisch relevant sind in diesem Zusammenhang Auffälligkeiten von Leistungen der Bereiche Taktil-Kinästhetik, Vestibuläres System, Körperorientierung (Körperschema), Auge-Hand-Koordination, visuelle und auditive Diskrimination, Praxie (Verhaltensbeispiele bei Kesper/ Hottinger 1993, 42ff und Cárdenas 1993, 38ff). Auch musterhafte emotionale Reaktionen und Verhaltensphänomene (z. B. mangelnde Leistungsmotivation) können Signale der Kinder für Wahrnehmungserschwernisse sein.

Förderdiagnostisch bedeutsam ist vor allem die *Verhaltensbeobachtung im Alltag*, die den Blick der Pädagogen für spezifische Signale der Kinder schärft. Der gezielten Beobachtung dienen *Verhaltensinventare* (s. Abschnitt „Psychomotorik"). Die darin beschriebenen Auffälligkeiten sind sekundäre Entwicklungserschwernisse (primäre motorische Störungen, z. B. bei cerebralparetischen Kindern, sind gesondert zu berücksichtigen).

Ein weiteres diagnostisches Instrument ist die *klinische Verhaltensbeobachtung* bei Leistungsanforderungen der Kinder. Systematische Zugänge zur Verhaltensbeobachtung legen die o. g. Autoren vor.

Für den *Normvergleich* stehen Entwicklungsskalen, z. B. „Sensomotorische Förderdiagnostik für Kinder von 4 – 7 1/2 Jahren" (Sinnhuber 2000), „Tübinger Luria-Christensen neuropsychologische Untersuchungsreihe für Kinder–TÜKI" (Deegener u. a. 1997; s. a. „Entwicklungsdiagnostik") und wenige Tests zur Verfügung: „Frostigs Entwicklungstest der visuellen Wahrnehmung–FEW" (Lockowandt 1987), „Southern California Sensory Integration Test–SCSIT" (Ayres 1972) . Der Test von Ayres hat keine deutschen Normen. Zur Anwendung im deutschsprachigen Bereich und zu empirischen Untersuchungen und deren spezifischen Implikationen sowie zu Beschreibungen einzelner Untertests vgl. Knorn 1996, 86ff und Brand/Breitenbach/Maisel 1985, 85ff. Der Test ist sehr zeitaufwendig in der Durchführung und muss bei körperbehinderten Kindern entgegen der Durchführungsanweisung in mehreren Sitzungen vorgegeben werden. Aber auch die Vorgabe einzelner Untertests ist von förderdiagnostischem Wert. Jedoch besteht entgegen den überholten monokausalen Grundannahmen Jean Ayres' kein zwingender Zusammenhang zwischen geringen Scores eines Untertests und der Unterfunktion der gemessenen spezifischen Leistung. Geringe Scores werden heute in größeren Zusammenhängen aller Funktionsbereiche der Sensorischen Integration interpretiert (Doering/Doering 2001, 27ff).

Des weiteren sind Leistungsprofile von Intelligenztests für die Diagnostik der Sensorischen Integration von Bedeutung. Eindeutige handlungsleitende Signale für den Pädagogen sind *hohe Abweichungen zwischen Verbal- und Handlungsteilen* des Tests (z. B. beim HA-WIK, s. u.); so ist etwa die Differenz zwischen hoher Kompetenz in der Verbalisierung von Handlungen und mangelhafter Fähigkeit, diese konkret umzusetzen, ein Indiz für erschwerte sensorische Integration (im Sinne einer Dyspraxie).

Besonders hervorzuheben für eine handlungsleitende *Frühdiagnostik* körperbehinderter Kinder sind die auf Piaget beruhenden „Ordinalskalen von Uzgiris/Hunt" (1975; vgl. deutsche Bearbeitung von Sarimski 1986; Ferretti 1998, 199). Diese Skalen erlauben eine qualitative Aussage über Prozesse der Sensorischen Integration in 7 Entwicklungsbereichen: Objektpermanenz, Wahrnehmung von Mittel-Zweck-Beziehungen, Lautimitation, Wahrnehmung kausaler Zusammenhänge, Wahrnehmung von räumlichen Beziehungen, Entwicklung von Schemata im Umgang mit Gegenständen. Die Skalen bieten über die Diagnose hinaus auch konkrete Hinweise für pädagogische Förderprogramme und unterscheiden sich damit von den meisten anderen standardisierten Instrumenten.

• *Kognition und Gedächtnis*

Psychomotorik, Sensorische Integration und Kognition bilden im Entwicklungsprozess eine Einheit; trotzdem ist es diagnostisch sinnvoll, sie getrennt zu betrachten. Körperbehinderte Kinder selbst weisen den Weg: Viele von ihnen senden noch im Schulalter Signale aus, die nahelegen, dass ihnen kognitive Leistungen in Verbindung mit konkreten Sinnesinformationen leichter fallen. Sie scheinen in Phasen der Sensorischen Integration veränderte taktil-kinästhetische Schemata gebildet zu haben (Affolter 1983, 298ff) und über veränderte Gedächtnisfunktionen (Merkfähigkeit und Reproduktion) zu verfügen (Leyendecker 1999, 172). Die Leistungsebene der *Kognition* kann also dort angesetzt werden, wo sich (kontinuierlich) die „kopernikanische Wende der Dezentrierung" (Piaget) vollzieht, wenn sich das Kind als ein Objekt unter anderen einordnen kann und die Loslösung von der konkreten Erfahrungswelt umfänglich erfolgt. Es kommt dann „zur Bildung von Begriffen, zur Fähigkeit der Abstraktion und damit zu dem, was wir Kognition nennen" (Milz 1996, 196).

Kognition wird also über Leistungen der Abstraktion erfasst: über anschaulich-symbolisches Denken, Denken in Analogien, kausal-logisches Denken, Fähigkeit zu Analyse und Synthese, Denken in räumlich-zeitlichen Zusammenhängen, Denken auf der Metaebene (Humor), Strukturierung von Aufgaben und Lösungswegen, ästhetische Differenzierung von Ereignissen und Objekten (Gestaltprägnanz), Erwerb von Kenntnissen und Kapazität des Gedächtnisses. Darüber hinaus umfasst Kognition jedoch auch wesentlich *Kreativität*, Fantasie, Assoziationsfähigkeit, Neugier, Gestaltungsfreude, Interesse an Menschen, Dingen, Situationen, Leistungsmotivation und Durchhaltevermögen bei Schwierigkeiten (Haupt 1992, 36; 1996, 114ff). „Die eigentlichen Impulse für das kreative Handeln liegen sicherlich in der Freude am Explorieren der Dinge. Es scheint nicht in erster Linie um die Erstellung eines reizvollen Produkts zu gehen, vielmehr darum, durch Einwirken auf den Gegenstand mehr über ihn und seine ‚Möglichkeiten' zu erfahren" (Bundschuh 1994, 164).

Die förderdiagnostische Erfassung des kognitiven Entwicklungsstands erfolgt zunächst durch *Verhaltensbeobachtung* in alltäglichen Leistungssituationen bei selbstgewählten Aufgaben und Problemlösungen anhand der genannten Kriterien. Ferner durch Informationen der Bezugspersonen und Fachkräfte zum *bisherigen Erfahrungsweg* der Kinder. Vor allem

Untersuchungsbereiche 179

jedoch durch *gezielte Beobachtungen* in eng definierten Leistungssituationen. Dabei ist vor dem Hintergrund der zuvor gewonnenen Erfahrungen und der Beobachtung des körperbehinderten Kindes darauf zu achten, dass diese Leistungssituationen der Lebenswelt des Kindes entsprechen und nicht wie in den meisten „Intelligenztests" abstrakte Kunstwelten darstellen. Gleichwohl kann man sich bei der gezielten Verhaltensbeobachtung an der Konstruktion dieser Tests orientieren.

Intelligenztests (die immer ein „Konstrukt" erfassen) sind in der schulischen Praxis von organisatorischer Bedeutung. In der Regel erwarten die Auftraggeber (Schulbehörde) aus strukturellen Gründen (Lehrpläne) von der psychologisch-pädagogischen Diagnostik Aussagen über das „Intelligenzniveau" des einzelnen Kindes. In mehreren Bundesländern sind jedoch Aussagen über den Intelligenzquotienten körperbehinderter Kinder in den jeweiligen Verordnungen zur Feststellung sonderpädagogischen Förderbedarfs nicht mehr vorgesehen (Huber 2000, 411ff). Ergebnisse von Intelligenztests müssen ohnehin kritisch und mit großer Sorgfalt behandelt werden, weil sie in unserer Gesellschaft in hohem Grade stigmatisierend wirken. Sie können nur ein kleiner Baustein in der Förderdiagnostik sein, denn sie sind nicht unmittelbar handlungsleitend (Ferretti 1998, 199), stellen jedoch Weichen für die Förderung (Neumann 1986, 228). Es darf bei aller Kritik an diesen Tests auch nicht übersehen werden, dass Diagnostik eine Hypothesenprüfung des Pädagogen bedeutet, die den reinen Vergleich mit Alters- und Entwicklungsnormen einschließt, der nur begrenzt Förderperspektiven eröffnet – mit diesem Widerspruch muss die Pädagogik leben.

Die Auswahl geeigneter Tests (und Untertests) orientiert sich an den besonderen Leistungsbedingungen körperbehinderter Kinder unter Berücksichtigung von Sprachverständnis, Sprechen, Kenntnis der deutschen Sprache, altersentsprechender Schulbildung, Arbeitstempo, visueller Wahrnehmung und feinmotorischer Koordination. Speziell für die Leistungsbedingungen körperbehinderter Kinder wurde bislang nur ein einziger Intelligenztest entwickelt, der ITK (s. u.); deshalb wird in der Regel zu allgemeinen Intelligenztests gegriffen. „Die Auswahl der Aufgaben und Verfahren entscheidet in hohem Maße über das Ergebnis ... Biete ich Aufgaben an ohne Berücksichtigung der Kompetenzen und behinderungsbedingten Schwierigkeiten, ist das Ergebnis vorprogrammiert: Das Kind wird die Aufgaben kaum lösen können. Das Ergebnis ist der Eindruck eines wenig leistungsfähigen, sehr behinderten Kindes. Dieses Ergebnis ist der Ausdruck von Bewegungsbehinderung, Sprechschwierigkeiten, wahrscheinlich noch Entmutigung – aber nicht von kognitiver Leistungsfähigkeit" (Haupt 1996, 116).

Folgende Tests können mit entsprechenden Einschränkungen für körperbehinderte Kinder verwendet werden (vgl. ebd.; Stotz 2000):

- ITK (Intelligenztest für körperbehinderte und nichtbehinderte Kinder; Neumann 1981), 6 – 14 Jahre. Sprachfreie Subtests, keine Zeitbegrenzungen und differenzierte Feinmotorik, jedoch gute visuelle Wahrnehmung erforderlich
- HAWIK (Hamburg-Wechsler Intelligenztest für Kinder; Bondy 1966), 6 – 16 Jahre. Subtests können einzeln vorgegeben werden, viele Nachteile für körperbehinderte Kinder z. B. durch motorische und zeitliche Anforderungen
- AID (Adaptives Intelligenz Diagnostikum; Kubinger/Wurst 1991), 6 – 12 Jahre. Ähnlich HAWIK, Vorgabe als Kurzform möglich
- FBIT (French-Bilder-Intelligenztest; Hebbel/Horn 1976), 4 – 8 Jahre. Sprachfrei, keine Zeitbegrenzungen, Subtests können einzeln vorgegeben werden
- K-ABC (Kaufman-Assessment Battery For Children; dt. Fassung Melchers/Preuß 1994), 2 1/2 – 12 1/2 Jahre. Einige Skalen können einzeln vorgegeben werden, viele

Untertests sprachabhängig und mit motorischen Anforderungen, jedoch für körperbehinderte Kinder mit günstigen Durchführungsbedingungen (z. B. Vorbereitungsphase)
*   RAVEN-CPM (Coloured Progressive Matrices; dt. Fassung Raven 1978), 5 – 11 Jahre. Sprachfrei, keine Zeitbegrenzungen, wenig motorische Anforderungen, schnell durchführbar. Leistung jedoch nur an visuelle Wahrnehmung gebunden
*   SON (Snijders-Oomen nicht-verbale Intelligenzuntersuchung; 1978), 2 1/2 – 7 und 5 1/2 – 17 Jahre. Subtests können einzeln vorgegeben werden, sprachfrei, einzelne Subtests auch bei schwerer motorischer Behinderung durchführbar, einzelne Subtests mit Zeitbegrenzungen, differenzierter Feinmotorik, visueller Wahrnehmung

Die Vorgabe von Intelligenztests wird naturgemäß umso schwieriger, je stärker die Behinderung der Motorik, der Wahrnehmung und des Ausdrucksvermögens der Kinder ist. Andererseits bieten Intelligenztests gerade bei Kindern mit schweren Ausdrucksproblemen die Chance, den Eindruck mangelnder geistiger Kompetenz zu korrigieren.

Bei cerebralparetischen Kindern beispielsweise ist der Entwicklungsstand in untersuchten Bereichen oft sehr unterschiedlich, und Intelligenztests stoßen hier häufig an ihre Grenzen: „Große Diskrepanzen bestehen nicht nur zwischen motorischen und anderen Funktionen, z. B. der Sprachfähigkeit, den Wahrnehmungsleistungen, logischem Denkvermögen und Sozialverhalten. Auch innerhalb der Fähigkeitsbereiche können deutliche Stärken und Schwächen vorhanden sein, etwa im konkreten vs. abstrakten Denkvermögen oder – wie durch die Anwendung des ‚K-ABC‘ nachweisbar ist – in Bezug auf ganzheitliche und analysierende Wahrnehmungsleistungen ... In erster Annäherung, in einer Art Screening, könnte z. B. die Beobachtung, dass ein Kind mit schwerster motorischer Störung und fehlender Sprachfähigkeit seine Wünsche und Absichten nicht verwirklichen kann, zu einem diagnostischen Fehlurteil verleiten. Erwartet wird oftmals, dass auch die intellektuellen Funktionen schwer beeinträchtigt sind ... Aber gerade diese Kinder sind nicht immer kognitiv und in ihren Wahrnehmungsmöglichkeiten, im Planen und Denken gestört. Ihre intellektuelle Differenziertheit lässt sich nicht so leicht erkennen, doch auch nicht mithilfe der beschriebenen Tests, weil diese nicht hoch-individuell angepasst werden können. Langzeitbeobachtungen im Sinne der teilnehmenden Beobachtung, Aufmerksamkeit auf Blickkontakte und die prüfende Interpretation der Wünsche und Absichten sind dann nicht nur kommunikationsfördernde, sondern auch diagnostische Möglichkeiten, um zu Aussagen über die intellektuelle Differenziertheit des Kindes mit schwerster Behinderung zu gelangen. Bei besonderer emotionaler Erregung, bei großer Freude und Enttäuschung gerät ein Kind mit athetotischer Bewegungsstörung sofort in einen Bewegungssturm mit mimischen Verzerrungen, die sehr schwer zu deuten sind. Nur sein Blick bleibt ‚sprechend‘, und oft teilt dieser Blick die Verzweiflung mit, dass das Kind sich nicht ausdrücken kann, obwohl es sich intensiv und deutlich ausdrücken will. Eine aufmerksam-empathische Kontaktaufnahme, die dem sprach- und bewegungsbehinderten Kind entgegenkommt und auf seinen Gefühlsausdruck eingeht, kann für es eine psychisch befreiende Wirkung haben. Das Kind fühlt sich in seinen Intentionen, in der ihm eigenen Differenziertheit anerkannt und besser verstanden" (Stotz 2000, 84f).

*   *Emotion/Motivation und Selbstkonzept*

Die genannten diagnostischen Komplexe von Psychomotorik, Sensorischer Integration und Kognition werden bestimmt durch den zentralen Bereich der *Emotion*, die als *Motivation* die Richtung des (Leistungs)Verhaltens lenkt. Sie ist Basis der Lern- und Entwicklungsbereitschaft und der individuellen Erfahrungen mit sich selbst (seiner Behinderung) und mit der

Welt. Biografisch bildet sie sich verdichtet als musterhafte Einstellung zum eigenen Standort in der Welt, als *Selbstkonzept*, ab und prägt neue Erfahrungen und Erwartungen. Emotion und Selbstkonzept haben direkte Auswirkungen auf die pädagogische Arbeit und sind ein bedeutender förderdiagnostischer Bereich bei körperbehinderten Kindern mit Erschwernissen der Entwicklung von Selbstakzeptanz.

Die Förderdiagnostik erfasst die Dimensionen von Emotionen und verwirklicht dabei gleichzeitig in der Auseinandersetzung mit dem Kind die Hauptdimensionen der Förderung: zum einen durch Bewusstmachung von Emotionen und Bedürfnissen der Kinder, zum anderen durch die respektierende Beziehungsgestaltung zum Kind, die Bedingung für die Entwicklung eines positiven Selbstkonzepts ist. Das Kind erfährt durch pädagogische Haltungen des *Respekts* vor seiner Entwicklungskompetenz und der *Empathie* von Seiten sozial verlässlicher Bezugspersonen eine Kompetenzerweiterung über die Bewusstmachung seiner individuellen Befindlichkeit, seiner Bedürfnisse, Stimmungen und Gefühle (Haupt 1996, 90). Eine Pädagogik, die durch körperliche Schäden und Schwächen belasteten Kindern diese Erfahrung ermöglicht, stärkt deren Autonomie und offensive Gestaltung ihrer Welt. Eine Förderung, die diesen Lebensbereich nicht gezielt berücksichtigt, beraubt unter Umständen die betroffenen Kinder ihres treffendsten „Arguments" in sozialen Auseinandersetzungen und bei Durchsetzungsstrategien: Anders als gegen rational-logische Argumente ist gegenüber Emotion und Bedürfnis kein Gegenargument möglich.

Diagnostisch ist Emotionalität nur über Empathie zugänglich. In der *Verhaltensbeobachtung* geht es um die Auseinandersetzung mit der Gestimmtheit, der Aufmerksamkeit, dem direkten Ausdruck von Erleben, Bedürfnissen und Gefühlen im allgemeinen Verhalten sowie im Gespräch, im Spiel und bei Leistungsaufgaben. Die *gezielte Verhaltensbeobachtung* erfolgt über den Einsatz kreativer Methoden (der ästhetischen Erziehung); dabei ist das Verhalten der Kinder aufschlussreich, vor allem aber auch das frei gewählte oder thematisch gebundene Produkt. Emotionen, Motive und Selbstkonzepte fließen verschlüsselt in Verhalten und kreativen Ausdruck (z. B. Bilder und Zeichnungen) ein. Die Diagnostiker brauchen nur den Impulsen der Kinder zu folgen, die alle ein Bedürfnis nach kreativem Ausdruck haben. Beispiele für den kreativen Ausdruck körperbehinderter Kinder finden sich bei Haupt (1996, 94ff) und Hansen/Haupt (1999), für den *Symbolgehalt* des Ausdrucks körperbehinderter Kinder bei Haupt (2001).

Bei der Auswertung geht es nicht primär um Interpretationen und Deutungen, wie sie eine psychologische Fachkraft etwa durch projektive Verfahren vornehmen würde, sondern um die spielerische und gestalterische Auseinandersetzung der Pädagogen mit dem Kind. Eine Konzeption der Emotionalität ist dabei Voraussetzung der Wahrnehmung und Erfassung beschreibbarer Dispositionen. Ein kompaktes Konzept der Emotion (neben mehreren anderen Modellen) bietet Casriel (1983). Er unterscheidet 5 Grundgefühle: *Angst, Wut, Trauer, Freude, Liebe.* Haupt (1996, 66) differenziert noch weiter nach Behagen, Unbehagen, Desinteresse, Zuneigung, Langeweile. Identifizieren lassen sich auch Auslöser für Gefühle und Verarbeitungsweisen, musterhafte Grundstimmungen, Selbstkonzepte (Selbstbeschreibung, Selbstdarstellung im Bild), Kontaktverhalten und Auswirkungen auf die (Leistungs-)Motivation. Eine besondere Schwierigkeit stellt der Zugang zur Befindlichkeit schwerstbehinderter Kinder dar, deren Ausdrucksverhalten nur bei großer Vertrautheit mit ihnen entschlüsselt werden kann; Muskelspannung, Atemrhythmus, Lautierungen und vegetative Reaktionen sind Anhaltspunkte für die Interpretation (Haupt 1991, 29f). Eine Förderdiagnostik berücksichtigt auch die spezifischen individuellen Ausdrucks- und Entlastungsmöglichkeiten körperbehinderter Kinder für Emotionen und Bedürfnisse. Diagnostisch relevant sind in diesem Zusammenhang die Gespräche mit Bezugspersonen des Kindes über dessen Verhalten und biografische Besonderheiten sowie über die Familiensituation insgesamt.

Normvergleiche (vor dem Hindergrund unterschiedlicher psychologischer Schulen) können von erfahrenen Diagnostikern durch die Anwendung projektiver Testverfahren (Bundschuh 1991, 159f) vorgenommen werden, z. B. CAT (Bellak/Bellak 1955), SAT (Kunert 1973), Szeno-Test (v. Staabs 1985), Welt-Test (Bühler 1955), F.B.T. (Howells/Lickorish 1972). Dem Nicht-Psychologen dienen diese Tests ggf. auch der gezielten Verhaltensbeobachtung.

• *Sprache und Kommunikation*

Erschwernisse des Ausdrucksverhaltens insbesondere bei Kindern mit Cerebralparese sind Gründe für Kommunikationsstörungen mit Auswirkungen auf andere Lebens- und Entwicklungsbereiche, die Rehabilitation und pädagogische Förderung. Besonderheiten der Grobmotorik, Handmotorik, Mimik, des Sprechens und der Sprache sowie Folgen primärer Sinnesschäden und sekundärer Erschwernisse Sensorischer Integration sowie verminderter sozialer Kontaktaufnahme beeinflussen zirkuläre Austauschprozesse im Netzwerk der Entwicklung. Sie führen oft zu behindernden, weil falschen Zuschreibungen und Etikettierungen durch das soziale Umfeld.

Kinder mit cerebralen Bewegungsstörungen können Sprechstörungen in unterschiedlichem Ausmaß entwickeln. Von leichten Erschwernissen des Sprachflusses über schwere Formen der Artikulationsstörung (*Dysarthrie*) bis zur Sprechunfähigkeit (*Anarthrie*). Die Gründe für diese Kommunikationserschwernisse sind vielschichtig: Pathologische Muskelspannung in Schultergürtel, Armen, Kopf und Gesicht, die sich ungünstig auf Mundschluss, Essen und das Sprechen auswirkt, Mangel an äußerer Anregung durch Mobilitätsprobleme, Folgen großer Anstrengungen bei Mitteilungsbedürfnissen, Mutlosigkeit und Folgen erschwerter kognitiver Prozesse führen zu verzögertem oder problematischem verbalem Ausdruck (Haupt 1996, 51ff).

Diagnostisch von großer Bedeutung ist dabei die Abklärung von kognitiven Kompetenzen bei anarthrischen Kindern. Fehlende Sprechfähigkeit bedeutet nicht zwangsläufig fehlendes Sprachverständnis. Trotzdem wird bei ihnen nicht selten unbegründet auf eine zusätzliche geistige Behinderung geschlossen.

Förderdiagnostisch werden Pläne zur integrierten Förderung der Gesamtentwicklung angestrebt: Körperkontakt, soziale Erfahrungen, Eingehen auf Entwicklungsbedürfnisse, sensorische Anregung, Normalisierung des Muskeltonus insbesondere im Mund-Nacken-Bereich („Esstherapie"), nonverbale Kommunikation, Sprechen, Gebrauch technischer Kommunikationshilfen (Crickmay 1990, 79ff; Haupt 1993b, 371ff; Sevenig 1994, 24ff; Kristen 1994, 60ff).

Die Diagnostik erfolgt zunächst über die Verhaltensbeobachtung des Kindes, die Beschreibung des allgemeinen kommunikativen Verhaltens. Haupt (1996, 109) nennt hierzu zentrale Fragen des Diagnostikers bei der Beobachtung des Kindes in seinem Umfeld:

• Teilt sich das Kind durch Laute mit, durch Wörter, Sätze, im Spiel, in Zeichnungen, plastischen Gestaltungen, Geräuschen, Tönen, Rhythmen? Versteht es Sprache und nonverbale Äußerungen? Nutzt es Mimik, Gesten, Bewegungen? Hat es Freude daran, sich mitzuteilen? Fällt ihm Ausdruck schwer? Drückt es sich durch Schreien, durch Veränderung der Hautfarbe, der Körperhaltung, des Atemrhythmus aus? Gibt es Unterschiede in der Kommunikation mit vertrauten und nicht vertrauten Menschen? Gibt es Besonderheiten der Kommunikation mit anderen Kindern und in der Gruppe? Was erleichtert es dem Kind, sich mitzuteilen, was erschwert es?
• Wie reagieren die Menschen des Umfelds auf das Kind mit erschwertem Ausdrucksverhalten? Nehmen sie sich Zeit? Wie reagieren sie auf Protest des Kindes? Wer ver-

steht das Kind am besten? Wie wird dem Kind Kommunikation erleichtert? Wer leitet neue Fachkräfte an?

Bei dysarthrischen Kindern werden die allgemeinen Bewegungskompetenzen abgeklärt und speziell die Mundmotorik beim Essen und Trinken beschrieben. Alsdann werden sozial-situative und räumliche Bedingungen gesucht, die dem Kind spontanes Lautieren und Sprechen unter Hilfestellung durch Bewegungserleichterung ermöglichen.

Bei anarthrischen Kindern liegen immer schwere motorische Störungen (auch im Mund- und Nackenbereich) vor. Diese Kinder drücken sich nonverbal meist über die Augen oder verabredete Zeichen aus. Bei geringer Vertrautheit mit dem Kind bedarf es eines „Übersetzers" (Familienmitglieder oder Klassenkameraden sind häufig die zuverlässigsten Übersetzer). Die Diagnostiker planen dazu genügend Zeit ein, zumal es für die Kinder selbst von großer Bedeutung für ihre sozialen Beziehungen und ihre weitere Entwicklung ist, dass sie verstanden werden.

Eine dritte Gruppe sind Kinder mit *Sprachentwicklungsverzögerungen*. Diese treten auch in Verbindung mit dysarthrischen Störungen auf und sind diagnostisch dann nicht abzugrenzen. Entsprechende Probleme sind im Zusammenhang mit Prozessen erschwerter sensorischer Integration bedeutsam (s. o.).

Zum *Gruppenvergleich* dienen bei dysarthrischen Kindern vor allem der „Psycholinguistische Entwicklungstest – PET" (Kirk/Angermaier 1977) und der „Heidelberger Sprachentwicklungstest – HSET" (Grimm/Schöler 1991). Für erwachsene Menschen mit Dysarthrie findet die „Frenchay Dysarthrie-Untersuchung" (Enderby 1991) Anwendung. Zur Abklärung sprachentwicklungs-relevanter Dimensionen gibt es diagnostische Inventare („Beschreibung individueller Entwicklungsverläufe, d. h. der weitgehende Verzicht auf normative Vergleiche"; Eggert 1997, 135), die hier unter Psychomotorik und Sensorischer Integration aufgeführt wurden (s. o.).

• Entwicklungsdiagnostik

Die Diagnostik im Vorschulalter körperbehinderter Kinder und die Diagnostik schwerstbehinderter Kinder berufen sich in ihren Aussagen vielfach auf *Entwicklungsskalen*, d. h. auf normorientierte „Meilensteine" frühkindlicher Entwicklung. Die Anwendung dieser Skalen setzt voraus, dass sich die Diagnostiker bewusst an ein Modell (alters)gleicher Entwicklungsverläufe und Entwicklungsstrukturen halten. Aber der Vergleich von Entwicklungskompetenzen körperbehinderter Kinder mit statistischen Durchschnittswerten ist nur von eingeschränktem Wert für eine Förderdiagnostik. Zwar halten bezüglich der kognitiven Entwicklung auch körperbehinderte Kinder „eine klare Reihenfolge der Entwicklungsstadien ein", sie zeigen jedoch „größere Variabilität" (Ferretti 1998, 208), die altersbezogenen Verläufe und Strukturen sind individuell unterschiedlich. Die existierenden Entwicklungsskalen sind zudem sehr grobe Verhaltensraster, die bei unkritischer Anwendung eher die Gefahr der Festschreibung von Defiziten bergen, als dass sie die differenzierte Feststellung individueller Entwicklungskompetenz zulassen. Für eine Förderdiagnostik schwerstbehinderter Kinder sind sie im Grunde ungeeignet, weil deren Verhalten in diesen Skalen nicht erfasst wird, „vorhandene Kompetenzen können unbemerkt bleiben" (Haupt 1996, 125).

Trotzdem ist eine normorientierte Diagnostik mit Hilfe von Entwicklungsskalen in der Frühförderung körperbehinderter Kinder als Baustein zur Feststellung von Entwicklungsgefährdungen und „Bedrohung durch Behinderung" über die subjektive Sicht einzelner Fachleute oder Laien hinaus angezeigt. Entwicklungsskalen dienen damit der Organisation von Förderung und sensibilisieren in diesem Zusammenhang die Fachleute für Entwicklungsphänomene.

Folgende Entwicklungsskalen liegen vor: „Denver-Entwicklungsskalen" (Flehmig u. a. 1973), „Sensomotorisches Entwicklungsgitter" (Kiphard 1984a), „Münchener funktionelle Entwicklungsdiagnostik" (Hellbrügge 1994; zur Anwendung bei cerebralparetischen Kindern vgl. Stotz 2000, 76ff), „Griffiths Entwicklungsskalen" (Brandt 1983), „Sensomotorische Förderdiagnostik" (Sinnhuber 2000). Die „Ordinalskalen von Uzgiris/Hunt" (Sarimski 1986) sind insofern von besonderer Bedeutung, als sie im Gegensatz zu den genannten Entwicklungsgittern keinen primär quantitativen Vergleichsmaßstab darstellen, sondern qualitative Aussagen über die kognitiven Verarbeitungsfähigkeiten des Kindes erlauben; sie können als „angewandte Form der Entwicklungskonzeption von Piaget" gelten (Stotz 2000, 74).

„Die neue Komplexität im Verständnis der kindlichen Entwicklung macht eine Diagnostik erforderlich, die der Natur eben dieser Komplexität entspricht. Eine solche Diagnostik muss zunächst notwendigerweise ‚unschärfer' wirken, weil sie ja nicht mehr davon ausgeht, dass die Entwicklung des Kindes klar erkennbar und direkt beeinflussbar ist. Aber diese Diagnostik muss dennoch in ihrem Ziel und Vorgehen klar sein und in ihrem Ergebnis dazu taugen, in der Praxis der Frühförderung richtungsweisend zu sein" (Jetter 1999a, 73).

4.2 Vorschulische Förderung

Die vorschulische Rehabilitation körperbehinderter Kinder umfasst eine Reihe inhaltlicher, organisatorischer und institutioneller Fördermaßnahmen, die unter dem Oberbegriff *Frühförderung* zusammengefasst werden. Die Bedeutung früher Förderung (körper)behinderter Kinder liegt in der großen Beeinflussbarkeit und Lernfähigkeit des frühkindlichen Organismus sowohl hinsichtlich der kognitiven als auch der sozial-emotionalen Entwicklung. Das eröffnet vor allem in dieser Altersphase die Möglichkeit, durch Prävention einer möglichen Verstärkung der Auffälligkeiten der Kinder entgegenzuwirken, Schädigungen durch Fördermaßnahmen kompensieren zu helfen und dadurch die existentielle Basis der Kinder zu stabilisieren. Übergeordnetes Ziel ist es, der Entfaltung der Persönlichkeit des Kindes durch Kompetenzförderung zu dienen. Elemente der Frühförderung sind *Früherkennung/Frühdiagnostik, Frühbehandlung/Therapie* und *pädagogische Frühförderung einschließlich Elternberatung* (Sohns 2000, 15).

Eine systematische und umfassende Frühförderung, die neben medizinischen und therapeutischen Maßnahmen auch die pädagogische Arbeit einbezieht, entwickelte sich in den 50er Jahren aus Einzelinitiativen von Vertretern verschiedener Berufsgruppen über den Aufbau punktueller professionsbezogener Beratungsstellen und dann ein flächendeckendes Netz von Frühfördereinrichtungen mit interdisziplinärer Kooperation bis zur Entwicklung „makrosystemischer Zentrierungsversuche" der letzten Jahre (Speck 1989, 13ff). Diese Entwicklung hat sich inzwischen rechtlich im Neunten Sozialgesetzbuch von 2001 niedergeschlagen, insbesondere in den §§ 22–25 zur Einrichtung gemeinsamer

Servicestellen der verschiedenen Träger für behinderte Menschen. Dort sind u. a. Leistungen zur komplexen Früherkennung und Frühförderung vorgesehen mit dem übergeordneten Ziel der Integration behinderter Kinder in die Gemeinschaft (H. Fuchs 2001, 150ff). Die Frühförderung wird damit auch organisatorisch mit größeren sozialen Strukturen (Kindergärten, Schulen) verzahnt, um Kontinuität der Rehabilitation zu gewährleisten und die komplizierte Mischfinanzierung der unterschiedlichen Leistungen verschiedener Träger (zuständig sind z. B. Krankenkassen, Sozialbehörden, Kultusbehörden, private Träger) in den Griff zu bekommen.

In der *DDR* fiel die Früherfassung geschädigter Kinder in die Zuständigkeit des Gesundheits- und Sozialwesens, und die pädagogische „Früherziehung geschädigter Kinder" gehörte in den Bereich des Volksbildungswesens (vgl. K.-P. Becker u. a. 1984; R. Becker 1988 u. 1989). Dabei wurde mehr oder weniger streng arbeitsteilig in den Institutionen sozialmedizinischer Betreuung und den pädagogisch orientierten Krippen, Kindergärten und Beratungsstellen vorgegangen (Baronjan/Sammler 1995, 136ff).

Im Jahr 2000 gab es ca. 1000 Frühfördereinrichtungen in Deutschland (Sohns 2000, 14). Ein wichtiger Impuls für die Schaffung eines flächendeckenden Netzes von regionalen Frühförderstellen und vor allem für die pädagogische Arbeit innerhalb der Frühförderung waren die Empfehlungen des Deutschen Bildungsrates *„zur pädagogischen Förderung behinderter und von Behinderung bedrohter Kinder und Jugendlicher"* von 1973/74 (Speck 1996, 468f). Frühförderstellen stehen in unterschiedlicher Trägerschaft (u. a. auch von Kinderneurologischen Zentren für schwerer behinderte Kinder). Die Frühförderung erfolgt ambulant oder als Hausfrühförderung (Temmes 1989, 123ff; Bierhals 1999, 45ff). Sie erstreckt sich auf das gesamte Vorschulalter und wird im Kindergartenalter (3–6 Jahre) in Sonderkindergärten und in Kooperation mit integrativen Kindergärten durchgeführt (Speck 1991, 41ff; zur Praxis der Frühförderung in den einzelnen Bundesländern vgl. Sohns 2000, 217ff). Der *Integrationsgedanke* wurde am frühesten und bisher am erfolgreichsten im Kindergarten verwirklicht. Dazu bedarf es Konzeptionen gemeinsamer Spielförderung im Elementarbereich (Heimlich 1995a) und angemessener Therapiemöglichkeiten für körperbehinderte Kinder (zur Problematik *vorschulischer Integration* vgl. Miedaner 1986; Kniel 1986; Herzog 1987; Staatsinstitut für Frühpädagogik 1990; Meister 1991; Ortmann 1992; Ziller/Saurbier 1992; Lipski 1992; Dichans 1993; Freiburger Projektgruppe 1993; Kaplan u. a. 1993; Gerspach 1996).

Frühförderung wird heute wissenschaftlich allgemein unter systemischen Gesichtspunkten betrachtet, um der Vernetzung unterschiedlicher Förderansätze der Beteiligten (Eltern, Mediziner, Therapeuten, Psychologen, Sozialpädagogen, Pädagogen) gerecht zu werden. Sie kooperieren „in Abgrenzung und eben doch in Zusammenarbeit" (Wagner-Stolp 1999, 16) und bilden ein offenes System bei Wahrung der Identität jeder Profession. Durch diese (Denk- und Handlungs-) Perspektive wird vermieden, dass jede Gruppe ihren Förderansatz verabsolutiert und „Divergenzen zwischen Teileinheiten destruktiv werden" (Speck 1989, 11). Schlienger/Jantsch (1994) haben zur Systematisierung inter-disziplinärer Kooperation in Anlehnung an norwegische und amerikanische Frühförderansätze als methodisches Konzept einer „fallbezogenen Reflexion" (ebd., 35) das K.R.E.I.S.-Verfahren entwickelt („*K*ooperative *R*eflexion zwi-schen *E*ltern und *I*nterdisziplinären *S*ystemen"). Es basiert u. a. auf dem Em-powerment-Gedanken und der Kooperativen Pädagogik körperbehinderter Kin-der von Schönberger. Dabei geht es in der Praxis „um die Gestaltung einer Gesprächssituation mit der Zielsetzung, eine von den Eltern und Fachleuten angestrebte Gemeinsamkeit von Verstehen und Handeln für das im Zentrum stehende Kind und seine Familie zu erreichen. Außerdem sollen Unterschiede so thematisiert werden, dass sie die persönliche oder fachliche Integrität der be-teiligten Personen nicht in Frage stellen" (Schlienger/Hasemann/Jantsch 1997, 128). Diese gleichberechtigte Teilnahme aller Beteiligten an den Fallgesprä-chen ähnelt in der Form Supervisionsgruppen (vgl. Kap. „Selbstreflexion des Körperbehindertenpädagogen"), d. h. es werden in regelmäßigen Abständen Gespräche durchgeführt, die bestimmten Regeln bezüglich des Settings, der Moderation und der Gesprächsführung folgen.

Die *Qualitätssicherung* der Angebote von Frühförderstellen im Hinblick auf ihre Struktur (Ausstattung, Organisationsform), Prozesse (Förderkonzeptionen, Interdisziplinarität, Dokumentation) und Ergebnisse (Effizienz, subjektives Wohlbefinden der „Kunden", Motivation der Mitarbeiter) erfolgt durch fortlau-fende Protokollierung, Dokumentation und Selbstevaluation. Qualitätssiche-rung dient nicht in erster Linie der Erfüllung von „ökonomisch dominierten Mindestvorgaben" (Sohns 2000, 169), sondern der Lebensqualität der Men-schen. Beispiele und Fragebögen zu den Evaluationsbereichen Strukturqualität, Prozessqualität und Ergebnisqualität von Frühförderung geben Korsten/Wan-sing (2000, 39ff).

Früherkennung/Frühdiagnostik

Innerhalb der Frühförderung ist die *Diagnostik* ein primär medizinisches (aber auch an andere beteiligte Professionen delegiertes) Problem von Vorsorge- und Verlaufsuntersuchungen. Am Anfang jeder Rehabilitation körperbehinderter und chronisch kranker Kinder steht also eine medizinische Diagnose bzw. ein „Etikett", wenn keine eindeutige Diagnose gestellt werden kann, um die weitere Organisation von Prävention und Rehabilitation zu gewährleisten. Sie ist in Ermangelung von sicheren prognostischen Möglichkeiten immer nur „der Anlass für besondere Maßnahmen ... niemals eine verbindliche Vorschrift" (Jetter 1984, 268). Medizinische Diagnostik im weitesten Sinne ist Bestandteil der Leistungen der Krankenkassen, bei denen sich das Anliegen der Prävention von Behinderung immer mehr durchgesetzt hat. Von besonderer Bedeutung für die Eltern sind die Vorsorgeuntersuchungen U1–U9, die bis zum 5. Lebensjahr aller Kinder durchgeführt werden sollten (vgl. Erläuterungen zum „Gelben Heft" von Brüggemann 1991, 32ff). Sie stecken einen umfassenden Rahmen von Symptomen ab, die bei positivem Befund zu weiterführender Diagnostik insbesondere bei „Risikokindern" führt (Wechselberg 1983, 109f). Die Vorsorgeuntersuchungen betreffen die körperliche und geistige Entwicklung und schließen Suchverfahren (Screenings) nach Stoffwechselstörungen und Mangelzuständen ein. Bei Verdacht auf Entwicklungsauffälligkeiten werden dann zunehmend differenzierte diagnostische Verfahren eingesetzt und Psychologen und Pädagogen hinzugezogen (*zur pädagogischen Frühdiagnostik s. Kapitel „Förderdiagnostik"* u. vgl. Thurmair/Naggl 2000, 61ff). Die medizinische Diagnose dient vor allem auch der Ursachenklärung (die Ätiologie bei der Diagnose „Entwicklungsstörung" bleibt jedoch in bis zu 50 % der Fälle unklar; Neuhäuser 1989, 37) und der Einleitung von präventiven Maßnahmen im Sinne einer interdisziplinären Frühbehandlung bzw. Therapie.

Der Stellung der Diagnose folgt die Information der Eltern durch den Arzt. „Dieses *Diagnoseeröffnung* genannte Gespräch ist für alle Beteiligten eine schwierige und belastende Situation" (Lambeck 1992, 12; Sohns 2000, 73ff), die Eltern von körperbehinderten Kindern häufig als Trauma erleben, das sie oft viele Jahre verfolgt. Mediziner bedürfen spezieller Hinweise für den Umgang mit betroffenen Familien, um zu einem konstruktiven Bewältigungsprozess beizutragen (siehe den Leitfaden für die Diagnoseeröffnung von Lambeck 1992).

Frühbehandlung/Therapie

Bei den meisten Kindern mit Entwicklungserschwernissen sind die Möglichkeiten *medizinischer Therapie* im Rahmen der Frühförderung begrenzt. Eine spezifisch medizinische Frühtherapie erfolgt nur bei Indikation von diätetischen Maßnahmen, Hormonsubstitution und Medikamenten z. B. bei Stoffwechselstörungen, Drüsenfunktionsstörungen oder frühkindlichen Anfallsleiden als Dauertherapie oder bei vorübergehenden Erkrankungen als Akuttherapie (Neuhäuser 1989, 39).

Zentrale Bedeutung für die Rehabilitation körperbehinderter Kinder hat die *Physiotherapie* (mit dem Teilgebiet Krankengymnastik; Pust/Stolz-Kral 1999, 130ff; Tietze-Fritz 1997, 326ff). Dabei handelt es sich um neurophysiologisch begründete Interventionsmaßnahmen, die bewegungsbehinderten Kindern die Harmonisierung der Beweglichkeit und des Bewegungsempfindens ermöglichen sollen. Eine Erleichterung und Erweiterung der Handlungsfähigkeit durch Kontrolle von Haltung und Bewegung in einem sensomotorischen Lernprozess begünstigt die Entwicklung und führt zu größerer Selbständigkeit. Physiotherapie findet ein großes Anwendungsfeld bei allen körperbehinderten Kindern (cerebrale Bewegungsstörungen, Querschnittlähmungen, Wirbelsäulenfehlhaltungen, Fehlstellungen des Hüftgelenks und des Fußes, neuromuskuläre Erkrankungen, Verletzungen und Traumata, Schwerstbehinderung), aber auch bei allgemein pädiatrischen und chronischen Erkrankungen (Herzfehler, Erkrankungen der Atemwege, rheumatische Erkrankungen, Hirntumoren und onkologische Erkrankungen). Neben allgemeiner Behandlung mit passiven und aktiven Techniken (Stellung, Bewegung, Gang, Lagerung) gelangen Methoden zur Anwendung, die aus den Arbeiten einzelner Wissenschaftler hervorgegangen und nach ihnen benannt sind. Die Indikation für bestimmte Therapiekonzepte ist noch weitgehend ungeklärt und in der Praxis zufallsabhängig. Jedes Konzept wird in eigener Tradition weitergegeben. Eine neurophysiologische Synthese der Konzepte steht noch aus. Die weiteste Verbreitung finden heute die hochentwickelten Methoden von Bobath (1983), Vojta (1988) und Kabat (Voss u. a. 1988), daneben aber auch spezielle krankengymnastische Maßnahmen wie die Bewegungstherapie im Wasser und auf dem Pferd (Hippotherapie; Strauß 2000; Gäng 1994 u. 1995)

• Das *Bobath*-Konzept wurde nach dem Zweiten Weltkrieg entwickelt. Ziel der Behandlung ist es, pathologischen Bewegungs- und Haltungsmustern entgegenzuwirken und altersentsprechende physiologische Bewegungen zu ermöglichen (Goyke 1989, 64ff; Bernard 1999, 77ff; Ritter 1999, 32ff). Als Orientierung dient die frühkindliche Bewegungsfolge: Fixieren und Verfolgen von Gegenständen mit den Augen, Kopf in der Mitte Halten, Greifen von Gegenständen, Drehen, Robben, Krabbeln, Knien, Aufstehen, Stehen, Gehen. Die wichtigsten Techniken beziehen sich auf die Hemmung pathologischer Bewegungsmuster und die Erleichterung und Bahnung harmonischer Muster. Die Behandlung erfolgt über Auslösung von Bewegung an proximalen (rumpfnahen) und distalen (rumpffernen) Schlüsselpunkten. Die Reaktion auf den Reiz entsteht dabei nicht passiv am Schlüsselpunkt selbst, sondern an entfernteren oder angrenzenden Körperteilen. Bei starker Bewegungspathologie liegen die Schlüsselpunkte proximal; je mehr Kontrolle das behandelte Kind über seine Haltung und Bewegung erlangt hat, desto distaler können die Schlüsselpunkte gewählt werden. Zum Gesamtkonzept der Bobath-Therapie gehört auch die Nutzbarmachung ihrer spezifischen Erkenntnisse für Haltungs- und Tonusregulierung im familialen und pädagogischen Alltag der Kinder durch *Bewegungserleichterung* und *Handling* (Finnie 1985) sowie in der Ergotherapie und Logopädie (Dysarthriebehandlung bei Cerebralparese) und im Einsatz von Hilfsmitteln.

• Das *Vojta*-Konzept (Reflexlokomotion) wird seit den 60er Jahren in Deutschland zur Normalisierung des Muskeltonus und zur Verbesserung der Bewegungskoordination und -harmonie bei neuromuskulären Störungen vorwiegend im Kleinkindalter eingesetzt (Aufschnaiter 1989, 127ff; 1999, 86ff; Ritter 1999, 29ff; vgl. Vojta/Peters 1992). Die Basis der Behandlung ist die Erkenntnis, dass durch Stimulation bestimmter Reizpunkte an Rumpf und Extremitäten in genau definierten Ausgangsstellungen Bewegungsantworten des Körpers hervorgerufen werden können. Diese Bewegungsmuster sind das *Reflexkriechen* und das *Reflexumdrehen*, die nicht nur die gesamte Skelettmuskulatur aktivieren, sondern auch die Tätigkeit von Herz, Lunge, Verdauungstrakt, Trophik, Knochenwachstum und Mundmotorik. Die Anwendung dieses Konzepts bei sehr kleinen Kindern (ohne deren Einsicht in die Notwendigkeit) ist umstritten, weil sie für die Beteiligten großen emotionalen Stress und erhebliche Belastung mit sich bringen kann (Kinder schreien, Eltern weigern sich, die Therapie mehrmals am Tag durchzuführen). Diese Methode eignet sich daher eher zur Behandlung einsichtsfähiger älterer Vorschul- und Schulkinder.

• Das *Kabat*-Konzept (Propriozeptive Neuromuskuläre Fazilitation – PNF) wurde nach dem Zweiten Weltkrieg entwickelt (Schraube/Danielcik 1989, 157). Sie beruht auf der Stimulation vor allem der Propriozeption (Körpernahsinne) unter Einbeziehung der Exterozeption (Körperfernsinne) durch Griff und Führung von Bewegung, Zug (Dehnung) und Druck. Ziel der Behandlung ist die Verbesserung sensomotorischer Leistungen, Abbau pathologischer Bewegungsmuster, Erreichen eines muskulären Gleichgewichts, Verbesserung der Muskelkraft und Ausdauer.

In der *Ergotherapie* (gr. ergon = Arbeit; Beschäftigungstherapie) werden die überwiegend grobmotorisch bestimmten Maßnahmen der Physiotherapie durch feinmotorische Aufgabenstellungen ergänzt. So ist Ergotherapie vor allem indiziert, wenn entwicklungsbedingte Erschwernisse der sensorischen Integration als Primärstörung (wie bei der sog. Minimalen Cerebralen Dysfunktion) oder als Sekundärstörung (bei körperlicher Behinderung) vorliegen: Störungen des taktil-kinästhetischen Systems, des verstibulären Systems, des auditiven Systems, des visuellen Systems sowie Störungen der Körperorientierung und Dyspraxie (Pflüger 1993, 59ff; Kesper/Hottinger 1993, 55ff; Hügel 1996, 9ff). Als Interventionsmethoden der Ergotherapie dienen Wahrnehmungstraining (Schilling 1994, 24ff), sensorische Integrationsbehandlung auf der Grundlage von Jean Ayres (1984; vgl. Fisher/Murray/Bundy 1998) und Hilfen für alltägliche Verrichtungen wie grobmotorische und feinmotorische Förderung bei Nahrungsaufnahme, Ankleiden und Spiel (Chaunière 1999, 114ff). In der ergotherapeutischen Frühförderung werden Eigenschaften und Funktionen von Materialien und Gegenständen wie Creme, Rasierschaum, Sahne, Fingerfarben, Ton, Plastilin, Wolle, Schnüre, Bänder, Stoffe, Decken, Bauklötze, Schachteln eingesetzt (Pflüger 1993, 63).

Die *Logopädie* körperbehinderter Kinder widmet sich vor allem dem verbalen und nonverbalen Ausdrucksvermögen von cerebralparetischen Kindern mit

Sprechstörungen im Sinne einer *Dysarthrie* (Störung der Lautbildung durch pathologische motorische Entwicklung). Neben der Förderung der Atmung und der Bewegungserleichterung kommt vor allem die neurophysiologische Sprachheilbehandlung zur Anwendung (Haupt 1983a, 290ff; 1989, 100ff; Crickmay 1990, 79ff; Hinum 1995, 55ff). Sehr schwer behinderte Kinder mit einer *Anarthrie* werden mit Hilfe von spezifischen Kommunikationsangeboten wie kindzentriertes Gesprächsverhalten oder die Verständigung über Symbole und Zeichen gefördert (Gangkofer 1993; Sevenig 1994; Kristen 1994; Braun 1996; Wilken-Timm 1997). Die Förderung bei *Sprachentwicklungsverzögerungen* erfolgt im Zusammenhang mit der Förderung der sensorischen Integration (s. u.).

Pädagogische Frühförderung

Die *pädagogische Frühförderung* als Aufgabenfeld der Kooperation von Pädagogen, Psychologen, Motopädagogen und Erziehern ist im Grunde genommen das übergreifende Dach der Förderung kindlicher Kompetenz. Sie stellt Bedingungen bereit, die es dem Kind ermöglichen, seiner Lebensbewegung und seinen Entwicklungsimpulsen zu folgen. Die kindliche Entwicklung kann nur aus dem Kind selbst heraus geschehen, sie kann dem Kind nicht aufgezwungen werden. Dieser Grundsatz gilt für alle an der Frühförderung beteiligten Personen und Professionen. Ärzte und Therapeuten sind in diesem Sinne auch Pädagogen. „Kinder mit Behinderungen entwickeln sich nur dann gut, wenn sie ihre eigenen Impulse, ihre eigene Aktivität für ihre eigene Entwicklung einsetzen können" (Haupt 2000, 11). Der kindliche Organismus wird als autonomes selbstreferentielles System (Huschke-Rhein 1998, 200; Speck 1989, 19) verstanden, das in sich geschlossen, aber nach außen offen für Einflüsse und mit anderen Systemen vernetzt ist. Unter dieser Voraussetzung läuft jede schematische Anwendung von direktiven Standardmaßnahmen in der Frühförderung Gefahr, das eigentliche Förderziel zu verfehlen und eher Entwicklungsblockaden zu bewirken. Wer sich in der Frühförderung als Teil eines Netzwerks begreift, wird seine pädagogische Rolle entsprechend non-direktiv definieren. Forderungen an das Kind sind damit nicht ausgeschlossen, denn Kinder mit Entwicklungsproblemen können auch unterfordert werden, wenn ihre Intention zu schwach ist: „Es braucht daher im richtigen Moment Anregung von außen, dann nämlich, wenn es eine Spur von Bereitschaft zeigt. Wird seine diffuse, wenig zielgerichtete Suche nach Aufmerksamkeit übersehen, zieht sich das Kind wieder zurück und seine Aktivität erlischt" (Aly 1998, 65).

Der Prozess der Frühförderung folgt demnach einem „ökologischen Programm" (Speck 1989, 18ff). Die frühkindlichen Entwicklungs*bedingungen* werden gefördert. Dazu gehört die Bereitstellung von Möglichkeiten, die beständige Suchbewegung des individuellen *Organismus* zu unterstützen: auf dem Weg der Reduktion von komplexer Information über die Welt durch die Schaffung von Ordnungen, bei ihrer Erkundung und Gestaltung, bei personalen Kontakten und Ablösung, bei der Suche nach emotionaler Stabilität und existentieller Sicherheit und einer Balance zwischen Stabilität und Instabilität. Weitere Bedingungen sind die das Kind umgebenden Systeme, die *Familie*, die *Therapeuten* und *Pädagogen*, die einerseits in professionsübergreifender Kooperation in Austausch mit dem Kind stehen („Kokreativität"; Voß 1997, 41), andererseits aber auch auf die Balance ihrer eigenen (operational geschlossenen) Binnenstruktur angewiesen sind. Konkrete Arbeitsbereiche sind in diesem Zusammenhang Elternarbeit (auch im Hinblick auf die Stützung des Familiengleichgewichts und die Behinderungsverarbeitung, s. u.), Teamgespräche, Fortbildung und Austausch mit anderen Organisationen, aber auch Supervision und Selbstreflexion der Pädagogen (s. Kap. 6).

Spezifische *pädagogische Aufgaben* im Rahmen der Frühförderung sind (Wagner-Stolp 1999, 30f; G. Klein 1998, 119f):

1. Beitrag zur diagnostischen Abklärung im Rahmen der interdisziplinären *Diagnostik*
2. Pflege einer entwicklungsfördernden *Beziehung* und Atmosphäre
3. Unterstützung der Kommunikationsbereitschaft, des sozialen Verhaltens und der Konzentrationsfähigkeit im *Spiel*
4. Hilfen bei der Bewegung und der *Anregung der Sinne*, bei der Entwicklung von Körpergefühl, bei der emotionalen und kognitiven Entwicklung, beim Erwerb lebenspraktischer Fertigkeiten

Zum *ersten Aufgabenbereich*, der Diagnostik, vgl. Kapitel „Förderdiagnostik".

Der *zweite Aufgabenbereich* der Beziehungspflege ist gekennzeichnet durch die Qualität des Kontakts zum Kind in „ritualisierter Kontinuität" ohne Ambivalenzen, Brüche, Wechsel und Unsicherheiten (Leyendecker 1999a, 313). Die Beziehung zum Kind und seinem Umfeld wird im Vordergrund der pädagogischen Arbeit stehen, während weitere pädagogische Interventionsmethoden eher zurücktreten. Die Aufmerksamkeit konzentriert sich nicht auf einzelne Funktionen, sondern auf den gesamten Ausdruck des Kindes. „Frühbehandlung und Frühförderung wirken meist nicht methoden- oder behandlungsspezifisch, sondern mittelbar; d. h. es ist im wörtlichen Sinne die Art der ‚Vermittlung', die Beziehung, die die Wirkung ausmacht" (Leyendecker 1997, 116). Die Operationalisierung pädagogischer Beziehungen ist in der Fachwelt bisher selten erfolgt; aus systemischer Perspektive sollten sie jedoch eher „respektvoll" beobachtend und weniger dynamisch eingreifend sein. Ein Modell zur Operationalisierung von Beziehungsqualitäten kann in Anlehnung an das Kontaktphänomen der Humanistischen Psychologie (Quitmann 1985, 93ff) entwickelt werden. Der Kontakt zum Kind wird als Gestaltung der „Berührung an der Peripherie" in Abgrenzung zu „Distanz" und „Dominanz" definiert. Pädagogische Gestaltungsqualitäten basieren auf Grundprinzipien von Respekt und Empathie (weitere Prinzipien siehe Bergeest 1993, vgl. Kapitel „Schulische Förderung"). Beziehungsqualitäten werden auch bei Körperkontakt für das Kind in basaler Weise spürbar. „Adäquater Körperkontakt ..., der für Eltern und Fachkräfte in der Frühförderung erschwert" sein kann, wenn die Kinder wegen pathologischer Muskelspannung in unerwarteter Weise reagieren, setzt die Bereitschaft zu emotionaler Offenheit voraus (in Abgrenzung zu professioneller Distanz): „Ohne emotionale Offenheit ist Körperkontakt eine schmerzliche Erfahrung" (Haupt 1980, 489). Andererseits kann schon eine einfache konzentrative Berührung mit der Hand sehr unruhige Kinder augenblicklich beruhigen.

Unter diesem Aspekt ist auch die Frage nach dem *bestmöglichen Zeitpunkt* des Beginns der Frühförderung neu zu stellen. Neurophysiologisch begründete sich die Auffassung, dass bei körperbehinderten Kindern und Risikokindern aus Gründen der Plastizität neuronaler Strukturen in den ersten Lebensmonaten und -jahren die Förderung so früh wie möglich beginnen sollte. Das war schon immer eine sehr verengte, mechanistische Sicht. Die ganzheitliche Perspektive muss auch neurophysiologische Prozesse stets im Zusammenhang mit Motivation und Beziehungsqualitäten des Kleinkindes sehen (Leyendecker 1999a, 299ff). „Krankengymnastische Frühförderbehandlung, die darauf zielt, Entwicklungsschritte ‚anzubahnen' oder vorwegzunehmen, kann ein Frühgeborenes enorm unter Druck setzen. Sie kann sein noch labiles Befinden stören und seine noch schwach entwickelte emotionale und motorische Eigeninitiative blockieren" (Aly 1998, 38). Analog gelten diese Bedenken auch hinsichtlich früher Förderung körperbehinderter Kinder, wenn nicht die besondere Beziehungsstruktur und Bindung zwischen Kleinkind und Mutter in Therapiemaßnahmen einbezogen werden und Beginn und Ausmaß der Frühförderung bestimmen (Ritter 1999, 91ff).

Schwerpunkt der pädagogischen Arbeit im *dritten Aufgabenbereich* liegt darin, in enger Verflechtung mit Aufgaben der Physiotherapie (besonders bei Kindern mit cerebralen Bewegungsstörungen) und der Ergotherapie die *Spielimpulse* des Kindes zu unterstützen. Innerhalb der Frühförderung erfolgt das Spiel in der vorbereiteten (aber veränderbaren) Umgebung des häuslichen Bereichs, der Frühförderstelle oder des Kindergartens.

Es ist der Weg der Entwicklung von *Konzentration* als individueller Prozess der „Normalisation" (Montessori) und das „Erleben der eigenen Person in ... Selbstvergessenheit und Selbstvergewisserung" (Fischer 2000, 89). Das Kind erhält im lustvollen freien Spiel die Möglichkeit zur Aneignung von Weltbezug, Sozialbezug, Kooperation, Regeln, Rollen, es erfährt sich als aktives, offensives Individuum, das bewirken und gestalten kann und erfolgreiche Erfahrungen autonomer Lebensvollzüge macht, die es „unter normalen Lebensumständen nicht ausprobieren könnte" (Bundy 1998, 78). Es geht im weitesten Sinne um die frühe (rechtzeitige) Förderung von „Empowerment", bei der ursprüngliche Durchsetzungs- und Abwehrimpulse verstärkt werden, wie sie schon bei 4 Wochen alten Säuglingen offensichtlich sind (Ziemen 1995, 71ff). Auch wenn „nur" mit ihnen gespielt wird, entsteht damit zugleich für viele körperbehinderte Kinder ein Gegengewicht zur mannigfaltigen, oft unabdingbaren passiv erlebten Behandlung im Zuge der Rehabilitation, und häufig lernen sie dabei auch erst zu spielen und damit ihren natürlichen Impulsen zu folgen („Nichts bereitet uns mehr Unbehagen, als ein Kind zu sehen, das nicht spielt"; West 1888 zit. n. Bundy 1998, 75). Die Entwicklungsförderung durch das Spiel findet auf drei Ebenen statt (Thurmair/Naggl 2000, 85ff): (1) Das Lernen und Üben von Funktionen (Training und Konzentration); (2) Entwicklungsförderung im Handeln (Veränderung von Realität); (3) Spiel als sinnstiftende Tätigkeit (Projektionen des Kindes in die Spielsituation). In den ersten Lebensjahren entwickelt sich zunächst das Funktionsspiel oder Sensomotorische Spiel, dann das Konstruktionsspiel, das Rollenspiel (beide auch mit Symbolfunktion, vgl. Piaget 1996) und schließlich das Regelspiel (vgl. Einsiedler 1991; Mogel 1994). Besondere Bedeutung hat in diesem Zusammenhang der gestalterische Ausdruck des Kindes. Alle Kinder und vor allem belastete Kinder wollen sich über ihre Kreativität mitteilen.

Das Spiel erhält bei vielen körperbehinderten und chronisch kranken Kindern u. U. eine besondere Färbung durch die Notwendigkeit von Hilfestellung und Bewegungserleichterung, Erfahrungsmangel, Spannungslosigkeit, Mangel an Geschlossenheit durch häufige äußere Störungen (es ist nicht so leicht, ein unterbrochenes Spiel bei nächster Gelegenheit wieder aufzunehmen) und Mangel an Polarisation der Aufmerksamkeit beeinflussen das „Moment der inneren Unendlichkeit" als ein Wesensmoment des kindlichen Spiels (Scheuerl 1990, 67ff). Auch die *Nachahmung* im Spiel ist durch Bewegungsbeeinträchtigung und Erschwerung der Leistung sensorischer Integration betroffen. Diese Färbungen sind Hinweise auf entsprechende Förderbedürfnisse betroffener Kinder insbesondere im Hinblick auf freies Spiel und gestalterischen Ausdruck.

Eng verwoben mit Spiel in der vorbereiteten Umgebung sind die Schwerpunkte der pädagogischen Arbeit im *vierten Aufgabenbereich*, der Unterstützung von Erkundungs- und Suchbewegung des Kindes durch Bereitstellung von Möglichkeiten, alle seine Sinne einzusetzen. Wie beim Spiel wird auch hier nur der Weg beschritten, den die Kinder vorgeben. So etwa beim alltäglichen Paradoxon im Verhalten von Kindern in der Frühförderung: „Das Kind kann bestimmte Reize nicht diskriminieren, verlangt aber nach ihnen" (Fisher/Murray/Bundy 1998, 455). Häufig wollen beispielsweise Kinder, deren Organismus Schaukel- und Drehbewegungen unvollständig integriert hat, immer wieder auf die Schaukel. Zur Veranschaulichung bietet sich hier die Metapher des „Baums der Erkenntnis" an (Bergeest 1999b, 200), dem für sein Wachstum entsprechende Reizkonstellationen geboten werden, aus denen sein Organismus auf der Suche nach höheren Funktionen kognitiver Entwicklung, körperlicher Sicherheit, emotionaler Stabilität, Sprache und sozialer Teilhabe durch Be*greifen*, Er*fassen*, Be*halten*, Ver*stehen*, Vor*stellen* und Wahr*nehmen* der Welt Impulse zieht.

Alle Kinder wollen sich vom Boden erheben und den Raum erobern (es sei denn, sie haben aufgrund schwerster Behinderung resigniert). Die Raumeroberung ist von ganzheitlicher Bedeutung.

> „Das Raumerleben ist vor allem emotionaler Art. Der Raum ist gefühlsmäßig gefüllt. Er besteht unter anderem aus dem, was auch der Erwachsene später noch als die Atmosphäre des Raumes erlebt. Das Raumerleben ist mittezentriert. Er wird vom jeweiligen Standpunkt aus erlebt und in seiner Ausdehnung (oben/unten/rechts/links) aufgebaut" (Marbacher Widmer 1997, 11).

Dazu bedarf es der systematischen Einbeziehung der sensorischen Entwicklungssysteme von Seiten der Pädagogen und eines Repertoires von Spielmöglichkeiten, die den Reizerwartungen der Kinder genügen. Schwerpunktbereiche sind: Basiserfahrungen der Proprioception durch Vibration, vestibuläre Anregung und psychomotorische Anregung (Linn/Holtz 1987; Hachmeister 1997), der Exteroception durch taktil-kinästhetische Anregung („Weltbegreifen"; Liechti 2000), visuelle, auditive und gusto-olfaktorische Anregung, durch Bewegungspädagogik, Rhythmik und Musik im Kindergarten (Krimm-v. Fischer 1986; Zuckrigl/Helbling 1994; Tietze-Fritz 1997, 298ff). Zur Verbindung von Spiel und Sensorischer Integration in der Praxis gibt es eine Vielzahl von systematischen Zusammenstellungen (Krenzer 1983; Brand u. a. 1987; Gregoirvan Treeck 1990; Kesper/Hottinger 1993; Schilling 1994; Beudels u. a. 1998). Sie gründen alle auf Vorarbeiten von Ayres, Affolter, Frostig und Kiphard (Sonderegger 1997, 136ff), haben in der Regel eher Übungscharakter und gehen weniger von den Spielimpulsen der Kinder selbst aus. Sie dienen jedoch der Orientierung, insbesondere für die pädagogische Förderung im Kindergartenalter (Schulkindergarten, Sonderkindergarten, integrativer Kindergarten), in dem Maßnahmen früher Förderung fortgesetzt werden. Darüber hinaus existieren spezielle Programme, die sich für die Förderung der Wahrnehmungsentwicklung zur Vorbereitung des Erlernens von Kulturtechniken bei körperbehinderten Kindern bewährt haben: beispielsweise die Arbeit mit dem Montes-sori-Sinnesmaterial (v. Oy 1993; Anderlik 1999), die Spielgaben nach Fröbel (Tietze-Fritz 1997, 72f; Klein Jäger 1987), der Pertra-Spielsatz (Brand 1988; Schmitz 1992), die Spiele mit Naturmaterialien der Waldorf-Pädagogik (Tiet-ze-Fritz 1997, 75ff; Leber 1985) oder für schwer bewegungsgestörte Kinder das Lernen im „Kleinen Raum" (Nielsen 1993; Dassel 1998, 28ff). Hinweise für die Gestaltung von Spielplätzen und Spielgeräten (z. B. Rollstuhlschaukel) gibt Opp (1995).

Den Rahmen der Förderung sensorischer Integration bildet die Gestaltung von „Alltagssituationen", „Situationen der Beobachtung und des versuchswei-sen Eingreifens" und „Situationen offener und zielgeleiteter Kooperation" mit den Kindern (Jetter 1984, 186ff). Hervorzuheben ist die Gestaltung von *All-tagshandlungen*: z. B. das Ankleiden, die Nahrungsaufnahme, die Sauberkeits-erziehung. Die Förderung erfolgt unter den Gesichtspunkten von „Selbstversor-gung/Sozialentwicklung, Feinmotorik, Grobmotorik, Sprache, Denken/Wahrneh-mung" (260 Förderbeispiele bei Straßmeier 1981).

Die Spezifika einzelner Behinderungsformen erfordern darauf abgestimmte Fördermaßnahmen. So gilt es beispielsweise, die besonderen Bewegungsmuster cerebralparetischer Kinder zu berücksichtigen, die in ihrer motorischen Ent-wicklung oft „Umwege" machen müssen (Aly 1998, 112ff). Spina bifida-Kinder nehmen eine deutlich langsamere Entwicklung und benötigen spezielle Bewegungsangebote, um Fehlstellung und Fehlhaltungen zu vermeiden (ebd., 94ff). Schwerstbehinderte Kinder brauchen insbesondere basale Fördermaß-nahmen wie Unterstützung des Saugens und Greifens sowie wertschätzende Pflege (Praschak 1999, 82ff; Fröhlich 1991; Fröhlich 1998).

Ökologisch eingebettet ist die Arbeit mit dem Kind in Kooperation und Inter-disziplinarität der Förderung. Dabei bestimmen neben der fachlichen Kompe-tenz der Mitarbeiter (Ausbildung, Fortbildung und Austausch von Fachwissen) „auch die Arbeitsbedingungen und die menschlich-fachliche Qualität der Zu-sammenarbeit und zwar im Team ebenso wie mit den Eltern" maßgeblich die Wirkung der Frühförderung (Speck 1996, 475); zu Bedingungen der Arbeit in Frühförderstellen vgl. die empirischen Untersuchungen von Peterander/Speck (ebd., 471ff).

Zentrale Bedeutung haben Familiennähe und *Zusammenarbeit mit den El-tern*. Die Eltern sind die primären Erzieher der Kinder und am engsten mit ih-nen vertraut. Ihre „Alltagstheorien" zur Entwicklung der Kinder dürfen nicht unterschätzt werden (außenstehende Fachleute sehen immer nur einen kleinen Ausschnitt des familialen Normen- und Wertesystems). Auf sie als „Experten" für ihr eigenes Kind baut die professionelle Frühförderung, die ihre Förderziele am familialen Umfeld der Kinder orientiert (Weiß 1989, 74; Speck 1996, 478ff). Nur die Familie bietet den Kindern die für ihre Entwicklung notwendige Sicherheit, Geborgenheit und „Verwurzelung" (Gebauer/Hüther 2001), die bei körperbehinderten Kindern in besonderem Maße gefährdet sind. Es gibt eine Reihe von Modellen, wie die Eltern in die Frühförderung einzubeziehen sind: das Laienmodell, das Ko-Therapeutenmodell, das Kooperationsmodell. Diese Ansätze werden seit Jahren kritisch reflektiert (Speck 1989a, 13ff; Weiß 1989, 86ff; Schlack 1991, 17ff). Das Kooperationsmodell gegenseitiger Ergänzung bei eigenständigen Verantwortungsbereichen ist heute weitgehend unumstritten. Zu empirischen Untersuchungen über Meinungen der Eltern zur Frühförderung vgl. die Studie von Peterander/Speck (Speck 1996, 475ff). Für die Eltern selbst und die Familie bedeutet die Zusammenarbeit auch eine „Unterstützung des Coping-Prozesses ... auch im Sinne des Empowerment-Ansatzes" (Ziemen 1995, 71ff; Schlack 1997, 20).

Die Evaluationsforschung zur „Wirksamkeit" von Frühförderung legt den Schluss nahe, dass es sich hier auch um ein „Geflecht von wechselseitigen und auch indirekten Wirkungen" handelt. D. h. dass entwicklungsgefährdeten und behinderten Kindern und ihren Familien im frühen Lebensalter der Kinder größere Beachtung zuteil und ihr Selbstbewusstsein gestärkt wird, stellt per se ein Förderpotential dar; das schließt die Akzeptanz des So-Seins der Kinder ein (Weiß 1995, 69).

Die Operationalisierung der *pädagogischen* Förderung orientiert sich an folgenden Förderprinzipien (vgl. Doering 2001; Lapierre/Aucouturier 1998; Esser 2000; Gebauer/Hüther 2001):

• Prinzip des Dialogs: Personaler Austausch zwischen Individuen; Aufgreifen von Lebensbewegung und Neugierverhalten; kindzentrierte Berührungen und Hilfestellung; deutliche Reaktionen und Haltungen, eindeutige und klare Gestik und Sprache; Schaffung von *sozialer Verlässlichkeit* („Verwurzelung")
• Prinzip der Selbstorganisation: Freiwillige, lustvolle Handlungen in vorbereiteter Umgebung; *selbstbestimmtes, freies Spiel* (Manipulieren, Beobachten, Verändern, Nachahmen)
• Prinzip der Sensomotorik: Bewegungserleichterung; proprioceptive, exteroceptive und feinmotorische Erfahrungen; *Funktionsspiele*
• Prinzip der Konstruktion: Gestaltung persönlicher Konstrukte der Welt; Fantasien in Pläne umsetzen, Bauwerke schaffen, Kneten, Malen in Verbindung mit Erkennen, Prüfen, Verstehen, Durchhalten und zweckgerichtetem Handeln; *Konstruktionsspiele* (mit Hilfestellung bzw. individuellen motorischen Lösungen)
• Prinzip der Symbolik: Erfahrungen verbinden sich mit Emotionen, die in direkter Beziehung zur eigenen Geschichte stehen; *symbolisches Spiel* in Höhlen, auf Türmen, Türme bauen und umwerfen, mit freiem emotionalem Ausdruck und symbolischer Sprache; *Rollenspiele* (mit individuellen Lösungen bei Problemen motorischer Nachahmung); Aktivierung unbewusster Prozesse bei Konstruktions- und Rollenspiel

- Prinzip der Balance: *Dynamik von Stabilität und Instabilität*; Austesten von neuen Lernsituationen und damit verbundenen Ängsten (Instabilitäten) mit stabiler Rückversicherung
bei Bezugspersonen oder auf festem Boden

Die Praxis der Entwicklungsförderung im 1. Lebensjahr lässt sich exemplarisch
folgendermaßen darstellen (Pflüger 1993, 29ff):

Allgemeines Kennzeichen ist nach Begrüßungsritualen, Klärung von Motivationen und Abstimmung des Vorgehens zunächst das Bestreben, beim Kontakt
mit dem Kind und seinen Bezugspersonen einen *gemeinsamen Rhythmus* herzustellen. Entsprechend dem Entwicklungsalter verläuft die Förderung in vier
Kontaktstufen.

- Kontaktaufnahme mit dem Kind (über die Mutter); zunächst über Nahsinne, später auch
über die Fernsinne. Beobachtung seines Zustandes und Verhaltens
- Angebote zur Aktivierung der Aufmerksamkeit. Mit dem Kind „atmen" und gemeinsam
die Umgebung erkunden. Vestibuläre Reize (Schaukeln und Wiegen) wecken das Interes-
se und die Aufmerksamkeit des Kindes. Später treten visuelle und auditive Reize hinzu.
Die Sprache wird der instinktiven Elternsprache angepasst. Bei Ankündigung eines neuen
Reizes wird auf Blickkontakt des Kindes gewartet (frühe Figur-Grund-Diskrimination).
Bei bewegungsgestörten Kindern erfolgen durch entsprechende Lagerung (Handling)
Stütz- und Bewegungserleichterungen
- Aufgreifen von bekannten und Aufbau von neuen Handlungsmustern. Unterstützter Auf-
bau von Spielhandlungen. Anbahnung von aktiven Bewegungen über zunächst geführte,
passive Bewegungen (gemeinsames Anstoßen des Balles). Veränderung der Wahrneh-
mungs- und Erfahrungsperspektive durch Bewegung mit Möglichkeit des Rückzugs in die
alte (sichere, bekannte) Haltung
- Beenden des Förderkontakts. Langsamer (nicht abrupter) Abbau des Aktivitätsniveaus.
Spielhandlungen alleine beenden lassen. Austausch mit der Mutter

---

4.3 Schulische Förderung

Die Institution, die alle körperbehinderten Kinder auf das Leben als erwachse-
nes Mitglied der Gemeinschaft vorbereitet, ist die Schule. Sie nimmt einen Er-
ziehungs- und Bildungsauftrag wahr. Erziehung ist die „zielgerichtete, planmä-
ßige Einwirkung auf die Entwicklung heranwachsender Menschen" (Jank/
Meyer 1994, 258); sie kann ebenso auf Repression wie auf Emanzipation des
Menschen zielen. Bildung wird traditionell theoretisch bestimmt durch die *ma-
teriale* Bildungstheorie, die Quantität und Inhalt erworbenen Wissens in den
Mittelpunkt stellt, und durch die *formale* Bildungstheorie, die den Prozess der
Bildung als Verwirklichung der im Kind zur Entfaltung drängenden Anlagen
(Kreativität, Gestaltungsfähigkeit, Autonomie) sieht. Beide Ansätze werden im
Konzept der *kategorialen* Bildung vereint (Klafki 1974, 38ff); es geht von

einem wechselseitigen (durch die Kultur bestimmten) Prozess aus, in dem sich
die Inhalte dem Menschen erschließen (sie werden „beherrschbar") und sich
der Mensch den Inhalten erschließt (er verändert sich durch sie). In diesem Zirkel von Einwirkung der Kultur auf den Menschen und dessen Rückwirkung auf
die Kultur vollbringt jeder Mensch (als Teil der Gesamtkultur) durch Bildung
eine kulturelle Leistung.

Körperbehinderte Kinder bedürfen der Förderung zur harmonischen Entfaltung
ihrer Anlagen. Alle körperbehinderten Kinder, und seien sie noch so schwer
und mehrfach geschädigt, sind bildungsfähig und können ihre Anlagen entfal-
ten. Seit den Empfehlungen der Kultusministerkonferenz von 1994 zur „sonderpädagogischen Förderung in den Schulen in der Bundesrepublik Deutschland" (KMK 1994) und den Ergänzungen durch die „Empfehlungen zu den
Förderschwerpunkten körperliche und motorische Entwicklung sowie Unterricht kranker Schülerinnen und Schüler" von 1998 (vgl. Stadler 1999 u. Dra-
ve/Rumpler/Wachtel 2000) hat sich der Begriff der *sonderpädagogischen*
Förderung durchgesetzt (der nicht mehr nur zu Sonderschulen, sondern zu
Schulen allgemein in Beziehung gesetzt wird) und wird den Begriffen Erziehung und Bildung zugeordnet und als *schulische Förderung* (im Sinne individueller, spezifischer, begleitender Hilfen) für den Unterricht (körper)behin-
derter Kinder allgemein benutzt (Speck 1996, 334ff).

Als ganzheitlicher Ansatz umfasst der Begriff der schulischen Förderung bezüglich seiner Inhalte sowohl formale als auch materiale Aspekte von Erziehung und Bildung, die als *Bedingungen* dem körperbehinderten Kind in der
Schule zur Auswahl gestellt werden, um Strukturveränderungen seines individuellen „Systems" zu bewirken. Die Förderinhalte sind dabei nicht als „Sonder-
inhalte" zu verstehen, die sich grundsätzlich von Inhalten der schulischen Erziehung nichtbehinderter Kinder unterschieden oder diesen hinzugefügt würden
(Kulturgüter sind für alle dieselben). Es handelt sich vielmehr um eine Differenzierung allgemeiner Inhalte mit je individuell angemessenen Modulationen
gemäß den besonderen Lebens- und Entwicklungserschwernissen körperbehinderter Kinder. Die schulische Förderung hat das Ziel, ihnen ein Höchstmaß an
Autonomie und Partizipation, d. h. an Lebensqualität zu ermöglichen.
Schulische Förderung als bewusste Gestaltung der Erziehungsbedingungen bedarf zudem der Formulierung von *Richtzielen*. Legitimierbare Ziele für die Förderung körperbehinderter Kinder sind nicht von außen vorgegeben, sondern
orientieren sich an ihrer individuellen Bedeutsamkeit und Sinnhaftigkeit für
den Schüler. Allgemeine Richtziele des Unterrichts sind die personale Integration (Stabilisierung der Persönlichkeit), die soziale Integration (aktive Gestaltung des sozialen Lebens), Erwerb von Kompetenzen (Sachkompetenzen und

Wissen, Sozialkompetenzen, moralische Kompetenzen; Speck 1996, 368ff) sowie Kreativität (des Handelns und Denkens; Bergeest 1999b, 193ff). Die Ziele werden konkret durch *Unterrichtsinhalte* erreicht, die mit Hilfe von *Unterrichtsmethoden* vermittelt werden. Am Beginn der Überlegungen stehen dabei stets die Unterrichtsinhalte, die ebenso wie die Richtziele bedeutsam für den einzelnen Schüler sein müssen – Klafki (1962) verlangt beispielsweise, dass Lehrer sich immer wieder die Frage stellen, ob sich das, was man den Schülern anzubieten hat, für ihre Lebenswirklichkeit lohnt, und wo die Bedeutung des Inhalts für die Zukunft des Schülers liegt (vgl. Jank/Meyer 1994, 133). In der schulischen Förderung körperbehinderter Kinder spielt das Wecken von Neugier „eine herausgehobene, dauerhafte und gleichzeitig eine äußerst vielschichtige Rolle" (Fischer 2000, 75), um kreative und schöpferische Energien für die weitere Lebensgestaltung freizusetzen (Fischer 1999, 327).

Organisatorische und institutionelle Fragen schulischer Förderung körperbehinderter Kinder sind in den jeweiligen Verordnungen über den sonderpädagogischen Förderbedarf der einzelnen Bundesländer festgelegt. Sie betreffen zunächst das diagnostische Problem der Feststellung eines *sonderpädagogischen Förderbedarfs*. Mit dieser Aufgabe werden in der Regel eine oder mehrere Lehrkräfte der infrage kommenden Schule durch die Schulbehörde beauftragt. Nach der Erstellung eines oder mehrerer förderdiagnostischer Gutachten, in denen die bisherigen und künftigen schulischen Förderbedingungen beschrieben werden (s. Kap. „Förderdiagnostik"; vgl. Gutachtenbeispiele in Hedderich 1999, 33ff), fällt die Entscheidung über den „Förderort".

Zunächst wird der reale Förderbedarf festgestellt, dann der Förderort gesucht. Dieses entspricht dem *Subsidiaritätsprinzip* („Hilfe, Unterstützung") pädagogischer Förderung. „Übertragen auf die Lebenssituation von Menschen mit Behinderungen bedeutet dies, dass alles, was aus eigener Kraft bewältigt werden kann, von Fremdbestimmung frei zu bleiben hat. Insofern enthält das Subsidiaritätsprinzip recht verstanden auch einen Schutz der Selbstbestimmungsrechte von Menschen mit Behinderungen" (Heimlich 1999, 15).

Förderort ist eine Schule, die dem Förderbedarf des körperbehinderten Kindes gerecht wird. Das kann eine integrativ arbeitende Regelschule sein (s. u.), eine Sonderschule für Körperbehinderte (vgl. Bläsig/Jansen/Schmidt 1972; Schmeichel 1973; Krüger 1983; Hedderich 1999; s. a. persönlichen Erfahrungsbericht von Zurbrügg 1998), eine Internats- oder Heimschule (vgl. Koch 1983) oder ggf. auch die Krankenhausschule (vgl. Wienhues 1979; Ertle 1997; Pfeiffer u.a. 1998; s. Kap. „Krankenhausschule"). Auf Antrag der Erziehungsberechtigten kann bei Wunsch nach integrativem Unterricht oder bei Anfechtung des Förderdiagnostischen Gutachtens eine Fachkommission zur Entscheidungsempfehlung durch die Schulbehörde einberufen werden. Letztlich entscheidet die Behörde über den Förderort; bei Abweichung vom Wunsch der Eltern ist eine besondere Begründung notwendig. Zur Berücksichtigung von spezifischen Förderschwerpunkten der Kinder ist in einzelnen Bundesländern grundsätzlich Förderung in Kleingruppen und Einzelunterricht zulässig. Ggf. können individuelle Förderpläne (unter Erweiterung der Rahmenrichtlinien und u. U. zeitlich befristet) aufgestellt werden (vgl. entsprechende Verordnung der Bundesländer über die sonderpädagogische Förderung).

Die Ausstattung der Schule ist bedarfsgerecht, wenn neben den spezifischen personellen Möglichkeiten der pädagogischen Förderung (Sonderschullehrer, pädagogische Fachkräfte) auch dauerhaft Möglichkeiten der therapeutischen und pflegerischen Versorgung sowie des Transports mit der entsprechenden personellen Ausstattung gegeben sind (Krankengymnasten, Ergotherapeuten, Fahrdienst). Das kann auch so organisiert sein, dass das Personal nach Bedarf die Schule aufsucht oder umgekehrt die Schüler therapeutische Behandlung außerhalb der Schule erhalten. Zu den sächlichen Voraussetzungen gehören darüber hinaus geeignete bauliche Gegebenheiten, Bedingungen des individuellen Tagesrhythmus (Ruhepausen, Therapiemaßnahmen), Lehr- und Lernmittel, angepasstes Mobiliar und apparative Hilfen. Bestandteil öffentlicher Sonderschulen sind zudem sonderpädagogische Beratungsstellen, in denen Lehrkräfte der Schule Eltern und Kinder pädagogisch beraten.

Sonderschulen haben einen weit größeren Einzugsbereich als Regelschulen und arbeiten als Ganztagsschulen. Körperbehinderte Kinder werden nach Lehrplänen der Grund- und Hauptschule, der Lernbehindertenschule, der Geistigbehindertenschule unterrichtet. Die Schule für Körperbehinderte umfasst die Schuljahrgänge 1 bis 10. Schüler, die Abitur machen wollen, besuchen den integrativen Unterricht an einem Gymnasium (zur speziellen Förderung, „um eine Chancengleichheit auf dem Ausbildungsweg gegenüber Nicht-Behinderten" zu ermöglichen, gewährt die „Stiftung zur Förderung körperbehinderter Hochbegabter" finanzielle Hilfen; Buchenweg 1, FL-9490 Vaduz). *Hausunterricht* wird für Schüler eingerichtet, die aufgrund einer akuten oder chronischen Erkrankung längerfristig (in der Regel mehr als vier Wochen) nicht am Klassenunterricht teilnehmen können; Voraussetzung ist eine ärztliche Bescheinigung.

Die schulische Förderung schwerstbehinderter Kinder erfolgt bisher nur in den alten Bundesländern in der Schule für Körperbehinderte (Wehr-Herbst 1997, 316ff). Es existieren in Deutschland keine Lehrpläne, die ausdücklich auf das bedeutsame Lernen körperbehinderter Kinder abgestimmt sind (mit der Betonung z. B. einer personalen und körperlichen Stärkung im Sinne der formalen Bildungstheorie, s.o.); vielmehr sind die schulischen Lehrpläne traditionell an geistigen Kriterien ausgerichtet.

4.3.1 Sonderschule und Integration

Die Sonderschule als Förderort für körperbehinderte Kinder wurde in der BRD in der Folge der KMK-Beschlüsse von 1960 verstärkt auf- und ausgebaut (in der DDR war seit den 50er Jahren ein Netz von Sonderschulen auch für „physisch-psychisch geschädigte" Kinder eingerichtet worden). Die Sonderschulen der BRD waren zunächst Teil der allgemeinen Schule mit gemeinsamer Schulaufsicht, entwickelten sich dann jedoch als eigenständiges System von Schulen mit eigenen Curricula, eigener Lehrerausbildung, spezifischen rechtlichen Bestimmungen. Das Prinzip der Selbsterhaltung und -stabilisierung bestimmte auch dieses System (Haupt/Jansen 1983, 83; Speck 1996, 352). Es wurden sinnvolle organisatorische Maßnahmen getroffen (z. B. Kleingruppenförderung, Zwei-Pädagogen-System, Fahrdienste), eine behinderungsspezifische Didaktik entwickelt und Kooperation mit therapeutischen Diensten geschaffen. Das Selbstverständnis des Sonderschulsystems entwickelte sich aus den Besonderheiten der Förderung behinderter Kinder und aus einer Affinität zu pädagogischen Ideologien, die noch bis weit in die 90er Jahre hinein unangefochten schienen: der Bedeutung von einheitlichen schulischen Leistungen (und entsprechenden Beurteilungs- und Selektionskriterien) sowie der Konstituierung institutionalisierter „beschützender" Förderung.

Aber auch das System Regelschule wurde implizit durch den Ausbau des Sonderschulsystems insbesondere bezüglich der Aufnahme „akzeptabler" Kinder stabilisiert: Die Sonderschule nahm der Regelschule alle Kinder ab, die ihr einfach zu standardisierendes System (Organisation, Finanzen, homogenes Leistungsniveau) destabilisieren und darüber hinaus das gesellschaftliche Leistungssystem in Frage stellen könnten. So entwickelten sich zwei stabile Systeme in einem Interdependenzverhältnis (Thomas 1980, 130ff).

Auf Seiten der Sonderschule für Körperbehinderte entstand dabei die Chance der Schaffung von Förderorten, die dem Bedürfnis der betroffenen Kinder nach Individualisierung, der Erforschung geeigneter Fördermethoden und einer verstärkten ökosystemischen Ausrichtung (Einbeziehung des sozialen Umfelds) genügten. In Kauf genommen wurden Besonderung und Abtrennung der Kinder vom allgemeinen Sozialisationsprozess im Schulalter (und die Identifikation der Kinder mit ihrer Besonderung), die Beschränkung sozialer Erfahrung, die „System-Stigmatisierung" (Speck) und die mögliche Beeinträchtigung des Sozialgefüges im Wohnort der Kinder.

Begünstigt von verstärkter gesellschaftlicher Pluralisierung, wurden diese inhaltlich wohlbegründeten, aber auch ideologisch (und politisch) verfestigten Systeme durch einzelne Eltern-Pädagogen-Initiativen (zunächst im Kindergarten; Schumann 1996, 37ff) und schließlich durch die Empfehlung der KMK von 1973 zur integrativen Beschulung behinderter Kinder in Frage gestellt. Das geschah mit Forderungen und möglichen Konsequenzen, die das gesamte Schulsystem der BRD in den Grundfesten erschüttern sollten. Entsprechend schwierig und langwierig verlief der Veränderungsprozess in den alten Bundesländern (in den neuen Bundesländern erfolgte dann ein plötzlicher Wandel über Verordnungen und Gesetze).

Zunächst gab es eine Vielzahl von *integrativen Schulversuchen*, die wissenschaftlich mit unterschiedlicher Methodik begleitet wurden und deren Ergebnisse kein einheitliches Bild ergaben. Die empirische Begründung von segregativer oder integrativer schulischer Förderung körperbehinderter Kinder kann es nicht geben. Es ist in der Schulforschung nicht möglich, entsprechende Kontrollvergleiche durchzuführen und eine Versuchsgruppe und Kontrollgruppe unter konstanten Bedingungen zu untersuchen. „Eine pädagogische Aktion ist nie ein einfacher, umschriebener Reiz, sondern eine komplexe ‚multivariate‘ Größe ... Eine bildungspolitische Zielvorstellung kann nicht aus empirisch gewonnenen Erkenntnissen abgeleitet werden" (Bleidick 1988, 133f). Die Schulversuche dienen denn auch nicht dem empirischen „Beweis" besserer schulischer Förderung, sondern der Optimierung von schulischen Maßnahmen auf normativer Basis. D. h. Integration behinderter Menschen in die Gesellschaft ist inzwischen ein nicht mehr hinterfragbares Menschenrecht geworden – ein unteilbarer sozialer Wert, der jede Segregation ausschließt (Muth 1988, 17; Antor 1999, 26ff). Dabei ist die übergeordnete Frage zur *schulischen* Integration, ob das Primärziel sonderpädagogischer Förderung, die *soziale* Integration körperbehinderter Menschen, eher auf direktem (gemeinsame Sozialisation in allen Bereichen) oder indirektem (Besonderung in einzelnen Lebensabschnitten) Wege erreicht werden kann (Antor 1992, 31). Das bedeutet auch, dass es keine schulische Integration um jeden Preis geben darf, wenn körperbehinderte Kinder beispielsweise durch integrative Maßnahmen in ihrer Entwicklung behindert werden. Der Begründungszusammenhang schulischer Integration ergibt sich damit aus den Entwicklungsbedürfnissen des einzelnen Kindes und einer „Kind-Umfeld-Diagnose" (Sander 1993, 63ff) in ökosystemischer Vernetzung (Sander 1999, 33ff). In diesem Zusammenhang ist insbesondere bei *körperbehinderten* Kindern die kritische Frage nach den selektionsdiagnostischen Kriterien bei der Überweisung in die Schule für Körperbehinderte zu stellen. Das seit Jahrzehnten geübte Verfahren, linear-kausal die medizinische Diagnose als Hauptkriterium heranzuziehen, wird „der realen Komplexität der einzelnen Kind-Umfeld-Systeme nicht gerecht" (Sander 1992, 42).

Die Integrationsfrage stellt sich heute, weil sich die Entwicklung der schulischen Förderung körperbehinderter Kinder nach dem Zweiten Weltkrieg zunächst segregativ vollziehen musste. Durch verbesserte medizinische Diagnostik und Behandlung überlebten viele sehr schwer geschädigte Kinder (bei Spina bifia kehrte sich das Verhältnis von früh versterbenden zu überlebenden Kindern von 80 % zu 20 % in den 50er und 60er Jahren auf nunmehr 20 % zu 80 % um) und bedurften *individueller* pädagogischer Förderung begleitet von Therapie. Das war in der traditionellen „Volksschule" angesichts fehlender sonderpädagogischer Förderkonzepte und Klassenfrequenzen von zunächst 40–50 Kindern nicht möglich. In den 70er Jahren begann im Zusammenhang mit den „Empfehlungen des Deutschen Bildungsrates" (1973) ein Prozess des Umdenkens. „Die Forderung zur Integration von Behinderten in die allgemeine Schule erfährt ihren Sinn vor allem dann, wenn ihr Prozesse der Desintegration vorausge-gangen sind" (Muth 1986, 26). Eine endgültige „Korrektur" der Perspektive und der ideologisch geführten Diskussion erfolgte durch die KMK-Empfehlung von 1994, die die Ermittlung des Förderbedarfs vor die Festlegung des Förderortes stellt.

Erfahrungen mit gemeinsamer schulischer Förderung körperbehinderter und nichtbehinderter Kinder lagen jedoch schon seit den 50er Jahren zunächst aus wenigen Einzelinstitutionen vor. So wurden schon seit 1953 körperbehinderte Kinder im damaligen Gymnasium Hessisch-Lichtenau integrativ beschult. Später folgten vereinzelt Grundschulen, Gymnasien und Gesamtschulen. Neben dokumentierten besonderen Schwierigkeiten wurde auch nach strengerer Selektion bei „bedingter Eingliederung" von vorwiegend positiven Erfahrungen berichtet (Jung/Steinke 1978, 188ff; Haupt 1981, 709ff; 1985, 170ff; Becher 1981, 139ff).

Besondere Bedeutung (und internationales Aufsehen) erlangte der Schulversuch der Montessori-Schule München, in dem nach Prinzipien der Montessori-Pädagogik gearbeitet wurde und die Aufnahme behinderter Kinder in Vorschule und Schule seit Ende der 60er Jahre mit der einzigen Auflage ihrer Sozial- und Gruppenfähigkeit erfolgte. Das bedeutete eine Abkehr vom traditionellen Prinzip der Leistungshomogenität. Diese zunächst (vor allem auch auf Elternwunsch entstandene) „unbedingte" und umfassende Integration erfuhr jedoch nach einigen Jahren Korrekturen durch die Schaffung von Sondergruppen für lernbehinderte und geistigbehinderte Kinder (vgl. Hellbrügge/Montessori 1978; Hellbrügge 1984; Biewer 1996).

Mit Beginn der integrativen Schulversuche Ende der 70er Jahre wurden umfassende Praxiserfahrungen möglich, und die Diskussion um eine Veränderung des traditionellen Schulsystems mit seinem zielgleichen und einheitlichen Unterricht für behinderte und nichtbehinderte Kinder und Jugendliche setzte ein. Erfahrungen aus Schulversuchen lagen bis Mitte der 90er Jahre bundesweit vor (vgl. Wocken/Antor 1987; Wocken/Antor/Hinz 1988; Projektgruppe Integrationsversuch 1988; Sucharowski u. a. 1988; Deppe-Wolfinger u. a. 1990; Haeberlin u. a. 1991; Dumke/Schäfer 1993; Dumke 1993; Freiburger Projektgruppe 1993; Bless 1995; Heyer 1990 u. 1997; Hinz u. a. 1998; Sander 1987, 1988, 1989, 1992, 1998). Erfahrungen in den Sekundarstufen stellen Haupt/ Gärtner-Heßdörfer (1986), Schley/Boban/Hinz (1989), Dumke (1992) und Preuss-Lausitz/Maikowski 1998 dar. Den Entwicklungsstand der schulischen Integration speziell in den neuen Bundesländern dokumentieren Boenisch/Merz-Atalik (1997); Heyer/Preuss-Lausitz/Schöler (1997); Boenisch/ Trappschuh (1997). Den Stand der Integration in allen Bundesländern im Jahr 2002 dokumentiert Boenisch (2002, 255ff).

Es ergab sich ein allgemeiner Konsens, dass Veränderungen der Schulkonstitution mit neuen Richtzielen, integrativen Organisationsformen und Lehrplänen der allgemeinen Schule notwendig seien. Zieldifferenter Unterricht, innere Differenzierung und Mehrpädagogensystem in der Grundschule waren die wichtigsten Forderungen. Die Sonderschule sollte für behinderte Kinder, bei denen eine integrative Beschulung „weniger nachhaltig fördert", beibehalten werden (Speck 1996, 425). Eine Entscheidung für den einen oder anderen Schultyp fällt nach Maßgabe des individuellen Förderbedarfs.

In der Praxis schulischer Integration besteht gegenwärtig ein gewisser Widerspruch zwischen der Betonung individueller Lernziele einerseits und der in entsprechenden Verwaltungsvorschriften geforderten Leistungsbeurteilung nach allgemeinen Lehrplänen andererseits (z. B. Unterricht körperbehinderter Kinder nach dem Lehrplan der Geistigbehindertenschule, Lernbehindertenschule usw.; Haeberlin 1992, 97).

Die verbreitete kausale Maxime, dass mit steigender Schwere der Behinderung auch die Individualisierung und Spezialisierung der Förderung einhergeht, muss relativiert werden, denn die gemeinsame Lernsituation hat ihr spezifisches Förderpotential für alle Kinder.

> „Der Logik der ‚gemeinsamen Lernsituation' nach gibt es kein gestuftes System mit Abteilungen, vielmehr werden gerade Kinder und Jugendlichen in integrativen Klassen gemeinsam unterrichtet, die sich mit kognitiven Anforderungen auf ganz unterschiedlichen Niveaus auseinandersetzen" (Hinz 1996, 202).

Die KMK-Empfehlungen von 1994 brachten bildungspolitisch die entscheidende Wende im Hinblick auf die schulische Integration. Hier wurden u. a. zwei grundlegend neue Elemente sonderpädagogischer Förderung empfohlen: 1. Das *Diagnose-Förder-Modell* (zunächst Feststellung der Förderbedürfnisse des Kindes und nachgeordnet die Entscheidung über den Förderort, der nicht mehr institutionsgebunden sein muss). 2. Die *Subsidiarität sonderpädagogischer Förderung* (dabei hat Integration Vorrang vor Segregation; Heimlich 1995, 46ff; 1999, 13ff). „Jedoch wird im folgenden darauf verzichtet, rechtliche Empfehlungen auszusprechen, die diese Aufgabe in einem fest strukturierten und traditionell gewachsenen Schulsystem auch konsequent zu Ende führen würde" (Boenisch 2000, 35). Deshalb berufen sich einzelne Bundesländer auf den Passus, dass integrative Maßnahmen davon abhängig gemacht werden müssen, dass die „fachlichen, personellen und materiellen Rahmenbedingungen gewährleistet sind" (KMK 1994).

In Deutschland liegen nunmehr langjährige Erfahrungen zu regional unterschiedlichen Organisationsformen der schulischen Integration vor (zum Stand der Integration in Europa vgl. Schöler 1998). Es wird unterschieden zwischen *Einzelintegration, Integrationsklassen, integrativen Regelklassen, Integrationsschulen, sonderpädagogischen Förderzentren* und *kooperativen Schulsystemen* (Boenisch 2000, 37ff). Dabei wäre die Form der Einzelintegration in die Schule des Wohnbezirks des Kindes mit entsprechender Ausstattung für optimale Förderung (ungeachtet der weiterhin bestehenden Aufgaben der Sonderschule für körperbehinderte Kinder) so etwas wie das Fernziel der Integrationsbewegung (Schöler 1993, 10; vgl. Schöler 1999). Es bleibt zu berücksichtigen, dass die Veränderung des Bildungssystems übergreifende Anpassungen erfordert, die sich nur in großen Zeiträumen mit Brüchen und Engpässen vollziehen können (Reiser 1992, 26f; Sander 1998, 117ff).

Auf der Theorieebene ist der „Prinzipienwechsel von Separation zur Integration" weitgehend vollzogen (Sander 1996, 148). Dabei wurde auch der Terminus der Integrativen Pädagogik oder kurz *Integrationspädagogik* gebildet. In der wissenschaftlichen Diskussion um den Standort einer Integrationspädagogik zwischen Allgemeiner Pädagogik und Sonderpädagogik wurden seit den 80er Jahren mehrere Konzepte und Positionen vertreten, und es erfolgte vor allem eine Auseinandersetzung mit Eberweins Forderung nach Konstituierung einer Integrationspädagogik unter dem Dach der Allgemeinen Erziehungswissenschaft (Eberwein 1988, 343f). Diese Forderung ist auf breiter Front kritisiert worden.

„Eine besonders fatale Folge einer eigens institutionalisierten ‚Integrationspädagogik' dürfte darin liegen, dass sie ... *neben* den etablierten und weiterbestehenden heilpädagogischen Fachrichtungen installiert wird, so dass daraus gefolgert werden kann, dass für Fragen behinderter Kinder nun einzig oder primär ‚die Integrationspädagogik' zuständig sei, nicht aber jedes einzelne heilpädagogische Fach ... Es sollte klargestellt sein, dass jegliche heilpädagogische Theorie sich nur als integrative Theorie legitimieren kann.
    Integrationspädagogik kann daher nur als Bestandteil oder Dimension jeglicher Heilpädagogik verstanden werden. Umgekehrt: Heilpädagogik als ganzheitliche Pädagogik ist eo ipso immer auch Integrationspädagogik. Eine ‚Integrationspädagogik' als bloßer Widerspruch zu einem spezialisierten pädagogischen Fachansatz erweist sich als eine bloße ideologische Negationschiffre" (Speck 1996, 66).

Es geht also bei der Integrationspädagogik nicht um eine zusätzliche pädagogische Richtung neben der Allgemeinen Pädagogik und Sonderpädagogik. Vielmehr sind diese in dem Maße, wie sie „Pädagogik der Vielfalt" sind (vgl. Prengel 1993; Hinz 1998; Meister 1998), immer auch schon Integrationspädagogik. Neben diesen prinzipiellen Überlegungen lässt sich vor allem auch der Einwand vorbringen, dass „Integrationspädagogen" in Zuständigkeit für alle (auch körperbehinderte) Kinder im Hinblick auf ihre Qualifikationsmöglichkeiten überfordert wären und den Kindern nicht gerecht werden könnten.

Heimlich (1995a) hat einen umfassenden Praxisansatz integrativer Spielförderung im Elementarbereich vorgelegt (zur vorschulischen Integration vgl. auch Kniel 1986; Miedaner 1986; Herzog 1987; Staatsinstitut für Frühpädagogik 1990; Meister 1991; Dichans 1993; Kaplan u. a. 1993). Im schulischen Bereich besteht dagegen immer noch trotz einer Vielzahl von Erfahrungsberichten ein „sehr großes Forschungs- und Orientierungsdefizit"; es gilt vor allem Handlungskonzepte zu entwickeln (Boenisch 2000, 29 u. 53). Besonders in der Lehrerausbildung vollzieht sich nur langsam ein Wandel. Für die feste Verankerung integrationspädagogischer Inhalte in der *Ausbildung von Grund- und Hauptschullehrern* fehlt es an curricularen und inhaltlichen Konzepten der Hochschule. In der *Ausbildung von Sonderschullehrern* spielt Integrationspädagogik zwar naturgemäß inzwischen eine große Rolle, es mangelt jedoch an der Verzahnung zwischen erster und zweiter Ausbildungsphase.

Ein praxisorientiertes Konzept für die integrationspädagogische Qualifikation von Lehrern ist durch Boenisch (2000, 251ff; 2001, 1ff) auf empirischer Basis entwickelt worden. Er berücksichtigt u. a. folgende Ausbildungsbereiche der integrationspädagogischen Professionalisierung von Lehrern:

> Rolle und Aufgabenfelder der Pädagogen in der Integration; Gestaltungsräume der Teammitglieder; Kooperationsprobleme im Team; Kommunikationskompetenz und Interaktionskompetenz; Grundlagen integrationspädagogischer Didaktik; Leistungsbewertungen; Außerunterrichtliche Aufgabenfelder; Sonderpädagogische Kompetenz; Fachdidaktische Kompetenz.

Auch die Entwicklung einer systematischen inhaltlichen Struktur der Didaktik des integrativen Unterrichts steht noch am Anfang (Schöler legt 1996 allgemeine „Methodisch-Didaktische Aspekte" und Hinweise zur Organisation integrativen Unterrichts vor). Das liegt zum einen an den unterschiedlichen Qualifikationen von Regelschul- und Sonderschulpädagogen durch die traditionelle Ausbildung, zum anderen aber auch an einer immer noch bestehenden Schieflage zwischen „äußerer und innerer Differenzierung", d. h. dass Integration sich in Theorie und Praxis auf organisatorische, materielle und personale Rahmenbedingungen beschränkt und nur selten eine vertiefende didaktische Analyse erfolgt. Der Unterricht in der integrativen Praxis orientiert sich nach wie vor an der „reinen Wissensvermittlung" (Feuser 1998, 19). Er ist damit im Sinne Klafkis einseitig auf materiale Bildung gerichtet (s. o.). und läuft Gefahr, die grundlegenden formalen Prinzipien von Integration zu vernachlässigen: *Kooperation am gemeinsamen Lerngegenstand, Innere Differenzierung durch entwicklungslogische und -adäquate Individualisierung* des gemeinsamen Curriculums.

> „Als integrativ bezeichne ich eine Allgemeine (kindzentrierte und basale) Pädagogik, in der *alle* Kinder und Schüler in Kooperation miteinander, auf ihrem jeweiligen Entwicklungsniveau, nach Maßgabe ihrer momentanen Wahrnehmungs-, Denk- und Handlungskompetenzen, in Orientierung auf die ‚nächste Zone ihrer Entwicklung', an und mit einem ‚gemeinsamen Gegenstand' spielen, lernen und arbeiten" (Feuser 1995, 168ff).

Wocken (1998, 37ff) erweitert Feusers Konzeption durch die Betonung der gemeinsamen Lernsituation in integrativen Klassen: *koexistente Lernsituationen* („raumzeitliche Gemeinsamkeiten der Beteiligten" bei ziel- und inhaltsdifferentem Lernen), *kommunikative Lernsituationen* (spontane, inhaltsbezogene oder inhaltsoffene Gespräche), *subsidiäre Lernsituationen* (prosoziales, unterstützendes Lernverhalten) und *kooperative Lernsituationen* (komplementäre und solidarische Lernwege).

Boenisch (2000, 53ff) schließlich orientiert sich an dem didaktischen Modell von Jank/Meyer (1994, 287) und versucht insbesondere, einen Entwurf in ökologisch-systemischer Ausrichtung zu entwickeln. Er stellt zehn didaktische Prinzipien vor, die sich auf der *Ebene der Gesamtentwürfe* unter anderem auf Feusers entwicklungslogische Didaktik, Reichs Betonung von Kommunikation und Interaktion, Kösels individuelle Lernwelten und Sanders ökosystemischen Ansatz beziehen. Auf der *Ebene der Handlungsorientierungen* sind hier unter anderem das Prinzip der Handlungsorientierung, des Interessen- und Erfahrungsbezuges, der Differenzierung und Individualisierung sowie das Prinzip der Gemeinsamkeit relevant.

Didaktische Spezifika des integrativen Unterrichts lehnen sich stark an reformpädagogische Ansätze an und lassen sich wie folgt operationalisieren (vgl. H. Meister 1998, 57ff; Boenisch 1999, 341ff):

1. *Individualisierung und zieldifferentes Lernen*: Jedes Kind lernt auf seiner Entwicklungsstufe innerhalb der Rahmenrichtlinien des Unterrichts (gemeinsames Curriculum). Entwicklungslogisch-biografisch orientiertes Lernen führt aufgrund methodischer und didaktischer Differenzierung und Erweiterung zu individuellen Lernzielen.

2. *Kooperatives Lernen am gemeinsamen Gegenstand*: Suche nach gemeinsamen Themen im täglichen Unterricht, an denen die Kinder auf ihrem individuellen Lernniveau arbeiten

(Bewegen, Anfassen, Sehen, Hören; sinnlich-konkretes materialisiertes Erfassen; formal-logisches dialektisches Denken; Sprache, Schrift, Formeln; Feuser 1995, 179). Beispiel *Deutschunterricht*: gemeinsamer Text, der von Grundschülern mit Wörtern und Sätzen dargestellt wird, Schüler mit erschwertem Zugang arbeiten dabei an einzelnen Buchstaben oder malen den Inhalt. Beispiel *Mathematikunterricht*: Einkaufsspiele mit realen Objekten mit entsprechenden Rechenleistungen für Grundschüler und sinnlich-konkreter Mengen- und Stofferfahrung für Schüler mit erschwertem Zugang.

3. *Offener Unterricht*: Fächerübergreifender, auf individuelles Problemlösen angelegter Unterricht in flexibler Organisation mit dem Lehrer als Lernorganisator in vorbereiteter räumlicher und materieller Ausstattung. Phasen der Freiarbeit wechseln mit Phasen der Projektarbeit. Die Lernmethoden orientieren sich an entdeckendem und experimentellem Lernen bei freier Gruppenzusammenstellung und Selbstkontrolle. Der Unterricht ist produktbezogen, d. h. am Ende des Lernprozesses steht ein sichtbares, erfahrbares Ergebnis (Dumke 1993, 44ff).

4. *Wochenpläne*: Gemeinsame Zusammenstellung von Aufgaben für die folgende Woche je nach Entwicklungsstand der Schüler.

5. *Kooperation mit anderen Gruppen*: Öffnung der Klasse für gemeinsame Projekte innerhalb und außerhalb der Schule.

4.3.2 Krankenhausschule

Krankenhausschulen sind Schulen, die Kinderkliniken oder speziellen Rehabilitationszentren angegliedert sind und den Rechtsanspruch auf schulische Förderung bei längeren Krankenhausaufenthalten erfüllen (Polzer 1997, 41ff; vgl. Bläsig 1973, 9; Wienhues 1979; 1982; 1984; Ertle 1994, 238ff; Kösler 1997, 187ff). Der „Bettenunterricht" für kranke Kinder wurde schon zu Beginn des 19. Jahrhunderts insbesondere in orthopädischen Kliniken eingeführt (vgl. Kap. „Historische Determinanten"). Im „Gutachten zur Ordnung des Sonderschulwesens" der Kultusministerkonferenz (KMK) von 1960 war festgehalten: „Die Krankenschule unterrichtet Kinder und Jugendliche, die aus gesundheitlichen Gründen in Krankenhäusern, Kliniken oder Heilstätten untergebracht sind und so am Besuch der zuständigen Schule verhindert sind" (Wienhues 1979, 95). Diese Empfehlungen hatten in der Praxis wenig Auswirkungen. Sie wurden von der KMK 1968 weiter spezifiziert und gingen schließlich in die „Empfehlung zur Ordnung des Sonderschulwesens" von 1972/73 ein (Wienhues 1982a, 79f). In der DDR wurden (zuletzt festgelegt 1984) „langfristig stationär behandlungsbedürftige Kinder und Jugendliche" durch „Körperbehindertenschulen in Einrichtungen des Gesundheits- und Sozialwesens" als zehnstufige polytechnische Oberschule unterrichtet, der Vorschulteile und Hilfsschulteile angegliedert sein konnten (Berndt u. a. 1986, 32).

In den „Empfehlungen zum Förderschwerpunkt Unterricht kranker Schülerinnen und Schüler" der KMK von 1998 (Drave/Rumpler/Wachtel 2000, 143ff)
heißt es nunmehr:

„Schülerinnen und Schüler, die aufgrund einer Erkrankung für längere Zeit oder in regelmäßigen Abständen im Krankenhaus bzw. in ähnlichen Einrichtungen stationär behandelt
werden oder die Schule nicht besuchen können, erhalten nach den jeweiligen landesrecht-
lichen Bestimmungen während dieser Zeit Unterricht.
   Erziehung und Unterricht sind für kranke Kinder und Jugendliche von besonderer Bedeutung. Der Unterricht bietet den Schülerinnen und Schülern die Möglichkeit, trotz ihrer
Krankheit mit Erfolg zu lernen; Befürchtungen, in den schulischen Leistungen in Rückstand zu geraten, werden vermindert. Unterricht kann auch die physische und psychische
Situation der kranken Kinder bzw. Jugendlichen erleichtern. Sie können lernen, mit der
Krankheit besser umzugehen sowie den Willen zur Genesung zu stärken."

Die Empfehlungen gelten für den *Krankenhausunterricht* des einzelnen Kindes,
die *Krankenhausschule* sowie für den *Hausunterricht* (Letzterer für Kinder in
der Rekonvaleszenz bzw. für schwer kranke Kinder, die nicht durchgängig oder
gar nicht in der Lage sind, eine öffentliche Schule zu besuchen) nach Feststellung des sonderpädagogischen Förderbedarfs. Damit ist der Sonderunterricht
im Krankenhaus oder als Hausunterricht eine zeitlich begrenzte Maßnahme,
über deren Form und Umfang zumeist das staatliche Schulamt auf Antrag entscheidet und die Lehrerwochenstunden festsetzt. Für die Teilnahme ist eine
ärztliche Bescheinigung erforderlich.
   Die Organisation der Krankenhausschule ist in den einzelnen Bundesländern
unterschiedlich geregelt (eigenständige Sonderschule, Schulstellen ohne Schul-
status in Kinderkliniken, Filialen von Grund- oder Sonderschulen, zumeist von
Schulen für Körperbehinderte). Als eigenständige Organisationsform sind sie in
der Regel für mehrere Kinderkliniken zuständig und auf die enge Zusammenarbeit mit den Mitarbeitern der jeweiligen Klinik angewiesen. Die Lehrer können hauptamtlich oder nebenamtlich für den Krankenhausunterricht abgeordnet
werden (zur Situation in den alten Bundesländern in den 80er Jahren vgl. die
Übersichten von Wienhues 1982a). Es werden Schüler unterrichtet, die länger
als 4–6 Wochen stationär behandelt werden müssen (Haupt 1997a, 110); in der
Mehrzahl Schüler mit schweren (chronischen) Erkrankungen, Infektionen, Unfallfolgen und Folgen von Misshandlungen (Schuldt 1997, 28).

„Kranke Kinder und Jugendliche erleben und verarbeiten Krankheit je nach Art, Schwere
und Verlauf individuell verschieden. Dabei können physische, psychische, soziale, kognitive, willentliche und affektive Lebensfunktionen beeinträchtigt werden. Erkrankungen
sind meist mit Begleiterscheinungen verbunden: Einschränkung der Mobilität, schnelle Ermüdbarkeit und Konzentrationsmangel, Störungen des Selbstwertgefühls und der Motivation, emotionale Veränderungen, Erschwerung der sozialen Integration und Einschränkungen
bei der Kontaktaufnahme und der Erledigung schulischer Aufgaben.

Kranke Schülerinnen und Schüler mit begrenzter Lebenserwartung bedürfen besonderer Unterstützung, die Lebens- und Zukunftsfragen aufgreift. Sie fordern meist aufgrund der fortschreitenden Erkrankung eine intensive pädagogische Begleitung ein. Das Lernangebot muss die individuelle Situation des Kranken besonders beachten" (KMK 1998, zit. n. Drave/Rumpler/Wachtel 2000, 144).

Die Unterrichtsinhalte sollen auch den Anschluss an die vorher besuchte Schule gewährleisten. Daher sind die Zusammenarbeit mit der Heimatschule und wenn möglich regelmäßige gegenseitige Besuche wünschenswert (vgl. Pfeiffer u. a. 1998; Fritz 1997). In einzelnen Bundesländern liegt der Schwerpunkt auf den Basisfächern Deutsch und Mathematik (Grundlagenunterricht). Situationsbedingt kommt aber auch nach Wünschen betroffener Kinder in Übergangsformen von Spiel und kreativem Unterricht der Ästhetischen Erziehung besondere Bedeutung zu.

In der Krankenhausschule „ist fast alles anders und in so unterschiedlicher Form ausgeprägt wie bei keiner anderen Schulart hierzulande"; die Sonderdidaktik „einer vielfach enorm eigenständigen und sensiblen praktischen Pädagogik am Krankenbett, in der Kleingruppe oder im Hausunterricht" ist erst in Ansätzen vorhanden (Ertle 1997, 11ff); das gilt auch für übergeordnete Theoriebildung. Steinebach (1997, 45ff) beruft sich beim Versuch der Entwicklung eines *Theoriemodells* aus ökosystemischer Perspektive auf Bronfenbrenners „Entwicklungsumwelten" (Mikro-, Meso-, Exo-, Makrosystem der Rehabilitation von Kindern im Krankenhaus; vgl. Kap. „Wissenschaftstheoretische Positionen"). Er betrachtet das Kind in der Krankenhausschule als Teil verschiedener Systeme und leitet daraus die Forderung nach besonderen Kompetenzen des Lehrers ab, der nicht nur Wissensvermittler ist, sondern bei der Krankheitsbewältigung hilft: Es ist „der Bereich, in dem sich das Teilsystem Krankenhaus mit dem Teilsystem Schule überschneidet" (Reinhold 1978, 284; Wienhues 1980, 107ff). Wienhues (1979, 131ff) legt ein „Kreiscurriculum" für den Gruppenunterricht vor, „bei dem einzelne Schüler den Unterrichtsgang zu jedem beliebigen Zeitpunkt aufnehmen und beenden können" und betont, dass „eine *eigene*, für *alle* Unterrichtssituationen gültige Didaktik und Methodik des Krankenhausunterrichts nicht erstellt werden kann". Einziges gemeinsames Merkmal der Schüler ist es, krank zu sein, und bedingt durch Fluktuation und kürzere Verweildauer muss die Unterrichtsorganisation immer wieder überdacht und verändert werden (Wacker 1999, 255ff).

Zudem muss sich die Didaktik hier der Methodik unterordnen. D. h. es ist vor allem eine Didaktik gefordert, die „Interaktion" zu ihrem Leitbegriff macht (s. Kapitel „Allgemeine Didaktik"), und das persönliche Thema des einzelnen Kindes, also auch seine spezifische Krankheit, kann leichter als in der Regelschule im Mittelpunkt des Unterrichts stehen (Pfeiffer 1998, 16). Bei allen Besonderheiten dieser Schulform bringt der Unterricht am Krankenbett für die Kinder auch etwas Normalität und Alltag ins Krankenhaus (Volk-Moser 1997, 57ff). Die Schüler erleben Kontinuität; „die gewohnten Lebenszusammenhänge bestehen trotz der Erkrankung fort" (Klemm u. a. 1998, 25). In diesem Sinne ist Schulunterricht auch eine Hilfe zur psychischen Bewältigung von Krankenhausaufenthalten (Wienhues 1980, 107ff; Fresen 1982, 77ff).

Es geht zunächst um die Gestaltung des pädagogischen Kontakts, um dem Kind Sicherheit zu vermitteln und eine verlässliche soziale Basis herzustellen. In seiner Situation körperlicher und seelischer Belastung soll das Kind die Gewissheit haben, dass ihm zumindest von pädagogischer Seite nichts Unvorhergesehenes, Unangekündigtes widerfährt; der Pädagoge tut immer, was er sagt oder ankündigt.

Wacker (1999, 259) umreißt ein *Unterrichtskonzept* für die Krankenhausschule:

*   Raum für Beobachtung und Gespräche
*   musische Angebote, Spiel und Bewegung
*   Vermeidung von Leistungsdruck und Überforderung ebenso wie Unterforderung
*   Stärkung des Kindes und seiner realistischen Selbsteinschätzung
*   Inhalte zur Krankheitsverarbeitung
*   Hilfen bei Aggressionen, Anspannungen und Angst
*   Raum für Bedürfnisse und Interessen der Kinder
*   Projektunterricht und fächerübergreifende Angebote
*   Kontakt zur Realität des Kindes (insbesondere seiner Heimatschule) und Eröffnung realistischer Perspektiven für die Zeit nach seiner Entlassung

Pädagogische Arbeit mit kranken Kindern, die Tendenzen zu *kognitiver Regression* zeigen, besteht vor allem im Aufgreifen und Weiterverfolgen des Neugierverhaltens der Kinder, ihres Drangs nach Erfahrung, nach Erleben und Erkundung. Auf der *kognitiven Ebene* geht der Pädagoge auf Wünsche der Kinder nach bestimmten Unterrichtsinhalten ein, die kreativ aufbereitet werden (vgl. Kap. „Didaktik der Lernbereiche"). Des weiteren wird die *Krankheit zum Unterrichtsgegenstand* gemacht (Tillmann 2000, 276ff), zu dem auch spezifische Erfahrungen mit der medizinischen Behandlung und der Lebensgestaltung mit chronischer Erkrankung gehören: Bewusstmachung von Kompetenzen, Arbeit an Lebensplänen und Lebenszielen, Förderung von Autonomiebestrebungen, Förderung von Ausdrucksmöglichkeiten persönlicher Bedürfnisse, Förderung von Selbstakzeptanz und Selbstwerterleben. Dabei weisen Schmitt/Kammerer (1996, 103ff) auf 4 Wirkfaktoren einer pädagogisch/therapeutischen Intervention hin:

1. *Aktive Hilfe zur Problembewältigung* (im Sinne von Selbstsicherheits- und Durchsetzungstraining, Entspannungsverfahren und Familienberatung)

2. *Klärungsarbeit* („Sich selbst zum Mittelpunkt machen" und persönliche Ziele klären mit Hilfe von Spielen, Malen, Gesprächen)
3. *Realerfahrung* (Umsetzung der Klärungsarbeit, Rollenspiele, Familiengespräche)
4. *Aktivierung von Ressourcen* (Austausch unter Betroffenen, Bewusstmachung von Stärken und Leistungsfähigkeit, Schaffung tragfähiger, zuverlässiger Beziehungen)

Auf der *emotionalen Ebene* erfolgen bei Vorschulkindern und Schulkindern pädagogische Hilfen zur Angstbewältigung vor medizinischen Maßnahmen (vgl. Plank 1973; Veeneklaas 1975). Auf dieser Ebene geht es allgemein um den Erhalt der „seelischen Gesundheit" der Kinder. In einem „Anforderungs-Ressourcen-Modell zur seelisch-körperlichen Gesundheit chronisch kranker Kinder und Jugendlicher" (Mohr/Becker 1997, 38ff) steht neben der pädagogischen Arbeit mit dem Kind auch eine Stützung der Familie, die in erster Linie Einfluss auf das emotionale Wohl des Kindes hat. Die Familie wird kooperativ einbezogen.

Schröder (1996, 15ff) zeigt Interventionsmaßnahmen auf behaviouristischer Basis auf: kindzentrierte Ansprache, um der Erwartungsangst der Kinder zu begegnen; Behandlungserfahrungen im Spiel machen lassen (Arztkoffer); medizinische Behandlungsabläufe in abgestuften Erfahrungsschritten (erst probeliegen, dann untersuchen, dann behandeln) simulierend erproben; dem Kind die eigenen Einflussmöglichkeiten durch Respekt vor seinen Reaktionen bewusst machen; Kooperation anbieten („Wir machen es zusammen!"); die Angst selbst zum Gesprächsgegenstand machen; Wahrnehmungsumlenkung bei Angst-Eskalation (Kind auffordern, genau zu beschreiben, was Arzt oder Schwester gerade tun; auf andere reale Sinneseindrücke wie Geräusche oder Gerüche umlenken); „Paradoxe Verstärkung" des Angstauslösers („Wie stark ist der Schmerz?", „Kannst du es noch aushalten?"); Modell-Lernen (von relativ unängstlichem Kind vormachen lassen).

Dem kranken Kind werden Ausdrucksmöglichkeiten gegeben, die seinem Entwicklungsstand angemessen sind. Das sind weniger Worte und rationale Auseinandersetzung als vielmehr Spiel, Malen und Kreativität (vgl. Haupt 1996; Hansen/Haupt 1999; Lock 1997). Alle kranken Kinder wollen malen! – „Malen ist Hoffnung" (Lobisch 1999). Das Bild ist in der Kinderklinik manchmal das wichtigste Ausdrucksmittel der Kinder (vgl. Haas 1981; Klemm 1996). Hier gibt es zudem auch im Unterricht kein „Richtig" und „Falsch", den Schülern werden Erfolgserlebnisse vermittelt, sie erleben ein Stück kreativer Gestaltung und damit eine Erweiterung ihres Denkens über die Krankheit hinaus.

Konzentration auf das Erleben des Kindes und kommunikative Interventionsmethoden helfen dem Pädagogen, sich mit dem Ausdruck auseinanderzusetzen. Es ist auch bei nicht-diagnostizierender Auseinandersetzung über Kinderzeichnungen nicht von Nachteil, sich die Erfahrungen von Kinderpsychologen bei der Interpretation von Kinderzeichnungen zu eigen zu machen (vgl. Richter 1987; Furth 1992; Bachmann 1993; Meili-Schneebeli 1994; Schuster 1993; Baumgardt 1985; Seitz 1995; Maaß 1997; Fleck-Bangert 1994), insbesondere auch zur Bedeutung von Kritzel (vgl. Aissen-Crewett 1988; Krenz 1996) und Farbwahl (vgl. Frieling 1981; Braem 1989; Riedel 1986).

Bei aller Berechtigung einer Systematik der pädagogischen Förderung in der Krankenhausschule bleibt festzustellen, dass es angesichts der oft existentiell bedrohlichen Situation der betroffenen Kinder über die angemessenen pädagogischen Haltungen hinaus letzten Endes kein verbindliches Regelwerk für den Unterricht geben kann: „An Stelle von formalen Rezepten muss die Verantwortung treten, das individuelle Gewissen, das über die Gestaltung der konkreten, einmaligen und unwiederholbaren Situation entscheidet" – geplant, kalkuliert, kontrolliert, sachlich und inhaltlich definiert, kurz: *verwaltet*, wird der Unterricht „längerfristig Vorgänge pädagogisch-dialogischer Begegnung erschweren" (Wienhues 1985, 17).

4.3.3 Allgemeine Didaktik

Die schulische Förderung körperbehinderter Kinder muss sich an wissenschaftlich begründeten Theorien der pädagogischen Praxis orientieren. Jedes professionelle pädagogische Handeln folgt theoretischen Entwürfen oberhalb der Theorien 1. Grades, der situationsunmittelbaren Theorien (vgl. Kap. „Körperbehindertenpädagogik als Wissenschaft"). Die Aneignung didaktischer Handlungskompetenz erfolgt in der Verschränkung von Theorie und Praxis, „nicht nur mit dem Kopf, sondern auch mit Herz, Händen und allen Sinnen" (Jank/ Meyer 1994, 30).

Didaktik ist die Theorie und Praxis des Lehrens und Lernens; Theorien der Didaktik befassen sich sowohl mit der „Inhaltsfrage" als auch mit der „Vermittlungsfrage" (Methodik) und darüber hinaus mit Begründungs-, Beziehungs- und Zielfragen schulischen (und außerschulischen) Lehrens und Lernens (ebd., 16f). Insgesamt wird der Begriff in sehr vielfältiger Bedeutung verwendet. Im Schulbereich erscheinen auch synonym die Begriffe „Lehrplan" und „Curriculum" (Blankertz 1991, 15; Gudjons 1997, 250ff). Das Spektrum von Theorien der Didaktik ist breit gefächert und schwer überschaubar. Kron (1993, 117f) listet 30 aktuelle Modelle didaktischen Handelns auf, die er klassifiziert und drei Leitbegriffen zuordnet (Bildung, Lernen, Interaktion). Die Frage nach „gültigen" Modellen ist pragmatisch zu entscheiden mit dem Ziel, ein Aufgaben- und Kategoriengefüge sichtbar zu machen, das es dem Pädagogen erlaubt, „die ihm jeweils begegnenden didaktischen Konzeptionen einzuordnen und ihren Zusammenhang mit der gegenwärtigen Wissenschaftslage zu bestimmen" (Blankertz 1991, 16). Zum anderen lassen sich unterschiedliche didaktische Elemente „im Sinne einer Arbeitshypothese" (Kron 1993, 39) für den Unterricht auffassen „denn pädagogisches Handeln ist zu komplex und unterliegt zu vielen, teilweise unbekannten Einflussgrößen, als dass durch eine Theorie wirklich *alle* Einzelphänomene in eindeutiger Weise gesetzlich erklärbar wären" (Jank/Meyer 1994, 21).

Handlungsorientierte Aussagen von Theorien und Entwürfen „besseren Unterrichts" (ebd., 61) lassen sich mit absteigendem Abstraktionsniveau auf vier E-benen (beginnend mit der 4. Ebene) formulieren und sind auf jeder Ebene operationalisierbar:

4. Ebene: *Metatheorien*

Die höchste Ebene stellt den theoretischen Rahmen für Denk- und Handlungspositionen der Didaktik als übergeordnete Muster wissenschaftlichen Denkens, die sich an einer „Natur der Welt" und Erkenntnissen über die Wirklichkeit orientieren. Sie bestimmen als Paradigmen die Theoriebildung des Wissenschaftlers auf den nachgeordneten Ebenen und wirken auf das praktische Handeln des Pädagogen; in handlungsorientierte Aussagen der Didaktik fließt immer die Frage ein, woraufhin und wofür Menschen erzogen werden sollen, also nach *Normen, Bedeutung und Zielen pädagogischen Handelns*. In der Körperbehindertenpädagogik geht es hier zunächst um Paradigmen von Behinderung (als medizinische Kategorie, als soziale Zuschreibung oder als systemtheoretische Definition; Bleidick 1999, 25ff). Ferner um individuelle Entscheidungen für philosophisch-weltanschauliche Traditionen (Menschenbild, Ethik, Bildungs- und Erkenntnistheorien, reduktionistisch-statische vs. zirkulär-dynamische Weltsicht, Sinnfragen des Lebens) als Grundlage des eigenen pädagogischen Handelns. Es ist auf dieser Ebene von Mehrdimensionalität und Paradigmapluralismus auszugehen.

Die Bedeutung und Unverzichtbarkeit einer metatheoretischen Ebene für die professionelle Didaktik wird an verschiedenen Komplexen deutlich:

• Bei der bewussten Distanzierung der Körperbehindertenpädagogik von einseitigem medizinischem Wiederherstellungsdenken und der Suche nach eigener kompetenzorientierter Begrifflichkeit
• Bei der kritischen Orientierung an wissenschaftlichen Ergebnissen und deren Methodik
• Bei der Bestimmung des Wesens der pädagogischen Beziehung zwischen Lehrer und Schüler (statische Rollen vs. dynamische Vernetzung)
• Bei der Suche nach Modellen einer unverzichtbaren Ethik des Handelns bei der schulischen Förderung körperbehinderter Kinder

> • Bei der Einschätzung weltanschaulich (und religiös) gebundener Erziehungsziele
>
> In der konkreten Operationalisierung metatheoretischer Reflexion werden Verhaltens- und Denkautomatismen unterbrochen. Äußeres Kennzeichen dieser Haltung sind *Innehalten* und *Selbstreflexion.*

3. Ebene: *Didaktische Modelle*

Auf der Ebene der systematischen Gesamtentwürfe zur Analyse und Planung didaktischen Handeln gibt es aufgrund spezifischer Perspektiven, Ziele und Normen der 4. Ebene unterschiedliche Zugangsweisen (Hervorhebungen) zu Modellen „der Vorbereitung, Durchführung und Reflexion von Unterricht und Ausbildung" (Stadler 1998, 92). Sie orientieren sich historisch an klassischen Rahmentheorien didaktischen Handelns (Bildungstheorien, Handlungstheorien, Kommunikationstheorien, Systemtheorien; Blankertz 1991, 28ff; Kron 1993, 117ff; Jank/Meyer 1994, 286ff; Kösel 1995, 34ff; Gudjons 1997, 237ff; Reich 1997, 18ff; Peterßen 2001, 36ff) und münden ein in bedeutsame *Leitbegriffe* der Didaktik des Unterrichts körperbehinderter Kinder. Die wichtigsten Leitbegriffe sind Bildung, Lernen, Interaktion und Konstruktion (vgl. Wellmitz 1993, 157ff; Stadler 1998, 91ff; Fischer 1999, 322f; Hedderich 1999, 46ff; Peterßen 2001, 110).

• Leitbegriff *Bildung*: Das bildungstheoretische Modell der Didaktik hebt die lebendige Auseinandersetzung des Kindes mit kulturellen Werten hervor. In einem dialektischen Prozess erfolgt die Auseinandersetzung des Individuums mit kulturellen Gegenständen und Inhalten auf dem Weg zu einem „selbstbestimmten und vernunftgeleiteten Leben in Menschlichkeit, gegenseitiger Anerkennung und Gerechtigkeit" (Klafki). Das Wesen der Bildung ist gekennzeichnet durch: (1) Dinge und Symbole der Welt (Kulturgüter) haben bildende Wirkung und lösen das Bedürfnis nach Teilhabe aus (vgl. Klafkis materiale Bildung; 1974, 38ff); (2) das Individuum interpretiert die Kulturgüter sinngebend und veräußert sie wieder in lebendiger Weise als eigene kulturelle Leistung (vgl. Klafkis formale Bildung); (3) eine Synthese beider Aspekte bietet die Fähigkeit zur *Aussage über die Welt* und über die *Aussage selbst* (vgl. Klafkis kategoriale Bildung). Die Organisation schulischer Bildung stellt immer wieder die Frage nach der Priorität materialer und formaler Aspekte bei der Bestimmung von Bildungsauftrag und Lehrplänen (für die Körperbehindertenschule verwendet Begemann die Begriffe „Bildungsplan" und „personalbestimmte Bildungsziele" auf den einzelnen Stufen der Schulbildung; 1971, 203ff). Das Bildungsziel optimaler Persönlichkeitsentwicklung ist für alle Kinder gleich. „Da bei Körperbehinderten oft andere Entwicklungsvoraussetzungen und -bedingungen zu konstatieren sind, muss dieses allgemeine Ziel auf spezifische Weise interpretiert und verwirklicht werden" (Wellmitz 1993, 160).

Begemann forderte 1969 für die schulische Förderung körperbehinderter Kinder: „Ihre Bildung ist angemessen nur in für sie konzipierten Einrichtungen zu verwirklichen" (285). Hahn verlangte in diesem Sinne 1971 (168ff) eine „besondere Didaktik und besondere Organisationsformen" für die Bildung von körperbehinderten Kindern. In seinen „Bezugspunkten didaktischen Handelns" stellt er einen Katalog von Forderungen für eine Sonderdidaktik auf, die sich qualitativ und quantitativ von der Regelschuldidaktik unterscheidet und diese nicht nur erweitert (Therapieimmanenz des Unterrichts, Individualisierung von Lerntempo und Leistungsanforderungen, Begegnung mit Alltagswirklichkeit, Betonung sozialer Bezüge, Berufsvorbereitung, Teamarbeit).

Wolfgart (1971, 23) postuliert für körperbehinderte Kinder die vertikale und horizontale Durchlässigkeit des Förderorts Schule (z. B. Auflösung starrer Jahrgangsklassen). Er plädiert für die „Prinzipien der Individualisierung und Differenzierung" im Unterricht und betont, dass der Klassenunterricht nur eine Form des Unterrichts sein kann; daneben erhalten Kern-Kurs-Unterricht, Leistungsniveau- und Interessengruppen sowie Schülerarbeitsgemeinschaften größeres Gewicht. Er fordert (1976, 243ff) in Anlehnung an Klafki („Zukunftsbedeutung der Bildungsinhalte") eine „Vertikale Didaktik" mit Einbeziehung vorschulischer und nachschulischer Aspekte in Inhalte und Methoden der Förderung körperbehinderter Kinder im Schulalter.

• Leitbegriff *Lernen*: Erwachsen aus kritischer Distanz zur bildungstheoretisch orientierten Didaktik, hebt die lerntheoretische Didaktik die individuellen Lernvoraussetzungen der Kinder hervor und orientiert sich an handlungstheoretischen Positionen. „Handeln als spezifisch menschliches intentionales Tun verändert ständig seine eigenen Bedingungen und befähigt in dieser Geschichtlichkeit zu immer neuem planvollem Handeln. Der Mensch findet nicht eine unveränderliche Welt vor, die er nur zu erfahren hat, sondern im Verlauf der Befriedigung seiner Bedürfnisse konstruiert er sich seine Welt, ... die Rekonstruktion von gesellschaftlicher und naturwissenschaftlich-begreifbarer Wirklichkeit" (Jetter 1979, 45f). Jetter betont in diesem Zusammenhang die primär beeinträchtigte Handlungsfähigkeit körperbehinderter Kinder in ihrer Auswirkung auf die Entwicklung von Erkenntnisfähigkeit, von Befähigung zu sozialer Interaktion und zum Aufbau individueller Wertsysteme. Das wird didaktisch bedeutsam, wenn erkannt wird, dass als Folge eingeschränkter Handlungsfähigkeit die Wirklichkeit körperbehinderter Kinder eine andere ist. Wirklichkeitserfahrung ist immer das Ergebnis wirklichkeitsverändernden Handelns; körperbehinderte Kinder erleben Diskrepanzen zwischen Handlungsabsichten und Handlungsergebnissen, die für sie nicht mit bestehenden interpretierbaren Normen zu erklären sind (wie für nichtbehinderte Menschen), sondern durch Rekonstruktion neuer Zusammenhänge und Gesetzmäßigkeiten, „die für uns unverständlich sind und deshalb auch für den Behinderten nicht mitteilbar". Jetter/Schönberger (1979) sprechen hier von *Handlungsveränderungen* körperbehinderter Kinder. Schule hat die Aufgabe, den Kindern in „Handlungsfeldern" individuelle Handlungsfähigkeit (in der Alltagswirklichkeit) zu ermöglichen. „Kinder und Jugendliche sollen lernen, als Mitglieder der Gesellschaft verantwortlich zu handeln. Das heißt, dass der Körperbehinderte lernen soll, vorgegebene Normen des Handelns einer Situation entsprechend zu interpretieren und zu veändern; trotz schädigungsbedingter sozialer Abhängigkeit zu eigenständigem Handeln in sozialen Bezügen zu finden; seine Handlungsfelder zu erkennen, zu erweitern und zu gestalten; Begrenzungen seines Handelns zu überwinden oder anzuerkennen" (Schönberger 1983, 60).

Grundidee des handlungstheoretischen Konzepts von Schönberger (1977, 34ff; 1984, 83ff) ist die *Erziehung zur Geschäftsfähigkeit* im Sinne von beiderseitigen Verträgen, die auf kooperativem Handeln beruhen. Schönberger (1983, 56) nennt als Grundlagen einer kooperativen Didaktik drei aufeinander aufbauende Dimensionen: (1) *Gewöhnung im Sinne der Anpassung* (nicht einseitige Anpassung, sondern kooperatives Training von Fertigkeiten, das schon bei der Abstimmung von Bewegungsplänen zwischen Säugling und Mutter beginnen kann). (2) *Anpassung im Sinne von Selbstverwirklichung* (kooperative Sozialisation als Abstimmung von Bedürfnissen der Beteiligten). (3) *Selbstverwirklichung im Sinne der Ge-*

schäftsfähigkeit (kooperative Individuation und Ermöglichung von selbständigem, angstfreiem Handeln). Der hier in einem sehr weitläufigen Verständnis verwendete Begriff „Geschäftsfähigkeit" fordert Missverständnisse geradezu heraus und ist daher auch immer wieder kritisiert worden.

Schönberger konkretisiert seine Theorie der *kooperativen Didaktik* für eine Erziehung zur Geschäftsfähigkeit in einem Modell von 5 Unterrichtsphasen (1977, 51ff; 1983, 72ff; 1984, 139ff):

1. *Kooperative Zielfindung* (Bestimmung von unterrichtlichen und außerunterrichtlichen Lernzielen, die subjektiv bedeutungsvoll und erreichbar sein müssen; „schmutzige Hände sollen gewaschen werden").

2. *Kooperative Konzeptplanung* (je nach Möglichkeit des Kindes kann die Vorwegnahme der Handlung agierend, bildhaft oder begrifflich-sprachlich erfolgen; „Händewaschen am Waschbecken" – „Kannst du das?").

3. *Kooperative Konzeptprüfung* (Anwendung des Konzepts durch „äußere Aktion" und „innere Akte" mit Überprüfung des Soll-Ist-Zustands; „Zum Waschbecken fahren, aber Wasserhahn nicht erreichen" – „Hast du das gekonnt?").

4. *Kooperative Konzeptanpassung* (Ausgleich Soll-Ist oder zumindest Reduktion der Differenz sowohl durch Veränderung der Aufgabe und des Ziels als auch durch Veränderung der Aktion; „Hilfe holen – jemanden ansprechen").

5. *Kooperative Zielverwirklichung* (Verstärkung der erfolgreichen Aktivität und Impuls zur Wiederholung, Ökonomisierung; „Gleich jemanden ansprechen, wenn die Hände schmutzig sind").

Darüber hinaus nennt Schönberger (1984, 124) fünf Dimensionen, die in allen genannten Unterrichtsphasen wirksam sind und untereinander in Beziehung stehen: *Psychomotorik* (Bewegungshandeln), *Kognition* (Erkenntnistätigkeit), *Emotionalität, Sozialität, ästhetisch-kommunikative Dimension* (kulturelle Teilhabe).

Zu den didaktischen Modellen mit Bezug zu handlungstheoretischen Positionen lassen sich die Arbeitsschwerpunkte des Unterrichts von Haupt (1983a, 143ff) zählen. Ihr geht es um Förderung von

1. *Ich-Autonomie* (Entwicklung von Ausdrucksmöglichkeiten, Wahrnehmung von Bedürfnissen und Bedürfnisbefriedigung, Entwicklung von Selbstwertgefühl, Eigeninitiative und Selbstverantwortung, Fähigkeit sprachlichen und mimischen Ausdrucks, freies Spiel, Körperkontakt und Bewegung, Beziehungspflege und Übernahme von Verantwortung);

2. *Sozialer Kompetenz* (Kennenlernen verschiedener Lebensweisen von Menschen, Sensibilisierung für Bedürfnisse und Erwartungen anderer Menschen, Erfassung sozialer Strukturen und Beziehungspflege durch Wahrnehmungsübungen für die Lebens- und Erfahrungswelt anderer Menschen sowie Übungen, eigene Bedürfnisse auszudrücken und durchzusetzen);

3. *Kultureller Kompetenz* (Ausdifferenzierung der Sinneswahrnehmung und Erwerb von Beschreibungsbegriffen für Materialien, gestalterische Prozesse und ästhetische Objekte durch entdeckendes Umgehen mit Materialien, kreative Gestaltung und Erwerb von Kulturtechniken);

4. *Sachkompetenz* (Kennenlernen der belebten und unbelebten Natur und der Technik durch unmittelbare Begegnung mit der Natur, Experimentieren und Konstruieren).

Haupt tritt nicht für die Anwendung starrer Methoden im Unterricht ein, vielmehr sollen Lehrer und Schüler gemeinsam herausfinden, welche Unterrichtsinhalte auf welche Weise gelernt werden (2000a, 187).

• Leitbegriff *Interaktion*: Der Interaktionsbegriff steht für ein Modell, das hervorhebt, dass körperbehinderte Kinder grundsätzlich in soziale Beziehungen eingebunden sind. In sozialen Beziehungen handeln Menschen sinnverstehend auf der Grundlage eines *symbolischen Interaktionismus*, d. h. die Interaktion vollzieht sich über Zeichen (Verhalten) und Sprache, die Teil der „symbolischen Repräsentation der Welt" (Liechti 2000, 93) sind, und ist an Erwartungen und Vorstellungen geknüpft. Symbolischer Interaktionismus ist der sinnverstehende Austausch kultureller Bedeutungen. Für schulische Didaktik (als organisierte Rahmenbedingung des Austauschs) bedeutet das, dass Unterricht nicht nur die Möglichkeit der Verständigung über kulturelle Bedeutungen bietet, sondern dass der Verständigungsprozess selbst (als kultureller Auftrag) zu organisieren ist (Kron 1993, 120f). Im Unterricht wird die Beziehungsdimension in den Dienst des inhaltlichen Lernens gestellt. Der Beziehungsbegriff wird dabei weit gefasst (vgl. Fischer 1992, 164ff): Die Beziehung der Kinder zu den Lehrinhalten (in individueller Bedeutung für ihre Entwicklung), die Beziehung des Lehrers zu den Lehrinhalten und die Beziehung der Akteure zueinander als *Gestaltung von Kontakt* im Schulfeld. „Unterricht stellt sich als ein soziales Geschehen dar, das durch wechselseitige Beeinflussung und Durchdringung von Sachstrukturen und Beziehungsstrukturen zustande kommt und Richtung erhält" (Kron 1993, 183).

Die Gestaltung des *pädagogischen Kontakts* zwischen Lehrer und körperbehindertem Schüler kann unterschiedliche Qualitäten aufweisen: objekthaft-instrumentalisierend, sachlich-funktional oder intersubjektiv als pädagogischer Dialog bzw. pädagogische Kooperation. Die *Kontaktbedingungen des Pädagogen* sind neben der individuellen Persönlichkeit gekennzeichnet durch seine erworbene Fähigkeit zur Transparenz des Denkens (z. B. Fachwissen), Fühlens (z. B. Wahrnehmung eigener Emotion) und Handelns (z. B. Entscheidung für Kontakt). Die *Kontaktbedingungen des körperbehinderten Kindes* sind neben seiner individuellen Persönlichkeit auch Spezifika des nonverbalen und verbalen Ausdrucks, des Verhaltens (als Auseinandersetzung mit der Entwicklungserschwernis und der Behinderung) und der sozialen Integration. Der *Kontakt* selbst lässt sich systematisch anhand von Kommunikationsstrukturen fassen, wie sie Watzlawick (1969) und Schulz v. Thun (1994) definiert haben („Man kann nicht nicht kommunizieren"; „Jede Nachricht besitzt einen Inhaltsaspekt, einen Selbstoffenbarungsaspekt, einen Beziehungsaspekt und einen Appell"). Der Verständigungsprozess, der den spezifischen Kontaktbedingungen zwischen Pädagogen und körperbehindertem Kind gerecht wird und „emanzipatorisch wirkt" (Stadler 1998, 92), ist durch *pädagogische Verhaltensdimensionen* gekennzeichnet, wie sie Bergeest (1993), Tausch (1977; 1979), Rogers (1973; 1974; 1984) und Daut (1997) beschreiben und wie sie unten im Kap. „Konzepte des Unterrichts" zusammengefasst sind.

• Leitbegriff *Konstruktion*: Auf der Basis von Modellen, die in den 90er Jahren in den Vordergrund traten und begannen, erziehungswissenschaftliches Denken zu bestimmen, kann als weiterer Leitbegriff die Konstruktion eingeführt werden. Grundlage sind ökosystemische und konstruktivistische Theorien, die einfließen in die „Subjektive Didaktik" von Kösel (1995), in die „Systemisch-konstruktivistische Pädagogik" von Reich (1997) sowie Voß (1999) und in Ansätze „Systemisch-ökologischer" Pädagogik von Huschke-Rhein (1992). Dazu kommen Annahmen über selbstreferentielle Prozesse kindlicher Entwicklung (vgl. Bergeest 1999b, 193ff). In Abgrenzung gegen traditionelle Unterrichtskonzepte formuliert

Peterßen explizit eine „Konstruktivistische Didaktik 2000" mit der Kernaussage: „Lernen ist nicht machbar! Lernen ist bloß anregbar (perturbierbar)! Lernen kann nur jeder für sich. Von außen zwar angestoßen, vollzieht jeder seinen Lernprozess für sich selber. Nicht Bilder einer Außenwelt werden beim Lernen aufgenommen und verinnerlicht. Von außen lösen Reize im Lernenden Energieprozesse aus, durch die subjektives Wissen gestaltet wird und eine eigene Wirklichkeit entsteht" (2001, 113). Für die Didaktik des Unterrichts mit körperbehinderten Kindern werden unter diesem Leitbegriff auch das „Didaktische Fundamentum einer Allgemeinen (integrativen) Pädagogik" als „Entwicklungslogische Didaktik" von Feuser (1998, 19ff) und das Modell „Gemeinsamer Lernsituationen" von Wocken (1998, 40ff) nutzbar gemacht. Das hier bedeutsame Prinzip der „kreativen" wechselseitigen Anpassung von Organismus und Umwelt findet sich ebenfalls in der „Gestaltpädagogik" (Hansen 1993, 29ff; 1996; 1999a).

Die konstruktivistische Didaktik versteht „die lehrenden und lernenden Subjekte als ‚Lebende Systeme', ... die autonom und selbstreferentiell, rückbezüglich sind und jeweils eine subjektive ‚Wirklichkeit' für sich konstruieren. Für die Entwicklung dieser Systeme in Richtung ‚Ko-Evolution' sind die Prinzipien der ‚Selbstorganisation' und der ‚Selbstdifferenzierung' entscheidend. Neben dem Standpunkt des ‚Beobachters', der versucht, ‚objektive' Beschreibungen zu liefern, ist eine wichtige Komponente für das Verstehen von Unterricht die Binnensicht der wahrnehmenden und handelnden Personen im Unterricht – der Lehrer und der Schüler – vom Standpunkt des ‚Handelnden' aus. Die aus didaktischem Handeln entstehenden ‚Energiefelder' im Sinne eines ‚Klimas' ebenso wie die ‚Vortheorien' der im ‚didaktischen Feld' befindlichen Systeme sind Gegenstand der Analyse" (Kösel 1995, 4). Die Postulierung eines *vernetzten* didaktischen Feldes verweist darüber hinaus auf ein Beziehungsgefüge aller untereinander zirkulär verbundenen Bereiche (Institutionen, Personen, Kommunikationsstrukturen, Räume, Materialien usw.) der Enwicklung der Kinder zu autonomen Persönlichkeiten als geschlossene, aber nach außen offene Systeme, die sich selbstgesteuert (Autopoiese) im Milieu des Unterrichts als handelnde Subjekte organisieren (vgl. Maturana/Varela 1987).

Innerhalb dieser pädagogischen Vernetzung sind (körperbehinderte) Kinder „die Erfinder, Entdecker und Enttarner ihrer Wirklichkeit", die im Unterricht sowohl ihre Inhalte als auch die zwischenmenschlichen Beziehungen „selbst erfahren, ausprobieren, experimentieren, immer in eigene Konstruktionen ideeller oder materieller Art überführen und in den Bedeutungen für die individuellen Interessen-, Motivations- und Gefühlslagen thematisieren" (Reich 1997, 119ff). D. h. einem (körperbehinderten) Kind kann nur sehr bedingt Kultur(technik) „beigebracht" werden; es schafft sich seine „veränderte Wirklichkeit" selbstreferentiell. Im ökosystemischen Denken erfolgt die Aneignung von Kultur (quasi als Binnendifferenzierung und Erweiterung der Gesetzmäßigkeiten von „Endgestalten", die sich das Individuum zunächst aneignet; Bergeest 1999b, 197) im Unterricht nach Gesetzen der Attraktion (und *Faszination*), nach den „Erwartungswerten" des Organismus (Singer 1989, 52), die zur Entfaltung und Gestaltung auf spezifische, persönlich bedeutungsvolle und aktiv gesuchte Reize angewiesen sind. „Denn wir nehmen nicht Töne, Laute, Farben und Strukturen wahr, sondern Gegenstände, Situationen und Personen, die für uns eine bestimmte Bedeutung haben. Erleben durch die Sinne muss sich mit dem Wissen von seinen Hintergründen und Zusammenhängen verbinden ... Erst in diesem reflexiven Prozess kann aus sinnlicher Empfindung ästhetische Erfahrung werden. Deshalb ist auch die ästhetische Dimension der Wahrnehmung nie auf Dauer abtrennbar von der inhaltlichen Bedeutung des Wahrgenommenen – schon gar nicht für Kinder" (Staudte 2000, 307).

Dazu entwickelt Kösel (1995, 190ff) eine Reihe von Prinzipien didaktischen Handelns, die angesiedelt sind im *ICH-Bereich* (z. B. Nähe und Distanz zum Lerngegenstand, indivi-

duelle Zeitstrukturierung des Lernprozesses, Selbstorganisation des Lernfeldes, Selbstrefe-
rentialität und Zirkularität der Lernprozesse), im *WIR-Bereich* (parallele Konstruktion von
Wirklichkeiten der Beteiligten und konsensuelle Interaktionen, kulturelle Repräsentanz im
Unterricht, individuell sinnvolle Normen und Regeln) und im *SACH-Bereich* (Pluraliät und
Flexibilität hinsichtlich der Lerninhalte, Interpretationen als Ausdruck individueller Kon-
struktion von Wirklichkeit, Leistungsbeurteilung anhand des individuellen Bezugssystems,
Balance zwischen ICH, WIR und SACHE).

In der konstruktivistischen Didaktik werden dem Kind Sach- und Beziehungsqualitäten
(Reize) in „vorbereiteter Umgebung" zur eigenen Auswahl angeboten. Neben dieses Prinzip
der Selbstorganisation des Lernens tritt das der *Selbstähnlichkeit* von Systemen und Teilsys-
temen des Unterrichts, das besagt, dass jeder Teil des Lernens und des Unterrichts Informationen des Gesamtsystems birgt. Das heißt für die Praxis beispielsweise, dass die individuell
bedeutungsvolle Aneignung und Gestaltung von Kultur eine Funktion verschiedener Teil-
leistungen integriert, bzw. umgekehrt, dass jede Teillleistung (z. B. sich im Raum bewegen
können) die Information übergeordneter Leistungen und die Endleistung (lesen, rechnen
können) beinhaltet – ein Samenkorn, das den Bauplan der Pflanze in sich trägt, die nur entsprechende Wachstumsbedingungen braucht. Bei einer körperlichen Schädigung und Entwicklungserschwernissen bedarf es sonderpädagogischer Bereitstellung solcher Bedingungen.

Bedingungen im Klassenunterricht mit körperbehinderten (auch schwerstbehinderten)
Kindern ergeben sich durch „Kooperative Tätigkeit am gemeinsamen Gegenstand" der Lehrenden und Lernenden nach Maßgabe einer „Inneren Differenzierung durch Individualisierung" (Feuser 1998, 33; 1995, 178ff). Bedeutsam für die Unterrichtspraxis sind darüber hinaus Wockens (1998, 40ff) „Koexistente Lernsituationen" (das Unterrichtsverhalten der
Schüler ist durch die Inhalte ihrer individuellen Handlungspläne bestimmt), „Kommunikative Lernsituationen" (das Unterrichtsverhalten der Schüler ist durch Beziehung und Interaktion bestimmt), „Subsidiäre Lernsituationen" (das Unterrichtsverhalten der Schüler ist durch
einander unterstützende Hilfen bei individuellen Handlungsplänen gekennzeichnet) und
„Kooperative Lernsituationen" (das Unterrichtsverhalten der Schüler ist durch gemeinsame
Ziele und komplementäres bzw. solidarisches Verhalten gekennzeichnet).

Zur weiteren Operationalisierung der konstruktivistischen Didaktik körperbehinderter Kinder lassen sich (ohne Anspruch auf Trennschärfe zu anderen didaktischen Konzepten) 5
Prinzipien hervorheben, die als didaktische Grundlage stets präsent sind: (1) *Selbstorganisation als Prinzip selbstbestimmten Lernens* (Das Chaos von Reizen zwingt das Gehirn ständig
zur Schaffung von Ordnungen als individuelle Konstrukte der Wirklichkeit. Kortikale „Er-
wartungswerte" steuern die musterhafte Aufnahme von Reizen; Bergeest 1999b, 193ff). (2)
Dialog als soziales Prinzip (Wechselseitige Beeinflussung von Kind und Umwelt in der
Entwicklung und Auseinandersetzung über Bewegungen, Erfahrungen und Wünsche. Der
Pädagoge stellt sich auf die Lebensbewegung und das Neugierverhalten des Kindes ein, ist
aber auch als Person in der Fördersituation greifbar und macht Vorstellungen, Wünsche und
Forderungen transparent; Doering 2001, 18ff). (3) *Handlungsorientierung und Sensomotorik
als somatisches Prinzip* (Hier werden die Prinzipien handelnden Lernens bedeutsam, und
darüber hinaus erfolgt die Vermittlung von Körper- und Bewegungserfahrung im Fachunter-
richt. Dabei erlebt das Kind Situationen von körperlicher Anspannung und Entspannung; Esser 2000, 45ff). (4) *Symbolik als emotionales Prinzip* (In der Handlung und in der sensomotorischen Aktion tritt während der kindlichen Entwicklung in fließendem Übergang neben
die Imitation und reine Funktionslust auch „das symbolische Schema des Spiels", das nicht
vorhandene Objekte „wachrufen" soll; Piaget 1996, 119ff. Lernerfahrungen der Kinder verbinden sich mit Emotionen; Emotionen setzen imaginäres Erleben des Kindes frei, das mit

seiner Lebens- und Entwicklungsgeschichte in Verbindung steht, Erfahrungen vertieft und vor allem auch der Konfliktverarbeitung dient. „Das symbolische Spiel zeigt [auch], ob die Phantasietätigkeit und Kreativität des Kindes blockiert ist"; Esser 2000, 49f. Es können auch Leistungen blockiert sein; „wenn die Blockierung nicht rationaler Art ist, kann sie über eine rationale Programmatik/Planung [gezielte Übungen] auch nicht erreicht werden"; Lapierre/ Aucouturier 1998, 19). (5) *Konstruktion als kognitives Prinzip* (Gestaltung persönlicher Konstrukte der Welt als Repräsentanzen der Wirklichkeit. Handlungspläne erstellen, Bauwerke schaffen, kneten, malen in Verbindung mit erkennen, prüfen, verstehen, durchhalten und zweckgerichtet handeln; Esser 2000, 52ff).

Übergreifendes Entwicklungsprinzip ist das der *Balance* in der *Dynamik von Stabilität und Instabilität*. Kortikale Bewertungsvorgänge stabilisieren individuell bedeutsame Ordnungen. Ohne Stabilität gibt es keine Bereitschaft für neues Lernen; Offenheit für Neues entsteht durch Instabilitäten. Nach Aucouturier geht es bei Instabilität/Stabilität vor allem auch um die Beherrschung archaischer Ängste auf dem Weg in die Ablösung durch Austesten von Instabilitäten (mit stabiler Rückversicherung etwa bei Bezugspersonen oder dem festen Boden unter den Füßen) und um eine emotional gefärbte vorbewusste Wahrnehmung muskulärer Spannungen und lustvoll erlebter Körperlichkeit und Bewegung (Doering 2001, 41). Die Einschätzung der Balance des Kindes ist nicht einfach. Sie orientiert sich am Bild des „zufriedenen" und „unzufriedenen" Kindes. Sie erfolgt mit Hilfe von Anamnese-Gesprächen mit den Eltern, Einsatz diagnostischer Instrumente, Videoaufzeichnungen, Stundennotizen und schließlich Supervision, aber auch durch *Intuition* des Pädagogen.

- *Stabilität* kann gekennzeichnet sein durch Entspannung, Konzentration und Beenden von Aktion, aber auch durch starre Schemata, Stereotypien und Passivität. Angebote an das Kind, die die Stabilität fördern, beruhen z. B. auf Wiederholungen und Ritualen, Verbalisierung emotionaler Erlebnisinhalte, Entspannungsübungen, ausgewogenen Anforderungen in Abstimmung mit dem Kind.
- *Instabilität* kann gekennzeichnet sein durch Neugier, Kreativität und Fantasie, aber auch durch Koordinationsprobleme, ziellose Aktionen und Abbrechen begonnener Aktionen. Angebote in Richtung Instabilität und Veränderung sind z. B. das Aufgreifen von Neugierverhalten, Fordern von Neuorientierung bei Aufgaben, Anregung von Fantasie und Träumerei (Doering 2001, 18ff).

2. Ebene: *Konzepte des Unterrichts*

Auf der Ebene wissenschaftlich reflektierter Orientierungen für unterrichtspraktisches Handeln mit körperbehinderten Kindern geht es um Teilaufgaben der Unterrichtsgestaltung als „Didaktik zum Anfassen". Sie dienen der „Entfaltung von Methodenkultur im Schulalltag" (Jank/Meyer 1994, 287ff) und stellen einen impliziten Kulturauftrag professioneller Lehrer dar als „Kunst mit körperbehinderten Schülern zu lernen". Die Entscheidung für die Unterrichtsgestaltung bezieht sich dabei weniger auf äußere Bildungsziele, Lehrplannormen und Lernziele, sondern vor allem auf „die Kinder mit ihren Kompetenzen und Entwicklungsmöglichkeiten ... in mitmenschlicher Bezogenheit" (Haupt 1993, 145ff).

• Zu den Unterrichtskonzepten mit Bezug zum *Leitbegriff Bildung* zählen die Prinzipien zur Gestaltung von Bildung und Unterricht für körperbehinderte Kinder von Kunert (1972, 43ff) und Wolfgart (1976, 251ff):

1. *Individualisierung und Differenzierung*: Veränderung der schulischen Binnenstruktur besonders in den ersten Schuljahren zur individuellen Bereitstellung des Lernangebots, Betonung zweckfreien Tuns mit unwillkürlicher Aufmerksamkeit in vorbereiteter Umgebung (Faszination wecken), Gleichwertigkeit von Spiel und Arbeit (Spiel = Förderung von Konzentration)

2. *Selbsttätigkeit und abnehmende Hilfe*: Ablösung eines personengebundenen Lernens, Angebot von Arbeitsmitteln mit Selbstkontrolle (z. B. Montessori-Material)

3. *Anschauung und Lebensnähe*: Perzeptive Tätigkeit aller Sinnesbereiche mit emotionalem Erlebnisgrund, insbesondere Auge-Hand-Koordination. Soziales Lernen und konkrete Alltagsanschauung im Sachunterricht

4. *Überschaubarkeit und kleinste Schritte*: Feste, überschaubare Struktur und fester Rhythmus des Unterrichts, Wiederholungen und Bilanz am Ende der Arbeit (z. B. wie im Jena-Plan)

5. *Therapieimmanenz*: Kooperation mit Therapieangeboten für körperbehinderte Kinder, therapiebegünstigender Unterricht und unterrichtsfördernde Therapie

6. *Technologie des Unterrichts*: Prothetik, elektronische Lern- und Kommunikationshilfen

(Das Prinzip der kleinsten Schritte wird oft als lineares Vorgehen verstanden. Aus neuerer theoretischer Sicht, die von Beziehungsnetzen und Sinnzusammenhängen ausgeht, ist dabei jedoch eher an kleinste Einheiten zu denken.)

Das bekannteste und verbreitetste Konzept, das sich dem Leitbegriff Bildung zuordnen lässt, ist der *lernzielorientierte Unterricht* (Jank/Meyer 1994, 298ff). Wegen der Dominanz der Lerninhalte und eher zweckrationaler als personenbezogener Unterrichtsführung findet die individuelle Lebensbewegung und „Handlungsveränderung" der Kinder darin weniger Beachtung. Dieses Konzept ist daher für den Unterricht mit körperbehinderten Kindern nur im Rahmen individuell bestimmter Bildungspläne bzw. „personalbestimmter Bildungsziele" (Begemann 1971, 203) geeignet.

• Eine zentrale Stellung unter den Unterrichtskonzepten zum *Leitbegriff Lernen* nimmt der *Handlungsorientierte Unterricht* ein. Seine historischen Wurzeln liegen neben den pädagogischen Klassikern wie Comenius (1592–1670; „Mit Sprache und Hand"), Pestalozzi (1746–1827; „Lernen mit Kopf, Herz und Hand") und Fröbel (1782–1852; Vorschulische Didaktik des Spiels) vor allem bei den Reformpädagogen, deren Erziehungsziele und Erziehungsmittel schon von der vorwissenschaftlichen „Krüppelpädagogik" Anfang des 20. Jahrhunderts übernommen wurden (Oskamp 1978, 181). Der historische Bezug des Handlungsorientierten Unterrichts zur Reformpädagogik lässt sich in Anlehnung an John Deweys (1859–1952) Schulkonzeption durch das Symbol eines

Hauses darstellen, in dem alle reformpädagogischen Schulen und ihre Vorläufer einen Platz finden (*vgl. Zehrfeld 1979; Dietrich 1986; Oelkers 1989; Röhrs 1986; 1991; Pelzer 1987; Hellmich/Teigel 1992; Lindenberg 1992; Potthoff 1992; Kucirek 1994; Suhr 1994; Heiland 1982; 1991; 1995; Grimm 1995; Klein 1996; Kaschubowski 1998; Milz 1999a; Bergeest 2000*).

Das *Haus der Handlungsorientierung* umfasst ein Erdgeschoss und zwei Stockwerke:

Zweiter Stock – Erforschung übergeordneter Strukturen und der Harmonie der Welt.
Dewey: „Laboratorium" für theoretische Durchdringung des praktisch Erfahrenen, für Kunst und Musik, demokratische Erziehung; *Montessori*: Schöpferische Selbstgestaltung und kosmische Selbsterziehung; *Steiner*: „Beschreibung" und „Erklärung"; *Freinet*: Politische Bildung, Kritikfähigkeit, therapeutische Texte, politische Texte, Demokratisierung; *Petersen*: Offene Werkstatt; *Korczak*: Freie Entfaltung sozialer Möglichkeiten mit altersangemessenen Rechten und Pflichten; *Kerschensteiner*: Charakterbildung und staatsbürgerliche Erziehung

Erster Stock – Transfer von Entdeckungen und Reduktion von Komplexität.
Dewey: „Experience" als praktische Anwendung der Erfahrungen; *Montessori*: Soziale Integration, Meditation am Detail; *Steiner*: „Gestaltung"; *Freinet*: Kooperation, erfahrbare Texte, experimentieren in Arbeitsateliers; *Petersen*: Gemeinsame Arbeit und soziale Abstimmung; *Korczak*: Spielraum für eigene (risikobehaftete) Erfahrungen; *Kerschensteiner*: Selbstprüfung (Methode und Begründung der Arbeit)

Erdgeschoss – Entdecken von Komplexität und von „Gestalten" durch Handlung.
Dewey: „Primary Experience" als Abbildung der Wirklichkeit; *Fröbel*: Entwicklung von Vorstellungen über Körper, Natur, Materialien, Konstruktionen; *Montessori*: „Absorbierender Geist" (Bewegung, Ordnungen, Sprache) und „Polarisation der Aufmerksamkeit"; *Steiner*: „Nachahmung"; *Freinet*: Tastende Versuche, produktives Tun, Stille; *Petersen*: „Gespräch, Spiel, Arbeit, Feier"; *Korczak*: Selbstentdeckendes Lernen, Üben des Willens; *Kerschensteiner*: „Ursprung des Denkenwollens liegt im praktischen Tun!"

Gegenwärtig lässt sich das Konzept des Handlungsorientierten Unterrichts folgendermaßen zusammenfassen (Jank/Meyer 1994, 337ff; Gudjons 1994, 12ff; 1997, 109ff): Handlungsorientierter Unterricht ist ein ganzheitlicher und schüleraktiver Unterricht, in dem die zwischen Lehrern und Schülern vereinbarten Handlungsprodukte die Gestaltung des Unterrichtsprozesses leiten, so dass Kopf- und Handarbeit der Schüler in ein ausgewogenes Verhältnis zueinander gebracht werden. Die Schüler erhalten dabei die Chance, selbst die Verantwortung für das Lernen zu übernehmen und ihre Kreativität zu fördern. *Merkmale des Unterrichts* sind: Bedürfnisbezug (Lernmotivation), Aktivierung aller Sinne, Selbsttätigkeit und methodische Kompetenz der Schüler (Mitorganisation und Mitverantwortung, Interessen der Schüler), „Entschleunigung" (Jank/

Meyer) des Unterrichts („Entdeckung der Langsamkeit" durch Zwang zur Organisation von Details und zum bewussten Leben mit Körperbehinderung),
Produktorientierung (konkreter Gebrauchswert und Mitteilungswert des Ge-
schaffenen), Kooperatives Handeln, Realitäts- und Lebensbezug, Rhythmisierung (angemessene Spannung/Entspannung). Die Schüler werden auf das
Leben in der „Risikogesellschaft" vorbereitet (unübersichtliche und unklare
Berufsperspektive, Individualisierung und Vereinzelung, Reduktion von Eigentätigkeit im Medienzeitalter).

Aufgabe des Lehrers im Handlungsorientierten Unterricht ist es u. a., durch
die „Inszenierung des Unterrichts" die Schüler zur Selbsttätigkeit zu führen. Er
zeigt, verrätselt ein Problem, verfremdet, sortiert, polarisiert, karikiert, er sym-
bolisiert durch Sprache und Bilder, die Schüler vollziehen durch diese Impulse
und Freiräume den Schritt in die Kreativität.

Hinsichtlich der *Organisation Handlungsorientierten Unterrichts* lassen sich
4 ineinandergreifende Bausteine hervorheben: (1) *Fachunterricht/Planarbeit*
(Bastian/Gudjons 1989, 8ff), (2) *Projektunterricht*, (3) *Offener Unterricht*,
(4) *Ausdruck* (vgl. Heimlich 1993, 58ff; Gudjons 1994, 68ff; 1997, 119ff;
Jank/Meyer 1994, 361ff; Achermann 1995, 46ff; Keller/Fritz 1995, 25ff; Schul-
te-Peschel/Tödter 1996, 59ff; Wiechmann 2000).

1. Kennzeichen von themenorientiertem *Fachunterricht/Planarbeit* (als Frontalunterricht und Aufgliederung in Gruppen-, Partner- und Einzelarbeit) können sein:

- *Spielen und Lernen.* Als Lernspiel (zusammenführen von abstrakten Verbalbegriffen
  mit sensomotorischen Mustern), Rollenspiel (mit Handlungsspektrum sozialen Lernens), Planspiel (Strategiespiele mit Simulation sozialer Prozesse) und grundsätzlich
  auch freies Spiel für körperbehinderte Kinder im Schulalter
- *Erkunden und Erforschen.* Erkundung und Beschaffung von Information (als alltagsorientierte Lebensweltanalyse mit Verlassen des Lernorts Schule und subjektorientierte
  Lebensweltanalyse der Innen- und Erfahrungswelt des körperbehinderten Kindes).
- *Herstellen und Verwenden.* Herstellen und beschreiben eines Produktes im Fachunter-
  richt (analytisches Denken verbinden mit Tun und Gebrauch)
- *Erfahren und Erleben.* Erfahrung des Handlungszusammenhangs von individuellen und
  sozialen Aktivitäten bewusst machen (Feed-back-Erfahrung durch Fotos und Video)
- *Probieren und Studieren.* „Innere Erfassung" (Gudjons) von Aufgaben als konzentratives Tun körperbehinderter Kinder (eigene sinnliche Erforschung von Themen und Gegenständen)
- *Zusammenarbeiten und Kommunizieren.* Qualität des Umgangs miteinander thematisieren und pflegen (Sitzordnungen, gemeinsame Gestaltung des Klassenraums, Ar-
  beitsgruppen, persönliche Vorlieben)
- *Fantasieren und Experimentieren.* Kreatives Gestalten, gelenkte Fantasie, Entspan-
  nungs- und Konzentrationsübungen

- *Tätigsein und Verantworten.* Arbeits-, Tages- und Wochenpläne erstellen (mit individuellen Aufgaben und Verantwortlichkeiten)
- *Eingreifen und Verändern.* Klassenraum, Pausenhalle, Schulgarten gestalten
- *Klassenreise und Schulleben.* Lernen im Lebenszusammenhang des Schulorts. Klassenreise als Erfahrungsfeld körperbehinderter Kinder nach Prinzipien der Selbstorganisation (Planung von Zielort, Unterkunft, Verpflegung)

2. Kennzeichen des *Projektunterrichts* können sein:

- *Themenwahl und Zielsetzung.* Kinder oder Lehrpersonen wählen eine für den Erwerb von Erfahrungen geeignete, problemhaltige Sachlage aus (mit Aufforderungscharakter für die Kinder, Orientierung an den Interessen der Beteiligten und sozialer Praxisrelevanz). Thema wird inhaltlich aufgefächert und nach außen vernetzt. Lernziele werden bestimmt
- *Planung.* Gemeinsam einen Plan zur Problemlösung entwickeln (mit zielgerichteter Projektplanung, eventuell in Anlehnung an Schönbergers 5 Kooperative Stufen, s. o., Selbstorganisation und Selbstverantwortung). Festlegung der Arbeitsschritte, des zeitlichen Ablaufs und der Arbeitsmittel. Es sind nicht alle Details im Voraus planbar
- *Durchführung.* Handlungsorientierte Auseinandersetzung mit dem Problem (unter Einbeziehung sinnlicher Praxis und sozialen Lernens). Informationsbeschaffung und -verarbeitung
- *Auswertung.* Dokumentation der Arbeitsprodukte. Erarbeitete Problemlösung an der Wirklichkeit überprüfen (mit Orientierung an übergeordneten Erkenntnissen). Konsequenzen für die weitere Projektarbeit ziehen

3. Kennzeichen des *Offenen Unterrichts* können sein:

- *Freie Arbeit.* Angebot von Lernmöglichkeiten mit freier Entscheidung der Kinder, Wochenarbeitsplan (mit Wünschen der Kinder und Angeboten des Lehrers), Einzel- oder Partnerarbeit (lernen von Selbstentscheidung und Selbstverantwortung). Freies Spiel, freie Wahl des Materials (Eckstein 1986; Busch 1997; Raeggel/Sackmann 1997; Köhnen 1997), einmalige Tätigkeiten, freie Projekte („Der Akzent wird vom systematischen Lernen zum Spiel verschoben; Hövel 1991, 41).

Freie Arbeit ohne vorgegebene Struktur oder mit selbständiger Material- und Aufgabenwahl kann bei körperbehinderten Kindern auch zu Orientierungslosigkeit führen. Zudem ist der Aktionsradius der Kinder häufig sehr eingeschränkt. Hier bietet sich eine Verbindung von Projektorientierung und freier Arbeit an („Vorhabenorientierte Freiarbeit"; Köhnen/Roos 1999; vgl. den kritischen Bericht zum offenen Unterricht an der Schule für Körperbehinderte von Schübel 1994, 24ff).

- *Stationenarbeit (als Sonderformen freier Arbeit).* Planungen, Rundgang und Orientierung, Arbeit an den Stationen, Erfolgskontrolle, Schlussgespräch und Präsentation (Hegele 2000, 58ff; Bauer 1997, 26ff); Epochenunterricht (entdeckendes Lernen in größeren Zeitabschnitten; Heimlich 1999a, 146f)
- *Wochenplan, Tagesplan.* Zusammenarbeit von Kindern und Lehrer (Pflichtaufgaben, Wahlpflichtaufgaben, frei wählbare Aufgaben, Anregungen, Angebote von Materialien und Ideen; vgl. Längsfeld 1989)
- *Stuhlkreis.* Bemühen um Verständigung, Formulierung von Aufträgen und Verträgen (Morgenkreis, Abschlusskreis, Wochenrunde)

- *Klassenraum.* Störungsfreier Lebens- und Lernraum körperbehinderter Kinder („existentielle Sicherheit", Lernbasis), Lernlandschaft und vorbereitete Umgebung
- *Arbeitsmittel.* Selbstgefertigte Arbeitsmaterialien mit Identifikationsmöglichkeit, Arbeit mit elektronischen Medien, Einrichtung von Medienecken (Heyden/Lorenz 1999)
- *Schulleben.* Offenheit in der Organisation, in Inhalten, im Kognitiven (entdeckendes Lernen), im Sozio-Emotionalen (Konfliktbearbeitung und Angstfreiheit), in Außenkontakten (Öffnung in das schulische Umfeld)

4. Kennzeichen des *Ausdrucks* können sein:

- *Ausdrucksmittel.* Geräusche, Töne, Stille, Materialien, Wörter, Zeichen, Bilder, Formen, Bewegungen
- *Freier Ausdruck.* Malen, Gestalten, Sprache, Körpersprache, Musizieren („Was soll ich tun?" – „Was ist mir wichtig?" – „Was ist gut/schlecht?")
- *Geleiteter Ausdruck.* Mit Ausdruckstechniken vertraut werden, Ausdrucksprojekte bearbeiten, thematischer Unterricht

---

Zusammenfassend lässt sich Spiel- und Handlungsorientierter Unterricht für körperbehinderte Kinder in folgenden Phasen operationalisieren:
1. Erfahren von Handlungsbedingungen und Erwerb von Handlungsfertigkeiten (Kennenlernen des Umfelds und nicht zielgerichteter Umgang mit Dingen und Materialien)
2. Erprobung von Handlungsplänen (zu vorgegebenen Spiel-Themen)
3. Entwicklung zum selbständigen Handeln (Sammeln eigener Themen- und Spiel-Ideen)
4. Planungsraster erarbeiten (Handlungsziele, vorbereitete Umgebung)
5. Einstiegsphase (Vorspielen, vormachen, dramatisieren, experimentieren, zerlegen, zusammensetzen, Handlungsergebnisse vereinbaren)
6. Erarbeitungsphase (Einzelarbeit/Gruppenarbeit, Versuch/Irrtum, Übungsschritte, eigene Fehlerkontrolle, Vergleich)
7. Auswertungsphase (Dokumentation, Präsentation, kritische Bewertung)

- Konzepte des Unterrichts mit dem Bezug zu den *Leitbegriffen Kommunikation* und *Konstruktion* lassen sich nur gemeinsam darstellen.

Der Kommunikationsprozess, der den spezifischen Kontaktbedingungen zwischen Pädagogen und körperbehindertem Kind angemessen ist und „emanzipatorisch wirkt" (Stadler 1998, 92), ist durch *9 pädagogische Verhaltensdimensionen* gekennzeichnet (vgl. Bergeest 1993; Tausch 1977; 1979; Rogers 1973; 1974; 1984; Daut 1997):

1. *Innehalten:* Eigene Verhaltensautomatismen bewusst machen; Entscheidungen für Kontaktaufnahme treffen und sinnvolle Verhaltensstrategien reflektieren (Ruhe und Besonnenheit des Pädagogen fördern Kontaktfähigkeit des Kindes).
2. *Konzentration:* Körperliche und konzentrative Zuwendung zum Kind (Konzentratives Verhalten des Pädagogen fördert Konzentration des Kindes).
3. *Echtheit:* Den eigenen inneren Empfindungen entsprechendes (kongruentes), der sozialen Rolle angemessenes Verhalten (kein starres Rollenverhalten). Als Mensch offen, für das

Kind durchschaubar und damit angstmindernd sein (Offenheit des Pädagogen fördert die Offenheit des Kindes; das erfährt dadurch den Pädagogen als verlässliche soziale Basis).

4. *Empathie*: Einfühlung in die Erfahrungswelt des Kindes; seine Welt durch seine Augen sehen, sich vorstellen, was es denkt und fühlt. Appell- und Aufforderungscharakter des kindlichen Verhaltens wahrnehmen (die Mitteilung von Empathie fördert die Selbstreflexion des Kindes).

5. *Respekt*: Bedingungslose Akzeptierung der „Lebensbewegung" des Kindes (ohne Beurteilung, aber nicht vorbehaltlos billigend). Darüber hinaus Respekt vor seiner Lebensleistung (Akzeptierung und Respekt fördern Selbstakzeptierung des Kindes).

6. *In-Ruhe-Lassen*: Leistungsdruck vermeiden; Leistungsdruck ist für die meisten körperbehinderten Kinder kontraproduktiv. Leistungsdruck ist häufig Projektion: Druck auf den Pädagogen wird an das Kind weitergegeben (Leistung ohne sozialen Druck fördert selbstreferentielle Lernprozesse und Konzentration).

7. *Transparenz der Interaktion*: Deutliche pädagogische Handlungen, klare und eindeutige Kommunikation, verbale Begleitung des Verhaltens (Transparenz erleichtert die soziale Wahrnehmung des Kindes, nimmt Unsicherheit und fördert die Ausdrucksfähigkeit).

8. *Verträge schließen*: Statt Anordnungen Verträge mit überschaubaren Forderungen. Beide Seiten halten sich an die Verträge (Verträge fördern Selbstverantwortung des Kindes).

9. *Konsequenz*: Verlässliches, konsequentes Verhalten ist Basis jeder Pädagogik. Das schließt auch Konfrontation ein; das Kind entwickelt sich auch in der Auseinandersetzung mit Hindernissen (Konsequenz fördert Vertrauen und soziale Sicherheit des Kindes).

Ferner ist der Unterricht grundsätzlich schülerzentriert bzw. schülerorientiert (im Gegensatz zu reiner Lernzielorientierung). Fischer (1999, 327) relativiert allerdings Dimensionen eines rein schülerorientierten Unterrichts mit körperbehinderten Kindern und setzt diesen in Bezug zu lehrerorientiertem Unterricht: „Tatsache ist, dass sich Schüler sowohl in dem einen als auch in dem anderen Unterricht langweilen bzw. sich verloren erleben können, wie sie auch in beiden Konzeptionen etwas für sich gewinnen, Erfahrungen aufsammeln und Faszination erleben. Didaktische Entscheidungsprozesse peilen die Inhaltsfrage an – jeweils ausgerichtet auf ein zu verantwortendes Ziel; wie man zu diesem kommt, ist auch eine Frage der Beziehung." *Das schließt auch Forderungen an körperbehinderte Kinder ein, die häufig Widerstände suchen und an ihnen wachsen.*

Zu Unterrichtskonzepten auf der Basis der konstruktivistischen Didaktik lassen sich 5 grundlegende Prinzipien zählen, die von Doering (2001, 22ff) nach Ansätzen von Lapierre/Aucouturier (1998; vgl. Esser 2000) zusammengestellt werden (vgl. oben „Didaktische Modelle"):

- *Selbstorganisation*: Unterricht in offener Form mit freier Arbeit, Tagesplänen, Wochenplänen (mit Selbstentscheidung und Übernahme von Verantwortung); Lernlandschaften und Stationsverfahren, individuelles Tempo

- *Dialog*: Kindzentrierte und partnerschaftliche Berührung und Körperkontakt nach personaler Kontaktaufnahme und Verständigung (vgl. Anders/Weddemar 2001); Verbalisierung der Interaktion und klare Grenzziehung; ferner spielen die 9 pädagogischen Verhaltensdimensionen des Leitbegriffs Interaktion eine wichtige Rolle (s. o.)

- *Handlungsorientierung und Sensomotorik*: Ganzkörperliches Handeln und kreatives Gestalten; Aktivierung des vestibulären Systems, der Körperoberfläche und der Tiefensensibilität sowie der Nah- und Fernsinne; z. B. unter Einbeziehung von Materialien für Grobmotorik (wiegen, schaukeln, drehen, rollen, fallen, klettern, springen), Materialien für Fein- und Handmotorik (greifen, festhalten, loslassen)

- *Symbolik*: Freies Spiel im Unterricht; Raum für symbolischen Gebrauch von Figuren und Gegenständen (Puppen, Tiere, Klötzchen, Tücher); Fantasiereisen erleben; sich in Höhlen verkriechen und träumen, auftauchen und verschwinden, sich auf Haufen und Mauern über andere erheben, sich fallen lassen, Türme bauen und umwerfen, Säcke füllen und leeren, Ledersack schlagen und schreien, symbolische Sprache benutzen („Ich will! – Ich mache! – Ich bin stark! – Ich besiege dich!")

- *Konstruktion*: Fantasien und Träume in Handlungspläne umsetzen. Bauwerke schaffen, kneten, malen in Verbindung mit erkennen, prüfen, verstehen, durchhalten und zweckgerichtet handeln

Schließlich ermöglichen Dimensionen der *Gestaltpädagogik* einen erfahrungsbezogenen Unterricht, der den „individuellen Lern- und Lebenswelten" körperbehinderter Kinder gerecht wird. Alle körperbehinderten Kinder bringen sehr unterschiedliche Erfahrungen und Lernstrukturen in den Unterricht ein. Die „Didaktik des Wachsens" (Kösel 1995, 134) der Gestaltpädagogik bietet mit ihren kreativen Methoden den Kindern individuelle Ausdrucksmöglichkeiten in Lernzusammenhängen (über ästhetische Erziehung hinaus auch in anderen Lernbereichen) mit dem Ziel der Entwicklung einer „integrierten Persönlichkeit" (vgl. Burow/Scherpp 1981; Burow/Quitmann/Rubeau 1987; Burow 1988; 1993; Bürmann 1992; Hansen 1993; 1996; 1999a). *Prinzipien der Gestaltpädagogik* sind: Dialogisches Lernen; Hier-und-Jetzt-Erfahrung; Kontakterfahrung mit sich selbst, mit anderen und mit dem Lerngegenstand; Selbstverantwortung; Selbstunterstützung; Freiwilligkeit; Einheit von Person und Umfeld; Schließen von offenen Gestalten.

Spezifische Methoden der *Gestaltpädagogik* sind:

- *Identifikationsübungen*. Identifikation mit dem Lerngegenstand (Umgebung, Personen der Geschichte, Kunstwerke, fremde Kulturen, sinnliche Ereignisse); Identifikation mit Personen (Personen des persönlichen Umfelds, fremde Personen)

- *Integrative Körperarbeit (Kontakt mit sich selbst)*. Arbeit mit Bewegung (auf dem Boden, im Wasser, gehen, Körperkontrolle, sich vom Boden lösen, Gegenstände tragen); Körperarbeit (Untergrund spüren, Töne und Vibrationen spüren, Raumlage, Anspannung/Entspannung, Körperoberfläche spüren); Arbeit mit Atem (Atem spüren, Pustespiele, Hauchspiele, Anpusten, Töne erzeugen)

- *Integrative Arbeit mit Emotion (Kontakt zu eigenem Gefühlsleben)*. Arbeit mit direktem Ausdruck (Angst, Wut, Trauer, Freude, Zärtlichkeit, Lust/Unlust, Macht/Ohnmacht); Arbeit mit indirektem Ausdruck (Bilder und Gestaltung, Spiele); Identifikation mit Auslöser von Emotion

Organisatorische Konzepte   229

- *Integrative soziale Übungen (Kontakt zu Mitmenschen)*. Selbst-/Fremdwahrnehmung; Kontaktaufnahme; Kommunikation/Kooperation; Übernahme von Verantwortung; Rollenspiele; Durchsetzungs-/Selbstbehauptungsübungen; Konfliktverhalten
- *Fantasieübungen.* Fantasiereisen; Fantasie und Darstellung (Bilder, Formen, Theater, Spiel, Gedichte und Geschichten)
- *Prinzipien der Bewusstseinserweiterung (Kontakt mit der Welt).* Sinnesübungen; Vorstellungsübungen (Raum, Ort, Zeit, Strategie und Bewegung)

Zu den spezifischen Konzepten des Unterrichts mit Bezug zum Leitbegriff Kommunikation zählt auch das persönliche Gespräch des Pädagogen mit dem körperbehinderten Kind im Sinne einer bewussten und systematischen Gestaltung von Gesprächssituationen informeller und formeller Art. Zu letzteren zählt insbesondere der „*Montag-Morgen-Kreis*" mit freiem oder auch geregeltem Verlauf und ggf. Gesprächsregeln („Nur einer spricht."), aber auch das Gruppengespräch für Tages- und Wochenpläne (Potthoff u. a. 1995, 37ff).

1. Ebene: *Organisatorische Konzepte*

Auf der untersten didaktischen Ebene sind die organisatorischen Konzepte als biografisch und institutionell begründetes *Erfahrungs- und Betriebswissen des Praktikers* angesiedelt, der zum Aufbau eigener Handlungskompetenz Theoriewissen in Wechselwirkung mit unterrichtspraktischer Tätigkeit verknüpft. „Seine Handlungskompetenz besteht aus der Fähigkeit, in immer wieder neuen, nie genau vorhersehbaren Unterrichtssituationen Lernprozesse der Schüler zielorientiert, selbständig und unter Beachtung der institutionellen Rahmenbedingungen zu organisieren" (Jank/Meyer 1994, 44). In zirkulären Prozessen formt sich aus Persönlichkeitsfaktoren, gesellschaftlichen Orientierungen, institutionellen Rahmenbedingungen, fachwissenschaftlichen Ansprüchen und Unterrichtserfahrungen sowie dem didaktischen Theoriewissen des Lehrers ein Bild des eigenen Unterrichts. Aus der Orientierung an wissenschaftlicher Systematik erfolgt der Übergang von intuitiver zu professioneller Didaktik.

Spezifische Merkmale der Organisation des Unterrichts mit körperbehinderten und chronisch kranken Kindern sind:

- *Therapieunterstützende Maßnahmen* (medizinische Maßnahmen, Physiotherapie, Ergotherapie, Medikamentengabe und Vermeidung körperlicher Überanstrengung)
- *Erleichterung der Beweglichkeit* (z. B. nach dem Bobath-Konzept; vgl. Kap. „Kinder mit cerebralen Bewegungsstörungen")
- *Förderung von Mobilität* (z. B. systematische körperliche Hilfestellung des Pädagogen durch Heben und Tragen, vgl. Kap. 6; psychomotorische Übungen im Unterricht; Organisation von Fahrdiensten)
- *Klare Strukturierung des Raums* (Erreichbarkeit von didaktischen Materialien)

- *Gestaltung von Körperkontakt* (bei Bewegungserleichterung, Heben und Tragen, Förderpflege und Toilettengang)
- *Förderung subsidiärer und kooperativer Lernsituationen* (gegenseitige Hilfen und komplementäre Lernwege unterstützen)
- *Einbeziehung von Verlangsamung und verminderter Aufmerksamkeitsspanne* („langer Atem", Vermeidung von „Aktionismus")
- *Verlässlichkeit und Übersichtlichkeit des Schulalltags* (Rhythmisierung des Tagesablaufs)
- *Innere* (bezogen auf die Schule) *und äußere* (bezogen auf die Kommune) *Öffnung des Unterrichts*
- *Klare, eindeutige Kommunikation* (deutliche Reaktionen und Haltungen, Einschätzbarkeit des Lehrerverhaltens)
- *Kooperation der Pädagogen und Therapeuten* (mit möglichst geringer Personalfluktuation)
- *Regelmäßige Fortbildungen und gezielte Selbstreflexion des Pädagogen* (vgl. Kap. 6)

Zentral ist die organisatorische Berücksichtigung von *Besonderheiten der Körpermechanik* bei schwerer behinderten Kindern. Hier bietet sich auch die Arbeit nach dem Programm der körperlichen Unterstützung im Unterricht, das „Mobilitätstraining für Kinder und Erwachsene mit Behinderung" (M.O.V.E.) von Bidabe/Lollar (1993), an. Es baut direkte Bewegungsmuster höherer Fertigkeiten des Sitzens, Stehens und Gehens – ausökonomischen Gründen unter bewusstem Verzicht auf frühere Funktionen (Kriechen und Krabbeln) – auf, um die Betroffenen zu unterstützen, ein größeres Maß an Selbständigkeit und Unabhängigkeit bei alltäglichen Verrichtungen im Unterricht zu erwerben. Sie sollen „ihre motorischen Fertigkeiten ganz natürlich üben, während sie mit Lern- und Freizeitaktivitäten beschäftigt sind" (ebd., 9). Dabei handelt es sich um ein zusätzliches Funktionstraining motorischer Fertigkeiten und zur Anbahnung von Statik und Motorik, um geeignete Lernpositionen für den Unterricht zu ermöglichen. Die Fertigkeiten werden zur Erfolgskontrolle auch kleinschrittig messbar gemacht. Dieses Training ist kein Ersatz für die Förderung der „Psychomotorik" und der „Sensorischen Integration" im umfasenderen Sinne, aber eine nützliche Hilfe in der Unterrichtsorganisation (es wird von Ernst Kiphard ausdrücklich empfohlen). Das Programm ist in 6 Stufen aufgebaut:

(1) *Testen*, (2) *Festlegen der Ziele*, (3) *Aufgabenanalyse*, (4) *Messen der Unterstützung*, (5) *Reduzieren der Hilfe*, (6) *Unterrichten der Fertigkeiten*: Sitzposition halten, Bewegung beim Sitzen, Drehen, Übergang vom Sitzen zum Stehen, Übergang vom Stehen zum Sitzen, Drehen beim Stehen, vorwärts gehen, Übergang vom Stehen zum Gehen, Übergang vom Gehen zum Stehen, rückwärts gehen, Drehen beim Gehen, Treppen hinaufgehen, Treppen hinuntersteigen, Gehen auf unebenem Boden, Schrägen hinaufgehen, Schrägen hinuntergehen.

4.3.4 Didaktik der Lernbereiche

„Erfolgreiches, gefreutes Lernen ist in der Schule nur dann möglich, wenn der Unterricht durch Offenheit und Systematik geprägt ist, wenn er offen systematisch und systematisch offen ist" (Achermann 1995, 44). Systematisch lassen sich die Inhalte des Unterrichts mit körperbehinderten Kindern unterschiedlich fassen. Sie sind in den Richtlinien und Lehrplänen der einzelnen Bundesländer für die Grund- und Hauptschule, Lernbehindertenschule und Geistigbehindertenschule nach den traditionellen Fächern (Lernbereichen) aufgeschlüsselt. Die Spezifika für körperbehinderte Kinder bedürfen jedoch innerhalb der Rahmenrichtlinien einer Erweiterung der Perspektive, die in den Richtlinien häufig nur angedeutet ist. Die genannten Richtlinien sind für körperbehinderte Kinder jedoch nur eine organisatorische Krücke, ebenso wie die noch häufig anzutreffende Aufteilung in Jahrgangsklassen. Die Didaktik der Lernbereiche orientiert sich dagegen mit Hilfe offener systematischer Strukturen am einzelnen Kind. So werden für körperbehinderte Kinder innerhalb der *Lernbereiche* spezifische *Förderdimensionen* wirksam, die der Bewältigung ihrer Lebenssituation und spezifischen Lebensgestaltung dienen.

Folgende Förderdimensionen sind hervorzuheben (vgl. Schönberger 1983, 61f; 1984, 123ff; Staatsinstitut für Schulpädagogik1993, 59ff; Haupt 1996, 66f; vgl. „Curriculares Strukturschema" von Bleidick 1978, 29):

- *Psychomotorische Dimension* (Entwicklung und Verbesserung der motorischen Möglichkeiten innerhalb des Fachunterrichts)
- *Kognitive Dimension* (Förderung von Sensorischer Integration, Kognition und Sprache innerhalb des Fachunterrichts)
- *Sozial-kommunikative Dimension* (Förderung nonverbaler und verbaler Kompetenz und der sozialen Beziehungspflege innerhalb des Fachunterrichts)
- *Emotionale Dimension* (Förderung von Wahrnehmung und Stabilisierung des Gefühlslebens sowie der Entwicklung von Selbstwertempfindung innerhalb des Fachunterrichts)
- *Psychosexuelle Dimension* (Förderung der kindlich-lustvollen Beziehung zum eigenen Körper und zum Umfeld innerhalb des Fachunterrichts)
- *Ästhetisch-kulturelle Dimension* (Kennenlernen und Pflege kreativen Ausdrucks innerhalb des Fachunterrichts)
- *Wertstiftende Dimension* (Auseinandersetzung mit behinderungsspezifischen Grundproblemen und Sinnfindung innerhalb des Fachunterrichts)

Ein verbindendes pädagogisches Kriterium aller Dimensionen ist die Förderung von *Expansion/Exploration, Ausdruck* und *Sprache*.

Die übergreifende Unterrichtsorganisation folgt dem Verbund der oben genannten vier Bausteine eines handlungsorientierten Unterrichts: *Fachunterricht/ Planarbeit, Projektunterricht, Offener Unterricht, Ausdruck*.

Die *Kunst* bei der Operationalisierung von Unterrichtskonzepten in den Lernbereichen besteht in der Wahrnehmung und Identifizierung von Signalen der Kinder. Alle (körperbehinderten) Kinder senden Bewegungs- und Verhaltenssignale aus, die als *Suchbewegung* Hinweise auf ihre Förderbedürfnisse geben. Ihnen gilt es zu folgen. Das schließt die Auseinandersetzung mit beiderseitigen Anforderungen ein. Der Unterricht in den Lernbereichen ist damit sowohl strukturiert als auch gleichzeitig offen für die Lebensbewegung der Kinder.

Identitätsfindung/Sozialkunde

Der Sozialisationsprozess verläuft bei körperbehinderten Kindern anders als bei nicht behinderten Kindern mit entsprechenden Auswirkungen auf ihr soziales Rollenverständnis, ihre Handlungskompetenz und damit auf ihre personale und soziale Identitätsfindung (Staatsinstitut für Schulpädagogik 1993, 65). In den Empfehlungen der Kultusministerkonferenz von 1998 wird folgerichtig die - Begleitung körperbehinderter Schüler bei deren Auseinandersetzung mit ihren Sozialisationsbedingungen gefordert. Es geht um die Entwicklung von „Ich-Autonomie" und „Sozialer Kompetenz" (Haupt 1983a, 143ff) sowie um Selbstbehauptung und „Empowerment" (Theunissen/Plaute 1995; Seifert 1999). Für die schulische Förderung ergibt sich daraus eine gewisse Priorität: „Aufgrund der sozial-integrativen Zielsetzung ist eine rehabilitative Körperbehinderten-Didaktik im Schulalter auf eine umfassende Persönlichkeitsbildung hin auszurichten und zwar im Sinne einer weitestgehenden sozialintegrierungsfähigen psychischen Stabilität" (Wilken 2000, 283).

Im Bereich der *Sozialkunde* lernt das körperbehinderte Kind „das Leben im Bewusstsein seiner selbst und in vitalen und sozialen Bezügen" (Staatsinstitut für Schulpädagogik 1993, 70ff) kennen, und die Auseinandersetzung mit der „eigenen körperlichen Behinderung als Unterrichtsthema" (Tillmann 2000, 276ff) ist essentiell. Es geht also im weitesten Sinne um die „Identitätsfindung Körperbehinderter" (Leyendecker 1985, 1ff) und um „Stärkung" der Schüler, die ihre soziale Wirkung einschätzen lernen (Stadler 1999, 159). Primäre Lernziele sind (Staatsinstitut für Schulpädagogik 1993, 70ff; Meyer 1994, 53ff; Wilken 2000, 287):

- Wissen, wer man ist; wissen, dass man einen Namen hat und zu einer Familie gehört; dass man in einem bestimmten Haus, einer Landschaft, einer Gemeinschaft wohnt, bestimmte Dinge mag oder nicht mag
- Auf vielfältige Weise erfahren, sich wohl zu fühlen; zum eigenen und zum Wohlbefinden anderer beitragen
- Zur eigenen Grundversorgung, Gesundheit und Hygiene beitragen

- Mut entwickeln, an die Umwelt Forderungen zu stellen; fähig sein, seine Gefühle und Bedürfnisse zu erkennen, auszudrücken und zu vertreten, was man denkt und fühlt; bereit sein, für andere einzutreten
- Über die Schädigung erfahren; Besonderheiten des eigenen Lernens erkennen; soziale Behinderungen einschätzen lernen
- Die eigenen Begrenzungen erfahren und erkennen; Erweiterung der Selbständigkeit und des Aktionsraums erfahren
- Unterschiedliche Formen der Lebensgestaltung begreifen und nach außen vertreten; soziale Strukturen wahrnehmen
- Wirklichkeitserfahrungen durch unmittelbare Begegnung mit dem sozialen Umfeld machen und dadurch die allgemeine Lernbereitschaft steigern

Spezifika des Unterrichts zur Identitätsfindung liegen in folgenden Angeboten an die Kinder:

- *Körpererfahrung.* Berührt werden, berühren; Körper zeichnen, umfahren, anmalen; Körperbehinderung und Körpergrenzen erfahren.
- *Bewegungserfahrung.* Übungen zur Psychomotorik; Erfahrungen von motorischen Begrenzungen und Ängsten.
- *Behinderung und Krankheit als Unterrichtsthema.* Informationen über Behinderungen und Krankheiten (vgl. Kap. 2); Auseinandersetzungen über Geschichten von Leben mit Behinderung; gruppendynamische Neugierspiele, Warum-Spiele zu medizinischen Fakten (Tillmann 2000, 277ff); Projekte zu Krankheitsbildern (Pfeiffer u. a. 1998).
- *Gesundheitserziehung.* Projekte zum gesunden Leben. „Was will ich tun, damit ich mich körperlich wohlfühle?"
- *Emotionale Erfahrung.* Kreative Darstellung des persönlichen Erlebens; „Wer bin ich? Was will ich? Wie bin ich? Was kann ich?" (Stichling 1995, 115f); Verbalisierung eigener Gefühle und Bedürfnisse; symbolische Auseinandersetzung mit „Krankheit und Tod, Angst und Aufbruch, Glück und Moral" mit Hilfe von Märchen und Geschichten (Bausinger 1985, 322ff).
- *Spracherfahrung.* Kommunikations- und Sprechbereitschaft entwickeln; Artikulationsschwierigkeiten überwinden und Mundmotorik aufbauen; Erfahrung von Einflussnahme durch Sprache.
- *Entwicklung von Gruppenverhalten.* Soziale Wahrnehmung üben: „Wer bist du? Was kannst du? Ich gehe auf dich zu." (Stichling 1995, 115f); Verantwortung in Beziehungen übernehmen; Spiele zu Abgrenzung und Annahme; Spiele mit sozialen Rollen; Verträge kennenlernen; Forderungen stellen und Kompromissfähigkeit lernen; Selbstbehauptungstraining (fragen, bitten, insistieren, nein-sagen, durchsetzen).
- *Entwicklung von Perspektiven.* Pläne für „nachher", „morgen", „Zukunft".

Die Übungen zur Identitätsfindung besitzen über ihren funktionellen Charakter hinaus Sinndimensionen: Aus „Können" soll „Kompetenz" werden, d. h. Fähigkeiten werden „mit der Welt verknüpft" (Fischer 2000, 94ff).

Exploration/Sachunterricht

Der Sachunterricht soll die Kinder zur Erkundung ihrer Umwelt führen, ihre Kenntnisse und Handlungsfähigkeit erweitern und zur Lebensbewältigung bei-tragen. Das wird durch Erfahrungs- und Alltagsverbundenheit erreicht; die Un-terrichtsinhalte sind für die gegenwärtige und zukünftige Lebenswirklichkeit der Kinder bedeutsam. Dabei ist auch ein Ziel, die Freude am Spiel zu erhalten und zu fördern. Das *Spiel* erhält im Anfangsunterricht besondere Bedeutung. „Spielen macht Spaß, fördert Selbstverwirklichung, übt Kommunikation, för-dert soziales Verhalten, erfordert Regeln, fördert Phantasie und das Ausleben von Gefühlen, vermittelt Fertigkeiten und imitiert Alltagswirklichkeit" (Kel-ler/Fritz 1995, 18f). Um den Kindern unterschiedliche (Bewegungs)Erfahrung zu ermöglichen und ihnen verschiedene Angebote zu machen, braucht man „veränderliche Spielräume" (ebd., 37).

Die Praxis des Sachunterrichts mit körperbehinderten Kindern ist durch folgen-de elementare Merkmale gekennzeichnet:

* *Thematisch* erfolgt eine Orientierung an der alltäglichen Lebenswelt der Kinder, insbe-sondere am überschaubaren Umfeld
* *Didaktisch* werden Hilfen gegeben zur Exploration der Lebenswelt, die Kinder sollen neugierig werden auf Erkundung ihrer Welt, Faszination (Konzentration) entwickeln
* *Methodisch* ist zumeist eine ausgeprägte Kleinschrittigkeit geboten, die bei einfachsten Handlungen einsetzt. Die Erkundung des Schulumfelds im Geografieunterricht beginnt beispielsweise mit der Frage nach Blasenentleerung, dem selbständigen Zuknöpfen der Jacke und der anschließenden Frage, ob die eigentliche Aufgabe noch erinnert wird

Sachunterricht ist in klassische Einzelfächer aufgegliedert. In allen Sachunter-richtsfächern bieten sich jedoch fächer- und jahrgangsübergreifende *Projekte* an (zu Beispielen für den fächerübergreifenden Sachunterricht vgl. Grimm 1996). Das „kooperative Lernen am gemeinsamen Gegenstand" in koexisten-ten, kommunikativen und subsidiären Lernsituationen (gegenseitige Hilfestel-lung nach Bedürfnis der Kinder) lässt sich im Sachunterricht uneingeschränkt verwirklichen, d. h. alle Kinder können auf jedem Entwicklungsstand und auf jeder Lernstufe am gemeinsamen Sachunterricht teilnehmen. Die *gemeinsame* Exploration des Lebensalltags der Kinder ist implizite Basis für Faszination im Unterricht. Kennzeichen einzelner Fächer sind beispielsweise:

* *Biologie*: Persönlicher Bezug und sinnliche Gestaltung des Unterrichts über die belebte Umwelt (Begegnung mit dem eigenen Körper und der Natur)
* *Geografie*: Geografische Phänomene im überschaubaren und erfahrbaren Feld erkun-den (Funktion von Räumen, Merkmale von Gebäuden, Bedeutung einzelner Bereiche des Schulgeländes); topografische Kenntnisse anschauungsgebunden und handlungs-

orientiert festigen; Untersuchungen und Beobachtungen an Originalobjekten vornehmen (z. B. „Stein-Werkstatt"; Wißler/Zindler 1999)

- *Geschichte*: Erfahrung persönlicher Geschichte und biografischer Abläufe (Erleben von Zeit, eigener und familialer Entwicklung); auf höheren Lernstufen erfolgt die Behandlung historischer Abläufe in ihrer Bedeutung für die Gegenwart. Im Sinne der Gestaltpädagogik (s. o. „Didaktische Modelle") können historische Ereignisse und Figuren im Spiel erlebbar gemacht werden und Identifikationen stattfinden

- *Physik*: Erfahrung von Gesetzen und Kausalzusammenhängen alltäglicher Verrichtungen und Alltagstechnik, technische Hilfen und Gefahren (inklusive Funktionsweise des Rollstuhls; Weege 1989; Harfich u. a. 2001)

- *Chemie*: Stoffliche Zusammensetzung und Veränderungen von Materialien des alltäglichen Umgangs werden erfahren und gespürt (Veränderung und Wirkung von Nahrungsmitteln durch unterschiedliche Zutaten, Wirkung von Medikamenten)

- *Medien*: Umgang mit Medien als Hilfsmittel für Menschen mit erschwerter Exploration beim Lernen, bei der alltäglichen Lebensführung, bei der kulturellen Teilhabe, Kommunikation und Freizeitgestaltung (Printmedien, bildgebende Medien, PC, Internet, E-Mail)

Das *Schulgelände* bietet zahlreiche Möglichkeiten für einen lebensnahen, erfahrbaren, fächerübergreifenden Sachunterricht. In der *Schulwerkstatt* suchen sich die Kinder im Stationenverfahren einzelne Aufträge (zum Stationenverfahren s. u. „Erst-Lesen und Schreiben"). „Eine Werkstatt, die in der Schule eingesetzt wird, besteht aus einer Anzahl von Aufträgen, die von den Schülern selbstständig bearbeitet werden können, samt dazugehörigem Material. Aufträge und Material sind vom Lehrer vorbereitet und strukturiert worden" (A. Weber 1998, 9). Zur Werkstattarbeit gehört die Selbstkontrolle der Aufgabenlösung. Die Gestaltung des *Schulgartens* als Biologie-, Geografie-, Physik- und Chemie-, aber auch Deutsch- und Mathematikunterricht (Moser 1985, 23ff). Zur didaktischen Differenzierung nach motorischen Fähigkeiten körperbehinderter Kinder erfolgt dabei u. U. eine „Gruppierung des Aufgabenangebots" (Heyn 1983, 278). Schließlich wird das Schulgelände verlassen, um lebensnah im *kommunalen Umfeld* zu lernen. *Waldkindergarten* und *Waldschule* sind eine weitere explorative sinnliche Erfahrung für körperbehinderte Kinder (es gibt diese Einrichtungen in vielen Gemeinden; Köllner/Leinert 1998; Cornell 1991).

Erst-Lesen und Schreiben

Die Schrift hat für körperbehinderte Kinder den Vorteil, anders als das flüchtige gesprochene Wort, fixiert zu sein und nach eigenem Ermessen immer wieder zur Konzentration auf Mitteilungen zur Verfügung zu stehen. Sie ist ein Medium, das ihnen die soziale Expansion/Exploration erleichtert und kreative Horizonte öffnet. Alle Kinder besitzen das natürliche Bedürfnis nach kultureller Teilhabe, zu der in unserer Gesellschaft der Informationsaustausch durch Lesen (und Schreiben) gehört. Schon lange bevor in der Entwicklung die erforderliche Gestaltbildung erreicht ist, kommt es zur sozialen Nachahmung der äußeren Verhaltensweisen des Lesens. Die komplexe Struktur des Prozesses des Lesenlernens, die individuelle „Neukonstruktion des Schriftsystems", wird vor dem Hintergrund der Stufen der kognitiven Entwicklung mit der Betonung von „Aktivität des Lernenden" deutlich (Valtin 2000, 76).

Die moderne abendländische Schrift ist die Umsetzung der gesprochenen Sprache mit Hilfe von Zeichen (Grapheme), die für sich keine Bedeutungseinheiten (Morpheme) darstellen, sondern Lautklassen (Phoneme) abbilden. Wenn man davon ausgeht, dass Sprache eine symbolische Repräsentation der Welt darstellt, dann ist Schrift als Symbol von Sprache das Symbol eines Symbols bzw. ein Symbol 2. Grades (vgl. Radigk 1986, 158f; Grissemann 1986, 11f). Die Fähigkeit zum Lesenlernen ist abhängig von der Fähigkeit, Sprache zu erfassen, d. h. vor allem zunächst der Sprache zuzuhören. Diese Fähigkeit ist bei einigen körperbehinderten Kindern nicht selbstverständlich vorhanden; Sprache wird von ihnen als bedrohlich empfunden. Voraussetzung ist darüber hinaus die basale Fähigkeit zur Gestaltbildung (die Schrift selbst beruht auf Grund-/Endgestalten, z. B. Figur-Grund-Differenzierung, Reihenbildung), die über Sensorische Integration in Bewegung (Zeichen-Laut-Beziehung, Rhythmik) sinnbildend erfolgt (Milz 1988, 104f; Bergeest 1999b, 193ff), und die Fähigkeit zum kommunikativen Ausdruck (Haupt 1972, 88ff) und sowie die Kompetenz zu individuell sinnvoller Aktion (im Unterschied zu bloßer Reaktion; Gümbel 1993, 106). Bleidick (1972, 13f) bezeichnet Lesen als dialektischen Vorgang der Synthese von Sinnerfassung und technischem Zusammenfügen: „Lesen ist verstehendes Aufnehmen von schriftlich fixierten Sprachfügungen". Der Zusammenhang zwischen Lesekompetenz und Entwicklungsstand der Lautsprache des Kindes wird im psycholinguistischen Modell des Lesenlernens von Goodman betont (Wölfert 1981, 358ff). Danach ist Lesen eine besondere Form des Sprachverhaltens (und erfordert eine Erweiterung der Sprachkompetenz); es ist kein präziser Prozess einer detaillierten und sequenziellen Identifikation von Buchstaben. Vielmehr ist es ein selektiver Prozess der Auswahl minimaler Hinweise auf der Grundlage der (Lese-)Erwartung. Lesen- (und Schreiben)lernen erfordert darüber hinaus eine Sprachanalyse: „Abstraktion von Handlungs- und Bedeutungskontext, Konzentration auf die lautliche Seite der Sprache, Gliederung semantischer Einheiten in Wörter sowie Gliederung von Wörtern in Lautsegmente. Voraussetzung ist die Fähigkeit der *Vergegenständlichung* von Sprache, d. h. das Vermögen, Sprache bewusst zum Gegenstand der Aufmerksamkeit zu machen" (Valtin 2000, 77).

Mit Auffälligkeiten der phonetischen, semantischen, syntaktischen und vor allem pragmalinguistischen (d. h. soziale Interaktion und Kommunikation betreffenden) Sprachkomponenten und deren Auswirkungen ist bei körperbehinderten Kindern zu rechnen. Sie müssen z. B. länger als eine Vergleichsgruppe nichtbehinderter Kinder suchen, um verbalen Hinweisen mit Präpositionen (hinter, vor, über, unter) zu folgen (Simonowa 1987, 295). Unter den für den Schriftspracherwerb relevanten Entwicklungs- und Ausdruckserschwernissen betroffener Kinder (Haupt 1972, 95f) sind die *Sprachentwicklungsverzögerun-*

gen, insbesondere auf der Basis persistierender Reflexe, deshalb hervorzuheben. Bei diesen Kindern kann es trotz unauffälliger Intelligenzleistungen zu einer „Lese-Rechtschreib-Schwäche" (LRS) kommen (Bein-Wierzbinski 2000, 111ff). „Kinder lernen nicht einfach quantitativ dazu, sozusagen additiv ‚Stein auf Stein'. Sie verändern ihre Vorstellungen von Schrift und ihren Umgang mit Schrift qualitativ, eingebettet in den Denkrahmen, den sie zur Ordnung ihrer bisherigen Erfahrungen entwickelt haben. Diese Erfahrung aber beginnt nicht am ersten Schultag" (Brügelmann 1986, 13).

Die Pädagogik orientiert sich an Entwicklungsmodellen des Lesenlernens. Valtin (2000, 81ff) gibt in Anlehnung an Scheerer-Neumann einen zusammenfassenden Überblick über charakteristische Stufen des Lesenlernens:

1. Nachahmung äußerer Verhaltensweisen („Als-ob"-Vorlesen)
2. Kenntnis einzelner Buchstaben anhand figurativer Merkmale (Erraten von Wörtern)
3. beginnende Einsicht in den Buchstaben-Laut-Bezug (Benennen von Lautelementen, häufig orientiert am Anfangsbuchstaben)
4. Einsicht in die Buchstaben-Laut-Beziehung (buchstabenweises Erlesen, oft ohne Sinnverständnis)
5. Verwendung sprachstruktureller Elemente (fortgeschrittenes Lesen unter Verwendung größerer Einheiten)
6. Automatisierung von Teilprozessen (automatisiertes Worterkennen und Hypothesenbildung)

„Im Laufe des Lesenlernens ändern sich die bevorzugten Lesestrategien. Es lässt sich über verschiedene Kinder hinweg eine gewisse Systematik in der Entwicklung erkennen. Das bedeutet aber nicht, dass alle Kinder dem gleichen Entwicklungsweg folgen und schon gar nicht im Gleichschritt" (ebd.) oder gleichförmig und stetig, sondern in Sprüngen und mit zeitweiligen Rückschritten. Körperbehinderte Kinder entwickeln in besonders ausgeprägter Weise ihre individuelle Denklogik beim Erlernen der Schriftsprache in ihrem eigenen Tempo und auch mit „falschen" Vorstellungen. Kinder, die offenbar (noch) nicht sinnverstehend lesen können, weisen in dieser Kulturtechnik nicht etwa ein Vakuum auf, sondern besitzen im Zusammenhang mit den relevanten Leistungsstrukturen ihr eigenes System (z. B. konnten nichtsprechende Kinder, die nie gezielt gefördert wurden, weil man sie für nicht lesefähig hielt, sich auf einmal über einen Computer mitteilen). Es sind auf allen Entwicklungsstufen pädagogisch relevante Leistungsstrukturen vorhanden. Das eigentliche Ziel, die Fähigkeit zu lesen, lässt mitunter auf sich warten und wird mit Verzögerung erreicht, manchmal fällt aber auch innerhalb weniger Tage „der Groschen", und die Kinder können plötzlich lesen.

Zwischen den Stufen des Lesenlernens und des Schreibenlernens wird eine Parallelität angenommen. Genaue Zusammenhänge dieser Entwicklung sind noch nicht geklärt. Parallele Stufen des (für körperbehinderte Kinder sehr viel schwierigeren) Schreibenlernens sind: Kritzeln, Variationen von Buchstaben durch Kombination weniger Grundformen, Übergang von der Buchstabenform zur Buchstabenfolge (gerichtete Reihung wechselnder Einzelzeichen), Schreiben von Lautelementen, phonetische Schreibungen, Verwendung orthographischer Muster, entfaltete orthographische Kenntnisse (Brügelmann 1986, 26ff; Valtin 2000, 81).

Pädagogisch relevant ist auch ein „funktionelles System" des Lesens in Anlehnung an Radigk (1979, 22ff) und Wacker/Rathenow (1999, 111). Lesen setzt sich danach aus vielen simultan und sukzessiv ablaufenden Einzelfunktionen zusammen, die zueinander in einem bestimmten Verhältnis stehen und im Gesamtzusammenhang sensorischer Integration wirksam werden:

1. Kommunikation und Fähigkeit zur (aktiven oder passiven) Sprachbenutzung
2. Erkennen von grafischen Zeichen
3. Differenzierung nach Größe, Form, Lage
4. Erfassen der Zeichen-Laut-Beziehung
5. Erfassen der Wortgestalt (anhand ganzheitlicher Merkmale)
6. Erfassen der Zeichenabfolge
7. Erfassen der Lautabfolge (mit Differenzierung ähnlich klingender Laute)
8. Erfassen der Stellung der Laute im Wort
9. Erfassen der Lautdurchgliederung mehrsilbiger Wörter (Wortvorgestalt)
10. Erfassen von Lautklangfolgen (Melodie und Betonung von Wortendgestalten)
11. Sinnerfassung und Worterwartung (kontinuierliches Mitdenken)
12. Erfassung unterschiedlicher Klangqualität (einzelner Buchstaben und deren Verschmelzung)
13. Gegenständliche Differenzierung (Erkennen differenzierter Eigenschaften und Lösung von globalen Bezeichnungen)
14. Räumliche und zeitliche Orientierung
15. Erfassen der Beziehungen zwischen Personen und Situationen

Schließlich haben wir es beim Lesen neurophysiologisch und neuropsychologisch mit einer Vielzahl nebeneinander verlaufender und kooperierender Bereiche von Wahrnehmung, Bewegung, Emotion und Kognition zu tun, die pädagogisch relevant werden. Dabei verbinden sich 4 Aspekte (Willenberg 1999, 7ff):

- *Die archaische Reaktion zur Einschätzung der Lage und eine emotionale Stellungnahme* (Registrierung und automatische Färbung im Subkortex)
- *Eine körperliche Spur* (individuelle Vorerfahrung und Konzentrationsfähigkeit)
- *Das augenblickliche Erleben* (motivational gefärbte Aufnahmebereitschaft)
- *Die Zustimmung der kognitiven Zentrale* (autonome Entscheidungen)

Diese mehrdimensionale Annäherung an den Komplex des Schriftspracherwerbs ist notwendig, um dem Förderbedürfnis körperbehinderter Kinder zu begegnen. Das Spezifikum des Erstleseunterrichts mit körperbehinderten Kindern ergibt sich aus deren veränderter Aneignung von Welt und Erschwernissen der Gestaltbildung. Die veränderten Wege bei der Entdeckung der Schriftsprache geht jeder körperbehinderte Mensch individuell. Sie lassen sich in viel geringerem Ausmaß verallgemeinern als bei nichtbetroffenen Kindern. Das Lesenlernen beginnt im Vorschulalter (Haupt 1972, 100). Alle Kinder, aber insbesondere körperbehinderte Kinder, brauchen unterschiedlich viel Zeit, um „im handelnden Umgang mit Schriftsprache (selbst) entdeckend Erkenntnisse zu gewinnen" (Valtin 2000, 83). Sie verbleiben unterschiedlich lange auf den einzelnen Entwicklungsstufen. Das schließt zum Beispiel einen Frontalunterricht nach einheitlichen Prinzipien für alle Kinder einer Klasse aus (vgl. Marschik/ Klicpera 1993, 56ff).

Die Pädagogik stellt vor einem allgemeinen entwicklungslogischen Hintergrund die Bedingungen des Lesenlernens in einem „Stationsverfahren" (Wendler 1998, 541; Wischmeyer 2000, 133) einer Leselandschaft bereit, eines multifunktionalen Klassenraums mit „Lernspielstationen" (Schwarz 2000, 47ff; Köckenberger 1997, 43ff). Dabei steht vor allem das systemische Prinzip von Attraktoren der Entwicklung und Selbstähnlichkeit von Einzelbereichen im Beziehungsgeflecht des Schriftspracherwerbs im Vordergrund. Jeder Attraktor beinhaltet das Ganze und wirkt weiter (zirkulär) auf das Ganze zurück. Förderung bedeutet hier, den Automatismus in Gang zu bringen, der den Schriftspracherwerb kennzeichnet (die Lernwelt für die Kinder „attraktiv" machen). Das besagt, dass bei der Entwicklungsmetapher des Baumes (vgl. Wischmeyer 2000, 131) die komplexen Leistungen der Krone (Lesen und andere Kulturtechniken) die Information der Wurzel (Bewegung, Körperempfinden) enthalten und umgekehrt (in Bewegung und Körperempfinden der Wurzel ist bereits die Gestaltbildung der Krone angelegt).

Allgemein werden Expansion/Exploration, Ausdruck und Sprache gefördert. Auf pädagogischer Seite hilft dabei die *Versprachlichung der Handlung* und die Verstärkung von freien Spielimpulsen der Kinder. Darüber hinaus stehen grundsätzlich Arbeitsmaterialien (z. B. Sinnes- und Sprachmaterial von Montessori) und Spielsätze als Orientierungshilfen im Leselernprozess zur freien Auswahl in der Spielecke zur Verfügung. Eine Übersicht über im Handel erhältliche Spielsätze (Formlegespiele, Mosaiken, Symmetriespiele, Spiele zur Reihenbildung, Sprechlernspiele, Spiele zum ornamentalen Sehen) bietet Piechorowski (1992, 39ff). Die Kinder sind für die *Ordnung der Arbeitsmaterialien* und Spiele zuständig; sie erhalten damit *Orientierungshilfe* und übernehmen *Selbstverantwortung*. Die Bevorzugung bzw. Vernachlässigung bestimmter Materialien lässt sich mit Hilfe einer Benutzerliste feststellen und besprechen.

Zum Lesenlernen eignen sich am besten Schriftbilder, die den Kindern aus dem Alltag vertraut sind und an denen sie sich orientieren werden. Z. Zt. sind das vor allem Antiqua und Times (Haupt 1996, 49).

Im Netzwerk einer Leselandschaft („Didaktische Landkarte zum Lesen", Brügelmann 1986, 64ff) für körperbehinderte Kinder lassen sich in Anlehnung an das „mehrdimensionale Lesenlernen im handlungsorientierten Stationsverfahren" von Marx/Steffen (1995, 18ff; 1994, 16ff) und der „Stationenwerkstatt" von Müllener-Malina (1998) folgende Stationen hervorheben und operationalisieren. Die Kinder lernen dabei weniger „kooperativ am gleichen Gegenstand" als vielmehr nach Anleitung in freier Wahl der Stationen (zur Stationenarbeit vgl. Bauer 1997; Hegele 2000). Für körperbehinderte Kinder handelt es sich nicht um ein „geschlossenes" Stationsverfahren, in dem alle Stationen hierarchisch aufeinander bezogen sind und von den Kindern sukzessive durchlaufen werden, sondern um ein „offenes" Stationenlernen, bei dem völlige Wahlfreiheit besteht. Körperbehinderte Kinder können u. U. immer wieder zu einem Gegenstand greifen und eine einzige Spielaufgabe lösen, um „gesättigt" zu werden.

1. Station: Bewusstheit des „Lerninstruments" und Gebrauchswert des Lesens. Die Kinder für das Lernen öffnen („Wachheit, Aufmerksamkeit, Konzentration, Anwärmung"; Willenberg 1999, 23), Beziehung des Kindes zu sich selbst herstellen (Intropersonale Beziehung), Körperorientierung und Körperkoordination („sprachfreie Stundenanfänge"; Kleinmann 2000, 121ff), Sensibilisierung der Sinne, Raumorientierung, Materialorientierung, Bewusstheit des eigenen Familienbezugs, Erlebnisse der letzten Tage, augenblickliche Befindlichkeit, Zukunftspläne, Beziehung zum Lesen, Spaß am handelnden Lernen („Die Kinder tun etwas"; Böhm 1993, 73), Bewusheit eigener Grenzen. Z. B. *Gruppenspiele, Lied singen und über sich sprechen im Morgenkreis, Spiele zur Identifikation von Körperteilen, Unterlage spüren, Körperpositionen einnehmen und sich bewegen, Vibrationen spüren, Bilder malen zum Thema:„Wer bin ich?", „Wo bin ich?", „Ich möchte lesen lernen!"* (vgl. Krenzer 1983; Wilcox 1991), *„Wo brauche ich das Lesen?"* (*Ausflug, Wanderung, Klassenfahrt, Fernsehen, Spielen, Pinwand, Lese-Ecke, Klassenzeitung, Briefe*; Wacker/Rathenow 1999, 115).

2. Station: Sprachliche Transparenz. Psychomotorische Abläufe des Sprechens erfahren, Artikulation, Sprechatemführung und Stimmgebung erfahren, Sprache im Umgang mit Dingen und Sachverhalten benutzen, Zeichen- und Gestensysteme entwickeln, Symbolverständnis für Gegenstand/Handlung mit Laut/Begriff (Brügelmann 1986, 64ff), elektronische Medien verwenden, kommunikative Handlungskompetenz erwerben. Z. B. *Motorisch-rhythmische Übungen (Lallen, Lachen, Hauchen, Pusten, Schmatzen), musischrhythmische Übungen (Singen, Chorsprechen), Übungen der Wahrnehmung von akustischen Reizen, visuellen Reizen (Kommunikationsbewegungen des Partners), haptischen Reizen (Vibration, Zungenstellung, Atem), Übungen zur Lautstruktur der Sprache* (Reichen 1988, 16ff), *Wortschatzerweiterung, Wortassoziationen, Rollenspiele, Texte in Bewegung darstellen („Bewegte Texte";* Nienkerke-Springer/Beudels 2001, 227ff).

3. Station: Soziale Transparenz. Beziehung zum sozialen Umfeld (Interpersonale Beziehung), Selbstwahrnehmung innerhalb der Gruppe, Kooperation bei gemeinsamen Wörtern und Texten. Z. B. *Suche nach Partnern bei Spiel und Arbeit, „Mit wem möchte ich lesen?", „Für wen möchte ich lesen?", „Wer soll als nächstes drankommen?",* Methode *des Paar-Lesens: synchrongenaues Lesen Lehrer/Schüler mit verabredetem Zeichen für das Ausblenden des Lehrers und Wiedereinsetzen, wenn Lesefluss des Schülers ins Stocken kommt* (vgl. Morgan 1987). *Gemeinsame freie Texte nach Freinet* (Baillet 1986, 158ff).

4. Station: Transparenz des Alltags (Konzentration). Alltägliche Handlungen und Gegenstände bewusst erfahren, Personenkontakt bewusst erfahren, Automatismen auflösen, Aufmerksamkeit längere Zeit auf etwas richten, Erfahrung von archaischen Schriftgestalten („Erlebnis- und Bedeutungsgehalt von Urformen", Marbacher Widmer 1997, 51ff), eigenes Tempo und Rhythmus finden. Z. B. *konzentrierte Pflege des Spiel- und Arbeitsplatzes, alltägliche Gegenstände und Formen ertasten und beschreiben, Tätigkeiten nach Lehrermodell konzentriert ausführen und beschreiben, Gespräche führen, zuhören, Erlebnisse versprachlichen, Montessoris 3-Stufen-Lektion: „Das ist ...", „Gib mir ...", „Was ist das ..."* (vgl. von Oy 1993; Anderlik 1999).

5. Station: Emotionale Transparenz. Lernmotivation für Lesen transparent machen; persönlicher und symbolischer Bezug (als „starker Reiz") zu und Identifikation mit einzelnen Buchstaben, Wörtern und Sätzen. Z. B. *Emotionen und Bedürfnisse äußern gemäß Lehrermodell, Wutspiele, „Nervtöter"-Spiele, Interaktion gestalten, Grenzen benennen, Verträge schließen, Leseprojekt selbständig beginnen („Chefstunde";* Köckenberger 1997, 25ff), *„Personifizierung des zu erarbeitenden Buchstabens durch spielerische handlungsorientierte Erarbeitung mit allen Sinnen"* (Grimm 1996, 8), *jeder erhält ein Wort geschenkt, das ihm gefällt, „lustvolle" Wörter aufschreiben („schreib mir mal das ... Wort auf");* Wort-Collagen, Wort-Bilder, Wort-Familien (Brügelmann 1986, 65ff). *Kinder behalten Buchstaben und Bücher („Das gehört dir!").*

6. Station: Transparenz des Raums. Erfahrung des intro- und extraversiven Raumes, taktile, optische und akustische Raumqualitäten in Bewegung erfahren, Begriffslernen durch Orientierung auf der Fläche und im Raum, Erfahrung von Gleichgewicht und Stabilität, Entwicklung von Zeitempfinden, Raum und Material in ihren Grenzen überschaubar machen. Z. B. *Türme bauen, Buchstabengestalt anhand von Bau- und Spielelementen erfahren, gleich alle Buchstaben zum Greifen anbieten („mehr sind es nicht"), gleich alle Namen an die Tafel, „rechts, links, oben, unten, über, unter, vorne, hinten, darüber, darunter, vorher, nachher" in Bewegung erfahren* (Baumaterialien der Firmen Dusyma, Alberts, Riedel, Wehrfritz, Schäfer, Widmaier usw.; vgl. Raeggel/Sackmann 1997, 122), *„Buchstabenwald"* (Köckenberger 1997, 95ff; weitere Spielanregungen gibt Eggert 1992, 103ff).

7. Station: Propriozeptive Transparenz. Integration von Reflexen, Erfahrung von Körperschema, vestibuläre Erfahrungen, Bewegungserfahrung, Rhythmuserfahrung. Z. B. *Spiele zur Konzentration auf den eigenen Körper, Schaukel und Trampolin, Spiele mit Musik und Rhythmus, Buchstaben auf dem Boden abfahren, Buchstaben mit Niveacreme auf Plane schmieren, Buchstaben auf den nackten Rücken zeichnen, Buchstaben in die Luft zeichnen* (vgl. Bewegungsprogramme von Frostig 1992).

8. Station: Gusto-olfaktorische Transparenz. Figur-Grund-Wahrnehmung von Geruchs- und Geschmacksgestalten, Bedürfnisbefriedigung (Entspannung), Ekelerfahrung, Integration von oralen Reflexen (vgl. M.O.R.E.-Konzept von Oetter u. a. 1999). *Z. B. Geruchs- und Geschmackslandschaften, Buchstaben aus Marzipan und Teig backen.*

9. Station: Taktile Transparenz. Grapheme in Raumlage, Graphemsynthese, Erfahrung von taktilen Reihen, Sequenzen und Kontinuität, Feinanalyse von Buchstabenmerkmalen und selbständige Fehlerkontrolle. *Z. B. Eisenbahn zusammenstellen, Reihen-Konstruktionsspiele, „Buchstabenstraßen"*(Köckenberger 1997, 84ff), *Reihengrößen, scharfkantige Holzbuchstaben, Gestaltkonstanten – Strecke, Halbkreis, Kreis – in Buchstabeneinlegeformen, Sandpapierbuchstaben* („Fühle die Buchstaben!", „Mein ABC-Buch", Kjellshög 1988 u. 1989), *Spiele zur Synthese (Puzzles, Memo, Lotto,* „Synthese-Station" von Marx/Steffen 1995, 26).

10. Station: Akustische Transparenz. Phoneme identifizieren und differenzieren, Wahrnehmung der Reihenfolge von Gehörtem, Erfahrung von Einheit optischer und akustischer Merkmale (Automatisierung von Graphemen und Phonemen in beiden Richtungen), Erfahrung der Variationsbreite einzelner Phoneme, Silbensynthese. *Z. B. Geräusche und Töne identifizieren; Lautbildung im vorderen Mundbereich: a, e, o, m, i; Lautbildung im mittleren Mundbereich: g, d, h, k; Lautbildung im hinteren Mundbereich: r, ng, ch; Zischlaute: s, z, sch; Spiele zur akustisch-rythmischen Wortgliederung.*

11. Station: Optische Transparenz. Grapheme (Buchstaben) erkennen, Auge-Hand-Koordination, Figur-Grund-Analyse der Wortgestalt (Verbindung von Synthese und Analyse; Brügelmann 1992, 103), optische Reihen- und Sequenzerfahrung. *Z. B. Buchstabe-Bild-Zuordnung, Holzbuchstaben auf der Schiene auseinander bewegen und zusammenfügen, Buchstaben nach Farben identifizieren, Auslassungsspiele, Erkennen von Buchstaben und Wörtern vor immer komplexerem Hintergrund, Wort-Bild-Quiz* („Lese-Station" von Marx/Steffen 1995, 27), *„Magnetbuchstaben für den Unterricht am Krankenbett".*(Bernhardt 1990, 61).

12. Station: Kognitive Transparenz. Buchstaben-, Silben-, Wortverbindungen lesen, sich eine Anzahl von Wortbildern merken, Sinnerfassung von Wörtern und Sätzen, Wörter und Sätze mit Sachbezug und aktuellem Lebens- und Handlungsbezug erfassen. *Z. B. Individuell reizvolle ein-, zwei-, drei- und mehrgliedrige Aussagen* (Hublow 1985, 17), *„Lernschritte zur Einführung von Schlüsselwörtern"* (Wischmeyer 2000a, 56ff).

Lesenlernen geht über die Sinnentnahme aus Buchstabenreihen hinaus. „Die Schüler lernen, in ihrer Umgebung nach Zeichen zu suchen, die ihnen etwas sagen. Dieser erweiterte Leseunterricht geschieht in Verbindung mit der schrittweisen Eroberung der Umwelt und hat auch eine Berechtigung für Schüler, die im Augenblick noch keinen Zugang zur Buchstabenschrift finden oder die nicht sprechen können. Im Mittelpunkt dieses Leseunterrichts steht die Suche nach Sinngehalten in allen Bereichen der menschlichen und gegenständlichen Umwelt" (Wischmeyer 2000, 120). Lesenlernen wird erleichtert, wenn der Lehrer selbst mit Spaß bei der Sache ist.

Über die Besonderheiten des *Lesenlernens nichtsprechender körperbehinderter Kinder* (anarthrische Kinder mit innerer Sprache, häufig mit geringen Bewegungsmöglichkeiten und Mangel an taktiler Erfahrung und Handlungserfahrung, Mangel an Form- und Raumerfahrung, häufig mit Leseerschwernissen wie „abschweifenden Augenbewegungen"; v. d. Meulen 2001, 29) liegen Kongresspapiere von Ursi Kristen, Helene Saal und Bärbel Weid-Goldschmidt aus den 90er Jahren vor (vgl. „Unterricht für anarthrische Kinder" von Saal 1981, 22ff). U. a. wird folgendes Programm für das Lesenlernen empfohlen:

1. Phase: Bilder mit 2 Personen und einfachen Namen (Eva und Uwe) erkennen ohne Lautproduktion. Personen und Namen werden in immer neue Situationen gebracht, versteckt, gesucht, vervollständigt, neu zugeordnet (Figur-Grund-Diskriminierung). Kind zeigt auf Personen und Namen oder benutzt Augen- bzw. Kopfbewegung.

2. Phase: Graphem-Phonem-Übungen als Hörenlernen. Dabei Buchstaben-Laut-Abbildungen mit Mundstellung (Buchstaben der Namen der 1. Phase). Fühlbare Buchstaben (mindestens 60 mm, kein Sandpapier). Fühlbare Buchstaben werden auf gezeichnete Buchstaben gelegt. Buchstabentafel in angemessener Größe. Buchstaben analog zur Schreibmaschinentastatur auf Felder kleben. Gelernte Abbildungen mit Tastatur vergleichen lassen.

3. Phase: Persönlich bedeutsame Wortverbindungen. Zunächst Artikel und Substantiv auf Bildkarten. Dann Verben verbunden mit konkreten Aufforderungen („Hol die Puppe!", „Zeig den Ball!"), die gemeinsam befolgt werden. Besonderes Problem: Fragen, die keine Handlung, sondern eine mündliche Antwort verlangen. Sie bewirken Passivität (möglich sind jedoch Fragen wie „Wo ist die Uhr?", „Wo ist der Stift?").

Kochs' (1981, 129ff) Versuch eines systematischen Leselehrgangs für nichtsprechende Kinder beinhaltet *Vorformen des Lesens* als „visuostatische Repräsentationen" (Abbildungen, Fotografien, Abzeichnungen, Bildskizzen) und den eigentlichen *Leselehrgang* (visuelle Diskriminierung von Buchstaben, auditive Diskriminierung der visuostatischen Repräsentationen, funktionale Diskriminierung kommunikativer Anwendungsmöglichkeiten und schließlich sensumotorische Diskriminierung im Umgang mit Material und Lernhilfen). Eller (2001, 5ff) gliedert den „Schriftspracherwerb bei Unterstützt Kommunizierenden" in 5 Phasen: (1) *Präliteral-symbolische Phase* (Mimik, Gestik, kritzeln, malen), (2) *Logographemische Phase* (wiedererkennen von bekannten Wörtern auf alltäglichen Gebrauchsgegenständen), (3) *Alphabetische Phase* (unbekannte Wörter schreiben lernen und mit Klangbild verbinden), (4) *Orthographische Phase* (erfassen morphemischer, d. h. bedeutungstragender Buchstabenfolgen), (5) *Integrativ-automatisierte Phase* (Verfestigung individueller Lesestrategien). Weitere Programme zum Schriftspracherwerb für nichtsprechende Kinder in der Schule fasst Weid-Goldschmidt (1996, 219ff) zusammen. (Zur Symbolkommunikation und zu elektronischen Kommunikationshilfen vgl. Kap. „Cerebrale Bewegungsstörungen".)

Parallel zum Lesenlernen (s. o.) erfolgt das stufenweise *Schreibenlernen*. Die enge Verbindung von Lesen- und Schreibenlernen ist für körperbehinderte Kinder jedoch häufig eine Überforderung (Haupt 1998, 62), geeigneter sind deshalb u. U. separate Lernprozesse. Das ist jeweils individuell zu klären.

Beim Schreiben wird eine zweidimensionale graphische Struktur in eine festgelegte Abfolge von Bewegungen übersetzt. Elementare Voraussetzungen für diesen Übersetzungsprozess sind:

> Sprachliche Kompetenz und Wortschatz (u. U. nur passiv), Bewahrung einer bestimmten Körperhaltung (Sitzen, Stehen, Liegen), Konzentration auf eine Tätigkeit, zielorientierte Motorik, Figur-Grund-Diskrimination (taktil, optisch, akustisch), Auge-Hand-Koordination, handmotorische Leistungen (Greifen, Loslassen, Festhalten, Drehen), graphomotorische Leistungen (Kopf- und Körperhaltung, Steuerung von Handbewegung, visuelles Verfolgen von Handbewegung, akustische und visuelle Wahrnehmung in Bewegung übertragen.

Leichter körperbehinderten und chronisch kranken Kindern können analog zur Stationenarbeit beim Lesenlernen auch Angebote isolierter Bewegungen in spielerischen Übungen gemacht werden. Folgende Aspekte graphomotorischer Förderung werden relevant (vgl. Loose 2000, 94ff):

*   *Förderung von Bewegungsplanung und -ausführung (Praxie)*: Verarbeitung von Berührungsreizen und Körpertiefenwahrnehmung (Kurzberührungen oder längerer Körperkontakt insbesondere an Händen, Schultern, Armen, Vibrationserfahrung, Entspannungsübungen); Bewegungserfahrung (rhythmische Bewegungsfolgen von Händen und Füßen, Bewegung auf dem Bauch, Bewegungsimitation, Bewegung nach Musik, Wechsel von grob- zu feinmotorischen Kreisbewegungen); Handmotorik (Fingerspiele, Wachs, Wollknäuel, Marzipanmasse); Bewegung mit dem Stift (Zielübung auf dem Blatt, Übungen mit Bewegungsrichtungen, Ergänzung von Formen, Gebrauch von Schablonen)

*   *Raumorientierung (Figur-Grund-Diskrimination, Wahrnehmungskonstanz)*: Förderung des Körperschemas (unterscheiden von Körperteilen bei Berührung, Bewegung einzelner Körperteile, Bewahrung einer Körperposition); taktile, visuelle und auditive Raum- bzw. Formwahrnehmung (Objekte des Montessori-Materials und des Pertra-Spielsatzes erfahren, Oberflächen tasten und spüren, Entfernungen wahrnehmen, Geräusche identifizieren, Spiele zur akustischen Merkfähigkeit); Wahrnehmung der Raumlage (Positionen wie oben, unten, vorn, hinten, rechts, links erfahren); Wahrnehmung räumlicher Beziehungen (wechselnde Raumpositionen erfahren); Schreibrichtungen kennen lernen (Zeilen, Linien, Reihen im überschaubaren Schreibfeld des Blattes)

*   *Auge-Hand-Koordination*: Gleichgewichtsübungen und Tonusregulierung (robben, kriechen, sitzen, stehen, Rollbrett, Rollstuhl, aufrichten im Stehtrainer); Augenmotorik (horizontale und vertikale Linien verfolgen, Bewegungen in verschiedene Richtungen verfolgen, Augensprünge zwischen Nah- und Fernobjekten); Greifmotorik (Pinzett-

und Zangengriff, Schraub- und Drehbewegung, Benutzung von Schere und Stift, malen mit Fingerfarben); Zusammenspiel von Auge und Hand (mit Klötzchen bauen, Spuren im Sand malen, rollende Bälle anhalten); Entwicklung von Seitendominanz (beidhändig kreisende Bewegungen mit Fingerfarben bei Überkreuzung der Körpermittellinie, Orientierungshilfen geben bei Feststellung von Hand-, Augen- und Ohrdominanz)

Schreibenlernen ist für körperbehinderte Kinder eine große Leistung. Zu den spezifischen Erschwernissen der motorischen und sensorischen Integration sowie der Sprachentwicklung können hier noch Besonderheiten der Konzentration, der Belastbarkeit und des Lerntempos kommen. Ungenauigkeiten im Schriftbild, die jede Durchschnittsschrift nichtbehinderter Menschen aufweist, treten hier oft verstärkt auf: Die Verbindung der Buchstaben untereinander ist nicht immer eindeutig, der Schreibdruck wechselt, die Größe der Buchstaben schwankt, die Zeilenrichtung wird nicht immer eingehalten, die Neigung von Buchstaben und Schriftbild ist unregelmäßig, Ränder werden nicht erkannt.

Exemplarische Schwierigkeiten zeigen cerebralparetische Kinder, die gesonderte Übungen brauchen.

„Die schreibtechnischen Schwierigkeiten von cp-Kindern werden vor allem dadurch hervorgerufen, dass die Greiffunktion der Hand, die die Ausbildung des Halteverfahrens eines Stiftes sichert, nicht vorhanden oder gestört ist. Die Tonuserhöhung der Handmuskeln, die allgemeine Haltungsspannung, der paretische Zustand der Hand- und Fingermuskeln oder Hyperkinesen stören den Ablauf jener schwingenden ‚Mikrobewegungen', auf deren Grundlage sich die motorische Fertigkeit des Schreibens entwickelt. Die Schüler führen deshalb das Schreiben durch Bewegungen der Hand aus. Die Finger bleiben dabei unbeweglich und pressen angestrengt den Stift. In einigen Fällen werden auch zum Schreiben Bewegungen des gesamten Arms genutzt. In der Regel sind cp-Kinder nicht fähig, das Halten des Stiftes und die zum Schreiben erforderlichen Bewegungen selbständig zu vervollkommnen. Der Pädagoge muss deshalb spezielle Übungen zur Ausbildung solcher Bewegungen einplanen" (Babenkowa 1984, 108; vgl. Suchsland 1990, 374ff).

Die Förderung des Schreibens cerebralparetischer Kinder setzt eine sorgfältige Beobachtung der Halteweisen des Stiftes voraus (Differenzierungen des Aufnehmens, Fingerstellung, Bewegungen der Finger beim „Schreiben in der Luft", Bewegungen beim Schreiben von Buchstabenelementen). Wesentliche Arbeitsschritte zur Vorbereitung des Schreibens sind (Babenkowa 1984, 109ff):

1. Ausführen von kreisenden Bewegungen mit Schulter-, Ellenbogen- und Handwurzelbeteiligung
2. Differenzierung des Greifens nach Gegenständen, freie Bewegung der Schreibhand beim Halten von Gegenständen und Manipulationen
3. Mit dem Stift rhythmische Bewegungsfolgen auf dem Papier ausführen (beginnen mit einfachen größer und kleiner werdenden Spiralen gegen den Uhrzeigersinn und umgekehrt)
4. Bewegungsfolgen durch Zeilen begrenzen, „dazu wird gemeinsam rhythmisch gesprochen und die dazwischenliegende Pause durch Aufrichten des Körpers (vom Becken

her) und Strecken der Arme deutlich gemacht (die verkrampfte Hand öffnet sich)"
(Suchsland 1990, 374)
5. Weitere Bewegungsfolgen und unterscheidbare grafische Zeichen schließen sich an

Die Kinder brauchen ein Heft oder eine Schülertafel, auf der sie fest aufdrü-
cken können. Buchstaben werden zunächst nur abgeschrieben und die einzelnen Buchstaben sind Unterrichtsthema über eine lange Zeit. Der Unterricht
wird immer mit Sprache verbunden. Kinder, die nicht so gut lesen können, erhalten Hilfe, um die Angst vor dem Text abzubauen (z. B. schreiben sie nur
einzelne Schlüsselbegriffe). Später können sich die Kinder Wörter für ein Diktat selbst zusammenstellen. Sie werden bei ihren Stärken abgeholt (lieber erfolgreich abschreiben lassen als erfolglose Diktate).

Die motorische Leistung des Schreibens ist von körperbehinderten Kindern u.
U. nur mit Schreibhilfen zu erbringen (Fürst 1967, 446ff; Stiftung Rehabilitation 1989–1996). Es gibt eine Vielzahl technischer Möglichkeiten: von Verstärkung des Schreibstiftes über besondere Führungsschienen für die Bewegung
bis hin zu elektronischen Hilfsmitteln wie z. B. Computer mit Spracherkennung
(vgl. Hansen 2000). Auf diese Hilfen ist bei schwer körperbehinderten Kindern
nicht mehr zu verzichten, obwohl der Wert eigener kreativer manueller
Schreibtätigkeit außer Frage steht. Als besonders geeignet hat sich das *Drucken
von Buchstaben* (und Wörtern) erwiesen, vor allem durch Stempel (Wendler
1998, 543), am besten mit transparentem Griff (ohne spiegelverkehrte Sicht auf
die Buchstaben; Flexipress-Buchstabenstempel R363, Fa. Dusyma). Aber auch
der Druck mit der alten Freinet-Druckerei ist eine wertvolle Hilfe zum Erstellen
eigener Texte („Sprache zum Anfassen" in der Schreib- und Lesewerkstatt; Hecker u. a. 1993, 22ff). Technische Hilfsmittel bieten sich auch deshalb an, weil
beim freien Schreiben (und Malen) insbesondere cerebralparetische Kinder oft
ihren eigenen ästhetischen Ansprüchen nicht genügen. Zur Entfaltung eigener
und gemeinsamer Schreibideen sind kreative Methoden des „kommunikativen
Schreibens von Anfang an" durch „Wörterschieben, Bilder aus Wörtern, Ma-
len-Schreiben" geeignet (Bergk/Pfeistlinger 1986, 142ff) sowie „authentisches
Schreiben", d. h. zweckgebundenes Schreiben (Einladungen, Bitten und Aufforderungen, Anweisungen, Vereinbarungen; Bartnitzky 2000, 61ff).

Bei einigen Kindern wird sich auch langfristig kein Lernerfolg im Lesen und
Schreiben abzeichnen. Dann sollten irgendwann Lese- und Schreibübungen zugunsten lebenspraktischer Übungen zurückgestellt werden (der Lehrer „lässt
los").

Erst-Rechnen

„Mathematisches Denken ist Denken in Räumen" (Milz 1999, 18). Kognitive Prozesse sind vor allem auch mathematische Prozesse des Handelns und räumlichen Vorstellens (das gilt z. B. auch für die Begriffsbildung; Oskamp 1992, 67). *Eine mathematische Operation ist die Erfassung der einer Handlung immanenten und dann von ihr abgelösten quantitativ-räumlichen Struktur, die durch pädagogische Hilfen von den „Handlungsschlacken" befreit wird* (Piaget). Von besonderer Bedeutung für körperbehinderte Kinder ist die Tatsache, dass erste quantitativ-räumliche Strukturen als „mathematische Ordnung der Welt" Figur-Grund-Beziehungen der Muskelspannung bei der frühkindlichen Bewegungsentwicklung in sozial-emotionaler Vernetzung sind; „Die absichtsvolle Bewegung wird zur Figur vor einem Grund" (Kephard 1977, 22).

Dokumente zum Umgang mit Zahlen reichen bis ins 3. Jahrtausend v. Chr. zurück. Danach handelte es sich zunächst um ein „Rechnen nach Vorschrift (‚Tue dies, tue das'). Dieses Rezeptrechnen wurde erst von griechischen Mathematikern hinterfragt" (Lobeck 1992, 13). Sie stellten die Fragen nach „warum" und „wozu" und erweiterten den praktischen Umgang mit Zahlen. Die Römer systematisierten das Rechnen mit den Fingern. In einem vergleichbaren Spannungsfeld zwischen praktisch orientiertem Rechnen, körperlichen Zahlenvorstellungen und abstrakter Mathematik befindet sich auch der Anfangsunterricht im Rechnen für körperbehinderte Kinder mit sonderpädagogischem Förderbedarf.

Mathematikunterricht für Kinder mit erschwerter Expansion/Exploration und Raumerfahrung macht deutlich, „dass die traditionelle Didaktik hier ihre Grenzen erfährt" (Hönig 2000, 150). Ihnen muss die „Ordnung der Welt" motorisch und körperlich anschaulich in persönlich bedeutsamen Entdeckungszusammenhängen vermittelt werden. D. h. dem schulischen Rechnen werden die Alltagsbedeutungen des Rechnens als „Straßenmathematik" zurückgegeben (Brügelmann 1997, 10f). Neben der „Sachstruktur" (mathematische Aufgabenstellung) und der „Aneignungsstruktur" (kognitiver Entwicklungsstand, unterschiedliche Interessen im Vorschulalter, individuelles Tempo, individuelle Lösungswege, unterschiedlicher Umgang mit Anschauungshilfen, Unterschiede im Selbstvertrauen und in Selbständigkeit) spielt für die veränderte Aneignung der mathematischen Welt durch körperbehinderte Kinder als dritte Dimension vor allem auch die „interaktive Vermittlungsstruktur" eine zentrale Rolle. Sie betrifft das Unterrichtsklima, den kooperativen Austausch aller Beteiligten, den Sach-, Umwelt- und Alltagsbezug sowie die Anwendungsmöglichkeiten des Gelernten (Werner 1999, 473; Krüll 1994, 29ff).

„Es besteht kein Zweifel daran, dass eine *aktive* Erarbeitung und das Entwickeln *eigener* Strategien langfristig gesehen erfolgversprechender sind als die ausschließliche Reproduktion von vorgegebenen Lösungswegen. Dies setzt natürlich voraus, dass man lernschwachen Schülern das Entwickeln eigener Strategien überhaupt zugesteht. Des Weiteren ist es erforderlich, dass die im Unterricht zu verwendenden Arbeitsmittel und Veranschaulichungen das Lösen von Aufgaben durch verschiedene, individuelle Strategien zulassen und nahe legen" (Scherer 1999, 21).

„Man muss das Kind zum Denken darüber anregen, was ihm im Bereich der Mathematik schon (häufiger) gelingt und unter welchen Bedingungen das geschieht, wie es das gelernt hat und was es als Nächstes können will ... Dementsprechend versteht sich Lehren als ‚Anregung zur Konstruktionsbildung', d. h. wir können nicht eigentlich lehren, sondern lediglich versuchen, geeignete Lernwelten zu schaffen und Lernprozesse anzuregen. Nur auf der Grundlage eigener Erfahrungen und subjektiver Alltagstheorien über mathematische Themen wie beispielsweise Zahlenräume und Rechenoperationen vermag das Kind seine individuelle Eigenwelt zu erweitern und sich neue Sachverhalte zu erschließen ... Gleichermaßen ist zu berücksichtigen, dass Mathematikunterricht eine kommunikative Situation darstellt, die nur dann erfolgreich verläuft, wenn eine gemeinsame Absicht anerkannt wird" (Spiess/Werner 2001, 4ff).

Spiess/Werner (2001, 7) konkretisieren ihre Überlegungen zum Mathematikunterricht in einem „Leitfaden für entwicklungsorientierte Gespräche":

1. Begrüßung
2. Beschreibung aktueller Stärken und Suche nach Bedingungen des Gelingens. *Wenn du an (Rechnen, Zahlen, Einkaufen, Geld und Bezahlen usw.) denkst*: Beim ersten Gespräch: *Was kannst du gut? Wie machst du das, dass es dir gelingt?* Bei den folgenden Gesprächen: *Was kannst du seit dem letzten Mal besser? Wie machst du das, dass es dir jetzt gelingt?*
3. Analyse der Entwicklungsgeschichte aktueller Stärken. *Wie hast du das gemacht, dass du das jetzt so gut kannst? Wie bist du so gut geworden?*
4. Entwurf künftiger Stärken. *Was von dem, was du derzeit tust, möchtest du (noch) besser machen/können?*
5. Anregungen und Tipps. *Was hat dir (oder anderen) bei der Lösung vergleichbarer Aufgaben geholfen?*
6. Gemeinsame Reflexion. *Was haben wir diesmal gemacht? Was ist gelungen?*

Das Verständnis für Mengen, Größen und Zahlen wird im Vorschulalter und im schulischen Anfangsunterricht so erworben, „dass jede Übungseinheit mit einer *Handlungskompetenz* abschließt. Nur so vermeiden wir das ermüdende, endlose Wiederholen mathematischer Grundlagen ohne wirklichen Erfolg" (Heidjann 1993, 8). Die Erfahrung von Lernerfolg ist die Erfahrung der Erweiterung von Handlungskompetenz, die durch Probehandeln auf der bisherigen Handlungsfähigkeit aufbaut. Körperbehinderte Kinder wollen sich weiterentwickeln; sie entwickeln sich, wenn ihr Handeln für sie lustvoll und nützlich ist.

Mathematische Förderangebote für körperbehinderte Kinder orientieren sich an Modellen der Entwicklung mathematischen Denkens. Mathematisches Denken setzt räumliches Vorstellungsvermögen voraus. „Aber auch die Grundrechenarten beanspruchen räumliches Vorstellen und Denken. So sprechen wir von einem Zahlenraum, z. B. dem Zahlenraum des ersten Zehners. Und wir erweitern und überschreiten ihn. Was wir aber erweitern und überschreiten, sind immer Räume. Wir zerlegen Zahlen oder Mengen und wir messen Strecken und Zeiten. Wir gruppieren Objekte und beschäftigen uns mit den Eigenschaften von Gruppen und der Anordnung ihrer Elemente, den Gruppierungsphänomenen" (Milz 1999, 11). Die Entwicklung mathematischen Denkens folgt demnach im weitesten Sinne dem entwicklungslogischen Geschehen mit den Schwerpunkten *Neuromotorik – Sensomotorik – Psychomotorik – Soziomotorik* (Kiphard 1984, 18; vgl. Hachmeister 1997), also den allgemeinen Bewegungsprozessen der Entwicklung Sensorischer Integration und Kognition.

In Anlehnung an Affolter (1975, 225) und Milz (1999, 10) lässt sich ein Modell der Entwicklung mathematischen Denkens entwerfen, das vor allem auch die für Förderung körperbehinderter Kinder relevanten *pränumerischen* Vorprozesse einbezieht:

1. *Entwicklungsstufe:* Modalitätsspezifische Erfahrungen und Neuromotorik (Erwerb gusto-olfaktorischer, taktil-kinästhetischer, auditiver, visueller Schemata)
2. *Entwicklungsstufe:* Supramodale Erfahrungen und Sensomotorik (Erwerb intermodaler und serialer Schemata)
3. *Entwicklungsstufe:* Vorsprachliche Leistungen und Psychomotorik (Nachahmung, Planung, Antizipation)
4. *Entwicklungsstufe:* Sprachliche Leistungen und Soziomotorik (Erwerb ausgeprägter Gestaltqualitäten der Wahrnehmung, Sprachbenutzung, Lesen und Schreiben)
5. *Entwicklungsstufe:* Leistungen mathematischen Denkens

Innerhalb dieses Bedingungsgefüges entwickelt sich die Raumvorstellung aus Erfahrungen des „Umgebenseins", von Begrenzungen (Kontakt und Widerstand), der Aufrichtung und über Information der Fernsinne (einschließlich Augenbewegung), des Körperschemas sowie der taktilen und psychomotorischen Erkundung. Aus diesen Lernerfahrungen leitet sich die Dimension des *euklidischen Raumes* ab: (1) Vertikale Dimension – Richtung der Schwerkraft; (2) Horizontale Dimension – Konzept der Lateralität (Seitigkeit); (3) Vorne-hinten-Dimension – Hinweise auf die Tiefe. Aus der Verschmelzung dieser Dimensionen ergibt sich das dreidimensionale System mit der Lokalisation und Konstanz der Objekte im Raum, ihren Beziehungen untereinander und ihren Gruppierungen (Milz 1999, 13f; vgl. Lockowandt 1987). Im Gruppierungsprinzip, d. h. durch das Verstehen der Beziehung von (mindestens 3) Objekten im Raum, *begreift* das Kind die *Arithmetik* und erwirbt mathematisches Verständnis (vgl. Kephard 1977).

Das „prälogische" Zahlenverständnis entwickelt sich zunächst über den Vergleich von erfahrbaren *Mengen* konkreter Gegenstände („gleich viel, mehr, weniger"; Lobeck 1992, 158ff). Der Übergang zum „logischen" Zahlenverständnis ist möglich, wenn jedes Element, das gezählt werden soll, losgelöst von seiner Beschaffenheit als Einheit erkannt wird (mit kardinalem Aspekt = Anzahl der Elemente und ordinalem Aspekt = Stellung des einzelnen Elements innerhalb der Gesamtzahl). Der *Zahlbegriff* ist dabei als Zahlwort und Ziffer ein Abstraktionsbegriff der Zahl und gehorcht neurophysiologisch den gleichen Entwicklungsgesetzen wie das Lernen von Schriftzeichen (es kann zu den gleichen Verdrehungen und Vertauschungen aufgrund von Wahrnehmungserschwernissen kommen wie bei Buchstaben). „Zur präoperationalen Erfahrung gehört die Aneignung dessen, was wir unter einigen Aspekten des Zahlbegriffs zusammenfassen werden. Wir verstehen darunter die paarweise Zuordnung (1:1-Entsprechung), die intermodale Zuordnung (Zuordnung von Menge zu Zahlwort), die Klassifizierung (Kardinalaspekt der Zahl), die Seriation (Ordinalaspekt der Zahl) und das sinnvolle Zählen" (ebd., 163; vgl. Kutzer 1983, 26ff).

Schließlich wird unter einer *mathematischen Operation* eine Zustandsänderung im Sinne einer Gleichung (Arithmetik und Algebra) auf 1. Stufe (Addition, Subtraktion) und 2. Stufe (Multiplikation, Division) verstanden. Sie ist mittels Zahlwort und Ziffer eine abstrakte Handlung. Das Kind, das zu mathematischen Operationen fähig ist, ist von den konkreten „Handlungsschlacken" befreit.

Der Weg in mathematisches Denken ist für körperbehinderte Kinder *allgemeindidaktisch* gekennzeichnet:

* durch psychomotorische Expansion/Exploration
* durch taktilen Umgang mit persönlich bedeutsamen Gegenständen des alltäglichen Lebens und spielerische Arbeit mit mathematischem Material
* durch Verbalisierungen und Symbolisierung in Zeichen
* durch Schaffung von Beziehungsnetzen und Sinnzusammenhängen (keine Isolierung und Übung an Einzelproblemen)
* durch Handlungsorientierung (keine abstrakten Begriffe, sondern immer Verbindung mit einer Handlung)
* durch Redundanz (zur bekannten Situation kommt immer nur eine neue Variable hinzu)
* durch „entdeckendes Lernen" (Schüler erarbeitet den Stoff aktiv selbst in Mitverantwortung in vorstrukturierter mathematischer Landschaft; Regelein 1994, 11f; Hönig 2000, 150ff)

Förderorte sind eher die Turnhalle und der ganze Klassenraum als der eigene Tisch oder Tafel und Bildschirm.

Analog zum Erst-Lesen erfolgt das Erst-Rechnen mehrdimensional im handlungsorientierten Stationsverfahren (zur Stationenarbeit vgl. Bauer 1997; Hegele 2000). Kinder wenden sich dabei einzelnen für sie reizvollen Stationen zu. Folgende *Stationen* einer *mathematischen Landschaft* lassen sich hervorheben (vgl. Staatsinstitut für Schulpädagogik 1992; Wunderlich 1996; F. Reich 1997):

1. Station: Lernanreize zur Eroberung des Zahlenraums.
- Kindzentrierte Haltung des Pädagogen. Bewusste Beziehungspflege und „Prinzip des aktionsbegleitenden Sprechens" (F. Reich 1997, 27)
- Transparenz der sozialen Situation und der Raumsituation durch verbale Begleitung der Interaktion und des Handelns. Hilfen zur Sprachentwicklung und Wortschatzerweiterung durch Verbalisierung alltäglicher Tätigkeiten (Haupt 1996, 56)
- Bewegungserleichterung (nach Bobath-Prinzipien)
- Kontaktpflege und Gruppenspiele. „Zahlenlieder" (Herkommer 2000, 175), „Eine Menge Kinder" (Regelein 1994, 36; vgl. Krenzer 1983; Wilcox 1991)
- Stimulierende Umgebung und erlebnisnahe Erfassung des Raums
- Identifikationsmöglichkeiten mit Lernmitteln (Selbstanfertigung)
- Selbstbestimmte Spielmöglichkeiten, freie Arbeit, eigenes Tempo („Vorhabenorientierte Freiarbeit"; Köhnen/Roos 1999)
- Basisorientierung an bekannter Umgebung und an bekannten Materialien. Spiele zur Figur-Grund-Diskrimination; Versteckspiele, Sortierspiele, Suchspiele auf dem Tisch; „Projektarbeit zur Entfaltung der Sinne" (Dittmann 1997)
- Bewusstmachung von Alltagsbegegnung mit Zahlen (Uhr, Geld, Fahrplan, Maße, Tabletten)

2. Station: Raumerfahrung.
- Spiele zur Entwicklung des Körperschemas (Frostig 1992, 44ff)
- Orientierung im Raum (vgl. Kiphard 1984). Grundlegende Erfahrungen von Begrenzungen und räumlicher Überschaubarkeit („Das ist der ganze Raum, hier ist er zu Ende"). Spiele mit sensomotorischen Anteilen und vestibulärer Anregung (Trampolin, Luftmatratze, Bauelemente), Spiele mit psychomotorischen Anteilen (rhythmisch-musikalische Kreativität), Spiele mit soziomotorischen Anteilen (Kooperationsspiele), ggf. bei cerebralparetischen Kindern Spiele mit neuromotorischen Anteilen (Rollbrett, Therapieball), Übungen mit visuo-motorischer Koordination (Wahrnehmungsmaterial und Übungen des täglichen Lebens; Köhnen 1997, 26ff), Spiele zur Raumlage und zu räumlichen Beziehungen (große Kartons und Kisten, Ziffern auf dem Boden), Spiele zur auditiven Erfahrung (Richtungshören), ggf. bei motorisch schwer behinderten Kindern Spiele im körpernahen „Kleinen Raum" (Nielsen 1993; Dassel 1998, 28ff)
- Symbolische Spiele zur Raumerfahrung (Höhlen bauen, sich im Raum groß bzw. klein machen, unsichtbar werden)
- Kennenlernen der Fläche. Hindernisspiele im Raum, Irrgarten auf Papier
- Erfassung und Benennung von Formeigenschaften. Tastkiste, Zaubersack (Köhnen 1997, 27); „Elementare Formerfahrung" (Fischer-Olm 1998, 19ff); Geometrische Figuren (Quader, Würfel, Pyramide, Zylinder, Kugel; Hesemann/Hesemann 1999, 13ff; Schieder 1996)
- Spiele mit Zeit und Rhythmus (Grimm 1998, 13ff). Entfernungen und Reihen mit Rollbrett abfahren; führen und folgen (Fischer-Olm 1998, 45ff)

3. Station: Pränumerische Sinneserfahrung (vgl. Böhmer u. a. 1994; Wunderlich 1996; Köhnen 1997).
- Gruppenbildung (Klassifikation). Ordnen und benennen von Gegenständen aus der Erfahrungswelt der Kinder; Kindergruppen. Vergleichen, zuordnen, sortieren, bauen und legen (Böhmer u. a. 1994, 1ff)
- Reihenbildung (Seriation). Mengenschlange, Mengenstrick, Halsketten
- Vergleich von Mengen und Mengenkonstanz (mehr, weniger, gleich viele)
- Tauscherfahrungen. Tauschaufgabenspiele (Wunderlich 1996, 59ff)
- Mengen zerlegen und zusammensetzen
- Mengen ergänzen. Genormte Verpackungen vervollständigen
- Mengen vergrößern und vermindern. Kastanien sammeln, Smarties wegessen
- „Plus und Minus". Zeichen zuordnen

4. Station: Numerische Erfahrung (vgl. Wunderlich 1996; Reich 1997; Regelein 1994; Kutzer 1983; Kopiervorlagen für Rechnen im 20er Raum in Scherer 1999)
- Einführung von Zahlwörtern
- Intermodale Zuordnung von Menge und Zahl (Wunderlich 1996, 26ff). Zuordnungsmaterialien von Montessori (Schieder 1996)
- Erfahrung der Kardinalzahl. „Korrespondenz und Invarianz von Bonbonmengen" (Reich 1997, 11)
- Erfahrung der Ordinalzahl. „Numerische Stangen" (Schieder 1996); „Cuisenaire-Stäbe" (Regelein 1994; Winter 1996, 14)
- Erfahrung der Messzahl. „Rosa Turm, Rote Stangen, Braune Treppe" (Anderlik 1999); Vergleich von Objekten (Reich 1997, 14)
- Erfahrung der Zählzahl. Finger zählen; „Zahlenstraße" (Herkommer 2000, 182ff); „Arithmetische Hüpfspiele" (Frostig 1992, 119ff)
- Erfahrung der Rechenzahl. „Mengenvarianzen" (Reich 1997, 17)
- Darstellung der Ziffer. „Ziffernbaustelle" (Köckenberger 1997, 259ff); „Fühle die Zahlen" (Kjellshög 1987)
- Erfahrung von Geldwert. Umgang mit Geld (Heidjann 1993, 39ff; Winter 1996, 15; Köhnen 1997, 37)
- „Rechnen aus Freude". Kombinieren, sortieren, ordnen, Muster machen, Grenzen ziehen, messen, wiegen, vergleichen, schätzen, Symbole finden, Freundschaft mit Zahlen (Wild 1998, 187).

Die Kinder können sich allen Stationen zuwenden, auch wenn einzelne Stationen für sie noch zu früh erscheinen (z. B. bei Mengen von Bonbons). Hinweise zur Weiterführung des Mathematikunterrichts als individuelles entdeckendes Lernen in den Klassen 2 bis 4 der Förderschule geben Walter/Suhr/Werner (2001, 147f) in ihrem Konzept „mathe 2000".

Ästhetische Erziehung

Die ästhetische Erziehung (von griechisch *aisthesis* = durch die Sinne wahrnehmen) ist ein Schlüsselbereich schulischer Förderung körperbehinderter Kinder. Sie erfüllt mehrere Funktionen:

- Die Erfahrung von Material, Form, Farbe, Tönen und Rhythmus als *sinnenhaft fassbarer Weltbezug*
- Die sinnvolle Gestaltung der eigenen Welt als Weg in die *Kreativität*, Erwerb manueller Fähigkeiten und Lernen durch eigenes Tun (Haupt 1999, 26ff)
- Die Schaffung eines eigenen (autonomen) Produkts mit Möglichkeiten der Identifikation und impliziter Förderung der *Persönlichkeitsentwicklung*
- Die Auseinandersetzung mit der eigenen, *individuellen ästhetischen Form*, dem eigenen Rhythmus jenseits der Anpassung an Normen (es gibt kein „richtig" oder „falsch")
- Erwerb eines *Ausdrucks- und Kommunikationsmediums* für Bereiche, die nicht mit Worten zu fassen sind (auch symbolischer Art). Vielen chronisch und progredient kranken Kindern ist dieses Medium wichtigstes Ausdrucksmittel für ihre Befindlichkeit
- Freisetzen von *Lernimpulsen* eines sinnenhaften Weges der Erschließung der Welt und Erwerb von Kulturtechniken. Der Lernbereich ist offen für subjektive, sinnliche, fantastische und zufällige Elemente und damit für freie Kreativität und Exploration
- Schärfung *kognitiver Fähigkeiten* des Erkennens, Vergleichens, Deutens, Unterscheidens, Ordnens, Benennens in Verbindung mit Genuss (Lust) und Erfahrung von Freiheit im überschaubaren Rahmen

Schon Georgens/Deinhardt haben 1863 die Ästhetische Erziehung als Ausgangspunkt heilpädagogischer Arbeit angesehen (Theunissen 1996, 61f). Hans Würtz wies zu Beginn des Jahrhunderts in den Anfängen der Körperbehindertenpädagogik der Kunsterziehung eine bedeutende Rolle bei der „Ausbildung der Krüppel" zu: „Selbst der Rechenunterricht muss eine gewisse künstlerische Phantasie zu Hilfe nehmen" (1912, 169). Die kreative Gestaltung der eigenen Umgebung (z. B. Alltagsobjekte plastisch ausgestalten; Bredebusch 1998, 75ff) vermittelt den Kindern die Erfahrung, dass sie selbst in der Lage sind, Einfluss zu nehmen und etwas zu verändern.

Egger (1987) und Krenz (1996) sehen im *Malen* eine Lernhilfe. Lernen körperbehinderter Kinder ist gekennzeichnet durch die Auseinandersetzung zwischen inneren Kräften der Weiterentwicklung und äußeren Widerständen (Schädigung, Krankheit). Papier ist für körperbehinderte Kinder ein überschaubares Feld, wo rhythmische Abläufe erfahren, Richtungen entdeckt und Bewegungen ausgelebt werden können (Egger 1987, 45ff; Krenz 1996, 28ff). Im Malen finden die Kinder häufig die präzisere Möglichkeit, sich auszudrücken, als dies verbal geschehen könnte. Hier liegt die Chance für emotionale Erleichterung und Entspannung. Malen und Gestalten setzen die Kräfte individuell frei. Malen dient der Verarbeitung von Angst und Aggression (Maltechniken können z. B. der Wut angepasst werden), und in der Kreativität wird depressiven Tendenzen und Resignation vorgebeugt (vgl. Lobisch 1999). Die Welt wird durch Bilder leichter fassbar; Ereignisse werden in der „Größe" gestaltet, in der sie empfunden werden; diese Relationen setzen Prioritäten. Malen ist ein Weg in die soziale Offensive: Auf dem Papier macht das Kind die Erfahrung, dass es seine Behinderung beherrscht.

Die Auswahl des Mediums und der Ausdruck der Kinder sollten zunächst „frei" sein, ohne Thema und unkorrigiert. Die Kinder werden dabei zum einen kooperativ begleitet, „die andere Aufgabe ist es wahrzunehmen, wo die Schüler verweilen ... diese Wahrnehmungen können Anhaltspunkte für eine Unterstützung auf dem Wege hin zu mehr Authentizität im Ausdruck sein" (Ehrenstein 1999, 59). In einem zweiten Schritt können Themen gestellt und Ausdruckstechniken angeboten werden (Lockerungstechniken, Feinmotoriktechniken, Ganzkörpertechniken, Überraschungstechniken; Egger 1987, 63ff; vgl. Aissen-Crewett 1989; Steiner 1992; Unterrichtsbeispiele bei Fischer 1999, 111f). Hinweise für den Anfangsunterricht gibt Dobeneck (1983, 6):

> „Grundsätzlich wird sich eine Gliederung in kleine und kleinste Teilschritte bewähren. Beim ersten Kennenlernen sollte das Kind möglichst unmittelbar der Farbe begegnen können, das heißt, durch Abdrücken der Hände, Füße und Finger – es entsteht sein erstes Bild – der Abdruck der eigenen Hände, das erste Erfolgserlebnis!
> Über Spuren, Linien und Kreise auf dem Boden, der Arbeitsfläche und der Malwand lernt es Flächen erfahren und farbige Flächen herstellen. Das Kind wird vom Grobmotorischen zum Feinmotorischen, von einer Farbe zu verschiedenen Farben, von reinen Farben zu gemischten Farben, von einfachen zu differenzierten Formen geführt. Nach ersten unmittelbaren Begegnungen mit Farbe lernt es Arbeitsmaterial kennen: Schwämme, Bürsten, verschiedene Stempel, Walzen, Borstenpinsel, dicke und feine Pinsel. Farbmischungen entstehen erst spielerisch und werden später bewusst eingesetzt. ... Anschließende Farbratespiele, ein Sich-Erinnern an die ,Spielregeln', Farben benennen und zuordnen, das eigene Bild zeigen können, verschaffen allen Kindern Erfolgserlebnisse.
> Der Übergang zu einfachen gegenstandsbezogenen Themen erfolgt fließend. Wenn sich das Kind in vorangegangenen Farb- und Formübungen mit Kreisen, Linien, Vertikalen und Horizontalen beschäftigt hat, kann man erwarten, dass es diese Grundformen, z. B. in der Sonnenblume, wiedererkennen wird. Das Kind kann also auf vertraute Formen zurückgreifen, seine Aufmerksamkeit den typischen Merkmalen des Objekts zuwenden und seine Formensprache erweitern."

Besonderheiten des Gestaltungsprozesses körperbehinderter Kinder sind größere Langsamkeit, leichtere Ermüdbarkeit, weniger (motorische) Flexibilität bei der Suche nach Materialien und in Farbe und Form. Häufig sind spezielle Maßnahmen bei beeinträchtigten Kindern notwendig: Stabilisierung der Körperhaltung, einstellbare Tischplatte, rutschfeste Unterlagen, Verdickung der Pinsel-griffe, Benutzung von Stirnschreibern, verdickte Farben, Verwendung von Schwämmen und Bürsten, Einsatz von kreativen Ganzkörpertechniken, beid-händiges Bemalen von Glasscheiben, Bemalen des eigenen Körpers. Häufig ist Hilfestellung bei der Gestaltung notwendig, um weiteren Ausdruck und Tätig-keiten anzubahnen.

Weitere Chancen kreativer Gestaltung liegen im *Theaterspiel* und körperlichen Ausdruck, bei denen die Kinder individuell selbst Thema und Weg suchen (Kotzenberg 1999, 66ff) oder sich in ein „Theaterensemble" einfügen. Mu-sisch-kreative Arbeitsfelder sind (vgl. „Sommertheater Pusteblume"; Reuter/ Theis 1997): Zaubern, Spielen mit Figuren, Schattenspiel, Maskentheater, Im-provisationstheater, Schwarzlichttheater, Zirkus, Tanztheater, „Basales Thea-ter" (für schwerstbehinderte Menschen), auch Tanz und Rhythmus sind geeig-net (Winter 1988; Zuckrigl/Helbling 1994).

Durch Theaterspiel werden Ausdrucksfähigkeit und Expansion gefördert, Körperbewusstsein und Selbstsicherheit trainiert, sozial offensive Haltungen geübt und Sozialkompetenz verbessert, Fantasie entwickelt und eigene Ideen in Handlung umgesetzt und erprobt. Durch Einsatz von technischen Medien wie Videorecorder werden Feedback-Prozesse eingeleitet und die Selbsteinschät-zung der eigenen Erscheinung und des eigenen Verhaltens verbessert.

Kreatives Schreiben mit körperbehinderten Kindern ist assoziatives, gestalten-des, prozessorientiertes Schreiben, das Gedanken und Fantasien in Worte, Tex-te und Dokumente fasst. Es kann durch Fantasiereisen angeregt werden, durch sinnliche Eindrücke und Entspannung im Snoezelen-Raum oder in Verbindung mit gestalterischem Ausdruck (Becker 1999, 102).

Kooperatives Lernen am gleichen Gegenstand findet durch gemeinsame Pro-jekte kreativen Schreibens mit unterschiedlichen Dokumenten zu einem Thema statt (Gerlach 1998, 55ff):

1. *Projektidee.* Verständigung über Anlass und Form (z. B. Gestaltung eines Erinnerungs-buches der Klasse)
2. *Projektplan.* Inhaltlicher Schwerpunkt des Buches (Texte, Fotos, Zeichnungen, Erinne-rungsstücke)
3. *Projektablauf.* Ordnung der Inhalte und Materialien, Rollenzuweisung und Verteilung der Aufgaben, Zeitplan
4. *Projektergebnis.* Erfahrungsaustausch und weiterführende Anregungen

Richtlinien für den *Musikunterricht*, die den speziellen Förderbedürfnissen körperbehinderter Kinder gerecht werden, fehlen bundesweit. Im herkömmli-chen Musikunterricht stellt sich bei körperbehinderten Kindern aufgrund der

Besonderheiten ihrer Wahrnehmung, des erschwerten Bezugs zu Melodie und Rhythmus sowie erschwerter Stimmgebung häufig Überforderung ein, die physisch bedingt ist und psychisch belastet. „Es ist daher notwendig, rhythmisch-metrische, melodisch-harmonische und instrumentaltechnische Aufgaben den Fähigkeiten eines Körperbehinderten anzupassen" (Keller 1979, 481). Die Rahmenrichtlinien für Grundschulen und Lernbehindertenschulen sind nur zum Teil zu gebrauchen: „Gesang und Stimme", „Hören von Musik" sind bei cerebralparetischen Kindern problematisch (mangelnde Konzentration, erschwertes Richtungshören, erschwertes Zuordnen von Geräuschen und Tönen und Identifizieren von Lauten); ebenso das „Musizieren mit Instrumenten" (erschwerte Handhabung, Grob- und Feinmotorik, Probleme mit der Differenzierung von Tempo, Lautstärke, Klangfarbe, Kontrasten); ebenso „Musik und Bewegung" (Probleme mit Rhythmus und Nachahmung). Ungeachtet dieser Schwierigkeiten brauchen körperbehinderte Kinder den Musikunterricht, der für alle Kinder ein basales Förderpotential besitzt und der sie ohnehin fasziniert. Vorrang haben arhythmische Schallspielformen in Kombination mit rhythmischen Elementen (vom einfachen Schlag auf einen Gong bis zu anspruchsvolleren Klangfiguren). Bei starken Bewegungsbeeinträchtigungen und Ausfall von Armen und Beinen sind Kompensationsmöglichkeiten z. B. vokaler Art zu finden sowie adäquate Instrumente, Spieltechniken und Spielhilfen zu wählen (ebd., 482ff).

Kemmelmeyer (1977, 281) erweitert die Funktion des Musikunterrichts mit körperbehinderten Kindern folgerichtig und sieht darin vor allem auch *kompensatorische* Aufgaben. In Anlehnung daran lassen sich 6 Bereiche hervorheben:

1. *Schwingungen und Klang erfahren.* Vibrationen am eigenen Körper über Gitarre, Tonblöcke, Klangschalen erfahren; Schwingungen über Wasserbett körperlich erfahren (Vogel 1980); Schwingung einer Saite, des Paukenfells, des Gongs hören und sehen

2. *Atmen und Singen.* Geräusche bei Ausatmung, Seifenblasen, Trillerpfeife, Vokale singen und in Körperregionen spüren, Tiere imitieren, eigenen Namen singen, einfache Kinderreime mit Instrumentenbegleitung singen

3. *Musizieren.* Faszinosum des Experiments mit unterschiedlichen Musikinstrumenten in freier Wahl; grobmotorisches Trommeln (vgl. Meyberg o. J.); feinmotorisches Zupfen; Musikinstrumente aus alltäglichen Materialien bauen (Piel 1985, 121ff); Diskriminationsübungen mit dem Orff-Instrumentarium (Vogel, 1980, 43ff; Wolfgart 1971a, 51ff) und weitere grundlegende Übungen zur Entwicklung von Selbstvertrauen im Umgang mit dem Medium Klang (Addison 1991, 4ff)

4. *Selbstfindung durch Hören von Musik.* Aufmerksam werden und „sich selbst hören", Konzentration und Entspannung bei Musik (Tischler/Moroder-Tischler 1993, 23ff; vgl. Rett u. a. 1981), Snoezelen

5. *Musik und Bewegung.* Schmieren und Malen auf der Plane zur Musik; Rollstuhlbewegung

6. *Freie musikalische Gestaltung.* Improvisieren und kreativer musikalischer Ausdruck

Für den Musikunterricht mit schwer bewegungsgestörten Kindern bieten sich leicht zu bedienende elektronische Tasteninstrumente an. Bei Mangel an Feinmotorik auch z. B. elektronische Blasinstrumente („Fricke Synthesizer"; Fegers/Fricke u. a. 1988, 9ff).

„Eine Möglichkeit für soziales Lernen liegt auch in den Inhalten wie in den Methoden der rhythmischen Erziehung": gemeinsames Musizieren, Improvisieren, Gestalten von Texten, gemeinsames Schwingen und Aufeinander-Einlassen, Zuhören, Abwarten, Engagieren, Sich-Einbringen, Partnerspiele, Gruppenspiele, gegenseitiges Führen und Folgen (Peter-Führe 1994, 173f).

Sport

Sport und Bewegungsförderung körperbehinderter Kinder bedeuten gleichzeitig Förderung von Sozialkontakten, Kommunikation, Interaktion, Raumerfahrung und Expansion/Exploration. Es ist gleichwohl ein komplexer Arbeitsbereich der Körperbehindertenpädagogik, der nur in guter Zusammenarbeit von Pädagogen, Krankengymnasten und ggf. auch Ärzten verantwortungsvoll gestaltet werden kann. „Bei der Planung und Durchführung von Sportunterricht mit körperbehinderten Kindern und Jugendlichen ist zu berücksichtigen, dass die unterschiedlichen Erkrankungen und Behinderungen der Schüler mit den jeweils anderen neurophysiologischen und muskelphysiologischen Gegebenheiten unterschiedliche methodisch-didaktische Überlegungen erfordern" (Haupt 1999, 69; vgl. Krieter 1980, 493ff).

Sport und Bewegung mit körperbehinderten Kindern sind nie isoliert zu betrachten, sondern stehen in besonderem Maße in einem Lebens- und Wirkzusammenhang. Deshalb ist sportliche Betätigung immer begleitet von individuellen Körpererfahrungen, Wahrnehmungsprozessen, Emotionen, Lust/Unlusterfahrung, Sozialerfahrung, Sprache und Kognition. Sportunterricht mit körperbehinderten Kindern verfolgt 6 Grobziele (Pusch/Fritz 1986, 48ff):

- *Erweiterung der Bewegungserfahrungen* (Festigung und Erweiterung fundamentaler Bewegungsfertigkeiten wie Krabbeln, Rollen, Gehen, Laufen, Schaukeln, Werfen, Fangen)
- *Qualitative Verbesserung konditioneller und koordinativer Fähigkeiten* (Kraft, Ausdauer, Beweglichkeit, Rhythmus)
- *Erlernen elementarer sozialer Verhaltensweisen* (gemeinsam agieren, kommunizieren, kooperieren und spielen, Gestaltung subsidiärer Übungssituationen)
- *Förderung der Persönlichkeitsentwicklung* (Selbstbewusstsein, Verantwortung, Initiative, Offensive)
- *Körpererfahrung* (Körperbewusstsein, Psychomotorik)
- *Materialerfahrung* (Erfahrung an unterschiedlichen Geräten, Lösung vom sicheren Boden, Erfahrung von Räumlichkeit)

Die körperliche Belastbarkeit von körperbehinderten und chronisch kranken Kindern ist sehr unterschiedlich. Ganz allgemein sind ihnen Sportarten gemäß, die körperliche Entlastung bieten und zu ihrer Beweglichkeit beitragen – z. B. kommt der Bewegung im warmen Wasser (28 Grad) besondere Bedeutung zu; die Auftriebskraft des Wassers und die Wirkung auf Beweglichkeit und Herz-Kreislauf-Funktion haben geradezu therapeutische Qualitäten. Die Faszination des Wassers für den Menschen lässt sich hier nutzen (Innenmoser 1988, 26ff; vgl. Lory 1988). Erhebliche Anforderungen stellt das Schwimmenlernen an körperbehinderte Kinder mit einer zusätzlichen geistigen Behinderung. Einige von ihnen können das Schwimmen erlernen, „jedoch nur in kleinsten Schritten" (Lause 1998, 13).

Im Hinblick auf den Sportunterricht sind bei den einzelnen Formen der Behinderung folgende Besonderheiten zu beachten:

• Bei *cerebralparetischen Kindern* sind die pathologische Muskelspannung, die erschwerte Koordination der Bewegungsabläufe und das eingeschränkte Bewegungsempfinden zu berücksichtigen. Die willentliche Anstrengung insbesondere bei Leistungsanforderungen verschlechtert in der Regel die Bewegungsmöglichkeit. Die betroffenen Kinder müssen durch Bewegungserleichterung und gezielte, zyklische und geführte Bewegungsformen, wie sie z. B. beim Schwimmen, Reiten und Radfahren typisch sind, aus Beugehaltungen heraus ihr Bewegungsempfinden aufbauen. Ein Beispiel ist die Führung der Bewegung auf dem Spastikerrad (mit fixierten Füßen) bei geschlossenen Hebelreihen in Rotationsbewegung. Weiterhin ist das Reiten für diese Kinder von großem sportlichem und therapeutischem Wert (vgl. Kap. „Kinder mit cerebralen Bewegungsstörungen") und könnte bei entsprechender Ausstattung als Erlebnispädagogik gestaltet werden (vgl. Gäng 2001). Der Wunsch cerebralparetischer Kinder nach Wettbewerb (wie bei anderen Kindern) ist verständlich, für den Aufbau von Bewegungsempfinden und Leistungssteigerung jedoch kontraindiziert. Statt dessen sollten den Kindern Gruppenspiele angeboten werden, Bewegungsabläufe ohne Anstrengung mit Freude an der Bewegung, Spiele in Verbindung mit Musik, in Bauch- oder Rückenlage, ggf. auch Partnerübungen. *Leistungsmaß* ist die eigene Leistung, nicht die der anderen Kinder. Die Kinder lernen im Sportunterricht, verantwortungsvoll mit ihrem Körper umzugehen, sie lernen Gesetzmäßigkeiten ihres individuellen Bewegungsverhaltens kennen und einzuschätzen und entwickeln so im weitesten Sinne ein „Selbstbewusstsein".

• Bei *querschnittgelähmten Kindern* bieten sich zunächst sog. Grundtätigkeiten an: Klettern, Hangeln, Rutschen, Stützen, Schaukeln, Werfen und Fangen, da vor allem Spina bifida-Kinder keine entsprechenden Erfahrungen haben. „Mit dem Fehlen von konkreten Bewegungserfahrungen muss mit einer Einschränkung in allen inhaltsbezogenen Fähigkeiten wie Interesse, Lernverhalten, Sprachverständnis, Einschätzung des eigenen Leistungsvermögens, Orientierung und Wahrnehmung gerechnet werden" (Strohkendl/Schüle 1978, 47). Neben den Basiserfahrungen nehmen die Kinder am Spielen und je nach Belastungsfähigkeit an Rollstuhlsportarten teil. Darüber hinaus hat Sportunterricht auch die allgemeine Aufgabe der Entwicklung und Schulung von Techniken im alltäglichen Umgang mit dem Rollstuhl (Rollstuhltraining; Kosel/Fröböse 1999, 139). Bei Auswahl der Sportarten müssen die erhöhte Knochenbrüchigkeit, das allgemeine Verletzungsrisiko „nicht gespürter" Körperbereiche und die Dekubitus-Gefahr berücksichtigt werden.

- Für *epilepsiekranke Kinder* ist der Sport ohne erhöhtes Risiko möglich und in der Regel von großem Nutzen. Nur für eine kleine Zahl akut anfallgefährdeter Kinder (mit Problemen medikamentöser Einstellung) gelten Einschränkungen wegen des Unfalls- bzw. Verletzungsrisikos. Grundsätzlich führt sportliche Aktivität nicht zur Verschlechterung der Anfallssituation, bei den genannten Risikokindern sind jedoch anfallsprovozierende Faktoren (soweit bekannt) zu vermeiden (Werle/Haag-Senger 1996, 441). Dazu zählen u. U.: schnelle Rotationsbewegungen, Flackerlicht auf Wasseroberflächen, Hyperventilation, Entspannung während der Erholungsphase, psychische Belastung durch Wettbewerb. Wenn die entsprechende Aufsicht gewährleistet ist, können epilepsiekranke Kinder sonst an allen sportlichen Aktivitäten teilnehmen, mit gewissen Einschränkungen bei Turnübungen an hohen Geräten, die vermieden werden sollten. Beim „Reizthema Schwimmen" ist ebenfalls für individuelle Aufsicht zu sorgen (Wehrle 1994, 44). Ein übergeordnetes Ziel des Sportunterrichts mit epilepsiekranken Kindern ist es, dem negativen Empfinden, den Körper nicht zu beherrschen, durch positives Erleben des eigenen Körpers entgegenzusteuern und damit Selbstwertgefühl und Handlungsfähigkeit zu steigern.

- Bei *muskelkranken Kindern* sind zu vermeiden: Überanstrengungen durch erschöpfendes Muskeltraining, kraftvolle Bewegungsausführungen, Heben und Tragen schwerer Sportgeräte, Stufenklettern, Überdehnungen vor allem im Bereich der Streckmuskulatur (z. B. durch Gymnastik), starke Beugestellung der Gelenke (z. B. Hocksitz oder Fersensitz) und Unterkühlung (Weimann 1994, 53ff; Schoo 1999, 43). In den ersten Schuljahren wird Hilfestellung beim Aufstehen gegeben (kleiner Kasten oder Stuhl). In späteren Stadien der progredienten Erkrankung kommt in Zusammenarbeit mit den Physiotherapeuten entsprechend dem physischen Leistungsvermögen ein Rollstuhltraining in Frage.

- *Asthmakranken Kindern* sollten keine plötzlichen Leistungsanforderungen gestellt werden. Die Kinder werden gemäß ihrem Wohlbefinden kontinuierlich an körperliche Leistungen herangeführt, um ein Belastungsasthma zu vermeiden (Schaar 1996, 286). Laufen löst bei ihnen offenbar eher Atemnot aus als Radfahren oder Schwimmen. „Das asthmakranke Kind sollte aus sozialen, charakterlichen, pädagogischen und gesundheitelichen Gründen Sport und körperlichem Training zugeführt werden" (Hollmann 1985, 863; vgl. Zach 1985, 868ff).

- Bei *Kindern mit Hämophilie* ist der Schulsport dort eingeschränkt, wo es vermehrt zu Prellungen (Fußball) und Überbeanspruchung von Gelenken (Weitsprung) kommen kann oder wo Verletzungsgefahr besteht (Kluge 1979, 150).

- Bei *Kindern mit Diabetes mellitus* ist Sport wegen seiner seiner blutzuckersenkenden Wirkung besonders wichtig („Richtig verstanden ist Sport vielleicht die wichtigste Vorsorge gegen Spätschäden der Krankheit";.Mehnert-Standl 1997, 104). Es kann jedoch durch körperliche Anstrengung zu einer Unterzuckerung (Hypoglykämie) kommen, die die allgemeine Leistungsfähigkeit herabsetzt, zu Konzentrationsstörungen und im Extrem zu Krämpfen und Ohnmacht führt. Hier sind neben den üblichen prophylaktischen Maßnahmen (zusätzliche Glukose oder insbesondere reifes Obst) die Kontrolle der Blutzuckerwerte während des Sports und die Früherkennung entsprechender Symptome unerlässlich (Jüngst 1999, 91; Storm 1998, 43ff).

- Bei *rheumakranken Kindern* kann gezielte sportliche Betätigung schmerzhemmende Wirkung haben (Schonhaltungen mit negativer Verstärkung nehmen ab, Kondition wird verbessert, Ablenkfaktoren werden wirksam). Sport muss sich jedoch am aktuellen Aktivitätszustand der Erkrankung orientieren; bei bestimmten Krankheitsbildern kann Sport Gelenkschädigungen verursachen (Heringer 1996, 340). Als geeignete sportliche Betätigung für rheumakranke Kinder gelten: Radfahren, Wandern, Schwimmen, Rhythmische Gymnastik mit Bällen, Reifen, Bändern nach Musik.

- Sehr schwache, *kaum belastbare kranke und behinderte Kinder* (schwer rheumakranke und herzkranke Kinder) brauchen nicht vom gemeinsamen Sportunterricht ausgeschlossen zu werden. Sie nehmen je nach Belastbarkeit an Spielangeboten teil; sie helfen bei der Organisation, führen Listen und betätigen die Stoppuhr (Lehmkuhl 1966, 244).

Spielformen und Sportarten für körperbehinderte Kinder und Rollstuhlfahrer sind genauso vielfältig wie für nicht behinderte Kinder: Sie reichen von Entspannungsübungen („Umschalten auf Ruhe"; Werle/Förster 1996, 197), leichter Körpererfahrung (Gehen auf der Linie, Schaukeln, Wippen) über Training der Bewegungsfertigkeiten im Rollstuhl, kleine Sportspiele mit dem Ball, Gymnastik, kooperative Spiele, Staffelspiele, Abenteuerspiele bis zu Mannschaftsspielen und Leichtathletik (Schoo 1996, 100ff); im Leistungssport gibt es erstaunliche Möglichkeiten (Tennis, Volleyball, Hockey, Skifahren). Zu einzelnen Sportarten und deren Voraussetzungen vgl. Strohkendl (1989, „Rollstuhlsport für Anfänger"), Rusch/Größing 1991, Zuhrt 1981, Schoo 1999, Arnold/Israel/ Richter 1992, Knöller 1979, Innenmoser 1988). Für den organisierten Rollstuhlsport wurde die Berücksichtigung von Behinderungsart und Behinderungsumfang zur „Funktionellen Klassifizierung für den Rollstuhlsport" (Strohkendl 1978) eingeführt.

Sexualerziehung
(zu diesem Lernbereich vgl. Kap. „Bedingungen der psychosexuellen Entwicklung")

Die Sexualerziehung körperbehinderter Kinder in der Schule orientiert sich an den allgemeinen „Richtlinien und Lehrplänen zur Sexualerziehung" der einzelnen Bundesländer (vgl. Bundeszentrale für gesundheitliche Aufklärung 1995). Diese Richtlinien sind in der Regel sehr allgemein und fachübergreifend gefasst. Dabei liegt das Schwergewicht über alle Klassenstufen zumeist auf Sachunterricht/Biologie. Spezifische Richtlinien für den Sexualkundeunterricht mit körperbehinderten Kindern und Hinweise für die fachliche Zuständigkeit existieren nicht. Sexualpädagogische Unterrichtsvorschläge und -materialien speziell für körperbehinderte Kinder und Jugendliche (z. B. mit Bezug zur geschädigten Körperlichkeit) im Sonderschulbereich und integrativen Klassen fehlen;

„die in Schulen für Körperbehinderte arbeitenden Lehrer bestätigen dies und verweisen auf Materialien für lern- und geistigbehinderte Schüler, die mangels speziellem Material verwendet würden" (Wernerus 1995, 201).

In der schulischen Praxis führt die fachübergreifende „Beliebigkeit" der Sexualerziehung dazu, dass sich niemand so recht zuständig fühlt (bzw. fühlen will). Gezielte Sexualerziehung betroffener Kinder in der Schule ist daher abhängig vom Engagement einzelner Lehrer. Sexualerziehung im weitesten Sinne ist jedoch eine Notwendigkeit für viele körperbehinderte Menschen. Keiner anderen Bevölkerungsgruppe ist die Entdeckung ihres Körpers, ihrer Partner, ihrer Beziehungen, ihrer Welt und damit ihrer *lustvollen Existenz* und darüber hinaus die Entfaltung ihrer Sexualität so erschwert wie körperbehinderten Menschen. Hier ist vor allem die professionelle Pädagogik gefordert, die sich nach ihrem eigenen Selbstverständnis dieser Aufgabe nicht entziehen darf.

Elementare Ziele schulischer Sexualerziehung körperbehinderter Kinder sind vor allem:

1. (Wieder)Entdeckung des eigenen – behandelten und „enteigneten" – Körpers in seiner lustvollen, sinnlichen Existenz
2. Wahrnehmung der Sexualität als Lebensenergie (von Spannung/Entspannung)
3. Entwicklung partnerschaftlicher Rollenmuster und psychosexueller Identität

Knapp (1978, 103ff) sieht in diesem Sinne die Sexualerziehung als vorschulische und schulische Aufgabe („Sexualerziehung beginnt mit dem Tage der Geburt. Die Sexualerziehung beim körperbehinderten Kind wird durch die Behinderung erschwert, die wie von selbst in den Mittelpunkt der Aufmerksamkeit rückt", 104). Seine Empfehlungen reichen entsprechend von früher Zärtlichkeit über angstfreie Reinlichkeitserziehung bis zu den Unterrichtsthemen genitale Sexualität, Selbstbefriedigung und Partnerschaft.

Ansätze einer Sexualpädagogik für körperbehinderte Kinder und Jugendliche orientieren sich an der allgemeinen Sexualpädagogik und sind in Umrissen erkennbar als „Lernziel Zärtlichkeit" (Thomasky 1981), „Streicheln ist schön" (Römer 1995), „Abenteuer Partnerschaft" (Roth/Brokemper 1991), „Zeit für Zärtlichkeit" (Kutzleb/Schmidt/Walczak/Weber 1981). Die wenigen spezifischen Unterrichtshinweise für die einzelnen Lernbereiche (Biologie, Deutsch, Religion, aber auch Musik und Sport) werden von Wernerus (1995) kritisch bewertet.

Grundelement der Struktur einer Sexualerziehung körperbehinderter Kinder und Jugendlicher ist *kommunikative Transparenz*, d. h. Überwindung von Sprachlosigkeit und Orientierungslosigkeit (auf Seiten der Betroffenen *und* auf Seiten der Pädagogen) auch angesichts von Problemsituationen. Transparenz

lässt sich nach folgenden Bereichen aufschlüsseln (vgl. o. g. Autoren und Hoy-
ler-Herrmann/Walter 1987, Hopf 1990, Sielert u. a. 1993, Oberlack u. a. 1997):

- *Handlungstransparenz*. Sinnlicher Umgang mit Formen, Farben, Gerüchen, Materialien, Pflanzen, Tieren; sinnlicher Umgang mit dem eigenen Körper (körperliches Lust-
  empfinden entdecken; vgl. auch Singerhoff 2001, 54ff; IPTS 1994; zu Übungen für
  kleine Kinder vgl. Kleinschmidt u. a. 1996); Auseinandersetzung mit der Schädigung
  und Krankheit; Umsetzung körperlicher Selbstbestimmung

- *Kognitive Transparenz*. Informationen vermitteln über Körper und Behinderungen,
  Geschlechtsteile, Masturbation, Geschlechtsverkehr, Spielarten der Liebe, Geschlechts-
  krankheiten, Verhütung, Geburt, Körperpflege (vgl. auch Roth/Brokemper 1991;
  Grundschulzeitschrift 1993; Römer 1995; Etschenberg 2000)

- *Emotionale Transparenz*. Ausdruck von Grundemotionen und emotionale Erfahrungen
  der Kinder; Spaß haben an der Thematik (vgl. auch Thomasky 1981, 72ff; Windisch
  2000, 20ff); Auseinandersetzung mit persönlichen Begrenzungen und Enttäuschungen

- *Soziale Transparenz*. Blickkontakt, Berührungen des Gesichts, Körperkontakte, Zärt-
  lichkeiten nehmen und geben; Sprache und nonverbale Kommunikation; Wünsche und
  Bedürfnisse ausdrücken (vgl. auch Thomasky 1981, 88ff; Roth/Brokemper 1991; Etschenberg 2000)

Spezielle Unterrichtseinheiten gelten der *Prävention sexuellen Missbrauchs*:
Erfahrung körperlichen Selbstbestimmungsrechts, Gefühle wahrnehmen und
mitteilen, Grenzen erkennen (Berührungen ablehnen, Nein sagen), schöne und
schlechte Geheimnisse unterscheiden, mit Ängsten umgehen, Hilfe holen, mit
Schuldgefühlen umgehen (vgl. Böhmer u. a. 1995; Esser 1994, 75ff; Windisch
2000, 38ff). Ein weiterer spezieller, sehr komplexer Bereich betrifft *sexuelle
Hilfestellung* für körperbehinderte Jugendliche (und Erwachsene) mit schwersten Bewegungseinschränkungen. Auch hier ist der einzige Lösungsweg die
Überwindung von Sprachlosigkeit (vgl. Kap. „Bedingungen der psychosexuellen Entwicklung").

Prozesse der Transparenz schließen die Überzeugung und innere Bereitschaft
des Pädagogen, Sexualerziehung durchzuführen, und seine Auseinandersetzung
mit der eigenen Sexualität ein.

Selbständiges Leben/Hauswirtschaft

Innerhalb eines „Curriculums zur Lebensvorbereitung" (Stadler 1992a) werden
auch Anforderungen des Erwachsenenlebens zum Inhalt schulischer Förderung.
Tischer/Thiele (1993, 480) betonen dabei als besondere didaktische Konzeption
das „Lebensvorbereitungsjahr in den Körperbehindertenschulen". Diese Perspektive muss jedoch für viele körperbehinderte Kinder auf mehrere Schuljahre

bzw. auf die gesamte Schulzeit erweitert werden. Es geht u. a. zum einen um den langfristigen Lernprozess selbständigen Lebens und Wohnens im Sinne einer lebenspraktischen Handlungs- und Geschäftsfähigkeit; zum anderen besitzt Lebenswirklichkeit aber auch ein weiteres Grundmerkmal, nämlich das Verwiesensein des Menschen auf den anderen (Weiß 2000, 137ff). In diesem Spannungsfeld können schwerbehinderte Menschen ein Leben in Selbständigkeit mit Assistenz und ambulanter Versorgung führen.

Für die Schulpraxis heißt dies, dass die Schüler soweit wie möglich an ihre individuellen Möglichkeiten selbständigen Lebens und Wohnens herangeführt werden. Das kann für viele schwer körperbehinderte Kinder ein jahrelanger Prozess sein (im Extrem werden bei ihnen „nur" der Ausdruck existentieller Bedürfnisse und das Kommunikationsvermögen gefördert).

Förderdiagnostisch sind Erschwernisse, Zielvorstellungen und Förderpläne für das einzelne Kind festzustellen. In Anlehnung an Tischer/Thiele (1993, 481) sind folgende Faktoren für eine realistische Einschätzung individueller Erschwernisse selbständiger Lebensführung (und im Hinblick auf Assistenz und Hilfestellung) von Bedeutung:

Individuelle Vorstellungen und Wünsche (Realitätsgehalt, Konzentrationsvermögen, Gedächtnis); Freude an Selbständigkeit und Bedürfnis nach Emanzipation; Bewegungsfähigkeit, manuelles Geschick, kompensatorische Möglichkeiten; Selbständigkeitsniveau, Wille und Durchsetzung; Fähigkeit zu planvollem Handeln und zur Organisation; Soziale Kontaktbereitschaft und –gestaltung; Verbale Kommunikationsfähigkeit und Fähigkeit zur Organisation von Hilfestellung; Fähigkeit zur schriftlichen Äußerung; Körperliche Kondition und medizinischer Status.

Förderdiagnostische Erkenntnisse zu diesen Komplexen geben Hinweise auf den individuellen Status von Selbständigkeit/eigenständiger Lebensführung und sind ein Indikator für entsprechende Assistenz und Hilfestellung in den Bereichen der Haushaltsführung (s. u.).

In der Unterrichtspraxis bietet sich das „gemeinsame Lernen in Projekten" (Heimlich 1999a) an, insbesondere als Organisationsform des Epochenunterrichts, der für die didaktischen Ziele von Selbständigkeit/Hauswirtschaft für körperbehinderte Kinder eine Reihe spezifischer Vorteile hat: „Als vorteilhaft gilt der Epochenunterricht u. a. im Hinblick auf die Konzentrationsfähigkeit der SchülerInnen. Außerdem bieten sich mehr Möglichkeiten zu intensiverer Auseinandersetzung mit einem Lerngegenstand einschließlich handlungsorientierter und entdeckender Lernabschnitte" (ebd., 146; zum Projektunterricht vgl. Kap. „Didaktische Modelle").

264   4.3.4 Didaktik der Lernbereiche

Thematische Schwerpunkte der Unterrichtsprojekte zum „Haushalten" (Stadler 1989, 276) sind beispielsweise (vgl. Rahmenpläne Hauswirtschaft der einzelnen Bundesländer; Stadler 1992a u. 1999a; Wedekind u. a. 1997, 21ff):

Hauswirtschaft, Wohnen (Planung, Analyse und Durchführung von hauswirtschaftlichen
Arbeitsprozessen, Einsicht in die Organisation, Kenntnis und Benutzung von Hilfsmitteln;
vgl. Informationsbücher der Stiftung Rehabilitation 1989–1996); Ernährung, Lebensmit-
telkunde, Einkauf, Vorratshaltung, Zubereitung von Nahrungsmitteln, Verpackungen öff-
nen, Tischsitten, gemeinsames Essen; Küche als Arbeitsplatz, Umgang mit Geräten und
Maschinen, Unfallverhütung; Ordnung und Sauberkeit in der Wohnung; Körperhygiene,
Pflege, Kosmetik; Kleidung, Wäsche, Hilfsmittel; Einkünfte, Finanzen, Versicherungen;
Fahrdienste, ambulante Dienste; Gesundheit; Feste und Feiern; Umgang mit Ämtern und
Behörden.

Der Lernbereich Selbständigkeit/Hauswirtschaft ist im Zusammenhang mit
Phasen der Erprobung und Übung in Wohnprojekten nach der Schulzeit zu sehen (vgl. Kap. „Wohnen"). Und nicht zuletzt ist hier auch die Motivierung der
betroffenen Jugendlichen eine pädagogische Aufgabe; der Lehrer muss damit
rechnen, dass bei vielen körperbehinderten Schülern jahrelange Motivierungs-
prozesse für selbständige Versorgung nötig sind.

Arbeitslehre

Schulische Aufgaben zur Vorbereitung auf die berufliche Eingliederung körperbehinderter Jugendlicher sind zentraler Unterrichtsbestandteil und haben
speziell ihren Platz im Lernbereich Arbeitslehre. „Über den besten Weg der
Eingliederungsvorbereitung wird in der Körperbehindertenpädagogik seit lan-
gem gestritten" (Stadler 1989, 257). Grundsätzlich sind für curriculare Entscheidungen individuelle Akzente zu setzen für Schüler, die einen Regelschul-
abschluss anstreben, für lernbehinderte Schüler, geistig behinderte Schüler und
schwerstbehinderte Schüler (ebd., 259f).
    „Lernen in Verbindung mit praktischem Tun zu gestalten ist eines der zentra-
len Prinzipien des Lehrens und Lernens, die in den neuen Richtlinien aller
Schulformen zum Ausdruck kommen ... Die Bedeutung des Faches Arbeitslehre im Rahmen dieser Entwicklungen ist offensichtlich" (Landesinstitut 1992,
9). Im Unterricht mit körperbehinderten Kindern wird der Lernbereich Arbeitslehre nicht nur vom 8. Schuljahrgang aufwärts, wie an allgemeinen Schulen
vieler Bundesländer vorgesehen, sondern *über viele Schuljahre* relevant. Es
geht zunächst ganz elementar um allgemeine Bedingungen des Schulalltags mit
Wirkungen auf das Lernfeld Arbeitslehre (Jacobs 1993, 49ff):

• *Erwerb sozialer Kompetenz*: Zuverlässigkeit, Kommunikationsfähigkeit, Gruppenfähigkeit und Dialogbereitschaft, Leistungsbereitschaft, Durchhaltevermögen, Übernah-

me von Verantwortung, Durchsetzung, soziale Anpassung und Rücksichtnahme, Umgang mit Hilfestellung und Assistenten

• *Erwerb von Handlungskompetenz*: Orientierungsfähigkeit, Fähigkeit zu kausalem und operativem Denken, Erfassung von zeitlichen Abläufen, Einschätzung des eigenen Arbeitstempos, Freude am kreativen Gestalten, Flexibilität, Konzentrationsfähigkeit, Selbständigkeit und selbstorganisiertes Arbeiten, Identifikation mit einer Aufgabe, Gestaltung des persönlichen (behindertengerechten) Arbeitsplatzes, Fähigkeit zur Organisation in der Arbeitsassistenz

Später geht es um die Erarbeitung des persönlichen Bezugs zur Arbeit allgemein und zu einer speziellen beruflichen Tätigkeit mit realistischer Einsicht in die eigenen Möglichkeiten und die Chancen auf dem Arbeitsmarkt. Dazu gehört auch Information über beruflichen Erstausbildung für körperbehinderte Jugendliche: beispielsweise über den eher traditionellen Weg der Berufsbildungswerke (BBW: „Erst qualifizieren, dann platzieren") oder auch über neue Wege Unterstützter Beschäftigung mit Hilfe von Integrationsfachdiensten und Arbeitsbegleitung (z. B. „Ambulantes Arbeitstraining" der Hamburger Arbeitsassistenz: „Erst platzieren, dann qualifizieren"; vgl. Kap. „Nachschulische Förderung").

Die Didaktik der Arbeitslehre orientiert sich an Organisationsformen des Projektunterrichts (vgl. Kap. „Didaktische Modelle"). Kennzeichen sind gemeinsame, subsidiäre Lernsituationen, die unmittelbar an Interessen der Schüler anschließen (die Schüler lernen voneinander am gemeinsamen Gegenstand). Didaktische Akzentuierung des Projektunterrichts kann in Anlehnung an modellhaft durchgeführte Projekte der Regelschule vorgenommen werden (vgl. Landesinstitut 1992) und beispielsweise sein:

• *Arbeitsprojekte als Fallstudie*: z. B. „Welchen Beruf haben meine Eltern? Was haben sie dabei zu tun?"

• *Arbeitsprojekte als Rollenspiel*: z. B. „Ich bewerbe mich um einen Ausbildungsplatz"; „Ich vermiete ein Hotelzimmer"

• *Arbeitsprojekte als Planspiel*: z. B. „Wir gründen eine Pommes-Bude"

• *Authentische Arbeitsprojekte innerhalb des Schulgeländes zur Bereicherung des Schullebens* (als offenes Jahrescurriculum): z. B. Klassenraum streichen, Gartenteich anlegen, Blumen züchten

• *Authentische Arbeitsprojekte an außerschulischen Lernorten* (mit Hilfe von Experten): z. B. behindertengerechte Kommune planen

• *Authentische Arbeitsprojekte mit unternehmerischem Risiko*: z. B. Serviceleistungen innerhalb der Schule wie Nachhilfedienst, Cafeteria, Disco (mit Hospitationen von Integrationsfachdiensten für spätere Beratung)

• *Berufsfeldorientierung und Betriebserkundung* (in Zusammenarbeit mit Berufsberatern und Beratern für Unterstützte Beschäftigung)

• *Betriebspraktikum*

Innerhalb dieser Arbeitsprojekte erwerben die Schüler grundlegende Kenntnisse und Fertigkeiten in Planung, Organisation und Kontrolle von Arbeits- und Fertigungsprozessen und erfahren die Wirkung eigener Entscheidungen. Darüber hinaus erhalten sie die Möglichkeit, sich mit eigenen Produkten und Arbeitsleistungen zu identifizieren (vgl. Stadler 1991, 9 sowie die Richtlinien und Beispielpläne zur Arbeitslehre der einzelnen Bundesländer).

Stadler (2001a, 464ff) verweist auf die Tatsache, dass körperbehinderte Schulabgänger (insbesondere Absolventen der Schule für Körperbehinderte) zu mehr als 50 % in die Werkstatt für Behinderte eintreten. „Für eine beachtliche Gruppe der Absolventen der Schule für Körperbehinderte ist das Ziel der Eingliederung in die Arbeits- und Wirtschaftswelt offensichtlich unerreichbar, so dass sie auf ein Leben ohne Erwerbsarbeit vorzubereiten sind. Diese Aufgabe widerspricht in vieler Hinsicht einem Verständnis von Schulpädagogik, die eine bestimmte Erwachsenenwelt im Blick hat". Stadler betont, dass schwerer behinderte Jugendliche auch angesichts ihrer begrenzten Chancen auf dem Arbeitsmarkt das Recht auf eine humane Lebensgestaltung haben. Dazu gehört im weitesten Sinne das „Recht auf Arbeit", das sich auch jenseits der Erwerbsarbeit verwirklichen kann. Die schulische Arbeitslehre für körperbehinderte Kinder und Jugendliche sollte daher auch „eine erfüllende Realisierung von Hobbys und Interessen anbahnen, die sowohl im persönlichen und privaten Bereich als auch in der Gemeinschaft mit Behinderten und Nichtbehinderten betrieben werden kann" (ebd., 469).

Religion

Der Religionsunterricht mit körperbehinderten Kindern ist eine Auseinandersetzung über Religionen, Weltanschauungen und Ideologien; er sucht nach Antworten und vermittelt Reflexionen und Erfahrungen zu Lebenswert und Lebenssinn sowie ethischen Normen des Handelns. Vor allem aber vermittelt er ein Gefühl übergreifender Geborgenheit über „Einbeziehung in den Glauben durch *religiöses Erleben*. Ich lebe nicht allein – ich erfahre mich und die anderen in meiner Umwelt" (Heggenberger-Lutz 2000, 193). Religionsunterricht hat an Schulen für Körperbehinderte traditionell einen besonderen Stellenwert, denn viele Institutionen sind konfessionell geprägt, wie auch die Rehabilitation historisch eine ihrer Wurzeln in der kirchlichen Arbeit hat (Möckel 2002, 53ff).
    Ein Spezifikum des Religionsunterrichts mit körperbehinderten Kindern ist die Suche nach Antworten auf die in sehr frühem Alter gestellte Frage nach dem Sinn körperbehinderter Existenz: „Warum ich?" (Kollmann 1993, 44ff;

Boenisch 1997, 11ff). Der Religionsunterricht gilt also auch primär den Sinn-
fragen der betroffenen Kinder und ihrer Eltern und ihrem unausgesprochenen
Versuch der Leidensbewältigung (vgl. Erfahrungsberichte der Seelsorge bei
Kindern mit chronischen und progredienten Erkrankungen von Braun 1983).
Zu diesen Fragen äußern sich alle großen Religionen (vgl. Ermert/Pesch 1991;
Pithan/Adam/Kollmann 2002).

Religionsunterricht mit körperbehinderten Kindern findet statt durch Sprechen
und Nachdenken, Meditation, Selbstreflexion und „auf kreative Weise" (vgl.
Adam/Kollmann/Pithan 1998). Es bieten sich gruppendynamische Methoden,
personenzentrierte Gesprächsführung sowie Identifikationsübungen aus der Gestaltpädagogik an („Praxis gestaltorientierter Katechese", Höfer u. Mitarbeiter
1982, 27ff; vgl. Kap. „Didaktische Modelle"). Der Unterricht kann thematisch
an christliche Inhalte gebunden sein; es ist sinnvoll, „vor dem Hintergrund bib-
lischer Aus- und Zusagen gemeinsam mit den Schülern eine (mutmachende)
Lösung für die aktuellen Fragestellungen zu erarbeiten" (für körperbehinderte
Kinder und Jugendliche bietet sich z. B. das *Buch Hiob* an; Boenisch 1999a,
120ff; Steffensky 2002, 121ff).

Religionsdidaktisch werden heute vor allem auf konstruktivistischer Basis
subjektorientierte Schwerpunkte gesetzt („Jeder Mensch ist Gottes Ebenbild"),
„weil die Einzelnen nicht ein vorgegebenes Abbild der Wirklichkeit oder ein
feststehendes fixes Weltbild übernehmen, sondern fortwährend ihr eigenes
Weltbild entwerfen, konstruieren, korrigieren und auf Grund gemachter Erfahrungen adaptieren" (Müller-Friese/Leimgruber 2002, 364). Auf dieser Basis
können folgende Elemente eines *integrativen Religionsunterrichts* mit körperbehinderten Kindern genannt werden (ebd., 362ff; vgl. Kollmann 1993):

- *„Mit allen Sinnen glauben lernen"*: Handlungs- und Erfahrungsorientierung, Projektunterricht, Stationenarbeit, Freiarbeit (vgl. Ehrenfeuchter 2002, 428ff); elementare Erfahrungen ausgehend von alltäglichen Erlebnissen im Zusammenhang mit Spiritualität
  machen („Ich habe Hunger. Brot macht satt. Brot ist von Gott gegeben")
- *Ökumenisches Lernen als „Suchbewegung"*: Begegnung mit den anderen, dem Fremden und Behinderten; Dialogfähigkeit und Toleranz erwerben („Empathie einüben",
  „sich über Leid beklagen", „prosoziales Empfinden konkretisieren", „Zukunft entwerfen"; Oberthür 2002, 412ff); „Erziehung zur Liebesfähigkeit" (Höfer/Thiele 1982,
  103ff); „Mich gibt es nur einmal", „Regeln und Gebote christlichen Zusammenlebens",
  „Streiten – sich vertragen", gemeinsam beten, Eucharistie (vgl. Lehr- und Beispielpläne der einzelnen Bundesländer)
- *Bearbeitung biografischer Elemente*: Auseinandersetzung mit Lebensfreude, mit
  Träumen, aber vor allem auch mit Scheitern, Verlust, Krankheit, Schuldgefühlen, ver-
  sagten Wünschen; Erfahrungen sammeln über „gesund und krank", Analogien und
  Symbole dazu finden und in Beziehung setzen zu Spiritualität und Glauben (Rohrer

1998, 23ff); „Erschließung innerer Unabhängigkeit trotz äußerer Abhängigkeit"
(Kollmann 1993, 47)

- *Auseinandersetzung mit gesellschaftlichen Wertsystemen*: Reflexion gesellschaftlicher
  Normen von Menschenrecht und Menschenwürde; „Ethik der Würde – Recht auf Le-
  ben" (Adam 2002, 140)
- *Symbolorientierung und Ritualisierung*: Erschließung von Tiefendimensionen des
  Glaubens und Erfahrung seiner Ganzheitlichkeit; Ordnungen des Schweigens und Me-
  ditierens, Erzählens, Spielens, Feierns, Arbeitens; Darstellung von Texten, Gebärden,
  Bildern und Musik (Höfer/Thiele 1982, 123ff; Albrecht 2002, 443ff; Dies 2002, 447ff)

Als „sinnenhafte Erfahrung" lässt sich folgendes Schema handelnden Religionsunterrichts
für die Arbeit mit Glaubenstexten entwerfen:
1. Die Schüler richten sich alle zur Mitte in einem Kreis aus: z. B. auf dem Boden, Stuhlkreis; auch schwerst mehrfach behinderte Schüler werden hierin mit einbezogen
2. Biblischen Text in einfacher Form und mit eigenen Worten erzählen
3. Kernaussage der Geschichte herauslösen
4. Herauslösen einzelner wichtiger Elemente und Materialien aus der Geschichte, welche
   im Kreis betrachtet, herumgereicht, untersucht werden. Erstellung eines Mittebildes
5. Rollenspiel zum Mittebild
6. Gebet/Lied
7. Bildbetrachtung zum Mittebild (Heggenberger-Lutz 2000, 193)

Als weitere Methoden im Religionsunterricht bieten sich beispielsweise an:
Bilder malen, Standbilder, szenisches Spiel, Schattenspiel (Szagun 2002,
425ff), Gesang und musikalische Darstellung (Günther 2002, 436ff), Kindertheater (Dohmen-Funke 2002, 438).

Englisch

Fremde Sprachen bieten eine indirekte Möglichkeit der Expansion/Exploration.
Für schwer körperbehinderte Menschen bedeutet das Surfen im Internet eine
leicht zugängliche Teilhabe an der Gemeinschaft. Die elektronischen Medien
der Informationsgesellschaft sind die 3. Sozialisationsinstanz geworden. Dabei
hilft die englische Sprache und erlaubt einen Schritt in den „Erwerb von Autonomie" (Schöler/Degen 1999, 7).

Richtlinien für den Fremdsprachenunterricht an Sonderschulen fehlen. Englischunterricht (oder andere Sprachen) für körperbehinderte Kinder muss erleb-
nis- und handlungsorientiert (ggf. als schulische Arbeitsgruppe) gestaltet werden.
Allgemeines Lernziel sind Fertigkeiten im Sprechen und Verstehen, Lesen und
Schreiben. Lautrichtiges Sprechen, Betonung und Intonation (wie in den allgemeinen Richtlinien vorgesehen) können für körperbehinderte Kinder nicht im

Vordergrund stehen; bei vielen werden nur das Verstehen, Lesen und Schreiben (am PC) relevant. Es werden jeweils individuelle Fähigkeiten gefördert.

Der Unterricht findet fern der Zielkultur statt. Handlungsorientierter Englischunterricht folgt daher dem Prinzip der Erweiterung des Erfahrungsraums Klassenzimmer (Schädler 2000, 69):

- *Eigenständige Suche* nach Begriffen, Bildern, Gegenständen, Formen, Dingen und Worten des alltäglichen Lebens für die persönliche Vokabelkartei (vgl.Schöler/Degen 1999, 83); Bewusstmachung von Anglo-Amerikanismen der deutschen Alltagssprache (Quenstedt 1994, 420)
- *„Schülerorientierte Spiele"*. Schreibspiele, Dialogspiele, Lernspiele, Ratespiele, Interaktionsspiele, Quizspiele, Rollenspiele, Wettspiele (vgl. Löffler 1979; Löffler/Kuntze 1987)
- *Authentische Handlungssituation.* Kontakte zu Schulklassen in England (Briefe, Pakete, Videos, Fotos, E-mails) stimulieren das Lernen
- *Rituale.* Neue Identität durch englische Namen, Atmosphäre und Fantasiereisen (Untermalung mit englischer Popmusik); „Talking about yourself" (Quenstedt 1994, 423ff)
- *Handlungs- und Bewegungsfeld.* Alltägliches Handeln mit englischsprachiger Begleitung
- *Lernen durch Hinausgehen.* Begegnungsprojekte mit fremden Kulturen, Klassenreisen
- *Lernwerkstatt Englisch.* Lernlandschaft für alle Klassen gemeinsam mit Wandzeitungen, Musik, Büchern, Videos auf Englisch (als Erfahrungsraum für alle Kinder)

Jedes körperbehinderte Kind kann aktiv oder passiv zumindest die Anfänge einer Fremdsprache lernen und u. U. durch Wiedererkennen fremdsprachlicher Elemente im Alltag zum weiteren Lernen stimuliert werden. Auch *Kinder ohne Sprache* (vgl. Kap. „Kinder mit cerebralen Bewegungsstörungen") lernen Englisch und kommunizieren auf Englisch durch neueste elektronische Hilfsmittel wie z. B. den „Delta Talker" und dessen Weiterentwicklung den „Power Talker" (vgl. Katalog 2002 der Firma Prentke Romich Deutschland „Elektronische Kommunikationshilfen mit Sprachausgabe", www.prentke-romich.de).

4.4 Nachschulische/außerschulische Förderung

Die nachschulische Förderung körperbehinderter Jugendlicher und Erwachsener betrifft vor allem die berufliche Eingliederung, die Suche nach geeignetem Wohnraum oder nach Wohngruppen, Mobilität und die Organisation von Freizeitangeboten und Freizeitgestaltung sowie die Rechtsberatung und nicht zuletzt Strategien der Durchsetzung von eigenen Interessen und Rechten. In all diesen Bereichen sind die Betroffenen und ihre Familien selbst aktiv, sie brauchen jedoch die Unterstützung von Selbsthilfeorganisationen und Behinderten-

verbänden (s. u.). Die Förderung schwerbehinderter Menschen und ihrer Familien ist eine spezifische Aufgabe der Sozialarbeit in der Rehabilitation als Re-
habilitationsberatung (in persönlichen, familialen, organisatorischen und sozial-
rechtlichen Fragen; Stadler 1998, 177).

   Kennzeichnend für die nachschulische Förderung körperbehinderter Menschen ist die Verflechtung mit Aufgaben, die die Schule zur Vorbereitung auf
das Leben nach der Schule übernimmt; dazu gehören: Vorbereitung auf das Berufsleben durch schulische Maßnahmen der Arbeitslehre und des Sach/Tech-
nikunterrichts sowie möglicherweise die Vorbereitung auf Wohnen und Freizeit
als Unterrichtsgegenstand. Zu trainieren sind ferner selbstbestimmtes Handeln
und soziale Durchsetzung („Empowerment"; Theunissen/Plaute 1995). „Die
Überzeugung, dass benachteiligte Menschen ihr Leben eigenständig zu ‚mana-
gen' vermögen, wenn man es ihnen nur zutraut und es nicht verhindert, dass sie
ihre Entscheidungs- und Handlungsmöglichkeiten autonom erproben, ist zwar
grundlegend, sie hat sich allerdings in der Rehabilitationspraxis bislang nur
zögerlich durchgesetzt" (Seifert 1999, 380).

Beruf

Zur beruflichen Eingliederung erfolgt in der *Arbeitslehre an den Schulen* die Vorbereitung auf die Arbeitswelt (zur autonomen Lebensführung, Existenzsicherung,
sinnvolle und menschenwürdige Gestaltung des Lebens). Die Schüler sollen Wissen und Grundfertigkeiten erlangen zur Teilhabe an Gesellschaft, Technik und
Wirtschaft. Sie lernen, nach Interessenlage ihre Fähigkeiten realistisch einzuschätzen, ihr Leben und ihre Zukunft zu planen und ihre persönliche Situation zu gestalten (zur Organisation und Didaktik vgl. Kap. „Arbeitslehre" sowie Stadler 1991
u. 1992; Bordel 1987, 47ff). Daran schließt sich in der Regel ein Prozess der Berufsberatung und ggf. praktischen Erprobung bzw. eines Berufsvorbereitungsjahrs,
der fachlichen Begutachtung durch die Bundesanstalt für Arbeit oder der Erstellung eines Fähigkeitsprofils für Unterstützte Beschäftigung an. Dieser Prozess verläuft in jedem Einzelfall anders, abhängig von der Schwere der Behinderung. Motorisch schwer behinderte Jugendliche haben dabei im Vergleich zu anderen
Gruppen behinderter Menschen nach wie vor die geringsten Chancen, auch angesichts der neuen Entwicklung Unterstützter Beschäftigung und Arbeitsassistenz (s.
u. und vgl. empirische Ergebnisse von Barlsen 2001, 39ff).

   Die berufliche Eingliederung findet traditionell nach dem Prinzip „Erst qualifizieren, dann platzieren" statt, das den meisten körperbehinderten Schulab-
solventen nicht gerecht wird und sie benachteiligt. Neuere Maßnahmen der Un-

terstützten Beschäftigung gehen stattdessen den Weg des *„Training on the job – erst platzieren, dann qualifizieren"*.

Die *traditionelle Berufsausbildung* erfolgt in Betrieben und Berufsschule. Für die Ausbildung körperbehinderter Jugendlicher und für die Einrichtung behindertengerechter Arbeitsplätze stehen Mittel des Integrationsamtes (ehemals: Hauptfürsorgestelle) zur Verfügung. Die *überbetriebliche Rehabilitation* erfolgt traditionell in Einrichtungen der medizinischberuflichen Rehabilitation: in Berufsbildungswerken (BBW) zur *Erstausbildung* behinderter Jugendlicher (in Internatsunterbringung mit zusätzlichen medizinischen und sozialen Leistungen), in Berufsförderungswerken (BFW) zur *Fortbildung und Umschulung* für behinderte Erwachsene (meist mit Internatsunterbringung) und in *Werkstätten für Behinderte* (WfB) für sehr schwer behinderte Menschen, die den Anforderungen auf dem freien Arbeitsmarkt nicht gewachsen sind (vgl. Bundesanstalt für Arbeit 1997; Cloerkes 1997, 35ff; Stadler 1998, 179ff; Bischoff/Rathgeber 1987).

„Seit Beginn der 80er Jahre wurde es [in den alten Bundesländern] für viele Absolventen der Schule für Körperbehinderte immer schwieriger, eine Berufsausbildung zu beginnen" (Stadler 1996, 187; vgl. Tramsen 1989, 33). Dem Recht der betroffenen Menschen auf berufliche Qualifizierung wird seitdem aufgrund der Arbeitsmarktlage keineswegs hinreichend entsprochen (Stadler 1995, 81). Die Gruppe körperbehinderter Berufsanfänger ist jedoch so heterogen, dass es zu den unterschiedlichsten Problemlagen kommt (zu empirischen Untersuchen des Übergangs ins Berufsleben vgl. Stadler 1991a; 1996). Eine sehr schwierige Situation besteht für Menschen, die in erheblichem organisatorischem, technischem und zeitlichem Ausmaß auf Hilfe angewiesen sind (z. B. Menschen mit schwerer Cerebralparese und extremen verbalen Kommunikationsschwierigkeiten, denen selbst die WfB keine geeignete Tätigkeit bietet). Für sie stehen in einigen Bundesländern spezielle Förder- und Pflegeangebote in Tagesförderstellen, Tagesstätten oder Fördergruppen unter dem Dach der WfB (z. B. in Berlin, München, Bad Kreuznach, Bonn) bereit (Lelgemann 1998, 41; 2000, 178ff). In diesem Einrichtungen sind Arbeitsplätze und Arbeitshilfen für „individuelle Lösungen" in den Bereichen Holz, Montage, Textil, Töpferei, PC und „Kreativ" geschaffen worden (Lelgemann 1996, 47f).

Die Entwicklung der letzten Jahre (seit 2001 auch gesetzlich durch SGB IX abgesichert, vgl. Kap. „Recht") führt im Rahmen des *„Horizon"-Programms* der EU zur Betonung der *Unterstützten Beschäftigung* bei Maßnahmen zur beruflichen Integration (Horizon-Arbeitsgruppe 1995). „Unterstützte Beschäftigung bezeichnet einen ambulanten Arbeitsansatz, der für einen bestimmten ‚Kunden' einen dessen Neigungen und Fähigkeiten entsprechenden Arbeitsplatz in Wohnortnähe sucht, ihn – sofern erforderlich – auf die Arbeitsaufnahme vorbereitet und ihn in der Regel bei der Einarbeitung am Arbeitsplatz und der Einnahme einer sozialen Rolle im Betrieb unterstützt" (Hohmeier 2001, 18). Diese Aufgabe übernehmen *Integrationsfachdienste* (Träger sind u. a. Eltern-Selbsthilfeverbände, Wohlfahrtsverbände, Bildungswerke, Krankenhäuser; Barlsen 2001, 42ff). Das Modell gliedert sich in 6 Bereiche (Horizon-Arbeitsgruppe 1995, 15ff; Hinz/Boban 2001, 32; Barlsen/Hohmeier 2001, 65ff):

1. *Erstellung eines Fähigkeitsprofils und Vorbereitung auf die Arbeitsaufnahme*: Gespräche mit den Bewerbern und Personen des sozialen Umfelds; Auswertung von zugänglichen Akten; Beobachtung und Auswertung bisheriger Arbeit, Praktika, Arbeitserprobungen; Auswertung von Erfahrungen gemeinsamer Freizeitunternehmungen; vorberufliches theoretisches und praktisches Training; Platzierungsvorschläge

2. *Akquisition von Arbeitsplätzen auf dem allgemeinen Arbeitsmarkt*: Informelle Kontakte (Mundpropaganda, Telefongespräche); offizielle Kontakte (Vorstellungen bei Firmen, Medien, Integrationsämtern) (Behncke 2001, 81ff)

3. *Arbeitsplatzanalyse*: Motorische Anforderungen; kognitive Anforderungen; Handlungsspielräume; Zeitabhängigkeiten; Funktionsvielfalt; Interaktionsfelder; Tätigkeitsstruktur; Arbeitsumgebung; Anschaulichkeit des Arbeitsprozesses; Lernmittel; Lehrpersonal; Lernortkombinationen; generelle „Handlungsorientierungen zielgerichteter Tätigkeit" (Bungart/Putzke 2001, 121ff). Der Arbeitgeber sorgt für behindertengerechte Ausstattung

4. *Arbeitsbegleitung/Arbeitsassistenz*: Unterstützung bei der Orientierung am Arbeitsplatz (räumlich, zeitlich, organisatorisch, strukturell); Unterstützung bei der Weiterentwicklung fachlicher Kompetenzen, sozialer Kompetenzen und organisatorischer Kompetenzen (Pünktlichkeit, Regelmäßigkeit, Ausdauer); Unterstützung im Umgang mit Krisen und Konfliktsituationen, bei der Erweiterung von Selbstreflexion, Bewältigungsstrategien und Selbstganisation (ebd., 141f). Der behinderte Mensch wird „Arbeitgeber im Sinne des Sozialrechts" für seinen Arbeitsassistenten, der betriebliche Arbeitgeber ist mit innerbetrieblicher oder betriebsfremder Assistenz von mindestens 15 Wochenstunden einverstanden (vgl. Regelungen der zuständigen Integrationsämter)

5. *Qualifizierung der Arbeitsassistenten*: Theoretische Ausbildung und kontinuierliche Weiterbildung in berufsbegleitenden Fachkursen und Lehrgängen von Personen mit entsprechender Berufserfahrung oder pädagogischer Ausbildung (häufig Sozialpädagogen) (Horizon-Arbeitsgruppe 1995, 114ff; Doose 2001, 229ff)

6. *Auswertung und Reflexion des Unterstützungsprozesses*: Reflexions- und Beurteilungsgespräche aller Beteiligten; Etablierung von Rückmeldesystemen; regelmäßige Beobachtung und Beurteilung der Arbeitnehmer; Dokumentation von Entwicklungsverläufen; Beurteilung der Erfolge im Hinblick auf Zielsetzungen; Sicherung erfolgreicher Strategien und Veränderung erfolgloser (Bungart/Putzke 2001, 153f)

Für körperbehinderte *Schulabgänger mit Hochschulreife* gibt die Beratungsstelle für behinderte Studienbewerber und Studenten des Deutschen Studentenwerks Auskunft über behindertengerechte Einrichtungen der deutschen Hochschulen (vgl. Deutsches Studentenwerk 1998). Außerdem sind die jeweiligen Behindertenbeauftragten der Hochschule ihre Ansprechpartner. Regelungen und Empfehlungen zum Nachteilsausgleich für behinderte und chronisch kranke Studierende sind von der Kultusministerkonferenz (1982) und vom Bundesministerium für Bildung, Wissenschaft, Forschung und Technologie (1996) herausgegeben worden (vgl. J.-J. Meister 1995; 1998).

Wohnen

„Das selbstbestimmte Leben und Wohnen Behinderter ist ein Maßstab für ihre soziale Eingliederung" (Stadler 1998, 208). Kompetenz zur Selbstbestimmung (auch als Übernahme von Verantwortung für den eigenen Wohn- und Lebensbereich) wird im Laufe der gesamten Sozialisation erworben. Wohnen ist dabei als ökologisches System zu betrachten, bei dem der Einzelne vernetzt ist mit dem Umfeld, mit dem mehr oder weniger (unterstützender) Austausch stattfindet (Arlt 1992, 72ff).

Spezifische pädagogische Aufgaben zur Vorbereitung auf das selbständige Leben und Wohnen liegen in der Schaffung von Erprobungs- und Erkundungsfeldern als Brücken zur Lebenswirklichkeit, im Training von Alltagssituationen und in der Schulung des Bewusstseins der Komplexität eines selbständigen Lebens (vgl. Stadler 1983 u. 1986 sowie Kap. „Selbständigkeit/Hauswirtschaft"). Dazu gehören die Reflexion über die Gestaltung des eigenen Wohnens („Grammatik der Wohnfeldgestaltung"; Mahlke/Schwarte 1985, 30ff) und die Vermittlung von Kenntnissen über die funktionsgerechte Wohnung z. B. für Rollstuhlfahrer (nach DIN 18 025): Maße von Türen, Fenstern, Bad, Küche, Wohnräumen, aber auch Zugang zum Haus und zum Wohnbereich, Haustür und Wohnungstür, Aufzüge und Rampen, Müllsammler, Briefkästen und Parkmöglichkeiten. Die Klärung von Wohnerwartungen und spezifische Wohnerfahrungen gehören zu den engeren Zielen der Förderung (vgl. Seifert/Arenz 1998).

Die Wohnmöglichkeiten erwachsener körperbehinderter Menschen lassen sich zum einen in *geschlossene* (Anstalten, Pflegeheime, Dorfgemeinschaften) vs. *offene* (Wohnheime, Wohngruppen, Wohngemeinschaften, Einzelwohnungen, Elternhaus) Wohnformen und zum anderen in *fremdbestimmte* (Wohnheim, betreutes Wohnen, ambulante Dienste, Fokusmodell, Servicehaus, Hilfe durch Angehörige) vs. *selbstbestimmte* (Assistenzmodell) Wohnformen unterteilen (vgl. Pieda/Schulz 1990; Frehe 1999; U. Wilken 1999; zu Wohnmodellen für behinderte Menschen im europäischen Ausland vgl. Franke/Westecker 2000).

Die meisten körperbehinderten Jugendlichen und jungen Erwachsenen bleiben allerdings im Familienverband wohnen und werden durch Familienmitglieder über lange Jahre unter großen Belastungen betreut (Bartz 1996, 22ff). Das Leben in der Familie bedeutet für die Betroffenen oft ein größeres subjektives Wohlbefinden (in ihrer vertrauten Umgebung), Ablösung und Selbständigkeit werden dabei durch die eingeschliffenen Lebensautomatismen jedoch häufig erschwert. Viele betroffene Jugendliche sind weder durch die Familie noch durch die Schule auf selbständiges Wohnen vorbereitet (die Mehrzahl der Jugendlichen an Körperbehindertenschulen wünscht sich keine Veränderung ihrer Wohnsituation).

Für schwer behinderte Menschen sind eine Reihe von Modellen *betreuten Wohnens* entwickelt worden (Theunissen/Plaute 1995, 147ff):

*   *Wohnheim.* Betreuung rund um die Uhr; wohnen in der Gemeinschaft mit anderen Behinderten; aber wenig Möglichkeiten zur Eigeninitiative; einfügen in den Gruppenalltag; in den letzten Jahren „Aufbruch" von starren Organisationsstrukturen zu erweiterter Autonomie der Bewohner (vgl. Metzler 1997; Simmen 1998; Weinwurm-Krause 1999)

*   *Betreute Wohngemeinschaft.* Eigene Gestaltung der Wohnung; Leben in übersichtlicher Gruppe; aber Leben mit Kompromissen und eingeschränkter Selbstbestimmung

*   *Ambulante Dienste.* Weitgehend selbstbestimmtes Leben als Einzelner oder als Paar; aber starre Dienstpläne des Personals; kaum Auswahlmöglichkeiten der Betreuer

*   *Servicehaus und Fokusmodell.* Rund um die Uhr besetzter Hilfsdienst; Hilfe nur, wenn sie angefordert wird; hoher Grad an selbstbestimmtem Leben; aber oft personelle Engpässe in Stoßzeiten und oft wechselndes Personal

*   *Assistenzmodell.* Der behinderte Mensch ist in seiner eigenen Wohnung Arbeitgeber eines lebensbegleitenden Assistenten; der Assistent wird selbst gesucht, entlohnt und ggf. auch entlassen; hoher Grad an selbstbestimmtem Leben; aber auch Notwendigkeit besonderer Kompetenzen und Übernahme von Verantwortung (vgl. Frehe 1999, 275f; U. Wilken 1999, 22ff)

Das SGB IX regelt seit 2001 auch die Finanzierung des betreuten Wohnens (einschließlich des Assistenzmodells).

Mobilität

Der *Rollstuhl* ist laut DIN 13 240 „ein Fortbewegungsmittel für Personen, deren Gehfähigkeit eingeschränkt ist". Ca. 400 000 Menschen in Deutschland sind dauerhaft auf den Rollstuhl angewiesen. Für körperbehinderte Kinder, Jugendliche und Erwachsene ist der Rollstuhl mehr als nur ein Fortbewegungsmittel, mit dessen Hilfe die Betroffenen mehr Mobilität, Selbständigkeit und Unabhängigkeit gewinnen. Schon für Kinder ist er auch ein Medium zur Vergrößerung des Aktionsradius und zur Erforschung der Umwelt, das sie aufmerksamer macht und ihre Eigeninitiative fördert. Er ist ein Medium, Erfahrungen zu sammeln mit Koordination, Schnelligkeit, Krafteinsatz, Wegfahren, Auf-jemanden-zu-Fahren, Spiel, Sport, Entscheidungsfreude, aber auch um Aggressionen auszuleben (Holtz 1997, 269f).

Rollstühle werden nach EG-Richtlinien für Medizinprodukte („Medical Devices Directive" von 1993) gebaut, die 1998 als Medizin-Produkt-Gesetz (MPG) nationale Rechtsverbindlichkeit erhielten (Harfich 2001, 13ff). Rollstühle müssen auf die Größe und das Alter des Benutzers, die Art der Behinderung und die Bedürfnisse der Betroffenen zugeschnitten sein. Dazu gehören: Sitzbreite, Sitzhöhe, Sitztiefe, Sitzneigung, Rückenlehnenhöhe, Rückenlehnenwinkel, Unterschenkellänge und Fußstütze, Schiebegriffe, Konturen von Sitz- und Rückenbespannung, Materialbeschaffenheit, Farbzusammenstellung und ggf. Kopfstütze und Elektroantrieb (Epp 1998, 41ff). Rollstühle gibt es mit unterschiedlichen fahrwerktechnischen Variationen und in unterschiedlicher Ausstattung, z. B. Standardrollstuhl, Leichtgewichtrollstuhl, Aktivrollstuhl, Rollstühle mit Greifreifenantrieb und Rückenlehnenverstellung (Harfich 2001, 38ff; Kalbe 1995, 45ff; Bröxkes/Herzog 1993, 14ff). Für Rollstuhlfahrer gibt es spezielle, modische Bekleidung (Epp 1998, 123ff).

Für die Mobilität körperbehinderter Menschen sind weiterhin *Gehhilfen* und *Stehhilfen* von Bedeutung. Wie bei Rollstühlen bedarf es auch hier zunächst eines Anforderungsprofils, um dann aus den vielfältigen Hilfsmitteln auszuwählen: Welche funktionalen Voraussetzungen besitzt der Benutzer? Wo, wofür und wie lange soll die Gehhilfe eingesetzt werden? (Hedderich 1999, 98). Die wichtigsten Steh- und Gehhilfen sind Stützen und Stöcke (z. B. Unterarmstützen, Vierpunktstützen), Gehgestelle und Gehwagen, Rollator, Delta-Gehrad, Schiebewagen sowie die unterschiedlichsten einstellbaren Modelle fester und fahrbarer Stehständer (Kalbe 1995, 28ff; Hedderich 1999, 98ff; Kurz 1998, 44ff).

Allen Mobilitätshilfen ist gemein, dass sie eine Gebrauchsschulung des Benutzers erfordern. Sie erfolgt bei Steh- und Gehhilfen in der Regel durch Physiotherapeuten, beim *Rollstuhltraining* sind auch Pädagogen involviert. Dabei geht es im einzelnen um (Simon 1985, 27ff):

- *Sitzübungen*: Verteilung des Körpergewichts, Bewegungen im Halsbereich, Bewegungen im Schulter-Arm-Bereich, Bewegungen im Rumpfbereich, Übungen im Beinbereich, Entlastungs- und Lockerungsübungen

- *Grundübungen des Fahrens*: Vor- und Rückwärtsfahren, Durchfahren von Kurven, Beschleunigen und Bremsen, Drehen auf der Stelle, Übungen auf verschiedenen Bodenqualitäten, Überwinden von Hindernissen

- *Umsteigeübungen*: Vom Rollstuhl aufs Bett, vom Rollstuhl auf die Toilette, vom Rollstuhl in die Badewanne, vom Rollstuhl in das Auto und umgekehrt

Zum Rollstuhltraining gehört auch die *Anleitung von Hilfspersonen* („So viel Hilfe wie notwendig, aber so wenig wie möglich"): Hilfestellung erfolgt grundsätzlich hinter dem Rollstuhl (Rollstuhlfahrer mit freiem Gesichtsfeld), Kontrolle der Bremsen, Kippen, Fahren auf Wegsteigungen (ggf. rückwärts mit gekipptem Rollstuhl), Überwinden von Bordsteinen und Treppen (vorwärts mit gekipptem Rollstuhl) (ebd., 15ff; Hartrampf 1979, 500ff).

Zum Mobilitätstraining gehört weiterhin die *Verkehrserziehung* für körperbehinderte Kinder und Jugendliche:

- *Verkehrsbeobachtung*: Wahrnehmungsfähigkeit und Reaktionsvermögen in der Realerfahrung

- *Verkehrsteilnahme*: Übung als Fußgänger oder Rollstuhlfahrer im Straßenverkehr und Bitte um Hilfestellung
- *Theoretische Schulung*: Einsicht in verkehrstechnische Probleme, Regeln und Zeichen

Darüber hinaus geht es um Information zur Benutzung *öffentlicher Verkehrsmittel* und zum *Führerscheinerwerb* für schwerbehinderte Menschen (spezielle Fahrschulen, Gutachten des Arztes, Gutachten des TÜV).

Einen indirekten Weg für schwer körperbehinderte und chronisch kranke Menschen zur sozialen Teilhabe, zur Alltagsbewältigung und zur Mobilität bietet die Nutzung der neuen elektronischen Medien wie *Telekommunikation* und *Internet* (Bader u. a. 1996, 501ff; vgl. *www.internet-ohne-barrieren.de* und *www.startrampe.de*).

Freizeit

Der „positive" Freizeitbegriff zielt darauf ab, gegen die Spaltung von Arbeit und Freizeit ein ganzheitliches Lebenskonzept zu setzen. Opaschowski (1990, 86) spricht deshalb von „Lebenszeit". Innerhalb dieser Einheit sind körperbehinderte Menschen in der Erfüllung ihrer Freizeitbedürfnisse benachteiligt. Folgende Erschwernisse werden in unterschiedlichem Ausmaß wirksam (Kerkhoff 1982, 4ff):

- *Unmittelbare Folgen der Schädigung*: Geringe körperliche Belastbarkeit, fehlende Mobilität, Sichtbarkeit der Behinderung, Erfordernis von Begleitperson
- *Zeitlicher Aufwand für alltägliche Versorgung*: Hygiene- und Gesundheitsmaßnahmen, Nahrungszubereitung, Essen, Mobilität
- *Zeitlicher Aufwand für Rehabilitationsmaßnahmen*: Ständige Behandlungserfordernisse
- *Familiale Bindung*: Zentrierung auf Familienleben, Überbehütung
- *Fehlendes geeignetes Freizeitangebot*: Wenige Kontaktstellen, wenige Vereine
- *Probleme der Erreichbarkeit*: Überwindung großer räumlicher Entfernungen, Schwierigkeit der Beschaffung von Information über Freizeitangebote
- *Selbstisolierungstendenzen*: Vermeidung von unbekannten sozialen Strukturen
- *Unzureichende Ausbildung von Interessen und Freizeitgewohnheiten*

Es gilt daher, in der Schule und in nachschulischer Förderung die individuellen Freizeitbedürfnisse bewusst zu machen; das „Ziel ist es, Gemeinsamkeiten zwischen behinderten und nichtbehinderten Kindern im Lebensbereich Freizeit zu fördern" (Markowetz 1998, 7). Gefordert wird u. a. eine „animative Didaktik", die Offenheit, Mobilität, Zeiteinteilung, Entscheidungs- und Wahlmöglichkeit sowie Initiative zum Gegenstand hat (Markowetz 2000, 50ff).

Der integrative Prozess setzt den Nachteilsausgleich voraus, d. h. die Kommunen müssen für behindertengerechte Einrichtungen sorgen, und ggf. sind integrative Modellprojekte nötig, die auch von den Betroffenen ausdrücklich gewünscht werden (Markowetz 1997, 293). Als Beispiel sei hier das „Projekt zur Förderung integrativer Ferien- und Freizeitmaßnahmen – PFiFF" (Markowetz 1998a, 1ff u. 1998b, 315ff) genannt, in dem behinderten Kindern und Jugendlichen im Rahmen eines integrationspädagogischen Dienstes durch Assistenten der Weg in einen „normalen" Verein geebnet wird. Dabei sind folgende Phasen des integrativen Prozesses vorgesehen:

- *Phase 1*: Erstgespräch mit den Eltern und Finden geeigneter Assistent/-innen
- *Phase 2*: Kontaktphase des Assistenten/der Assistentin mit dem Kind und der Familie
- *Phase 3*: Suche nach einem geeigneten Verein
- *Phase 4*: Integration und Mitgliedschaft auf Probe
- *Phase 5*: Reflexion der Mitgliedschaft auf Probe und der gemachten Erfahrungen
- *Phase 6*: Stabilisierung der Integrationsmaßnahme

Dabei kommt es darauf an, den Betroffenen die Idee der Integrationsbegleitung zu erläutern; ein Kompetenztransfer soll ermöglichen, dass sich der Assistent langsam überflüssig macht.

Es existieren inzwischen eine Vielzahl von Erfahrungsberichten zur Praxis sozialintegrativer Freizeit aus den unterschiedlichsten Bereichen wie: Integrative Erwachsenenbildung; Urlaub, Reisen und Tourismus; Judo; Kanu; Segeln; Trommeln; Integratives Spiel; Erlebnistheater; „Pfadfinderin Trotz Allem" (PTA); Musikschule; Zirkusprojekte; Orientalischer Tanz (vgl. Sammeldarstellungen in Markowetz/Cloerkes 2000; Wilken 1997; Stadler 1984). Ein umfangreicher Katalog von Orientierungsadressen zu Freizeitgestaltungsmöglichkeiten behinderter Menschen findet sich in Markowetz/Cloerkes (2000, 378ff).

Des Weiteren haben Selbsthilfeorganisationen und Behindertenverbände wichtige Aufgaben im Freizeitbereich (Freizeitangebote, Durchführung von Projekten, Kontakt zu Sportvereinen, Anmahnung behindertengerechter Einrichtungen in den Kommunen). „Integration im Freizeitbereich muss zu einem verlässlichen, wohnortnahen, interessenbestimmten Handlungsfeld werden" (Markowetz 1998, 9).

Selbsthilfe

Die Selbsthilfe körperbehinderter Menschen als selbstorganisierte und selbstverwaltete Hilfsorganisation lässt sich als eine von vielen unterschiedlichen „Armenorganisationen" bis ins späte Mittelalter zurückverfolgen. Sie hatten den Zweck der sozialen und materiellen Absicherung ihrer Mitglieder, waren auf die gesamte Lebenssituation der Betroffenen ausgerichtet und boten ihren Mitgliedern Identifikationsmöglichkeiten (Moeller 1996, 57ff). Die rein sozial-ökonomische Selbsthilfe wandelte sich im Zuge der Industrialisierung des 19. Jahrhunderts zu einer sozialpolitischen Selbsthilfe und konstituierte sich als Kritik der Dienstleistungsgesellschaft als *neue Selbsthilfebewegung* in den frühen 60er Jahren des 20. Jahrhunderts (Braun/Opielka 1992, 20ff). Die Entwicklung der Selbsthilfebewegung vollzog sich in der BRD und in der DDR unterschiedlich: In der BRD kam es nach den ersten Zusammenschlüssen von Kriegsbeschädigten im Bereich der Selbsthilfe Körperbehinderter nach dem Zweiten Weltkrieg zur Gründung einer Vielzahl von Gruppen und Organisationen körperbehinderter und chronisch kranker Menschen. In der DDR durfte es neben der staatlichen Fürsorge aus ideologischen Gründen keine offiziellen Selbsthilfegruppen geben. Zusammenschlüsse existierten jedoch inoffiziell, häufig unter dem Dach der Kirche (Maaz 1993, 134f; Müller 1992, 37f). Gegenwärtig ist das Selbsthilfespektrum in Deutschland nur noch schwer zu überschauen. Unter den Selbsthilfeorganisationen finden sich sowohl Zusammenschlüsse von Eltern und Angehörigen als auch von den Betroffenen selbst. „Die Gruppen entstehen am ... ehesten dort, wo die professionelle Versorgung quantitativ oder qualitativ nicht ausreicht. Sie gleichen ‚Seismographen für Mängel'" (Moeller 1996, 97).

In der Selbsthilfe gibt es heute eine unterschiedlich enge Verzahnung mit staatlichen Stellen bzw. Verbindung mit einzelnen Personen des öffentlichen Lebens; und die professionelle (vor allem medizinische) Hilfe und Beratung ist fester Bestandteil der Programme von Selbsthilfeorganisationen körperbehinderter und chronisch kranker Menschen und ihrer Familien. Behindertenverbände z. B. unter dem Dach des Paritätischen Wohlfahrtsverbandes gibt es in allen größeren Zentren; Selbsthilfegruppen existieren für alle Behinderungsformen, die größeren sind bundesweit über Netzwerke und Ansprechpartner organisiert und unterhalten Beratungsstellen und ggf. medizinische Ambulanzen (vgl. Gesamtverzeichnis von Schmid 1992 oder *Bundesarbeitsgemeinschaft Hilfe für Behinderte e. V., Kirchfeldstraße 149, 40215 Düsseldorf*; s. a. *Internet*).

Fundament ihrer Arbeit sind kontinuierliche Gruppentreffen und individuelle Beratung der Mitglieder sowie Informations- und Fortbildungsseminare. Daneben gibt es eine Vielzahl von Freizeitaktivitäten. Wichtiger Bestandteil der Arbeit sind zudem Publikationen von Informationsschriften und Büchern, Selbstdarstellungen, Mitgliederzeitschriften, Geschäftsberichten.

Alle Aktivitäten von Selbsthilfegruppen dienen auch dazu, ein Stück Normalität für die Betroffenen zu schaffen, sich gegenseitig zu stützen und ein sinnerfülltes Leben mit der Behinderung zu fördern. Ziel ist vor allem, die soziale und politische Stärke der Gruppe zu nutzen und individuelle Kompetenzen zu erwerben:

psychische Kompetenz zur Krisenbewältigung; *Wissenskompetenz*, um Behinderung und Krankheit kontrollieren zu können; *soziale Kompetenz* zur Emanzipation, zur Durchsetzung von Rechten und zur Gestaltung von Kontakten; *Leistungskompetenz* zur kreativen Gestaltung des Lebens (Trojan 1986, 183ff).

Recht

Körperbehinderte Menschen müssen zur Wahrnehmung ihrer Rechte und zur Durchsetzung ihrer Interessen und des Nachteilsausgleichs befähigt werden. Dazu benötigen sie umfassende Information über rechtliche Belange. Diese Information macht unabhängiger und ist ein weiterer Schritt in das autonome Leben. Selbsthilfeorganisationen und Behindertenverbände verfügen in der Regel über ein Netzwerk von Kontakten zu juristischen Fachleuten. Aus gutem Grund haben die meisten jedoch auch allgemeinverständliche Schriften zur „Übersetzung" der Gesetzestexte herausgegeben, die immer wieder aktualisiert werden: Bundesarbeitsgemeinschaft Hilfe für Behinderte („Die Rechte behinderter Menschen und ihrer Angehörigen", 1997); ASbH e. V. („Recht so!", 1998a); Bethel („Recht auf Teilhabe", Conty 1997); Stiftung Michael („Rechtsfragen bei Epilepsie", 1994).

Das *Neunte Sozialgesetzbuch* (SGB IX) ist seit Juli 2001 das zentrale Gesetzeswerk, das behinderten Menschen ein selbstbestimmtes Leben und die Verwirklichung von Lebenszielen ermöglichen soll (Fuchs 2001; Marschner 2001; Welti 2001; Mrozynski 2001). Körperbehinderte Menschen sind nicht mehr primär Objekt der Fürsorge, sondern werden bei ihrer selbständigen Lebensgestaltung unterstützt. Zugleich ist damit die Umsetzung des Benachteiligungsverbots nach Art. 3 Abs. 3 des Grundgesetzes beabsichtigt. Das Rehabilitations- und Behindertenrecht, das bis dahin in das Bundessozialhilfegesetz (BSHG), das Schwerbehindertengesetz (SchwbG) und das Rehabilitationsangleichungsgesetz (RehaAnglG) aufgegliedert war, ist in diesem Gesetzbuch zusammengefasst worden. Es gliedert sich in zwei Teile. Teil 1 enthält die Regelungen zur Rehabilitation behinderter und von Behinderung bedrohter Menschen. In Teil 2 – Besondere Regelungen zur Teilhabe schwerbehinderter Menschen – ist das bisherige Schwerbehindertengesetz aufgegangen. Dabei findet die neue, weniger stigmatisierende und weniger lenkende Begrifflichkeit, die sich in der Rehabilitation seit vielen Jahren durchgesetzt hat, im Gesetzestext Verwendung (beispielsweise wurde aus „Schwerbehinderter" im SchwbG „schwerbehinderter Mensch" im SGB IX, aus „Hauptfürsorgestelle" wurde „Integrationsamt", aus „Eingliederung Schwerbehinderter in das Arbeits- und Berufsleben" wurde „Teilhabe schwerbehinderter Menschen am Arbeitsleben").

Das Gesetz betont Prävention, Rehabilitation und Integration in die Gemeinschaft und in das Arbeitsleben. Es erweitert den Kreis der Leistungsträger der Rehabilitation: Neben bisherigen Leistungsträgern wie der gesetzlichen Kranken-, Unfall- und Rentenversicherung, der Bundesanstalt für Arbeit und den Trägern der Kriegsopferversorgung gehören jetzt auch die Träger der öffentlichen Jugendhilfe und die Träger der Sozialhilfe dazu. Die Wahlmöglichkeit von Leistungen wird wesentlich vergrößert und berechtigten Wünschen der Leistungsberechtigten entsprochen (z. B. kann betreutes Wohnen erstmals als Form der Hilfe anerkannt werden). Das Gesetz enthält auch einen Rechtsanspruch auf „Arbeitsassistenz", die u. a. über die Integrationsämter und die Bundesanstalt für Arbeit finanziert wird. Außerdem wird der Ersatz von Sach- durch Geldleistungen erprobt, mit denen behinderte Menschen eine nötige Assistenz in unterschiedlichen Lebensbereichen als eigener „Arbeitgeber" finanzieren können.

Eine zentrale Neuerung bei der praktischen Verwirklichung des Benachteiligungsverbots ist die Zusammenführung von Zuständigkeiten in gemeinsamen „Servicestellen" aller Rehabilitationsträger auf Kreisebene. Sie sollen als Anlaufstelle für betroffene Menschen wohnortnah, schnell, trägerübergreifend und verbindlich Beratung und Hilfe bieten. Die rechtliche Grundlage der gemeinsamen Servicestellen ist durch §§ 22 – 25 des SGB IX geregelt.

Initiativen und Aktionen, wie sie z. B. in den 90er Jahren nach der Grundgesetzänderung entstanden sind (vgl. Aktion Grundgesetz 1997; Heiden 1996), tragen dazu bei, die Rechte der Betroffenen zu stärken und durchzusetzen. Nachschulische/außerschulische Förderung körperbehinderter Menschen bedeutet deshalb auch, „sich gemeinsam einzumischen" (Singer 1992).

Durchsetzung/Selbstbehauptung

Als Weg in die soziale Offensive, zur Durchsetzung von Wünschen, Bedürfnissen und Rechten, zur Erweiterung des sozialen Handlungsspielraums (Überwindung sozialer Ängste) bietet sich ein *Verhaltenstraining zur Selbstbehauptung* an. Dabei wird Bewusstheit über das eigene Verhalten hergestellt und das Verhaltensrepertoire durch Ausprobieren erweitert. Hierzu werden Erkenntnisse der Lerntheorien genutzt. Selbstbehauptungstraining ist somit Arbeit an den persönlichen Verhaltensgrenzen, an der Dynamik und der Veränderbarkeit dieser Grenzen. Es geht einerseits um die Sicherung des persönlichen Territoriums („Nicht alles mit sich machen lassen") und andererseits darum, Verhaltensautomatismen zu erkennen und ggf. aufzulösen und neues Verhalten zu lernen. Ziel ist *Stabilität* („Behauptung") der individuellen Existenz („Selbst") im Umgang mit anderen Menschen. Es ist ein Ausweg aus einer (oft von frühauf gelernten) manifesten sozialen Defensive körperbehinderter Menschen durch Überwindung innerer Widerstände gegen die Veränderung vertrauter Verhaltensmuster.

Es gibt zahlreiche Situationen, die körperbehinderte Menschen als besonders problematisch erleben und die ein Selbstbehauptungstraining sinnvoll erscheinen lassen:

Andere Menschen um Hilfe bitten müssen, unerwünschte Hilfestellung ablehnen; Anliegen bei Behörden, offiziellen Stellen der Rehabilitation und deren Fachvertretern durchsetzen (lernen zu „nerven"); Zusammenhänge nicht sofort verstehen und wiederholt nachfragen müssen; Unangenehme soziale Situationen aushalten müssen („angestarrt werden"); Rechte einfordern; *aber auch*: Kontakt zu anderen Menschen herstellen und erotische Beziehungen eingehen

Es gibt bisher nur wenige systematische Ansätze eines spezifischen Selbstbehauptungstrainings für körperbehinderte Menschen (etwa das „Sozialtraining für Rollstuhlabhängige" von Schöler/Lindenmeyer/Schöler 1981). In der Praxis bemühen sich einzelne Behindertenverbände um entsprechende Förderangebote, die auf vielen unterschiedlichen Quellen basieren (s. u.). Beispielsweise hat der Allgemeine Behindertenverband in Halle/S. über Jahre ein wöchentliches Training für seine Mitglieder angeboten. Dieses „Spiel mit dem Verhalten" gliedert sich in mehrere Stufen:

- *1. Stufe: Motivation.* Nachdenken, Bewusstheit und Einsicht herstellen; „Wir haben das Recht, nein zu sagen, Fehler zu machen, andere Menschen um Gefallen zu bitten, unser Verhalten zu ändern, ohne uns dafür zu rechtfertigen, so zu leben, wie wir es möchten, wenn wir die Rechte anderer nicht verletzen"; „Wir können üben, Schwierigkeiten nicht mehr aus dem Weg zu gehen, konsequent anderes Verhalten auszuprobieren, und schon kleine Erfolge sind erstrebenswert".
  Angeben, welche Situationen problematisch erlebt werden, wann mit Vermeidung, Beklemmung, Wut, Traurigkeit reagiert wird; malen: „Wie sehe ich mich selbst, wie sehen mich andere"; aufschreiben: „Wann gehe ich gut mit mir um, wann gehe ich schlecht mit mir um"; feststellen: „Was ist mir Veränderung wert? Täglich 20 Minuten Übung?"
- *2. Stufe: Rollenspiel/Realspiel.* Selbstmotivation: „Ich gehe Schwierigkeiten nicht mehr aus dem Weg", „Ich kann es ertragen, wenn andere nicht mit mir zufrieden sind", „Ich gebe mich nicht gleich geschlagen", „Ich agiere, statt immer nur zu reagieren", „Ich übernehme für mein Verhalten die Verantwortung", „Ich sage: ich kann!"
  Spielen und ausprobieren: „Kontakt herstellen" (Gespräch beginnen und beenden); „Fragen und bitten" (Wünsche und Forderungen äußern); „Nein sagen"; „Positive und negative Gefühle äußern"; „Schwierige Situationen aushalten". Auf dieser Stufe wird bei Bedarf auf Übungen und Spiele folgender Autoren zurückgegriffen: Manteufel/Seege 1992, Merkle 1990, Ullrich/Ullrich 1994, Petermann/Petermann 1994, Pe-

termann u. a. 1997, Wolf/Merkle 1992, Schöler/Lindenmeyer/Schöler 1981, Schwä-
bisch/Siems 1974 und diverse Sammlungen zu Interaktionsspielen von Vopel 1981
- *3. Stufe: Rückmeldung.* „Wie erging es dir bei dem Spiel?"; Videofeedback: „Was fällt
  dir an dir auf? Was findest du gut? Was findest du schlecht?"; Aufzeigen von Alternativen: „Wie würdest du dir besser gefallen?", „Was willst du real anders machen?"
- *4. Stufe: Neue Gewohnheiten einschleifen lassen.* Hausaufgaben: Eine Aufgabe zu
  einem konkreten Zeitpunkt ausführen, beim nächsten Treffen vorstellen und durch-
  spielen.

Das Hauptproblem lag in der *Motivierung* der Teilnehmer. Dieses Training
fand über Jahre großen Zuspruch, wurde aber sehr unterschiedlich aufgenommen. Einige Teilnehmer nahmen das Angebot spontan als Bereicherung und
Chance an, einige wurden durch „sanften Druck" überredet und blieben dabei,
andere kamen nur einmal, manche kamen regelmäßig, langweilten sich aber.

Durchsetzung/Selbstbehauptung hat die gleichen Ziele wie das *Empowerment*-
Konzept (Seifert 1999, 366ff) und könnte Teil dieses übergeordneten Ansatzes
sein. Hier werden Rahmenbedingungen geschaffen, die behinderte Menschen
befähigen, ihre Kompetenzen zu entdecken, ihre Interessen selbst zu vertreten,
ihre Lebensbedingungen zu verändern und Selbstbestimmung zu realisieren.
„Eine wichtige Voraussetzung für gelingende Empowermentprozesse ist das
Vertrauen in die individuellen Ressourcen bzw. in die Fähigkeiten der Betroffenen" (Theunissen/Plaute 1995, 13). Dazu werden drei Linien verfolgt:

(1) *Subjektzentrierung*: An Interessen und Bedürfnissen, subjektiver Befindlichkeit und sozialer Problemlage des behinderten Menschen ansetzen; (2) *Dialogische Assistenz*: Nicht
behandeln und bestimmen, sondern Assistenz zur Selbstentscheidung geben; (3) *Lebens-
weltbezug*: Selbstbestimmung auch durch Veränderung des sozialen Umfelds fördern

Weiterhin ist Durchsetzung/Selbstbehauptung eng verwandt mit dem Asserti-
ven Training, einem komplexen Ansatz zum Erwerb von Selbstsicherheit und
Kompetenz. „Es führt aber gleichzeitig zum Neu- und Umlernen von Strategien
sozialer Interaktion sowie zur Schulung in der Analyse steuernder sozialer Bedingungen und sozialer Verhältnisse. Verhaltensänderung schafft veränderte
soziale Bedingungen und umgekehrt" (Ullrich/Ullrich 1994, 11). Das Assertive
Training gliedert sich in mehrere Schritte:

(1) Analyse von Erscheinungsformen selbstsicheren und selbstunsicheren Verhaltens sowie
der Entstehung sozialer Schwierigkeiten; (2) Analyse der Bedingungen gegenwärtigen Verhaltens; (3) Praktische Anwendung von Steuerungsprinzipien des Verhaltens auf lerntheore-
tischer Basis; (4) Übungsaufgaben als Verhaltensprobe und Hausaufgaben; (5) Bilanzierung

Grundsätzlich muss für Durchsetzung/Selbstbehauptung körperbehinderter und
insbesondere sehr schwer behinderter Menschen (auch geistig behinderter
Menschen) systematische Hilfestellung bereit gehalten werden im Sinne des

amerikanischen „Buddy-Systems" (Buddy = Kumpel). Der Buddy ist ein frei-
williger Helfer, der, vermittelt durch Selbsthilfegruppen oder Kirchengemein-
den, eine Art Patenschaft und in der persönlichen Bindung auch einen Teil Verantwortung übernimmt. Damit wird zudem zwei Problemen begegnet, die die
Existenz vieler körperbehinderter Menschen prägen: Einsamkeit und mangelnder Kontakt zu nichtbehinderten Menschen.

5. Zusammenarbeit mit den Eltern

Kinder sind eingebettet in ein Netzwerk von Entwicklungsbedingungen. Im
Zentrum sollten dabei die Eltern als die engsten Bezugspersonen stehen, die in
der Regel mit ihren Kindern am besten vertraut und die eigentlichen Experten
für ihr Wohlergehen sind. Familien stellen eine soziale Einheit dar mit eigenem
Wertesystem und eigener Dynamik, eigenen Kommunikationsstrukturen, Kohä-
renz sowie Kompetenz für das Wohlergehen und die Förderung ihrer Mitglieder. Bei Kindern mit Entwicklungserschwernissen ist das Netzwerk darüber
hinaus gekennzeichnet durch die Kooperation der Familien mit Fachleuten der
Rehabilitation. Nicht nur Krankheit oder Behinderung, sondern auch jede Maßnahme der Rehabilitation betrifft immer die ganze Familie (und das übrige
Netzwerk der Entwicklung). Jede Maßnahme zielt (auch) auf die „Integration
der Förderung in die tägliche Spiel- und Übungswelt des Kindes" (Weiß 1989,
73) und betrifft implizit die Beziehung der betroffenen Menschen untereinander. Ein solches Modell vielseitiger Interdependenzen im System Familie und
innerhalb eines sozialen Netzwerks macht den Stellenwert der Kooperation der
Fachleute mit der Familie, ungeachtet derer wirklichen Förderkompetenz, deutlich (Schlack 1991, 21). Die systemische Definition von Familie (mit behinder-
tem Kind) schließt dabei eine einseitige Determination von außen aus, weil in
sich geschlossene, aber nach außen offene Systeme danach trachten, ihre Autonomie über die eigene Auswahl von Außenimpulsen zu erreichen (auch eine
völlige Überantwortung der Zuständigkeit für Familienbelange an Fachleute,
wie dies häufig geschieht, steht dazu nicht im Widerspruch). Das Verhältnis
zwischen Fachwelt und der Familie des Kindes kann aber immer nur ein komplementäres, sich gegenseitig ergänzendes sein. „Eltern sollen Eltern und Fachleute sollen Fachleute bleiben" (Speck 1996, 495).
   Die Praxis der Rehabilitation körperbehinderter Kinder, also auch die pädagogische Arbeit in der Frühförderung und in der Schule, wird die „Lebenswelten der Kinder und die Mit-Einbeziehung der jeweiligen Familie in alle Planungen und Aufgaben" berücksichtigen. Dabei geht es auch darum, Familien

auf ihrem Weg in die gleichberechtigte soziale Teilhabe zu stärken und Selbsthilfe zu stützen. Diese Forderung nach Familiennähe aller Maßnahmen folgt einem „humanistischen Modell" des Dialogs mit allen Betroffenen und schließt die „Akzeptanz von Individualität und Variabilität" im Kontakt mit den Familien (Tietze-Fritz 1993, 10) ein; d. h. Elternarbeit darf nicht nur als formaler (*quantitativer*) Akt organisatorischer Absprachen gestaltet werden, sondern ist offen für individuell unterschiedliche *qualitative* Belange z. B. von Prozessen der Behinderungsverarbeitung (Bergeest 1999c, 222) und reaktiven Schuldgefühlen der Eltern (Riedesser/Wolff 1985, 657ff). In dieser ganzheitlichen, lebensweltbezogenen Perspektive liegt der Schlüssel für den eigentlichen Erfolg der pädagogischen Arbeit. Mangelnde Behinderungsverarbeitung kann gegenüber den betroffenen Kindern und den anderen Familienmitgliedern zu permanentem Anpassungs- und Leistungsdruck führen, der für körperbehinderte Kinder angemessene pädagogische Strategien konterkariert.

• *Krisenverarbeitung*

Ungeachtet der unterschiedlichen Verläufe der familialen Auseinandersetzung mit Behinderung gibt es eine Vielzahl empirischer Belege, dass Grundprozessen des Erlebens und Verhaltens von betroffenen Familien sich gleichen. „Die aus der Geburt eines behinderten Kindes resultierenden Belastungen und das von den Müttern unternommene Bewältigungshandeln (coping-Verhalten; Hinze 1991) unterliegen einem prozesshaften Verlauf, der durch eine typische Aufeinanderfolge von Ereignissen gekennzeichnet ist" (Nippert 1988, 135). Zunächst ist die Situation bestimmt durch *Desorientierung* und im weitesten Sinne durch Auseinandersetzung mit dem veränderten familialen Gleichgewicht. Die Reaktionen der Eltern reichen von Verunsicherung bis zum Schockerleben (bei plötzlichem Auftreten einer Schädigung des Kindes; vgl. Jansen 1979). In den meisten Fällen jedoch stellt sich eine „fundamentale Enttäuschung" der Eltern ein (auch der diagnostisch vorbereiteten Eltern), die bei ungünstigem Verlauf viele Jahre anhalten kann (z. B. thematisieren manche Eltern inzwischen erwachsener körperbehinderter Kinder immer noch deren Geburtssituation oder den Moment der Diagnose; Friedrich u. a. 1992, 94ff). Hierbei handelt es sich um eine „emotionale Dimension, in der das Kind in seinem So-Sein unerwünscht ist, sein Da-Sein und sein So-Sein nicht aushaltbar erscheint" (Thurmair 1990, 50f). „Die frühe Mutter-Kind-Beziehung ist dadurch gekennzeichnet, dass der natürliche Regelkreis zwischen Mutter und Kind gestört ist. Die Zuwendung der Mutter zu ihrem körperbehinderten Kind ist selten bedingungslos, sie verbindet damit meist Leistungsanforderungen" (Wellmitz 1991, 37). Diese negativen emotionalen Emotionen sind Realitäten, die häufig als solche nicht wahrgenommen und zugelassen werden. Sie wirken sich gleichwohl auf das Selbstwertgefühl der betroffenen Kinder aus. Fredi Saal (1987a, 5): „Es ist schwer, unerwünschter Gast zu sein."

Die Diskussion der besonderen psychischen Belastung von Eltern behinderter Kinder in der Fachwelt hat auch zu Missverständnissen geführt, die auf unterschiedlichen theoretischen Grundpositionen der Forscher mit entsprechender Begrifflichkeit beruhen. Die Betrachtung qualitativer Dimensionen von Elternbelastung und Behinderungsverarbeitung (und entsprechenden Berichten aus der Beratungspraxis) zielt nicht darauf, die betroffenen Eltern zu pathologisieren und ihnen psychische Auffälligkeiten (oder gar „Indizien für eine psychiatrische Erkrankung"; Schmidt/Esser 1985, 111) zu unterstellen. Vielmehr soll deutlich werden, dass es nicht nur um die *Organisation* von Rehabilitation des behinderten Kindes geht, sondern auch um die Prophylaxe sozialer und innerer Isolierung von Familien in einer spezifischen Extremsituation.

Auf der organisatorischen Seite beginnt bei den meisten Eltern zunächst der „Orientierungsmarathon", um einer „Elternschaft ohne Modell" zu genügen. Das stellt sich als Suche nach Information über die Behinderung/Krankheit und Rehabilitationsmaßnahmen dar (May u. a. 1990, 289ff). Dabei besteht die Gefahr, dass etablierte familiale Handlungsroutinen „aufgrund neuer Symptomentwicklung immer wieder zusammenbrechen" (Pieper 1993, 77ff; s. o. Kap. „Bedingungen der Sozialisation und Identitätsfindung").

Auf der qualitativen Seite der Behinderungsverarbeitung beginnt schon vorbewusst das „Ringen um die Annahme des Kindes" (Dichans 1993, 228), ein Prozess zwischen den Polen Leugnung und bedingungsloser Annahme mit selbstverständlicher Integration in die (veränderte) Familiensituation. Dieser Prozess ist durch unterschiedliche Einflussvariablen geprägt: Sichtbarkeit der Schädigung bei der Geburt, Art und Schwere der Schädigung, Art und Weise sowie Umfang der ärztlichen Auskunft, Aufnahmebereitschaft der Eltern.

„Bei der Mitteilung der Diagnose, verstanden als Übergabe von Information, ist folgendes vorteilhaft: gewandte Formulierungen (dignostische Geschicklichkeit), Genauigkeit (diagnostische Zuverlässigkeit), Vollständigkeit (diagnostische Kompetenz), Klarheit und Verständlichkeit der Aussage (Beherrschung der Terminologie), Bündigkeit (Fähigkeit, das Unbehagen ... in Grenzen zu halten) ... Das Verständnis der Diagnose stellt demnach einen intellektuellen Vorgang dar, der auch eine gefühlsmäßige Verarbeitung der Information benötigt, damit nicht ein Abwehr- oder Verdrängungsprozess der mitgeteilten Inhalte droht" (Ferrari/Cioni 1998, 304; vgl. Lambeck 1992).

Weitere Variablen sind: Qualität der Frühberatung, Qualität des Kontakts zu Verwandten, Freunden, Nachbarn und Reaktion der Öffentlichkeit, Auseinandersetzung mit Fragen nach Ursachen und „Schuld", gesellschaftliche Stereotypien und Diskussionen über behinderte Menschen (transportiert durch die Medien), Unterstützung durch Selbsthilfegruppen, (menschliche) Qualität der Beratung bei Ämtern und Behörden, Kontaktqualität mit Eltern nichtbehinderter Kinder (in integrativen Einrichtungen), organisatorische und physische Belastung der Familie, Kohäsion und Solidarität der Familienmitglieder, „Loslassen" des Kindes bei Eintritt in den Kindergarten, Stabilität der ehelichen Partnerschaft, Kommunikationsstrukturen innerhalb des Systems Familie (Dichans 1993, 229ff; vgl. Beuys 1984).

Die Familienmitglieder erfahren dabei oft einen Rollenwandel: Die *Mütter* können zu „psycho-medizinischen Expertinnen" für ihr Kind werden, wobei sie außerfamiliale Pläne und Wünsche zurückstellen; die *Väter* entziehen sich oft der Verantwortung für die Kinder, oder sie wachsen geradezu in die Familienzentrierung hinein – aufgrund erfolgreicher Auseinandersetzung mit den neuen Forderungen oder weil sie „zwangsläufig einen höheren Beitrag zu den Haushaltsaktivitäten und den Pflege-, Betreuungs- und Erziehungsmaßnahmen" leisten (Kallenbach 1994, 239; vgl. auch Pieper 1993, 181ff; Sorrentino 1988, 52; Fröhlich 1986; Jonas 1994; Kallenbach 1997 u. 1999); *Geschwister* behinderter Kinder schildern persönliche Belastungen im familialen Zusammenleben (Einschränkungen der eigenen Entfaltungsmöglichkeiten, Zurücksetzung in der Familie) und Diskriminierung im sozialen Umfeld, aber auch größere Orientierung an sozialen und humanen Werten (Hackenberg 1992, 177ff; Seifert 1989, 107ff). Die Reaktion der Eltern (und vor allem der Mütter) auf das behinderte Kind ist auch von Bedeutung für die Entwicklung der nichtbehinderten Geschwister, deren Verarbeitungsprozesse mit denen der Eltern positiv korrelieren (Hackenberg 1983, 191ff), die aber auch u. U. durch frühe Übernahme von Verantwortung und Verlust von Unbefangenheit eine „verkürzte Kindheit" haben (Neumann 2000; vgl. Erfahrungsberichte von Geschwistern behinderter Kinder in Achilles 1997). Auch den behinderten Kindern selbst werden u. U. bestimmte Rollen zugewiesen (Sündenbock; Kleinkind, das nicht erwachsen werden darf; Favorit als wichtigstes Familienmitglied; Görres 1987, 31ff).

Für die Familie scheint es vor allem von Bedeutung zu sein, „nach Eintritt der Krise den Zustand der Desorganisation und Desorientierung zu überwinden" und kreative Verhaltensänderungspotentiale zu mobilisieren (Friedrich u. a. 1992, 101f). Dazu bedarf es, zumal bei plötzlicher Konfrontation der Eltern mit der Schädigung des Kindes oder bei Stellung einer schwerwiegenden Diagnose, wiederholter einfühlsamer Gespräche (vor allem des Arztes), um die Aufnahmebereitschaft der Eltern zu fördern und notwendige Auseinandersetzungen mit der Familiensituation einzuleiten. Der Versuch der Krisenbewältigung kann in unterschiedliche „familiale Lebensorientierung" einmünden (ebd., 103ff):

- *Sozial-emotional stabile Familien:* Die grundlegende Lebensgestaltung zielt auf Werte, die sich im emotionalen Austausch und persönlichem Bezug realisieren lassen
- *Leistungsorientierte Familien:* Die Lebensgestaltung zielt auf Ausrichtung an Normen, deren Erfüllung sich nicht selbstverständlich ergibt, sondern aktives Bemühen verlangt

• *Auf Schutz und Sicherheit bedachte Familien*: Die Lebensgestaltung ist stark auf Sicherung und Abwendung von Gefahren ausgerichtet
• *Durch Leid und Trauer geprägte Familien*: Die Lebensgestaltung zielt auf Stillstand

In besonderer Weise sind Familien mit progredient erkrankten und sterbenden Kindern belastet. „Der Tod des eigenen Kindes ist wohl am schwersten zu akzeptieren" (Mize 1989, 96). Die Auseinandersetzung mit dem Sterben des Kindes wird durch das gesellschaftliche Todestabu zusätzlich erschwert. Verarbeitungsprozesse und angemessener Sterbebeistand für das Kind sind oft nur mit fremder Hilfe zu leisten (Jonas 1990, 136ff; Schmoll 1979, 40ff; vgl. Kübler-Ross 1984 u. 1989; Schiff 1986; Engelke u. a. 1979; Baßler/Schins 1992; Kast 1993).

Familiale Einstellungsmuster und Rollenverteilung müssen jedoch wie in allen Familien in ihrer Veränderungsdynamik und Prozesshaftigkeit begriffen werden; sie dürfen (auch als Ergebnis empirischer Forschung) nicht als manifeste Reaktionsmuster gelten (Thomas 1980, 118f). In der begleitenden und solidarischen Intervention (z. B. durch Pädagogen) bieten sich zum Verständnis familiendynamischer Prozesse die Modelle der Krisenverarbeitung an, die jeweils von unterschiedlichen und diskontinuierlichen Verläufen, aber weitgehend identischen Phasen ausgehen.

Die Modelle orientieren sich am *Trauerprozess-Konstrukt* der Psychoanalyse und sind im Rahmen der Elternarbeit nicht unumstritten. Einige Autoren sehen in ihnen nur die Basis psychoanalytischer Intervention durch entsprechend ausgebildete Fachleute oder kritisieren ihre „inhaltliche Unschärfe" (Weiß 1989, 36). Beide Einwände haben in letzter Konsequenz ihre wissenschaftliche Berechtigung, berücksichtigen aber nicht den praktischen Wert dieser Hilfskonstrukte: Mit dem Ziel des existentiellen Wohls des behinderten Kindes bieten sie ein Erklärungsmodell für familiendynamischen Umgang mit Behinderung und für die Leistungsbedingtheit der Akzeptanz des behinderten Kindes und der Ambivalenz ihm gegenüber (und den Besonderheiten seiner Entwicklung). Darüber hinaus liefern sie Anhaltspunkte zur Einschätzung der Befindlichkeiten (qualitative Dimension) der Betroffenen für die Elternberatung („Wie geht es Ihnen und Ihrem Kind?") unter Relativierung des (bequemeren) rein formal-organisatorischen Aspekts von (quantitativen) Absprachen mit den Eltern („Auf welche Schule möchten Sie Ihr Kind schicken?"). Dazu ist keine psychoanalytische Qualifikation erforderlich, sondern ein einfühlsames Gesprächsverhalten, um einen Bejahungsprozess zu unterstützen (siehe Ende dieses Kapitels). Die Phasenmodelle können allerdings nicht anders als „unscharf" sein: Im Detail sind die Reaktionsmuster der einzelnen Familien und deren Verarbeitungspotential zu unterschiedlich.

Die Phasenmodelle des „Bejahungsprozesses" entprechen dem Verlauf der Krisenbewältigung, wie ihn Kübler-Ross (1971 u. 1974) im Hinblick auf Sterbende beschrieben hat. „Auch im Bejahungsprozess angesichts des Sterbens lassen sich mehrere Phasen unterscheiden. Die Struktur ist dieselbe wie bei anderen Bejahungsprozessen, die angesichts weniger schwerer Krisen und unausweichlicher existentieller Realität entstehen" (Sporken 1975, 19; vgl. auch die Übersicht über entsprechende Modelle bei Hinze 1991, 168ff; Schmidt 1986, 13ff). Kübler-Ross unterscheidet die Phasen *Leugnung, Auflehnung, Verhandeln, Kummer, Bejahung* (vgl. auch Prozessstruktur bei Kast 1993; Jonas 1990, 84ff).

Sporken (1975, 22ff) differenziert bei Eltern behinderter Kinder nach den Phasen *Unwissenheit, Unsicherheit, Implizite Leugnung, Entdecken der Wahrheit, Explizite Leugnung, Auflehnung, Verhandlung, Gram, Bejahung.*

Für die Praxis der Elternarbeit ist das übergreifende Modell von Schuchardt (1982) hervorzuheben. Es unterscheidet zwischen 3 Stadien:

(1) *Eingangsstadium* mit den primär kognitiv fremdgesteuerten Dimensionen der Ungewissheit und Gewissheit; (2) *Durchgangsstadium* mit den primär emotional ungesteuerten Dimensionen Aggression, Verhandlung und Depression; (3) *Zielstadium* mit den primär aktional selbstgesteuerten Dimensionen der Annahme, Aktivität und Solidarität

Schuchardt verwendet dabei ein Modell von Spiralphasen, um die Unabgeschlossenheit, Wiederholbarkeit und Überlagerung einzelner Phasen zu verdeutlichen. Ihr geht es dabei vorrangig um eine Legitimation pädagogischer Intervention: „Krisenverarbeitung ist nicht mehr länger ein intrapsychischer Entwicklungsprozess, sondern Krisenverarbeitung *wird* vielmehr das Ergebnis handlungsorientierter Interaktionen. Das aber heißt, Krisenverarbeitung erschließt sich pädagogischem Handeln mittels Krisenintervention und -prävention, sie wird lehr-, lern- und institutionalisierbar" (ebd., 112). Drei Arten von Prozessverläufen können unterschieden werden:

(1) angemessene Krisenverarbeitung als lückenloser vollständiger Lernprozessverlauf: vom Betroffenen als soziale Integration erfahren; (2) unangemessen Krisenverarbeitung als lückenhafter unvollständiger Lernprozessverlauf: vom Betroffenen als soziale Isolation erlitten; (3) experimentierende Krisenverarbeitung als umwegirrender vollständiger Lernprozessverlauf: vom Betroffenen als soziale Integration erkämpft (ebd., 97)

Kast (1994, 29ff) verweist auf das jeder Krise innewohnende schöpferische Potential und orientiert eine Krisenintervention am Phasenmodell eines schöpferischen Prozesses:

(1) *Vorbereitungsphase* (Ansammeln von Wissen, viel aufnehmen, aber wenig katalogisieren), begleitende Emotion: Spannung; (2) *Inkubationsphase* (Problem spitzt sich zu), begleitende Emotion: Frustration, Zweifel an Kompetenz; (3)   *Krisensituation:* Blockierung, Angst, Stau; (4) *Einsichtsphase* (deutliche Erkenntnis, „Aha-Erlebnis"), begleitende Emotion: Freude, Erleichterung; (5) *Verifikationsphase* (Einsicht wird geformt, geprüft, getestet), begleitende Emotion: Konzentration

Coping-Modelle mit einer *kontinuierlichen* Abfolge von Phasen unterschiedlicher (individueller) Dauer sind immer wieder als nicht ausreichend erforscht in Frage gestellt worden. Schonz legt das Modell eines *diskontinuierlichen* Bewältigungsprozesses vor. „Shontz geht grundsätzlich von der Annahme aus, dass die Bewältigung einem Wechselspiel zweier Mechanismen unterliegt, dem der *Annäherung* an die Realität einerseits und dem der *Vermeidung* der Realität andererseits. Dieses Wechselspiel akzentuiert sich in verschiedenen Phasen" (Leyendecker/Lammers 2001, 124f):

> (1) *Einleitung.* Wahrnehmung von Symptomen und deren Interpretation als vorübergehende Störung; (2) *Warnstufe.* Verstärkung der Wahrnehmung vorhandener Störung. Person zieht sich aus der bedrohlichen Realität zurück und sucht nach Bestätigung für das Nichtzutreffen der Störung; (3) *Einwirkung.* Erleben eines schockartigen Zustandes. Empfindung emotionaler Leere. Diagnose wird akzeptiert, Neubewertung der Symptome; (4) *Konfrontation.* Psychische Desorganisation, Panik und Hilflosigkeit. Konsequenzen der Störung werden realisiert; (5) *Nacheinwirkung.* Rückzug in Gesundheit oder Krankheit; (6) *Anerkennung.* Über einen langen Zeitraum Zyklen der Annäherung und Vermeidung. Kontinuierlicher Zuwachs an Reorganisation (Shontz 1975, zit. n. Leyendecker/Lammers 2001)

Bei allen idealtypischen Vorstellungen von Bejahung und Annahme der Behinderung ist grundsätzlich die Funktion von Verdrängungsstrategien hervorzuheben, die nicht zu Realitätsverlust führen sollen, aber zu Zeiten zur Freisetzung optimistischer und schöpferischer Energien beitragen. „Ein erfolgreicher Bewältigungsprozess ist daher eher eine Frage des ausgewogenen Hin- und Herpendelns zwischen Verdrängung und Sensibilisierung" (Leyendecker 1992, 56). Und es besteht auch ein „Recht, anders zu sein" (Fröhlich 1997, 21) für Eltern von Kindern, die anders sind.

• *Elternberatung*

In der Praxis der Elternberatung lassen sich in Form und Inhalt mehrere Ebenen unterscheiden: organisatorische Absprachen, qualitativ vertiefende Beratungsgespräche und Impulse für kreative Auseinandersetzung mit der Lebenssituation.

Organisatorisch wird vor allem die spontane Kontaktaufnahme und das Gespräche „zwischen Tür und Angel" die häufigste Form des Elterngesprächs sein. Daneben gibt es verabredete Treffen mit einzelnen Eltern (Müttern), Gruppentreffen, Eltern-Kind-Spielkreise in der Frühförderung, Elternabende in der Schule, gemeinsame Aktivitäten und Feste sowie Kontakte (bzw. entsprechende Hinweise) mit Selbsthilfegruppen und deren Elternseminaren (vgl. Wellmitz 1991, 39f; Schmid 1992; Textor 1997; Tietze-Fritz 1993, 29ff; Bergeest/Schneider 1988, 145ff). Bei der praxisorientierten Beratung und Begleitung geht es zwar vor allem um „Probleme der pragmatischen Alltagsbewältigung", aber eben nicht, wie Weiß (1989, 44) im gleichen Zusammenhang betont, „unter Ausblendung psychisch-emotionaler Aspekte". Es ist im Grunde eine Banalität, dass Emotionen und pragmatische Alltagsbewältigung nicht voneinander zu trennen sind, insbesondere bei Familien unter Stress. Inhaltlich wird ein Austausch über Belange des Kindes, der Familie, der Institutionen, aber auch des Pädagogen stattfinden. Es erfolgen Strategiegespräche und vertiefende Auseinandersetzungen innerhalb folgender „Handlungsdimensionen" der sozialen Integration des Kindes und seiner Familie (Balzer/Rolli 1979, 172ff):

1. Organisationshilfen
- *Intra- und interfamilale Stabilisierungshilfen*: Erleichterung der familalen und Haushaltsorganisation; Kontakte zu Institutionen; Verbesserung der finanziellen Situation; Kontakte zu Ämtern und Behörden; Kontakte zu Fachleuten der Rehabilitation
- *Familale und institutionelle Erziehungshilfen*: Einrichtung von Spielgruppen; Beschaffung von Spiel- und Lernmitteln; behindertengerechte Wohnungsgestaltung; Kontakte zu Rehabilitationsinstanzen und -institutionen
- *Soziale Integrationshilfen*: Information zur sozialen und rechtlichen Stellung der Familie und zum Umgang mit sozialen Konflikten; Informationen zu Mobilität, Freizeit- und Ferieneinrichtungen

2. Kathartische Prozesse
- *Intra- und interfamilale Stabilisierungshilfen*: Aussprachen über familale Spannungen und Zukunftsängste; Artikulation von Emotionen, Bedürfnissen und Wünschen; Überwindung von Isolation
- *Familale und institutionelle Erziehungshilfen*: Artikulation von Erziehungskonflikten (bezüglich der Entwicklung des behinderten Kindes und seiner Geschwister); Transparenz emotionaler und mikrosozialer Barrieren und Rollenkonflikte; Auflockerung von eingeschliffenen Ritualen und Suche nach Erziehungsalternativen
- *Soziale Integrationshilfen*: Austausch über negative Umfelderfahrungen und deren Relativierung; Auseinandersetzung mit Vorurteilen; Reflexion über offensive Gestaltung des sozialen Lebens

3. Einstellungs- und Verhaltensänderung
- *Intra- und interfamilale Stabilisierungshilfen*: Transparenz von Widerständen und Rechtfertigungssystemen; Strategien für Problemlösungen intrafamilaler Konflikte; Treffen von Entscheidungen; solidarische Selbsthilfe durch interfamilale Kooperation
- *Familale und institutionelle Erziehungshilfen*: Organisation und Anwendung behinderungsspezifischen Wissens im Alltag; Kooperation mit Fachkräften; kritische Reflexion von Fremdbestimmung
- *Soziale Integrationshilfen*: Transparenz von Interaktionsproblemen (auf mikro- und makrosozialer Ebene); solidarisches Handeln und Öffentlichkeitsarbeit

Zur Operationalisierung der Interventions- und Beratungsansätze bedarf es zunächst der Orientierung an Modellen des kommunikativen Austauschs, des „Miteinander Redens" bzw. der „Anatomie von Nachrichten" (Schulz v. Thun 1994), um reale, ökonomische Gespräche zu gestalten und nicht aneinander vorbei zu reden. Jede Mitteilung enthält (mindestens) 4 *Botschaften* (ebd., 25) und wird wiederum mit den entsprechenden 4 *Antennen* empfangen (ebd., 44):

(1) *Sachinhalt*: „Worüber ich informiere"; vordergründige Sachinformation, Wortlogik; (2) *Selbstoffenbarung*: „Was ich von mir selbst kundgebe"; implizite Information über die eigene innere Befindlichkeit; (3) *Beziehung*: „Was ich von dir halte und wie wir zueinander stehen"; impliziter Ausdruck der Beziehungsqualität zum Gesprächspartner; (4) *Appell*: „Wozu ich dich veranlassen möchte"; impliziter Versuch, den Gesprächspartner zum Handeln, Denken oder Fühlen zu bewegen

Soweit er sich der 4 Ebenen bewusst ist, hat der Empfänger der Mitteilung die Auswahl, auf welche Botschaft er reagieren will.

Das Instrumentarium, das die Pädagogen für die *gezielte* Elternarbeit bereithalten, lässt sich in einem Modell von 4 Ebenen erfassen, das zum einen aus der *Systematisierung des intuitiven Alltagsverhaltens* und zum anderen aus Entwürfen unterschiedlicher *pädagogisch-therapeutischer Beratungsansätze* hervorgeht (vgl. Tausch 1979; Weinberger 1980; Jaeggi 1983; Bachmair u. a. 1985; Schmidt 1986; Gordon 1989 u. 1994; Pallasch 1990; Rahm 1990; Sachse 1992; Fengler 1993; Thomann/Schulz v. Thun 1994):

1. Stufe: *Metaebene* (Bewusstheit von Kommunikationsstrukturen)
- Alltagsverhalten („Wie verhalte ich mich bei Beratungsgesprächen?", „Welche Botschaften sende ich aus?", „Bin ich bereit, mich auf neues Gesprächsverhalten einzulassen?")
- Professionelles Verhalten („Ich kann mein Beratungsverhalten ändern! Dazu brauche ich Information, Training und Feedback.")

2. Stufe: *Beratungsbasis* (Qualität des Kontakts)
- Kontakt herstellen (Zuwendung und Konzentration)
- Echtheit und Selbstkongruenz (als Person einschätzbar sein)
- Aktives Zuhören (Sprechen erleichtern)

3. Stufe: *Transparenz* (Vertiefender Austausch über persönliche Realitäten)
- Ich-Botschaften („Ich weiß, ich vermute, ich glaube, ich denke, ich empfinde, ich will, ich tue, ich weiß nicht, ich kann nicht, ich will nicht, ich tue nicht")
- Du-Botschaften („Du sagst, du tust, du vermittelst den Eindruck"; „Was denkst du, was empfindest du, was willst du?")
- Wir-Botschaften („Was tun wir hier?", „Was ist unser Problem?", „Wie soll es jetzt weitergehen?")

4. Stufe: *Impulse zur Aktivierung* (Zielbestimmung)
- Bewusstheit („Wie siehst du jetzt deine Situation?")
- Sozialer Kontext („Wie siehst du die beteiligten Personen?")
- Blickwinkel („Was ist negativ, was ist positiv?")
- Veränderung („Was möchtest du konkret verändern?")
- Aktivität („Was willst du sofort für Veränderung tun?", „Zu welchen Opfern bist du bereit?")
- Hilfestellung („Wo kannst du dir Hilfe holen?", „Wie kannst du Kraft tanken?")

6. Selbstreflexion des Körperbehindertenpädagogen

Die Ausbildung zum Körperbehindertenpädagogen ist wissenschaftlich fundiert, d. h. es werden Systematiken auf unterschiedlichem Abstraktionsniveau (vgl. die eingangs dargestellten Theorieebenen) in Reduktion der Komplexität der pädagogischen Praxis dargelegt und diskutiert; gleichwohl sollte immer ein enger Bezug zur Praxis deutlich sein. Ziel der Ausbildung soll sein, handlungswissenschaftliche Prinzipien in individuelle pädagogische Kreativität umzusetzen; Spezifika der Körperbehindertenpädagogik zwingen in der Praxis zum *kreativen Umgang mit dem Erlernten*. Die Heterogenität der Personengruppe körperbehinderter und chronisch kranker Kinder und die individuellen Entwicklungserschwernisse der Kinder entziehen sich jeder schematischen Intervention. Der Pädagoge kann nicht darauf bauen, dass durchschnittliche entwicklungslogische Leistungsniveau einer bestimmten Altersgruppe vorzufinden; das Leistungsvermögen der Kinder ist unterschiedlich und aufgrund von primärer oder sekundärer Behinderung diagnostisch oft schwer fassbar. Leistung ist auch ein Kommunikationsphänomen; für viele Besonderheiten individueller Leistungen fehlt ein verbindlicher Standard. Die zitierte pädagogische Grundlage, „der Lebensbewegung des Kindes zu folgen", ist ein sehr allgemeiner Weg aus dem Dilemma. Eine (uneingestandene) Erwartung von Pädagogik-Studenten zu erfahren, „wie man es macht", bleibt in der Körperbehindertenpädagogik unerfüllt.

Die „Kunst, mit körperbehinderten Kindern zu lernen" (Haupt), ist die Kunst der professionellen Orientierung: Orientierung auf den verschiedenen Ebenen der Theoriebildung, die jede für sich Auswirkungen auf das individuelle pädagogische Verhalten haben; Orientierung im Dickicht der vielen für die Körperbehindertenpädagogik relevanten wissenschaftlichen Fachrichtungen und ihrer unterschiedlichen Positionen; Orientierung im Angebotskatalog unzähliger Ansätze pädagogischer, medizinischer, therapeutischer, sozialer und technischer Intervention in der rehabilitativen Praxis; Orientierung im Netzwerk der Informationsvermittlung (vom Lehrbuch über die Fachtagung bis zum Internet); vor allem aber die Orientierung an den Erfordernissen des pädagogischen Alltags (von den Bedürfnissen der Kinder über das Gespräch mit den Eltern bis zur Abstimmung mit den Kollegen). Verbunden damit ist die Grundsatzentscheidung für neuere Theorieansätze, die weniger mit Gewissheiten als mit Wahrscheinlichkeiten arbeiten und damit „unscharf" bleiben. „Eine streng klassifizierende sonderpädagogische Systematik schafft die Fiktion einer Homogenität von behinderten Menschen ... Die Verordnung von Lösungswegen durch Fachleute geht oft an den Bedürfnissen der Betroffenen vorbei" (Hansen 1996, 102f). Durch einen Prozess im Grunde beständiger Neuorientierung im gesamten Verlauf des Berufslebens findet der einzelne Körperbehindertenpädagoge zur Form seines Tuns.

Die Suche nach der persönlichen Form und dem professionellen Selbstverständnis erfolgt bei jedem Pädagogen; in der Körperbehindertenpädagogik bedarf es in besonderem Maße der *Bewusstheit* dieser Suche, um Unabwägbarkeiten zu begegnen (z. B. unerwarteten Leistungs- und Entwicklungsprozessen der Kinder), Tabuschwellen zu nehmen (Sterben von Kindern), besondere Kommunikationsformen einzubeziehen (aggressive Durchbruchsreaktionen nicht persönlich zu nehmen), Strategien zu entwickeln, um Belastungen entgegenzusteuern und Überlastung (durch sogenannte Sachzwänge) zu vermeiden. Der Weg ist die persönliche Weiterbildung, das Nachdenken über sich selbst und sein berufliches Selbst-Verständnis, möglicherweise auch Treffen von unbequemen Entscheidungen und das Eingehen von Konflikten. In der Selbstreflexion im weitesten Sinne macht sich der *Pädagoge selbst zum Gegenstand seines Lernens*. Er strebt die Authentizität einer „integrierten Persönlichkeit" an, d. h. einer echten und einschätzbaren Person als eine Bedingung des Lernens und Miteinander-Wachsens aller Beteiligten (auch der Kollegen und der Eltern betroffener Kinder). Dazu gehören Selbstbewusstheit und Klarheit über die eigene Person und die Beziehung zum Netzwerk des pädagogischen Umfelds.

Die Operationalisierung des Weges lässt sich einerseits im Bereich *persönlich-rationaler Integration* verwirklichen: Sammlung von spezifischen Informationen des eigenen Fachgebiets, z. B. in der 3. Ausbildungsphase „berufsbegleitender Fortbildung"; darüber hinaus aber auch im Bereich *persönlich-sozialer Integration* (Kooperationsfähigkeit), im Bereich *emotionaler Integration* (Burnout und Supervision) und im Bereich der *körperlichen Integration* (Entspannungstechniken, Kraftökonomie) weiter systematisieren.

• Soziale Integration (Kooperation)

Ein Erfahrungsbereich ist die soziale Integration, d. h. *Integrationsbereitschaft* und *Kooperationsfähigkeit*. Das betrifft die Kooperation mit den Kindern selbst, mit den Eltern, den eigenen Kollegen und anderen Professionen. Besondere Aktualität gewinnt dieser Aspekt neuerdings in der schulischen Förderung von Klassen behinderter und nichtbehinderter Kinder durch mehrere Pädagogen. „Aus praktischer Sicht hat sich unter anderem die Gestaltung der Zusammenarbeit zwischen Lehrpersonen als wichtiger Schlüssel zum Gelingen oder Misslingen integrativer Beschulung erwiesen" (Haeberlin 1992, 5).
Erfolgreiche Zusammenarbeit ist bestimmt durch gegenseitiges Vertrauen, durch die Bewegung aufeinander zu, durch Beziehungsgestaltung statt reinen Sachaustauschs (diese Qualitäten sollten *bewusst* erlebt oder ggf. in Frage gestellt werden). Damit verbunden ist die Abkehr von starren Rollenstrukturen

und damit einer Veränderung von Institutionen. Es bleibt die Frage nach der Operationalisierung von Kooperation/Zusammenarbeit. „Die Lehrpersonen haben in ihrer Ausbildung selten gelernt, wie man zusammenarbeitet" (ebd., 56). Konzeptionen zur Pflege von Zusammenarbeit existieren nur in Ansätzen. Der Weg führt vom „Was" reiner Sacharbeit hin zur Metaebene des „Wie" der Sacharbeit. Das verlangt Motivation und Überzeugung, denn die Gestaltung der Zusammenarbeit ist zeitaufwendig.

Die Operationalisierung von Kooperation findet auf verschiedenen Ebenen statt (Wocken 1988, 199ff; Schöler 1997, 19):

(1) *Persönlichkeitsebene* (unterschiedliche persönliche Eigenschaften und Werte, persönlicher Werdegang, Umgang mit Angst und Stress, Bereitschaft zur Auseinandersetzung über Beziehung und Kooperation); (2) *Sachebene* (Ausbildungshintergrund, Informationshintergrund, Zielvorstellungen, Austausch von Argumenten und Konsensbereitschaft im inhaltlichen und methodischen Bereich, Wertorientierungen); (3)*Beziehungsebene* (Beziehungsqualitäten, bewusste Beziehungsgestaltung); (4) *Organisationsebene* (äußerer Rahmen für die Zusammenarbeit, Termine für Arbeitsgespräche, Vorbereitung der Gespräche, Größe der Gesprächsgruppen, Organisation von Weiterbildung, multiprofessionelle Kontakte)

Diese Ebenen werden sowohl in der eigenen Institution als auch in der Zusammenarbeit mit den Eltern (s. o.; vgl. Wellmitz 1991, 35ff) und im regionalen Netzwerk der Rehabilitation (Petry/Bradl u. a. 1999, 56ff) relevant.

Im Spannungsfeld der kooperativen Arbeit auf diesen Ebenen lassen sich vier Grunddimensionen des Verhaltens unterscheiden (Schley 1989, 343ff):

(1) *Streben nach Nähe* (Bedürfnis nach Teamarbeit, Austausch und persönlichem Kontakt); (2) *Streben nach Distanz* (Bedürfnis nach Abgrenzung, Unabhängigkeit, individueller Stärke); (3) *Streben nach Dauer* (Bedürfnis nach Kontinuität, Verlässlichkeit, Balance); (4) *Streben nach Wechsel* (Bedürfnis nach neuen Konzepten, nach Überprüfung von Selbstverständnis)

Vereinfachend kann in diesem Zusammenhang auch wieder auf 2 Prinzipien eines gemeinsamen Entwicklungsprozesses verwiesen werden:

• *Prinzip des Dialogs* zwischen zwei oder mehr Individuen als personaler Austausch gleichberechtigter (und gleichwertiger) Partner mit Transparenz von Vorstellungen, Wünschen und Forderungen, aber auch mit klarer persönlicher Grenzziehung
• *Prinzip der Balance zwischen Stabilität und Instabilität* als ein Austesten von gemeinsamen (neuen) Lernsituationen und damit verbundenen Ängsten (Instabilitäten) auf der Basis einer stabilisierenden, kooperativen Einheit der Gruppe.

Beide Prinzipien beziehen auch die Kooperation mit dem behinderten Menschen (als Anlass der Kooperation der Mitarbeiter) mit ein (vgl. Förderbeispiele von Doering 2001, 30ff). Die Bewusstheit dieser Strukturen ist in der Praxis die Basis für die Schaffung eines kooperativen Klimas (die Bewusstheit selbst impliziert dabei schon Veränderung).

Konkrete Merkmale kooperationsfördernden Verhaltens sind: Über entspanntes Gruppenklima sprechen; klare Aufgaben und Ziele definieren; Meinungsverschiedenheiten akzeptieren; nicht nur Mehrheitsentscheidungen, sondern Konsens herstellen; konstruktive Kritik (persönliche Meinung mit Gegenvorschlag) äußern und anhören; Feedback annehmen; Korrekturbereitschaft zeigen; verhaltensbeschreibende, nicht-wertende Aussagen treffen; emotionale Reaktion ernst nehmen und nicht zu ändern versuchen; authentisch agieren (Schley 1989, 342; Schöler 1997, 15).

• **Emotionale/motivationale Integration (Burnout und Supervision)**

Eng verflochten mit der sozialen Integration ist die emotionale und motivationale Integration. Die Motivation, mit körperbehinderten Kindern zu arbeiten, ist individuell verschieden, entspringt aber in der Regel einem übergeordneten *sinnhaften Lebenskonzept* (Fengler 1992, 29). Bei jeder Arbeit kommt es zu Identifikationen mit dem Gegenstand der Arbeit und den beteiligten Personen, d. h. der Pädagoge ist auf unterschiedliche Weise „berührt". Es stellen sich im Lauf der Arbeit auch Veränderungen der Motivation ein, die sich auf den pädagogischen Kontakt auswirken. Bei unklarem persönlichem Bezug zur Arbeit und unklarer Motivation (bei Automatismen des beruflichen Weges) können Belastungen auftreten, die als Folge fehlenden „Kontakts zu sich selbst" auf der Metaebene angesiedelt sind (in diesem Zusammenhang ist auch das sog. „Helfersyndrom" zu verstehen; vgl. Schmidbauer 1992).

Die Arbeit mit körperbehinderten Kindern und ihrem sozialen Umfeld ist geistig, seelisch und körperlich anspruchsvoll (zur allgemeinen beruflichen Belastung von Lehrern vgl. Spanhel/Hüber 1995, 48ff). Die pädagogische Ausrichtung auf individuelle Förderbedürfnisse und sich ständig verändernde Lebensbewegung der Kinder, die Suche nach angemessenen Methoden und die kooperative Abstimmung der Arbeit bedeuten Stress (Buchka/Hackenberg 1988, 31ff). Belastungen entstehen durch idealisierte Vorstellungen und Ziele der eigenen Arbeit, vermeintlich geringe Arbeitserfolge (viele Kinder zeigen vergleichsweise kleine Fortschritte, „die Arbeit ist nie beendet"), Mangel an Kraftdosierung und Abgrenzung durch Übernahme unangemessener Rollenerwartung des sozialen Umfelds, Überlappungen von Arbeits- und Privatleben (vgl. Burisch 1989; Mitransky 1990). Bei fehlender Unterstützung erleiden viele Pädagogen Erschöpfungszustände (Marquard/Runde/Westphal 1993, 195ff), ein *Burnout* (Ausbrennen), wenn körperliche, seelische und geistige Belastungen sich über einen langen Zeitraum häufen und die Pädagogen nicht lernen, sich dessen bewusst zu werden und etwas dagegenzusetzen. Wenn ein Zustand des Burnout eintritt, wird er als persönliches Versagen, emotionale Last und

Depressionen gespürt. „Helfen macht müde" – dabei lassen sich zehn Stufen
isolieren (Fengler 1992, 109): Freundlichkeit und Idealismus, Überforderung,
geringer werdende Freundlichkeit, Schuldgefühle darüber, vermehrte Anstrengung, Erfolglosigkeit, Hilflosigkeit, Hoffnungslosigkeit, Erschöpfung, Burnout
(vgl. ein 7-stufiges Modell bei Burisch 1989).

Hedderich (1997, 104ff) stellt in ihrer empirischen Untersuchung zur Belastung von Lehrern an Körperbehindertenschulen hohe „Burnout-Werte" fest, die
kontinuierlich mit zunehmendem Alter ansteigen (allerdings niedrigere Werte im
Vergleich zu Lehrern für lernbehinderte und verhaltensgestörte Kinder). Diesen
Belastungen kann der Pädagoge nur durch sorgsamen und bewussten Umgang
mit sich selbst, seinen Körpersignalen, Emotionen und Motivationen begegnen.
Dazu gehört ein angemessener Lebensrhythmus mit Freiräumen und Ausgleich
im Privatleben. Viele Pädagogen sorgen intuitiv für „Kraftquellen" und suchen
nach neuen Impulsen für den Umgang mit beruflichem Stress (vgl. Tausch 1996)
oder sie „nutzen die Krise" für neue Weichenstellungen (Müller 1994, 49ff).

Die systematische Arbeit zur Prophylaxe und Bewältigung von Überforderungen bietet die Supervision (vgl. Meyer 1991; Pallasch u. a. 1992). *Supervision*
ist eine Form berufsbegleitender Beratung und Modell zur „Selbsthilfe"
(Schlee/Mutzek 1996) in der Aus- und Weiterbildung der Pädagogen; eine gezielte, zeitlich begrenzte Interaktion und Austausch zwischen zwei (Supervisor
und Supervisand) oder mehreren Fachleuten als Supervisionsgruppe (extern
oder innerhalb der eigenen Institution). Die Theorie der Supervision folgt weitgehend systemischen Ansätzen von *Selbstregulierung* der Gruppenprozesse in
zirkulären Abläufen von „Feedbackmechanismen" (Bernler/Johnsson 1993,
41ff). Kennzeichen der fachlichen Auseinandersetzung ist die Gestaltung eines
Lernprozesses sowohl auf der Sach- und institutionellen Ebene als auch auf der
personalen Ebene. Der Supervisor versteht sich dabei nicht als Experte für Pra-
xisprobleme, sondern als Leiter gruppendynamischer Prozesse. Je nach fachlicher Orientierung des Supervisors gibt es unterschiedliche Konzepte für die
Leitung von Supervisionsgruppen (z. B. Gestaltpädagogik, themenzentrierte Interaktion, Psychodrama). Das bedeutet, dass die Form der Auseinandersetzung
über Berufsprobleme dem jeweiligen Sprach- und Methodengebrauch folgt; in
allen Fällen ist das Ziel eine *selbstbestimmte und selbstverantwortete Lösung*
der Probleme (Schreyögg 1992, 283ff).

Vor Beginn einer Supervisionsphase erfolgt zwischen Supervisor und den
Teilnehmern die Vereinbarung über das „Setting" (äußere Form, Erwartungen,
methodisches Vorgehen, Grobziele, finanzielle Regelung; Freiburger Projektgruppe 1993, 166f). In Anlehnung an das Kieler Supervisionsmodell (Pallasch
u. a. 1993) und die Modelle von Huschke-Rein (1998, 187), Voß (1996,

203ff) und Spiess (1996, 133ff) lassen sich folgende Arbeitsstufen zirkulärer Supervisionsprozesse hervorheben:

1. *Vorbereitung und Organisation* der Supervisionsgruppe: Aushandeln des aktuellen Verlaufs und der Reihenfolge der Beiträge
2. *Falldarstellung*: Konkrete Problemsituation wird dargestellt, die Teilnehmer achten sowohl auf Inhalt als auch auf die Form der Darstellung durch den Supervisanden
3. *Interview*: Fragen aus der Gruppe, „Konfrontationen" (Schlee 1996, 161f), keine Diskussion, keine Lösungsvorschläge
4. *Gruppenfeedback und Hypothesen*: Gefühle, Interpretationen, Fantasien, Metaphern der Gruppenmitglieder zu dem geschilderten Fall
5. *Perspektivenwechsel*: Situation wird nachgespielt, Supervisand ist Beobachter, unterschiedliche „Bilder" der Problemsituation entstehen
6. *Lösungsideen der Gruppe*: „Brainstorming", alternative Handlungsorientierungen auf der Basis unterschiedlicher Praxiserfahrungen werden entworfen
7. *Feedback des Supervisanden*: Empfindungen und persönliche Bewertungen zu Lösungsideen der Gruppe
8. *Strukturierung/Systemisierung*: Veränderungswünsche des Supervisanden auf der personalen Ebene, der Beziehungsebene sowie der Organisations- und Kontextebene
9. *Planung der praktischen Umsetzung*: Strategie in konkreten, realistischen Schritten, Diskussion zur Überprüfung ihrer Tragfähigkeit
10. *Umsetzung in die Praxis*: Umsetzung der Strategie, auf Wunsch Beobachtung durch Gruppenmitglieder
11. *Überprüfung*: Diskussion des Erfolgs durch den Supervisanden und die Gruppe

Es gibt neuerdings auch ein systemisches Konzept der „Selbstsupervision für Lehrende" (Hagemann/Rottmann 1999), d. h. einen Weg der *Selbstaktualisierung* (Wissen über sich selbst erwerben). Den theoretischen Hintergrund bilden der Konstruktivismus und das Modell des Neurolinguistischen Programmierens (NLP): „Menschen reagieren auf ihre *Abbildung* der Realität, nicht auf die Realität selbst ... Im NLP werden diese individuellen Erlebniswelten als ‚innere Landkarten' bezeichnet" (ebd., 80). In der Praxis der Selbstsupervision geht es um die Veränderung der inneren Landkarten auf der Ebene der Werte und Überzeugungen, der Fähigkeiten und der Umwelt mit Hilfe von Tagebüchern und Aufzeichnungen, Selbstbeobachtung, Perspektivenwechsel (Wahrnehmungsposition verändern, automatisierte Abläufe durchbrechen), Mobilisierung von Ressourcen (Kenntnisse und Fähigkeiten bewusst machen und neu organisieren) und Selbstmotivation (innere Sprache verändern, „halbvolles statt halbleeres Glas").

• *Körperliche Integration (Kraftökonomie und Entspannung)*

„Die Sonderpädagogik nimmt das Thema ‚Leiblichkeit' nur unzureichend auf, wenn sie den Körper in der Spur naturwissenschaftlich orientierter Physiologie zum Objekt macht und damit das Subjekthafte menschlicher Leiblichkeit vernachlässigt" (Pfeffer 1986, 94). Der zwangsläufig enge Körperkontakt zwischen dem Pädagogen und dem körperbehinderten Kind im pädagogischen Alltag ist bisher kaum im pädagogischen Sinne genutzt worden, er war und ist meist nur Mittel zum Zweck; das pädagogische Potential, das diese intensive Kontaktaufnahme auch beinhaltet, liegt weitgehend brach (Bergeest/Kühne 1999, 296ff). Das kooperative „Lernen durch direkten leiblichen Kontakt" (Pfeffer 1986, 96) wird operationalisiert, indem der Pädagoge sich auch seine eigene körperliche Integrität bewusst macht, seinen Körper, seine Bereitschaft und Möglichkeit zu Körperkontakt und vor allem seine *Bewegungsökonomie* im Kontakt mit dem Kind/Jugendlichen wahrnimmt. Es geht also um eine körperzentrierte Pädagogik, die sich auch auf scheinbar banale Tätigkeiten wie das alltägliche Heben und Tragen des betroffenen Kindes erstreckt.

Die notwendige körperliche Nähe und Beanspruchung hat nicht nur emotionale und pädagogische Dimensionen, sondern bringt auch physische Anstrengung mit sich. Ohne eine Anleitung zur Ökonomisierung dieser Aufgaben kommt es zu Überforderungen (z. B. wenn die Kinder größer und schwerer werden). Im Durchschnitt hat jeder Lehrer an Körperbehindertenschulen ein Rollstuhlkind in seiner Klasse. Jeder Pädagoge trägt im Durchschnitt viermal am Tag ein Kind aus unterschiedlichen Gründen. 70 % der Lehrer geben an, dass sie dies als körperlich anstrengend erleben (Bergeest/Kühne 1999, 297). Es ist daher erforderlich, in der Fortbildung von Körperbehindertenpädagogen Konzeptionen zur Erhaltung der körperlichen Integrität anzubieten. Hatch u. a. (1993) haben Programme zur „Kinästhetik" vorgelegt, die auf Änderungen des Hebe- und Trageverhaltens abzielen. Die Kinästhetik erleichtert den Bewegungsvorgang für den Pädagogen durch Beachtung einiger einfacher Grundregeln: Statt des Hebens des behinderten Menschen sollte immer Bewegung wie *Rollen, gemeinsames Gehen* oder *Verschieben* im Vordergrund stehen. Die Muskeln des Pädagogen sind dabei so entspannt wie möglich, die Beine sind frei beweglich, die Knie immer leicht gebeugt. Die gemeinsame Bewegung mit dem behinderten Kind und Jugendlichen erschließt sich durch die „Koordination von Körpermassen" (ebd., 134f). Weitere Grundregeln zum Heben und Tragen finden sich bei Pape (1990) und Buck/Beckers (1993). Soyka (2000) entwickelt ein Konzept der „Biomechanik" mit Faktoren der Rückenbelastung durch Heben und Tragen und bietet als entsprechendes Präventionsprogramm ein ergonomisches Training für die alltägliche Praxis. Hedderich/Dehlinger (1998) geben Hinweise zu bewegungsunterstützenden Maßnahmen und zur Lagerung schwerstbehinderter Kinder im Unterricht. Prophylaktisch kommt es vor allem auch darauf an, einen gemeinsamen Lernprozess mit behinderten Kindern und Jugendlichen zu gestalten mit dem Ziel eines „psychomotorischen Dialogs" bei Prozessen des Hebens und Tragens in gegenseitiger Unterstützung und der Erlangung größerer Unabhängigkeit des Kindes bei alltäglichen motorischen Verrichtungen (Bergeest/Kühne 1999, 298). Das erfolgt mit Hilfe eines Trainingsprogramms zur „Körpermechanik", wie es z. B. Bidabe/Lollar

(1993) für den Erwerb von Fähigkeiten des Sitzens, Stehens und Gehens schwer körperbehinderter Kinder vorlegen, um zur Reduktion von Zeit- und Energieaufwand für tägliche Pflege und Bewegung beizutragen (mit Messbarkeit kleiner Schritte funktioneller motorischer Fertigkeiten und damit einer Erfolgskontrolle; vgl. Kapitel „Allgemeine Didaktik").

Der Trainingsaufwand für eine effektive Ökonomisierung der Biomechanik des Pädagogen ist vergleichsweise gering. Ein kombinierter Theorie-Praxis-Kurs von ca. 12 Stunden erbringt bei Pädagogikstudenten hochsignifikante Verbesserungen des Trageverhaltens: Die Pädagogen sind körperlich weniger beansprucht, die Kinder sind aktiv an den Prozessen beteiligt, und der Körperkontakt gewinnt eine andere pädagogische Qualität (Bergeest/Kühne 1999, 300ff). „Wichtig bei dieser Wahrnehmung des Anderen von Leib zu Leib ist für den Erzieher die Konzentration nach aussen und innen ... die Arbeit mit dem behinderten Kind ist so gesehen zugeich immer auch Arbeit an sich selbst" (Klein/Kübler 1997, 43 u. 48).

Zur Erhaltung der körperlichen Integrität gehört darüber hinaus grundsätzlich die Suche nach *Entspannung*. Dieser Weg kann auf vielfache Weise beschritten werden, übergreifendes Moment ist dabei die körperliche Bewusstheit: mehrfach am Tage innehalten und sich auf sich selbst besinnen; Atemübungen; gezielte progressive Muskelentspannung; Autogenes Training; Körperarbeit nach Feldenkrais (1981, 1990), Lowen (1984); Yoga und Meditation.

Pallasch u. Pallasch (1998, 206) fassen die Wirkung von Entspannung zusammen: „Eine gelungene, den Körper, den Geist und die Seele vereinheitlichende Entspannung befreit das ,Innen' und das ,Außen'; es befreit von inneren Verstrickungen und äußeren Zwängen". So ist Entspannung, gepaart mit Konzentration und Achtsamkeit, das Merkmal einer pädagogischen Koexistenz mit körperbehinderten Kindern.

300

Literatur

Achenbach, R.: Neurodermitis. Stuttgart 1995

Achermann, E.: Mit Kindern Schule machen. Zürich 1995

Achilles, I.: „...und um mich kümmert sich keiner". Die Situation der Geschwister behinderter Kinder. München 1997

Adam, G./Kollmann, R./Pithan, A. (Hrsg.): Mit Leid umgehen. Dokumentationsband des sechsten Würzburger Religionspädagogischen Symposiums. Münster 1998

Adam, G.: Menschenrechte und Menschenwürde. In: Pithan, A./Adam, G./Kollmann, R. 2002 a.a.O.

Addison, R.: Tolle Ideen. Musik. Mülheim/Ruhr 1991

Affolter, F.: Wahrnehmungsprozesse, deren Störungen und Auswirkungen auf die Schulleistungen, insbesondere Lesen und Schreiben. In: Zeitschrift für Kinder- und Jugendpsychiatrie 3/1975, 223–234

Affolter, F.: Wahrnehmungsstörungen. In: Haupt, U./Jansen, G. 1983 a.a.O.

Affolter, F.: Wahrnehmung, Wirklichkeit und Sprache. Villingen-Schwenningen 1987

Aissen-Crewett, M.: Kinderzeichnungen verstehen. Von der Kritzelphase bis zum Grundschulalter. München 1988

Aissen-Crewett, M.: Ästhetische Erziehung für Behinderte. Ein Arbeitsbuch für die Praxis. Dortmund 1989

Aktion Grundgesetz (Hrsg.): Die Gesellschaft der Behinderer. Reinbek 1997

Albrecht, W.: Symbol-Lernen. In: Pithan, A./Adam, G./Kollmann, R. 2002 a.a.O.

Aly, M.: Verzögerte Entwicklung – Therapeutische Begleitung von Kindern mit Entwicklungsstörungen. In: Lüpke, H. v./Voß, R. 1997 a.a.O.

Aly, M.: Das Sorgenkind im ersten Lebensjahr. Berlin 1998

Amann, G./Wipplinger, R. (Hrsg.): Sexueller Mißbrauch. Überblick über Forschung, Beratung und Therapie. Ein Handbuch. Tübingen 1997

Amelang, M./Krüger, C.: Mißhandlung von Kindern. Darmstadt 1995

Ammann, R.: Heilende Bilder der Seele. Das Sandspiel. Frankfurt/M. 1989

Anderlik, L.: Ein Weg für alle! Montessori-Therapie und -Heilpädagogik in der Praxis. Dortmund 1999

Anders, W./Weddemar, S.: Häute scho(e)n berührt? Körperkontakt in Entwicklung und Erziehung. Dortmund 2001

Anderson, J.: Kognitive Psychologie. Heidelberg 1989

Angerhoefer, U.: Gedanken zum pädagogisch wirksamen Menschenbild in der DDR und sein Einfluß auf die Sonderpädagogik. In: Bleidick, U./Ellger-Rüttgart, S. 1994 a.a.O.

Angermeyer, M./Döhner, O.: Chronisch kranke Kinder und Jugendliche in der Familie. Stuttgart 1981

Antor, G.: Pluralität der schulischen Normen – Uniformität des Lernorts? Erfahrungen mit der schulischen Integration Behinderter und Nichtbehinderter. In: Lersch, R./Vernooij, M. 1992 a.a.O.

Antor, G.: Integrative Pädagogik – Überlegungen zu einer normativen Grundlegung. In: Myschker, N./Ortmann, M. 1999 a.a.O.

Arbeitskreis Kooperative Pädagogik e. V. (Hrsg.): Kooperative Pädagogik schwerstbehinderter Menschen. Frankfurt/M. 1993

Arlt, M.: Wohnen aus systemisch-ökologischer Sicht. In: Huschke-Rhein, R. (Hrsg.): Systemisch-ökologische Pädagogik. Bd. V. Köln 1992

Arnade, S.: Weder Küsse noch Karriere. Erfahrungen behinderter Frauen. Frankfurt/M. 1992

Arnold, C.-R.: Therapieverfahren mit statischer und dynamischer Krankengymnastik. In: Weimann, G. 1994 a.a.O.

Arnold, K.-H.: Sonderpädagogische Begutachtung und Förderplanerstellung: Ein Strukturschema. In: Mutzeck, W. 2000 a.a.O.

Arnold, W./Israel, S./Richter, H.: Sport mit Rollstuhlfahrern. Leipzig 1992

ASbH – Arbeitsgemeinschaft Spina bifida und Hydrocephalus e. V. (Hrsg.): Die medizinische Versorgung von Betroffenen mit Spina bifida und Hydrocephalus über das Jugendalter hinaus. Menden 1988

ASbH – Arbeitsgemeinschaft Spina bifida und Hydrocephalus e. V. (Hrsg.): Spina bifida und Hydrocephalus. Aspekte zur körperlichen Situation. Menden 1990

ASbH – Arbeitsgemeinschaft Spina bifida und Hydrocephalus e. V. (Hrsg.): Kinder mit Spina bifida aus krankengymnastischer Sicht. Menden 1990a

ASbH – Arbeitsgemeinschaft Spina bifida und Hydrocephalus e. V. (Hrsg.): Menschen mit Spina bifida und Hydrocephalus. Dortmund 1993

ASbH – Arbeitsgemeinschaft Spina bifida und Hydrocephalus e. V. (Hrsg.): Leben mit Spina bifida und Hydrocephalus. Dortmund 1994

ASbH – Arbeitsgemeinschaft Spina bifida und Hydrocephalus e. V. (Hrsg.): Inkontinenz bei Spina bifida. Formen, Diagnostik, Therapien. Münster 1995

ASbH – Arbeitsgemeinschaft Spina bifida und Hydrocephalus e. V. (Hrsg.): Hydrocephalus. Dortmund 1996

ASbH – Arbeitsgemeinschaft Spina bifida und Hydrocephalus e. V. (Hrsg.): Partnerschaft und Sexualität. Dortmund 1997

ASbH – Arbeitsgemeinschaft Spina bifida und Hydrocephalus e. V. (Hrsg.): Üben – Fördern – Beraten. Hilfen für Kinder mit Hydrocephalus und für Kinder mit Spina bifida. Dortmund 1998

ASbH – Arbeitsgemeinschaft Spina bifida und Hydrocephalus e. V. (Hrsg.): Recht so! Dortmund 1998a

ASbH – Arbeitsgemeinschaft Spina bifida und Hydrocephalus e. V. (Hrsg.): Angeborene Querschnittlähmung. Fragen und Antworten zur urologischen Situation. Dortmund 1998b

ASbH – Arbeitsgemeinschaft Spina bifida und Hydrocephalus e. V. (Hrsg.): Hydrocephalus im Erwachsenenalter. Dortmund 2000

Aucouturier, B./Lapierre, A.: Bruno. Bericht über eine psychomotorische Therapie bei einem zerebral-geschädigten Kind. München 1982

Aufschnaiter, D.: Die Reflexlokomotion. In: Feldkamp, M. u. a. 1989 a.a.O.

Aufschnaiter, D.: Vojta-Konzept. In: Hartmannsgruber, R./Wenzel, D. 1999 a.a.O.

Avalle, C./Fischer-Brandies, H./Schmid, R.: Zu Mundmotorik und Mundtherapie bei Zerebralparese. Vorläufige Ergebnisse der Behandlung von neuromotorischen Störungen im Mundbereich bei Kindern mit zerebraler Parese nach der Konzeption von Castillo-Morales. In: Monatsschrift für Kinderheilkunde 1/1986, 32–36

Ayres, A.: Southern California Sensory Integration Test. Los Angeles 1972

Ayres, A.: Bausteine der kindlichen Entwicklung. Berlin 1984

Babenkowa, R.: Entwicklung der Schreibfähigkeit bei Kindern mit infantilen Cerebralparesen. In: Die Sonderschule 2/1984, 107–114

Bach, H.: Grundbegriffe der Behindertenpädagogik. In: Bleidick, U. 1985 a.a.O.

Bach, H.: Zum Begriff „Schwerste Behinderung". In: Fröhlich, A. 1991 a.a.O.

Bach, H.: Körperbehinderung: Explosion und Isolation eines Begriffs. In: Bergeest, H./Hansen, G. 1999 a.a.O.

Bächinger, B.: Sexualverhalten und Sexualberatung von Körperbehinderten. Hohentannen TG 1978

Bachmair, S. u. a.: Beraten will gelernt sein. Weinheim 1985

Bachmann, H.: Malen als Lebensspur. Die Entwicklung kreativer bildlicher Darstellung. Stuttgart 1993

Bachmann, W.: Das unselige Erbe des Christentums: Die Wechselbälge – Zur Geschichte der Heilpädagogik. Gießen 1985

Bader, F./Haltaufderheide, I./Henning, S./Lauterbach, P./Rohner, H./Schön, B./Seifert, R.: Telekommunikation – ein Weg zur Alltagsbewältigung für körperbehinderte Menschen. In: Zeitschrift für Heilpädagogik 12/1996, 501–507

Bagge, G./Bartels, I.: Recht auf Liebhaben? – Behinderte Liebe. In: Hopf, A. 1990 a.a.O.

BAGH – Bundesarbeitsgemeinschaft Hilfe für Behinderte (Hrsg.): Öffentliches Bewusstsein verändern. In: Selbsthilfe 4/1993, 6–11

Baillet, D.: Sich verständlich machen und die anderen verstehen. In: Valtin, R./Naegele, I. (Hrsg.): Schreiben ist wichtig. Frankfurt/M. 1986

Balzer, B./Rolli, S.: Sozialtherapie mit Eltern Behinderter. Weinheim 1979

Bammer, K.: Leben mit dem krebskranken Kind. Erlangen 1984

„Band, Das". Zeitschrift des Bundesverbandes für Körper- und Mehrfachbehinderte e. V.: „Sexualität und Behinderung", 1/1996

„Band, Das". Zeitschrift des Bundesverbandes für Körper- und Mehrfachbehinderte e. V.: „Wo die Liebe hinfällt", 2/2000

Bareiss, H.-J.: Therapeutische Mensch-Pferd-Interaktion (TMPI). In: Praxis der Psychomotorik 2/1996, 93–99

Barlsen, J.: Unterstützte Beschäftigung und Integrationsfachdienste im Spiegel empirischer Forschung. In: Barlsen, J./Hohmeier, J. 2001 a.a.O.

Barlsen, J./Hohmeier, J. (Hrsg.): Neue berufliche Chancen für Menschen mit Behinderung. Unterstützte Beschäftigung im System der beruflichen Rehabilitation. Düsseldorf 2001

Baronjan, C.: Lebensraum Kinderkrippe. Chancen und Risiken für behinderte und von Behinderung bedrohte Kinder. In: Frühförderung interdisziplinär 2/1993, 73–78

Baronjan, C./Sammler, C.: Die Praxis der Frühförderung im Ost-West-Verständnis. Eine kritische Bestandaufnahme aus unterschiedlicher Erfahrung. In: Frühförderung interdisziplinär 3/1995, 131–138

Bartnitzky, H.: Sprachunterricht heute. Berlin 2000

Bartz, E.: Zusammenfassung der Situation behinderter Menschen mit Assistenzbedarf in Deutschland. Mulfingen 1996

Barwig, G./Busch, Ch. (Hrsg.): „Unbeschreiblich weiblich!?" Frauen unterwegs zu einem selbstbewußten Leben mit Behinderung. München 1993

Baßler, M./Schins, M.-Th. (Hrsg.): „Warum gerade mein Bruder?" Trauer um Geschwister. Reinbek 1992

Bastian, J./Gudjons, H.: Über die Projektwoche hinaus... . Neue Konturen des Projektlernens. In: Pädagogik 7–8/1989, 8–13

Bauer, A.: Minimale Cerebrale Dysfunktion und/oder Hyperaktivität im Kindesalter. Überblick und Literaturdokumentation. Berlin 1986

Bauer, H./Seidel, D.: MS-Ratgeber. Praktische Probleme der Multiplen Sklerose. Stuttgart 1996

Bauer, R.: Lernen an Stationen in der Grundschule. Berlin 1997

Baumgardt, U.: Kinderzeichnungen – Spiegel der Seele. Zürich 1985

Bausinger, H.: Zur Bedeutung der Märchen. In: Monatsschrift für Kinderheilkunde 6/1985, 322–326

Bayerisches Staatsministerium für Arbeit und Sozialordnung, Familie, Frauen und Gesundheit (Hrsg.): Gestützte Kommunikation (FC) bei Menschen mit schweren Kommunikationsbeeinträchtigungen. München 2000

Becher, W.: Integration körperbehinderter Kinder und Jugendlicher an der Gesamtschule Hessisch-Lichtenau. In: Gesamtschul-Informationen 4/1981, 139–164

Becker, Dr.: 60 Jahre Verband der Deutschen Evangelischen Anstalten für Körperbehinderte e. V.. In: Jahrbuch der Fürsorge für Körperbehinderte. Stuttgart 1961, 46–58

Becker, K.-P. u. Autorenkollektiv: Rehabilitationspädagogik. Berlin 1984

Becker, K.-P.: Zur Geschichte der Gesellschaft für Rehabilitation in der Deutschen Demokratischen Republik. In: Deutsche Vereinigung für die Rehabilitation Behinderter 1999 a.a.O.

Becker, M.: Sexuelle Gewalt gegen Mädchen mit geistiger Behinderung. Heidelberg 1995

Becker, M.: Kreatives Schreiben mit körperbehinderten Schülern. In: Hansen, G./Haupt, U. 1999 a.a.O.

Becker, R. u. Autorenkollektiv: Früherziehung geschädigter Kinder. Berlin 1988

Becker, R.: Früherziehung geschädigter Kleinkinder in der Deutschen Demokratischen Republik. In: Frühförderung interdisziplinär 4/1989, 183–189

Begemann, E.: Zur Aufgabe einer Didaktik für körperbehinderte Kinder und Jugendliche. In: Zeitschrift für Heilpädagogik 20/1969, 273–285

Begemann, E.: Grundprobleme eines Bildungsplanes der Schule für Körperbehinderte. In: Wolfgart, H./Begemann, E. 1971 a.a.O.

Begemann, E.: Piaget, Normal-Entwicklung, individuelle Erfahrung. Überlegungen und Bilanzierungen für („Sonder"-)Schulen und Pädagogen. In: Behinderte in Familie, Schule und Gesellschaft 3/1998, 59–74

Behindertenbeauftragter des Landes Niedersachsen (Hrsg.): Deutschland im Herbst – zunehmende Gewalt gegen behinderte Menschen. Hannover 1993

Behme, U./Schmude, M.: Der geschützte Raum. Diagnose und Therapie mißhandelter Kinder. Berlin 1991

Behncke, R.: Die Akquisition von Arbeitsplätzen im Rahmen der Unterstützten Beschäftigung. In: Barlsen, J./Hohmeier, J. 2001 a.a.O.

Bein-Wierzbinski, W.: Sprachentwicklungsverzögerung durch persistierende frühkindliche Reflexe. In: Logos interdisziplinär 2/2000, 111–116

Bein-Wierzbinski, W./Weichert W.: Konduktive Förderung. Eine Untersuchung zum Erwerb grob- und feinmotorischer Fertigkeiten bei cerebralparetischen Kindern. In: Zeitschrift für Heilpädagogik 1/2002, 18–25

Bellak, L./Bellak, S.: Der Kinder Apperzeptionstest (CAT). Göttingen 1955

Bergeest, H.: Körperzentriertes Lernen. In: Haupt, U./Krawitz, R. (Hrsg.): Anstöße zu neuem Denken in der Sonderpädagogik. Pfaffenweiler 1992

Bergeest, H.: Ganzheitlicher Unterricht mit körperbehinderten Kindern. In: Bergeest, H./ Haupt, U. 1993 a.a.O.

Bergeest, H.: Ablösungsprozesse. In: ASbH 1993a a.a.O.

Bergeest, H.: Bewegungskommunikation mit schwerstbehinderten Schülern. In: Bergeest, H./ Haupt, U. 1993b a.a.O.

Bergeest, H.: Systemisches Denken in der Rehabilitationspädagogik. In: Bergeest, H./Budnik, I./Hübner, R./Kolberg, T. (Hrsg.): Rehabilitationspädagogik in Sachsen-Anhalt. Unveröffentlichte Festschrift für Ferdinand Klein. Halle/S. 1994

Bergeest, H.: Burnout. In: Hansen, G./Stein, R. 1997 a.a.O.

Bergeest, H.: Sexualität. In: Hansen, G./Stein, R. 1997a a.a.O.

Bergeest, H.: Supervision. In: Bundschuh, K./Heimlich, U./Krawitz, R. 1999 a.a.O.

Bergeest, H.: Körperbehindertenpädagogik als ökologisch-systemische Wissenschaft. In: Bergeest, H./Hansen, G. 1999a a.a.O.

Bergeest, H.: Sensorische Integration und kognitive Entwicklung körperbehinderter Kinder. In: Bergeest, H./Hansen, G. 1999b a.a.O.

Bergeest, H.: Sozialisation körperbehinderter Menschen. In: Bergeest, H./Hansen, G. 1999c a.a.O.

Bergeest, H.: Maria Montessori. In: Buchka, M./Grimm, R./Klein, F. 2000 a.a.O.

Bergeest, H./Bettels, R.: Verhaltensinventar Sensorischer Integrationsstörungen. Unveröffentlicht. Mainz 1992 (Institut für Rehabilitationspädagogik der Martin-Luther-Universität, Postfach, 06099 Halle)

Bergeest, H./Boenisch, J.: Körperbehindertenpädagogik – Bibliographie des 20. Jahrhunderts. Bad Heilbrunn 2002

Bergeest, H./Hansen, G. (Hrsg.): Theorien der Körperbehindertenpädagogik. Bad Heilbrunn 1999

Bergeest, H./Haupt, U.: Personenzentrierte Arbeit mit Sterbenden. In: Zeitschrift für personenzentrierte Psychologie und Psychotherapie 3/1983, 331–343

Bergeest, H./Haupt, U. (Hrsg.): Sonderpädagogen helfen lernen. Pfaffenweiler 1993

Bergeest, H./Kühne, R.: Heben und Tragen von behinderten Menschen als pädagogische Aufgabe. Ein kaum beachtetes Problem des pädagogischen Alltags. In: Zeitschrift für Heilpädagogik 6/1999, 296–301

Bergeest, H./Schneider, W.: Personenzentrierte Gruppenarbeit mit Eltern behinderter Kinder. In: Sander, K./Esser, U. 1988 a.a.O.

Bergk, M./Pfeistlinger, L.: Vorschläge für kommunikatives Schreiben von Anfang an. In: Valtin, R./Naegele, I. (Hrsg.): Schreiben ist wichtig. Frankfurt 1986

Bernard, K.: Bobath-Konzept. In: Hartmannsgruber, R./Wenzel, D. 1999 a.a.O.

Berndt, H. u. Autorenkollektiv: Rehabilitationspädagogik für Körperbehinderte. Berlin 1986

Bernhardt, G.: Entwicklung des Lesenkönnens auf der Unterstufe der Körperbehindertenschule. In: Die Sonderschule 1/1990, 60–62

Bernius, P./Doll, B.: Primäre und sekundäre Hüftdeformierungen und ihre konservative und operative Behandlung. In: Michael, Th./v. Moers, A./Strehl, A. 1998 a.a.O.

Bernler, G./Johnsson, L.: Supervision in der psychosozialen Arbeit. Integrative Methodik und Praxis. Weinheim 1993

Berufsverband Deutscher Psychologen (Hrsg.): Psychologische Hilfen für Behinderte. Weinsberg 1984

Besser, R./Gross-Selbeck, G. (Hrsg.): Epilepsiesyndrome – Therapiestrategien. Stuttgart 1996

Betz-Hiller, A.: Zöliakie – na und? Stuttgart 1996

Beudels, W./Lensing-Conrady, R./Beins, H.: ... das ist für mich ein Kinderspiel. Handbuch zur psychomotorischen Praxis. Dortmund 1998

Beuys, B.: Am Anfang war nur Verzweiflung. Reinbek 1984

Bidabe, L./Lollar, J.: M.O.V.E. – Mobilitätstraining für Kinder und Erwachsene mit Behinderung. Dortmund 1993

Bieber, K. u. a.: Früherziehung ökologisch. Luzern 1992

Bienstein, Ch.: Be-wußt-los. Pflege von bewußtlosen Patienten. In: Bienstein, Ch./Fröhlich, A. 1994 a.a.O.

Bienstein, Ch./Fröhlich, A. (Hrsg.): Bewußtlos. Eine Herausforderung für Angehörige, Pflegende und Ärzte. Düsseldorf 1994

Bierhals, R.: Pädagogische Hausfrühförderung. In: Wilken, E. 1999 a.a.O.

Biermann, G.: Autogenes Training mit Kindern und Jugendlichen. München 1978

Biermann, G. u. R.: Das kranke Kind und seine Umwelt. München 1982

Biesalski, K.: Grundriß der Krüppelfürsorge. Leipzig 1926

Biewer, G.: Reformpädagogische Entwürfe zur Integration behinderter Kinder in die Allgemeine Schule. In: Zeitschrift für Heilpädagogik 3/1996, 96–101

Birri-Dutschek, E.: Diabetes mellitus bei Grundschulkindern – Informationen für Eltern, Lehrer und Mitschüler. In: Ertle, Ch. 1997 a.a.O.

Bischoff, H./Rathgeber, R.: Behinderte in Ausbildung und Beruf. München 1987

Bittmann, F.: Leistungsverhalten bei körperbehinderten Kindern. Berlin 1971

Blankertz, H.: Theorien und Modelle der Didaktik. Weinheim 1991

Blanz, B.: Psychische Störungen und Compliance beim juvenilen Diabetes mellitus. Heidelberg 1995

Bläsig, W.: Die Rehabilitation der Körperbehinderten. München 1967

Bläsig, W.: Unterrichtsarbeit mit kranken und verletzten Kindern. Berlin 1973

Bläsig, W.: Erzählende Literatur und Biographien zum Thema „Körperbehinderte". In: Zeitschrift für Heilpädagogik 11/1983a, 754–757

Bläsig, W.: Stellung und Aufgaben der Pädagogik in der Rehabilitation Körperbehinderter. In: Haupt, U./Jansen, G. 1983 a.a.O.

Bläsig, W./Jansen, G./Schmidt, M. (Hrsg.): Die Körperbehindertenschule. Berlin 1972

Blaumeiser, G. (Hrsg.): Herausforderung Behindertensport. Balingen 1999

Bleidick, U.: Lesen und Lesenlernen unter erschwerten Bedingungen. Essen 1972

Bleidick, U.: Lernbehindertendidaktik – prospektiv. In: Baier, H. (Hrsg.): Unterricht in der Schule für Lernbehinderte. Donauwörth 1978

Bleidick, U.: Pädagogik der Behinderten. Berlin 1972, 5. Aufl. 1984

Bleidick, U. (Hrsg.): Theorie der Behindertenpädagogik. Berlin 1985

Bleidick, U.: Historische Theorien: Heilpädagogik, Sonderpädagogik, Pädagogik der Behinderten. In: Bleidick, U. 1985 a.a.O.

Bleidick, U.: Wissenschaftssystematik der Behindertenpädagogik. In: Bleidick, U. 1985 a.a.O.

Bleidick, U.: Betrifft Integration: behinderte Schüler in allgemeinen Schulen. Berlin 1988

Bleidick, U.: Behinderte im Bildungswesen. In: Bundesministerium für innerdeutsche Beziehungen (Hrsg.): Vergleich von Bildung und Erziehung in der BRD und in der DDR. Köln 1990

Bleidick, U.: Pädagogische Aspekte. In: Bundesarbeitsgemeinschaft Hilfe für Behinderte e. V. (Hrsg.): Wissenschaftliche Aspekte der Behindertenarbeit. Düsseldorf 1993

Bleidick, U.: Neufassung der Einbecker Empfehlungen: Grenzen ärztlicher Behandlungspflicht bei schwerstgeschädigten Neugeborenen. In: Zeitschrift für Heilpädagogik 3/1993a, 182–188

Bleidick, U.: Informationen über die sonderpädagogische Förderung in der Bundesrepublik Deutschland. Allgemeine Übersicht: Begriff, Bereiche, Perspektiven. In: Zeitschrift für Heilpädagogik 10/1994, 650–657

Bleidick, U.: Behinderung als pädagogische Aufgabe. Stuttgart 1999

Bleidick, U.: Um den wissenschaftstheoretischen Ort der Körperbehindertenpädagogik. In: Bergeest, H./Hansen, G. 1999a a.a.O.

Bleidick, U.: Konstruktion und Perspektivität behindertenpsychologischer Theoriebildung. In: Borchert, J. 2000 a.a.O.

Bleidick, U./Ellger-Rüttgart, S. (Hrsg.): Behindertenpädagogik im vereinten Deutschland. Weinheim 1994

Bless, G.: Zur Wirksamkeit der Integration. Forschungsüberblick, praktische Umsetzung einer integrativen Schulform, Untersuchungen zum Lernfortschritt. Bern 1995

Blume, A. (Hrsg.): Den Umständen entsprechend optimistisch. Ratgeber für Eltern chronisch kranker Kinder. Reinbek 1987

Blume-Werry, A.: Erziehung zur Selbständigkeit. In: ASbH 1994 a.a.O.

Blume-Werry, A.: Sahne im Kaffee: Aspekte zur Ablösung Jugendlicher mit Spina bifida. In: Michael, Th./v. Moers, A./Strehl, A. 1998 a.a.O.

Blume-Werry, A.: Liebe, Sexualität und Partnerschaft. Eine Umfrage der ASbH unter ihren volljährigen Mitgliedern. In: ASbH-Brief 4/1999, 12–17

Bobath, B.: Abnorme Haltungsreflexe bei Gehirnschäden. Stuttgart 1986

Bobath, B./Bobath, K.: Die motorische Entwicklung bei Zerebralparesen. Stuttgart 1983

Bode, G./Schmalenbach, U.: Mein Kind hat Krebs. Ein Ratgeber für Eltern krebskranker Kinder. Bonn 1988

Boeger, A./Seiffge-Krenke, I.: Body Image im Jugendalter: Eine vergleichende Untersuchung an gesunden und chronisch kranken Jugendlichen. In: Praxis der Kinderpsychologie und Kinderpsychiatrie 43/1994, 119–125

Boeger, A./Seiffge-Krenke, I.: Symptombelastung, Selbstkonzept und Entwicklungsverzögerung bei gesunden und chronisch kranken Jugendlichen mit Typ-I-Diabetes. In: Zeitschrift für Kinder- und Jugendpsychiatrie 22/1994a, 5–15

Boenisch, J.: Wenn Kinder fragen: „Warum ich...?" (Religions-)Pädagogische Aspekte zur Leidensbewältigung kranker und körperbehinderter Kinder in Integrationsklassen. In: „Gemeinsam leben" 1/1997, 11–16

Boenisch, J.: Schulische Integration körperbehinderter Kinder und Jugendlicher. In: Bergeest, H./Hansen, G. 1999 a.a.O.

Boenisch, J.: Hiobsbotschaft oder Hiobs Botschaft? In: Zeitschrift für Heilpädagogik 3/1999a, 120–126

Boenisch, J.: Integrationspädagogik in der sonderpädagogischen Lehrerbildung. Analysen und Perspektiven für die Zweite Ausbildungsphase. Bad Heilbrunn 2000

Boenisch, J.: Integrationspädagogik im Referendariat. Möglichkeiten und Perspektiven für eine Ausbildungsreform. In: Die neue Sonderschule 1/2001, 1–9

Boenisch, J.: Modelle und Konzepte der schulischen Integration. In: Pithan, A./Adam, G./Kollmann, R. 2002 a.a.O.

Boenisch, J./Merz-Atalik, K.: Zum Entwicklungsstand der schulischen Integration in den neuen Bundesländern. In: Pädagogik und Schulalltag 3/1997, 384–403

Boenisch, J./Trappschuh, K.: Besonderheiten schulischer Integrationsprozesse in Land Brandenburg. In: Die neue Sonderschule 4/1997, 297–306

Boenisch, J./Bünk, C. (Hrsg.): Forschung und Praxis der unterstützten Kommunikation. Karlsruhe 2001

Boenisch, J./Daut, V. (Hrsg.): Didaktik des Unterrichts mit körperbehinderten Kindern. Stuttgart 2002

Boenisch, J./Engel, M.: Die Förderung des Spracherwerbs bei körperbehinderten Kindern ohne Lautsprache unter besonderer Berücksichtigung elektronischer Kommunikationshilfen. In: Boenisch, J./Bünk 2001 a.a.O.

Boenisch, J./Otto, K.: Besonderheiten in der Sprachentwicklung bei kaum- und nichtsprechenden Kindern mit Cerebralparese. In: Unterstützte Kommunikation 3/2001, 23–27

Böhm, O.: Situations- und sinnorientiertes Lesenlernen bei lernschwachen Schülern. Heidelberg 1993

Böhmer, A./Eggert, M./Krüger, A.: Fühlen – Wahrnehmen – Handeln. Materialien zur Prävention von sexuellem Missbrauch. Leipzig 1995

Böhmer, J. u. a.: Mathematik begreifen. 1. Schuljahr. Stuttgart 1994

Böllhoff, B.: Befunderhebung bei Atem-, Sprach- und Stimmstörungen bei zerebral bewegungsgestörten Kindern. In: Matthiaß, H./Brüster, H./Zimmermann, H. 1971 a.a.O.

Bonderer, E.: Psychodiagnostik und Erziehungspraxis. In: Kobi, E. 1990 a.a.O.

Bondy, C. (Hrsg.): Hamburg-Wechsler-Intelligenztest für Kinder (HAWIK). Bern 1966

Borchert, J. (Hrsg.): Handbuch der Sonderpädagogischen Psychologie. Göttingen 2000

Bordel, R./Nagel, N./Stadler, H.: Schule und wie weiter? Hilfen zur beruflichen und sozialen Eingliederung junger Körperbehinderter.Heidelberg 1987

Bordel, R.: Berufliche Eingliederungshilfen in der Schule. In: Bordel, R./Nagel, N./Stadler, H. 1987 a.a.O.

Born, C.: Behinderte und nichtbehinderte Frauen – Parallelen in der Unterdrückung aufgrund von Frau-sein und Behindert-sein. In: Burger, Ch. 1992 a.a.O.

Bracken, H. v.: Vorurteile gegen behinderte Kinder, ihre Familien und Schulen. Berlin 1981

Braecker, S./Wirtz-Weinrich, W.: Sexueller Mißbrauch an Mädchen und Jungen. Handbuch für Interventions- und Präventionsmöglichkeiten. Weinheim 1994

Braem, H.: Die Macht der Farben. München 1989

Brand, I.: Kreatives Spielen. Entwicklungsförderung mit dem Pertra-Spielsatz. Dortmund 1988

Brand, I./Breitenbach, E./Maisel, V.: Integrationsstörungen. Diagnose und Therapie im Erstunterricht. Würzburg 1985

Brand, I./Breitenbach, E./Maisel, V.: Erziehung und Förderung in den schulvorbereitenden Einrichtungen für behinderte Kinder. Würzburg 1987

Brandesky, G.: Kindesmißhandlung. In: Sauer, H. 1984 a.a.O.

Brandt, I.: Griffiths Entwicklungsskalen (GES) zur Beurteilung der Entwicklung in den ersten beiden Lebensjahren. Weinheim 1983

Brandt, S./Hansen, T.: A Preliminary Investigation among Young Adults with Cerebral Palsy on Sexual Problems. Tagungsvortrag 1971 (zit. n. Weinwurm-Krause, E.-M. 1990 a.a.O.)

Braun, J./Opielka, M.: Selbsthilfeförderung durch Selbsthilfekontaktstellen. Studie im Auftrag des Bundesministeriums für Familie und Senioren. Stuttgart 1992

Braun, O. (Hrsg.): Seelsorge am kranken Kind. Stuttgart 1983

Braun, U.: Kommunikation für nichtsprechende Menschen. Eine Studie zur Effektivität von Sprachcomputern. Bern 1994

Braun, U. (Hrsg.): Unterstützte Kommunikation. Düsseldorf 1996

Bredebusch, B.: Stuhl-Gestalten – ein Alltagsobjekt plastisch ausgestalten. In: Gerlach, A./Willert, C. 1998 a.a.O.

Breitinger, M./Fischer, D.: Intensivbehinderte lernen leben. Würzburg 1993

Brinkmann, G.: Entwicklung des kleinwüchsigen Kindes. In: Menger, H. 1995 a.a.O.

Brocher, T.: Psychosexuelle Grundlagen der Entwicklung. Opladen 1971

Brockhaus, U./Kolshorn, M.: Sexuelle Gewalt gegen Mädchen und Jungen. Frankfurt/M. 1993

Bronfenbrenner, U.: Die Ökologie der menschlichen Entwicklung. Stuttgart 1981

Bröxkes, M./Herzog, U.: Rollstuhlversorgung. Dortmund 1993

Brügelmann, H.: Die Schrift entdecken. Beobachtungshilfen und methodische Ideen für einen offenen Anfangsunterricht im Schreiben und Lesen. Konstanz 1986

Brügelmann, H.: Kinder auf dem Weg zur Schrift. Bottighofen 1992

Brügelmann, H.: Straßenmathematik. Was die Didaktik aus dem Lernen im Alltag lernen kann. In: Meyer, M. u. a. (Hrsg.): Lernmethoden – Lehrmethoden. Wege zur Selbständigkeit. Friedrich Jahresheft XV. Stuttgart 1997

Brüggemann, J.: Vorsorgeuntersuchungen im Kindesalter (U1 – U9). Stuttgart 1991

Buchka, M./Grimm, R./Klein, F. (Hrsg.): Lebensbilder bedeutender Heilpädagoginnen und Heilpädagogen des 20. Jahrhunderts. München 2000

Buchka, M./Hackenberg, J.: Das Burn-out-Syndrom bei Mitarbeitern der Behindertenhilfe. Ursachen – Formen – Hilfen. Dortmund 1988

Buck, M./Beckers, D.: Rehabilitation bei Querschnittlähmung. Berlin 1993

Budde, H.: Auswirkungen und Bewältigung von Behinderung: Psychologische Ansätze. In: Koch, U./Lucius-Hoene, G./Stegie, R. 1988 a.a.O.

Büder, I.: Zur Situation von Familien mit Spina bifida- und/oder Hydrocephalus-Kindern – Organisatorische Belastungen im alltäglichen Leben. In: Vierteljahresschrift für Heilpädagogik und ihre Nachbargebiete 3/1993, 312–326

Buggle, F.: Die Entwicklungspsychologie Jean Piagets. Stuttgart 1985

Bühler, Ch.: Der Welt-Test. Göttingen 1955

Bundesanstalt für Arbeit (Hrsg.): Berufliche Rehabilitation junger Menschen. Handbuch für Schule, Berufsberatung und Ausbildung. Nürnberg 1997

Bundesarbeitsgemeinschaft für Rehabilitation (Hrsg.): Arbeitshilfe für die Rehabilitation von Rheumakranken. Frankfurt/M. 1989

Bundesarbeitsgemeinschaft für Rehabilitation (Hrsg.): Arbeitshilfe für die Rehabilitation von an Asthma bronchiale erkrankten Kindern und Jugendlichen. Frankfurt/M. 1989a

Bundesarbeitsgemeinschaft für Rehabilitation (Hrsg.): Arbeitshilfe für die Rehabilitation schädel-hirnverletzter Kinder und Jugendlicher. Frankfurt/M. 1990

Bundesarbeitsgemeinschaft für Rehabilitation (Hrsg.): Rehabilitation Behinderter. Schädigung – Diagnostik – Therapie – Nachsorge. Wegweiser für Ärzte und weitere Fachkräfte der Rehabilitation. Köln 1994

Bundesarbeitsgemeinschaft Hilfe für Behinderte (Hrsg.): Die Rechte behinderter Menschen und ihrer Angehörigen. Düsseldorf 1997

Bundesministerium für Arbeit und Sozialordnung (Hrsg.): Konduktive Förderung für cerebral geschädigte Kinder. Bonn 1992

Bundesministerium für Bildung, Wissenschaft, Forschung und Technologie (Hrsg.): Studieren mit Behinderungen in den neuen Bundesländern. Bonn 1996

Bundesministerium für Gesundheit (Hrsg.): Zur Frage der Förderbarkeit von Kindern und Jugendlichen mit schwersten cerebralen Bewegungsstörungen und Anarthrie. Eine vergleichende Längsschnittstudie. Baden-Baden 1995

Bundesverband für Körper- und Mehrfachbehinderte e. V. (Hrsg.): Kinder mit cerebralen Bewegungsstörungen. Düsseldorf 1993

Bundeszentrale für gesundheitliche Aufklärung (Hrsg.): Richtlinien und Lehrpläne zur Sexualerziehung. Köln 1995

Bundschuh, K.: Förderdiagnostik aus praxisorientierter Sicht. In: Forschungsgemeinschaft „Das körperbehinderte Kind" e. V. 1986 a.a.O.

Bundschuh, K.: Einführung in die sonderpädagogische Diagnostik. München 1991

Bundschuh, K.: Praxiskonzepte der Förderdiagnostik. Bad Heilbrunn 1994

Bundschuh, K.: Differenzierte Begutachtung und Kompetenzorientierung. Anforderungen an eine heilpädagogische Diagnostik im 21. Jahrhundert. In: Zeitschrift für Heilpädagogik 8/2000, 321–326

Bundschuh, K./Heimlich, U./Krawitz, R. (Hrsg.): Wörterbuch Heilpädagogik. Bad Heilbrunn 1999

Bundy, A.: Spieltheorie und sensorische Integration. In: Fisher, A./Murray, E./Bundy A. 1998 a.a.O.

Bungart, J./Putzke, S.: Einarbeitung am Arbeitsplatz und der Prozess der betrieblichen Integration. In: Barlsen, J./Hohmeier, J. 2001 a.a.O.

Bunge, S.: Auswirkungen sexuellen Kindesmißbrauchs auf kognitive Verarbeitungsprozesse. In: Heilpädagogische Forschung 1/1999, 17–25

Burger, Ch. (Hrsg.): Du mußt dich halt behaupten. Die gesellschaftliche Situation behinderter Frauen. Würzburg 1992

Burisch, M.: Das Burnout-Syndrom. Theorie der inneren Erschöpfung. Berlin 1989

Burkart, P.: Epilepsie als Körperbehinderung. In: Wehrle, J. 1994 a.a.O.

Bürli, A.: Zur Situation schwerstbehinderter Menschen aus internationaler Sicht. In: Fröhlich, A. 1991 a.a.O.

Bürmann, J.: Gestaltpädagogik und Persönlichkeitsentwicklung. Bad Heilbrunn 1992

Burow, O.: Grundlagen der Gestaltpädagogik. Dortmund 1988

Burow, O.: Gestaltpädagogik. Trainingskonzepte und Wertungen. Paderborn 1993

Burow, O./Quitmann, H./Rubeau, M.: Gestaltpädagogik in der Praxis. Salzburg 1987

Burow, O./Scherpp, K.: Lernziel: Menschlichkeit. Gestaltpädagogik – eine Chance für Schule und Erziehung. München 1981

308   Literatur

Busch, C.: Freie Arbeit nach Montessori an der Schule für lernbehinderte Kinder und Jugendliche –
Beispiele aus der Praxis. In: Reiß, G./Eberle, G. (Hrsg.): Offener Unterricht – Freie Arbeit mit
lernschwachen Schülerinnen und Schülern. Weinheim 1997
Butollo, W./Krüsmann, M./Hagl, M.: Leben nach dem Trauma. Über den therapeutischen Umgang
mit dem Entsetzen. München 1998
Butzke, F./Bordel, R. (Hrsg.): Leben ohne Beruf? Heidelberg 1989
Campbell, J.: Mythen der Menschheit. München 1990
Cárdenas, B.: Diagnostik mit Pfiffigunde. Dortmund 1993
Carell, A./Leyendecker, Ch.: Zum Problem des sexuellen Mißbrauchs von körperbehinderten Men-
schen. In: Heilpädagogische Forschung 2/1995, 85–96
Casriel, D.: Die Wiederentdeckung des Gefühls. München 1983
Castillo-Morales, R.: Die Orofaziale Regulationstherapie. München 1991
Chaunière, A.: Ergotherapie in der Frühförderung. In: Wilken, E. 1999 a.a.O.
Christ, W./Mayer, H.: Zur Prognose der Schulleistungsfähigkeit epileptischer Kinder in den ersten
Grundschuljahren. In: Wolf, P. 1990 a.a.O.
Ciompi, L.: Die emotionalen Grundlagen des Denkens. Göttingen 1997
Clausen, K./Scheewe, S./Stachow, R./Petermann, F.: Neurodermitis-Schulungsprogramm für Grund-
schulkinder. In: Petermann, F./Warschburger, P. 1999 a.a.O.
Clausnitzer, V.: Orofaziale Muskelfunktionstherapie (OMF). Dortmund 2001
Cloerkes, G.: Einstellung und Verhalten gegenüber Behinderten. Berlin 1985
Cloerkes, G.: Behinderung in der Gesellschaft: Ökologische Aspekte und Integration. In: Koch,
U./Lucius-Hoene, G./Stegie, R. 1988 a.a.O.
Cloerkes, G.: Soziologie der Behinderten. Heidelberg 1997
Conty, M. (Hrsg.): Recht auf Teilhabe. Bielefeld 1997
Cornell, J.: Mit Kindern die Natur erleben. Mülheim/Ruhr 1991
Crickmay, M.: Sprachtherapie bei Kindern mit zerebralen Bewegungsstörungen auf der Grundlage
der Behandlung nach Bobath. Berlin 1990
Criegern, A. v.: Handbuch der Ästhetischen Erziehung. Stuttgart 1982
Cruz, F. de la/LaVeck, G.: Geistig Retardierte und ihre Sexualität. München 1975
Dacheneder, W./Elliger, T.: Verzögerter Spracherwerb bei Kindern mit Duchenne-Muskeldystrophie.
In: Frühförderung interdisziplinär 9/1990, 39–42
Dacheneder, W.: Interdisziplinäre Fallbesprechung eines körperbehinderten Kindes. In: Internationa-
le Frostig-Gesellschaft (Hrsg.): Bewegungserziehung nach Marianne Frostig – Teamwork inter-
disziplinär. Dortmund 1991
Dahl, J.: Epilepsy. A Behavior Medicine Approach to Assessment and Treatment in Children. Seattle 1992
Dalhoff, R.: Pastor Hans Knudsen. In: Jahrbuch der Krüppelfürsorge 1, 1899, 1–27
Daniels, S. v./Hemme, A.: Aids – Behinderung – Nichtaussonderung – Erfahrungsbericht und Refe-
rat zum Seminar: Integriert die Integration HIV-infizierte Kinder – Subjektive Beschreibung der
Zusammenhänge aus der Sicht einer Krüppelfrau. In: Behindertenpädagogik 3/1992, 291–304
Dank, S.: Individuelle Förderung Schwerstbehinderter. Dortmund 1992
Dank, S.: Hausunterricht bei schwerstbehinderten Schülern. In: lernen konkret 1/1994, 23–32
Dank, S.: Vom kombinierten Konzept zum individuellen Förderplan. In: Fröhlich, A./Heinen,
N./Lamers, W. 2001 a.a.O.
Dassel, B.: Der „Little Room" – Ein Fördermittel für blinde und mehrfachbehinderte Kinder. In:
Frühförderung interdisziplinär 17/1998, 28–35
Daut, V.: Die Entwicklung der Todesvorstellung bei Kindern und Jugendlichen. In: Zeitschrift für
Heilpädagogik 4/1980, 253–260
Daut, V.: Zur Weiterentwicklung der Schule für körperbehinderte Kinder und Jugendliche. In: Ver-
band katholischer Einrichtungen und Dienste für körperbehinderte Menschen e.V. (Hrsg.): Mut-
machen zur Zukunft und Vertrauen in ihre Gestaltung wecken. Freiburg 1997
Daut, V.: Zur Begleitung progredient kranker Kinder und Jugendlicher. In: Die neue Sonderschule
5/2001, 385–392

Daut, V.: Besonderheiten im Verhalten lebensbedrohlich erkrankter Kinder – Möglichkeiten der unterstützenden Begleitung. In: Die neue Sonderschule 6/2001a, 404–413

Dechesne, B./Pons, C./Schellen, T. (Hrsg.): ... aber nicht aus Stein. Medizinische und psychologische Aspekte von körperlicher Behinderung und Sexualität. Weinheim 1981

Dederich, M.: Leiblichkeit, Kommunikation und Musik – Die Bedeutung einer Philosophie der Leiblichkeit für Pädagogik und Therapie. In: Behinderte in Familie, Schule und Gesellschaft 3/1998, 33–45

Dederich, M.: Behinderung, Medizin, Ethik. Behindertenpädagogische Reflexionen zu Grenzsituationen am Anfang und Ende des Lebens. Bad Heilbrunn 2000

Deeg, K./Bundscherer, F./Böwing, B.: Zerebrale Ultraschalldiagnostik bei Hirnmißbildungen. In: Monatsschrift für Kinderheilkunde 10/1986, 738–747

Deegener, G.: Orientierungshilfen bei Kindesmißhandlung: Tabellarische Übersicht zu kompensatorischen Bedingungen und Risikofaktoren. Mainz 1992

Deegener, G. u. a.: Tübinger Luria-Christensen neuropsychologische Untersuchungsreihe für Kinder (TÜKI). Tübingen 1997

Degen, R.: Die kindlichen Anfallsleiden. Stuttgart 1976

Degen, R.: Die psychische und physische Leistungsfähigkeit epileptischer Kinder. In: Kluge, K.-J. 1979 a.a.O.

Degener, Th.: Vergewaltigung behinderter Frauen: Opfer – wehrlos in jeder Hinsicht. In: pro familia magazin 1/1990, 3–5

Dennerlein, H./Schramm, K. (Hrsg.): Handbuch der Behindertenpädagogik. 2 Bde. München 1979

Deppe-Wolfinger, H./Prengel, A./Reiser, H.: Integrative Pädagogik in der Grundschule. Bilanz und Perspektiven der Integration behinderter Kinder in der Bundesrepublik Deutschland 1976–1988. München 1990

Desitin Informations-Service Epilepsien: Revidierte Klassifikation der Epilepsien und epileptischen Syndrome. Sonderdruck aus Epilepsieblätter 3/1990, 70–79

Deutsche Behindertenhilfe – Aktion Mensch e. V. (Hrsg.): der [im]perfekte mensch. vom recht auf unvollkommenheit. Begleitbuch zur Ausstellung im deutschen Hygiene-Museum. Dresden 2000

Deutscher Bildungsrat, Empfehlungen der Bildungskommission: Zur pädagogischen Förderung behinderter und von Behinderung bedrohter Kinder und Jugendlicher. Stuttgart 1974

Deutsches Studentenwerk (Hrsg.): Behinderte studieren. Bonn 1993

Deutsches Studentenwerk (Hrsg.): Studium und Behinderung. Praktische Tips und Informationen des DSW für Studierende mit Behinderungen und chronischen Erkrankungen. Bonn 1998

Deutsche Vereinigung für die Rehabilitation Behinderter – DVfR (Hrsg.): Von der „Krüppelfürsorge" zur Rehabilitation von Menschen mit Behinderung. Heidelberg 1999 (Friedrich-Ebert-Anlage 9, 69117 Heidelberg)

Dichans, W.: Der Kindergarten als Lebensraum für behinderte und nichtbehinderte Kinder. Berlin 1993

Diehl, U./Reuber, M.: Die Sexualität behinderter Kinder und Jugendlicher aus Sicht ihrer Eltern. Untersuchungsergebnisse zu Einstellungsmustern. In: Weinwurm-Krause, E.-M. 1995 a.a.O.

Dies, A.: Religiöse Gebärden. In: Pithan, A./Adam, G./Kollmann, R. 2002 a.a.O.

Dietrich, Th.: Die Pädagogik Peter Petersens. Der Jena-Plan. Bad Heilbrunn 1986

Dietz, V.: Querschnittlähmung. Stuttgart 1996

Dittli, D./Furrer, H.: Freundschaft – Liebe – Sexualität. Grundlagen und Praxisbeispiele für die Arbeit mit geistig behinderten Frauen und Männern. Luzern 1994

Dittmann, M. (Hrsg.): Entfaltung aller Sinne. Projektbuch für den Kindergarten. Weinheim 1997

Dittmann, B.: Kooperation von Behandlern und Behandelten: Das Compliance-Problem. In: Schmitt, G. u. a. 1996 a.a.O.

Dixius, M.: Entzündliche rheumatische Erkrankungen im Kindes- und Jugendalter. In: Kallenbach, K. 1998 a.a.O.

Dobeneck, R. v.: Gebundenes Malen mit geistig behinderten Kindern. München 1983

Dobslaff, O.: Gestütztes Sprechenlernen bei Kindern mit hochgradiger Sprachentwicklungsverzögerung. Berlin 2001

Dockendorf, M.: Die soziale Reaktion auf sichtbar Körperbehinderte. Trier 1988

Dockter, G./Lindemann, H.: Mukoviszidose. Stuttgart 2000

Doering, W.: Wie Kinder unsere Entwicklung begleiteten. In: Doering, W./Doering, W. 2001 a.a.O.

Doering, W./Doering, W. (Hrsg.): Sensorische Integration. Dortmund 1996

Doering, W./Doering, W. (Hrsg.): Von der Sensorischen Integration zur Entwicklungsbegleitung. Von Theorien und Methoden über den Dialog zu einer Haltung. Dortmund 2001

Doermer, L.: Moritz mein Sohn. München 1992

Dohmen-Funke, C.: Kindertheater. In: Pithan, A./Adam, G./Kollmann, R. 2002 a.a.O.

Doll, B.: Orthopädie. In: Michael, Th./v. Moers, A./Strehl, A. 1998 a.a.O.

Doman, G.: Was können Sie für Ihr hirnverletztes Kind tun? Freiburg 1980

Doose, S.: Qualifizierung und Fortbildung von IntegrationsberaterInnen in Integrationsfachdiensten. In: Barlsen, J./Hohmeier, J. 2001 a.a.O.

Dörner, K.: Leben mit Be-wußt-sein. In: Bienstein, Ch./Fröhlich, A. 1994 a.a.O.

Dörr, A.: Die Lebenssituation Körperbehinderter in der Bundesrepublik zwischen Faktizität und Prospektivität. Bonn 1976

Drave, W./Rumpler, F./Wachtel, P. (Hrsg.): Empfehlungen zur sonderpädagogischen Förderung. Allgemeine Grundlagen und Förderschwerpunkte (KMK) mit Kommentaren. Würzburg 2000

Drepper, H.: Gesichtsversehrte Menschen. Düsseldorf 1989

Dröge, B. u. a. (Hrsg.): Ich fühle mich wie dieser Fluss. Porträts »nichtsprechender« Menschen. Oberhausen 2000

Duin, N./Sutcliffe, J.: Geschichte der Medizin. Köln 1993

Dumke, D.: Körperbehinderte in der Regelschule. Probleme und Möglichkeiten der Einzelintegration am Beispiel von Spina bifida-Kindern. In: Pädagogik 5/1989, 45–50

Dumke, D.: Gemeinsame Unterrichtung von Behinderten und Nichtbehinderten in der Grundschule und in der Sekundarstufe I. Abschlußbericht der wissenschaftlichen Begleitung des Bonner Schulversuchs zum Integrationsklassen-Modell. Düsseldorf 1992

Dumke, D. (Hrsg.): Integrativer Unterricht. Weinheim 1993

Dumke, D./Schäfer, G.: Entwicklung behinderter und nichtbehinderter Schüler in Integrationsklassen. Weinheim 1993

Dupius, G./Kerkhoff, W. (Hrsg.): Enzyklopädie der Sonderpädagogik, der Heilpädagogik und ihrer Nachbargebiete. Berlin 1992

Eberwein, H. (Hrsg.): Behinderte und Nichtbehinderte lernen gemeinsam. Handbuch der Integrationspädagogik. Weinheim 1988 (3. Aufl. 1994)

Eberwein, H.: Zur dialektischen Aufhebung der Sonderpädagogik. In: Eberwein, H. 1988 a.a.O.

Eberwein, H.: Systemisch-ganzheitliche Diagnostik in der Schule. In: Voß, R. 1999 a.a.O.

Eckstein, B.: Freiarbeit nach Wochenplan. Ein Unterrichtsverfahren für die Primarstufe der Schule für Erziehungshilfe. In: Zeitschrift für Heilpädagogik 6/1986, 388–394

Egger, M.: Malen als Lernhilfe. Malen und bildnerisches Gestalten in der Schule und in der Arbeit mit geistig und körperlich behinderten Kindern. Bern 1987

Eggers, O.: Ergotherapie bei Hemiplegie. Berlin 1995

Eggert, D.: Lincoln-Oseretzky-Skala (LOS KF 18). Weinheim 1971

Eggert, D. (Hrsg.): Psychomotorisches Training. Ein Projekt mit lese-rechtschreibschwachen Grundschüler/innen. Weinheim 1992

Eggert, D.: Von den Stärken ausgehen ... . Dortmund 1997

Eggert, D./Peter, Th.: Diagnostisches Inventar auditiver Alltagshandlungen (DIAS). Dortmund 1992

Eggert, D. u. a.: Diagnostisches Inventar motorischer Basiskompetenzen (DMB). Dortmund 1993

Eggert, D./Wegner, N.: Diagnostisches Inventar taktil-kinästhetischer Alltagshandlungen (DITKA). Dortmund 1996

Eggli, U.: Herz im Korsett. Bern 1977

Egle, U./Hoffmann, S./Joraschky, P. (Hrsg.): Sexueller Mißbrauch, Mißhandlung, Vernachlässigung. Erkennung und Behandlung psychischer und psychosomatischer Folgen früher Traumatisierungen. Stuttgart 1997

Ehrat, F./Mattmüller-Frick, F. (Hrsg.): POS-Kinder in Schule und Familie. Eltern, Lehrer, Ärzte und Therapeuten berichten über ihre Erfahrungen. Bern 1991

Ehrenfeuchter, G.: Freiarbeit. In: Pithan, A./Adam, G./Kollmann, R. 2002 a.a.O.

Ehrenstein, M.: Freies Malen und Gestalten mit körperbehinderten Kindern. In: Hansen, G./ Haupt, U. 1999 a.a.O.

Ehrig, H.: „Verminderte Heiratschancen" oder Perspektivengewinn? Lebensentwürfe und Lebenswirklichkeit körperbehinderter Frauen. Bielefeld 1996

Einsiedel, E./Wolff, M.: Psychologische Aspekte des Unfalls, der Hospitalisation und der Rehabilitation. In: Sauer, H. 1984 a.a.O.

Einsiedler, W.: Das Spiel der Kinder. Bad Heilbrunn 1991

Eller, A.: Schriftspracherwerb bei Unterstützt Kommunizierenden. In: Unterstützte Kommunikation. isaac's zeitung 3/2001, 5-11

Ellger-Rüttgart, S.: Historiographie der Behindertenpädagogik. In: Bleidick 1985 a.a.O.

Ellger-Rüttgart, S.: Historische Aspekte der gemeinsamen Bildung behinderter und nichtbehinderter Kinder und Jugendlicher. In: Severinski, N. (Hrsg.): Gemeinsame Bildung Behinderter und Nichtbehinderter. Höbersdorf 1994

Ellger-Rüttgart, S.: Die aktuelle bildungspolitische Diskussion um die Förderung von Kindern und Jugendlichen mit schwersten Behinderungen. In: Die Sonderschule 1/1995, 41–51

Ellger-Rüttgart, S. (Hrsg.): Verloren und Un-Vergessen. Jüdische Heilpädagogik in Deutschland. Weinheim 1996

Enderby, P.: Frenchay Dysarthrie-Untersuchung. Stuttgart 1991

Enderle, A./Meyerhöfer, D./Unverfehrt, G. (Hrsg.): Kleine Menschen – Große Kunst. Kleinwuchs aus künstlerischer und medizinischer Sicht. Hamm 1992

Endermann, M.: Geistig behinderte Epilepsiekranke. Möglichkeiten der Pädagogik im Heimalltag. In: Geistige Behinderung 1/1994, 18–31

Engelke, E./Schmoll, H.-J./Wolff, G. (Hrsg.): Sterbebeistand bei Kindern und Erwachsenen. Stuttgart 1979

Epp, A.: Rund um den Rollstuhl. Stuttgart 1998

Epstein, S.: Entwurf einer integrativen Persönlichkeitstheorie. In: Filipp, S. 1984 a.a.O.

Erikson, E.: Der vollständige Lebenszyklus. Frankfurt/M. 1968

Ermert, J.: Die Organisation der pädiatrischen Patientenführung. Referat auf der Tagung „Die dysrhaphischen Fehlbildungen", Mainz 1992 (unveröffentlicht)

Ermert, J.: Nachsorge von Patienten mit Spina bifida und Hydrocephalus – ein Pflichtkatalog. In: ASbH 1993 a.a.O.

Ermert, J. (Hrsg.): Akzeptanz von Behinderung. Frankfurt/M. 1994

Ermert, J.: Vorsorgeuntersuchungen (U +) für Spina bifida Kinder. In: ASbH 1994a a.a.O.

Ermert, J.: Spina bifida und Hydrocephalus. In: Schmitt, G./Kammerer, E./Harms, E. 1996 a.a.O.

Ermert, J./Pesch, W. (Hrsg.): Spirituelle Bewältigung von Behinderung. Eine Antwort der großen Religionen. Mainz 1991

Ertle, Ch.: Forschungsprojekt „Schüler im Klinikum". In: Sonderpädagogik 4/1994, 238–242

Ertle, Ch. (Hrsg.): Schule bei kranken Kindern und Jugendlichen. Wege zu Unterricht und Schulorganisation in Kliniken und Spezialklassen. Bad Heilbrunn 1997

Ertle, Ch.: Die Schule für Kranke – „eine Brücke zum ganz normalen Leben". In: Ertle, Ch. 1997 a.a.O.

Esser, F.: Soziale Einstellungen von Schulkindern zu körperbehinderten Mitschülern. Neuburgweier 1975

Esser, L.: Bedeutung und Möglichkeiten der Prävention und Fortbildung in Sonderkindergärten, Sonderschulen und Einrichtungen der Behindertenhilfe. In: Weinwurm-Krause, E.-M. 1994 a.a.O.

Esser, M.: Beweg-Gründe. Psychomotorik nach Bernard Aucouturier. München 2000

Etschenberg, K.: Sexuelle Sozialisation und Sexualerziehung. In: Kluge, N. 1984 a.a.O.

Etschenberg, K.: Sexualerziehung in der Grundschule. Didaktisch-pädagogische Überlegungen. Beispiele für die Klassen 1 bis 4. Berlin 2000

Ewinkel, C./Hermes, G. (Hrsg.): Geschlecht: Behindert, besonderes Merkmal: Frau. München 1992

Exner, G./Engelmann, A./Lange, K./Wenck, B.: Grundlagen und Wirkungen der Hippotherapie im Konzept der umfassenden Behandlung querschnittgelähmter Patienten. In: Rehabilitation 33/1994, 39–43

Färber, H.-P./Lipps, W./Seyfarth, Th. (Hrsg.): Sexualität und Behinderung. Tübingen 1998

Färber, H.-P./Lipps, W./Seyfarth, Th. (Hrsg.): Wege zum selbstbestimmten Leben trotz Behinderung. Tübingen 2000

Fegers, B./Fricke, J./Minkenberg, H./Moog, H.: Musizieren schwer Körperbehinderter mit Hilfe des Fricke-Synthesizers, eine empirische Untersuchung zur Verwendung elektronischer Blasinstrumente bei schwer körperbehinderten Kindern und Jugendlichen. In: Moog, H. (Hrsg.): Musik bei Behinderten. Frankfurt/M. 1988

Feil-Peter, H.: Stomapflege. Hannover 1993

Feldenkrais, M.: Bewußtheit durch Bewegung. Frankfurt/M. 1981

Feldenkrais, M.: Die Feldenkrais-Methode in Aktion. Paderborn 1990

Feldkamp, M.: Zerebrale Bewegungsstörungen. Düsseldorf 1983

Feldkamp, M.: Das zerebralparetische Kind. München 1996

Feldkamp, M./Matthiaß, H.: Diagnose der infantilen Zerebralparese im Säuglings- und Kindesalter. Stuttgart 1988

Feldkamp, M. u. a.: Krankengymnastische Behandlung der infantilen Zerebralparese. München 1989

Fellmann, N./Hinlopen-Bonrath, E.: Bewegungsübungen für Rheumakranke. Zürich 1984

Fengler, J.: Helfen macht müde. Zur Analyse und Bewältigung von Burnout und beruflicher Deformation. München 1992

Fengler, J.: Strategien der Beratung. In: Forum Logopädie 4/1993, 33–36

Fengler, J./Jansen, G. (Hrsg.): Handbuch der Heilpädagogischen Psychologie. Stuttgart 1999

Ferrari, A./Cioni, G. (Hrsg.): Infantile Zerebralparese. Berlin 1998

Ferretti, G.: Kognitive Entwicklung in den ersten Lebensjahren. In: Ferrari, A./Cioni, G. 1998 a.a.O.

Feuser, G.: Behinderte Kinder und Jugendliche zwischen Integration und Aussonderung. Darmstadt 1995

Feuser, G.: Gemeinsames Lernen am gemeinsamen Gegenstand. Didaktisches Fundamentum einer Allgemeinen (integrativen) Pädagogik. In: Hildeschmidt, A./Schnell, I. 1998 a.a.O.

Feuser, G.: Vom Bewußtsein und der Bewußtheit. Eine lebensnotwendige Unterscheidung. In: Behinderte 6/1998a, 41–52

Filipp, S. (Hrsg.): Selbstkonzeptforschung. Stuttgart 1984

Filipp, S.: Entwurf eines heuristischen Bezugsrahmens für Selbstkonzeptforschung. In: Filipp, S. 1984 a.a.O.

Finger, A.: Lebenswert. Eine behinderte Frau bekommt ein Kind. Frankfurt/M. 1992

Finnie, N.: Hilfe für das cerebral gelähmte Kind. Ravensburg 1985

Fischer, D.: Ich setzte meinen Fuß in die Luft – und sie trug. Leben und Lernen mit behinderten Menschen. Bd. 3. Würzburg 1992

Fischer, D.: Ich setzte meinen Fuß in die Luft – und sie trug. Leben und Lernen mit behinderten Menschen. Bd. 2. Würzburg 1992a

Fischer, D.: Gemeinsame Bedeutungs-Räume schaffen und Kompetenzen ermöglichen – zentrale Anliegen einer Didaktik für körperbehinderte Kinder und Jugendliche. In: Bergeest, H./Hansen, G. 1999 a.a.O.

Fischer, D.: ... und trotzdem: Lernen. Eine heilpädagogische Aufgabe. Würzburg 2000

Fischer, E.: Die schulische Förderung mehrfachgeschädigter Kinder und Jugendlicher mit geistiger Behinderung in der Bundesrepublik Deutschland. Hamburg 1992

Fischer, G./Riedesser, P.: Lehrbuch der Psychotraumatologie. München 1998

Fischer-Elfert, H.-W.: „Lache nicht über einen Blinden und verspotte nicht einen Zwerg!" Über den Umgang mit Behinderten im alten Ägypten. In: Liedtke, M. 1996 a.a.O.

Fischer-Olm, A.: Alle Sinne helfen mit. Dortmund 1998

Fisher, A./Murray, E./Bundy, A.: Sensorische Integrationstherapie. Theorie und Praxis. Berlin 1998

Fleck-Bangert, R.: Kinder setzen Zeichen. Kinderbilder sehen und verstehen. München 1994

Flehmig, I./Schloon, M./Uhde, J./v. Bernuth, H.: Denver-Entwicklungsskalen. Hamburg 1973

Flehmig, I.: Normale Entwicklung des Säuglings und ihre Abweichungen. Stuttgart 1979

Forberger, H./Caspary, W.: Zöliakie/Sprue. Glutenfreie Ernährung für Kinder und Erwachsene. München 1995

Fornefeld, B.: Das Spiel schwerstbehinderter Kinder – ein defizitäres anderes? In: Lamers, W. (Hrsg.): Spielräume – Raum für Spiel. Spiel- und Erlebnismöglichkeiten für Menschen mit schweren Behinderungen. Düsseldorf 1996

Forschungsgemeinschaft „Das körperbehinderte Kind" e. V. (Hrsg.): Entwicklung und Förderung Körperbehinderter. Heidelberg 1986

Forst, R.: Therapie bei Kindern mit Duchenne-Muskeldystrophie. In: Weimann, G. 1994 a.a.O.

Forst, R.: Die orthopädische Behandlung der Duchenne-Muskeldystrophie. Stuttgart 2000

Franke, H./Westecker, M. (Hrsg.): Behindert Wohnen. Perspektiven und europäische Modelle für Menschen mit schweren und mehrfachen Behinderungen. Düsseldorf 2000

Frankenburg, W./Thornton, S./Cohrs, M. (Hrsg.): Entwicklungsdiagnostik bei Kindern. Stuttgart 1986

Frankl, V.: Der Wille zum Sinn. Bern 1972

Frehe, H.: Persönliche Assistenz – eine neue Qualität ambulanter Hilfen. In: Jantzen, W./Lanwer-Koppelin, W./Schulz, C. (Hrsg.): Qualitätssicherung und Deinstitutionalisierung. Berlin 1999

Frei, K.: Sexueller Mißbrauch. Schutz durch Aufklärung. Ravensburg 1993

Freiburger Projektgruppe: Heilpädagogische Begleitung in Kindergarten und Regelschule. Dokumentation eines Pilotprojektes zur Integration. Bern 1993

Freivogel, S. (Hrsg.): Motorische Rehabilitation nach Schädelhirntrauma. München 1997

Frenz, T.: Mittelalterliche Auffassungen von Krankheit und Behinderungen und ihre Folgen für die Behandlung behinderter Schüler. In: Liedtke, M. 1996 a.a.O.

Fresen, U.: Der Schüler im Krankenhaus – Schock oder Chance? – Pädagogische Überlegungen zur Beschulung während einer stationären Behandlung. In: dbk 6/1982, 77–80

Frey, H.: Stigma und Identität. Weinheim 1983

Fricker, R./Lerch, J.: Zur Theorie der Sexualität und der Sexualerziehung. Weinheim 1976

Friedel, M./Devaux, S./Zühlsdorff, A.: Probleme des Unterrichts und der Rehabilitation bei Dialysekindern. In: Die Sonderschule 1/1980, 40–43

Friedrich, H.: Psycho- und soziodynamische Aspekte des Diabetes im Kindes- und Jugendalter. In: Schmitt, G. u. a. 1996 a.a.O.

Friedrich, H.: Psycho- und soziodynamische Aspekte bei Hydrocephalus und Spina bifida. In: Schmitt, G. u. a. 1996a a.a.O.

Friedrich, H.: Psycho- und soziodynamische Aspekte von Spina bifida und Hydrocephalus. In: Michael, Th./v. Moers, A./Strehl, A. 1998 a.a.O.

Friedrich, H./Spoerri, O./Stemann-Acheampong, S.: Mißbildung und Familiendynamik. Kinder mit Spina bifida und Hydrocephalus in ihren Familien. Göttingen 1992

Frieling, H.: Mensch und Farbe. München 1981

Fries, W.: Wahrnehmungsstörungen und neuropsychologische Defizite. In: Freivogel, S. 1997 a.a.O.

Fritz, A.: Kooperation der Schule für Kranke mit der Stammschule bei onkologisch erkrankten Kindern und Jugendlichen. In: Ertle, Ch. 1997 a.a.O.

Fritz, A./Ricken, G./Schuck, K.: Teilleistungsstörungen: ein hilfreiches pädagogisches Konzept? In: Kallenbach, K. 2000 a.a.O.

Fritz, J.: Theorie und Pädagogik des Spiels. Weinheim 1993

Fröhlich, A.: Die Entwicklung Schwerstbehinderter – Forderungen an eine therapeutisch-pädagogische Förderung extrem behinderter Menschen. In: Beschäftigungstherapie und Rehabilitation 4/1980

Fröhlich, A. (Hrsg.): Lernmöglichkeiten. Ansätze zu einer pädagogischen Förderung schwerst mehrfachbehinderter Kinder. Heidelberg 1981

Fröhlich, A.: Die Mütter schwerstbehinderter Kinder. Heidelberg 1986

Fröhlich, A. (Hrsg.): Lernmöglichkeiten. Aktivierende Förderung für schwer mehrfachbehinderte Menschen. Heidelberg 1989

Fröhlich, A. (Hrsg.): Kommunikation und Sprache körperbehinderter Kinder. Dortmund 1989a

Fröhlich, A.: Grundzüge der Förderung von Kindern mit schwersten Behinderungen – eine Einführung. In: Fröhlich, A. 1989 a.a.O.

Fröhlich, A. (Hrsg.): Pädagogik bei schwerster Behinderung. Berlin 1991

Fröhlich, A.: Förderansätze und praktische Realisierung. In: Fröhlich, A. 1991 a.a.O.

Fröhlich, A.: Pädagogische Überlegungen zum Thema Bewußtsein und Bewußtlosigkeit. In: Bienstein, Ch./Fröhlich, A. 1994 a.a.O.

Fröhlich, A.: Förderung von Kindern und Jugendlichen mit apallischem Syndrom. In: Geistige Behinderung 4/1995, 316–322

Fröhlich, A.: Der eigene Weg. Das Recht, anders zu sein, gilt auch für Eltern. In: ASbH-Brief – Zeitschrift der Arbeitsgemeinschaft Spina bifida und Hydrocephalus e. V. 4/1997, 20–21

Fröhlich, A.: Basale Stimulation. Das Konzept. Düsseldorf 1998

Fröhlich, A.: Die Förderung von Menschen mit schwersten Behinderungen unter restriktiven Bedingungen. In: Zeitschrift für Heilpädagogik 3/1998a, 96–99

Fröhlich, A.: Theorie der Förderung schwerstbehinderter Menschen oder Essay über Grenzen im Zentrum. In: Bergeest, H./Hansen, G. 1999 a.a.O.

Fröhlich, A.: Selbstbestimmtes Leben trotz Behinderung. In: Färber, H.-P./Lipps, W./Seyfarth, Th. 2000 a.a.O.

Fröhlich, A.: Die Entstehung eines Konzeptes: Basale Stimulation. In: Fröhlich, A./Heinen, N./Lamers, W. 2001 a.a.O.

Fröhlich, A./Bienstein, Ch./Haupt, U. (Hrsg.): Fördern – Pflegen – Begleiten. Beiträge zur Pflege- und Entwicklungsförderung schwerst beeinträchtigter Menschen. Düsseldorf 1997

Fröhlich, A./Haupt, U.: Förderdiagnostik mit schwerstbehinderten Kindern. Eine praktische Anleitung zur pädagogisch-therapeutischen Einschätzung. Dortmund 1983

Fröhlich, A./Heinen, N./Lamers, W. (Hrsg.): Schwere Behinderung in Praxis und Theorie – ein Blick zurück nach vorn. Düsseldorf 2001

Fromme, M.: Chronisches Nierenversagen. Düsseldorf 1990

Fröscher, W. (Hrsg.): Aspekte der Epilepsie-Therapie. Wien 1989

Frostig, M.: Bewegungserziehung. Neue Wege der Heilpädagogik. München 1992

Frostig, M./Maslow, Ph.: Lernprobleme in der Schule. Stuttgart 1978

Frostig, M./Maslow, Ph.: Grundlagen der Förderung von Kindern mit minimaler cerebraler Dysfunktion. In: Haupt, U./Jansen, G. 1983 a.a.O.

Frostig, M./Maslow, Ph.: Neuropsychologische Beiträge zur Erziehung. In: Lockowandt, O. 1994 a.a.O.

Fuchs, F.: Sexualverhalten und Partnerbeziehungen junger Körperbehinderter. Bern 1978

Fuchs, H.: Reform von historischer Bedeutung. In: Soziale Sicherheit 5/2001, 150–158

Fuchs, P.: „Körperbehinderte" zwischen Selbstaufgabe und Emanzipation. Neuwied 2001

Fürniss, T./Phil, M.: Diagnostik und Folgen von sexueller Kindesmißhandlung. In: Monatsschrift für Kinderheilkunde 6/1986, 335–340

Fürst, A.: Entfaltung des Schreibens und einige Schreibhilfen bei cerebral geschädigten Kindern. In: Zeitschrift für Heilpädagogik 8/1967, 444–450

Furth, G.: Heilen durch Malen. Die geheimnisvolle Welt der Bilder. Olten 1992

Gäng, M. (Hrsg.): Heilpädagogisches Reiten und Voltigieren. München 1994

Gäng, M. (Hrsg.): Ausbildung und Praxisfelder im Heilpädagogischen Reiten und Voltigieren. München 1995

Gäng, M. (Hrsg.): Erlebnispädagogik mit dem Pferd. Erprobte Projekte aus der Praxis. München 2001

Gangkofer, M.: BLISS und Schriftsprache. Bottighofen 1993

Gayer, R.: Sexualität und körperliche Behinderung aus pädagogischer Sicht – Vorüberlegungen zu einer emanzipatorischen Sexualerziehung bei Behinderten. In: Paeslack, V. 1983 a.a.O.

Gebauer, K./Hüther, G.: Kinder brauchen Wurzeln. Düsseldorf 2001

Gehrmann, P./Hüwe, B. (Hrsg.): Forschungsprofile der Integration von Behinderten. Essen 1993

Georgens, J./Deinhardt, H.: Die Heilpädagogik mit besonderer Berücksichtigung der Idiotie und der Idiotenanstalten. Bd. 1 u. 2. Leipzig 1861 u. 1863 (Gießen 1979)

Gérard, Ch./Lipinski, Ch./Decker, W.: Schädel-Hirn-Verletzungen im Kindesalter. Stuttgart 1996

Gerlach, A.: „Bilder, die uns erinnern" – Erinnerungsbücher mit Bildnissen von Kindern aus früherer und heutiger Zeit. In: Gerlach, A./Willert, C. 1998 a.a.O.

Gerlach, A./Willert, C. (Hrsg.): Projekte zum Kunstunterricht. Berlin 1998

Gerner, H.: Die Querschnittlähmung. Erstversorgung, Behandlungsstrategie, Rehabilitation. Berlin 1992

Gerspach, M.: Integrative Erziehung im Kindergarten. Eine Bestandsaufnahme. In: Behindertenpädagogik 1/1996, 17–36

Gieler, J./v. Lüde, R.: Erfahrungsorientierte Gruppenarbeit und die Erziehung zur Teamfähigkeit. In: Voß, R. 1999 a.a.O.

Glang, Ch.: Rechenleistungen von Schülern mit infantiler Zerebralparese unter besonderer Berücksichtigung der Intelligenz. In: Zeitschrift für Heilpädagogik 8/1973, 688–707

Glauning, U.: Lern es noch einmal, Tim. Erfahrungen mit der Betreuung und Förderung eines achtjährigen Jungen nach schwerstem Schädel-Hirn-Trauma. In: Geistige Behinderung 4/1995, 323–337

Gobiet, W.: Frührehabilitation nach Schädel-Hirn-Trauma. Berlin 1990

Goetze, H./Jaede, W.: Die nicht-direktive Spieltherapie. Frankfurt/M. 1984

Goffman, E.: Stigma. Frankfurt/M. 1967

Gool, J. van: Niere/Blase/Darm. In: Michael, Th./v. Moers, A./Strehl, A. 1998 a.a.O.

Gordon, Th.: Familienkonferenz in der Praxis. Heidelberg 1989

Gordon, Th.: Familienkonferenz. Hamburg 1994

Görres, S.: Leben mit einem behinderten Kind. München 1987

Goyke, M.: Entwicklungsneurologische Behandlung und Betreuung der frühkindlichen zerebralen Bewegungsstörung nach dem Bobath-Konzept. In: Feldkamp, M. u. a. 1989 a.a.O.

Grabert, V.: Sexualpädagogik an deutschen Universitäten und Hochschulen. In: Hopf, A. 1990 a.a.O.

Grafl, B./Lott, S.: Ergotherapie bei Schwerbrandverletzten. In: Ergotherapie und Rehabilitation 2/1995, 174–181

Gregoir-van Treeck, M.: Spielend fördern. Integriertes Lernen durch Spielen. Dortmund 1990

Grieser, H./McCready, C.: Lernorte im Internet. Mülheim/Ruhr 1998

Grimm, H.: ABC mit allen Sinnen. Lichtenau 1996

Grimm, H.: Und weiter geht's mit allen Sinnen. Bd. 1 u. 2. Lichtenau 1996

Grimm, H.: Unterrichtsideen. Zeit-Erfahrungen. Leipzig 1998

Grimm, H./Schöler, H.: Heidelberger Sprachentwicklungstest (HSET). Göttingen 1991

Grimm, R.: Perspektiven der therapeutischen Gemeinschaft in der Heilpädagogik. Ein Ort gemeinsamer Entwicklung. Bad Heilbrunn 1995

Grissemann, H.: Pädagogische Psychologie des Lesens und Schreibens. Bern 1986

Grohnfeldt, M. (Hrsg.): Handbuch der Sprachtherapie. Bd. 6. Berlin 1993

Grond, E.: Pflege Inkontinenter. Arbeitsbuch für Unterrichtende in der Kranken- und Altenpflege und für Kontinenzberater. Hagen 1993

Gronwall, D./Wrightson, P./Waddell, P.: Schädel-Hirn-Verletzungen. Krankheitsbilder – Ursachen – Behandlung. Berlin 1998

Gröschke, D.: Psychologische Grundlagen der Heilpädagogik. Bad Heilbrunn 1992

Gröschke, D.: Praktische Ethik der Heilpädagogik. Bad Heilbrunn 1993

Grundhewer, H./Aly, M.: Prozeß der therapeutischen Planung. In: Viebrock, H./Brandl, U. 1997 a.a.O.

Grüninger, W./Klassen, R.: Psychologische Aspekte in der Rehabilitation Querschnittgelähmter. Heidelberg 1987

Grundschulzeitschrift: Sonderheft „Sexualität in der Grundschule – Herausforderungen für soziales Lernen". Heft 65, Juni 1993

Gschwend, G.: Die Emotion als die Grundlage der Motivation zur Rehabilitation. In: Viebrock, H./Brandl, U. 1997 a.a.O.

Gudjons, H.: Handlungsorientiert lehren und lernen. Schüleraktivierung – Selbsttätigkeit – Projektarbeit. Bad Heilbrunn 1994

Gudjons, H.: Pädagogisches Grundwissen. Bad Heilbrunn 1997

Gudjons, H.: Didaktik zum Anfassen. Lehrer/in-Persönlichkeit und lebendiger Unterricht. Bad Heilbrunn 1997a

Gümbel, R.: Erstleseunterricht. Frankfurt/M. 1993

316   Literatur

Günther, K.-H./Uhlig, G: Geschichte der Schule in der Deutschen Demokratischen Republik 1945–1971. Berlin 1974
Günther, W.: Musik. In: Pithan, A./Adam, G./Kollmann, R. 2002 a.a.O.
Gutberlet, V.: Komplexität und Komplementarität. Frankfurt/M. 1984
Gutezeit, G.: Typ-I-Diabetes – Psychosoziale Aspekte. In: Michels, H.-P. 1996 a.a.O.
Gutheil, H.: Herz-Kreislauf-Erkrankungen im Kindes- und Jugendalter. Stuttgart 1990
Gutjahr, P.: Krebs bei Kindern und Jugendlichen. Köln 1993
Guttmann, L.: The Married Life of Paraplegics and Tetraplegics. In: Paraplegica 2/1964, 182
Haarmann, D. (Hrsg.): Grundschule. Bd. 2: Fachdidaktik. Weinheim 2000
Haas, G.: Ich bin ja so allein. Kranke Kinder zeichnen und sprechen über ihre Ängste. Ravensburg 1981
Habel, L.: Herrgott, schaff die Treppen ab! München 1994
Haberl, H./Tallen, G.: Die operative Behandlung des Hydrocephalus bei Menningomyelocele. In: Michael, Th./v. Moers, A./Strehl, A. 1998 a.a.O.
Habermas, J.: Erkenntnis und Interesse. Frankfurt/M. 1968
Hachmeister, B.: Psychomotorik bei körperbehinderten Kindern. München 1997
Hack-Zürn, I./Mittelmann, Ch.: Integrierte Projektarbeit mit Schwerstbehinderten in der Schule für Körperbehinderte. In: Behindertenpädagogik 1/1997, 32–41
Hackenberg, W.: Die psychosoziale Situation von Geschwistern behinderter Kinder. Heidelberg 1983
Hackenberg, W.: Geschwister behinderter Kinder im Jugendalter – Probleme und Verarbeitungsformen. Berlin 1992
Haeberlin, U.: Ängste und Hoffnungen bezüglich der Integrationsentwicklung. In: Lersch, R./Vernooij, M. 1992 a.a.O.
Haeberlin, U.: Das Menschenbild für die Heilpädagogik. Bern 1994
Haeberlin, U.: Heilpädagogik als wertgeleitete Wissenschaft. Bern 1996
Haeberlin, U.: Allgemeine Heilpädagogik. Bern 1996a
Haeberlin, U.: Zum Menschenbild in der Körperbehindertenpädagogik. In: Bergeest, H./ Hansen, G. 1999 a.a.O.
Haeberlin, U./Bless, G./Moser, U./Klaghofer, R.: Die Integration von Lernbehinderten. Bern 1991
Haeberlin, U./Jenny-Fuchs, E./Moser Opitz, E.: Zusammenarbeit. Wie Lehrpersonen Kooperation zwischen Regel- und Sonderpädagogik in integrativen Kindergärten und Schulklassen erfahren. Bern 1992
Haesler, W. (Hrsg.): Kindesmißhandlung. Grüsch 1985
Häfner, R./Truckenbrodt, H.: Rheumatische Erkrankungen. In: Schmitt, G. u. a. 1996 a.a.O.
Hagemann, M./Rottmann, C.: Selbstsupervision für Lehrende. Konzept und Praxisleitfaden zur Selbstorganisation beruflicher Reflexion. Weinheim 1999
Hahn, M.: Bedarf es einer besonderen Didaktik für die Sonderschule für Körperbehinderte? In: Wolfgart, H./Begemann, E. 1971 a.a.O.
Hahn, M.: Behinderung als soziale Abhängigkeit. München 1981
Hahn, S./Hüttner, H.: Kennst du dein Herz? Fragen und Antworten – nicht nur für Kinder. München 1995
Hansen, G. (Hrsg.): Sonderpädagogische Diagnostik. Pfaffenweiler 1992
Hansen, G.: Wachstum als pädagogisches Lernprinzip – Zu einer gestaltpädagogischen Neuformulierung des Lernbegriffs. In: Bergeest, H./Haupt, U. 1993 a.a.O.
Hansen, G.: Gestaltpädagogische Prinzipien als Rahmen für die Innovation sonderpädagogischen Handelns. In: Zeitschrift für Heilpädagogik 3/1996, 102–107
Hansen, G.: Diagnostik körperbehinderter Kinder im Wandel. In: Bergeest, H./Hansen, G. 1999 a.a.O.
Hansen, G.: Gestaltpädagogische Überlegungen zur Bedeutung und Förderung von Kreativität bei körperbehinderten Menschen. In: Hansen, G./Haupt, U. 1999a a.a.O.
Hansen, G. (Hrsg.): Spracherkennung in der Sonderpädagogik. Abschlussbericht eines Modellversuchs. Mainz 2000
Hansen, G./Stein, R. (Hrsg.): Sonderpädagogik konkret. Bad Heilbrunn 1997

Hansen, G./Haupt, U. (Hrsg.): Kreative Schüler mit Körperbehinderungen. Düsseldorf 1999

Harfich, K.-H. u. a.(Firma Meyra): Leitfaden zur Rollstuhl-Versorgung. Vlotho 2001

Hári, M./Horváth, J./Kozma, I./Kökúti, M.: Das Petö-System. Budapest 1992

Harms, K./Pott, G.: Zöliakie. Düsseldorf 1988

Harris, A./Super, M.: Mukoviszidose. Krankheitsbild – Ursachen – Behandlung. Heidelberg 1992

Hartmann, N. (Hrsg.): Sexualpädagogik bei Behinderten. Rheinstetten 1978

Hartmannsgruber, R./Wenzel, D. (Hrsg.): Physiotherapie. Bd. 12: Pädiatrie. Stuttgart 1999

Hartrampf, W.: Umgang mit dem Rollstuhl: Hilfe für den Rollstuhlfahrer. In: Dennerlein, H./Schramm, K. 1979 a.a.O.

Hatch, F./Maietta, L./Schmidt, S.: Kinästhetik. Eschborn 1993

Haupt, U.: Sprachunterricht in der Schule für körperbehinderte Kinder. In: Bläsig, W./Jansen, G./Schmidt, M. 1972 a.a.O.

Haupt, U.: Dysmeliekinder am Ende der Grundschulzeit. Neuburgweier 1974

Haupt, U.: Überlegungen zu einer komplexen Entwicklungsförderung körperbehinderter Säuglinge und Kleinkinder. In: Zeitschrift für Heilpädagogik 7/1980, 483–492

Haupt, U.: Erfahrungen mit der Integration körperbehinderter Kinder in Regelschulen. In: Zeitschrift für Heilpädagogik 10/1981, 709–714

Haupt, U.: Veränderungen der Schülerschaft in Körperbehindertenschulen – Notwendigkeit der Entwicklung von neuen Konzepten. Teil I und II. In: Sonderpädagogik 3/1982, 97–102 und 4/1982, 174–180

Haupt, U.: Die Behandlung von Dysarthrien. In: Knura, G./Neumann, B. (Hrsg.): Pädagogik der Sprachbehinderten. Berlin 1982a

Haupt, U.: Grundschule. In: Haupt, U./Jansen, G. 1983 a.a.O.

Haupt, U.: Sprachheilbehandlung. In: Haupt, U./Jansen, G. 1983a a.a.O.

Haupt, U.: Sonderpädagogische Aufgaben bei verletzten Kindern. In: Sauer, H. 1984 a.a.O.

Haupt, U.: Die schulische Integration von Behinderten. In: Bleidick, U. 1985 a.a.O.

Haupt, U.: Kinder mit cerebralen Bewegungsstörungen und Sprechstörungen. In: Fröhlich, A. 1989a a.a.O.

Haupt, U.: Ausdrucksverhalten bei Kindern mit Duchenne-Muskeldystrophie. Diskussionsbeitrag zu Dacheneder/Elliger. In: Frühförderung interdisziplinär 9/1990, 126–128

Haupt, U.: Entwicklung und Lernmöglichkeiten bei Kindern und Jugendlichen mit schwerster Behinderung. In: Fröhlich, A. 1991 a.a.O.

Haupt, U.: Wenn schwerstbehinderte Kinder sterben. In: Fröhlich, A. 1991a. a.a.O.

Haupt, U.: Zur Beobachtung und Unterstützung von Entwicklungsprozessen körperbehinderter oder schwer chronisch kranker Kinder – spezielle Fragen einer mehrdimensionalen Förderdiagnostik. In: Hansen, G. 1992 a.a.O.

Haupt, U.: Didaktik bei Körperbehinderten als Kunst mit körperbehinderten Schülern zu lernen. In: Bergeest, H./Haupt, U. 1993 a.a.O.

Haupt, U.: Projekte in der fortlaufenden Zusammenarbeit mit schwerstbehinderten Schülern. In: Bergeest, H./Haupt, U. 1993a a.a.O.

Haupt, U.: Sprachtherapie bei Kindern mit cerebralen Bewegungsstörungen. In: Grohnfeldt, M. 1993b a.a.O.

Haupt, U.: Körperbehinderte Kinder verstehen lernen. Düsseldorf 1996

Haupt, U.: Kinder mit cerebralen Bewegungsstörungen. Düsseldorf 1997

Haupt, U.: Eltern berichten über Erfahrungen mit der Schule ihrer körperbehinderten Kinder. In: Zeitschrift für Heilpädagogik 4/1997b, 158–162

Haupt, U.: Tod und Sterben. In: Hansen, G./Stein, R. 1997c a.a.O.

Haupt, U.: Krankenpädagogik. In: Hansen, G./Stein, R. 1997a a.a.O.

Haupt, U.: Lernen in der Schule. In: ASbH 1998 a.a.O.

Haupt, U.: Kreativität und (ihre) Behinderung. In: Hansen, G./Haupt, U. 1999 a.a.O.

Haupt, U.: Sportunterricht mit körperbehinderten Schülern. In: Blaumeister, G. 1999a a.a.O.

Haupt, U.: „Ein Kind mit einer Behinderung ist vor allem ein Kind – und nicht vor allem behindert". In: ASbH-Brief 1/2000, 8–15

Haupt, U.: Kinder mit Spina bifida. In: Kallenbach, K. 2000a a.a.O.

Haupt, U.: Leben ist jetzt. Spiritualität in der Zusammenarbeit mit körperbehinderten Kindern. Düsseldorf 2001

Haupt, U./Fröhlich, A.: Entwicklungsförderung schwerstbehinderter Kinder. Mainz 1982

Haupt, U./Fröhlich, A.: Integriertes Lernen mit schwerstbehinderten Kindern. Bericht über einen Schulversuch. Teil II. Mainz 1983

Haupt, U./Gärtner-Heßdörfer, U.: Integration körperbehinderter Schüler in das Gymnasium. Mainz 1986

Haupt, U./Jansen, G. (Hrsg.): Pädagogik der Körperbehinderten. Berlin 1983

Haushalter, S.: Heilpädagogik mit krebskranken Jugendlichen. In: Steinebach, Ch. 1997 a.a.O.

Hebbel, G./Horn, R.: French-Bilder-Intelligenztest (FBIT). Weinheim 1976

Hecker, U. u. a.: Schreib- und Lesewerkstatt, Klasse 1. Mülheim/Ruhr 1993

Heckl, R.: Multiple Sklerose. Klinik – Differentialdiagnose – Behandlung. Stuttgart 1994

Hedderich, I.: Schulische Situation und kommunikative Förderung Schwerstkörperbehinderter. Berlin 1991

Hedderich, I.: Burnout bei Sonderschullehrerinnen und Sonderschullehrern. Berlin 1997

Hedderich, I.: Einführung in die Körperbehindertenpädagogik. München 1999

Hedderich, I./Dehlinger, E.: Bewegung und Lagerung im Unterricht mit schwerstbehinderten Kindern. München 1998

Hegele, I.: Stationenarbeit. Ein Einstieg in den offenen Unterricht. In: Wiechmann, J. 2000 a.a.O.

Heggenberger-Lutz, A.: Biblische Geschichten in Bewegung. In: Sowa, M. 2000 a.a.O.

Heiden, H.-G./Simon, G./Wilken, U.: Otto Perl und die Entwicklung von Selbstbestimmung und Selbstkontrolle in der Körperbehinderten-Selbsthilfe-Bewegung. Krautheim 1993

Heiden; H.-G. (Hrsg.): Niemand darf wegen seiner Behinderung benachteiligt werden. Reinbek 1996

Heidjann, S.: Geistigbehinderte lernen Möglichkeiten freier Arbeit im Bereich Umgang mit Mengen, Zahlen und Größen kennen. Dortmund 1993

Heiland, H.: Fröbel und die Nachwelt. Studien zur Wirkungsgeschichte Friedrich Fröbels. Bad Heilbrunn 1982

Heiland, H.: Maria Montessori. Reinbek 1991

Heiland, H.: Friedrich Fröbel. Reinbek 1995

Heimlich, U.: Wege zum Projektunterricht bei Schülern mit Lernschwierigkeiten. In: Baudisch, W./Schmetz, D. (Hrsg.): Lernbehinderung und Wege zur differenzierten Förderung. Frankfurt/M. 1993

Heimlich, U.: Orte und Konzepte sonderpädagogischer Förderung – Ökologische Entwicklungsperspektiven der Heilpädagogik. In: Zeitschrift für Heilpädagogik 2/1995, 46–54

Heimlich, U.: Behinderte und nichtbehinderte Kinder spielen gemeinsam. Konzept und Praxis integrativer Spielförderung. Bad Heilbrunn 1995a

Heimlich, U.: Von der sonderpädagogischen zur integrativen Förderung – Umrisse einer heilpädagogischen Handlungstheorie. In: Zeitschrift für Heilpädagogik 6/1998, 250–258

Heimlich, U. (Hrsg.): Sonderpädagogische Fördersysteme. Auf dem Weg zur Integration. Stuttgart 1999

Heimlich, U.: Subsidiarität sonderpädagogischer Förderung – organisatorische Innovationsprobleme auf dem Weg zur Integration. In: Heimlich, U. 1999 a.a.O.

Heimlich, U.: Gemeinsam lernen in Projekten. Bausteine für eine integrationsfähige Schule. Bad Heilbrunn 1999a

Heina, L.: Das körperbehinderte Kind und seine Sondererziehung. Villingen 1964

Heinen, G./Schmid-Schönbein, Ch.: Selbstkontrolle epileptischer Anfälle. Lengerich 1999

Heinen, G.: Bei Tim wird alles anders. Berlin 1996

Hellbrügge, Th.: Unser Montessori-Modell. Frankfurt/M. 1984

Hellbrügge, Th.: Münchener funktionelle Entwicklungsdiagnostik. München 1994

Hellbrügge, Th./Montessori, M. (Hrsg.); Die Montessori-Pädagogik und das behinderte Kind. München 1978

Hellmann, M./Rohrmann, E. (Hrsg.): Alltägliche Heilpädagogik und ästhetische Praxis. Heidelberg 1996

Hellmich, A./Teigel, P. (Hrsg.): Montessori-, Freinet-, Waldorfpädagogik. Weinheim 1992

Hentig, H. v.: Was ist eine humane Schule? München 1978

Hentig, H. v.: Kreativität. Hohe Erwartungen an einen schwachen Begriff. Weinheim 2000

Herb, G./Streeck, S.: Der Diagnoseprozeß bei Spina bifida: Elterliche Wahrnehmung und Sicht des klinischen Fachpersonals. In: Praxis der Kinderpsychologie und Kinderpsychiatrie 44/1995, 150–158

Herde, U. u. a.: Orthopädietechnik. In: Michael, Th./v. Moers, A./Strehl, A. 1998 a.a.O.

Heringer, A.: Sport und Rheuma. In: Rieder, H./Huber, G./Werle, J. 1996 a.a.O.

Herkommer, M.: Die Eroberung des Zahlenraums mit Tesakrepp und Teppichfliesen. Mathematikunterricht in einer Mittelstufenklasse der Schule für Geistigbehinderte. In: Sowa, M. 2000 a.a.O.

Herm, S.: Psychomotorische Spiele für Kinder in Krippen und Kindergärten. Weinheim 1993

Herold, W.: Der Kindergarten des Krüppelheims. In: Zeitschrift für Krüppelfürsorge 1929, 224–234

Herrmann, T.: Lebens- und Lernräume – Spielräume zur Selbstentfaltung für Menschen mit schwersten Behinderungen. In: Zeitschrift für Heilpädagogik 8/2000, 335–343

Herrmann, T./Grabowski, J.: Sprechen. Psychologie der Sprachproduktion. Heidelberg 1994

Hertl, M./Hertl, R.: Kranke und behinderte Kinder in Schule und Kindergarten. Stuttgart 1979

Herzog,G.: Behinderte Vorschulkinder in Bremen. München 1987

Herzog, K.: Lebenlange Beziehung. Wege zu einem neuen Miteinander zwischen medizinisch-therapeutischem Fachpersonal und den Experten für ihre Behinderung (den sogenannten Selbstbetroffenen). In: ASbH-Brief 1/2000, 22f

Hesemann, S./Hesemann, D.: Unterrichtsideen. Geometrische Körper entdecken. Leipzig 1999

Hesselbarth, U.: Querschnittlähmung. Behandlung, Pflege, Rehabilitation. Hagen 1990

Heyden, K.-H./Lorenz, W.: Lernen mit dem Computer in der Grundschule. Berlin 1999

Heyer, P./Preuss-Lausitz, U./Schöler, J. (Hrsg.): „Behinderte sind doch Kinder wie wir!" Gemeinsame Erziehung in einem neuen Bundesland. Berlin 1997

Heyer, P./Preuss-Lausitz, U./Zielke, G.: Wohnortnahe Integration. Gemeinsame Erziehung behinderter und nichtbehinderter Kinder in der Uckermark-Grundschule in Berlin. München 1990

Heyn, H.: Schulgartenunterricht an Körperbehindertenschulen. In: Die Sonderschule 5/1983, 277–283

Hierdeis, H.: Zur Geschichte der Sonderschulen für Körperbehinderte. In: Liedtke, M. 1996 a.a.O.

Hildeschmidt, A./Schnell, I. (Hrsg.): Integrationspädagogik. Weinheim 1998

Hilgenberg, F.: Angeborene Herzfehler. In: Schmitt, G. u. a. 1996 a.a.O.

Hilgenberg, F.: Psychosoziale Aspekte angeborener Herzfehler. In: Schmitt, G. u. a. 1996a a.a.O.

Hilgers, A. (Hrsg.): Richtlinien und Lehrpläne zur Sexualerziehung. Köln 1995

Hiller, G./Schönberger, F.: Erziehung zur Geschäftsfähigkeit. Essen 1977

Hillmer-Wehrli, B./Meuli, M.: Physiotherapie bei schwer verbrannten Kindern. In: Krankengymnastik 10/1993, 1258–1266

Hilweg, W./Ullmann, E. (Hrsg.): Kindheit und Trauma. Trennung, Mißbrauch, Krieg. Göttingen 1997

Hintzsche, U.: Zur besonderen Problematik bei Eltern von Körperbehinderten – Eine empirische Untersuchung. Diplomarbeit Köln 1978 (zit. n. Weinwurm-Krause, E.-M. 1990 a.a.O.)

Hinum, G.: Die Komplexität der Sprech- und Sprachstörungen bei infantiler Zerebralparese. München 1995

Hinz, A.: Kinder mit schwersten Behinderungen in Integrationsklassen. In: Geistige Behinderung 30/1991a, 130–145

Hinz, A.: Körperbehindertenpädagogik zwischen spezieller Förderung und gemeinsamen Lernsituationen. In: Zeitschrift für Heilpädagogik 5/1996, 201–205

Hinz, A.: Pädagogik der Vielfalt – ein Ansatz auch für Schulen in Armutsgebieten? In: Hildeschmidt, A./Schnell, I. 1998 a.a.O.

Hinz, A./Boban, I.: Integrative Berufsvorbereitung. Unterstütztes Arbeitstraining für Menschen mit Behinderung. Neuwied 2001

Hinz, A./Katzenbach, D./Rauer, W./Schuck, K./Wocken, H./Wudke, H.: Die integrative Grundschule im sozialen Brennpunkt. Ergebnisse eines Hamburger Schulversuchs. Hamburg 1998

Hinz, A./Wölfert-Ahrens, E.: Offene Formen der Förderung. In: Fröhlich, A. 1991 a.a.O.

Hinze, D.: Väter und Mütter behinderter Kinder. Heidelberg 1991

Hirschfelder, H.: Behandlungsstrategien bei Wirbelsäulendeformitäten. In: Michael, Th./ v. Moers, A./Strehl, A. 1998 a.a.O.

Hobrecht, J.: Du kannst mir nicht in die Augen sehen. Frankfurt/M. 1981

Hoeck, E.: Körperliche und psychische Belastbarkeit von Kindern und Jugendlichen mit multipler Sklerose. In: Kluge, K.-J. 1979 a.a.O.

Höfer, A. u. Mitarbeiter: Gestalt des Glaubens. Beispiele aus der Praxis gestaltorientierter Katechese. München 1982

Höfer, A./Thiele, J.: Spuren der Ganzheit. Impulse für eine ganzheitliche Religionspädagogik. München 1982

Hohmeier, J.: Unterstützte Beschäftigung – ein neues Element im System der beruflichen Rehabilitation. In: Barlsen, J./Hohmeier, J. 2001 a.a.O.

Hollmann, W.: Über Übung, Training und Sport beim asthmakranken Kind aus sportmedizinischer Sicht. In: Monatsschrift für Kinderheilkunde 12/1985, 863–867

Holtz, R.: Therapie- und Alltagshilfen für zerebralparetische Kinder. München 1997

Hönig, J.: Entdeckendes Lernen im Mathematikunterricht der Schule für Körperbehinderte. In: Zeitschrift für Heilpädagogik 4/2000, 150–155

Hopf, A. (Hrsg.): Theorie und Praxis der Sexualpädagogik. Dortmund 1990

Hoppe, Th.: Die ersten 25 Jahre – Geschichte der Diakonissenanstalt „Oberlinhaus" zu Nowawes. Nowawes 1899

Hoppe, Th.: Das Oberlinhaus - fünf Jahrzehnte Diakonissenarbeit. Nowawes 1930

Horizon-Arbeitsgruppe (Hrsg.): Unterstützte Beschäftigung. Handbuch zur Arbeitsweise von Integrationsfachdiensten für Menschen mit geistiger Behinderung. Berlin 1995

Horn, S.: Ein Leben im Rollstuhl. Hannover 1990

Horstmann, T./Oskamp, U./Scholz, H./Soltani, S.: Konduktive Förderung von cerebralbewegungsgestörten Kindern im Vorschulalter. Aachen 2001

Hövel, W. (Hrsg.): Freie Arbeit – Wochenplan. Mülheim/Ruhr 1991

Howells, G./Lickorish, J.: Familien-Beziehungs-Test. (F.B.T.). München 1972

Hoyler-Herrmann, A./Walter, J. (Hrsg.): Sexualpädagogische Arbeitshilfe für geistigbehinderte Erwachsene. Heidelberg 1987

Huber, C.: Sonderpädagogische Diagnostik im Spannungsfeld traditioneller und gegenwärtiger Sichtweisen. Ergebnisse und kritische Reflexion einer Praxisuntersuchung an Schulen für Körperbehinderte. In: Zeitschrift für Heilpädagogik 10/2000, 411–416

Hublow, Ch.: Lebensbezogenes Lesenlernen bei geistig behinderten Schülern. In: Geistige Behinderung 2/1985, 1–23

Hübner, R.: Die Rehabilitationspädagogik in der DDR. Zur Entwicklung einer Profession. Frankfurt/M. 2000

Hügel, W.: Entwicklung und Behinderung des Körperschemas. Ein Therapieansatz aus ergotherapeutischer Sicht. Idstein 1996

Hulsegge, J./Verheul, A.: Snoezelen – eine andere Welt. Marburg 1993

Hülshoff, Th.: Emotionen. Eine Einführung für beratende, therapeutische, pädagogische und soziale Berufe. München 1999

Hürter, H.: Kinder und Jugendliche mit Diabetes und ihre Familie. Erfahrungen aus Gruppendiskussionen mit diabetischen Kindern, Jugendlichen und ihren Eltern. In: Angermeyer, M./Döhner, O. 1981 a.a.O.

Huschke-Rhein, R.: Systemisch-ökologische Pädagogik. Bd. III. Systemtheorien für die Pädagogik. Köln 1992

Huschke-Rhein, R.: Systemisch-ökologische Pädagogik. Bd. II. Qualitative Forschungsmethoden. Köln 1993

Huschke-Rhein, R.: Systemische Erziehungswissenschaft. Weinheim 1998

Hüter-Becker, A./Schewe, H./Heipertz, W. (Hrsg.): Physiotherapie. Bd. 1–14. Stuttgart 1996–1999

Ingenkamp, K.: Lehrbuch der pädagogischen Diagnostik. Weinheim 1988

Literatur   321

Innenmoser, J.: Schwimmspaß für Behinderte. Ein Leitfaden für Behinderte, Eltern und Betreuer. Bockenem 1988

IPTS – Landesinstitut Schleswig-Holstein für Praxis und Theorie der Schule (Hrsg.): Sexualpädagogik und AIDS-Prävention. Unterrichtseinheiten. o.O. 1994

Irmischer, T.: Bewegungsbeobachtung. In: Hessischer Sozialminister (Hrsg.): Förderung entwicklungsgefährdeter und behinderter Heranwachsender. Beiträge zur Sportmedizin, Bd. 12. Erlangen 1981

ISAAC–Deutschland Gesellschaft für unterstützte Kommunikation (Hrsg.): „Edi, mein Assistent" und andere Beiträge zur unterstützten Kommunikation. Düsseldorf 1996

Jacobi, G.: Schadensmuster schwerer Mißhandlungen mit und ohne Todesfolge. In: Monatsschrift für Kinderheilkunde 6/1986, 307–315

Jacobi, G./Preisler, B./Kieslich, M.: Inzidenz und regionale Verteilung. In: Michael, Th./ v. Moers, A./Strehl, A. 1998 a.a.O.

Jacobi, G./Preisler, B./Kieslich, M. u. a.: Zentrales Nervensystem – Tethered Cord. In: Michael, Th./v. Moers, A./Strehl, A. 1998 a.a.O.

Jacobs, K.: Wege in die Zukunft bauen – Aspekte zur Realisierung der beruflichen Integration von Menschen mit Behinderungen. In: Windisch, M./Miles-Paul, O. 1993 a.a.O.

Jacobs, K.: Schulische Integration und Arbeitswelt. Gedanken zur didaktischen Ausgestaltung der Übergangsphase „Schule/Arbeitswelt" sowie zu einer integrationsorientierten Arbeitswelt. In: Windisch, M./Miles-Paul, O. 1993 a.a.O.

Jaeggi, E. u. a.: Andere verstehen. Ein Trainingskurs für psychosoziale Berufe. Weinheim 1983

Jank, W./Meyer, H.: Didaktische Modelle. Frankfurt/M. 1994

Jansen, G.: Die Einstellung der Gesellschaft zu Körperbehinderten. Neuburgweier 1972 (4. Auflage Rheinstetten 1981)

Jansen, G.: Eltern körper- und mehrfachbehinderter Kinder und ihre Umwelt. In: Rheinweiler, R./Schönberger, F. 1979 a.a.O.

Jansen, G./Schmidt, M.: Die Intelligenzleistungen körperbehinderter Volksschüler im Vergleich zu nicht behinderten. In: Heilpädagogische Forschung 2/1971, 190–224

Janßen, F.: Frühes Leid – mutiger Aufbruch. Gedanken zur Krebserkrankung in einer jungen Familie. In: Schmitt, G. u. a. 1996 a.a.O.

Jantsch, E.: Die Selbstorganisation des Universums. Vom Urknall zum menschlichen Geist. München 1992

Jantzen, W.: Am Anfang war der Sinn. Marburg 1994

Jantzen, W.: Diagnostik, Dialog und Rehistorisierung: Methodologische Bemerkungen zum Zusammenhang von Erklären und Verstehen im diagnostischen Prozeß. In: Jantzen, W./Lanwer-Koppelin, W. 1996 a.a.O.

Jantzen, W./Lanwer-Koppelin, W. (Hrsg.): Diagnostik als Rehistorisierung. Berlin 1996

Janz, D.: Die Epilepsien. Stuttgart 1998

Janzowski, F.: Psychologische Hilfen in der Rehabilitation. In: Koch, U./Lucius-Hoene, G./ Stegie, R. 1988 a.a.O.

Jeltsch-Schudel, B.: Das AIDS-kranke Kind in der heilpädagogischen Früherziehung. In: Vierteljahresschrift für Heilpädagogik und ihre Nachbargebiete 1/1989, 13–23

Jerusalem, F./Zierz, S.: Muskelerkrankungen. Stuttgart 1991

Jessner, L.: Beobachtungen an Kindern im Krankenhaus in der Latenzphase. In: Biermann, G. (Hrsg.): Handbuch der Kinderpsychotherapie. München 1976

Jetter, K.: Kindliches Handeln und kognitive Entwicklung. Bern 1975

Jetter, K.: Bezugspunkte einer handlungsorientierten Didaktik der Schule für Körperbehinderte. In: Jetter, K./Schönberger, F. 1979 a.a.O.

Jetter, K.: Veränderte Aneignung von Wirklichkeit. In: Jetter, K./Schönberger, F. 1979a a.a.O.

Jetter, K.: Leben und Arbeiten mit behinderten und gefährdeten Säuglingen und Kleinkindern (Schriftenreihe zur Kooperativen Pädagogik Bd. 2). Stadthagen 1984

Jetter, K.: Körper-Kultur und Identitätsentwicklung bei schwerbehinderten Menschen. In: Behinderte in Familie, Schule und Gesellschaft 2/1997, 45–56

Jetter, K.: Gedanken zu einer Theorie der kognitiven Entwicklung bei körperbehinderten Kindern. In: Bergeest, H./Hansen, G. 1999 a.a.O.

Jetter, K.: Diagnostik in der Frühförderung. In: Wilken, E. 1999a a.a.O.

Jetter, K./Schmidt, D./Schönberger, F.: Sonderpädagogische Förderdiagnostik. In: Haupt, U./ Jansen, G. 1983 a.a.O.

Jetter, K./Schönberger, F. (Hrsg.): Verhaltensstörung als Handlungsveränderung. Bern 1979

Jochheim, K.-A./Schian, H.-M./Schüle, K.: Behandlung und Rehabilitation von Kindern mit frühkindlichen Rückenmarksschäden in der Bundesrepublik Deutschland. Hrsg. v. Bundesminister für Jugend, Familie und Gesundheit. Bonn 1972

Jochmus, J./Schmitt, G./Lohmar, L./Lohmar, W.: Die Adoleszenz dysmeler Jugendlicher. Rheinstetten 1979

Jochmus, I./Tieben-Heibert, A.: Belastungen der Familie durch chronisch niereninsuffiziente Kinder und Möglichkeiten ihrer Bewältigung. In: Angermeyer, M./Döhner, O. 1981 a.a.O.

Johannsen, H./Rennhack, A.: Hör- und Sprachstörungen. In: Thom, H. 1982 a.a.O.

Jonas, M.: Behinderte Kinder – behinderte Mütter? Frankfurt/M. 1990

Jonas, M.: Trauer und Autonomie bei Müttern schwerstbehinderter Kinder. Mainz 1994

Jung, M./Steinke, Th.: Körperbehinderte in der Regelschule – Erfahrungen aus dem „Modell Lichtenau". In: Rehabilitation 17/1978, 188–193

Jüngst, B.-K.: Sport mit dem behinderten Kind – Therapie oder Schädigung? In: Blaumeiser, G. 1999 a.a.O.

Kalbe, U.: Entstehung von schwersten Behinderungen, ihre Auswirkungen auf das Leben der Betroffenen und ärztliche Aufgaben. In: Fröhlich, A. 1991 a.a.O.

Kalbe, U.: Cerebral-Parese im Kindesalter. Stuttgart 1993

Kalbe, U.: Hilfsmittel-Versorgung bei Kindern mit Körperbehinderungen. Stuttgart 1995

Kalff, D.: Sandspiel. Seine therapeutische Wirkung auf die Psyche. Erlenbach-Zürich 1979

Kallenbach, K.: HIV-infizierte und AIDS-erkrankte Kinder in der Schule. In: Sonderpädagogik 4/1990, 177–191

Kallenbach, K.: Elternarbeit in Familien mit einem schwerstkörperbehinderten Kind auf der Grundlage von Erhebungen über die besondere psycho-soziale Belastungssituation der Väter dieser Kinder. In: Zeitschrift für Heilpädagogik 4/1994, 238–242

Kallenbach, K.: Väter schwerstbehinderter Kinder. Münster 1997

Kallenbach, K. (Hrsg.): Kinder mit besonderen Bedürfnissen. Berlin 1998

Kallenbach, K.: HIV-infizierte und an AIDS erkrankte Kinder. In: Kallenbach, K. 1998 a.a.O.

Kallenbach, K. (Hrsg.): Väter behinderter Kinder. Eindrücke aus dem Alltag. Düsseldorf 1999

Kallenbach, K.: Infantile Cerebralparese (ICP) – frühkindliche cerebrale Bewegungsstörungen. In: Kallenbach, K. 2000 a.a.O.

Kallenbach, K. (Hrsg.): Körperbehinderungen. Schädigungsaspekte, psychosoziale Auswirkungen und pädagogisch-rehabilitative Maßnahmen. Bad Heilbrunn 2000

Kaminski, G.: Behinderung in ökologisch-psychologischer Perspektive. In: Neumann, J. 1995 a.a.O.

Kampen, N. van (Hrsg.): Mit Epilepsie leben. Aspekte beruflicher und sozialer Integration von Menschen mit Epilepsie. Aachen 1996

Kampmeier, A.: Körper und Selbst: Welchen Einfluß hat die körperliche Behinderung auf die Persönlichkeitsentwicklung? In: Bergeest, H./Hansen, G. 1999 a.a.O.

Kampmeier, A.: Querschnittlähmung – Ursachen, Folgen, Rehabilitation. In: Kallenbach, K. 2000, a.a.O.

Kamprad, B./Pflästerer, H.-A.: Gewitter im Gehirn – Epilepsie. Zürich 1994

Kannegießer-Leitner, C.: Ihr könnt mir wirklich helfen. Psychomotorische Ganzheitstherapie für entwicklungsauffällige und mehrfachbehinderte Kinder. München 1998

Kanter, G.: Ansätze zu einer empirischen Behindertenpädagogik. In: Bleidick, U. 1985 a.a.O.

Kaplan, K./Rückert, E./Garde, D. u. a.: Gemeinsame Förderung behinderter und nichtbehinderter Kinder. Handbuch für den Kindergarten. Weinheim 1993

Kaschubowski, G.: Heilpädagogisches Handeln auf der Grundlage der Erkenntnistheorie und Menschenkunde Rudolf Steiners. Hamburg 1998

Kast, V.: Trauern. Phasen und Chancen des psychischen Prozesses. Stuttgart 1993

Kast, V.: Der schöpferische Sprung. Vom therapeutischen Umgang mit Krisen. Solothurn 1994

Kasteel, L.: Der „verfrühte" Tod. Das krebskranke Kind – Betreuung und Begleitung. Berlin 1986

Kautter, H./Wiegand, H.-S.: Plädoyer für eine von der Eigentätigkeit des Kindes ausgehende Diagnostik in der Frühförderung. In: Kautter, H./Klein, G./Laupheimer, W./Wiegand, H.-S. 1998 a.a.O.

Kautter, H./Klein, G./Laupheimer, W./Wiegand, H.-S. (Hrsg.): Das Kind als Akteur seiner Entwicklung. Idee und Praxis der Selbstgestaltung in der Frühförderung entwicklungsverzögerter und entwicklungsgefährdeter Kinder. Heidelberg 1998

Keller, R./Fritz, A.: Auf leisen Sohlen durch den Unterricht. Ein Arbeitsbuch zum spiel- und handlungsorientierten Unterricht im 1. und 2. Grundschuljahr. Schorndorf 1995

Keller, W.: Elementares Gruppenmusizieren mit Körperbehinderten. In: Dennerlein, H./ Schramm, K. (Hrsg.): Handbuch der Behindertenpädagogik. Bd. 2. München 1979

Kellermann, K.: Absenceepilepsien des Kindesalters. In: Besser, R./Gross-Selbeck, G. 1996 a.a.O.

Kelly, P. (Hrsg.): Viel Liebe gegen Schmerzen. Krebs bei Kindern. Reinbek 1986

Kemmelmeyer, K.-J.: Musik in der Schule für Körperbehinderte. In: Kraus, E./Noll, G. (Hrsg.): Forschung in der Musikerziehung. Mainz 1977

Kephard, N.: Das lernbehinderte Kind im Unterricht. München 1977

Kerkhoff, W. (Hrsg.): Freizeitchancen und Freizeitlernen für behinderte Kinder und Jugendliche. Berlin 1982

Kersting, H.: Münchhausens Schopf... Biographiebezogene Gedanken zur Enttrivialisierung der Schule. In: Voß, R. 1999 a.a.O.

Kesper, G./Hottinger, C.: Mototherapie bei Sensorischen Integrationsstörungen. München 1993

Kienholz, E.: Rheuma. Erkennen und erfolgreich behandeln. Stuttgart 1995

Kiepenheuer, K.: Was kranke Kinder sagen wollen. Zürich 1989

Kiesling, U.: Sensorische Integration im Dialog. Verstehen lernen und helfen, ins Gleichgewicht zu kommen. Dortmund 2001

Kiphard, E.: Mototherapie – Teil II. Dortmund 1983

Kiphard, E.: Motopädagogik. Dortmund 1984

Kiphard, E.: Wie weit ist ein Kind entwickelt? Dortmund 1984a

Kiphard, E./Schilling, F.: Körper-Koordinationstest für Kinder (KTK). Weinheim 1974

Kirk, S./Angermaier, M.: Psycholinguistischer Entwicklungstest (PET). Weinheim 1977

Kjellshög, H.: „Fühle die Zahlen" nach Grundlagen der Montessori-Pädagogik. Garmisch-Partenkirchen 1987

Kjellshög, H.: „Fühle die Buchstaben" nach Grundlagen der Montessori-Pädagogik. Garmisch-Partenkirchen 1988

Kjellshög, H.: Mein ABC-Buch (zum Ausmalen). Garmisch-Partenkirchen 1989

Klafki, W.: Studien zur Bildungstheorie und Didaktik. Weinheim 1974

Klafki, W.: Aspekte einer kritisch-konstruktiven Erziehungswissenschaft. Weinheim 1976

Klauß, Th.: Handlungsorientierter Unterricht in der Schule für Geistigbehinderte als Chance zur Realisierung eines nicht defizitären Verständnisses von Behinderung. In: Zeitschrift für Heilpädagogik 4/1998, 159–168

Kleber, E.: Gestaltung von Handlungssystemen. Die neue Lehrerrolle in der ökologisch-phänomenologischen Erziehungswissenschaft. In: Voß, R. 1999 a.a.O.

Klee, E.: Behindert. Frankfurt/M. 1980

Klee, E.: Behinderten-Report. Teil I und II. Frankfurt 1981

Klee, E.: „Euthanasie" im NS-Staat. Frankfurt 1991

Klee, E.: Auschwitz, die NS-Medizin und ihre Opfer. Frankfurt 1997

Klee, F.-J.: Krebs und Leukämie im Kindesalter. Die Krankheiten und ihre Behandlung. Heidelberg 1990

Klees, K./Friedebach, W. (Hrsg.): Hilfen für mißbrauchte Kinder. Interventionsansätze im Überblick.
Weinheim 1997

Klein, F.: Wahrnehmen und Handeln im Geiste Janusz Korczaks am Beispiel des (behinderten) Kindes angesichts seines Sterbens – Fragment einer heilpädagogischen Besinnung. In: Vierteljahresschrift für Heilpädagogik und ihre Nachbargebiete 3/1987, 437–448

Klein, F.: Janusz Korczak. Sein Leben für Kinder – sein Beitrag für die Heilpädagogik. Bad Heilbrunn 1996

Klein, F.: Zur Sterilisation ‚geistig‘ behinderter Frauen. In: Färber, H.-P./Lipps, W./Seyfarth, Th. 1998 a.a.O.

Klein, F.: Zum ethischen Paradigma des Erkennens und Handelns in der Körperbehindertenpädagogik – eine reflexive Besinnung. In: Bergeest, H./Hansen, G. 1999a a.a.O.

Klein, F.: Rehabilitationspädagogik: Wissenschaft, Profession und ethischer Auftrag – zehn Jahre nach der sogenannten Wende. In: Zeitschrift für Heilpädagogik 8/1999b, 386–393

Klein, F.: Aspekte des heilpädagogischen Handelns im Hinblick auf die soziale Realität von Kindern mit schweren Behinderungen. In: Bergeest, H./Hansen, G. 1999c a.a.O.

Klein, F.: Zur Lebensgeschichte in der Arbeit mit behinderten Menschen unter der Perspektive des Sinns. In: Behinderte in Familie, Schule und Gesellschaft 6/1999d, 63–78

Klein, F./Kübler, K.-D.: Das basal-dialogische Prinzip in der unmittelbaren Begegnung. In: Vierteljahresschrift für Heilpädagogik und ihre Nachbargebiete 1/1997, 43–52

Klein, F./Meinertz, F./Kausen, R.: Heilpädagogik. Bad Heilbrunn 1999

Klein, G.: Pädagogische Frühförderung ist mehr als Therapie. In: Kautter, H./Klein, G./ Laupheimer, W./Wiegand, H.-S. 1998 a.a.O.

Klein, S./Wawrok, S./Fegert, J.: Sexuelle Gewalt in der Lebenswirklichkeit von Mädchen und Frauen mit geistiger Behinderung – Ergebnisse eines Forschungsprojekts. In: Praxis der Kinderpsychologie und Kinderpsychiatrie 48/1999, 497–513

Klein Jäger, W.: Fröbel-Material. Heidelberg 1987

Kleinmann, K.: Verstehen, Beobachten und gezieltes Fördern von LRS-Schülern. Ein Leitfaden für die Praxis. Dortmund 2000

Kleinschmidt, L./Martin, B./Seibel, A.: lieben, kuscheln, schmusen. Hilfen für den Umgang mit kindlicher Sexualität im Vorschulalter. Münster 1996

Klemm, M.: Schreiben und Malen zur Krankheitsbewältigung. In: Schmitt, G. u. a. 1996 a.a.O.

Klemm, M.: „Ich huste, aber ich beiße nicht". Pädagogische Begleitung mukoviszidosekranker Schülerinnen und Schüler. In: Pfeiffer, U. u. a. 1998 a.a.O.

Klemm, M./Häcker, W./Böpple, E.: Heimatschulbesuche im Rahmen der Arbeitsbereiche von Klinikpädagogik. In: Pfeiffer, U. u. a. 1998 a.a.O.

Klink, J.-G. (Hrsg.): Zur Geschichte der Sonderschule. Bad Heilbrunn 1966

Klöcker, H.: Der Körperbehinderte und seine Sexualität. Rheinstetten 1976

Klosinski, G. (Hrsg.): Psychotherapeutische Zugänge zum Kind und zum Jugendlichen. Bern 1988

Kluge, K.-J. (Hrsg.): Körperliche, seelische und heilpädagogische Belastbarkeit von körperbehinderten, sehbehinderten und blinden sowie hörgeschädigten Kindern (Teil II). Bonn-Bad Godesberg 1979

Kluge, K./Sander, E.: Körperbehindert – und deswegen soll ich „anders" sein als du? München 1987

Kluge, N. (Hrsg.): Handbuch der Sexualpädagogik. Bd. 1. Düsseldorf 1984

Kluge, N.: Sexualpädagogik vor den Aufgaben sexueller Enttabuisierung und auf dem Wege moderner Wissenschaftsorientierung. In: Kluge, N. 1984 a.a.O.

Kluge, N. (Hrsg.): Sexualunterricht in der Grundschule. Bad Heilbrunn 1997

KMK (Schulausschuß der Ständigen Konferenz der Kultusminister der Länder in der Bundesrepublik Deutschland): Gutachten zur Ordnung des Sonderschulwesens. Bonn 1960

KMK (Sekretariat der Ständigen Konferenz der Kultusminister der Länder in der Bundesrepublik Deutschland): Empfehlungen zur Ordnung des Sonderschulwesens. Beschluß vom 16. 03. 1972. Bonn 1972

KMK (Sekretariat der Ständigen Konferenz der Kultusminister der Länder in der Bundesrepublik Deutschland): Empfehlungen zur sonderpädagogischen Förderung. Beschluß vom 06. 05. 1994. Bonn 1994

KMK (Sekretariat der Ständigen Konferenz der Kultusminister der Länder in der Bundesrepublik Deutschland): Empfehlungen zum Förderschwerpunkt körperliche und motorische Entwicklung. Beschluß vom 20. 03. 1998. Bonn 1998

Knapp, F.: Überlegungen zur Sexualerziehung bei körperbehinderten Kindern und Jugendlichen. In: Paeslack, V. 1983 a.a.O. (erstmals in Hartmann, N. 1978 a.a.O.)

Kniel, A. u. Ch.: Behinderte Kinder und Kindergartenwahl. München 1986

Knöller, H.: Leichtathletik für Rollstuhlfahrer. Lübeck 1979

Knorn, P.: Die Southern California Sensory Integration Tests (SCSIT), empirische Untersuchungen und deren Implikationen. In: Doering, W./Doering, W. 1996 a.a.O.

Kobi, E.: Grundfragen der Heilpädagogik und der Heilerziehung. Bern 1975

Kobi, E.: Diagnostik in der heilpädagogischen Arbeit. Luzern 1990

Kobi, E.: Grundfragen der Heilpädagogik. Bern 1993

Koch, H.: Internat. In: Haupt, U./Jansen, G. 1983 a.a.O.

Koch, U./Lucius-Hoene, G./Stegie, R. (Hrsg.): Handbuch der Rehabilitationspsychologie. Berlin 1988

Kochs, P.: Grundkonzept eines Leselehrgangs für schwerst körperbehinderte Kinder in der Primarstufe. In: Fröhlich, A. 1981 a.a.O.

Köckenberger, H.: Bewegtes Lernen. Lesen, schreiben, rechnen lernen mit dem ganzen Körper. Dortmund 1997

Köhnen, M.: Freiarbeit macht Spaß. Dortmund 1997

Köhnen, M./Roos, E.: Vorhabenorientierte Freiarbeit. Dortmund 1999

Köle, H./Gattinger, B.: Verletzungen des Mund-, Kiefer- und Gesichtsbereiches. In: Sauer, H. 1984 a.a.O.

Kollmann, B./Kruse, M.: Krebskranke Jugendliche und ihre Familien. Problematik und Möglichkeiten einer psychologischen Begleitung. Essen 1990

Kollmann, R.: Theologie im Fernkurs. Religionspädagogisch-Katechetischer Kurs. Lehrbrief 22a. Domschule Würzburg 1993

Köllner, S./Leinert, C.: Waldkindergärten. Ein Leitfaden für Aktivitäten mit Kindern im Wald. Augsburg 1998

Körnig, W.: Kinderunfälle im Straßenverkehr – ein aktuelles (sonder)pädagogisches Problem. In: Zeitschrift für Heilpädagogik 11/1986, 800–803

Kornmann, R.: Neuere Ansätze der Förderdiagnostik. In: Forschungsgemeinschaft „Das körperbehinderte Kind" e. V. 1986 a.a.O.

Korsten, S./Wansing, G.: Qualitätssicherung in der Frühförderung. Planungs- und Gestaltungshilfen zum Prozess der Qualitätsentwicklung. Dortmund 2000

Kösel, E.: Die Modellierung von Lernwelten. Elztal-Dallau 1995

Kosel, H./Froböse, I.: Rehabilitations- und Behindertensport. Körper- und Sinnesbehinderte. München 1999

Kösler, E.: Lernen im Krankenhaus. In: Steinebach, Ch. 1997 a.a.O.

Kotzenberg, R.: Meine Zeit mit Lars. In: Hansen, G./Haupt, U. 1999 a.a.O.

Krämer, G.: Multiple Sklerose von A–Z. Stuttgart 1997

Krämer, G.: Epilepsie. Stuttgart 1998

Krämer, G./Besser, R.: Multiple Sklerose: Anworten auf die häufigsten Fragen. Stuttgart 1997

Krampen, G.: Autogenes Training. In: Steinebach, Ch. 1997 a.a.O.

Krenkel, W./Bröcheler, J.: Neurologie und Neurochirurgie. In: Thom, H. 1982 a.a.O.

Krenz, A.: Was Kinderzeichnungen erzählen. Freiburg 1996

Krenzer, R.: Spiele mit behinderten Kindern. Lahr 1983

Kretschmann, R./Arnold, K.-H.: Leitfaden für Förder- und Entwicklungspläne. Anlass, Struktur und Nutzung. In: Zeitschrift für Heilpädagogik 9/1999, 410–420

Krieter, U.: Zum Stellenwert und den Zielen der Sportunterrichts an Schulen für Körperbehinderte. In: Zeitschrift für Heilpädagogik 7/1980, 493–500

Krimm-v. Fischer, C.: Rhythmik und Sprachanbahnung. Heidelberg 1986

Kristen, U.: Praxis Unterstützte Kommunikation. Düsseldorf 1994

Kron, F.: Grundwissen Didaktik. München 1993

Kron, F.: Wissenschaftstheorie für Pädagogen. München 1999

Krüger, H.-H.: Einführung in Theorien und Methoden der Erziehungswissenschaft. Opladen 1997

Krüger, W.: Die Schule für Körperbehinderte (Sonderschule). Diss. Universität Dortmund 1983

Krüll, K.: Rechenschwäche – was tun? München 1994

Krusche, S.: Partnerschaft und Sexualität im Jugend- und Erwachsenenalter. Anmerkungen eines Menschen mit Spina bifida. In: ASbH 1993 a.a.O.

Kubinger, K./Wurst, E.: Adaptives Intelligenz Diagnostikum (AID). Weinheim 1991

Kübler-Ross, E.: Interviews mit Sterbenden. Stuttgart 1971

Kübler-Ross, E.: Was können wir noch tun? Anworten auf Fragen nach Sterben und Tod. Stuttgart 1974

Kübler-Ross, E.: Kinder und Tod. Zürich 1984

Kübler-Ross, E. (Hrsg.): Reif werden zum Tode. Gütersloh 1989

Küchenhoff, J.: Öffentlichkeit und Körpererfahrung. In: Schmidt, G./Strauß, B. 1998 a.a.O.

Kucirek, X.: Die Bildungsphilosophie Rudolf Steiners und ihre Realisierung an der Waldorfschule. Frankfurt/M. 1994

Kuckhermann, R./Nitsche, E./v. Müller, G.: Intelligenz, Handlungs- und Lebensorientierung. Opladen 1991

Kuckhermann, R.: Intelligenz und Orientierung – Überlegungen zur geistigen Entwicklung körperbehinderter Kinder. In: Bergeest, H./Hansen, G. 1999 a.a.O.

Kügerl, C.: Sexuale Erziehung – Sexualverhalten – Partnersuche für Körper- und Geistigbehinderte. Bonn 1994

Kühnke, A./Weber, K.: Konduktive Frühförderung international. Dortmund 2001

Kulenkampff, C.: Zwangssterilisierung, Vernichtung sogenannten lebensunwerten Lebens und Menschenversuche im Dritten Reich. In: Seim, J. 1988 a.a.O.

Kultusministerium Nordrhein-Westfalen (Hrsg.): Förderung schwerstbehinderter Schüler. Richtlinien und Hinweise für den Unterricht. Düsseldorf 1985

Kundert, J.: Wir haben ein Kind mit Spina bifida. Basel 1982

Kunert, S.: Verhaltensstörungen und psychagogische Maßnahmen bei körperbehinderten Kindern. Neuburgweier 1967

Kunert, S.: Prinzipien der Unterrichts- und Erziehungsarbeit bei Körperbehinderten. In: Bläsig, W./Jansen, G./Schmidt, M. 1972 a.a.O.

Kunert, S.: Verhaltensstörungen und psychagogische Maßnahmen bei körperbehinderten Kindern. Rheinstetten 1973

Kunert, S.: Schulbilder-Apperzeptionstest (SAT). In: Kunert, S. 1973 a.a.O.

Kurme, A.: Psychosoziale Aspekte der Hämophilie. In: Schmitt, G. u. a. 1996 a.a.O.

Kurme, A./Maurer, M.: Hämophilie. Düsseldorf 1993

Kurz, R./Roos, R.: Pädiatrie. Stuttgart 1996

Kurz, S.: „Ich bin ich, Lars, vierzehn." Über das Leben mit Spina bifida. Tübingen 1998

Kutzer, R.: Mathematik entdecken und verstehen. Bd. 1. Frankfurt/M. 1983

Kutzleb, U./Schmidt, A./Walczak, L./Weber, W.: Zeit für Zärtlichkeit. Spielerische Übungen für Liebe und Partnerschaft. Dortmund 1981

Kuwertz-Bröking, E.: Chronische Niereninsuffizienz (CNI) im Kindesalter. In: Schmitt, G. u. a. 1996 a.a.O.

Lambeck, S.: Diagnoseeröffnung bei Eltern behinderter Kinder. Göttingen 1992

Lamers, W.: ‚Snoezelen, eine andere Welt' – eine kritische Zwischenbilanz. In: Fröhlich, A./Heinen, N./Lamers, W. 2001 a.a.O.

Lamprecht, I.: Epilepsie – Schule – Beruf. Frankfurt/M. 1990

Lamri-Zeggar, P.: Krebskranke Kinder. Probleme und Belastungen der Eltern. Freiburg 1991

Landesinstitut für Schule und Weiterbildung (Hrsg.): Arbeitslehre. Wege suchen – Chancen nutzen. Curriculumentwicklung in Nordrhein-Westfalen. Soest 1992

Langenberg, H.: Die geschichtliche Entwicklung der Behandlung der frühkindlichen Hirnschäden. Dissertation Universität Düsseldorf 1968

Langman, J.: Medizinische Embryologie. Die normale menschliche Entwicklung und ihre Fehlbildungen. Stuttgart 1989

Längsfeld, V.: Freie Arbeit – Offener Unterricht. Mülheim/Ruhr 1989

Lapierre, A./Aucouturier, B.: Die Symbolik der Bewegung. Psychomotorik und kindliche Entwicklung. München 1998

Lause, R.: Geistigbehinderte erlernen das Schwimmen. Dortmund 1998

Leber, S.: Die Pädagogik der Waldorfschule und ihre Grundlagen. Darmstadt 1985

Lehmkuhl, G. (Hrsg.): Chronisch kranke Kinder und ihre Familien. München 1996

Lelgemann, R.: Arbeit ist möglich! Arbeitshilfen und Arbeitsplätze für Menschen mit schweren und mehrfachen Behinderungen. Düsseldorf 1996

Lelgemann, R.: Berufliche Rehabilitation für und mit Menschen mit sehr schweren Körperbehinderungen. In: Seifert, R./Arenz, F. (Hrsg.): Arbeit mit Behinderungen. Aachen 1998

Lelgemann, R.: Berufliche Rehabilitation für und mit Menschen mit sehr schweren Körperbehinderungen. Eine Herausforderung für Werkstätten für Behinderte und Tagesförderstätten. In: Zeitschrift für Heilpädagogik 5/2000, 178–184

Lempp, R.: Sexualität und Behinderung. In: Färber, H.-P./Lipps, W./Seyfarth, Th. 1998 a.a.O.

Lenckner, Th.: Juristische Aspekte im Umgang mit der Sexualität behinderter Menschen. In: Färber, H.-P. /Lipps, W./Seyfarth, Th. 1998 a.a.O.

Lersch, R./Vernooij, M. (Hrsg.): Behinderte Kinder und Jugendliche in der Schule. Bad Heilbrunn 1992

Leyendecker, Ch.: Lernverhalten behinderter Kinder. Heidelberg 1977, 2. Aufl.1982

Leyendecker, Ch.: Intelligenz und Lernen bei Körperbehinderten. In: Dennerlein, H./ Schramm, K. (Hrsg.): Handbuch der Behindertenpädagogik. Bd. 2. München 1979

Leyendecker, Ch.: Körpererfahrung und Behinderung. Ein Diskurs zur Frage der Identitätsfindung Körperbehinderter. In: Sonderpädagogik 1/1985, 1–15

Leyendecker, Ch.: Geschädigter Körper = beschädigtes Selbst? – Von der Schwierigkeit der Selbstfindung in personaler und sozialer Identität. In: Forschungsgemeinschaft „Das körperbehinderte Kind" e. V. 1986 a.a.O.

Leyendecker, Ch.: Wahrnehmungsstörungen. Studienbrief Behinderung und Schule. Tübingen 1988

Leyendecker, Ch.: Die Behinderung akzeptieren – oder ausblenden? In: Psychologie heute 19/1992, 52–56

Leyendecker, Ch.: Die Einheit von Wahrnehmung und Bewegung – kritische Anmerkungen zu einem (allzu) plausiblen Paradigma der Frühförderung. In: Leyendecker, Ch./Horstmann, T. 1997 a.a.O.

Leyendecker, Ch.: Körperbehinderte Menschen. In: Fengler, J./Jansen, G. 1999 a.a.O.

Leyendecker, Ch.: Wissenschaftliche Grundlagen, Konzepte und Perspektiven der Frühförderung körperbehinderter Kinder. In: Bergeest, H./Hansen, G. 1999a a.a.O.

Leyendecker, Ch.: Geschädigter Körper, behindertes Selbst oder: „In erster Linie bin ich Mensch". Eine Einführung zum Verständnis und ein systematischer Überblick zu Körperschädigungen und Behinderungen. In: Kallenbach, K. 2000 a.a.O.

Leyendecker, Ch./Horstmann, T. (Hrsg.): Frühförderung und Frühbehandlung. Heidelberg 1997

Leyendecker, Ch./Horstmann, T. (Hrsg.): Große Pläne für kleine Leute. Grundlagen, Konzepte und Praxis der Frühförderung. München 2000

Leyendecker, Ch./Lammers, A.: „Lass mich einen Schritt alleine tun". Lebensbeistand und Sterbebegleitung lebensbedrohlich erkrankter Kinder. Stuttgart 2001

Leyendecker, Ch./Neumann, K.: Besonderheiten der Entwicklung von Wahrnehmung, Lernen, Gedächtnis und Intelligenz bei Körperbehinderten. In: Haupt, U./Jansen, G. 1983 a.a.O.

Liechti, M.: Erfahrung am eigenen Leibe. Taktil-kinästhetische Sinneserfahrung als Prozeß des Weltbegreifens. Heidelberg 2000

Liedtke, M. (Hrsg.): Behinderung als pädagogische und politische Herausforderung. Bad Heilbrunn 1996

Lienert, G.: Testaufbau und Testanalyse. Weinheim 1969

Lindemann, K.: 50 Jahre Körperbehindertenfürsorge in Deutschland. In: Jahrbuch der Fürsorge für Körperbehinderte, Stuttgart 1960, 11–18

Lindenberg, Ch.: Rudolf Steiner. Reinbek 1992

Lindenmeyer, J.: Behindert-Werden. Heidelberg 1983

Linn, M./Holtz, R.: Übungsbehandlung bei psychomotorischen Entwicklungsstörungen. München 1987

Lipp, B./Schlaegel, W.: „Wege von Anfang an". Frührehabilitation schwerst hirngeschädigter Patienten. Villingen-Schwenningen 1996

Lipski, J.: Integrative Entwicklungen im Elementarbereich – 1980 bis heute. Ein Resümee der Projekterfahrungen. In: Behindertenpädagogik 1/1992, 52–63

Lobeck, A.: Rechenschwäche. Geschichtlicher Rückblick, Theorie und Therapie. Luzern 1992

Lobisch, B.: Malen ist Hoffnung. Würzburg 1999

Löchner-Ernst, D.: Die Hälfte könnte Kinder zeugen. Technische Möglichkeiten zur Verbesserung der Sexualfunktion querschnittgelähmter Männer. In: Paraplegiker 4/1987, 24–25

Lock, S.: „Schweigen ist auch eine Antwort" – Kunstunterricht in der Schule an einer kinder- und jugendpsychiatrischen Klinik. In: Ertle, Ch. 1997 a.a.O.

Lockowandt, O.: Frostigs Entwicklungstest der visuellen Wahrnehmung (FEW). Weinheim 1987

Lockowandt, O. (Hrsg.): Frostig Integrative Therapie. Bd. 1 u. 2. Dortmund 1994

Löffler, R.: Spiele im Englischunterricht. Vom lehrergelenkten Lernspiel zum schülerorientierten Rollenspiel. München 1979

Löffler, R./Kuntze, W.-M.: Spiele im Englischunterricht 2. München 1987

Lohaus, A.: Gesundheit und Krankheit aus der Sicht von Kindern. Göttingen 1990

Lohaus, A.: Krankheitskonzepte von Kindern aus entwicklungspsychologischer Sicht. In: Schmitt, G. u. a. 1996 a.a.O.

Lohmann, K.: Pädagogisch-psychologische Diagnostik der Lern- und Leistungsmöglichkeiten bei Kindern mit Spina bifida. In: Michael, Th./v. Moers, A./Strehl, A. 1998 a.a.O.

Lommatzsch, E.: Zum Leistungsverhalten von Kindern in Körperbehindertenschulen. Hamburg 1981

Lommel, E.: Handling und Behandlung auf dem Schoß. In Anlehnung an das Bobath-Konzept. München 1999

Loose, A.-C.: Graphomotorik – physiotherapeutische Förderung der Schreibentwicklung. In: Krankengymnastik 6/2000, 993–1004

Lory, P.: Bewegungsgehemmte Kinder im Wasser. Ein pädagogisches Übungsbuch. München 1988

Lotze, R.: Von der „Krüppelfürsorge" zur Rehabilitation von Menschen mit Behinderung – 90 Jahre Deutsche Vereinigung für die Rehabilitation Behinderter e. V. In: Deutsche Vereinigung für die Rehabilitation Behinderter 1999 a.a.O.

Lowen, A.: Bio-Energetik. Therapie der Seele durch Arbeit mit dem Körper. Reinbek 1984

Lübbe, A.: Neurodermitis bei Kindern und Jugendlichen. In: Kallenbach, K. 1998 a.a.O.

Luhmann, N.: Soziale Systeme. Frankfurt/M. 1987 (7. Auflage 1999)

Lundt, P.: Zur Lebenssituation von Körperbehinderten. Eine Erhebung in Berlin: Abhandlung aus dem Bundesgesundheitsamt 5/1962, 1–87

Lüpke, H. v.: Der stimmige Moment. Zur Dynamik von Entwicklungsprozessen. In: Behinderte 2/1998, 51–60

Lüpke, H. v.: Wenn Wahrnehmung zum Problem wird. Zur Frage der „Wahrnehmungsstörungen". In: ASbH (Hrsg.), Üben – Fördern – Beraten 1998a a.a.O.

Lüpke, H. v.: Dialog der Attraktoren. Collage zur Rolle der Begleitung auf systemtheoretischem Hintergrund. In: Doering, W./Doering, W. 2001 a.a.O.

Lüpke, H. v./Voß, R. (Hrsg.): Entwicklung im Netzwerk. Pfaffenweiler 1997

Maaß, S.: Mit Kindern Bilder zaubern. Dortmund 1997

Maaz, H.-J.: Das gestürzte Volk. Die unglückliche Einheit. München 1993

Mahlke, W./Schwarte, N.: Wohnen als Lebenshilfe. Ein Arbeitsbuch zur Wohnfeldgestaltung in der Behindertenhilfe. Weinheim 1985

Mall, W.: Basale Kommunikation – Ein Weg zum andern. In: Geistige Behinderung 1/1984, 1–16
Mall, W.: Kommunikation mit schwer geistig behinderten Menschen. Heidelberg 1995
Mall, W.: Basale Kommunikation – Sich begegnen ohne Voraussetzungen. In: Fröhlich, A./Heinen, N./Lamers, W. 2001 a.a.O.
Mand, J.: Liebe, Lust & Frust. Ergebnisse unserer Leserumfrage. In: Paraplegiker 4/1987, 4–7
Mand, P.: Dem Manne kann geholfen werden. Sexuelle Probleme bei querschnittgelähmten Männern. In: Paraplegiker 4/1987, 22–23
Manteufel, E./Seege, N.: Selbsterfahrung mit Kindern und Jugendlichen. München 1992
Marbacher Widmer, P.: Bewegen und Malen. Zusammenhänge – Psychomotorik – Urformen – Körper- und Raumerfahrung. Dortmund 1997
Marenbach, J.: Soziometrie in der Begegnung mit Körperbehinderten. Berlin 1985
Markowetz, R.: Freizeit behinderter Menschen. In: Cloerkes, G. 1997 a.a.O.
Markowetz, R.: Kinder und Jugendliche mit Behinderungen auf ihrem Weg in einen ganz „normalen" Verein. In: Behinderte 3/1998, 1–12 u. 4/5/1998a, 1–16
Markowetz, R.: Praktische Erfahrungen und Erkenntnisse aus dem Projekt zur Förderung integrativer Ferien- und Freizeitmaßnahmen (PFiFF). In: Rosenberger 1998b a.a.O.
Markowetz, R.: Freizeit von Menschen mit Behinderungen. In: Markowetz, R./Cloerkes, G. 2000 a.a.O.
Markowetz R./Cloerkes, G. /Hrsg.): Freizeit im Leben behinderter Menschen. Theoretische Grundlagen und sozialintegrative Praxis. Heidelberg 2000
Marquard, A./Runde, P./Westphal, G.: Burnout – Bedingungen und Hintergründe: Skizze einer empirischen Untersuchung aus dem Bereich der Behindertenhilfe. In: Behindertenpädagogik 2/1993, 195–205
Marquardt-Mau, B. (Hrsg.): Schulische Prävention gegen sexuelle Kindesmißhandlung. Weinheim 1995
Marschik, M./Klicpera, Ch.: Kinder lernen lesen und schreiben. Dortmund 1993
Marschner, A.: Neuregelung des Behindertenrechts durch das Neunte Buch Sozialgesetzbuch (SGB IX). In: Zeitschrift für Tarif-, Arbeits- und Sozialrecht des öffentlichen Dienstes 7/2001, 302–303
Martinius, J.: Psychische Folgen der Kindesmißhandlung. In: Monatsschrift für Kinderheilkunde 6/1986, 333–335
Martinius, J./Frank, R. (Hrsg.): Vernachlässigung, Mißbrauch und Mißhandlung von Kindern. Erkennen, Bewußtmachen, Helfen. Bern 1990
Marx, U./Steffen, G.: Mitmach-Texte. Horneburg 1994
Marx, U./Steffen, G.: Lesenlernen mit Hand und Fuß. Ein mehrdimensionaler Leselerngang im handlungsorientierten Stationsverfahren. Horneburg 1995
Matthes, A./Kruse, R.: Der Epilepsiekranke. Stuttgart 1989
Matthiaß, H./Brüster, H./Zimmermann, H. (Hrsg.): Spastisch gelähmte Kinder. Stuttgart 1971
Mattner, D.: Die Erfindung der Normalität. In: Deutsche Behindertenhilfe – Aktion Mensch e. V. 2000 a.a.O.
Maturana, H./Varela, F.: Der Baum der Erkenntnis. Bern 1987
Maushagen-Schnaas, E./Schnober-Sen, M.: Asthma. Stuttgart 1996
Maushagen-Schnaas, E./Waldmann, W.: Allergien. Ursachen, Vorbeugung, Behandlung. Stuttgart 1996
May, B. u. a.: Worunter leiden Eltern anfallskranker Kinder und was vermissen sie in der Beratung? In: Wolf, P. 1990 a.a.O
Mayr, T.: Problemkinder im Kindergarten – ein neues Aufgabenfeld für die Frühförderung. In: Frühförderung interdisziplinär 4/1997, 145–159
Mayring, Ph.: Einführung in die qualitative Sozialforschung. Weinheim 1993
Mehl, A.: Der Umgang mit Behinderten in Griechenland. In: Liedtke, M. 1996 a.a.O.
Mehnert, H./Standl, E.: Diabetes. Mit der Krankheit leben lernen. Stuttgart 1997
Meili-Schneebeli, E.: Wenn Kinder zeichnen. Zürich 1994
Meiser, U./Albrecht, F. (Hrsg.): Krankheit, Behinderung und Kultur. Frankfurt/M. 1997
Meister, H.: Gemeinsamer Kindergarten für nichtbehinderte und behinderte Kinder. St. Ingbert 1991

Meister, H.: Vielfalt der Methoden für eine Pädagogik der Vielfalt. In: Sander, A. u. a. 1998 a.a.O.

Meister, J.-J. (Hrsg.): Studienbedingungen und Studienverhalten von Behinderten. München 1995

Meister, J.-J.: Studienverhalten, Studienbedingungen und Studienorganisation behinderter Studierender. München 1998

Melchers, P./Preuß, U.: Kaufman-Assessment Battery for Children. Lisse 1994

Menger, H.: Kleinwuchs. Düsseldorf 1995

Menger, W.: Asthmatiker und Allergiker. Düsseldorf 1988

Menzen, K.-H.: Bildnerische Arbeit in der Rehabilitation. In: Baukus, P./Thies, J. (Hrsg.): Kunsttherapie. Stuttgart 1997

Merkens, L.: Fürsorge und Erziehung bei Körperbehinderten. Eine historische Grundlegung zur Körperbehindertenpädagogik bis 1920. Berlin 1981

Merkens, L.: Einführung in die historische Entwicklung der Behindertenpädagogik in Deutschland unter integrativen Aspekten. München 1988

Merkle, R.: Laß Dir nicht alles gefallen. Mannheim 1990

Mertens, W.: Entwicklung der Psychosexualität und der Geschlechtsidentität. 2 Bde. Stuttgart 1992 u. 1994

Metzler, H.: Hilfebedarf und Selbstbestimmung. Eckpunkte des Lebens im Heim für Menschen mit Behinderung. In: Zeitschrift für Heilpädagogik 10/1997, 406–411

Meulen, N. van der: Anfangen wo andere aufhören: Neuere Erkenntnisse zum Schriftspracherwerb in der Unterstützten Kommunikation. In: Unterstützte Kommunikation. isaac's zeitung 3/2001, 28–31

Meyberg, W.: Trommelnderweise. Trommeln in Therapie und Selbsterfahrung. Hemmoor o. J.

Meyer, E. (Hrsg.): Burnout und Stress. Praxismodelle zur Bewältigung. Hohengehren 1991

Meyer, H.: Geistigbehindertenpädagogik. In: Solarová, S. 1983 a.a.O.

Meyer, H.: Ich-Findung bei Geistigbehinderten – Unterrichtsanregungen zur Ausbildung psychischer Selbstbilder. In: Buchka, M. u. a.: Geistige Behinderung und Wege zur differenzierten Förderung. Frankfurt/M. 1994

Meyer, H.: Schulpädagogik. Bd. I u. II. Berlin 1997

Meyer-Wahl, L.: Sexualität und Anfallskranke. In: Walter, J. 1992 a.a.O.

Michael, Th./v. Moers, A./Strehl, A. (Hrsg.): Spina bifida. Berlin 1992

Michaelis, R./Niemann, G.: Entwicklungsneurologie und Neuropädiatrie. Stuttgart 1995

Michels, H.-P. (Hrsg.): Chronisch kranke Kinder und Jugendliche. Tübingen 1996

Miedaner, L.: Gemeinsame Erziehung behinderter und nichtbehinderter Kinder. Materialien zur pädagogischen Arbeit im Kindergarten. München 1986

Miketta, G./Tebel-Nagy, C.: Liebe und Sex. Über die Biochemie leidenschaftlicher Gefühle. Stuttgart 1996

Miles-Paul, O.: „Wir sind nicht mehr aufzuhalten". München 1992

Milz, I.: Sprechen, Lesen, Schreiben. Teilleistungsschwächen im Bereich der gesprochenen und geschriebenen Sprache. Heidelberg 1988

Milz, I.: Neuropsychologie für Pädagogen. Dortmund 1996

Milz, I.: Rechenschwäche erkennen und behandeln. Teilleistungsstörungen im mathematischen Denken. Dortmund 1999

Milz, I.: Montessori-Pädagogik neuropsychologisch verstanden und heilpädagogisch praktiziert. Dortmund 1999a

Mitransky, U.: Belastung von Erziehern. Frankfurt/M. 1990

Mitzscherlich, B.: „Heimat ist etwas, was ich mache". Pfaffenweiler 1997

Mize, E.: Trauer und Reife einer Mutter. In: Kübler-Ross, E. 1989 a.a.O.

Möckel, A.: Geschichte der Heilpädagogik. Stuttgart 1988

Möckel, A.: Integrative Religionspädagogik – historisch. In: Pithan, A./Adam, G./Kollmann, R. 2002 a.a.O.

Moeller, M.: Selbsthilfegruppen. Anleitungen und Hintergründe. Reinbek 1996

Moers, A. v.: Ätiologie und Pathogenese. In: Michael, Th./v. Moers, A./Strehl, A. 1998 a.a.O.

Mogel, H.: Psychologie des Kinderspiels. Berlin 1994

Mohr, A./Becker, P.: Seelische Gesundheit chronisch kranker Kinder und Jugendlicher. In: Steinebach, Ch. 1997 a.a.O.

Möller, E.: Untersuchungen zur Intelligenz spastisch gelähmter Schulkinder. In: Zeitschrift für Heilpädagogik 18/1967, 72–83

Mooney, T./Cole, T./Chilgren, R.: Möglichkeiten körperlicher Liebe für Paraplegiker, Quadriplegiker und Stomaträger. Bonn 1984

Morgan, R.: Helping Children Read. The Paired Reading Handbook. London 1987

Mortier, W.: Muskel- und Nervenerkrankungen im Kindesalter. Stuttgart 1994

Moser, R.: Wir planen und gestalten einen Schulgarten. Ein Unterrichtsprojekt mit körperbehinderten Schülern. In: Zeitschrift für Heilpädagogik 6/1985, 448–452

Mosthaf, U.: Verhaltensänderung durch eine handlungsorientierte Bewegungsbehandlung. In: Jetter, K./Schönberger, F. 1979 a.a.O.

Mrozynski, P.: Rehabilitationsleistungen – Integrierte Versorgung im gegliederten System. Überlegungen zum SGB IX. In: Die Sozialgerichtsbarkeit 6/2001, 277–286

Mücke-Fritsch, B.: Reiß Dich zusammen und sei tapfer. In: ASbH 1998 a.a.O.

Mühl, H.: Zur geschichtlichen Entwicklung der Förderung schwerstbehinderter Menschen. In: Fröhlich, A. 1991 a.a.O.

Müllener-Malina, J.: Lesen und Schreiben mit allen Sinnen. Eine Übungswerkstatt für das erste Schuljahr. Zug 1998

Müller, E.: Ausgebrannt – Wege aus der Burnout-Krise. Freiburg 1994

Müller, H.: Selbsthilfegruppen in Ostdeutschland: Historie, Entwicklung, aktuelle Situation. In: Schmid, R. u. a. 1992 a.a.O.

Müller, K.: Der Krüppel. München 1996

Müller-Friese, A./Leimgruber, S.: Religionspädagogische Aspekte eines integrativen Religionsunterrichts. In: Pithan, A./Adam, G./Kollmann, R. 2002 a.a.O.

Muth, J.: Integration von Behinderten. Essen 1986

Muth, J.: Zur bildungspolitischen Dimension der Integration. In: Eberwein, H. 1988 a.a.O.

Mutzeck, W. (Hrsg.): Förderplanung. Weinheim 2000

Myschker, N./Ortmann, M. (Hrsg.): Integrative Schulpädagogik. Stuttgart 1999

Neill, C./Clark, E./Clark, C.: Unser Kind hat einen Herzfehler: Informationen und Rat für Eltern. Stuttgart 1997

Neubert, D./Cloerkes, G.: Behinderung und Behinderte in verschiedenen Kulturen. Heidelberg 1994

Neuer-Miebach, T./Krebs, H. (Hrsg.): Schwangerschaftsverhütung bei Menschen mit geistiger Behinderung – notwendig, möglich, erlaubt? Marburg 1988

Neuhäuser, G.: Frühförderung im medizinischen Bereich. In: Speck, O./Thurmair, M. 1989 a.a.O.

Neuhauser, J./Pfaffenwimmer, M. (Hrsg.): Hartheim – wohin unbekannt. Briefe und Dokumente. Weitra 1992

Neumann, D.: Entwicklung des Versorgungsrechts. In: Schwerbehindertengesetz, Bundesversorgungsgesetz. München 1993

Neumann, H.: Verkürzte Kindheit. Vom Leben der Geschwister behinderter Menschen. Berlin 2000

Neumann, J. (Hrsg.): „Behinderung". Tübingen 1995

Neumann, K.: Intelligenzleistungen behinderter Kinder. Weinheim 1977

Neumann, K.: Intelligenztest für 6 bis 14jährige körperbehinderte und nichtbehinderte Kinder (ITK). Weinheim 1981

Neumann, K.: Aufgaben und Ziele der Leistungsdiagnostik. In: Forschungsgemeinschaft „Das körperbehinderte Kind" e. V. 1986 a.a.O.

Neumann, K.: Körperbehindertenpädagogik als empirische Wissenschaft. In: Bergeest, H./ Hansen, G. 1999 a.a.O.

Neumann, K.: Besonderheiten der pädagogisch-psychologischen Diagnostik. In: Fengler, J./ Jansen, G. 1999a a.a.O.

Nicklas, K.: Die Lebenssituation von Querschnittgelähmten und Herzinfarktpatienten. Eine sozialmedizinische Untersuchung in der Bundesrepublik Deutschland. Berlin 1985

Niebank, K./Warschburger, P./Petermann, F.: „Hautfitnesstraining" und Programme für neurodermitiskranke Kinder und Jugendliche. In: Petermann, F./Warschburger, P. 1999 a.a.O.

Niebel, G.: Verhaltensorientierte Elternschulung bei Neurodermitis. In: Petermann, F./ Warschburger, P. 1999 a.a.O.

Niehaus, M.: Behinderung und sozialer Rückhalt. Zur sozialen Unterstützung behinderter Frauen. Frankfurt/M. 1993

Nielsen, H.: Psychologische Untersuchungen bei zerebralparetischen Kindern. Berlin 1970

Nielsen, L.: Das Ich und der Raum. Aktives Lernen im „Kleinen Raum". Würzburg 1993

Niemann, H.: Aufgaben der Neuropsychologie im Rahmen der intensiven Epilepsie-Diagnostik bei Kindern. In: Boenigk, H. u. a. (Hrsg.): Das anfallskranke Kind. Bd. 9. Hamburg 1993

Nienkerke-Springer, A./Beudels, W.: Komm, wir spielen Sprache. Handbuch zur psychomotorischen Förderung von Sprache und Stimme. Dortmund 2001

Niessen, K.-H. (Hrsg.): Pädiatrie. Weinheim 1993

Niethammer, D.: Krebserkrankungen. In: Schmitt, G. u. a. 1996 a.a.O.

Niggemann, B./Wahn, U.: Das allergische Kind. Wie Eltern helfen können. Stuttgart 1994

Nippert, I.: Die Geburt eines behinderten Kindes. Belastung und Bewältigung aus der Sicht betroffener Mütter und ihrer Familien. Stuttgart 1988

Nobile, L.: Krebs bei Kindern. Bern 1992

Noeker, M.: Subjektive Beschwerden und Belastungen bei Asthma bronchiale im Kindes- und Jugendalter. Frankfurt/M. 1991

Nolte, D.: Asthma. Verlauf, Ursachen, Behandlung. Stuttgart 1995

Nordquist, I.: Miteinander leben. Die Situation der Körperbehinderten. Heidelberg 1975

Oaklander, V.: Gestalttherapie mit Kindern und Jugendlichen. Stuttgart 1981

Oberholzer, D.: Komplexitätsmanagement neuer Dienstleistungen für behinderte und chronisch kranke Menschen. Bern 1999

Oberlack, S./Steuter, U./Heinze, H.: Lisa und Dirk – sie treffen sich, sie lieben sich. Geschichten und Bilder zur Sozial- und Sexualerziehung an Sonderschulen. Dortmund 1997

Oberthür, R.: Wie bringen nichtbehinderte Kinder Behinderung zur Sprache? In: Pithan, A./ Adam, G./Kollmann, R. 2002 a.a.O.

Oelkers, J.: Reformpädagogik. Weinheim 1989

Oetter, P./Richter, E./Frick, S.: M.O.R.E. – Ein entwicklungstherapeutisches Konzept. Der Mund als Quelle sensorisch-integrativer Funktionen. Dortmund 1999

Offenhausen, H.: Behinderung und Sexualität. Bonn 1995

Opaschowski, H.: Pädagogik und Didaktik der Freizeit. Opladen 1990

Opp, G.: Spielräume für alle Kinder – Gestaltungsprinzipien und praktische Umsetzung. In: Die Sonderschule 4/1995, 262–273

Opp, G./Freytag, A./Budnik, I. (Hrsg.): Heilpädagogik in der Wendezeit. Luzern 1996

Ortmann, M.: Integration und Qualifikation. Eine Untersuchung zu einer zweckdienlichen integrationspädagogischen Qualifikation von Erzieherinnen im Elementarbereich. Frankfurt/M. 1992

Ortmann, M.: Progredient erkrankte Schüler als schulpädagogische Herausforderung für die Körperbehindertenpädagogik. In: Zeitschrift für Heilpädagogik 4/1995, 160–167

Ortmann, M.: Progredient erkrankte Kinder und Jugendliche – Pädagogische Aufgaben und Probleme im prä-, peri- und postthanatalen Problemkreis. In: Vierteljahresschrift für Heilpädagogik und ihre Nachbargebiete 4/1996, 502–526

Ortmann, M.: Die persönliche Würde des Kindes erhalten. Umgang mit Sterben und Tod in der Schule. In: Das Band 4/1997, 12–16

Ortmann, M.: Qualifizierung für den schulpädagogischen Umgang mit progredient erkrankten Schülern im Grundschulalter. In: Sonderpädagogik 1/1997a, 30–39

Ortmann, M.: Pädagogischer Umgang bei Duchenne-Muskeldystrophie. In: Zeitschrift für Heilpädagogik 2/1998, 55–63

Ortmann, M.: Theorie und Praxis der pädagogischen Förderung chronisch kranker und final erkrankter Kinder. In: Bergeest, H./Hansen, G. 1999 a.a.O.

Oskamp, U.: Reformpädagogische Ansätze in der frühen Körperbehindertenpädagogik aus der „Zeitschrift für Krüppelfürsorge" 1909–1929. In: Rehabilitation 17/1978, 179–187

Oskamp, U.: Begriffsbildung bei Körperbehinderten. In: Dupius, G./Kerkhoff, W. 1992 a.a.O.

Oskamp, U.: Körperbehinderung und chronische Erkrankung. In: Zeitschrift für Heilpädagogik 10/1994, 679–684

Oskamp, U.: Kommunikation mit schwer verständlichen zerebral bewegungsgestörten Kindern. In: Bergeest, H./Hansen, G. 1999 a.a.O.

Oy, C. v.: Montessori-Material. Heidelberg 1993

Paeslack, V. (Hrsg.): Sexualität und körperliche Behinderung. Heidelberg 1983

Paeslack, V.: Sexualität und Sexualverhalten bei Rückenmarkgeschädigten. In: Paeslack, V. 1983 a.a.O.

Paeslack, V.: Sexualität und Sexualverhalten bei traumatischer Querschnittlähmung. In: Berufsverband Deutscher Psychologen 1984 a.a.O.

Paeslack, V.: Querschnittgelähmte. Düsseldorf 1989

Paeslack, V./Schlüter, H.: Physiotherapie in der Rehabilitation Querschnittgelähmter. Berlin 1980

Pallasch, W.: Pädagogisches Gesprächstraining. Weinheim 1990

Pallasch, W./Mutzek, W./Reimers, H. (Hrsg.): Beratung, Training, Supervision. Eine Bestandsaufnahme über Konzepte zum Erwerb von Handlungskompetenz in pädagogischen Arbeitsfeldern. Weinheim 1992

Pallasch, W./Pallasch, C.: Schweigen, dann schweigen – sonst nichts. Eine Einführung in die meditative Entspannung für Pädagogen. Weinheim 1998

Pallasch, W. u. a.: Das Kieler Supervisionsmodell (KSM). Weinheim 1993

Pape, A.: Heben und heben lassen. München 1990

Parsch, K./Schulitz, K.-P.: Das Spina-bifida-Kind. Klinik und Rehabilitation. Stuttgart 1972

Paul, K.: Asthma bei Kindern. Informationen für Eltern und Kinder. Berlin 1991

Pauli, S./Kisch, A.: Geschickte Hände. Feinmotorische Übungen für Kinder in spielerischer Form. Dortmund 2000

Pawel, B. v.: Körperbehindertenpädagogik. In: Bleidick, U. u. a.: Einführung in die Behindertenpädagogik. Bd. 2. Stuttgart 1981

Pawel, B. v.: Körperbehindertenpädagogik. Stuttgart 1984

Pawel, B. v./Wellmitz, B.: Kinder und Jugendliche mit Körperbehinderungen und schweren Mehrfachbehinderungen in Berlin-Ost und -West – Stand und Entwicklung ihrer Integration. In: Sander, A./Raidt, P. 1992 a.a.O.

Pehnke, A.: Die schulische Betreuung behinderter Kinder in der ehemaligen DDR. In: Liedtke, M. 1996 a.a.O.

Pelzer, W.: Janusz Korczak. Reinbek 1987

Perl, O.: Krüppeltum und Gesellschaft im Wandel der Zeit. Gotha 1926

Perren-Klingler, G. (Hrsg.): Debriefing – Erste Hilfe durch das Wort. Bern 2000

Pesch, W.: Formen spiritueller Bewältigung von Behinderung. In: Ermert, A. (Hrsg.): Akzeptanz von Behinderung. Frankfurt/M. 1994

Peter-Führe, S.: Rhythmik für alle Sinne. Ein Weg musisch-ästhetischer Erziehung. Freiburg 1994

Peterander, F./Speck, O. (Hrsg.): Qualitätsmanagement in sozialen Einrichtungen. München 1999

Petermann, F./Noeker, M./Bode, U.: Psychologie chronischer Krankheiten im Kindes- und Jugendalter. München 1987

Petermann, F./Noeker, M./Bochmann, F./Bode, U.: Beratung von Familien mit krebskranken Kindern. Konzeption und empirische Ergebnisse. Frankfurt/M. 1990

Petermann, F. u. a.: Sozialtraining in der Schule. Weinheim 1997

Petermann, F./Walter, H./Goldt, S.: Asthma-Verhaltenstraining mit Vorschulkindern. In: Petermann, F./Warschburger, P. 2000 a.a.O.

Petermann, F./Warschburger, P. (Hrsg.): Neurodermitis. Göttingen 1999

Petermann, F./Warschburger, P. (Hrsg.): Kinderrehabilitation. Göttingen 1999a

Petermann, F./Warschburger, P. (Hrsg.): Asthma bronchiale. Göttingen 2000

334   Literatur

Petermann, U./Petermann, F.: Training mit sozial unsicheren Kindern. Weinheim 1994
Peters, A.: Sensomotorische Regelkreise – Sensorische Integration. In: praxis ergotherapie 2/1991,
    88–93
Peterßen, W.: Lehrbuch Allgemeine Didaktik. München 2001
Petry, D./Bradl, Ch. (Hrsg.): Multiprofessionelle Zusammenarbeit in der Geistigbehindertenhilfe.
    Bonn 1999
Pfäfflin, M./Endemann, M.: Behinderte Menschen mit Epilepsie in Heimen und betreuten Wohn-
    gruppen. Bethel-Beiträge 49. Bielefeld 1995
Pfeffer, W.: Leibhaftes Lernen bei geistig Behinderten. In: Geistige Behinderung 2/1986, 94–104
Pfeiffer, U./Knab, D./Häcker, W./Klemm, M./Böpple, E. (Hrsg.): Klinik macht Schule. Die „Schule
    für Kranke" als Brücke zwischen Klinik und Schule. Tübingen 1998
Pfeiffer, U.: „Alleine schaffe ich es nicht". Überlegungen zu einigen Fragen, die schwer kranke Kin-
    der und Jugendliche zum Thema Schule betreffen. In: Pfeiffer, U. u. a. 1998 a.a.O.
Pfeiffer-Kascha, D.: Lebensrhythmus Atmen. Patientenseminar. Bd. Atemtherapie und Selbsthilfe.
    Klinge Pharma GmbH, Arbeitsgemeinschaft Patientenschulung, 81673 München 1994
Pflüger, L.: Unser Kind braucht Hilfe. Stuttgart 1993
Piaget, J.: Das Erwachen der Intelligenz beim Kinde. Stuttgart 1975
Piaget, J.: Nachahmung, Spiel und Traum. Die Entwicklung der Symbolfunktion beim Kinde. Stutt-
    gart 1996
Piaget, J./Inhelder, B.: Die Psychologie des Kindes. Frankfurt/M. 1977
Pichler, E./Richter, R.: Ärztlicher Rat für Eltern leukämie- und tumorkranker Kinder. Stuttgart 1985
Pichler, E./Richter, R.: Unser Kind hat Krebs. Stuttgart 1992
Piechorowski, A. (Hrsg.): Vielfältiger Erstleseunterricht. Berichte aus der Schulpraxis über innere
    Differenzierung. Langenau – Ulm 1992
Pieda, B./Schulz, S.: Wohnen Behinderter. 2 Bde. Stuttgart 1990
Piel, W.: Musikinstrumentenbau mit behinderten Kindern. Frankfurt/M. 1985
Pieper, M.: „Seit Geburt körperbehindert ...". Weinheim 1993
Pithan, A./Adam, G./Kollmann, R. (Hrsg.): Handbuch integrative Religionspädagogik. Gütersloh 2002
Plank, E.: Hilfen für Kinder im Krankenhaus. Eine Anleitung für das Klinikteam. München 1973
Plaum, E./Walterscheid, K./Schiessl, U.: Leistungsmotivationsvariablen und deren Zusammenhänge
    mit Schulnoten bei Jugendlichen Diabetikern und Körperbehinderten. In: Sonderpädagogik
    4/1988, 137–149
Pochon, J.: Verbrennungen und Verbrühungen. In: Sauer, H. 1984 a.a.O.
Pohlmann, H./Schramm, W.: Erfahrungen in der psychosozialen Betreuung von Hämophilen. In:
    Zenz, H./Manak, G. 1989 a.a.O.
Pollmann, H.: Hämophilie. In: Schmitt, G. u. a. 1996 a.a.O.
Polzer, H.-J.: Aufgaben der Schulverwaltung bei der Weiterentwicklung der Schule für Kranke. In:
    Ertle, Ch. 1997 a.a.O.
Pontz, B./Westermann, R./Döhrmann, H./Schermuly, G.: Osteogenesis imperfecta (Glasknochener-
    krankung). Düsseldorf 1989
Popplow, K.: Sexuelle Problematik bei Kindern und Jugendlichen mit Spina bifida. In: Paeslack, V.
    1983 a.a.O.
Popplow, K.: Sexuelle Problematik bei Kindern und Jugendlichen mit Spina bifida. In: Berufsver-
    band Deutscher Psychologen (Hrsg.): Psychologische Hilfen für Behinderte. Weinsberg 1984
Poster, M.: Krisen und Kriseninterventionen in Familien mit einem behinderten Kind. In: Michael,
    Th./v. Moers, A./Strehl, A. 1998 a.a.O.
Poster, M./Strehl, A.: Prä- und postnatale Diagnosegespräche. In: Michael, Th./v. Moers, A./Strehl,
    A. 1998 a.a.O.
Pothmann, R.: Der Stellenwert peripherer Stimulation bei der Beendigung cerebraler Anfälle im Kin-
    desalter. In: Deutsche Zeitschrift für Akupunktur 4/1982, 117–120
Potthoff, U./Steck-Lüschow, A./Zitzke, E.: Gespräche mit Kindern. Frankfurt/M. 1995
Potthoff, W.: Einführung in die Reformpädagogik. Freiburg 1992

Praschak, W.: Alltagsgestaltung und Zusammenarbeit. Grundlagen der sensumotorischen Kooperation mit schwerstbehinderten Menschen. In: Vierteljahresschrift für Heilpädagogik und ihre Nachbargebiete 3/1993a, 297–311

Praschak, W.: Kooperative Pädagogik Schwerstbehinderter. In: Arbeitskreis Kooperative Pädagogik e. V. 1993 a.a.O.

Praschak, W.: Frühförderung schwerst geschädigter Säuglinge und Kleinkinder. In: Wilken, E. 1999 a.a.O.

Prengel, A.: Pädagogik der Vielfalt. Verschiedenheit und Gleichberechtigung in Interkultureller, Feministischer und Integrativer Pädagogik. Opladen 1993

Preuss-Lausitz, U./Maikowski, R. (Hrsg.): Integrationspädagogik in der Sekundarstufe. Gemeinsame Erziehung behinderter und nichtbehinderter Jugendlicher. Weinheim 1998

Probst, H. (Hrsg.): Mit Behinderungen muss gerechnet werden. Solms-Oberbiel 1999

Projektgruppe Integrationsversuch (Hrsg.): Das Fläming-Modell. Weinheim 1988

Puckhaber, H.: Epilepsie im Kindesalter. Frankfurt/M. 1997

Pusch, W./Fritz, H.: Sport für Körperbehinderte. Berlin 1986

Pust, F./Stolz-Kral, P.: Physiotherapie in der Frühförderung. In: Wilken, E. 1999 a.a.O.

Quenstedt, F.: Erste Erfahrungen mit einem Englischunterricht Lernbehinderter. In: Behindertenpädagogik 4/1994, 418–432

Quitmann, H.: Humanistische Psychologie. Göttingen 1985

Radigk, W.: Lesenlernen unter besonderer Berücksichtigung der Arbeit mit lernbehinderten Schülern. Berlin 1979

Radigk, W.: Kognitive Entwicklung und zerebrale Dysfunktion. Dortmund 1986

Radtke, D.: Unsere Normalität ist anders – Behinderte Frauen und Sexualität. In: Färber, H.-P./ Lipps, W./Seyfarth, Th. 1998 a.a.O.

Radtke, P.: Ein halbes Leben aus Glas. Betrachtungen eines Rollstuhlfahrers. München 1985

Radtke, P.: Karriere mit 99 Brüchen. Vom Rollstuhl auf die Bühne. Freiburg 1994

Radtke, P.: Zeit und Raum aus Sicht behinderter Menschen. In: Behinderte in Familie, Schule und Gesellschaft 2/1998, 11–18

Raeggel, M./Sackmann, Ch.: Freiarbeit mit Geistigbehinderten! Geht das denn überhaupt? Dortmund 1997

Rahm, D.: Gestaltberatung. Paderborn 1990

Raimbault, G.: Kinder sprechen vom Tod. Klinische Probleme der Trauer. Frankfurt/M. 1981

Rathke, F./Knupfer, H.: Das spastisch gelähmte Kind. Stuttgart 1966

Raupach, M.: Lebenswelten von Jugendlichen und jungen Erwachsenen mit Muskeldystrophie Duchenne und ihren Familien. In: Zeitschrift für Heilpädagogik 6/2001, 232–238

Rautenberg, H.: Herzfehler im Kindes- und Jugendalter. Stuttgart 1986

Raven, J.: The Coloured Progressive Matrices (CPM). Weinheim 1978

Regelein, S.: Der gesamte Mathematikunterricht im ersten Schuljahr. München 1994

Reich, F.: Anbahnung des Zahlbegriffs bei Geistigbehinderten. Dortmund 1997

Reich, K.: Systemisch-konstruktivistische Pädagogik. Neuwied 1997

Reichelt, S.: Kindertherapie nach sexueller Mißhandlung. Malen als Heilmethode. Zürich 1994

Reichen, J.: Lesen durch Schreiben. Wie Kinder selbstgesteuert lesen lernen. Zürich 1988

Reinhold, E.: Pädagogik am Krankenbett. In: Zeitschrift für Heilpädagogik 5/1978, 282–287

Reisch, L.: Zum Umgang mit Behinderten in urgeschichtlicher Zeit. In: Liedtke, M. 1996 a.a.O.

Reiser, H.: Entwicklung der Fragestellung und Untersuchungsplan. In: Deppe-Wolfinger, H./ Prengel, A./Reiser, H. 1990 a.a.O.

Reiser, H.: Wege und Irrwege zur Integration. In: Sander, A./Raidt, P. 1992 a.a.O.

Reiter, B.: Anfallsleiden bei Hydrocephalus. In: ASbH 1996 a.a.O.

Reker, M.: Selbstkontrolle bei Epilepsie. Berlin 1998

Rett, A./Grasemann, F./Weseky, A.: Musiktherapie für Behinderte. Bern 1981

Reuter, W./Theis, G.: Spielräume, Spaßräume, Lernräume. Sommertheater Pusteblume. Dortmund 1997

Rheinweiler, R./Schönberger, F. (Hrsg.): Die Rolle der Eltern in der Rehabilitation körperbehinderter Kinder und Jugendlicher. Rheinstetten 1979

336   Literatur

Rheinweiler, R.: Sprachtherapie bei hörbeeinträchtigten Kindern mit zerebralen Bewegungsstörungen. In: Fröhlich, A. 1989a a.a.O.
Richard, A./Reiter, J.: Epilepsy. A New Approach. New York 1995
Richter, H.-G.: Pädagogische Kunsttherapie. Düsseldorf 1984
Richter, H.-G.: Die Kinderzeichnung. Entwicklung, Interpretation, Ästhetik. Düsseldorf 1987
Richter, R.: Querschnittlähmung und Sexualität. Psychosoziale und somatische Aspekte. In: Färber, H.-P./Lipps, W./Seyfarth, Th. 1998 a.a.O.
Richter, R./Keck, W.: Zur Sexualität Querschnittgelähmter aus medizinischer Sicht. In: ASbH-Brief 2/2000, 15–23
Ried, S./Beck-Mannagetta, G.: Epilepsie und Kinderwunsch. Wien 1995
Ried, S./Schüler, G.: Epilepsie. Vom Anfall bis zur Zusammenarbeit. Berlin 1994
Riedel, I.: Farben. In Religion, Gesellschaft, Kunst und Psychotherapie. Stuttgart 1986
Rieder, H./Huber, G./Werle, J. (Hrsg.): Sport mit Sondergruppen. Ein Handbuch. Schorndorf 1996
Riedesser, P./Wolff, G.: Elterliches Schulderleben bei Erkrankungen ihrer Kinder. In: Monatsschrift für Kinderheilkunde 10/1985, 657–662
Riegel, U.: Sexualität bei geistigbehinderten Erwachsenen. Bonn 1984
Ritter, G.: Die zwischenmenschliche Beziehung in der Bewegungsbehandlung. Stadthagen 1988. Neuauflage Düsseldorf 1999
Robertson, J.: Kinder im Krankenhaus. München 1982
Rochel, M.: Medizinische Verantwortung bei Konduktiver Förderung und Rehabilitation. Dortmund 1999
Rodenwaldt, H.: Die Bedeutung dialogischer Lernprozesse für den Spracherwerb. In: Frühförderung interdisziplinär 2/1989, 70–76
Rogers, C.: Entwicklung der Persönlichkeit. Stuttgart 1973
Rogers, C.: Lernen in Freiheit. München 1974
Rogers, C.: Freiheit und Engagement. Personenzentriertes Lehren und Lernen. München 1984
Rohrer, W.: Nicht alle werden gesund. Behinderte Kinder lesen Wundergeschichten. In: Zeitschrift für Religionsunterricht und Lebenskunde 2/1998, 23–26
Röhrig, M./Schindewolf, H.: Das Problem der sexuellen Gewalt an Kindern, Jugendlichen und Erwachsenen mit Behinderung – eine Herausforderung für die Sonderpädagogik? In: Weinwurm-Krause, E.-M. 1995 a.a.O.
Röhrs, H. (Hrsg.): Die Schulen der Reformpädagogik heute. Düsseldorf 1986
Röhrs, H.: Die Reformpädagogik und ihre Perspektiven für eine Bildungsreform. Donauwörth 1991
Römer, B.: Streicheln ist schön. Sexuelle Erziehung von geistig behinderten Menschen. Mainz 1995
Rosenberger, M. (Hrsg.): Ratgeber gegen Aussonderung. Heidelberg 1998
Rosenfeld, E.: Sexuelle Gewalt und Behinderung. In: Färber, H.-P./ Lipps, W./Seyfarth, Th. 1998 a.a.O.
Rösger, A.: Der Umgang mit Behinderten im römischen Reich. In: Liedtke, M. 1996 a.a.O.
Rossi, E.: Pädiatrie. Stuttgart 1986
Roth, I./Brokemper, P.: Abenteuer Partnerschaft. Mülheim/Ruhr 1991
Rothmund-Timm, R.: Klinikunterricht und Heimatschulbesuche bei Schülern mit Diabetes mellitus im Olgahospital Stuttgart. In: Pfeiffer, U. u. a. 1998 a.a.O.
Rubin, J.: Kunsttherapie als Kindertherapie. Kinderbilder zeigen Wege zu Verständigung und Wachstum. Karlsruhe 1993
Ruf, U./Gallin, P.: Sich einlassen und eine Sprache finden. Merkmale einer interaktiven und fächerübergreifenden Didaktik. In: Voß, R. 1999 a.a.O.
Rusch, H./Größing, S.: Sport mit Körperbehinderten. Schorndorf 1991
Saal, F.: Das Spiel mit dem Glück – Sehnsucht nach dem Leben zu zweit. In: Das Band 2/1987, 16–18
Saal, F.: Es ist schwer, unerwünschter Gast zu sein. In: Behinderte in Familie, Schule und Gesellschaft 4/1987a, 5–15
Saal, F.: Warum sollte ich jemand anderes sein wollen? Gütersloh 1992
Saal, F.: Behindertsein – Bedeutung und Würde aus eigenem Recht. In: Behinderte in Familie, Schule und Gesellschaft 4/5/1998, 55–78 und 6/98, 65–84

Saal, H.: Unterricht für anarthrische Kinder (Erfahrungsbericht nach zwölfjähriger Unterrichtstätig-
keit). In: Fröhlich, A. 1981 a.a.O.

Sachs, S.: Erinnerungen an Berlin und an jüdische Heilpädagogik. In: Ellger-Rüttgart, S. 1996 a.a.O.

Sachse, R.: Zielorientierte Gesprächspsychotherapie. Göttingen 1992

Sachsse, R.: Typ-I-Diabetiker. Düsseldorf 1987

Salewski, Ch.: Nein, es ist nicht ansteckend – Belastungserleben bei Jugendlichen mit Neurodermitis.
In: Steinebach, Ch. 1997 a.a.O.

Sander, A.: Behinderungsbegriffe und ihre Konsequenzen für die Integration. In: Eberwein, H. 1988
a.a.O.

Sander, A.: Integration behinderter Schüler und Schülerinnen auf ökosystemischer Grundlage. In:
Sander, A./Raidt, P. 1992 a.a.O.; und in: Huschke-Rhein, R.: Systemisch-ökologische Pädagogik.
Bd. V. Köln 1992

Sander, A.: Kind-Umfeld-Diagnose als Voraussetzung integrativen Unterrichts. In: Gehrmann,
P./Hüwe, B. 1993 a.a.O.

Sander, A.: Einige Bemerkungen zum Thema „Integrationspädagogik – Pluralisierung der Orte und
Konzepte". In: Opp, G./Freytag, A./Budnik, I. 1996 a.a.O.

Sander, A.: Ansätze einer ökosystemischen Sichtweise in den KMK-Empfehlungen von 1994 zur
sonderpädagogischen Förderung. In: Stein, R./Brilling, O. 1996 a.a.O.

Sander, A.: Über das Mißlingen einiger Integrationsversuche. In: In: Sander, A. u. a. 1998 a.a.O.

Sander, A.: Ökosystemische Ebenen integrativer Schulentwicklung – ein organisatorisches Innovati-
onsmodell. In: Heimlich, U. 1999 a.a.O.

Sander, A. u. a.: Schulische Integration behinderter Kinder und Jugendlicher im Saarland – Jahresbe-
richt 1986. Saarbrücken 1987

Sander, A. u. a.: Behinderte Kinder und Jugendliche in Regelschulen. St. Ingbert 1988

Sander, A. u. a.: Integration behinderter Kinder und Jugendlicher in Regelschulen. St. Ingbert 1989

Sander, A./Raidt, P. (Hrsg.): Integration und Sonderpädagogik. St. Ingbert 1992

Sander, A./Hildeschmidt, A./Schnell, I. (Hrsg.): Integrationsentwicklungen. Gemeinsamer Unterricht für
behinderte und nichtbehinderte Kinder und Jugendliche im Saarland 1994 bis 1998. St. Ingbert 1998

Sander, K./Esser, U. (Hrsg.): Personenzentrierte Gruppenarbeit. Förderung und Entwicklung der Person und der Gruppe in Ausbildung und Beratung. Heidelberg 1988

Sänger, L.: Die chronische Polyarthritis im Kindesalter. In: Wirth, W. 1979 a.a.O.

Sänger, L.: Rheumatische Erkrankungen im Kindesalter. Düsseldorf 1989

Sarimski, K.: Ordinalskalen zur sensomotorischen Intelligenz. Weinheim 1986

Sarimski, K.: Sozial-emotionale Entwicklung von Kindergartenkindern mit schweren Fehlbildungen
des Gesichts. In: Frühförderung interdisziplinär 1/1998, 18–27

Sauer, H. (Hrsg.): Das verletzte Kind. Lehrbuch der Kindertraumatologie. Stuttgart 1984

Sauer-Kluttig, R.: Berufsfindung. In: Michael, Th./v. Moers, A./Strehl, A. 1998 a.a.O.

Schaar, B.: Bewegungs- und Sportangebote für asthmakranke Kinder. In: Rieder, H./Huber,
G./Werle, J. 1996 a.a.O.

Schachter, S.: Über Epilepsie sprechen. Persönliche Berichte vom Leben mit Anfällen. Berlin 1998

Schadewaldt, H.: Orthopädische Aspekte der Mythologie. In: Schlegel, K. 1983 a.a.O.

Schädler, C.: Handlungsorientierter Englischunterricht mit körperbehinderten Kindern. Unveröffentlichte Hausarbeit. Halle/S. 2000

Schaefgen, R.: Die Entwicklung der Wahrnehmung. In: praxis ergotherapie 4/1991, 206–213

Schäfer, Th.: Pastor Theodor Hoppe. In: Jahrbuch der Krüppelfürsorge 1901, 6–11

Schäfer, Th.: Das Krüppelheim in München. In: Jahrbuch der Krüppelfürsorge 1902, 3–6

Schäfer, U./Poser, S.: Multiple Sklerose. Düsseldorf 1994

Schärli, O.: Durch die Sinne zum Sinn. Sinne – Schnittstelle zwischen innen und außen. In: Behinderte in Familie, Schule und Gesellschaft 3/1998, 21–32

Schenk, H.: Dialysekind und Schule. In: Zeitschrift für Heilpädagogik 5/1983, 326–328

Scherer, P.: Produktives Lernen für Kinder mit Lernschwächen. Fördern durch Fordern. Band 1:
Zwanzigerraum. Leipzig 1999

Scheuerl, H.: Das Spiel. Weinheim 1990

Schieder, N.: Kleine Kinder lieben große Zahlen. Montessori-Mathematik. Handbuch für den Elementarbereich. Reutlingen 1996

Schiff, H.: Verwaiste Eltern. München 1986

Schildmann, U.: 100 Jahre allgemeine Behindertenstatistik. Darstellung und Diskussion unter besonderer Berücksichtigung der Geschlechterdimension. In: Zeitschrift für Heilpädagogik 9/2000, 354–360

Schilling, D.: Gebt mir Halt! Entwicklungsorientierte Behandlung von Kindern mit Wahrnehmungsstörungen in der Ergotherapie. Dortmund 1994

Schilling, F.: Motodiagnostik des Kindesalters. Berlin 1973

Schilling, F.: Checkliste motorischer Verhaltensweisen (CMV). Braunschweig 1976

Schirren, C.: Einführung in die Andrologie. Darmstadt 1977

Schlack, H.-G.: Familie im System der Hilfen. In: Vereinigung für Interdisziplinäre Frühförderung e. V. 1991 a.a.O.

Schlack, H.-G.: Neue Konzepte in der Frühbehandlung und Frühförderung. In: Leyendecker, Ch./Horstmann, T. 1997 a.a.O.

Schlack, H.-G.: Entwicklung und Entwicklungsdiagnostik – Möglichkeiten und Grenzen therapeutischer Interventionen bei Kindern mit Spina bifida. In: Michael, Th./v. Moers, A./Strehl, A. 1998 a.a.O.

Schlee, J.: Veränderung Subjektiver Theorien durch Kollegiale Beratung und Supervision (KoBeSu). In: Schlee, J./Mutzek, W. 1996 a.a.O.

Schlee, J./Mutzek, W. (Hrsg.): Kollegiale Supervision. Modelle zur Selbsthilfe für Lehrerinnen und Lehrer. Heidelberg 1996

Schlegel, K. (Hrsg.): Der Körperbehinderte in Mythologie und Kunst. Stuttgart 1983

Schlett, Ch.: ... Krüppel sein dagegen sehr. Lebensbericht einer spastisch Gelähmten. Frankfurt/M. 1984

Schley, W.: Teamentwicklung in Integrationsklassen. In: Schley, W./Boban, I./Hinz, A. 1989 a.a.O.

Schley, W./Boban, I./Hinz, A. (Hrsg.): Integrationsklassen in Hamburger Gesamtschulen. Hamburg 1989

Schlienger, I./Jantsch, H.: K.R.E.I.S.- Verfahren. In: Frühförderung interdisziplinär 1/1994, 34–36

Schlienger, I./Hasemann, K./Jantsch, H.: Interdisziplinäre Kooperation in der Bewährung: Erfahrungen mit dem K.R.E.I.S.- Verfahren. In: Frühförderung interdisziplinär 3/1997, 127–137

Schmeichel, M.: Die Schule für Körperbehinderte. In: Zeitschrift für Heilpädagogik 5/1973, 398–413

Schmeichel, M.: Behinderte mit begrenzter Lebenserwartung. In: Bundesverband für spastisch Gelähmte und andere Körperbehinderte e. V. (Hrsg.): Behinderte Kinder und Jugendliche mit begrenzter Lebenserwartung. Düsseldorf 1980

Schmeichel, M.: Geschichtliche Determinanten für heutige Ansätze. In: Haupt, U./Jansen, G. 1983a a.a.O.

Schmeichel, M.: Probleme der Förderung von Kindern und Jugendlichen mit progredienten Erkrankungen. In: Haupt, U./Jansen, G. 1983 a.a.O.

Schmeichel, M.: Menschliche Sinnlichkeit und Sexualität und die Freude am Leben – Gedanken über den Sinn der Sinne. In: Färber, H.-P./Lipps, W./Seyfarth, Th. 1998 a.a.O.

Schmeichel, M. u. B.: Hilfe für körperbehinderte Kinder. Stuttgart 1978

Schmid, R. u. a.: Eltern Selbsthilfe Gruppen. Ein bundesweiter Wegweiser. Lübeck 1992

Schmid-Ott, G.: Stigmatisierung von Hauterkrankten. In: Petermann, F./Warschburger, P. 1999 a.a.O.

Schmidbauer, W.: Hilflose Helfer. Reinbek 1992

Schmidt, D.: Epilepsie. Stuttgart 1997

Schmidt, G./Klusmann, D./Matthiesen, S./Dekker, A.: Veränderungen des Sexualverhaltens von Studentinnen und Studenten 1966–1996. In: Schmidt, G./Strauß, B. 1998 a.a.O.

Schmidt, G./Strauß, B. (Hrsg.): Sexualität und Spätmoderne. Über den kulturellen Wandel der Sexualität. Stuttgart 1998

Schmidt, K.: Mein Kind ist behindert! Ein Beitrag zum Verständnis der Situation von Eltern behinderter Kinder. Heidelberg 1986

Schmidt, M.: Kinder mit zerebralen Bewegungsstörungen in ihrem intelligenten Verhalten. Berlin 1976

Schmidt, M./Esser, G.: Psychologie für Kinderärzte. Stuttgart 1985

Schmidt, R.-M.: Multiple Sklerose. Epidemiologie, Diagnostik und Therapie. Jena 1992

Schmidt, S.: Der Diskurs des Radikalen Konstruktivismus. Frankfurt/M. 1996

Schmidtchen, S.: Handeln in der Kinderpsychotherapie. Stuttgart 1978

Schmitt, G.: Die psychologische Betreuung des krebskranken Kindes. Göttingen 1983

Schmitt, G.: Cystische Fibrose. Leben mit einer chronischen Krankheit. Göttingen 1991

Schmitt, G./Kammerer, E.: Zusammenfassende Gedanken zu einer psychosozialen bzw. psychotherapeutischen Betreuung chronisch kranker Kinder und Jugendlicher sowie ihrer Familien. In: Schmitt, G. u. a. 1996 a.a.O.

Schmitt, G./Kammerer, E./Harms, E. (Hrsg.): Kindheit und Jugend mit chronischer Erkrankung. Göttingen 1996

Schmitt, G./Koch, H./Schulze-Everding, A.: Leben mit Mukoviszidose. In: Schmitt, G. u. a. 1996 a.a.O.

Schmitz, G.: Wahrnehmungstraining mit dem Pertra-Spielsatz. Dortmund 1992

Schmitz, R.: Die groß waren durch ihr Herz. Pioniere der Sozialarbeit für Behinderte. Berlin 1983

Schmoll, H.-J.: Sterben als sozialer Prozeß. Über das soziale Umfeld des Sterbenden. In: Engelke, E. u. a. 1979 a.a.O.

Schneble, H.: Krankheit der ungezählten Namen. Bern 1987

Schneble, H.: Epilepsie. Erscheinungsformen – Ursachen – Behandlung. München 1996

Schneble, H.: Epilepsie bei Kindern: Wie ihre Familie damit leben lernt. Stuttgart 1999

Schöler, J.: Integrative Schule – integrativer Unterricht. Ratgeber für Eltern und Lehrer. Reinbek 1993

Schöler, J.: Methodisch-Didaktische Aspekte integrativen Unterrichts. Fernuniversität-Gesamthochschule in Hagen 1996

Schöler, J.: Leitfaden zur Kooperation von Lehrerinnen und Lehrern – nicht nur in Integrationsklassen. Heinsberg 1997

Schöler, J.: Stand und Perspektiven der gemeinsamen Erziehung behinderter und nichtbehinderter Schülerinnen und Schüler in Europa. In: Hildeschmidt, A./Schnell, I. 1998 a.a.O.

Schöler, J.: Integrative Schule – Integrativer Unterricht. Ratgeber für Eltern und Lehrer. Neuwied 1999

Schöler, J./Degen, S. (Hrsg.): Integration im Englischunterricht. Chancen gemeinsamen Lernens für Kinder mit und ohne Behinderung. Berlin 1999

Schöler, J./Schaudwet, A.: Epilepsie bei Kindern und Jugendlichen in der Schule. Ein Handbuch für Pädagoginnen, Pädagogen und Eltern. Neuwied 1999

Schöler, L./Lindenmeyer, J./Schöler, H.: Das alles soll ich nicht mehr können? Sozialtraining für Rollstuhlabhängige. Weinheim 1981

Scholz, W.: Testpsychologische Untersuchungen bei hirngeschädigten Kindern. Berlin 1972

Scholz-Heidrich, I.: Die Mukoviszidose und ihre krankengymnastische Behandlung. München 1979

Schomerus, R.: MOVE – Ein Konzept zur Bewegungsförderung bei körperlich schwerstbehinderten Menschen. In: Zeitschrift für Heilpädagogik 12/1998, 549–553

Schönberg, D.: Unser kleinwüchsiges Kind. Informationen für Eltern und Kinder. Bern 1996

Schönberger, F.: Die sogenannten Contergankinder. München 1971

Schönberger, F.: Körperbehinderungen – Ein Gutachten zur schulischen Situation körperbehinderter Kinder und Jugendlicher in der Bundesrepublik Deutschland. In: Deutscher Bildungsrat (Hrsg.): Gutachten und Studien der Bildungskommission. Stuttgart 1974

Schönberger, F.: Körperbehindertenpädagogik. In: Bach, H. (Hrsg.): Sonderpädagogik im Grundriß. Berlin 1976

Schönberger, F.: Lernen als Zusammenarbeit. In: Hiller, G./Schönberger, F.: Erziehung zur Geschäftsfähigkeit. Entwurf einer handlungsorientierten Sonderpädagogik. Essen 1977

Schönberger, F.: Befreiung durch Handeln. In: Jetter, K./Schönberger, F. 1979 a.a.O.

Schönberger, F.: Neue didaktische Konzeptionen in der Körperbehindertenpädagogik. In: Haupt, U./Jansen, G. 1983 a.a.O.

Schönberger, F.: Kooperative Didaktik. Stadthagen 1984

Schönberger, F./Jetter, K./Praschak, W.: Bausteine der kooperativen Pädagogik. Teil I: Grundlagen, Ethik, Therapie, Schwerstbehinderte. Stadthagen 1987

Schönberger, W.: Kinderheilkunde. Stuttgart 1992

Schönwiese, V.: Behinderte Sexualität. Über Erfahrungen körperlich Behinderter. In: Journal für Sexualforschung 21/1981, 460

Schoo, M.: Mannschaftsspiele mit körperbehinderten Schülern. In: Praxis der Psychomotorik 2/1996, 100–103

Schoo, M.: Sport- und Bewegungsspiele für körperbehinderte Kinder und Jugendliche. München 1999

Schopmans, B.: Behinderte Frauen – eine diskriminierte Minderheit. In: Windisch, M./Miles-Paul, O. 1993 a.a.O.

Schraube, A./Danielcik, I.: Propriozeptive Neuromuskuläre Fazilitation (PNF) nach Kabat. In: Feldkamp, M. u. a. 1989 a.a.O.

Schreyögg, A.: Supervision. Ein integratives Modell. Paderborn 1992

Schröder, G.: Bewältigung der Angst vor medizinischen Maßnahmen. In: Schmitt, G. u. a. 1996 a.a.O.

Schroeder, J./Hiller-Ketterer, I./Häcker, W./Klemm, M./Böpple, E.: „Liebe Klasse, ich habe Krebs!" Pädagogische Begleitung lebensbedrohlich erkrankter Kinder und Jugendlicher. Tübingen 1996

Schroeder-Horstmann, K.: L(i)eben mit Handicap. Körperbehinderte geben Auskunft über ihre Sexualität. Frankfurt/M. 1980

Schübel, D.: Freie Arbeit als Form des Offenen Unterrichts an der Schule für Körperbehinderte. In: Mitteilungen des Verbandes Deutscher Sonderschulen e.V, Landesverband Nordrhein-Westfalen, 4/1994, 24–37

Schuchardt, E.: Soziale Integration Behinderter. 2 Bde. Braunschweig 1982

Schuldt, S.: Aspekte schulischen Arbeitens an einer Schule für Kranke in längerer Krankenhausbehandlung – eine Monographie. In: Ertle, Ch. 1997 a.a.O.

Schüler, G./Jacob, V./Thorbecke, R.: Sozialarbeit bei Epilepsie 4. Berlin 2000

Schulte, F./Spranger, J.: Lehrbuch der Kinderheilkunde. Stuttgart 1993

Schulte-Peschel, D./Tödter, R.: Einladung zum Lernen. Geistig behinderte Schüler entwickeln Handlungsfähigkeit in einem offenen Unterrichtskonzept. Dortmund 1996

Schulz v. Thun, F.: Miteinander reden. 3 Bde. Reinbek 1994

Schulze-Fils, S.: Zeitbegriff bei Körperbehinderten. Berlin 1983

Schumacher, G./Christ, B.: Embryonale Entwicklung und Fehlbildungen des Menschen. Anatomie und Klinik. Berlin 1993

Schumacher, J.: Vier Sichtweisen vom Menschen – dargestellt an sogenannten „schwerstbehinderten" Menschen. In: lernen konkret 2/1986, 23–26

Schumann, I./Clemens, H.: Theoretische Grundlagen des Konduktiven Systems. Dortmund 1999

Schumann, M.: Zur (Eltern-)Bewegung gegen die Aussonderung von Kindern mit Behinderungen „Gemeinsam leben – gemeinsam lernen". In: Behindertenpädagogik 1/1996, 37–55

Schuster, M.: Die Psychologie der Kinderzeichnung. Berlin 1993

Schuster, U.: Michaels Fall. Mein Kind ist epilepsiekrank. Erfahrungs- und Ermutigungsbericht einer Mutter. Berlin 1990

Schuster, U.: Lauter Stolpersteine. Über's Leben mit Epilepsie. Tübingen 1996

Schütte, R.: Merleau-Ponty und sein Verständnis der Leiblichkeit: Pädagogische Reflexionen im Vorfeld zur Erziehung von Menschen mit Körperbehinderung. Diss. Dortmund 1995

Schwäbisch, L./Siems, M.: Anleitung zum sozialen Lernen für Paare, Gruppen und Erzieher. Kommunikations- und Verhaltenstraining. Reinbek 1974

Schwarz, E.: Das Klassenzimmer als Grundlage und Ausgangspunkt für einen bewegungsorientierten Unterricht. In: Sowa, M. 2000 a.a.O.

Schwarz, K.: Die Erektion aus der Spritze. In: Paraplegiker 4/1987, 26–27

Schwarz, K. u. U.: Das kleinwüchsige Kind in der Schule. In: Menger, H. 1995 a.a.O.

Schwarz, M.: Das sekundäre Tethered Cord. In: ASbH 1993 a.a.O.

Literatur 341

Schweizer, V.: Neurotraining. Therapeutische Arbeit im kognitiven Bereich mit hirngeschädigten Erwachsenen. Berlin 1999

Schwerbehindertengesetz, Bundesversorgungsgesetz. München 1993

Schwerdt, C.: Lieben, ohne „schön" zu sein. In: Psychologie heute 11/1981, 66–72

Schwerdt, C.: Lieben, ohne „schön" zu sein. In: Gerber, E./Piaggio, L. (Hrsg.): Behinderten-Emanzipation. Körperbehinderte in der Offensive. Basel 1984

Schwind, H.: Aspekte rheumatischer Erkrankungen bei Kindern und Jugendlichen. In: Michels, H.-P. 1996 a.a.O.

Schwörer, Ch.: Der apallische Patient. Aktivierende Pflege und therapeutische Hilfe im Langzeitbereich. Stuttgart 1992

Seebaum, K.: Rehabilitation und Kosmetik. Berlin 1979

Seidler, E.: Historische Elemente des Umgangs mit Behinderung. In: Koch, U./Lucius-Hoene, G./Stegie, R. 1988 a.a.O.

Seidler, E.: Geschichte der Medizin und der Krankenpflege. Stuttgart 1993

Seidler, G.: Psycho-soziale Aspekte des Umgangs mit der Diagnose und den intra-familiären Coping-Mechanismen bei Spina bifida- und Hydrocephalus-Kindern. In: Praxis der Kinderpsychologie und Kinderpsychiatrie 30/1981, 39–47

Seifert, K./Stangl, W.: Einstellungen zu Körperbehinderten und ihrer beruflich-sozialen Integration. Bern 1981

Seifert, M.: Geschwister in Familien mit geistig behinderten Kindern. Bad Heilbrunn 1989

Seifert, R.: Die Begleitung lebensbedrohlich erkrankter Schüler. Eine Herausforderung für den Sonderpädagogen an der Schule für Körperbehinderte. In: Zeitschrift für Heilpädagogik 8/1991, 503–513

Seifert, R.: Die nachschulische Förderung körperbehinderter Menschen im Zielkonflikt zwischen rehabilitativem Traditionalismus und emanzipatorischem Anspruch – ein Plädoyer für das Empowerment-Konzept. In: Bergeest, H./Hansen, G. 1999 a.a.O.

Seifert, R.: Anfallskrankheiten im Kindes- und Jugendalter und ihre Auswirkungen auf die Lebensqualität. In: Kallenbach, K. 2000 a.a.O.

Seifert, R./Arenz, F. (Hrsg.): Wohnen wie gewohnt? – Gewoon wonen? Wohnmöglichkeiten und Wohnwünsche von Menschen mit Behinderungen. Aachen 1998

Seiferth, J.: Das Spina-bifida-Kind unter besonderer Berücksichtigung der urologischen Krankheitsbilder. Stuttgart 1976

Seiffge-Krenke, I./Boeger, A./Schmidt, C./Kollmar, F./Floß, A./Roth, M.: Chronisch kranke Jugendliche und ihre Familien. Belastung, Bewältigung und psychosoziale Folgen. Stuttgart 1996

Seim, J. (Hrsg.): mehr ist eben nicht. Kranksein Behindertsein Menschsein. Gütersloh 1988

Seitz, R.: Zeichnen und Malen mit Kindern. Vom Kritzelalter bis zum 8. Lebensjahr. München 1995

Selg, H.: Sexualität und Entwicklung. In: Kluge, N. 1984 a.a.O.

Seligmann, S.: Das Tabu im Tabu: Sexuelle Gewalt an Kindern, Jugendlichen und Erwachsenen mit Behinderung. In: Behinderte 3/1997, 17–26

Sesterhenn, H.: Chronische Krankheit im Kindesalter im Kontext der Familie. Heidelberg 1991

Sevenig, H.: Materialien zur Kommunikationsförderung von Menschen mit schwersten Formen cerebraler Bewegungsstörungen. Düsseldorf 1994

Seywald, A.: Anstossnahme an sichtbar Behinderten. Rheinstetten 1980

Sichtermann, B.: Sex im Fernsehen oder Die Leichtigkeit, mit der über Sexualität gesprochen wird. In: Schmidt, G./Strauß, B. 1998 a.a.O.

Sielert, U.: Sexualpädagogik. Dortmund 1991

Sielert, U./Herrath, F./Wendel, H./Hanswille, R. u. a.: Sexualpädagogische Materialien für die Jugendarbeit in Freizeit und Schule. Weinheim 1993

Simmen, R.: Heimerziehung im Aufbruch. Bern 1998

Simon, P.: Rollstuhl-Gebrauchsschulung. München 1985

Simon, P./Seifert, E.: Rollende Hilfsmittel für Körperbehinderte als Gegenstand in der bildenden Kunst. In: Schlegel, K. 1983 a.a.O.

Simonowa, N.: Stand der Raum-Zeit-Beziehungen bei cp Kindern. In: Die Sonderschule 5/1987, 294–299

Singer, K.: Zivilcourage wagen. Wie man lernt, sich einzumischen. München 1992

Singer, P.: Praktische Ethik. Stuttgart 1984

Singer, W.: Zur Selbstorganisation kognitiver Strukturen. In: Pöppel, E. (Hrsg.): Gehirn und Bewußtsein. Weinheim 1989

Singer, W.: Hirnentwicklung und Umwelt. In: Spektrum Akademischer Verlag (Hrsg.): Gehirn und Kognition. Heidelberg 1992

Singerhoff, L.: Kinder brauchen Sinnlichkeit. Weinheim 2001

Sinnhuber, H.: Sensomotorische Förderdiagnostik. Ein Praxishandbuch zur Entwicklungsüberprüfung und Entwicklungsförderung für Kinder von 4 bis 7 1/2 Jahren. Dortmund 2000

Snijders, J./Snijders, N.-Oomen: Nicht-verbale Intelligenzuntersuchung für Hörende und Taube (SON). Groningen 1978

Sohns, A.: Frühförderung entwicklungsauffälliger Kinder in Deutschland. Weinheim 2000

Solarová, S. (Hrsg.): Geschichte der Sonderpädagogik. Stuttgart 1983

Sonderegger, H.: Wahrnehmungsstörungen überwinden durch Lernen im Alltag (Affolter) oder Sensorische Integration (Ayres). In: Leyendecker, Ch./Horstmann, T. 1997 a.a.O.

Sorrentino, A.: Behinderung und Rehabilitation. Ein systemischer Ansatz. Dortmund 1988

Sowa, M. (Hrsg.): „Das reißt uns vom Hocker!" Lernwelten in Bewegung. Dortmund 2000

Soyka, M.: Rückengerechter Patiententransfer in der Kranken- und Altenpflege. Ein ergonomisches Training. Bern 2000

Spanhel, D./Hüber, H.-G.: Lehrersein heute – berufliche Belastungen und Wege zu deren Bewältigung. Bad Heilbrunn 1995

Specht, U.: Epilepsien mit fokalen Anfällen. In: Besser, R./Gross-Selbeck, G. 1996 a.a.O.

Speck, O.: Frühförderung entwicklungsgefährdeter Kinder. München 1977

Speck, O.: Entwicklungen im System der Frühförderung. In: Speck, O./Thurmair, M. 1989 a.a.O.

Speck, O.: Das gewandelte Verhältnis zwischen Eltern und Fachleuten in der Frühförderung. In: Speck, O./Warnke, A. 1989a a.a.O.

Speck, O.: Chaos und Autonomie in der Erziehung. München 1991

Speck, O.: Frühförderung, Familie und Integration. In: Vereinigung für Interdisziplinäre Frühförderung e. V. 1991a a.a.O.

Speck, O.: System Heilpädagogik. München 1987 (Neubearbeitete Auflage 1996)

Speck, O.: Erziehung und Achtung vor dem Anderen. Zur moralischen Dimension der Erziehung. München 1996a

Speck, O.: Heilpädagogik – der pädagogische Beitrag im System rehabilitativer Hilfen. In: Steinebach, Ch. 1997 a.a.O.

Speck, O.: Theoriewandel in der Heilpädagogik. In: Bergeest, H./Hansen, G. 1999 a.a.O.

Speck, O.: Die Ökonomisierung sozialer Qualität. Zur Qualitätsdiskussion in Behindertenhilfe und Sozialer Arbeit. München 1999a

Speck, O./Thurmair, M. (Hrsg.): Fortschritte der Frühförderung entwicklungsgefährdeter Kinder. München 1989

Speck, O./Warnke, A. (Hrsg.): Frühförderung mit den Eltern. München 1989a

Speer, A. (Hrsg.): Muskeldystrophie im Kindesalter. Typ Duchenne und Becker-Kiener. Berlin 1993

Spiess, W.: Gruppen- und Teamsupervision nach dem handlungsfeldspezifischen Modell. In: Schlee/Mutzek 1996 a.a.O.

Spiess, W./Werner, B.: Mathematikförderung mittels konstruktivistisch lösungs- und entwicklungsorientierter Gespräche: Modellbeschreibung und Explorationsstudie. In: Zeitschrift für Heilpädagogik 1/2001, 4–12

Sporken, P.: Eltern und ihr geistig behindertes Kind. Düsseldorf 1975

Sporken, P.: Sterbebeistand: Aufgabe und Ohnmacht. In: Engelke, E. u. a. 1979 a.a.O.

Staabs, G. v.: Der Szeno-Test. Bern 1985

Staatsinstitut für Frühpädagogik und Familienforschung, München (Hrsg.): Handbuch der integrativen Erziehung behinderter und nichtbehinderter Kinder. München 1990

Staatsinstitut für Schulpädagogik und Bildungsforschung (Hrsg.): Liegen, Sitzen, Stehen, Gehen. Handreichung für Unterricht, Förderung und Therapie schwerstbehinderter Schüler. München 1991

Staatsinstitut für Schulpädagogik und Bildungsforschung (Hrsg.): Erstrechnen. Handreichung für sonderpädagogische Diagnose und Förderklassen. Würzburg 1992

Staatsinstitut für Schulpädagogik und Bildungsforschung (Hrsg.): Die Schule für Körperbehinderte. München 1993

Stachow, R.: Verhaltensmedizinische Interventionen bei Diabetes mellitus Typ I. In: Petermann, F./Warschburger, P. 1999a a.a.O.

Stadler, H.: Zur Vorbereitung körperbehinderter Jugendlicher auf selbständiges Leben und Wohnen. In: Vierteljahresschrift für Heilpädagogik und ihre Nachbargebiete 4/1983, 412–424

Stadler, H.: Kurzreisen junger Körperbehinderter. In: Vierteljahresschrift für Heilpädagogik und ihre Nachbargebiete 4/1984, 411–425

Stadler, H.: Selbstbestimmtes Leben und Wohnen als Lernziel für junge Körperbehinderte. In: Vierteljahresschrift für Heilpädagogik und ihre Nachbargebiete 4/1986, 375–381

Stadler, H.: Lebenspraktische Befähigung für Körperbehinderte mit Lernbehinderungen. In: Butzke, F./Bordel, R. 1989 a.a.O.

Stadler, H.: Körperbehinderung und Berufswahl. Zum Übergang körperbehinderter Jugendlicher in das Berufs- und Arbeitsleben. In: Zeitschrift für Heilpädagogik 1/1991, 1–15

Stadler, H.: Probleme der beruflich-sozialen Eingliederung körperbehinderter Jugendlicher und Hilfen von seiten der Pädagogik. In: Vierteljahresschrift für Heilpädagogik und ihre Nachbargebiete 60/1991a, 30–38

Stadler, H.: Didaktik und Methodik der Arbeitslehre für Körperbehinderte – Möglichkeiten und Grenzen der vorberuflichen Bildung durch die Schule. In: Zeitschrift für Heilpädagogik 12/1992, 793–801

Stadler, H.: Lebenspraktische Befähigung körperbhinderter Schüler mit schwersten Auswirkungen der Behinderung. In: Die Rehabilitation 2/1992a

Stadler, H.: Schule – und wie weiter? Zur beruflichen Integration schwerkörperbehinderter Jugendlicher – Versuch einer Standortbestimmung. In: Rehabilitation 2/1995, 81–90

Stadler, H.: Zum Übergang körperbehinderter Jugendlicher von der Schule in das Arbeitsleben. Anmerkungen zu einem Forschungsbericht. In: Zeitschrift für Heilpädagogik 5/1996, 187–190

Stadler, H.: Rehabilitation bei Körperbehinderung. Stuttgart 1998

Stadler, H.: Förderschwerpunkt körperliche und motorische Entwicklung. In: Zeitschrift für Heilpädagogik 4/1999, 156–164

Stadler, H.: Die beruflich-soziale Rehabilitation aus der Sicht der Didaktik, der Arbeits- und Soziallehre für junge Menschen mit Körperbehinderung und chronischer Erkrankung. In: Wilken, E./Vahsen, F. (Hrsg.): Sonderpädagogik und soziale Arbeit. Neuwied 1999a

Stadler, H.: Körperbehinderungen. In: Borchert, J. 2000 a.a.O.

Stadler, H.: Von der „Krüppelfürsorge" zur Rehabilitation bei Körperbehinderung – zur Entwicklung unter medizinischem, pädagogischem und berufsethischem Aspekt. In: Zeitschrift für Heilpädagogik 3/2001, 99–106

Stadler, H.: Die Vorbereitung junger Menschen mit schwerer Körperbehinderung auf ein Leben ohne Erwerbsarbeit als Aufgabe der Schulpädagogik. In: Zeitschrift für Heilpädagogik 11/2001a, 464–470

Staudte, A.: Ästhetische Erziehung und Kunst. Lernen zwischen Sinnlichkeit, Kreativität und Vernunft. In: Haarmann, D. 2000 a.a.O.

Steengrafe, K.: Wir träumen nicht anders. Lebenswelten und Identitätsstrukturen junger behinderter Frauen. Bielefeld 1995

Stefan, H./Bauer, J.: Status epilepticus. Berlin 1990

Steffensky, F.: Hat Hiob eine Nachricht? Die Vernunft und die Unvernunft des Leidens. In: Pithan, A./Adam, G./Kollmann, R. 2002 a.a.O.

Stegie, R.: Familien mit behinderten Kindern. In: Koch, U./Lucius-Hoene, G./Stegie, R. 1988 a.a.O.

Stein, R./Brilling, O. (Hrsg.): Ökologische Perspektiven für pädagogische Handlungsfelder. Pfaffen-weiler 1996

Steinebach, Ch. (Hrsg.): Heilpädagogik für chronisch kranke Kinder und Jugendliche. Freiburg 1997

Steinebach, Ch.: Kinder, Kliniken, Krisen: Heilpädagogik zwischen Individuum und Institution. In: Steinebach, Ch. 1997 a.a.O.

Steiner, H.: Gemeinsam gestalten. Arbeitsbuch zur integrativen Kreativitätsförderung. Dortmund 1992

Steinhausen, H./Wefers, D.: Körperbehinderte Kinder und Jugendliche. Weinheim 1977

Steinlin Egli, R.: Physiotherapie bei Multipler Sklerose. Stuttgart 1998

Stephan, U.: Mucoviszidose. Düsseldorf 1986

Stephan, U.: Mukoviszidose (Cystische Fibrose, CF). In: Schmitt, G. u. a. 1996 a.a.O.

Stewart, W.: Sex and the Physically Handicapped. Sussex 1975

Stichling, M.: Empowerment und Schule – Selbstbestimmtes Lernen geistig behinderter Schüler durch handlungsorientierten Unterricht. In: Theunissen, G./Plaute, W. 1995 a.a.O.

Stichling, M.: 50 Jahre universitäre Ausbildung von Sonderpädagogen an der Martin-Luther-Universität Halle-Wittenberg. In: Die neue Sonderschule 2/2000, 3–13

Stiftung Michael (Hrsg.): Rechtsfragen bei Epilepsie. Hamburg 1994

Stiftung Rehabilitation e. V. (Hrsg.): Technische Hilfen für Behinderte. Heft 1 – 11. Heidelberg 1989 – 1996

Stinkes, U.: Das verleiblichte Bewußtsein. Über die Achtung vor dem Menschen mit einem schweren Hirntrauma. In: Behinderte 6/1998, 13–20

Stöhrer, M. (Hrsg.): Urologie bei Rückenmarkverletzten. Berlin 1979

Stöhrer, M./Palmtag, H./Madersbacher, H. (Hrsg.): Blasenlähmung. Stuttgart 1984

Storm, G.-R.: Diabetes von Kindheit an. Ritterhude 1998

Stotz, S.: Therapie der infantilen Cerebralparese. Das „Münchner Tageskonzept". München 2000

Strasser, H./Sievert, G./Munk, K.: Das körperbehinderte Kind. Bericht über eine Untersuchung an Kindern mit Fehlbildungen der Gliedmaßen. Berlin 1968

Strässle, J.: Wortlos erwachsen werden: zur kommunikativen Situation junger Erwachsener mit ce-rebralen Bewegungsstörungen. Luzern 2000

Straßmeier, W.: Frühförderung konkret. 260 lebenspraktische Übungen für entwicklungsverzögerte und behinderte Kinder. München 1981

Straßmeier, W.: Frühe Förderung schwerstbehinderter Kleinkinder. In: Fröhlich, A. 1991 a.a.O.

Strauß, I.: Hippotherapie. Neurophysiologische Behandlung mit und auf dem Pferd. Stuttgart 2000

Streeck-Fischer, A. (Hrsg.): Adoleszenz und Trauma. Göttingen 1999

Strehl, A.: Der neuropathische Darm – Probleme und therapeutische Ansätze. In: Michael, Th./v. Moers, A./Strehl, A. 1998 a.a.O.

Strehl, U.: Epilepsie und Verhalten. Entwicklung und Prüfung eines psychophysiologischen Behand-lungsprogramms zur Selbstkontrolle epileptischer Anfälle. Lengerich 1998

Strohkendl, H.: Funktionelle Klassifizierung für den Rollstuhlsport. Berlin 1978

Strohkendl, H.: Zur Curriculum-Entwicklung für den Sportunterricht an der Schule für Körperbehin-derte. In: Zeitschrift für Heilpädagogik 5/1981, 349–357

Strohkendl, H.: Rollstuhlsport für Anfänger. Lübeck 1989

Strohkendl, H./Schüle, K.: Leibesübungen mit Spina bifida-Kindern an der Sonderschule für Körper-behinderte (Grundschule). In: Int. J. Rehab. Research 1/1978, 39–58

Stück, B./Röhrig, B./Rudolph, R. (Hrsg.): AIDS bei Frauen und Kindern. Stuttgart 1989

Sturm, E.: Rehabilitation von Querschnittgelähmten. Eine medizin-psychologische Studie. Bern 1979

Sucharowski, W./Lieb, B./Kaak, S./Nehlsen, L.: Verhalten zwischen Verständigung und Verstehen. 1. Forschungsbericht zum Schulversuch „Integrationsklassen" in Schleswig-Holstein 1986–1988. Ministerium für Bildung, Wissenschaft, Jugend und Kultur, Kiel 1988

Suchsland, I.: Probleme und Methoden des Schreibunterrichts bei cp-Kindern. In: Die Sonderschule 6/1990, 374–376

Suhr, M.: John Dewey. Zur Einführung. Hamburg 1994

Suhrweier, H./Hetzner, R.: Förderdiagnostik für Kinder mit Behinderungen. Neuwied 1993

SVEEK – Schweizerische Vereinigung der Eltern epilepsiekranker Kinder (Hrsg.): Epilepsien im Schulalter. Basel 1995

Szagun, A.-K.: Methoden im integrativen Religionsunterricht. In: Pithan, A./Adam, G./Kollmann, R. 2002 a.a.O.

Szczepanski, R./Schon, M./Lob-Corzilius, Th.: Das juckt uns nicht! Ein Lern- und Lesebuch für Kinder mit Neurodermitis und ihre Eltern. Stuttgart 1994

Szövö-Dostal, K.: Konduktive Förderung und Rehabilitation von A – Z für Eltern, Angehörige und Praktiker. Dortmund 2001

Tackmann, W.: Klassifikation und Klinik. In: Weimann, G. 1994 a.a.O.

Tausch, R.u. A.: Kinderpsychotherapie im nicht-direktiven Verfahren. Göttingen 1956

Tausch, R. u. A.: Erziehungspsychologie. Göttingen 1977

Tausch, R. u. A.: Gesprächspsychotherapie. Göttingen 1979

Tausch, R.: Hilfen bei Stress und Belastung. Reinbek 1996

Temmes, L.: Der Hausbesuch. In: Speck, O./Thurmair, M. 1989 a.a.O.

Tetzchner, S. v./Martinsen, H.: Einführung in Unterstützte Kommunikation. Heidelberg 2000

Textor, M.: Elternarbeit mit neuen Akzenten. Freiburg 1997

Theunissen, G.: Zur „Neuen Behindertenfeindlichkeit" in der Bundesrepublik Deutschland. In: Zeitschrift für Heilpädagogik 10/1989, 673–687

Theunissen, G.: Förderung erwachsener schwerstbehinderter Menschen. In: Fröhlich, A. 1991 a.a.O.

Theunissen, G.: Aus der Geschichte lernen. Aktualität und Zeitlosigkeit ästhetischer Erziehung in der Heilpädagogik. In: Hellmann, M./Rohrmann, E. 1996 a.a.O.

Theunissen, G.: Pädagogik bei geistiger Behinderung und Verhaltensauffälligkeiten. Bad Heilbrunn 2000

Theunissen, G./Hoffmann, C.: Empowerment – Ein neuer Wegweiser für die Arbeit mit Menschen, die als geistig behindert gelten. In: Die neue Sonderschule 1997, 334–346

Theunissen, G./Plaute, W.: Empowerment und Heilpädagogik. Ein Lehrbuch. Freiburg 1995

Thiele, A.: Infantile Cerebralparese. Zum Verhältnis von Bewegung, Sprache und Entwicklung. Berlin 1999

Thiemens, U.: Krankengymnastik. In: Jerusalem, F./Zierz, S. 1991 a.a.O.

Thom, H. (Hrsg.): Die infantilen Zerebralparesen. Stuttgart 1982

Thomann, Ch./Schulz v. Thun, F.: Klärungshilfen. Reinbek 1994

Thomann, K.-D.: Das behinderte Kind. „Krüppelfürsorge" und Orthopädie in Deutschland 1886-1920. Stuttgart 1995

Thomas, D.: Sozialpsychologie des behinderten Kindes. München 1980

Thomasky, I.: Lernziel Zärtlichkeit. Emotionale Aspekte der Sexualerziehung in der Grundschule. Weinheim 1981

Thorbecke, R./Janz, D./Specht, U.: Arbeit und berufliche Rehabilitation bei Epilepsie. Hamburg 1995

Thümler, R.: Schädel-Hirn-Trauma und apallisches Syndrom. Informationen und Ratschläge. München 1994

Thurmair, M.: Die Familie mit einem behinderten Kleinkind. In: Frühförderung interdisziplinär 2/1990, 49–62

Thurmair, M./Naggl, M.: Praxis der Frühförderung. München 2000

Thyen, U.: Kindesmißhandlung und Vernachlässigung. Prävention und therapeutische Intervention. Lübeck 1986

Tietze-Fritz, P.: Handbuch der heilpädagogischen Diagnostik. Dortmund 1992

Tietze-Fritz, P.: Elternarbeit in der Frühförderung. Begegnungen mit Müttern in einer besonderen Lebenssituation. Dortmund 1993

Tietze-Fritz, P.: Integrative Förderung in der Früherziehung. Dortmund 1997

Tillmann, B.: Die eigene körperliche Behinderung als Unterrichtsthema. In: Zeitschrift für Heilpädagogik 7/2000, 276–280

Tischer, E./Thiele, R.: Schwer- und schwerstkörperbehinderte Schüler mit besonderem Förderbedarf. In: Die Sonderschule 8/1993, 479–483

346   Literatur

Tischler, B./Moroder-Tischler, R.: Musik aktiv erleben. Musikalische Spielideen für pädagogische, sonderpädagogische und therapeutische Praxis. Frankfurt/M. 1993

Tramsen, D.: Die arbeitsmarktpolitische Situation und ihre Auswirkungen auf beschäftigungslose Behinderte. In: Butzke, F./Bordel, R. 1989 a.a.O.

Trenk-Hinterberger, P.: Die Rechte behinderter Menschen und ihrer Angehörigen. Düsseldorf 1997

Trogisch, U/Trogisch, J.: Förderpflege. In: Fröhlich, A./Heinen, N./Lamers, W. 2001 a.a.O.

Trojan, A. (Hrsg.): Wissen ist Macht – Eigenständig durch Selbsthilfe in Gruppen. Frankfurt/M. 1986

Troschke, J. v.: Das Kind als Patient im Krankenhaus. Eine Auswertung der Literatur zum psychischen Hospitalismus. München 1974

Trube-Becker, E.: Das vernachlässigte Kind. In: Monatsschrift für Kinderheilkunde 6/1986, 315–318

Trube-Becker, E.: Gewalt gegen das Kind. Vernachlässigung, Mißhandlung, sexueller Mißbrauch und Tötung von Kindern. Heidelberg 1987

Tschamler, H.: Wissenschaftstheorie. Eine Einführung für Pädagogen. Bad Heilbrunn 1996

Ullrich, G./Hellmann-Backhaus, U./Bartig, H.: Behandlung und Rehabilitation? Überlegungen zum Stellenwert und zur Eigenart psychosozialer Versorgung bei Mukoviszidose/ Cystischer Fibrose (CF). In: Michels, H.-P. 1996 a.a.O.

Ullrich, R./Ullrich, R.: Einübung von Selbstvertrauen und sozialer Kompetenz. 3 Bde. München 1994

Ulonska, H./Koch, H. (Hrsg.): Sexuelle Gewalt gegen Mädchen und Jungen. Ein Thema der Grundschule. Bad Heilbrunn 1997

„Unsere HJ". Amtliches Organ der Reichsführung der Körperbehinderten HJ. Beilage der Zeitschrift „Der Körperbehinderte". Berlin 1 (1935) – 3 (1937)

Uzgiris, I./Hunt, J.:Assessment in infancy. Urbana, Illinois 1975

Valentin, B.: Geschichte der Orthopädie. Stuttgart 1961

Valtin, R.: Stufen des Lesen- und Schreibenlernens – Schriftspracherwerb als Entwicklungsprozess. In: Haarmann 2000 a.a.O.

Veeneklaas, G. u. a.: Kind im Krankenhaus. Psychosoziale Betreuung am Krankenbett. Stuttgart 1975

Vereinigung für Interdisziplinäre Frühförderung e. V. (Hrsg.): Familienorientierte Frühförderung. München 1991

Viebrock, H./Brandl, U. (Hrsg.): Neurophysiologie cerebraler Bewegungsstörungen und Bobath-Therapie. Vereinigung der Bobath-Therapeuten Deutschlands e. V., Hille Viebrock, Uhlandstr. 37, 28211 Bremen, 1997

Viering, J.: Kommunikationstafeln. Praxisbericht einer 2jährigen Kommunikationsförderung von drei nichtsprechenden cerebralparetischen Schülerinnen. In: isaac's zeitung 7/1995, 10–16

Vogel, B.: Musikpraxis. Villingen-Schwenningen 1980

Vogel, B.: Der Pränatalraum. Ein Therapieansatz für Schwerst- und Mehrfachbehinderte. In: Musiktherapeutische Umschau 3/1987

Vogel, B./Otto, H.: Musikalisch-basale Stimulation im Pränatalraum. In: Behinderte in Familie, Schule und Gesellschaft 3/1995, 35–48

Voigt, H.: Pränatale Diagnostik und geburtshilfliches Vorgehen. In: Michael, Th./v. Moers, A./Strehl, A. 1998 a.a.O.

Voigt, T.: Diabetes bei Kindern und Jugendlichen. In: Kallenbach, K. 1998 a.a.O.

Vojta, V.: Die zerebralen Bewegungsstörungen im Säuglingsalter. Stuttgart 1988

Vojta, V./Peters, A.: Das Vojta-Prinzip. Berlin 1992

Volk-Moser, A.: Zwischen Zukunftshoffnung und Resignation – zur Brückenfunktion des Unterrichts am Krankenbett. In: Ertle, Ch. 1997 a.a.O.

Völker, P./Döhner, O.: Familienprobleme bei Kindern und Jugendlichen mit Hämophilie. In: Angermeyer, M./Döhner, O. 1981 a.a.O.

Volkers, H.: Anfälle im Kindesalter. Ulm 1998

Voll, R./Fichtner, H.-J./Krumm, B./Mayer, U.: Rehabilitationsbehandlung und Verarbeitung von Behinderung bei Jugendlichen mit Spina bifida und traumatischem Querschnitt. In: Lehmkuhl, G. 1996 a.a.O.

Völter, D./Keller, A.: Nieren und Harnwege. Erkrankungen und Behandlungen. Stuttgart 1989

Vopel, K.: Interaktionsspiele für Erwachsene. Teil 1–6. Hamburg 1981

Voss, D./Ionta, M./Myers, B.: Propriozeptive Neuromuskuläre Fazilitation. Stuttgart 1988

Voss, W.: Mentale Retardierung. In: Michael, Th./v. Moers, A./Strehl, A. 1998 a.a.O.

Voss, W.: Epilepsie. In: Michael, Th./v. Moers, A./Strehl, A. 1998 a.a.O.

Voß, R.: Berufs- und lebenserfahrene Menschen im Gespräch – Reflektierende Gruppen in der Supervision von LehrerInnen. In: Schlee, J./Mutzek, W. 1996 a.a.O.

Voß, R.: Der andere Weg: Perspektiven professionsübergreifender Verständigung und Zusammenarbeit. In: Lüpke, H./Voß, R. 1997 a.a.O.

Voß, R. (Hrsg.): Die Schule neu erfinden. Neuwied 1999

Voth, D./Gutjahr, P./Glees, P. (Hrsg.): Hydrocephalus im frühen Kindesalter. Stuttgart 1983

Wack, S.: Sexuelle Gewalt gegen Kinder. Selbstbehauptung, Stärkung und Sensibilisierung als Unterrichtsthema im Primarbereich (3. Schuljahr). In: Kluge, N. 1997 a.a.O.

Wacker, A.: Unterricht mit Kindern in Not. Die Schule für Kranke als Ort und Konzept sonderpädagogischer Förderung. In: Probst, H. 1999 a.a.O.

Wacker, G./Rathenow, P.: Erkundung individueller Lernstrategien beim Lesenlernen. In: Probst, H. 1999 a.a.O.

Waetzoldt, H.: Der Umgang mit Behinderten in Mesopotamien. In: Liedtke, M. 1996 a.a.O.

Wagener, B.: Betreuung HIV-infizierter und AIDS-kranker Kinder. In: Zenz, H./Manak, G. 1989 a.a.O.

Wagner-Stolp, W.: Aufbau und Organisation der interdisziplinären Frühförderung in der Bundesrepublik Deutschland. In: Wilken, E. 1999 a.a.O.

Walk, J.: Jüdische Sondererziehung im Dritten Reich. In: Ellger-Rüttgart 1996 a.a.O.

Walker, G.: Systemische Therapie bei AIDS. Dortmund 1994

Walter, J. (Hrsg.): Sexualität und geistige Behinderung. Heidelberg 1992

Walter, J./Suhr, K./Werner, B.: Experimentell beobachtete Effekte zweier Formen von Mathematikunterricht in der Förderschule. In: Zeitschrift für Heilpädagogik 4/2001, 143–151

Walthes, R.: Behinderung aus konstruktivistischer Sicht. In: Neumann, J. 1995 a.a.O.

Watzlawick, P./Beavin, J./Jackson, D.: Menschliche Kommunikation. Formen, Störungen, Paradoxien. Bern 1969

Weber, A.: Was ist Werkstatt-Unterricht. Mülheim/Ruhr 1998

Weber, K.: Einführung in das System Konduktiver Förderung und Rehabilitation. Dortmund 1998

Weber, M./Graf, J.: Gliedmaßenfehlbildung und Gliedmaßenverlust. Düsseldorf 1995

Wechselberg, K.: Früherkennung und Frühbehandlung. In: Haupt, U./Jansen, G. 1983 a.a.O.

Wedekind, H./Voigt, S./Szudra, U.: Mein Sachbuch 1 (Bücherwurm, Lehrerband). Leipzig 1997

Weege, R.-D.: Aktiv-Rollstuhl – nicht nur für aktive Rollstuhlfahrer. Sonderdruck aus Medizinisch orthopädische Technik 5/1989, 170–176

Wegner, W.: Misshandelte Kinder. Grundwissen und Arbeitshilfen für pädagogische Berufe. Weinheim 1997

Wehr-Herbst, E.: Die heutige Schülerschaft in den Schulen für Körperbehinderte. In: Zeitschrift für Heilpädagogik 8/1997, 316–322

Wehr-Herbst, E.: Kinder und Jugendliche mit chronischem Nierenversagen. In: Kallenbach, K. 2000 a.a.O.

Wehrle, J. (Redaktion): Bewegung, Sport und Epilepsie. Heidelberg 1994

Weid-Goldschmidt, B.: Lesen- und Schreiben-Lernen mit „nichtsprechenden" Körperbehinderten. In: ISAAC-Deutschland 1996 a.a.O.

Weimann, G.: Neuromuskuläre Erkrankungen. München 1994

Weimann, G.: Zur gegenwärtigen familialen Situation einiger Behinderungsgruppen. In: Kluge, K./Sparty, L. (Hrsg.): Sollen, können, dürfen Behinderte heiraten? Bonn 1977

Weinberger, S.: Klientenzentrierte Gesprächsführung. Weinheim 1980

Weinwurm-Krause, E.-M.: Soziale Integration und sexuelle Entwicklung Körperbehinderter. Heidelberg 1990

Weinwurm-Krause, E.-M. (Hrsg.): Sexuelle Gewalt und Behinderung. Hamburg 1994

348 Literatur

Weinwurm-Krause, E.-M. (Hrsg.): Sexualerziehung in der Sonderschule. Hamburg 1995

Weinwurm-Krause, E.-M. (Hrsg.): Autonomie im Heim. Auswirkungen des Heimalltags auf die Selbstverwirklichung von Menschen mit Behinderung. Heidelberg 1999

Weiss, G.: Ausdrucksspiel: Spielerische Elemente in der Begleitung krebskranker Kinder und Jugendlicher. In: Steinebach, Ch. 1997 a.a.O.

Weiß, H.: Entwicklungen und neue Problemstellungen in der Zusammenarbeit mit den Eltern. In: Speck, O./Thurmair, M. 1989a a.a.O.

Weiß, H.: Familie und Frühförderung. München 1989

Weiß, H.: Bedingungs- und Wirkungszusammenhänge in der Frühförderung. In: Frühförderung interdisziplinär 2/1995, 59–71

Weiß, H.: Konstitutionsprozesse der Körperbehindertenpädagogik und ihre Bedeutung für heutige Diskussionsthemen des Faches. In: Bergeest, H./Hansen, G. 1999 a.a.O.

Weiß, H.: Selbstbestimmung und Empowerment. Kritische Anmerkungen zu ihrer oftmaligen Gleichsetzung im sonderpädagogischen Diskurs. In: Färber, H.-P./Lipps, W./Seyfahrt, T. 2000 a.a.O.

Wellach, K.: Zur Sexualentwicklung körperbehinderter Menschen. In: Bergeest, H./Hansen, G. 1999 a.a.O.

Wellendorf, E.: Kreativität in der Arbeit mit sterbenskranken Kindern. In: Musik-, Tanz- und Kunsttherapie 4/1990, 205–215

Wellmitz, B.: Zur Zusammenarbeit der Körperbehindertenpädagogen mit Eltern und Elternvertretern – neue Aufgaben und Perspektiven. In: Die Sonderschule 1/1991, 35–41

Wellmitz, B.: Unterricht und Erziehung in Körperbehindertenschulen. In: Wellmitz, B./ v. Pawel, B. 1993 a.a.O.

Wellmitz, B.: Zur Theoriebildung der Körperbehindertenpädagogik in der DDR. In: Bergeest, H./Hansen, G. 1999 a.a.O.

Wellmitz, B.: Fehlbildungen und Deformitäten des Haltungs- und Bewegungsapparates. In: Kallenbach, K. 2000 a.a.O.

Wellmitz, B./v. Pawel, B. (Hrsg.): Körperbehinderung. Berlin 1993

Welti, F.: Chance und Verpflichtung. Das neue Recht der Teilhabe und Rehabilitation (SGB IX). In: Soziale Sicherheit 5/2001, 146–150

Wendler, I.: Lesenlernen mit allen Sinnen. In: Zeitschrift für Heilpädagogik 12/1998, 538–545

Werle, J./Förster, F.: Entspannung. In: Rieder, H./Huber, G./Werle, J. 1996 a.a.O.

Werle, J./Haag-Senger, C.: Bewegung, Sport und Epilepsie. In: Rieder, H./Huber, G./Werle, J. 1996 a.a.O.

Werner, B.: Rechenschwäche – oder nicht geförderte Fähigkeiten. Diagnose und Fördermöglichkeiten von Kindern mit Schwierigkeiten in Mathematik. In: Zeitschrift für Heilpädagogik 10/1999, 471–475

Wernerus, Ch.: Emanzipatorische, fachübergreifende und persönlichkeitsfördernde Sexualerziehung bei behinderten und nichtbehinderten Kindern und Jugendlichen. In: Weinwurm-Krause, E.-M. 1995 a.a.O.

Weßling, U. u. a.: Anfallsbedingte Unfälle bei Epilepsie. In: Wolf, P. 1990 a.a.O

Westermann, R.: Pädagogische Überlegungen. In: Pontz, B. u. a. 1989 a.a.O.

Wettengel, R./Hens, C.: Lebensrhythmus Atmen. Patientenseminar. Klinge Pharma GmbH, Arbeitsgemeinschaft Patientenschulung, 81673 München 1994

Wiechmann, J. (Hrsg.): Zwölf Unterrichtsmethoden. Weinheim 2000

Wiedebusch, S.: Psychosoziale Krankheitsbelastung bei juveniler chronischer Arthritis. In: Schmitt, G. u. a. 1996 a.a.O.

Wienhues, J.: Die Schule für Kranke. Rheinstetten 1979

Wienhues, J.: Unterricht als Gegenwirkung – Schulunterricht als Hilfe zur psychischen Bewältigung von Krankenhausaufenthalten. In: Die Rehabilitation 3/1980, 107–114

Wienhues, J.: Das Kind im Krankenhaus. Bonn 1982

Wienhues, J.: Unterricht für kranke Schüler (I-IV). In: Das behinderte Kind 2/1982a, 79–85; 3/1982, 71–77; 4/1982, 83–89; 5/1982, 76–83

Wienhues, J.: Unterricht und Ausbildung für Kranke. Möglichkeiten zur Schul- und Berufsausbildung kranker Kinder und Jugendlicher in Klinik und Elternhaus. Bonn 1984

Wienhues, J.: Krankheit und Zeitlichkeit. Gedanken zur Situation der Krankenpädagogik. In: Zeitschrift für Heilpädagogik 1/1985, 12–17

Wienhues, J.: Behinderte Frauen. Bonn 1988

Wienhues, J.: Progressiv Erkrankte und Schwerstbehinderte in der Schule für Körperbehinderte als pädagogische Herausforderung. In: Zeitschrift für Heilpädagogik 8/1991, 514–524

Wilcox, C.: Spiele für körperbehinderte Kinder. Reinbek 1991

Wild, R.: Erziehung zum Sein. Freiamt 1998

Wild, R.: Sein zum Erziehen. Mit Kindern leben lernen. Freiamt 1998

Wilken, E. (Hrsg.): Frühförderung von Kindern mit Behinderung. Stuttgart 1999

Wilken, U.: Körperbehindertenpädagogik. In: Solarová, S. 1983 a.a.O.

Wilken, U.: Tourismus und Behinderung – Fortschritte bei der Integration in das allgemeine Reise- und Urlaubsgeschehen. In: Die Rehabilitation 2/1997, 121–125

Wilken, U.: Selbstbestimmt leben II. Handlungsfelder und Chancen einer offensiven Behindertenpädagogik. Hildesheim 1999

Wilken, U.: Die Entwicklung sozialer Kompetenz als rehabilitative Aufgabe der Körperbehindertenpädagogik. In: Zeitschrift für Heilpädagogik 7/2000, 281–288

Wilken-Timm, K.: Kommunikationshilfen zur Persönlichkeitsentwicklung. Vorschulische Förderung eines cerebral bewegungsgestörten Kindes. Karlsruhe 1997

Will, H.: Die Bedeutung der Diagnose leichter frühkindlicher Hirnschädigungen für die pädagogische und sonderpädagogische Praxis. In: Psychologie in Erziehung und Unterricht 29/1982, 279–291

Willenberg, H.: Lesen und Lernen. Eine Einführung in die Neuropsychologie des Textverstehens. Heidelberg 1999

Windisch, A.: Geschlechtserziehung in der Grundschule. Leipzig 2000

Windisch, M./Kniel, A.: Lebensbedingungen behinderter Erwachsener. Weinheim 1993

Windisch, M./Miles-Paul, O. (Hrsg.): Diskriminierung Behinderter. Kassel 1993

Winter, H.: Praxishilfe Mathematik. Berlin 1996

Winter, U.: Tanzen mit Körperbehinderten. Bonn 1988

Winter-Klemm, B.: Die Bedeutung der Autoerotik für den Schwerbehinderten. In: Herms, V./ Vogt, H./Eicher, W. (Hrsg.): Praktische Sexualmedizin. Wiesbaden 1981

Wirth, W. (Hrsg.): Rheumatische Erkrankungen im Kindesalter. München 1979

Wirth, W./Diekmann, L./Woort, S.: Kollagenosen im Kindesalter. In: Wirth, W. 1979 a.a.O.

Wischmeyer, M.: Lesenlernen in Bewegung. In: Sowa, M. 2000 a.a.O.

Wischmeyer, M.: Das Finden der Sinne. Sensorische Integration und Lesenlernen. Dortmund 2000a

Wißler, M./Zindler, K.: Die Stein-Werkstatt. Mülheim/Ruhr 1999

Wittenmeier, M./Korsch, E.: Asthmaschulung mit Vorschulkindern. In: Petermann, F./ Warschburger, P. 2000 a.a.O.

Wocken, H.: Kooperation von Pädagogen in integrativen Grundschulen. In: Wocken, H./ Antor, G./Hinz, A. 1988 a.a.O.

Wocken, H.: Gemeinsame Lernsituationen. Eine Skizze zur Theorie des gemeinsamen Unterrichts. In: Hildeschmidt, A./Schnell, I. 1998 a.a.O.

Wocken, H./Antor, G. (Hrsg.): Integrationsklassen in Hamburg. Solms-Oberbiel 1987

Wocken, H./Antor, G./Hinz, A. (Hrsg.): Integrationsklassen in Hamburger Grundschulen. Hamburg 1988

Wolf, D./Merkle, R.: Gefühle verstehen, Probleme bewältigen. Mannheim 1992

Wolf, P. (Hrsg.): Epilepsie 89. Bielefeld 1990

Wolf, P./Wagner, G./Amelung, F. (Hrsg.): Anfallskrankheiten. Berlin 1987

Wölfert, E.: Probleme des Lesenlernens körperbehinderter Kinder. In: Zeitschrift für Heilpädagogik 5/1981, 358–364

Wolff, G.: Die seelischen und sozialen Auswirkungen lebensbedrohlicher Nierenerkrankungen und ihrer Behandlung auf die betroffenen Kinder, Jugendlichen und ihre Familien. In: Schmitt, G. u. a. 1996 a.a.O.

Wolfgart, H.: Versuch eines erziehungswissenschaftlichen Ansatzes der Körperbehindertenpädagogik. In: Zeitschrift für Heilpädagogik 2/1967, 50–62.

Wolfgart, H.: Zur Organisation und Struktur der Schule für Körperbehinderte. In: Wolfgart, H./ Begemann, E. 1971 a.a.O.

Wolfgart, H.: Das Orff-Schulwerk im Dienste der Erziehung und Therapie behinderter Kinder. Berlin 1971a

Wolfgart, H.: Grundaspekte einer Didaktik der Schule für Körperbehinderte. In: Kluge, K.-J. (Hrsg.): Einführung in die Sonderschuldidaktik. Darmstadt 1976

Wolfgart, H. (Hrsg.): Körperbehinderte und Sexualität. Berlin 1977

Wolfgart, H./Begemann, E. (Hrsg.): Das körperbehinderte Kind im Erziehungsfeld der Schule. Berlin 1971

Wopp, Ch.: Offener Unterricht. In: Jank, W./Meyer, H. 1994 a.a.O.

Wunder, M./Sierck, U. (Hrsg.): Sie nennen es Fürsorge. Behinderte zwischen Vernichtung und Widerstand. Frankfurt 1987

Wunderlich, G.: 1 2 3 mit allen Sinnen. Lichtenau 1996

Wunnenberg, H.: Ausgewählte Probleme der psychischen Entwicklung bei Kindern und Jugendlichen mit Spina bifida. In: Michael, Th./v. Moers, A./Strehl, A. 1998 a.a.O.

Würtz, H.: Das künstlerische Moment im Unterricht und in der Ausbildung der Krüppel. In: Zeitschrift für Krüppelfürsorge 5/1912, 167–174

Würtz, H.: Die Selbsttätigkeit als Prinzip in der Krüppelerziehung. In: Zeitschrift für Krüppelfürsorge (1913)

Würtz, H.: Uwes Sendung – ein deutsches Erziehungsbuch mit besonderer Berücksichtigung der Krüppel. Leipzig 1914

Würtz, H.: Ein Beitrag zur Begründung der Krüppelpsychologie. In: Zeitschrift für Krüppelfürsorge 7/1914a, 16–42

Würtz, H.: Das Seelenleben des Krüppels. Leipzig 1921

Zach, M.: Körperliche Trainingsprogramme in der Langzeitbetreuung von Kindern mit Asthma bronchiale. In: Monatsschrift für Kinderheilkunde 12/1985, 868–873

Zaß, R.: Diabetes mellitus. In: Schmitt, G. u. a. 1996 a.a.O.

Zehrfeld, K.: Freinet in der Praxis. Weinheim 1979

Zemp, A.: Tabuisierte Not. Zürich 1997

Zenz, H./Manok, G. (Hrsg.): AIDS-Handbuch für die psychosoziale Praxis. Bern 1989

Zieger, A.: Grenzbereiche der Wahrnehmung. Über die ungewöhnliche Lebensform von Menschen im Koma und Wachkoma. In: Behinderte 6/1998, 21–40

Ziegler, F.: Kinder als Opfer von Gewalt. Ursachen und Interventionsmöglichkeiten. Bern 1994

Ziemen, K.: Empowerment – Konsequenzen für die Frühförderung. In: Theunissen, G./ Plaute, W. 1995 a.a.O.

Ziller, H./Saurbier, H.: Rechtliche und finanzielle Grundlagen der Integration behinderter Kinder im Kindergarten. Weinheim 1992

Zimmer, R./Volkamer, M.: Motoriktest für vier- bis sechsjährige Kinder (MOT 4–6). Weinheim 1989

Zimmermann, A.: Ganzheitliche Wahrnehmungsförderung bei Kindern mit Entwicklungsproblemen. Dortmund 1998

Zuckrigl, H. u. A./Helbling, H.: Rhythmik hilft behinderten Kindern. München 1994

Zuhrt, R.: Bewegungs- und Leibeserziehung körperbehinderter Kinder. Stuttgart 1981

Zuhrt, R.: Die Entwicklung der Sonderschule für Körperbehinderte im Spiegel der Zeit. In: Krankengymnastik 5/1991, 463–470

Zurbrügg, G.: In einem fernen Land. Tagebuch aus einer Sonderschule. Berlin 1998